STUDY OF CHRISTIANITY

基督宗教研究

第33辑

中国社会科学院基督教研究中心

主　编◇卓新平　　执行主编◇刘国鹏

宗教文化出版社

图书在版编目（CIP）数据

基督宗教研究．第33辑 / 卓新平主编；刘国鹏执行主编．-- 北京：宗教文化出版社，2024.1

ISBN 978-7-5188-1591-3

Ⅰ．①基… Ⅱ．①卓… ②刘… Ⅲ．①基督教－文集 Ⅳ．①B978-53

中国国家版本馆CIP数据核字(2024)第018818号

基督宗教研究（第33辑）

卓新平 主编　　刘国鹏 执行主编

出版发行：宗教文化出版社

地　　址：北京市西城区后海北沿44号　（100009）

电　　话：64095215（发行部）　64095363（编辑部）

责任编辑：杨登保

版式设计：武俊东

印　　刷：河北信瑞彩印刷有限公司

版本记录：787毫米 × 1092毫米　16开　34.5印张　450千字

2024年1月第1版　2024年1月第1次印刷

书　　号：ISBN 978-7-5188-1591-3

定　　价：168.00元

《基督宗教研究》
学术委员会

《基督宗教研究》第33辑
编辑委员会名单

目　录

历史视野

本土经验

文化比较

当代聚焦

Study of Christianity
Academic Committee

List of Editorial Board

CONTENTS

Historical Perspectives / 历史视野

序　言

卓新平　刘国鹏

《基督宗教研究》是由中国社会科学院基督教研究中心编辑出版的专业学术辑刊，旨在推动中国学术界在基督宗教研究上的系统发展，使之在其深度和广度上都能得以不断拓展。对于基督宗教的学术关注极为重要，这在整个中国宗教研究领域中有其独特地位，也是中外学术交流发展上引人注目的窗口和平台。

基督宗教是世界第一大宗教，历史悠久，影响广远，对人类文明发展起着举足轻重的作用，在全球社会文化的各个方面亦有其不凡身影。自基督宗教诞生以来，学术界就开始了对其全面而深入的观察研究，其教内外学者在这种探究中都非常活跃，且留下了许多重要成果。大致而言，中国学界对基督宗教的学术研究涵括历史、思想、经典、文化等方面。其中历史研究包括世界基督宗教历史研究和中国基督宗教历史研究，世界基督宗教历史研究除了其全貌、通史研究之外，还分为早期基督宗教历史研究、中世纪教会历史研究、宗教改革历史研究和近现代基督宗教历史研究这四个阶段的研究，而中国基督宗教历史研究在其通史研究之外则有景教研究、元朝也里可温研究、明清基督宗教各派及在华耶稣会研究、清末民国以来基督宗教研究以及中华人民共和国成立以来现当代中国基督宗教发展研究，并通过对“中国化”的注重而强调其中国意识、中国特色；思想研究包括基督宗教思想通史研究、古代基督宗教思想萌芽研究、早期基督宗教思想研究、中世纪神哲学研究、近代基督宗教思想研究和当代基督宗教思想发展及其本土神学研究等，涵摄古希腊罗马及希伯来思想对基督宗教的影响以及随之发展而出的使徒释经思想、教父学、经院哲学、神学及宗教哲学等，并对中国基督宗教神学的发展有着特别的关注及研究；经典研究则涉及古代希罗经典研究、《圣经》翻译及研究、基督宗教典籍整理研究、其学术名著的翻译与研究等；而文化研究涉及面更广，既有与基督宗教传播相关的文化传统及其习俗研究，又有基督宗教本身的文学、艺术、建筑、音乐、戏剧、歌舞等专门研究。这里所涉及的范围，就是本辑刊的学术兴趣之所在。

中国社会科学院基督教研究中心是以世界宗教研究所基督教研究室学者为主体、以基督宗教为探究对象的学术研究中心，其特点就是以开放、开明和开拓的精神来联谊世界范围的基督宗教研究学者，合作开展其研究活动、推出其学术成果。为此，本中心在过去二十多年的发展沿革中与国际学术界建立了广泛联系，有着全面合作，组织了各种学术活动。本辑刊所发表的研究论文就是上述合作研究的成果，藉此可以连贯、系统地反映该领域学者的学术心得，捕捉学术走向之脉动，发现热点、焦点和亮点问题。而且，这些成果还具有跨学科的特点，是与不同学科、不同领域之间对话、交流、沟通的学术硕果和思想结晶。

本辑刊在学术研究上主张思想解放、学术自由、百家争鸣、百花齐放，对各种学术观点包容涵括，对不同学术商榷支持鼓励，尊重这一学术领域中其研究参与者各自的学术观点和学术立场，倡导各美其美、美美与共。当然，本辑刊也有着对作者文责自负的要求，强调相应的学术观点及立场乃反映其学者自己的学术性格及相关态度，并不代表本辑刊编辑的意向和立场。营造一种良好的学术氛围，形成和谐公平的学术对话非常必要。中国基督宗教研究的学术繁荣，需要我们共同的参与和努力。

基督宗教研究既需要广远的视域、宽阔的胸襟，也应有独到的眼光、深邃的洞见。其研究领域之广、学术文献之多在整个宗教学研究中都是非常典型的，因此，我们的研究应该体现出中国研究者的特色，有着与时俱进的景观，需要学者独辟蹊径、标新立异，有着发现问题的敏锐，走到学术探究的前沿。

《基督宗教研究》第33辑共收录稿件35篇，其中包括“特色专栏”“经典释义”“玄理辨析”“历史视野”“本土经验”“文化比较”“当代聚焦”等7个栏目。本辑特别推出的“景教研究专栏”，由唐晓峰研究员负责组稿，共辑选了5篇论文，分别从三个方面凸显和展示了近年来国内景教研究的新趋向和新热点。此外，“经典释义”栏目收入了2篇论文、“玄理辨析”栏目收入9篇论文、“历史视野”栏目收入8篇论文、“本土经验”栏目收入1篇论文、“文化比较”栏目收入7篇论文、“当代聚焦”栏目收入3篇论文，以充分展示国内当代基督宗教研究在上述领域的新动向、新见解。

为了缓解版面紧张的困境，本辑特别对每一篇稿件的容量做了严格限定，即文章字数最多不能超过1.5万字，从而试图尽最大可能为国内该领域的优秀学者，尤其是中青年学者，提供展现学术创见的一席之地。

最后，衷心希望大家热心参与基督宗教研究，为持续推进国内基督宗教研究的广度和深度而贡献您的智慧和创见。

专栏
景教研究

Column
Jingjiao Studies

【专栏主持人语】

景教是国际东方学界研究的重要内容，也是国内学界近年来关注的热点话题。本专栏共辑选五篇论文，其中四篇为约稿，一篇为投稿。五篇论文侧重点虽有不同，但均主题鲜明、立意突出、考证详实、视野开阔，凸显了近年来唐元基督教史研究的新趋向：一是注重景教东来过程中的演变规律探究；二是侧重景教思想史研究，尤其是尝试在中国思想史中定位景教义理及其中国化；三是强调唐元景教间的延续性、关联性及其现实意义；四是对国内外学术界有关景教研究的新史料、新资料、新发现、新动向进行归纳、整合。五篇论文的主要内容和学术贡献如下：

牛汝极教授的《叙利亚文巴沙巴主教传说揭示东方教会经木鹿向中亚和中国高昌回鹘传教》一文，以新疆布拉依克修道院遗址发现的木鹿创始主教巴沙巴传说的叙利亚文写本残片作为切入点，追溯了东方教会在西亚发展壮大并一路向东传播到突厥人群体中，并直至我国新疆和长安的过程。在此过程中着力探讨了木鹿在其中的关键枢纽作用，同时还着重凸显了粟特和回鹘群体在基督教东传过程中承担的使命。论文不仅探讨了诸多写本的具体内容，还由此延伸到东方教会神学的特色，及其在东传过程中发生的本土化演变。论文视野开阔、见解新颖，为我们展示了包括东方教会在内的多元宗教文化在丝路传播的广阔历史画卷。

王静和付子阳的《景教在哈萨克斯坦的传播及其近年新发现景教遗物探析》一文是本刊投稿文章。文章的最大贡献在于向国内学术界详细呈现了2015年以来在哈萨克斯坦伊利巴里克（Ilibalyk）遗址出土的诸多景教遗物。在印证历史上景教在该地区传播的相关记载的同时，也展示了丝绸之路沿线国家历史上宗教文化的多样性。论文对于这些遗物材质、样式、内容的描述与解读，呈现了信仰传播过程中彰显的区域和时代特质。

柳博赟副教授的《景教士的波斯东方教会身份考辨》一文以细腻的考订令人信服地指出，唐朝景教碑中所记载的景教徒大部分拥有浓厚的波斯背景。论文还探讨了景教徒眼中的“大秦”形象及其认知根源，以及大秦景教流行中国碑的东方教会归属，间接反驳了景教非东方教会论。该文还对景教碑中的非东方教会因素，如“圆廿四圣有说之旧法”“经留廿七部”

等进行了一一罗列，并给予尽量合理的解释。

唐晓峰研究员的论文《四方上下，以是为准——元代也里可温信仰实践研究》试图在零散的也里可温史料中，爬梳还原出也里可温在元时的信仰面貌和特征，论文从教会体制、神学思想、礼仪传统、禁欲修道、教堂建筑、圣徒崇拜等多个方面展开，突破了以往也里可温研究多集中于遗迹遗物和文本解读的局限，重现了一幅中外文明交流互鉴史上的经典画面。

余忠乐博士的论文《论〈大兴国寺记〉中的“教法”》则从《大兴国寺记》文本出发，从梦境之“法”、传道之“法”和佛教徒理解之“外法”三个维度对于马薛里吉思这一来自中亚的也里可温所传、被载、被驳之“法”进行了深入解读、解构。通过“教法”之分析，呈现了元时基督教文化、中国传统文化、佛教文化间互动交流、融会贯通的过程，为人们了解元代也里可温开拓了一个全新的学术视角。

唐晓峰

叙利亚文巴沙巴主教传说揭示东方教会经木鹿向中亚和中国高昌回鹘传教

牛汝极 ①

内容提要： 大约在波斯萨珊王朝统治的 5 世纪，东方教会在美索不达米亚站稳脚跟并开始向东方传教，544 年木鹿成为都主教教区并作为 7–13 世纪向中亚和中国传教的枢纽发挥了重要作用。吐鲁番布拉依克修道院遗址发现的大量叙利亚文写本中有一定数量的木鹿创始主教巴沙巴传说的残片，揭示了木鹿经中亚与吐鲁番高昌回鹘地区的联系。

关键词： 东方教会，木鹿，中亚，高昌回鹘，叙利亚文，巴沙巴传说，景教

The Bishop of Baršabbā: A Syriac Legend of the Church of the East's Preaching to Central Asia and Gaochang Uighur Kingdom via Merv

NIU Ruji

Abstract: During the 5th century, the Church of the East gained a foothold in Mesopotamia and began to spread its teachings to the East under the Persian Sasanians. Merv, which became a metropolitan diocese in 544, played a crucial role in missionary missions to Central Asia and China from the 7th to the 13th centuries. Interestingly, a significant number of Syriac manuscripts discovered at the Bulayiq monastery in Turfan contain fragments of the legend of Baršabbā, the founding bishop of Merv, which reveals the connection between Merv and

① 牛汝极，新疆师范大学教授。

the Gaochang Uighur Kingdom through Central Asia.

Key Words: the Church of the East, Merv, Central Asia, Gaochang Uighur Kingdom, Syriac Legend of Baršabbā, the East Syriac Christianity

丝绸之路从叙利亚经中亚进入中国，在当时，这是横贯欧亚大陆商业的大动脉，它使像木鹿这样的城市得到了惊人的发展，成为当时地球上最大的城市定居点之一。除了经济重要性外，丝绸之路也是思想和信仰的高速公路，被祆教徒、佛教徒、摩尼教徒、基督徒和穆斯林广泛使用。公元5–13世纪，东方教会从美索不达米亚的基地塞琉西亚——泰西封和后来的巴格达，通过伟大的丝绸之路经呼罗珊地区的木鹿这个枢纽中心将基督教辐射传递到中亚和中国。从吐鲁番布拉依克修道院废墟中发现的大量叙利亚文，使我们了解到这个令人惊叹的绿洲在9–13世纪间曾经辉煌的基督教社团活动。吐鲁番文献的重要之处不仅在于特定的单一文本，而且它给人以一个繁荣信仰社区的精神和文化生活的总体印象，这和我们仍然顽固地认为遥远欧洲中世纪基督教的中心的想象相去甚远。在布拉依克发现的叙利亚文写本中有大量巴沙巴主教的传说，他生活在统治波斯的萨珊帝国时期，直到7世纪穆斯林被征服。他努力使东方教会的边界深入中亚和中国，他在帕提亚北部和马吉亚纳（Margiana）、巴克特里亚（大夏）和希尔卡尼亚（Hyrcania）等令人回味的地方开展传教活动，还在巴尔赫和赫拉特建立了修道院，后来成为木鹿的创始主教。吐鲁番发现的巴沙巴主教的传说透露了木鹿（今土库曼斯坦的马雷城东）可能是东方教会向中亚和中国传播基督教的枢纽地。

一、我国吐鲁番发现木鹿创始主教巴沙巴传说的叙利亚文写本

在1904年到1907年之间，德国第2和第3次吐鲁番探险队来我国新疆“盗宝”，西奥多·巴图斯是德国吐鲁番探险队阿尔伯特·冯·勒·寇克的助手，也是与阿尔伯特·格伦韦德尔共同的合作指导，他在一天之内从修道院的一个地方挖掘出了叙利亚文宝藏。冯·勒·寇克在其《新疆的地下文化宝藏》一书中写道：“发现这些残片时他不在现场，巴图斯在毁坏的墙壁下发现了基督教写本。”[①] 遗憾的是，他没有提供关于发现这些

① ［德］寇克著：《新疆地理宝藏记》，刘建台译，中国青年出版社，2002年，第105页；同作者的不同汉译本《新疆的地下文化宝藏》，陈海涛译，新疆人民出版社，1999年，第95页。

残片或修道院的进一步信息，那里的泥砖墙废墟至今仍然有大约 1.5 米的高度。这些发现并没有揭示修道院的基础或其准确时代问题，尽管这些残片表明它可能一直运作到 13 世纪中后期甚至更晚。这次“盗宝”，他们发现了叙利亚文写本残片大约 1100 多件，地点位于我国吐鲁番布拉依克附近的“水房”[①]旁边的修道院遗址。这些写本涵盖了三种主要语言：叙利亚语、粟特语和回鹘语；此外，还发现了一些新波斯语和中古波斯语（巴列维语）《诗篇》的片段，同样都是用叙利亚文书写的。其中有的双语写本在叙利亚语原文和翻译本之间逐句交替出现，因此可以假定礼拜仪式有时可能是用双语进行的，既用礼拜仪式语言叙利亚语，也用当地的粟特语或回鹘语。大量的粟特语文本可以解释为粟特语在当时可能是西域和中亚的通用语之一。粟特语文本的发现不仅对东方教会的历史具有重要意义，而且对粟特语的解读也奠定了基础。1912 年，语言学家穆勒（F. W. K. Müller）说：“通过翻译熟悉的基督教内容的文本（例如，叙利亚语圣经《佩希塔》），我们现在有了走向上帝的钥匙。”[②]东方教会或东叙利亚基督教会的语言文本，主要是叙利亚语祈祷书《胡德拉》（Ḥudhrā“循环”）、叙利亚语圣经《佩希塔》（Peshitta“常用的”）及《诗篇》等的原文及当地语言粟特语或回鹘语的译本，反映了东方教会的策略：既保持叙利亚语作为礼拜语言权威使用，同时也为本地语言信徒提供基督教阅读材料。

关于元朝结束以前流行中国几百年的基督教该如何称呼的问题，是一个至今没有解决并值得认真讨论的问题。在神学和教会历史中最常见的名称是“聂斯托里教会”“聂斯托利派”，通过这种方式，基督教世界的其他地方认为东方教会是一个可以追溯到 5 世纪的“异端教派”。在那个时候，基督教世界被一个困难的神学问题所撕裂，即耶稣基督是否可以既是真神又是真人，同时又是单一个体。人们如何看待造人之子的神和作为父亲的

---

① 勒·寇克根据当地维吾尔人的发音记录下了布拉依克附近的这个汉语地名“水房”（Schüi-pang）遗址，要知道，当地维吾尔语口语中，没有 [f] 音，所有 [f] 音均发 [p] 音，因此我们以为该遗址名称 Schüi-pang 对应“水房”汉语译音，而不应定名为“西旁”，因为后者缺乏任何语言理据。参见 Albert von Le Coq, *Chotscho: Facsimile- wiedergaben der wichtigeren Funde der ersten königlich preussischen Expedition nach Turfan in Xinjiang*, Akademische Druck-u. Verlagsanstalt, Graz-Austria, 1979, Tafel 71:“Chotscho und Bulayiq”，其中的 h 条款介绍说：“从东面拍摄的吐鲁番北部布拉依克附近废墟的景象。这个废墟是许多中古波斯语、粟特语、叙利亚语和突厥语基督教经文的发现地。”

② Müller, F. W. K., *Soghdische Texte I*, Berlin 1913 (APAW 1912, 2).

神之间关系的问题，在这场激烈的辩论中，有些人认为君士坦丁堡的大主教聂斯脱里支持“两个格位”的教义，基督既是完全的上帝，也是完全的人，只在道德上统一，而不是在本体论上的统一。“根据目前现有资料的立场，我们可以得出结论，聂斯脱里并不支持这一学说，聂斯脱里本人也不是‘聂斯脱里派’。”① 事实上，直到目前为止，学者们都认为东方使徒教会在5世纪接受了的是这种异教邪说。应当说“聂斯托里教会”“聂斯托利派”的名称在正式的神学意义上是不正确的，尽管神学家聂斯脱里被东方教会尊为教师和圣人。② 总之，东方教会的神学不能被简单定义为聂斯脱里派，东方教会也不接受聂斯脱里教派这个指称，无论唐代的“波斯教”或“景教”名称，抑或元代的“也里可温”名称都不足以指代中国从635年至元代结束之前的东叙利亚基督教，而且“波斯教”“景教”“也里可温”名称各使用了大约一百年，它们都不等于聂斯托利派，把中世纪流行于中国的东叙利亚基督教统称为“景教”也欠妥当，只有两个名称是恰当的：一是“东叙利亚基督教会”；二是“东方亚述教会”（或“东方使徒教会”，简称“东方教会”）才是其名正言顺的指称。③

布拉依克修道院图书馆遗址发现了时间跨度从9世纪末到13世纪（即高昌回鹘地方政权时期）各种类型的写本：除了我国吐鲁番发现的巴列维语的诗篇，有叙利亚文祈祷书《胡德拉》、叙利亚语圣经《佩希塔》等文本残片、诗篇、不明作者的作品、经书片段、赞美诗、用于洗礼和圣餐的礼拜文本，以及粟特语尼西亚信经等；也有圣阿坝（Mar Aba）的经典，一些传记类传说，比如关于对东方三博士及圣乔治的崇拜，君士坦丁大帝皇帝的母亲海伦娜对真正的十字架的发现以及尼西比斯城的历史。东方三博士的传说提供了一个明确的例子，他给耶稣带来了三份礼物，这在中亚的语境中具有特殊的象征意义。对于耶稣，东方三博士想，“如果他是神之子，他会接受没药和乳香；如果他是可汗统治者，那么他会接受黄金；如果他

---

① Baum, Wilhelm and Winkler Dietmar W., *The Church of the East: A Concise History*, Routledge Curzon Taylor & Francis Group London and New York 2000, p.4; Mark Dickens, "Nestorius did not intend to argue that Christ had a dual nature, but that view became labeled Nestorianism (PRO)", in *Popular Controversies in World History: Investigating History's Intriguing Questions*, ABC-CLIO 2010. cf: https://www.researchgate.net/publication/340449733; Mar Aprem Mooken, "Is the Theology of the Assyrian Church Nestorian?" cf: https://bethkokheh.assyrianchurch. org/articles/225.

② Baum and Winkler 2000, pp.4-5.

③ Ibid., pp.3-4.

是医生和治疗师，那就会接受药材。”耶稣猜到了他们的想法，于是说：“我是上天的儿子，我是统治者，我也是医生和治疗者。”这些描述考虑到了中亚游牧部落人的思想，他们崇拜上天因为它是无形的、最高的神，并称他们的统治者为“天之子”和可汗。然而，当地佛教徒也把佛陀当作治疗医生来崇拜。这方面符合东方教会教派对基督角色的理解，他作为救世主也治愈了人们身体上的痛苦。摩尼教在高昌回鹘王国的统治下，采用了耶稣的这种功能，他被称为“高贵的医生”和“伤病医治者”。在修道院图书馆遗址还发现了一些修道院传记、沙普尔二世统治下的《波斯殉道者行经》、著名的苦行僧的作品，以及关于修道院主题的文本，如放弃世界、禁食、孤独和冥想等内容。这表明，吐鲁番绿洲的东方教会不仅与美索不达米亚的母教会有定期联系，而且与中亚的蔑儿乞特和拜占庭帝国的普通公民也有定期联系。东方教会并不是当时中亚丝绸之路上唯一的基督教派别。麦尔凯特信徒住在克里米亚和锡尔河的混居地，雅各布派在呼罗珊和赫拉特建立了教区；雅各布派还在塔什干和莎车留下了记录。①

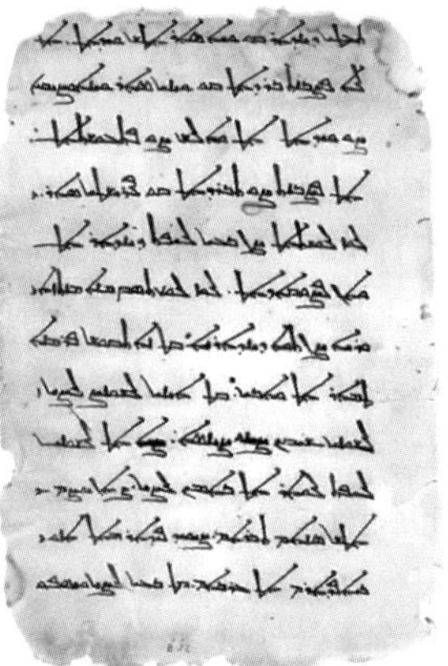

图1：吐鲁番布拉依克修道院出土叙利亚文粟特语巴沙巴的传说写本，20 x 13.5 厘米，大约在8-9世纪，现藏柏林国家图书馆东方部，编号：n180 正面。（来源：C. Baumer: *The Church of the East: An Illustrated History of Assyrian Christianity*，p. 178。）

① Baumer，Christoph, *The Church of the East: An Illustrated History of Assyrian Christianity*，I.B. Tauris 2008, pp. 176–179.

十分罕见的是，在吐鲁番发现了大约 350 件有关木鹿城的创始主教巴沙巴（Baršabbā）传说的残片。① 是他将基督教引入当时东方教会的木鹿城中。写本既有叙利亚文叙利亚语残片，也有叙利亚文粟特语残片（见图1）。这件高昌回鹘时期的文本被称为“木鹿城巴沙巴残片”，是一件叙利亚文粟特语写本，后来被翻译成阿拉伯语。② 该文本的首位解读者萨绍（E. Sachau）称之为“木鹿基督教化的传说”。③ 在当地还发现了原始叙利亚语文本，证明它在当地很受欢迎。保存下来的粟特文本包含由巴沙巴主教及其门徒对萨珊帝国核心地区法尔斯东北部各省基督教化的描述。

这件叙利亚文粟特语写本残片内容翻译如下：④

> 他 [即巴沙巴主教] 买了土地和水，建了城堡，旅馆和房屋，布置了花园……他在那里定居下来服务兄弟姐妹，即在法尔斯（Fars）到古尔干（Gurgan，即古波斯和马其顿王国的 Hyrcania 省主教辖区）的那片地区，在图斯（Tus，即帕提亚三个主教区之一）地区，在阿巴沙尔（Abarshar）地区，在西拉齐（Serachs，马吉亚纳边界的一个地方）地区，在默夫罗德（Mervrod，即木鹿），在巴尔赫（古代大夏首都）和赫拉特（Herat）与西斯坦（Sistan，今阿富汗西南角）。他在那里建造了教堂，建造了一切必要的东西（即为基督教社区必需品）。他也有长老和执事在那里定居。他们开始借着圣灵的恩典，以及从虔诚的巴沙巴主那里领受的权威和能力、教导和施洗。激活基督的宣告使其在各个方面都变得伟大起来。他们 [即从事这项工作的人] 成了牧师，基督教得到了加强。他们在许多遥远国度的许多地区都称赞他的名字。给虔诚的主教巴沙巴领主以权力和力量……超越不洁净的灵魂……⑤

---

① Baum, Wilhelm and Winkler Dietmar W., *The Church of the East: A Concise History*, p.74.

② Müller, F. W. K. & Lentz, W., “Soghdische Texte II”, in: *SPAW 1934*, pp. 522–528.

③ Sachau, E., “Die Christianisierungs–Legende von Merw”, in: Frankenberg, W. & Kuchler, F. (eds.) , *Abhandlungen zur semitischen Religionskunde und Sprachwissenschaft*, Giessen 1918, pp. 399–409.

④ Gillman, Ian and Klimkeit, Hans–Joachim, *Christians in Asia Before 1500*. London: Curzon 1999. pp.210–211.

⑤ Müller, F. W. K. & Lentz, w.,“Soghdische Texte II”, in: *SPAW*, 1934, p. (504–607)524. 应该指出的是，根据 E. Sachau 的说法，木鹿的巴沙巴主教很可能在沙普尔二世（309–379 年）时期是该城市基督教的传奇创始人。Sachau, E.,“Die Christianisierungs–Legende von Merw”, in: Frankenberg, W. & Kuchler, F. (eds.), *Abhandlungen zur semitischen Religionskunde und Sprachwissenschaft* [. . .] Giessen 1918, (399–409), 407.

该文本然后提到了一位伟大的国王，他显然是皈依了基督教，他由长老和执事照顾民众并举行仪式。虽然文本被称为“基督教化的传说”，我们可以推断，基督教从伊朗东部传播到乌浒水（即阿姆河）是由巴沙巴推动的，正如明甘那（A. Mingana）收集的那个地区主教的名字所暗示的那样，其使命将在接下来的几个世纪里继续进行。木鹿当时的传教活动进一步向东推进，最终越过河中地区。在 6 世纪，居住在大夏（巴特里亚）地区和河中北部地区的游牧人或白匈奴人，要求为他们的王国任命主教，说明这些地方可能与木鹿及其周围地区其他基督教中心的基督教徒有过接触。在公元 549 年，应东方教会教徒的要求，为他们选派了一位主教。在《圣阿坝的历史》上说：

> 不久之后，嚈哒人（Hephthalite）库岱（Khudai）派了一名牧师去见万王之王考斯饶一世（Khosrau I, Anushirvan, 在位 AD 531–579），还有嚈哒人，他们是基督徒，也写信给宗主教（圣阿坝一世），要求其任命从他们国家选派嚈哒王国的牧师作为主教。当牧师看见万王，万王知道他被派去执行任务的使命时，他惊奇地听到并对耶稣的力量感到惊讶，甚至信仰基督的嚈哒人也把牧首当作他们的首领和管理者。因此，他命令其按照这种场合的惯例去装饰教堂，并任命嚈哒人库岱派给他的人作为主教。第二天，教堂被装饰一新，嚈哒牧师被加封为嚈哒人的主教，主的子民越来越多了。[①]

就内容而言，看到巴沙巴和圣乔治的传说中强调人的复活的程度是令人吃惊的。它们符合典型的东方教会强调基督的复活及其对信仰忠诚的重要性，并将复活置于传教士信息的中心。随着对整个人的重新觉醒的强调，以及对现实和世界物质性的含蓄认可，东方教会将自己置于与佛教和摩尼教的双重对立中。对这两种宗教来说，身体被认为不是一种精神化和完美的东西，而是一种阻碍发展的负担，应该被抛弃。对于佛教和摩尼教来说，轮回与宇宙是充满苦难和腐败的地方，而东方教会认为它们是在亚当陷入罪恶之前回到完美的原始状态的大门。如克林凯特（H.-J. Klimkeit）所分

① A. Mingana, “The Early Spread of Christianity in Central Asia and the Far East: A New Document”, *Bulletin of the JohnRylandsLibrary Manchester*, 9, 1925, (306–323) p.304f. 汉译文见牛汝极著：《十字莲花——中国元代叙利亚文景教碑铭文献研究》，上海古籍出版社，2008 年，其中附录一，第 169–173 页（163–212）。

析的，这些残片通过把重要的守护神玛哈卡拉（Mahakala）描绘成“魔鬼帮手”来迎头痛击佛教，因为佛教否认死者复活。①

关于基督的复活，中亚七河地区出土了粟特基督徒艺术品：一件银盘（见图 2），图案反映了基督教对索格迪亚那文化生活的影响，它保存在圣彼得堡的艾尔米塔什博物馆（该馆 1899 年购买），其于 1897 年在佩尔姆地区的格里戈罗夫斯科村被发现，被认为起源于 9–10 世纪的七河地区。相对扁平的焊接圆盘描绘了关于十字架、基督的死亡和复活的三个场景。在一个圆盘的正三角形排列的三个圆圈里，分别展现了十字架、埋葬和复活的场景，可以看到，在左边，三个士兵守卫着基督的坟墓，右边是彼得否认他的主，下方但以理在狮子窝里。各种各样的场景可以用埃及记的叙利亚语铭文来解释（即从上到下）：“基督的提升”，“西门彼得否认基督，在公鸡打鸣三次之前”，“战士守卫坟墓”。此外：“基督的十字架”，“他赦免罪过的强盗”，“他左边的强盗”，“抹大拉的玛利亚”（耶稣从其身上驱逐出 7 个恶鬼的女人），“玛利亚”，“天使”，“复活”，最后是“狮子”和“但以理”。复活场景的肖像很有趣，因为玛利亚，即“上帝之母”，经常与这个场景联系在一起，却没有被描绘出来。这个早期的特征，与《使徒行传》1：9 的文本相对应，显然保留在东方教会的传统里，因为“上帝之母”被认为是西方教会在 5 世纪对提升其形象的补充。斯米尔诺夫（J. I. Smirnov）已经表明，这个银盘的许多细节都起源于伊朗。它很可能最初是由波斯的东方教派制作的。斯米尔诺夫将这幅艺术作品追溯到 6–7 世纪。就萨珊的基督徒而言，彼得对非基督统治下的基督徒来说肯定具有特殊意义。这件银盘大概是一件萨珊艺术品的复制品。②

---

① Klimkeit, Hans–Joachim, *Die Begegnung von Christentum, Gnosis und Buddhismus an der Seidenstrasse*, 1986. p.16f；Hage, Wolfgang: *Das Christentum in der Turfan-Oase*, 1987. p.53ff. 这两个传说，被翻译成粟特语文本时适应了当地的情况，证明了它们是在吐鲁番写成的。

② Baumer, Christoph, *The Church of the East*：*An Illustrated History of Assyrian Christianity*, I.B.Tauris 2008, p.167.

图 2：刻有叙利亚铭文和三个圆圈显示基督十字架、埋葬和升天三个场景的萨珊银盘，大约在 9–10 世纪，现藏圣彼得堡国家艾尔米塔什博物馆。（来源：Baumer, Christoph：***The Church of the East: An Illustrated History of Assyrian Christianity***, I.B.Tauris 2008, 167。）

在吐鲁番布拉依克修道院附近发现的叙利亚语祈祷书《胡德拉》残片中有一件编号为 MIK III 45 写本也提到了木鹿城的巴沙巴和圣希尔等人物。写本纸张的碳 14 检测可以追溯到公元 771–884 年，我们认为其年代大概在 930 年前后。即使这样，它仍然是写在纸上的最古老的叙利亚语写本，也可能是现存最早的叙利亚语祈祷书《胡德拉》版本。每一块残片都有其内在价值，这第一手资料，提供了了解东方教会是如何将它的使命植入粟特和回鹘社区中的，他们以这样的信仰方式已经持续几个世纪了。①

在写本第 7 页正面上的“圣人日课”清单，以大标题“圣希尔（Mart Shir）福音传道者的礼拜一”（见图 3）开始（MIK III 45 fol. 7v l.14）。这样做是把以前的萨珊王朝的女王放在了突出的位置。通过命名“福音传道者”，她的“纪念一周”的引言明确地把基督教带到木鹿城的荣誉给了她。圣巴沙巴，据称是木鹿城的第一位主教②，和扎万多克特（扎万的女儿），一个不知名的人物，可能是服侍女王的女士，直到晚些时候才被介绍。副

① Hunter, Erica C. D. and Coakley, J. E., *A Syriac Service-Book from Turfan: Museum für asiatische Kunst, Berlin MS MIK III 45, Berliner Turfantexte* vol. XXIX, Brepols, 2017. pp.81–82.

② 见 http://www.iranicaonline.org/articles/barsabba-legendary-bishop, Sims–Williams 认为，这个传说是否有任何历史依据值得怀疑，因为它是一部虔诚的小说。另参见 Brock 1995, pp.190–201。

句“两只鸽子和一只鹰飞过来，从塞琉西亚和泰西飞来；他们在十字架的树枝上筑巢。小鸡长大了，飞起来，为上帝唱着赞歌”(MIK III 45 fol. 11v l. 26–fol. 12r l.1)，使用鸟类学图像来认可三个“波斯”圣徒巴沙巴（鹰）、圣希尔和扎万多克（鸽子）与萨珊首都的整体联系在一起①。与没有巴沙巴和扎万多克特的传记细节形成对比的是，圣希尔的皇室关系在一些场合被歌颂：“受祝福的希尔王后走出宫殿，离开了她的王冠和她尊敬的国家。她爱天上的国王”(MIK III 45 fol. 13r ll. 11–13)②，以及“圣灵已编织好并佩戴在希尔王后的头上，其冠冕多么荣光，王冠是多么美丽。她那高贵的灵魂在使徒、牧师、殉道者和忏悔者的队伍中是多么的快乐。代替被她遗弃的君王的床，她坐在王国荣耀的宝座上，在天上新郎的右边，参加不会逝去的宴会”(MIK III 45 fol. 12r ll. 11–17)③。对否定圣希尔崇高地位的强调，很矛盾地强化了与萨珊王朝君主制的联系。

图 3：叙利亚语写本 MIK III 45 第 7 叶，背面 l.14，红字标题“木鹿福音传道者圣希尔”。（图片来源：E. C. D. Hunter, “Turfan Connecting with Seleucia–Ctesiphon”, Fig. 5。）

编号 MIK III 45 写本纪念圣希尔为福音传道者，但鸟类学意象被用来展示这三位圣徒是如何参与“传播福音”的：“在耶稣的力量下，他们出

① Hunter and Coakley 2017，86，Syriac text，p.196.

② Hunter and Coakley 2017，89，Syriac text，p.196.

③ Hunter and Coakley 2017，86，Syriac text，p.196.

来了。他们三个人把他的福音给了木鹿。巴沙巴是鹰，圣希尔和扎万多克是鸽子。在木鹿的教堂里建造了鸟巢。受洗的小鸡在歌唱。”(MIK III 45 fol. 12r ll. 3–6)[①] 他们传教使命的成功以叠句来强调：“那些在比赛中获胜[……] 他们在福音中努力，把各国从错误转向信仰的真理——让他们的祷告成为我们的一堵墙，保护我们免受恶魔和他主人的伤害。”(MIK III 45 fol. 12r ll.24–7)[②]。在纪念塞尔吉斯主教和巴克斯主教之前，圣希尔在“几周的礼拜仪式”中的首要地位被确认，[③] 塞琉西亚 – 泰西丰和萨珊王朝建立了特殊的联系。塞琉西亚 – 泰西丰还与木鹿城和中亚建立了内在的联系。这种局部的关注可能在吐鲁番的伊朗语社区中引起了强烈共鸣。[④]

在讨论圣希尔时，韩特（Erica C.D. Hunter）和考克勒（J. E. Coakley）已经注意到编号 MIK III 45 写本呈现了“对女福音传道者的记忆比文学传统更生动，在文学传统中，传福音的荣耀主要属于城市的创始主教”。[⑤] 在这里，礼拜仪式于 10 世纪匿名的阿拉伯文历史传记《塞尔特编年史》(Chronicle of Seʿert）中[⑥]，圣希尔隶属于巴沙巴，他是故事中的主角，详细描述了他对女王的皈依，他对教会的组织和他奇迹般的复活。说希腊语[⑦] 的巴沙巴在叙利亚的沙普尔二世（公元 309–379 年）战役中被俘，并被驱逐到美索不达米亚，在那里他学习了叙利亚语和巴列维语。[⑧] 据说，在萨珊王朝的首都，他治愈了君主的一个妃子，从而获得了王室的宠爱。巴沙巴还治愈了国王的妹妹兼妻子西拉兰（即圣希尔），[⑨] 阴影让人想起丹尼

---

① Hunter and Coakley 2017，86，Syriac text，196.

② Ibid.

③ Ibid.，pp.97–100.

④ Hunter, Erica C. D., Turfan Connecting with Seleucia–Ctesiphon, *Entangled Religions* 11.6. 2020：https://er.ceres. rub.de/index.php/ER/article/view/8779/8431.

⑤ Hunter and Coakley 2017, p.32.

⑥ 参见 Baum and Winkler (2000, 70) 的详细陈述。术语 Se’ert 表明了它在 1914 年的发现地点，而不是它的写作地点。另见 Wood, Philip.：*Chronicle of Se'ert. Christian Historical Imagination in Late Antique Iraq.* Oxford: Oxford Univ. Press，2013。

⑦ Scher, Addaï., “Histoire Nestorienne (Chronique de S é ert) premi è re partie (II).” In *Patrologia Orientalis V.* Paris: 1908. Firmin–Didot et cie. p.55. 该文提到了这一点，因为木鹿的居民是亚历山大定居点的后裔，大概仍然会说希腊语。

⑧ Scher 1908, pp.253 – 254.

⑨ Ibid.

尔二世，丹尼尔能够解释尼布甲尼撒的梦，而魔术师、驱魔者、占星家和占卜者没能做到，① 并释放了她的恶魔。当她受洗时，巴沙巴引起了皇室的愤怒。沙普尔二世对她的皈依感到愤怒，于是他把他的妹妹兼妻子嫁给了木鹿城的马兹班（总督），有效地将她放逐到萨珊帝国的极端之地。另一方面，巴沙巴似乎留在了萨珊王朝的首都，因为沙普尔二世对圣希尔生下儿子的消息喜出望外，后来将他“举行盛大的仪式”的消息传送到木鹿城。②

祈祷书 MIK III 45 写本上的纪念活动被圣希尔的悼词所感染，但是《塞尔特编年史》有关她的活动信息却是安排在木鹿城为基督教奠基的部分。在她被流放之前，圣希尔命令牧师们将巴沙巴提升为主教，因为到公元 346 年沙普尔二世时在塞琉西亚—泰西封的巴巴斯明（Barba ‘šmin）主教殉难以来，③ 职位一直空缺。到达木鹿城后，她不断地变化，并计划建造一座教堂，仿造泰西封的皇宫建成并予以命名。作为一名皇室女性，圣希尔有能力和权力来建造教堂，但她的行政活动因她的地位和性别受到减损。相反，巴沙巴的任务是执行信仰的路径。《塞尔特编年史》记载，他随身带着牧师和执事、礼拜书籍和装饰品，这些才是建立一个新社区的先决条件。在木鹿城，他为一个祭坛祝圣（大概是在圣希尔委托的教堂里），接受洗礼（包括大量的琐罗亚斯德教教徒），并治愈了疾病。他的门徒们传播信仰，建造教堂并施洗。④ 粟特语圣徒传记的片段提供了许多在叙利亚版本中没有的细节。⑤

① Hunter, Erica C.D., “Traversing Time and Location: A Prayer–Amulet to Mar Tamsis from Turfan” , pp. 23–41, in *From the Oxus River to the Chinese Shores. Studies on East Syriac Christianity in Central Asia and China.* Edited by Dietmar Winkler and Li Tang [Orientalia–patristica–oecumenica v. 5] Salzburg: Lit. Verlag 2013. 25–41.

② Erica C.D. Hunter, “Syriac manuscripts from Turfan: public worship and private devotion” , 2014. https://www. gorgiaspress.com/.

③ Scher 1908, 221–224，p.256. 参见关于 Barbaʿsmin 殉难的描述。

④ Scher 1908, p.256.

⑤ 关于粟特语圣徒传记的文本和翻译，参见 Müller and Lentz, 1934, pp.524 - 25; 另见 fol. 2R ll. pp.26–36。

二、木鹿或许是东方教会向中亚和中国传教的枢纽

木鹿，唐代杜环《经行记》记作“末禄”，“其俗以五月为岁”，[①]公元 755–757 年杜环就在木鹿或其附近地区，该地使用希吉拉历（伊斯兰教历）。木鹿在中国文献中亦称马鲁，是波斯“第一帝国”阿契美尼德帝国总督的所在地，是安息王国马尔基安纳地区的首府，是萨珊王朝的商业和文化中心。651 年后，该地逐渐被阿拉伯人征服，后来是塞尔柱苏丹国时期（1037–1194 年）的东部首都，12–13 世纪初，该城是花剌子模的一大中心，1221 年，该城毁于蒙古入侵。木鹿位于丝绸之路沿线横贯大陆贸易的十字路口，其繁荣和发展的一个主要原因是它在穆尔加布河内陆三角洲的地理位置，该河从兴都库什山脉的源头向北流经卡拉库姆沙漠。这个位置给了木鹿两个明显的优势：首先，它提供了一条从今天阿富汗高地到卡拉库姆低地、阿姆河谷和花剌子模地区的轻松东南 – 西北路线；其次，穆尔加布三角洲是原本干燥的卡拉库姆沙漠中间的一个水源充足的地区，是从伊朗高原西北部到河中地区的丝绸之路路线的天然驿站。该地还成为一个充满活力的宗教文化中心，这里既流行袄教、佛教、摩尼教，也有东方教会的基督教和后来的伊斯兰教。在城区和外郭发现了两座佛寺和一座基督教修道院，表明在这袄教流行地区，也有其他宗教传播。木鹿城是向中亚和中国传教的战略起点，木鹿城成为一个非常重要的传教士中心，是向东通往中国和向西通往塞琉西亚 – 泰西封和安提阿的主要路线的交接口。在宗主教以赛一世（399–410 年）时代之前，没有证据表明在木鹿有主教或都主教的存在。在木鹿东部的撒马尔罕，基督教历史的起源也不清楚。一些学者认为，在 6 世纪中期这座城市是一个关键教区，有人认为它成为都主教区是在宗主教斯里巴・扎卡（Sliba–Zkha，714–728 年）时期，说明东方教会的中亚扩张在 7–8 世纪。[②]

有迹象表明，木鹿城有多种宗教，尤其是东方教会向中亚和中国传播辐射的中心枢纽。在中亚呼罗珊地区的赫拉特、巴尔赫，河中地区的布哈拉、撒马尔罕、片吉肯特、乌尔古特、塔什干，七河地区的楚河流域、塔拉兹、纳瓦卡特、巴拉萨衮、伊塞克湖、阿力麻里等地的东方教会基督教，也都

① 杜环：《经行记》，张一纯笺注，中华书局，2000 年，第 60 页。

② Baum and Winkler 2000, pp.46–47.

是由木鹿传播开去的。同时，有迹象表明，吐鲁番发现的11000多件叙利亚文基督教文献，大多也是由木鹿的东方教会传教士从此出发并携带大量基督教经典进行传播的结果，不然如何解释在吐鲁番布拉依克基督教遗址发现了大约350件有关木鹿城的创始主教巴沙巴传说的残片？我们还未听说过在别处有如此多来自木鹿城传说的写本的发现。那么从木鹿出发沿丝绸之路至少有南北两条路可以到达吐鲁番盆地：北路就是经河中布哈拉、撒马尔罕、塔什干、过塔拉斯河和楚河到阿力麻里，沿天山北路向东到达吐鲁番；另一条南线，向南通过大夏首都巴尔赫，经片吉肯特东部向东，翻越一座山口到达塔里木盆地西部的喀什，然后向北经过阿克苏、拜城、库车到达吐鲁番。

在中亚呼罗珊和河中地区的粟特商人控制了丝绸之路的商业贸易。他们沿着这个轴心在宗教传播中发挥了重要作用，因为粟特大多数商人都是东叙利亚基督徒，在中亚和中国西域，东方教会的基督教主要也是通过叙利亚语、粟特语（包括中古波斯语）以及后来的回鹘语扮演了重要角色。正是在公元6世纪，东方教会的传教士才系统地渗透到中亚地区。到6世纪中叶，东方教会的影响已经跨越了波斯萨珊帝国的边界。在7世纪上半叶，它的传教士沿着丝绸之路越过锡尔河，一直到中国唐朝首都长安。他们使突厥语-蒙古语部落人群的信仰得以改宗。直到7世纪，中亚西部的大部分地区仍然属于萨珊帝国（224–651年），这个帝国在呼罗珊省和东部的塞格斯坦（Segestan）省都有领地。在这两个前东波斯的省份（今天横跨伊朗和阿富汗），基督教在5世纪有了一个缓慢但仍然持续的扩张。在木鹿和赫拉特的东巴克特里亚，基督徒的存在似乎在3世纪就已经被记录下来了。多亏了埃德萨的作家巴代桑（Bardaisan）的《国家法律之书》，我们才知道大约在公元200年前后的里海西南部和巴克特里亚有基督徒。这可能是中亚地区对基督教最早的记载了。在424年召开达迪索会议时，人们提到了木鹿、塞格斯坦和赫拉特主教的存在。木鹿城在544年成了一个都主教的所在地，在赫拉特，大约在585年成为都主教辖区。①

在7世纪，根据公元680年不知名的人物所写的编年史报告说，木鹿城都主教伊利亚斯改变了突厥可汗的信仰，他们显然属于7世纪中叶居住在锡尔河南部的突厥部落。然而，这些不可能是第一批突厥人基督教，因为早在581年，额头上有十字架的突厥人就被关在拜占庭监狱中。众所周知，

① Baum and Winkler 2000, pp.47–48.

552年，两名东叙利亚僧侣将蚕走私到拜占庭，这是西方养蚕的开始。635年，僧侣阿罗本带着图片和书籍来到大唐朝廷，受到皇帝的接见，皇帝委托他将书籍翻译成中文。阿罗本可能来自粟特，因为朝臣们能够用他的母语与他交谈。皇帝随后颁布了一项法令，在法令中，他授予“启蒙宗教”传教的自由，并允许在帝国首都建立修道院，因为基督教强调善良并造福人民。638年，有关部门在帝国首都长安的义宁坊建造了大秦寺一座，安置僧人（修士）二十一人。后来，萨利巴（Saliba，714–728 年）被任命为赫拉特、撒马尔罕和中国的都主教。①

随着向更东边的转移，叙利亚语的能力下降，突厥语和粟特语使用频率转强。在吐鲁番绿洲的布拉依克，基督教徒人数较少，在那里发现了大约 350 件有关木鹿城的创始主教巴沙巴传说的叙利亚文残片。巴沙巴传说残片的一个主题是身体的复活。粟特语和回鹘语基督教文本不是原创作品，而是叙利亚语的翻译，通过这种方式，母教会仍然与散居移民有联系。叙利亚语仍然是那里教堂的礼仪语言，但本地语诗篇和经文片段表明，在礼拜仪式中使用了粟特语。中亚教会结构较为松散，加上距离遥远，无法定期参加东方教会的都主教大会。②

据吉勒曼和克林凯特的《1500 年以前的亚洲基督教史》介绍，③ 当突厥人从七河流域向西进入中亚河中和呼罗珊地区时，打破了嚈哒人之前控制的局面，木鹿的主教伊利亚也赢得了他们中的皈依者，大量的突厥人改宗基督教。④ 一篇关于公元 644 年的资料，即《小编年史》（Chronica Minora），大约在公元 680 年完成，其中描述说：

> 而木鹿的都主教伊利亚，则改变了许多突厥人的信仰。关于伊利亚……据说，当他在边界线（乌浒水）以外的国家旅行时，他遇到了一个准备与另一个国王作战的国王。伊利亚竭力劝他不要打仗，但国王对他说：“如果你向我展示一个类似于众神祭司所示的神迹，我就信你的神。”国王吩咐跟随他的魔法的祭司，召唤他们崇拜的魔鬼，天空就被乌云笼罩，狂风、打雷、闪电大作。

① Baum and Winkler 2000, pp.46–49.

② Ibid., pp.46–50.

③ Gillman and Klimkeit 1999，参见其第 9 章。

④ Hunter, E. C. D., “The Conversion of the Kerait to Christianity in AD. 1007”, in: ZAS 22 (1989–1991), pp. 142–163；Hunter, E. C. D., “Syriac Christianity in Central Asia”, in: ZRGG 44 (1992), pp. 362–368.

伊利亚被神圣的力量所感召，他划了个天上的十字造型，并斥责反叛的恶魔所建立的不真实的东西，它立刻完全消失了。国王见圣伊利亚的所作所为，就伏拜他，他和军队都皈依了。圣人把他们带到一条小溪里，给他们所有人施洗，给他们委派了祭司和执事，然后他们才回到自己的国家。①

根据《小编年史》声称的木鹿的都主教改变了“突厥和其他国家”，他正在他管辖的偏远地区，即“在边界遥远的地方”。韩特指出，在这里，他遇到了实际上是一个小王国的统治者，“一个游牧好战的部落的首领”。统治者的种族身份仍然“有些含糊”，但该描述表明该部落属于7世纪中叶②在锡尔河以南的突厥部落。统治者是突厥人，他的皈依是由于一个标志压倒了萨满教的实践，它被称为 yat 或 yad（yada），“祈雨、祈风、祈雪”的魔法。正如亨特所说：“十字架的符号所产生的直接和戏剧性的结果可能使统治者相信都主教是一个强有力的萨满。”③可以有把握地假设，从随从中任命的祭司和执事，也许是国王的随从，形成了一个教会的核心，在某种程度上与木鹿的司法管辖权有关。这就是里海附近的游牧民族、戴兰米人和吉拉尼亚人的转化的情况。④然而，人们不可能完全放弃所有萨满教。在蒙古后期，有报道称东方教会信众在接受基督教后世代坚持萨满教模式。基督教在西突厥人中一定有相当大的渗透，因为据说在公元581年，那些被拜占庭希腊人俘虏的突厥人额头上有十字架，并刺有黑点。他们说，这是聂斯脱里派建议他们这样做的，以避免灾难。后来在中国的突厥人和蒙古人中使用十字架被13–14世纪的各种西方旅行者所证实。

西突厥人皈依基督教并不是一个短期的问题，因为中亚西部的突厥部落将继续在基督教历史上发挥重要的作用。公元781年，蒂莫西一世（Timothy I），东方教会宗主教（823年）在写给马龙派的圣马龙修道院的信中写道：“突厥国王，连同几乎所有他的国家（居民），离开了他古老的偶像崇拜，成为基督徒，他在信中要求我们为他的国家建一个都主教教区；我们已经

---

① Mingana 1925, p. 305f.

② Hunter E. C. D., “Conversions of the Turkic Tribes to Christianity”, 1988， 转引自上引 Gillman and Klimkeit：*Christians in Asia Before 1500*. 1999，pp.216–218。

③ Ibid.

④ Ibid.

做到了。”[①] 对此问题，韩特指出，在突厥国王的要求下创建一个都主教教区意味着这个主体民族的基督教化，或者是其中相当大的一部分；这一发展的意义也许从后来的马里·伊本·苏莱曼（Mari ibn Suleiman）的评论中传达出来，从此以后提摩西信任了突厥国王和其他国王头衔的资格，突厥国王名称可汗，可能表明后来蒙古在《塔之书》中的影响；然而，他的头衔的资历表明一位最高君主和他的人民完成了皈依。[②] 一直以为“突厥国王”皈依基督教及其王国在公元 782 年是回鹘统治者阿勒颇·骨咄禄·毕伽可汗（Alp Qutlugh Bilga Qaghan）登基于公元 779 年，接下来发生了顿莫贺针对曾使摩尼教成为漠北回鹘国教的牟羽可汗的政变。[③] 然而，他很可能是后来的河中地区的不同突厥部落的统治者之一。有各种各样的例子表明，突厥部落一旦离开家园，就放弃了他们的本土宗教，转向像基督教这样的世界宗教，这为新社会和政治局势下的生活提供了更全面的答案。[④]

在其他报道中亚突厥人基督徒的叙利亚文献中，有一封信被认为是阿赫斯纳亚（Akhsnaya）的著名都主教菲洛克西努（Philoxenus）写给一位努曼的希尔塔（Hirta of Nuʿman）的军队将军阿布·阿夫尔的，菲洛克西努死于公元 523 年，是一位著名的叙利亚作家。他被称为菲洛克西努版《圣经》的作者。这件文献，可能不是他写的，只是利用他的权威先处理某些“异端”事宜，包括东方教会，然后描述了基督教引入突厥人中的情况。作者是一个狂热的雅各布派，可能生活在 8 世纪下半叶。在他的历史记录里，他渴望表明他的教会，尤其是他的安提阿主教，其中也分享了突厥的皈依，那当乌浒水以外的基督教民众宣誓效忠于泰西封的东方教会宗主教时，从技术上讲，他们属于其东方教会的社区，他们这样做是真诚的，而且因为环境的力量，最终由于他们与基督一性论者的安提阿宗主教存在距离而分离了。[⑤] 这份文件很有价值，因为它揭示了 8 世纪突厥人之间的教会情况，尽管它谈到了中国突厥人之间的事件。除了边境城镇哈拉和林的统治者之外，还提到了四位基督教国王，他的名字是“亦都护”。这实际上是突厥统治者的头衔，意思是“神圣福禄的主人”，在 8–9 世纪的漠北回鹘王国

① Mingana 1925, p. 306.

② Baum and Winkler 2000,pp.46–48.

③ Ibid.

④ Gillman and Klimkeit 1999，pp. 127–128.

⑤ Mingana 1925, p. 346f.

时期被突厥国王使用。到 9–13 世纪，这个头衔被高昌回鹘王国的统治者保留下来。信中对突厥人生活和突厥习俗的描述适用于生活在北部地区的游牧民族，那里既没有小麦也不种植葡萄。因此，虽然文本声称描述了菲洛克西努时期的事件，但它实际上强调了回鹘人在迁移到塔里木盆地边缘的绿洲城镇之前的基督教信仰。它所说的大部分被证明对 8–9 世纪的突厥人是正确的。[①] 尽管不是绝对清楚的是"突厥国王"被提摩西一世提到的是否是中国的突厥统治者，很可能基督教使命扩展到蒙古草原和天山北部地区突厥人的生活中。与河中地区的突厥人有密切联系的是粟特人，即居住在锡尔河的南部和北部的东伊朗人，如布哈拉和撒马尔罕等城市。到了 8 世纪，这两个城市都有相当多的基督教社区。根据明甘那的说法，大概在 8 世纪初，在宗主教狄奥多西（Theodosius，858 年）时，撒马尔罕成了一个都主教辖区。[②] 当它成为一个重要的基督教中心时，大概在 5 世纪初或更晚的时候，其信息来源并不十分清楚并一直存在分歧。伊斯兰教的发展确实影响了基督教社区，该地区的教堂变成了清真寺，就像在西亚一样。然而，这两个社区之间似乎都有了一定程度的理解。撒马尔罕在 1260 年通知巴格达的牧首和哈里发，蒙古人已挺进到喀什噶尔。在蒙古人的猛攻中，撒马尔罕教会组织在 13 世纪被重新建立，该城市的都主教在公元 1281 年出席了宗主教雅巴拉哈三世的祝圣仪式。[③] 在马可波罗的时代（1324），他报告说看到施洗者圣约翰有一个漂亮的圆形教堂，基督教社区仍然很繁荣。[④]

东方教会最重要的传教扩张是在大主教蒂莫西一世（780–823）的鼓励下进行的。马尔加的托马斯在他的著作中证实，这位牧首任命了主教，然后派他们去改变远东的非基督徒。他在巴格达的宝座上，不仅控制着附近的都主教教区，而且还控制着很远的地方，远到中亚和中国。他派了准备充分的传教士到那里。[⑤] 在他写给埃兰（Elam）都主教圣塞尔吉斯（Mar Sergius）的信中听到，他为突厥任命了一名主教，甚至要为中国西藏任命

---

① Mingana 1925, p. 350.

② Ibid., p. 323.

③ Budge, E. A. W. (trans.), *The Monks of Kublai Khan, Emperor of China, or the History of the Life and Travels of Rabban Sawma* [. . .] and Markos [.. .], London 1928, p. 156.

④ Moule, A. C. & Pelliot, P. (eds.), *Marco Polo, Description of the World,* vol. 1, London 1938, p. 143f.

⑤ Baum and Winkler 2000, pp.46–50.

一名主教。① 他在信中说："在这些日子里，奉圣灵般地为突厥人指定了都主教，我们正准备奉圣灵为（中国）西藏人指定另一个都主教。" 在另一信中，牧首说，他的时代里，"许多僧侣横渡海洋去寻找印度人和中国人"，他向其通信者通知了中国都主教亡故的信息。② 所以在巴格达的宗主教教廷与 8 世纪亚洲偏远地区的基督教社区之间存在着联系。其他资料也告诉我们，不知疲倦的提摩太一世和他在中亚人民皈依中所扮演的角色。其中一个主要的资料来源是马尔加的托马斯（Thomas of Marga），他与他所写的事件同时代，即在公元 840 年左右，在其《统治者之书》中，他告诉我们，蒂摩太选择了四十多个修道士来传教，其中一些人被他任命为主教。他把他们送到里海东南的戴兰米人（Dailamites）和吉拉尼人（Gilanians）那里，以及那个地区以外的人中。托马斯写道：

> （这些主教）是由神圣的宗主教蒂摩西任命给野蛮民族的汗国，他们缺乏应有的理解和文明。在此之前，没有传教士和传播真理的人去他们的地区，我们救主的福音也没有传给他们；但为什么我要说基督，我们的主的教导，而他们甚至没有像犹太人和其他外邦人（即穆斯林）一样，接受上帝、世界的造物主和管理者，但他们却崇拜树木、碎石木、野兽、鱼、爬行动物、鸟类等，以及对火和星星的崇拜。这些主教在戴兰米人和吉拉尼人的国家，以及他们之外的其他野蛮民族，宣讲基督的教导，并在他们那里播下我们主的福音真理之光。他们向其传福音，给他们施洗，创造奇迹，展示奇才，他们的功绩消息传到了东方最远的地方。你可以从一些商人和大臣为了商业和国家事务而写给（宗主教）圣提摩太的信中清楚地了解到。③

在提摩太时代，被派遣的人特别适合执行传教任务，因为掌握多种语言。因此，从马尔加的托马斯那里听说，提摩太任命的主教圣苏比舒（Mar Subhl-ishu），精通叙利亚语、阿拉伯语和波斯语。④ 在中亚的其他地区，基督教使节和教会领袖也一定有类似的品质。乌浒水以外的地区离宗主教

① Mingana 1925, p. 306.

② Ibid.

③ Ibid., p. 307.

④ Ibid.

的所在地很远，因此东方教会的行为几乎不能揭示它们的历史。就距离而言，中亚和东亚的主教们不可能参加宗主教召开的集会。在阿布迪肖（Abdiso）的《教会律法》中说，撒马尔罕、印度和中国的都主教免除参加教会的总会议，但每个人都必须每六年给宗主教提交一份报告，报告其所在教区的情况。[①] 除了乌浒水以外的一切通常被叙利亚历史学家称为不那么遥远的突厥人和匈奴人，他们有更多亲密交往。[②] 在早期的教会编年史中，河中地区通常被简单地称为"突厥都主教"。关于河中地区主教区存在的最古老的记录是引用圣阿坝的历史，这可以追溯到公元 549 年。有人说在那个地区有一位新任命的主教，但没有提到他住在哪里。[③] 后来的另一个信息来源是埃米尔·伊本·马塔（Amr ibn Matta）14 世纪编纂的乌浒水以外的都主教教堂的半官方名单。埃米尔根据优先级列出主教。在他的名单中，突厥都主教是继中国、印度和撒马尔罕之后的第 22 位，但在汗八里（即吐鲁番北部的别失八里而不是北京）、喀什噶尔和纳维卡特（Navekath）都主教之前。埃米尔指出，在其管辖范围内这些都主教均有 6–7 位副主教。[④] 这反映了元代的场景，呼罗珊和河中地区的突厥人一直延续基督教传统到那个时期，甚至 10 世纪基督教在中国消亡之后还存续着。

在 11 世纪，居住在贝加尔湖和东部蒙古大草原之间的克烈人和他们的可汗一起皈依了东叙利亚基督教。他们保留了两个世纪的基督教信仰，直到 13 世纪蒙古人的出现。克烈基督教的起源在叙利亚的资料中有记载。有一篇文献，是大约在公元 1009 年木鹿都主教阿布迪肖（Abdiso）写给巴格达的宗主教约翰的信说，听说有 20 万"突厥人"，即突厥克烈人，信奉基督教。这位都主教问宗主教他们在大斋节应该吃什么食物，因为当时他们的国家没有合适的食物。巴希布若（Barhebraeus）在其《教会编年史》（*Ecclesiastical Chronicle*）一书中，报道了此事，[⑤] 他说：

> 在那个时代，木鹿的都主教阿卜迪肖……写信并通知大公牧

---

① Mingana 1925, p. 321；另参见上引 Hunter 1989–1991. p. 142ff；他们认为在提莫西一世时期改宗的突厥人属于突厥乌古斯部落。

② Mingana 1925, p. 322.

③ Ibid., p. 322f.

④ Ibid., p. 323.

⑤ Gillman and Klimkeit 1999，pp. 226–227.

首，一个叫克烈的部落的首领……当他在他领地的一座高山打猎时，他被一场暴风雪征服了，漫无目的地绝望地迷路了。当他失去了得救的一切希望时，一个圣人出现在异象中，出现在他面前，对他说："如果你信了基督，我就把你带到正确的方向，你就不会死在这里。"当他答应他要成为基督教羊圈的羔羊时，他指示他并引导他得救；当他安全到达他的营帐时，他召见那里的基督教商人，和他们讨论信仰问题，他们回答说，除非通过洗礼才能实现。他从他们那里取了一本福音书，每天都崇拜它。现在他召我来补救他，或者派他一个祭司给他施洗。他还问我有关禁食的事，并对我说："除了肉和奶，我们没有别的食物。那我们怎么能禁食呢？"他还告诉我，和他一起皈依的人有二十万。宗主教写信给都主教，让他派两个人，一个牧师和一个执事，连同祭坛的所有必要条件，去给所有皈依的人施洗，并教他们基督教的习惯。至于大斋节，他们应该禁肉，但如果他们说，在他们的国家没有大斋节的食物，他们应该被允许喝牛奶。①

在他的《叙利亚编年史》中，巴希布若也提到了这个事件，在公元 1009 年。② 其中提道："就在这一年，一个居住在东部内陆的突厥部族，叫克烈，相信基督，受到指引，并通过发生在他们国王身上的奇迹而接受洗礼。"③

关于"普雷斯特·约翰"的传说，在中世纪的欧洲广泛传播，因为他希望帮助他来对抗穆斯林，④ 这与克烈人有关。他们的国王的名字是汪汗（Ung-Khan）。巴希布若在他的《叙利亚编年史》中清楚地指出了传说中的约翰和国王，这个名字可能是叙利亚语"约汉南"（Yohannan）的变体，即约翰。⑤

克烈人的皈依也在马里·伊本·苏莱曼的《塔之书》中被提到，他

---

① Mingana 1925, p. 308f.

② Hunter 1989–1991, pp. 157ff.

③ Mingana 1925, p. 309.

④ 关于普雷斯特·约翰的传说，可参阅 Rachewiltz, I. de, *Papal Envays to the Great Khans*, London 1971 (Great Travellers), pp. 19–40。

⑤ Mingana 1925, p. 310.

是 12 世纪用阿拉伯语写作的东方教会编年史家。在这里读到了一个关于国王的类似的皈依传说。他遇到的基督教圣徒的名字是圣塞尔吉斯（Mar Sergius），我们知道，他来自撒马尔罕，成为中亚和东亚非常受欢迎的圣人，各种修道院都是献给他的。关于国王转信基督教，苏莱曼描述说，国王设立了一个亭子来代替一个祭坛，里面有一个十字架和一本福音书。都主教问宗主教由于他们没有小麦，他们该怎么办，后者回答说，他要努力为他们找小麦和酒作为复活节使用；至于禁欲，他们在大斋节不应该吃肉，但可以满足喝牛奶。如果他们的习惯是吃酸奶，他们应该吃甜牛奶作为他们习惯的改变。①

韩特（Erica C.D. Hunter）教授在比较了巴希布若的著作后，正确地使用了雅各布派宗主教迈克尔的《编年史》以及马里·伊本·苏莱曼的《塔之书》，并指出：从本质上讲，马里·伊本·苏莱曼和巴希布若的描述一致认为，一个突厥国王和 20 万臣民都皈依了基督教。相比之下，关于在这些皈依者中应用基督教的信息有很大的不同，只集中在对大斋节所带来的饮食困难的关注上。虽然《米吉达尔之书》（Kitabu' l Mijdal，即《塔之书》）和《教会编年史》提供的不同传统表明几乎没有相互依存，但这两种说法中共同提供的信息的核心可能来自木鹿都主教与宗主教约翰六世的原始通信。②

鉴于之前对突厥部落的皈依，韩特得出了这样的结论，虽然《教会编年史》只展示了少量的民族学材料，但巴希布若无疑熟悉克烈部的习俗，因为他们生活于（波斯）伊尔汗国。考虑到他们在突厥部落中的人种学分类，判定他们公元 1007 年的改宗经历应该是合适的。此外，根据基督教遗产和国王的血统，追溯到汪汗和他的前辈到公元 12 世纪中期，巴赫布若可能认为这一事件确实涉及基督教的接受，特别是也没有其他传统可以借鉴。这将是一个方便的解决方案，将克烈部与公元 1007 年的改宗事件相联系。然而，这个问题仍然没有得到解答。这是这个过程中的第三次改宗，尽管如此零星和无关紧要，最初可以追溯到公元 7 世纪中期，乌古斯人在河中地区出现后不久。最后的事件可以归因于公元 11 世纪早期，这表明这些皈依与乌古斯人的侵入该管理区域有关。在这个时候，他们准备扩展到呼罗珊和更远的地方，甚至扩展到巴格达，在那里，一个伊斯兰分支建立了塞

① Mingana 1925, p. 310f.

② Hunter 1989–1991, p. 156f.

尔柱王朝。[1] 说明，公元 1007 年的改宗可能没有影响到克烈部人，在蒙古时期，他是波斯蒙古统治者（13–14 世纪）的盟友。然而到这个时候，他们像包括乃蛮、蔑儿乞特和汪古在内的其他部落一样，都是基督徒。那么，当他们改宗时，仍然留有一个猜测，但克烈部人似乎是该地区的第一批改宗者。一旦基督教在克烈人的土地上建立起来，进一步的传教活动显然就在没有木鹿都主教直接参与的情况下进行了。基督教在直接接触后被传给了邻近的部落。[2]

三、东方教会木鹿教区与高昌回鹘基督教社团的联系

在土库曼斯坦靠近木鹿古镇的地方，考古学家在一个墓地里发现了基督教的墓葬（3–6 世纪），还有一座教堂、一座修道院和其他宗教建筑。在土库曼斯坦南部的阿克 – 特培（Ak–tepe），人们发现了刻有东方教会传统的十字架。看到喀鲁巴 · 科舒克（Kharoba–Kochuk）教堂的遗迹，它位于木鹿北部的道路上，可能建于 5–6 世纪，也许一直活跃到 11–12 世纪，人们可以想象东方教会的建筑在中亚是个什么样子的（见图 4）。[3]

图 4：5–6 世纪所建木鹿城北东方教会的喀鲁巴 · 科舒克教堂（2012 年修复）（来源：Christoph Baumer：*The Church of the East*： *An Illustrated History of Assyrian Christianity*，New Edition, I.B.Tauris 2008，p. 73。）

基督教的大部分粟特语文本来源于吐鲁番绿洲的布拉依克遗址的发现，另有一些文本，尤其是一本基督教神谕书，来自更东方的敦煌“千佛洞”。

---

① Hunter 1989–1991, pp. 161f.

② Gillman and Klimkeit 1999，p. 226–229.

③ Chaillot, Christine, *The Assyrian Church of the East: History and Geography*, Peter Lang, Oxford–Bern–Berlin– Bruxelles–New York–Wien, 1988. 65.

敦煌和布拉依克写本的一个共同特征表明，它们主要是直接从叙利亚语翻译过来的；然而，有一些表明了直接的中古波斯模式。古文字学证据表明，更常用的东叙利亚文和粟特文所写的文本大约在9–10世纪，尽管在5世纪，粟特语人就成为了东方教会的成员。粟特传教士还曾向西藏统治者传播东方教会基督教，拉达克的粟特语崖刻铭文和十字架符号就是证据。①

吐鲁番也是高昌回鹘王国的摩尼教的中心，摩尼教徒认为自己才是真正的基督徒，尽管他们融合了琐罗亚斯德教，并将越来越多的佛教概念融入其宗教。但他们确实使用了新约中的部分内容，尤其是福音书（包括马太：24和25）和波林的书信。此外，他们阅读和抄录了基督教的伪文献，其中一部分是在高昌城摩尼教遗址中被发现的。特别是，那些从善与恶、光明与黑暗的角度对世界进行二元论解释的文本，被他们所珍视。有相当多的数量的写本，确实给我们提供了摩尼教使用基督教作品的范围。在吐鲁番以东更远的地方，在哈密和敦煌西部的其他绿洲城镇，肯定还有基督教徒和摩尼教徒。从埃米尔·伊本·马塔那里得知，哈密城在公元1265年派了其主教约翰去为宗主教丹哈（Denha）登基祝圣。哈密早期可能有一个基督教社区的存在。②

西姆斯－威廉姆斯教授指出③，正如其位置所暗示的那样，基督教传教到中亚及其他地区主要出发点大概就是木鹿，通过叙利亚语和阿拉伯语中传奇故事，展现了木鹿都主教使得突厥部落改宗基督教④，也表达了对带有传奇色彩的传教士和木鹿首任主教巴沙巴的尊敬，七河流域石刻铭文中也出现有巴沙巴名字⑤，吐鲁番布拉依克出土巴沙巴文献是唯一幸存的叙利亚语和粟特语写本，从巴沙巴传说的证据来看，基督教在4世纪下半叶被引入木鹿，教会史和其他历史资料表明，有可能在424年木鹿就成为

---

① Baum and Winkler 2000, pp.168–169.

② Gillman and Klimkeit, *Christians in Asia Before 1500*. 1999，226.

③ Nicholas Sims-Williams, "Christianity III: In Central Asia And Chinese Turkestan", in *Encyclopædia Iranica*, vol. V, fasc. 5, Costa Mesa, 1991, pp. 330–34; available online at http://www.iranicaonline.org/articles/christianity-iii.

④ Mingana 1925, pp. 305–306, 308–311.

⑤ Chwolson D., *Syrisch-nestorianische Grabinschriften aus Semirjetschie, Mémoires de l'Académie Impériale des Sciences de St.-Pétersbourg*, 7th ser., 37/8, St. Petersburg, 1890, 133.

都主教区了[①]，但还需要进一步证实。

韩特教授指出，木鹿城因为其防御工事自然就成了萨珊人的驻军基地，希腊历史学家斯特拉博提到了这一点；在公元 680 年用叙利亚语记载的一部匿名编年史中，在对萨珊城市的唯一现存描述中仍然被提及；木鹿是一条河流，这个城市和地区都以它的名字命名，其内部有十二个单元，在外面的防御工事内是城市区，有许多城堡和粮仓（小麦和大麦种子）、花园和公园；尽管有堡垒，“只有在罕见的强大政府时期，才有可能保护绿洲免受游牧民的袭击”，但矛盾的是，这些入侵使木鹿成为东方教会传教事业的基地。[②]

公元 9 世纪以前，中亚东来道路西起木鹿（也称“谋夫”），[③] 据《资治通鉴》卷 200 记载：“显庆四年（659）九月，诏以石、米、史、大安、小安、曹、拔汗那、挹怛、疏勒、朱驹半等国置州县府百二十七”，以河中地区为主体设立的都督府州主要散见于《新唐书·西域传》，其中就有木鹿州。10 世纪的阿拉伯文《塞尔特编年史》提到了木鹿城的都主教，名叫大卫，他在 524 年篡位的宗主教伊利沙的祝圣仪式中发挥了重要作用。各种各样的原因无疑促成了木鹿的崛起，因为这座城市是萨珊省和圣吉亚纳省的行政所在地，在战略上位于萨珊帝国的东北边界。木鹿在丝绸之路上的交通很好，而其公路通往巴特里亚的赫拉特和巴尔赫，或大呼罗珊干线向西通往东方教会牧首所在地塞琉西亚－泰西封。木鹿作为一个都主教区，接近日益向西移动的突厥部落并渗透伊朗外部草原。这些游牧群体的威胁，在威廉·巴托尔德看来，城市的快速崛起成为呼罗珊统治者的主要目标……以保卫阿姆河的防线。[④]

韩特教授认为，吐鲁番教区是否属于木鹿城或撒马尔罕教区的管辖范围目前虽然还无法确知，但从当地发现的大量叙利亚文残片可以推断，吐鲁番的高昌回鹘时期的东叙利亚基督教是由木鹿直接传播的。木鹿城在公元410年的“以撒克会议”中被列为主教辖区，根据公元544年的“阿坝会议”，

① Chabot 1902, 665–85; Fiey, J. M., “Chrétientés syriaques du Ḥorāsān et du Ségestān”, *Le Muséon* 86, 1973, pp. 75–104.

② Hunter, Erica C.D., The Church of The East in Central Asia, *Bulletin John Rylands University Library of Manchester*, 1996:78 (129–142) 131–133.

③ 许序雅：《唐朝与中亚九姓胡关系研究》，兰州大学出版社，2012 年，第 60 页。

④ Barthold, W., *Turkestan down to the Mongol Invasion*, (London: Oxford Universiry Press, 1928), 77.

这座城市已经成为一个都主教教区。撒马尔罕在 9 世纪中期获得了都主教教区的地位。⑤ 宗主教伊利亚斯三世（1176–1190 年）连续两次任命主教（约翰和萨巴里索）证实了喀什在 12 世纪也是一个都主教教区。⑥ 中世纪的埃米尔·伊本·马泰（ʿAmr Ibn Mattai）和塞利巴·伊本·尤汉南（Selibha ibn Yuhannan）认为喀什可加入与纳瓦卡特的都主教教区，后者被确定为现代吉尔吉斯斯坦伊塞克湖附近的粟特城市，说明喀什的管辖范围覆盖了广阔的塔里木盆地。⑦

在七河地区，从 9–14 世纪，即 500 年的跨度，有大量的基督徒墓志铭于 19 世纪末被发现。从那以后，在该地区还发现了许多类似的墓石。这些铭文是用叙利亚语和突厥语写成的，使用了叙利亚文字母。在两个墓地里就发现了 600 多块墓石，上面刻着十字架和叙利亚文铭文。潘图索夫（N.N. Pantusov）是这一发现的先驱之一，他认为仅在比什凯克附近的一个墓地，面积只有 256×128 米的土地，就有大约 3000 人被埋葬。⑧ 施沃尔森（D. Chwolson）是叙利亚文墓碑铭文首位破译者，在他获得的 610 个铭文中，有 423 件，即约占总数的三分之二的墓石上刻有年代，都是使用萨珊日历和突厥 12 生肖纪年的循环来表示，在墓碑上发现的最早的日期是公元 825 年，其次是 911 年和 1201 年，最后的年代是公元 1367–1368 年。⑨ 这很清楚地表明，这里有一个古老的东方教会传统，一直持续到第二个传教阶段，

---

⑤ Colless, Brian. 1986. “The Nestorian Province of Samarqand.” *Abr Nahrain* xxiv:(51 - 57)52. Hunter, Erica C. D. 1996. “The Church of the East in Central Asia.” *Bulletin John Rylands University Library of Manchester* 78:(129 - 142) 135–136. Dickens, Mark, and Peter Zieme. 2014. “Syro–Uigurica I: A Syriac Psalter in Uyghur Script from Turfan.” In *Scripts Beyond Borders. A Survey of Allographic Traditions in the EuroMediterranean World*, edited by Johannes den Heijer, Andrea Barbara Schmidt, and Tamara Pataridze, Leuven: Peeters. (291 - 328) 586.

⑥ Gismondi, Enrico, ed. 1896 - 1899. *Maris Amri et Slibae. De Patriarchis Nestorianorum. Commentaria, Pars Altera (Amri et Slibae)*. Rome: Excudebat C. de Luigi. 64.

⑦ Hunter, Erica C. D., Turfan Connecting with Seleucia–Ctesiphon, *Entangled Religions* 11.6. 2020：https://er.ceres. rub.de/index.php/ER/article/view/8779/8431.

⑧ Džumagulov, C., “Die syrisch–tiirkischen (nestorianischen) Denkmaler in Kirgisien”, in: MIO 14 (1968), (470–480), p. 472.

⑨ Chwolson, D., *Syrische Grabinschriften aus Semirjetschie*, St. Petersburg 1886 (MAIS, 7e série, 34,4). —— *Syrisch-nestorianische Grabinschriften aus Semirjetschie. Nebst einer Beilage* [...] St. Petersburg 1890 (MAIS, 7e série, 37,8). —— *Syrisch-nestorianische Grabinschriften aus Semirjetschie. Neue Folge*, St. Petersburg 1897.

以蒙古权力的衰落而结束。然而，在这里还有导致基督教传统终结的另一个原因。因为公元 1338 年和 1339 年的墓碑指明了有鼠疫（或黑死病），它一定感染了该地区基督教社区的大多数人口。① 然而，粟特基督教墓葬艺术的一个案例，呈现了一个东方教会基督徒的墓碑图像，可以断代为公元 1301–1302 年，展示了一个十字莲花符号，两侧是两个穿着中国式飘逸长袍的天使，十字莲花被安放在一个祭坛上，让人想起琐罗亚斯德教的火祭坛（见图 5)，其叙利亚文铭文可以翻译为："在亚历山大纪年 1613 年（公元 1301–1302 年），聂斯脱里的解说家，神圣的卡里亚（Karia）之子，他走了，离开了这个世界。" ② 迄今为止发现的最晚墓碑可以追溯到公元 1367–1368 年（即中国元代灭亡的那一年），是纪念"神圣的君斯坦丁夫人"，雕刻精美的铭文四周有一个装饰性的花边，顶部有一东方教会十字架。③

图 5：七河地区叙利亚文东方教会信徒墓碑，祭坛上是十字莲花符号，两侧是天使，现藏彼得斯堡艾尔米塔什博物馆。（来源：Gillman and Klimkeit: Christians in Asia Before 1500. 1999，Plate 31。）

---

① Spuler, B., "Die Mongolen und das Christentum. Die letzte Blutezeit der morgenlandischen Kirchen" , in: *Internationale Kirchliche Zeitschrift* 28 (1938), pp. 156–175; Saunders, J. J., "The Decline and Fall of Christianity in Medieval Asia" , in: JRH 5 (1968–1969), pp. 93–104.

② Klein, W., "Christliche Reliefgrabsteine des 14. Jahrhunderts von der Seidenstrasse. Erganzungen zu einer alttiirkischen und zwei syrischen Inschriften sowie eine bildliche Darstellung" , in: Lavenant, R. (ed.), VI *Symposium Syriacum 1992* [...], Rome 1994 (OCA 247), pp. 419–442. 牛汝极：《中亚七河地区突厥语部族的景教信仰》，《中国社会科学》，2012 年第 7 期，第 163–181 页。

③ Dzumagulov, C., *Jazyk siro-tjurkskich (nestorianskich) pamjanikov Kirgizii*, Frunze 1971, pp. 120–123. 其德文译文见上引 Klein 1994, p. 432。

来自七河和阿力麻里的铭文内容，非常清楚地表明，东方教会的牧师，至少在某种程度上，过着婚姻生活。① 然而，也有一些铭文提到了修道院。最重要的显然是去乡村传道的巡回牧师的办公室。也提到其他宗教人士，特别是正规的牧师和信徒。有一块墓碑上写着：

> 在 1627 年（即公元 1316 年），即日食的一年，即突厥龙年。这是谢利查（Shelicha）之墓，他是著名的解经家和传道者，他用光照亮了所有的教堂，他是彼得的儿子。他以智慧而闻名，说教时他的声音像小号。愿我们的主将他开明的灵魂与正义之人和祖先的灵魂合一，并值得将其融入所有的荣耀中。②

有趣的是，七河地区基督徒和来自亚洲其他地区的基督徒被埋葬在一起，包括印度和中国的。因此，一位妇女被描述为“中国人塔里木”，一个牧师被称为“畏吾儿人巴努斯”，一个普通信众被称为“印度人萨齐克”。更有甚者，墓碑上有记载，人们被埋葬在这里，不仅来自附近，而且来自其他地区，包括波斯、中亚河中、西伯利亚等地区以及中国的新疆、内蒙古和东北地区。③ 这些铭文虽然简洁，但揭示了东方教会社区在七河地区的国际联系，这是中亚一个角落的基督教生活的证据。④ 与七河地区的墓碑有关，其中甚至有叙利亚语 - 亚美尼亚语双语铭文，在现在中国边界东侧的伊犁河谷上游的阿力麻里发现有类似墓碑。阿力麻里是 13–14 世纪察合台汗国统治者的住地。它在当时是东方教会的一个重要中心，这一事实证明，它当时拥有都主教区的地位。阿力麻里的墓碑铭文大多是叙利亚语，也发现了突厥语的墓志铭。⑤ 在阿力麻里西部伊塞克湖地区，主要在纳维卡特也发现了类似的墓碑。纳维卡特在 13–14 世纪也是一个都主教教区。⑥

---

① Stewart, J., *Nestorian Missionary Enterprise. The Story of a Church on Fire [.. .]*, (1928), repr., New York 1979, p. 206.

② Saeki 1951, p. 414.

③ Mingana 1925, p. 335; Stewart 1979, pp. 206f.

④ Stewart 1979, pp. 198–213.

⑤ Džumagulov 1968, p. 473；牛汝极：《新疆阿力麻里古城发现的叙利亚文景教碑铭研究》,《西域研究》, 2007 年第 1 期，第 74–80 页。

⑥ Hage, W., Einheimische Volkssprachen und syrische Kirchensprache in der nestorianischen Asienmission, in: Wiessner, G. (ed.), *Erkenntnisse und Meinungen II*, Wiesbaden 1978 (Gottinger Orientforschungen I. Reihe: Syriaca 17) 1978, (131–160), p. 372; Džumagulov 1968, p. 474.

在吉尔吉兹亚（Kirgizia）的地方发现的墓碑，其中约 15% 刻叙利亚文突厥语铭文，其余都是叙利亚语铭文。最早的几乎都是叙利亚语的，按时间顺序，然后是叙利亚语和突厥语双语的，最后是突厥语的。这表明了一种明显的本土化趋势，随着越往东走，这种趋势就变得越明显。虽然突厥人也会有叙利亚人的名字，但这些名字主要是突厥语名字。虽然较短的铭文只表明死者的名字，但其他人提到他死亡时的年龄，并表明他在其家庭和部落的地位。值得注意的是，这些墓地里不仅有平民，还有可汗和皇后。一段来自吉尔吉兹亚的突厥语铭文记录道：

> 亚历山大大帝纪年 1647 年（即公元 1336 年）12 月 14 日，鼠年的清晨，汗王常适（Changshi——音译）坐在最高位置的宝座上……他为阿勒玛（Alma“苹果”之意）女王准备了一个追悼会。她是一位新娘（？）……那位女士在猪年去世……她死时正好 26 岁。愿为她竖立一块纪念碑，愿她不被她的亲友们遗忘。①

天山山脉以北的突厥基督徒很可能是从吐鲁番地区的基督徒那里学得叙利亚文字的，他们可能从 9 世纪以来就与其有过密切的接触，他们后来被并入察合台汗国的事实，证明其语言属于中古突厥语族的葛逻禄 - 察合台语组。② 马可 · 波罗告诉我们，他在吐鲁番遇到了佛教徒、穆斯林和基督徒，③ 直到蒙古时代，这里一直是基督教的学习中心。在美索不达米亚的叙利亚人的语言用法中，“基督教徒”和“畏吾儿人”几乎是同义词。④ 这让我们想起了在伊拉克摩苏尔附近的一处基督教圣贝南陵墓上的回鹘文铭文。⑤

圣贝南陵墓是纪念萨珊时期的殉道者，也是阿索（亚述）的本地人，位于圣修道院旁边，摩苏尔东南约 30 公里处，亚述古都卡尔鲁（Kalhu，也叫 Nimrud）东北几公里处。这座八角形的建筑里靠墙建造了殉道者精致

---

① Džumagulov 1968, p. 478.

② Gillman and Klimkeit, *Christians in Asia Before 1500*. 1999，229–232.

③ Moule, A C. & Pelliot, P. (eds.), *Marco Polo, Description of the World*, 2 vols., London 1938. vol. 1, p. 156.

④ Hage 1978, p. 372.

⑤ Amir Harrak & Niu Ruji, “The Uighur Inscription at the Mausoleum of Mār Behnam, Iraq”，*Journal of the Canadian Society for Syriac Studies*，Vol. 4 (2004),66–72. 另见牛汝极著：《十字莲花：中国元代叙利亚文景教碑铭文献研究》，上海古籍出版社，2008 年，附录五，第 260–267 页。图 6–8 均来源本文。

的坟墓，上面有一个蜂窝状的半拱顶。坟墓的正面（见图 6）可以追溯到 13 世纪末，因为有叙利亚语和阿拉伯语的铭文（见图 7）提供线索。这里值得注意的是用回鹘文回鹘语雕刻的铭文，被放置在整个坟墓的正面顶部（图 6 灰色区域）。在这个位置，浮雕长 1.5 米，铭文突出，内容证明了其重要性，因为在该地区回鹘文并不是当地人所熟知的文字。哈利维（J. Halévy）在一个多世纪前研究刊布了这则回鹘文铭文（见图 8），并将它与一份写文本一起出版①。然而，令人惊讶的是，尽管回鹘文、叙利亚语和阿拉伯语的研究取得了进展，但似乎没有学者质疑哈利维的著作。1907 年，波格农（H. Pognon）在讨论陵墓的铭文时，被动地提到了哈利维之前的研究；② 直到 1970 年，已故的费野（Fr. J. Fiey）采用了哈利维的翻译，③ 甚至将后者的法语翻译成英语。④ 因此，值得回顾一下哈利维的工作，我们首先提供他的转写和对回鹘语铭文的法语翻译的中文：

Ghidir Ilias Yarghoudi Alghisi il-Ghan Ghabirlar Ghadounlar-Ka Ghonsoun Ornassoun。

愿对科迪尔·伊利亚斯（Khidir-Ilias）（圣乔治）的祝福……与伊尔汗（波斯蒙古国王的头衔）及他的长辈和他的妻子们同在。

虽然哈利维对铭文的理解大多是健全的，但仍然需要改进，下面是我们的新转写和译文：

回鹘文铭文重新标音：

mr qdyr ''lys-nyng qwt-y ''lqyš-y 'ylq'nq' b'g-l'r q'twn-l'r-q' qwn-zwn 'wrn'š-zwn

回鹘文重新转写：

mar qïdïr alïyas-nïng qut-ï alqïš-ï ilqan-qa bäg-lär qatun-lar-qa qon-zun ornašzun.

回鹘语铭文重新翻译：

---

① J. Halévy, "Déchiffrement et interprétation de l' inscription ouïgoure", *Journal Asiatique*, Septembre–Octobre 1892, pp. 291–292.

② Pognon, H., *Inscriptions sémitiques de la Syrie et de le Mésopotamie* (Paris: Imprimerie Nationale 1907), p. 140.

③ Fiey, J., M., *Assyrie Chrétienne*, vol. II (Beirut, 1965), p. 678.

④ Fiey, J., *Mar Behnam, Touristic and Archaeological Series 2* (Baghdad: Ministry of Information, 1970), p. 19.

愿主教科迪尔·伊利亚斯的幸福和赞美降临到伊尔汗、大臣和贵妇身上吧！

人们可能迫切想知道，一则回鹘文铭文是如何进入美索不达米亚一个基督教陵墓的，以及它所指的“伊尔汗”实际是谁呢？在修道院的教堂内，在圣马修神殿大门与圣萨拉神殿大门之间南墙上书写的叙利亚语铭文回答了这两个问题。以下是对叙利亚语铭文的翻译：①

希腊历 1606 年，胜利之国王汗拔都攻击了阿索（Athor= 亚述）及其周围这片土地，神圣的圣贝南的城镇，攻下了这城，并进行了一场大屠杀。他去了摩苏尔，但没有入侵它。后来，他去了埃尔比勒（Erbil）地区，在他身后留下了其军官，他们洗劫了乡村和修道院。军官们派他们的人到大修道院（马尔马塔），带走了磨坊里的骡子，以及许多白银和黄金。其中一个人来到了洼地的修道院。打开大门走了进去。他拿走了神圣的器皿、面纱和其他东西。祭坛上什么也没有留下。除了福音和神圣的圣物之外，上帝遮蔽了他们的眼睛！修道士拉班·雅各布去见胜利的国王。并把后者拿走的一切都放回了修道院。可汗甚至用他自己的财富送给了圣人一份礼物，并向圣徒致敬。国王对此感到抱歉。

公元 1295 年，入侵的蒙古军队抢劫了修道院和圣贝南的陵墓，当时在这个修道院里或许有来自高昌回鹘汗国的基督徒，这解释了为什么有回鹘文铭文的问题。修道院院长雅各布随后报告给了伊尔汗王拔都，蒙古国王不仅对这一事件感到遗憾，还向修道院的守护神献上了祭品。从叙利亚铭文可以清楚地看出，伊尔汗王即拔都汗。这些日期也证实了这些小事件的历史事实。1295 年，蒙古人袭击了修道院和陵墓。在陵墓的纪念碑纵立面的三个臂章上雕刻的叙利亚铭文，使这个纵立面的建筑，包括回鹘文铭文，可追溯到塞琉西纪年 1611 年，相当于公元 1300 年。因此，蒙古人的突袭，修道院雅各布院长的抱怨，以及伊尔汗的遗憾，回鹘文铭文的顺序，以及它融入整个新的陵墓结构，都是在五年内发生的。

① 波格农（H. Pognon）是第一个研究刊布此叙利亚文铭文者；参见上引 Pognon：*Inscriptions Sémitiques*, pp.135–136, and pl. X 76 (copy)。

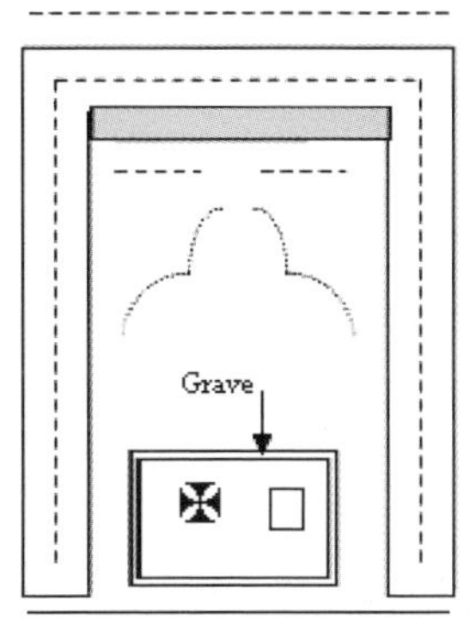

图 6：回鹘文铭文在陵墓的灰色区域

图 7：圣贝南陵墓的正面

图 8：描述 1294 年蒙古人袭击的叙利亚铭文

从上述回鹘文铭文可以看出，当时有回鹘基督徒在如此遥远的美索不达米亚的亚述古都卡尔鲁和摩苏尔等地活动并保持与吐鲁番的高昌回鹘基督教社区的联系，至于距离更近的木鹿，相信两地之间的交流会更加频繁。

景教士的波斯东方教会身份考辨①

柳博赟②

内容提要：在华的景教教士为自己正名，改“波斯寺”为“大秦寺”，并立起了一块《大秦景教流行中国碑》，用溢美之词描述了他们信仰的起源地“大秦国”。实际上，这些教士来自波斯本土或大波斯文化圈的东方教会，并非来自东罗马帝国的官方宗派卡尔西顿派。长期的政治、地理和宗派隔阂使他们对东罗马帝国了解有限，而他们的名字、用词、宗教实践，则体现出了浓厚的波斯和东方教会特色。本文将对景教碑文本体现出来的波斯和东方教会独有的特点做出分析，也对不符合这些特点的难解之处做出一些诠释。

关键词：景教士，景教碑，波斯身份，东方教会

The Cultural and Religious Identity of the Clergy of the “Luminous Teaching” in Tang Dynasty China

LIU Boyun

Abstract: The clergy of the “Luminous Teaching” in China decided to rectify their name by changing the appellation “Persian Church” to “Da Qin Church” and erecting a “Stele of the Diffusion of the Luminous Teaching of Da Qin in China.” It describes in glowing terms the place of origin of their religion, the country of “Da Qin.” In reality, these clergy came from the Church of the

① 本文受到国家社科基金冷门绝学研究专项“景教文献的叙利亚语背景思想研究”（项目编号22VJXG036）的资助。[This paper is a result of the research project “Syriac Background of the Jingjiao Texts” funded by The National Social Science Fund of China (Project No. 22VJXG036).]

② 柳博赟，北京语言大学高级翻译学院副教授。

East either in Persia proper, or greater Iran, not from the official Chalcedonian church of the Eastern Roman Empire. Centuries of political, geographical, and denominational divide had left them with limited knowledge of the Eastern Roman Empire. On the contrary, their names, diction, and religious practices reflect a strong Persian and Church of the East identity. This paper will provide an analysis of the unique Persian and Church of the East characteristics embodied in the Stele inscriptions, as well as tentative explanations for certain statements and practices in the same text that are not in line with these characteristics.

Key words: clergy of the "Luminous Teaching", Stele of the Diffusion of the Luminous Teaching of Da Qin in China; Persian identity, Church of the East

一、景教士来自波斯

景教入华之时，其宗主教驻锡地为萨珊波斯帝国的首都塞琉西亚－特西丰（Seleucia–Ctesiphon），[①] 大德阿罗本是受波斯总会所差派而赴华任主教一职。[②] "大德"即唐代汉译"主教"，叙利亚语作 ܐܦܝܣܩܘܦܐ，可在大秦景教流行中国碑"大德曜轮"双语铭文处得到佐证。景教碑所记景教士之原名，亦有用叙利亚语字母书写的波斯语名，而非叙利亚语名。例如：僧惠明（ܦܫܘܠܘܟ ܡܗܕܕ）、僧敬真（ܦܐܒܩܕܪܐ）。还有三位景教士的原名，是叙利亚语和波斯语两部分结合而成：僧宝达（ܐܝܫܘܥ ܕܕܝܫܘܥ）、僧景福（ܝܫܘܥܕܕ）、僧文明（ܝܫܘܥܕܕ），后二者同名。其中的 ܕܕ 是波斯语的"给

① 东方教会的塞琉西亚－特西丰公主教区，为公主教帕帕（Papa）280 年左右所设立。参见 W. A. Wigram, *An Introduction to the History of the Assyrian Church, 100–640 AD* (London: Society for Promoting Christian Knowledge, 1910), pp. 44–55. 以及 Jean Baptiste Chabot (ed.), *Synodicon orientale, ou, Recueil de synodes nestoriens* (Paris: Imprimerie Nationale, 1902), pp. 43–53。

② 关于阿罗本波斯原名拼写的考证，参见 Max Deeg,《瓦砾の山から神を掘る——景教文献と研究のイデ"オロキ"ー》，京都大学人文科学研究所编：《中国宗教文献研究》，东京：临川书店，2007，第 411–426 页。宁梵夫（Max Deeg）将阿罗本对音为 Ardabān，"由法守护的人"。之前较为流行的对音，是将阿罗本原名考证为"亚伯拉罕"。这种对音的首创者是羽田亨，佐伯好郎循用了这一名称来翻译景教文献，影响很大。参见佐伯好郎：《景教の研究》，东京：东方文化学院东京研究所，1935，第 510 页，以及 P.Y. Saeki, *The Nestorian Monuments and Relics in China* (Tokyo: The Maruzen Co., 1951), p. 85。关于阿罗本原名的其他对音尝试，参见 Kahar Barat, "Aluoben, A Nestorian Missionary in 7th Century China," *Journal of Asian History*, No. 2 (2002), pp. 184–198。

予”（dād，中古波斯语和新波斯语都是这样拼写）。即使是立景教碑的景净本人，其父伊斯之原名亦为波斯语 ܝܙܕܒܘܙܝܕ，原籍为吐火罗斯坦的巴尔赫，① 属于大波斯文化圈。景教碑上使用的“中国”（ܨܝܢܣܬܐܢ）一词，是采用了波斯语的“斯坦”后缀表示国家，即“秦人斯坦”或“秦人之国”。碑文中对景教士的赞誉“清节达娑”则是波斯语中的“敬畏（上帝）者”（中古波斯语 tarsāg 或新波斯语 tarsā）的汉语音译，② 或同属伊朗语的粟特语 tarsāk（叙利亚字母拼写的粟特语作 ܛܪܣܐܩ）一词的汉语音译。

事实上，景教在向唐朝统治者正式申请更名为“大秦寺”之前，一直被称为“波斯经教”，而神职人员也被称为“波斯僧”。如《唐会要》卷四十九所记：“贞观十二年七月，诏曰：‘道无常名，圣无常体。随方设教，密济群生。波斯僧阿罗本，远将经教，来献上京。详其教旨，元妙无为。生成立要，济物利人，宜行天下。所司即于义宁坊建寺一所，度僧廿一人。’”而随后唐玄宗的更名诏书，也是使用了“波斯经教”的名称：“天宝四载九月，诏曰：‘波斯经教，出自大秦。传习而来，久行中国。爰初建寺，因以为名。将欲示人，必修其本。其两京波斯寺，宜改为大秦寺。天下诸府郡置者，亦准此。’”同样，《册府元龟》卷五四六记：“柳泽开元二年为殿中侍御史、岭南监选使，会市舶使、右威卫中郎将周庆立、波斯僧及烈等，广造奇器异巧以进。”卷九七五则记：“开元二十年八月庚戌，波斯王遣首领潘那蜜与大德僧及烈来朝，授首领为果毅，赐僧紫袈裟一副及帛五十疋，放还。”③ 也就是说，至少从唐太宗贞观十二年（638 年）到唐玄宗天宝四载（745 年），景教士都是以“波斯”身份示人的。

我们可以这样理解：来华景教士的母国为波斯，而非本教起源地“大秦”（东罗马，后亦称拜占庭），④ 但其宗教身份则为超越国家界限的“叙利亚基督教”，其具体的宗派归属为东方教会。“叙利亚基督教”是一个广义的称呼，但如果我们仔细考察宗派的差异，那么，虽然当时波斯基督徒与

---

① 巴尔赫（Balkh），唐代有“缚喝国”“小王舍城”和“白题国”等译名。

② 景教碑的年代是 781 年，8 世纪正是中古波斯语向早期新波斯语过渡的时期。

③ 关于及烈的行动轨迹，参见荣新江：《一个入仕唐朝的波斯景教家族》，载叶奕良主编：《伊朗学在中国论文集》第 2 集，北京：北京大学出版社，1998 年，第 88–89 页。

④ 关于“大秦”即东罗马的考证，参见 Matteo Nicolini-Zani, *The Luminous Way to the East: Texts and History of the First Encounter of Christianity with China*, (trans.), William Skudlarek (Oxford: Oxford University Press, 2022), p. 66。亦可参见 A.C. Moule, *Christians in China before the Year 1550* (Mansfield Centre, CT: Mansfield Publishing, 2011), p. 35, n. 12。

拜占庭帝国东部的很多基督徒都使用同一种宗教语言和日常语言，但其宗派归属未必相同：拜占庭帝国的叙利亚基督徒亦分属麦尔基特派（Melkite）、一性论派（Miaphysite，即今日叙利亚正教教会 Syriac Orthodox Church）等不同宗派。①

公元410年，东方教会在波斯王伊嗣俟一世（Yazdegerd I）②的倡议下，召开了塞琉西亚—特西丰会议（Council of Seleucia–Ctesiphon，亦以塞琉西亚—特西丰主教的名义称之为 Synod of Mar Isaac）。在这次会议上，他们确定了本教会在组织上独立，不再归属于安提阿宗主教牧区。公元 424 年会议（Synod of Mar Dadisho）将教会首领的“公主教”教阶改称“宗主教”，亦称“公主教—宗主教”，标志着东方教会不仅独立自主，而且与其他五大宗主教牧区平起平坐。公元 484 年会议（Synod of Mar Acacius）则确定了教会神学的安提阿学派立场（在后世眼中，东方教会和叙利亚正教教会都属于“非卡尔西顿派”），以及禁止强制独身等教规，在思想上也独立了。

之后的几个世纪里，波斯帝国和拜占庭帝国之间冲突不断，一直到 7 世纪伊斯兰教兴起的时候。在这段时期，波斯帝国境内与拜占庭帝国境内都有大量讲叙利亚语的基督徒，但由于政治、地理、宗教理念的隔阂，他们之间的交流较为有限。不仅如此，巴赫拉姆五世（Bahram V，420–438 年在位）、伊嗣俟二世（Yazdegerd II，438–457 在位）等波斯王怀疑境内基督徒暗通拜占庭敌对势力，于是对基督教进行全面打压，又进一步切断了波斯基督徒和拜占庭之间的联系。③拜占庭帝国内召开的几次重要的宗教会议，如 431 年以弗所会议、451 年卡尔西顿会议，东方教会都未

① 本文采用“东方教会”“叙利亚正教教会”的称呼，不使用“聂斯托利派”“雅各比派”这些带有贬义的称呼。

② 中文典籍中也将伊嗣俟这一名字称为“伊嗣俟”，应为手民之误。按中古波斯语和中古汉语对音，伊嗣俟应为正确译法。

③ 关于 5 世纪波斯帝国对境内基督徒的迫害，参见同一时期的史料，如 Marc. com. a.420.2 - 3。拉丁语 - 英语双语本参见 Marcellinus Comes, *The Chronicle of Marcellinus* (ed.) Theodor Mommsen, (trans.), Brian Croke (Sydney: Australian Association for Byzantine Studies, 1995), pp. 12–13。奥古斯丁也有所记载：“在我们的时代，波斯的情况又如何呢？那里的基督徒不是受到了严酷的迫害吗（不知现在是否结束了）？很多基督徒逃难出来，甚至来到了罗马的城镇。” Augustine, De civ. dei XVIII.52, 英译本参见 Saint Augustine, *The City of God,* Books XVII–XXII, (trans.) Gerald G. Walsh, S.J. and Daniel J. Honan (Washington, D.C., The Catholic University of America Press, 2008), p.176。

曾听说，更不曾参加。[1] 再之后的 553 年第二次君士坦丁堡公会议，参会主教们通过了“三章谴责”，即谴责摩普绥提亚的提奥多若（Theodore of Mopsuestia）其人及著作、居罗斯的提奥多雷（Theodoret of Cyrrhus）的某些著作，以及埃德萨的伊巴斯（Ibas of Edessa）至波斯哈尔达西主教马里（Maris, Bishop of Hardashir）的信件。其中前两位是东方教会所尊崇的圣师，这也标志着罗马帝国的卡尔西顿派教会在神学上与东方教会彻底划清界线。

后来几位波斯王的宗教政策相对温和，东方教会在波斯有所发展，甚至向更远的东方扩展。景教则是在萨珊波斯帝国末期，从东方教会的塞琉西亚－特西丰总会一直向东，到了“极东之地”中国。在这段时期里，他们并未和西边的罗马教会有多少交流，而他们对本教的起源地、当初基督诞生的东罗马帝国，即波斯之西的“大秦”，已经很陌生了。

二、景教士眼中的“大秦”

景教对“大秦”的描述，是基于中国文献以及他们自己的想象。在景教碑中，他们使用了很多溢美之词来书写自己的精神故土：“案《西域图记》及汉魏史策，大秦国南统珊瑚之海，北极众宝之山；西望仙境花林，东接长风弱水；其土出火浣布、返魂香、明月珠、夜光璧；俗无寇盗，人有乐康。法非景不行，主非德不立。土宇广阔，文物昌明。”

《西域图记》是裴矩所写，“共成三卷，合四十四国”。这部书写成于 606 年初，当年即献给了隋炀帝。现在此书已经失传，只有《隋书》卷六十七“裴矩传”收录了它的序言。裴矩的四十四国列表提到了拂菻国，也就是大秦国。可惜的是，序言中并未对其进一步详细描写。至于“汉魏史策”，应指《后汉书·西域传》：“大秦国，一名犁鞬；以在海西，亦云海西国。……其人民皆长大平正，有类中国，故谓之大秦。”以及《三国志注》引《魏略》：“大秦国一号犂靬，在安息、条支西大海之西，从安息界安谷城乘船，直截海西，遇风利二月到，风迟或一岁，无风或三岁。其国在海西，故俗谓之海西。有河出其国，西又有大海。……其俗人长大平正，似中国人而胡服。自云本中国一别也，常欲通使于中国，而安息图其利，不能得过。”

从这些古代中文文献，我们可以看到有“其人民皆长大平正”这样的

---

① 关于这一时期的历史背景，参见 Matteo Nicolini-Zani, *The Luminous Way to the East,* ibid., p. 6。

夸赞，但也仅此而已，并未对他们的本地特产和道德水平做出评价。景教碑则更进一步，不仅说大秦国临近仙境，盛产奇珍异品，而且“俗无寇盗，人有乐康。法非景不行，主非德不立”。这已经是有些超越现实的叙事了。正如前文所说，在几个世纪之间，由于政治、地理、宗派的隔阂，来自波斯的东方教会基督徒已经对拜占庭很陌生了。他们的浪漫主义想象，很可能是出于自身境况的投射以及一些现实的考虑。首先，东罗马是本教的起源地，而且当时已经以基督教为国教，而波斯并非如此。这很容易导致东方教会基督徒对拜占庭的印象理想化。其次，同样入华的祆教、摩尼教也有波斯背景，尤其是作为波斯国教的祆教。景教徒在选择自身名称的时候，很自然会有意与波斯祆教拉开距离。转而使用大秦的名称无疑是一种合理的做法。再次，“大秦国”在中国典籍中的形象比较正面，强调本教乃是大秦国教可以带来积极影响。无独有偶，19 世纪英国坎特伯雷大主教的宣教事工(Archbishop’s Mission to the Assyrian Christians)为东方教会选择了“亚述”民族身份。① 对于强大的古代“亚述”帝国后裔这一光辉形象，他们欣然接受，并于 1976 年修改教会名称为“亚述东方教会”。以修改教会名称来强调某一身份认同，这种做法可谓跨越古今了。

三、景教碑的东方教会因素

景教碑的东方教会色彩非常明显。比如，“削顶以无内情”，这遵循的显然是卡什卡尔的亚伯拉罕（Abraham of Kashkar，492–586）受都主教尼西比的西缅（Metropolitan Simeon of Nisibis）委托，于 571 年所设立的修道士剪发礼。② 这种剪发礼要求削掉头顶的头发，剩下的头发沿着脑袋围

① 参见英国宣教事工总负责人 Wigram 所著的三部书：W. A. Wigram, *An Introduction to the History of the Assyrian Church*, ibid.; W. A. Wigram, *Our Smallest Ally: A Brief Account of the Assyrian Nation in the Great War* (London: Society for Promoting Christian Knowledge, 1920); W. A. Wigram, *The Assyrians and Their Neighbors* (London: G. Bell & Sons, 1929)。

② 在叙利亚语文献中，卡什卡尔的亚伯拉罕亦称“大亚伯拉罕”（Abraham the Great），以区别于同名的 2 世纪东方教会最高领袖。关于亚伯拉罕设立剪发礼，参见“The Rules of Abraham of Kaškar”，in Arthur Vööbus, *Syriac and Arabic Documents Regarding Legislation Relative to Syrian Asceticism* (Stockholm: The Estonian Theological Society in Exile, 1960), pp. 150–162.; Thomas of Merga, *Book of the Governors: The Historia Monastica of Thomas, Bishop of Marga A.D. 840*, Vol. 2., (trans.), E.A. Wallis Budge (London: Kegan Paul, 1893), pp. 40–41.; Ishoʿdnaḥ, *Le Livre de la chasteté*, (ed. and trans.), Jean Baptiste Chabot (Rome: L'École française de

成一圈，被称为“从头发而来的冠冕”（ܟܠܝܠܐ ܡܢ ܣܥܪܐ）。冠冕即殉道的象征，在《新约》中，“殉道”一词的含义即为“戴上冠冕”，《使徒行传》所记第一位殉道士司提反（Στέφανος）的名字在希腊语中即是“冠冕”的意思。[①] 修道士将头发剪成冠冕的样子，是表示纪念为信仰而殉道的先贤，而自己也对殉道无所畏惧。卡什卡尔的亚伯拉罕决定采用这种剪发礼，除了其象征意义之外，也是为了与同一语言、同一文化、不同宗派的叙利亚正教教会修道士区别开来。叙利亚正教教会的修道士剪发礼，是在脑袋的前后左右各竖着剃下去一道，从上往下看是一个十字架的样式。[②] 这两个宗派虽然都是叙利亚人，却因为神学立场的不同而剑拔弩张。东方教会甚至称叙利亚正教教会的修道士为“受诅咒的剪发礼之子”，并把他们描述为道德堕落的“塞维鲁斯派”（Severan）异端。[③]

卡什卡尔的亚伯拉罕的修道章程亦被其继任者伊兹拉山的达底数（Dadisho of Mount Izla）所继承，[④] 后面的修道院院长也沿用了这些章程，其中包括剪发礼。及至 7 世纪中期，这种剪发礼不仅在整个东方教会确定了下来，而且写进了总会决议之中。这种剪发礼一直延续到了 15 世纪。[⑤] 公元 781 年所立的景教碑，就是反映了这样的一个礼仪传统。按照文本中的叙利亚语称呼来看，景教寺中是有修道士（ܕܝܪܝܐ）的，[⑥] 那么他们应该

Rome, 1896), no. 14。亦可参见 Addai Scher (trans.), *Histoire Nestorienne (Chronique de Seert)*, seconde partie (I) (Kurdistan: Archevêque Chald é en de Seert, 1909), pp. 134–135。

① 有一个 5 世纪以来的基督教传统，认为司提反本名为卡里勒（ܟܠܝܠܐ），即亚兰语中的“冠冕”。参见 John J. Pilch, *Stephen: Paul and the Hellenist Israelites* (Collegeville, Minnesota: Liturgical Press, 2008), p. xv。

② 参见 Joseph Simonius Assemani, *Bibliotheca Orientalis Clementino-Vaticana*, vol. 3, pt. 2 (Rome: Typ. Congregationis de Propaganda Fide, 1730), p. 905。关于叙利亚正教教会使用与卡尔西顿派和东方教会都不同的“十字剪发礼”的历史背景，参见 Dale T. Irvin and Scott Sunquist, *History of the World Christian Movement: Volume 1: Earliest Christianity To 1453* (Edinburgh, Scotland: T&T Clark, 2001), p. 249。

③ 参见 E.A. Wallis Budge (ed.), *The Histories of Rabban Hôrmîzd the Persian and Rabban Bar-'Idtâ* (London, Luzac and co., 1902), pp. 85–90。塞维鲁斯即叙利亚正教教会宗主教安提阿的塞维鲁斯（Severus of Antioch）。

④ 参见 “The Rules of Dadišo,” in Arthur Vööbus, *Syriac and Arabic Documents*, ibid., pp. 163–175。

⑤ 676 年会议提到的剪发礼，参见 Jean Baptiste Chabot, (ed. and trans.), *Synodicon orientale*, ibid., p. 487。关于东方教会剪发礼的时间跨度，参见 Gerhard Wilflinger and Peter Hofrichter, (eds.), *Syriac Dialogue, Sixth Non-official Consultation on Dialogue Within the Syriac Tradition* (Vienna: Pro Oriente, 2004), p. 152。

⑥ 景教碑的叙利亚语部分中，写明是“ܕܝܪܝܐ”的即为修道士，其他并非守独身者。但中文部分并未做出区分，全部称之为“僧”。

就是接受了这种“削顶”的剪发礼。“削顶以无内情”的表达，也与7世纪东方教会灵修作家卡塔尔的达底数（Dadisho Qaṭraya）所说的修道士“应全然爱主、内心安稳、毫无私欲，头顶有荣耀冠冕”高度一致。①而且，“削顶”的用词非常精准，也把景教的宗教仪式与同样有剪发仪式、但要将头发全部剃掉的佛教僧人区别开来。②

其次，“击木震仁惠之音”也明确体现了东方教会以小锤敲木板，来通知会众前来参加教会仪式的做法。东方教会起初与其他宗派一样鸣钟，因为金属质地坚实，声音传播较远。但是，到了伊斯兰征服的时代，情况就有所变化了，基督徒开始受到社会的种种限制。伍麦叶王朝哈里发欧麦尔二世（Umar II，717–720年在位）甚至制定了宗教歧视性条款，禁止基督徒在教堂鸣钟、大声祷告、身着军装、使用马鞍。③东方教会的基督徒遂全部转而使用木板来代替钟。9世纪主教马尔加的多马（Thomas of Marga）曾经描述了卡什卡尔的亚伯拉罕的学生巴拜（Babai the Great）担任第三任修道院长时的修道院礼仪，其中就有“敲击木板召集会众”的记载。④虽然他讲述的是7世纪初的事情，但文本反映的应当是9世纪写作之时的情形，此时木板已经普遍取代钟了。这种敲木板的做法，一直延续到19世纪，在中东库尔德地区居住的“山地亚述人”（“亚述人”即东方教会成员）仍然每天早晨敲木板召集会众。直到20世纪上半叶，东方教会才在西方宣教士的影响下重新开始使用金属钟。⑤

按照马尔加的多马的记载，负责敲木板的是看管圣器的神职人员。我

---

① Dadisho Qaṭraya, *Commentaire du livre d'abba Isaïe par Dadisho Qaṭraya*, (ed. and trans.) René Draguet (Louvain: Peeters, 1972), pp. 9–10.

② 唐朝佛教多用“剃度”一词，如唐·顾况《虎丘西寺经藏碑》：“神龙初，八岁剃度，万会一览，学际天人。”唐·惠英撰，胡幽贞纂：《大方广佛华严经感应传》：“欲教二女令得剃度”。而“削顶”一词要到宋朝才广泛使用，如宋《高僧传》卷第十四：“投簪削顶，具佛幖帜。”

③ E.A. Wallis Budge, (ed. and trans.), *The Chronography of Gregory Abu'l Faraj 1225-1286, The Son of Aaron, The Hebrew Physician Commonly Known as Bar Hebraeus*, Vol. 1. (London: Oxford University Press, 1932), p. 109.

④ Thomas of Merga, *Book of the Governors*, ibid., pp. 54–55. 其中“木板”一词为 ܐܫܩܘܢ，至今词义不变。关于 ܐܫܩܘܢ 词条，参见 Jessie Payne Smith (ed.), *A Compendious Syriac Dictionary* (Eugene, Oregon: Wipf and Stock Publishers, 1999), p. 350。

⑤ 参见 Thomas Laurie, *Dr. Grant and the Mountain Nestorians* (Boston: Gould and Lincoln, 1853), p. 134. 以及 Audrey R. Vine, *The Nestorian Churches: A Concise History of Nestorian Christianity in Asia from the Persian Schism to the Modern Assyrians* (London, Independent Press, 1937), p. 90。

们在景教碑上正好能够看到“圣器管理员”的字样。他的中文名字是“僧崇德”，而紧随其后相对应的叙利亚语原名和职务，是“圣器管理员雅各”（ܐܝܥ ܩܘ ܒܘܘܕܝ）。因此，他应当就是在景教大秦寺里负责“击木震仁惠之音”的人。

第三个例子是与上一个例子相关的“七时礼赞”。这指的是东方教会礼仪中，从第一天晚上六点钟到第二天下午三点钟的七次日课仪式。由于地理、语言、文化相近，叙利亚的礼仪传统和希伯来传统相似，都是以晚上六点钟左右日落之时为一日的开始，直至今日仍是这样。①

当然，对教会宗派归属最为明确的宣称，还是景教碑文本最后的那句“时法主僧宁恕知东方之景众也”。虽然景教碑落成的 781 年，东方教会宗主教宁恕（Hnanisho II）已经去世，在位的是提摩太一世（Timothy I），但消息显然还没有传到长安。于是，景净等大秦寺教士仍然在宗主教一行写下了宁恕的名字。

四、景教碑的非东方教会因素

景教碑虽然体现出了很明确的波斯和东方教会特点，但还是有一些难解之处，与东方教会传统相区别。本文将会一一列举，并尝试对其做出解释。首先，碑文上有“圆廿四圣有说之旧法”的字样。一般认为，这指的是《旧约》的 24 卷书的作者。② 按照现代新教的计算方法，《旧约》一共有 39 卷书。但是按照希伯来计算方法，这个数字是 22 或者 24。书卷内容是相同的，但是计算方法不同。比如，希伯来传统会将十二小先知书算作一卷。最早提出《希伯来圣经》有 24 卷书的，是《以斯拉四书》（4 Ezra），即基督教文献《以斯得拉二书》（2 Esdras）中的核心部分，第 3–14 章。这一部分实际上是公元 1 世纪的犹太文本，后来被基督教所取用并增补，使之福音化。③ 后来的犹太教拉比传统则一般采用了《希伯来圣经》有 24 卷的说法，

① George Percy Badger, *The Nestorians and Their Rituals* (Kurdistan: Joseph Masters, 1852), p. 16. 现代东方教会日课礼仪，参见 Arthur John MacLean (trans.), *East Syrian Daily Offices* (London: Rivington, Percival & Co., 1894)。

② 参见 Matteo Nicolini-Zani, *The Luminous Way to the East*, ibid., p. 201. n. 28。亦可参见 A.C. Moule, *Christians in China before the Year 1550* (Mansfield Centre, CT: Martino Publishing, 2011), p. 37. n. 20。

③ 参见 Michael E. Stone and Matthias Henze, *4 Ezra and 2 Baruch: Translations, Introductions, and Notes* (Minneapolis, Minnesota: Fortress Press, 2013), p. 81。以及 Michael E. Stone, “An Introduction to the Esdras Writings”, in Michael E. Stone (ed.), *Apocrypha, Pseudepigrapha and Armenian Studies: Collected Papers*, vol. 1. (Leuven: Peeters, 2006), 305 – 320。

和《以斯拉四书》一致。①

将“廿四圣”解释为“《旧约》书卷作者”的问题在于，根据犹太教和基督教传统，24 卷书的作者并不是 24 位先知。最前面的五经被认为是摩西所写，而归在所罗门、耶利米等作者名下的，也不止一卷。这样一来，先知总数的计算结果必然不足 24。

但实际上，早在几个世纪以前，叙利亚地区就已经有“24 位先知”的说法了，但这一说法不见于正典，而是有“异端”之嫌的《多马福音》(Gospel of Thomas)。在《多马福音》第 52 章中，耶稣的门徒对他说：“24 位先知在以色列说话，他们都讲到你了吗？”他对他们说：“你们忽视眼前活着的，却去讲那死掉的。”② 这节伪典 (pseudepigrapha) 经文有一些反犹主义倾向，提到“24 位先知”并非敬重他们，而是要与犹太传统决裂，拒斥对《旧约》先知预言乃至先知传统的延续性解读。③ 有些学者认为《多马福音》的成书年代是 1 世纪，有些学者认为是 1 世纪早期，但这一文本源于叙利亚，又在叙利亚广为流传，是可以确定的。④

众所周知，多马是叙利亚基督教会非常看重的一位使徒，甚至形成了叙利亚特有的多马传统。《多马福音》这一托名文本也成为了多马传统的一部分，深刻影响了叙利亚作家。早期的多马外典 (Apocrypha) 文本，包括《角斗者多马》(Book of Thomas the Contender)、《多马行传》(Acts of Thomas)、《多马童年福音》(Infancy Gospel of Thomas)，或多或少都

---

① Midrash Qoheleth 12:12.

② Simon Gathercole, *The Gospel of Thomas: Introduction and Commentary* (Leiden: Brill Academic Publishers, 2014), p. 414.

③ Milton Moreland, “The Twenty–Four Prophets of Israel Are Dead: Gospel of Thomas 52 as a Critique of Early Christian Hermeneutics”, in Jon Ma. Asgeirsson, April DeConick, and Risto Uro (eds.), *Thomasine Traditions in Antiquity: The Social and Cultural World of the Gospel of Thomas* (Leiden: Brill, 2020), pp. 75–92.

④ “早期派”认为《多马福音》一共有两层内容，最早的第一层是 1 世纪 50 年代写下的，突出雅各的权威。62 年雅各殉道之后，使用这一文本的社群迁移至艾德萨，在 60–70 年代增加了第二层，突出了多马的权威。参见 J.D. Crossan, *The Historical Jesus: The Life of a Mediterranean Jewish Peasant* (San Francisco: HarperCollins, 1991), pp. 427–428.“晚期派”则提出反对意见，认为《多马福音》源于 2 世纪早期的叙利亚地区。参见 Darrell L. Bock, “Response to John Dominic Crossan,” in James K. Beilby and Paul Rhodes Eddy, (eds.), *The Historical Jesus: Five Views* (Downers Grove, Illinois: InterVarsity Press, 2009), pp. 288–292。而 Simon Gathercole, *The Gospel of Thomas: Introduction and Commentary*, ibid. pp.14–34, 也认为《多马福音》是 2 世纪文本，3 世纪中晚期从希腊语翻译成科普特语。

有《多马福音》的痕迹。在叙利亚最著名的诗人、思想家以法莲（Ephrem the Syrian）的作品中，也能看到与《多马福音》的互动。①

这份文献是景教碑之前第一次、也是唯一一次提到“24 位先知”。虽然它并不属于主流基督教的教导，但使用《多马福音》的群体和东方教会皆有叙利亚背景，都尊崇使徒多马，于是其中的只言片语也就流传了下来，成为集体记忆的一部分，并且在几个世纪的历史时期内被正统化，不再具有灵知主义色彩。那么，这一叙利亚独有的“廿四圣”传统流传到了中国，保存在景教碑文本之中，也是非常合理而可贵的了。

其次，“经留廿七部”也是景教碑文本中很有争议的一句话。一般认为，这指的是《新约》27 卷经书。②但东方教会的《新约》并非 27 卷，而是 22 卷。按照东方教会传统，《新约》经卷包括：四部福音书、使徒行传、雅各书、彼得前书、约翰一书、14 封保罗书信（希伯来书也算在内），③这一传统延续至今。那么，为什么景教碑会说《新约》一共有 27 卷呢?

5 世纪以降，叙利亚语各宗派采用了简行本（Peshitta）《新约》，不再使用之前的合并本（Diatessaron）福音书或老叙利亚语（Old Syriac）福音书。简行本《新约》原本就是 22 卷，但叙利亚正教教会在希腊语教会的影响下做出了增补，即 616 年哈克尔的多马（Thomas of Harqel）的修订版，补充了之前被视为“存疑文本”的《彼得后书》《约翰二书》《约翰三书》《犹大书》和《启示录》。④叙利亚正教教会使用的就是这一版，其书目和内容与希腊、拉丁教会的《圣经》基本保持一致。如果 781 年树立景教碑的时候，在华的教会采用了 27 卷的叙利亚语《新约》，那么只可能是这一版。

---

① 关于多马福音对其他叙利亚文献的影响，参见 Simon Gathercole, *The Gospel of Thomas: Introduction and Commentary*, ibid. pp. 69–76。

② 参见 Matteo Nicolini-Zani, *The Luminous Way to the East*, ibid., p. 202. n. 37。亦可参见 A.C. Moule, *Christians in China before the Year 1550*, ibid., p. 37。

③ 13–14 世纪都主教尼西比的阿布底数（Abdisho of Nisibis，亦称 Abdisho bar Berika）所列的东方教会传统《新约》经目，参见 Mar Odisho Metropolitan, *Marganitha*, (trans.), Mar Eshai Shimun XXIII (Chicago: Literary Committee of the Assyrian Church of Assyrian Church of the East, 1988), pp. 123–125。较早的例子，参见 George Margoliouth, *Descriptive List of Syriac and Karshuni Manuscripts in the British Museum Acquired since 1873* (London: The British Museum, 1899), pp. 16–17。所录 8 世纪《新约》手抄本，编号 Or. 4051。

④ 哈克尔的多马的修订版一部分是新译，一部分是基于马布格的菲罗克赛努斯（Philoxenus of Mabbug）508 年的修订版，这一版也包括了《新约》5 卷“存疑文本”。参见 Bruce M. Metzger, *The Early Versions of the New Testament: Their Origin, Transmission, and Limitations* (Oxford: Clarendon Press, 1977), pp. 63–75。

既然如此，唐代景教是否不是像我们想象的那样铁板一块，只有波斯东方教会的信众，没有其他宗派的信众呢？段晴教授曾经指出，盛唐时期，来华的西亚人数量众多，景教的教众应该是包括东西两个叙利亚教会的成员在内的，而不仅仅是东方教会。① 这对我们看待景教碑文的经卷问题有很大的启发性。大秦寺作为最早的在华基督教会，是帝国之内基督徒敬拜的唯一场所。原本非东方教会的信徒并无其他的独立宗派教堂可去，他们必然会参加大秦寺的活动，甚至在大秦寺担任职务，影响到了其宗教实践。我们可以在景教碑上寻找文本内部证据：

景教碑上记载了景教士的汉语和叙利亚语名字，其中不乏以《圣经》人物和教会圣徒为名者，如西门（ܫܡܥܘܢ，僧利用、僧闻顺等）、路加（ܠܘܩܐ，僧文贞），或圣塞尔吉斯（ܡܪܣܪܓܝܣ，僧景通、僧元宗、僧灵德、僧凝虚）、巴库斯（ܒܟܘܣ，僧保国、僧崇敬）。这些名字都是按照叙利亚语的书写或者转拼方式，与同一姓名的希腊语形式未必存在着语素上一一对应的关系。其中出现次数最多的叙利亚语名字，就是"约哈难"，现代中文一般译为"约翰"（ܝܘܚܢܢ）。原名"约哈难"的有大德曜轮、僧玄真、僧曜原、僧还淳、僧冲和、僧守一、僧光正、僧内澄、僧至德、僧德建，还有一位没有汉语名字。然而，只有一位"约翰"并未采用"约哈难"的拼法，就是僧惠通。他的名字是按照希腊语 Ἰωάννης 转拼而来的"约翰尼斯"（ܝܘܐܢܝܣ）。他在大秦寺中的身份是"执事和修道士"（ܡܫܡܫܢܐ ܘܐܝܚ，其中 ܐܝܚ 是 ܐܝܚܝܕܝ 的简写）。

这个名字在东方教会文献中较为少见，因为东方教会的信徒很少使用希腊语转拼的名字，他们使用波斯名字的概率远远大于希腊名字。也许，这正可表明惠通与其他景教士不同的身份。是否可以有这样一种解读，即他并非出身于东方教会背景，而是受到希腊影响较大的叙利亚正教教会背景？

虽然我们按照宗派的不同，称东方教会和叙利亚正教教会为"东叙利亚教会"和"西叙利亚教会"，但实际上这两个宗派在活动区域上有所重叠。比如，尼西比在地理和方言上属于西叙利亚，但尼西比是东方教会学术重镇。与此相似，塔格里特（ܬܓܪܝܬ，今伊拉克提克里特）在地理和方言上

① 段晴：《唐代大秦寺与景教僧新释》，荣新江主编：《唐代宗教信仰与社会》，上海：上海辞书出版社，2003 年，第 459–460 页。

属于东叙利亚，但早在 7 世纪早期，叙利亚正教教会都主教（11 世纪始称“大都主教” ܐܟܝܪܦܐ）就驻锡在那里，牧养萨珊波斯境内的叙利亚正教教会信众。①既然从波斯来华的基督徒都在大秦寺服事，那么出现非东方教会出身的教士也就不是完全不可能的事情了。由于僧惠通在其他传世文献都没有留下痕迹，我们现在只能猜测：也许他和另外一位有希腊化名字的景教僧居信（ܩܘܣܛܢܛܝܢܘܣ）一样，②都是出身叙利亚正教；也许还有其他名字较普通的景教僧，也是出身叙利亚正教。倘若如此，那么这就是大秦寺之大公性的证据，而“经留廿七部”也正是这种大公性的结果。当然，实际的情况如何，也许永远尘封在历史之中了。

五、结语

在华的景教士强调自己的宗教出自“大秦国”，称自己的教堂为“大秦寺”，自己的宗教为“大秦景教”。实际上，因为政治、地理、宗派的阻隔，这些来自波斯东方教会的神职人员对拜占庭这一精神故土已经很陌生了。与此形成鲜明对比的，是在华景教士表现出来的波斯东方教会特色。在景教碑上，他们的原名、使用的语词等等，都有波斯的印记。而碑文中所记载的一些宗教实践，则是东方教会所特有的，比如修道士剃去头顶的头发，或是敲击木板以召唤会众。然而，还有个别描述是不符合普世教会或东方教会传统的。“24 位先知”并不见于主流基督教，也不是东方教会的教导，但我们在更早的文献中搜寻，就会发现这是叙利亚多马传统的遗存。而“27 卷新约”则是来自叙利亚正教教会所使用的简行本《圣经》，这说明在唐朝的时候，景教很可能接纳了来自波斯却非出身于东方教会的信徒，这也佐证了唐朝京城长安的大秦寺之大公性。

---

① Muriel Debié, “The Eastern Provinces of the Roman Empire in Late Antiquity”, in Daniel King (ed.), *The Syriac World* (New York: Routledge, 2019), pp. 11–32.

② 刘南强教授也对僧居信的原名为何是希腊色彩的“君士坦丁”表示了疑问，参见 Samuel N.C. Lieu, “Epigrapha Nestoriana Serica”， in Werner Sundermann, Almut Hintze, and François de Blois (eds.), *Exegisti Monumenta: Festschrift in Honour of Nicholas Sims-Williams* (Wiesbaden: Harrassowitz Verlag, 2009), pp. 227–246。

四方上下，以是为准

——元代也里可温信仰实践研究

唐晓峰 ①

内容提要：元代也里可温研究是国内宗教史研究的热门话题，已取得诸多成果。但既往的研究多集中于也里可温遗迹文本、信徒群体等领域，对于这一群体的信仰实践较少有人涉猎。本文尝试从教会体制、神学思想、礼仪传统、禁欲修道、教堂建筑、圣徒崇拜等多个方面还原元代这一基督徒群体的信仰面貌和特征，重现了一幅中外文明交流互鉴史上的佳美画卷。

关键词：也里可温，信仰实践，聂斯托利派

A Study on the Faith Practices of Yuan Yelikewen

TANG Xiaofeng

Abstract: The study of Yuan Yelikewen is a fascinating topic in the field of the History of Christianity in China. It has gained a lot of attention in academia and has provided valuable insights. This paper aims to explore the faith practices of the Christian group led by Yelikewen during the Yuan Dynasty. While previous research has focused on the text of Yelikewen relics and the community of believers, this study aims to restore the belief features and characteristics of the group from various aspects such as the church system, theological ideas, ritual traditions, ascetic monastic practices, the architecture of churches, and the worship of saints. By doing so, it aims to provide a

① 唐晓峰，中国社科院世界宗教研究所副所长，中国社会科学院基督教研究中心研究员。

comprehensive understanding of the history of exchanges and mutual learning between Chinese and foreign civilizations.

Keywords: Yelikewen, faith practices, Nestorianism

也里可温在元代通常指基督教聂斯托利派，主要由突厥族源的蒙古部族、西域色目人构成。前者如汪古、克烈等部落民众，后者如爱薛、马薛里吉思等西域人士。也里可温遍布元时中国各地，其群体规模远远超过唐代景教。以往元代也里可温研究多侧重于遗物文献、人物传记、信徒群体等的探讨，但对这一群体的信仰实践本身少有人关注。本文试图通过散见的中外文史料，勾勒元时也里可温的信仰面貌，其中包括教会体制、神学思想、礼仪传统、禁欲修道、教堂建筑、圣徒崇拜等。

一、教会体制

元时也里可温的教会体制与西亚聂斯托利派总体是一致的。这一体制的成熟要归功于东方教会总主教提摩太一世（780–823 年在位），他在聂斯托利派教会东扩与建制方面功不可没。也正是这位总主教时期，大秦景教流行中国碑在长安屹立而起，以伊斯为代表的景教士们为国祈祷，为族群服务。提摩太一世开创性地将教会的大主教分为两类：一类是具有总主教选举权的选举大主教；另一类是距离总部巴格达较远的宣教大主教。这些宣教大主教往往由总主教任命到遥远的东方传教，他们在自己的主教区内拥有很大的自主权，可以任命主教、副主教等神职人员。驻扎在中国的大主教们便属于后者，延续到元时亦然。中国的大主教们通常由总主教提名，候选人往往出自美索不达米亚中心地带的修道院。他们因为路途遥远，不必参加每四年一届的总主教会议。但按总主教规定需要六年提交一份书面汇报。汇报内容包括所坚守的信条和大主教区现状。[①] 在元时，最成功的聂斯托利派总主教莫过于来自我国山西、内蒙古一带科尚城的汪古部人亚伯拉罕三世。他原名马可，后随师父把·扫马赴西亚朝圣途中，因才能出众，被大主教们推选为总主教。在他的任内，总共祝圣了 75 位大主教和主教。

---

① Christoph Baumer: *The Church of the East : An Illustrated History of Assyrian Christianity*, New edition London . New York: I.B.Tauris & Co. Ltd, 2016, p.78.

宣教区域从近东延伸到中亚，远至印度和中国。[①] 到 14 世纪，聂斯托利派大主教区共 25 个，其中有 4 个在中国境内。[②]《元史》“崇福司”条曾提到“延祐二年，改为院，置领院事一员，省并天下也里可温掌教司七十二所，悉以其事归之”[③]，崇福司为元时管理也里可温事务官至二品的政府部门，掌教司当为大主教区下的教区。在元时，中国教区已经达到 72 所，可见也里可温规模之大、分布范围之广。

在中国的大主教席位与特定城市并没有严格的对应关系。比如在汪古部、唐兀等地的大主教均如此。这些地区的大主教去世后，无法及时与总主教取得联系，得不到新的任命，有时不得不依靠周边教区共同管辖。由于与总主教的联系很薄弱，一个教区经常不得不与邻近的教区共同管理。而在这些大主教管辖下的主教的任命往往也不会遵守至少三名主教参与的要求。在许多情况下，代表基督本人的福音书被放置在缺失的第三位主教的位置上。[④] 一些执事充任低级别的驱魔员和圣器司守，而副主教也可担任代理主教和主礼人。

元朝境内的也里可温神职人员严格遵守聂斯托利派教阶体制。相比于唐朝，此时也里可温的圣秩体系虽有所扩大，但其基本架构也是由提摩太一世奠定的。中国境内大主教服从总主教管辖。在总主教之下，共有四个大主教区，分别是喀什葛尔、唐古忒和汪古、汗八里和秦尼。而在每个大主教区设有大主教、主教、副主教、修道院院长、司铎等神职头衔。马可波罗在其《行纪》中提到，在大汗的宫廷中基督徒们被“称为景教徒、雅各比派信徒和亚美尼亚派信徒……他们有一位主教长任命大主教、主教和修道院院长，并所有其他的高级教士、神父和神职人员，差派他们到处传教，

---

① Wilhelm Baum and Dietmar W. Winkler: *The church of the east: A Concise history*, London and New York: Routledge Curzon, 2003，p.100.

② 第 11 教区为秦尼（Sinae，即中国）、第 19 教区为可失哈耳（Cashgar，今新疆喀什）、第 23 教区为汗八里（Khanbaleg，今北京）、第 24 教区为唐兀（Tanchet = Tangut，今陕西、甘肃、宁夏、新疆、内蒙古部分地区），当时的中国无疑成为该教派最重要的传教区域之一。参阅张星烺编注：《中西交通史料汇编》，第一册，北京：中华书局，2003 年版，第 311–312 页。

③ 宋濂：《元史》，卷八十九志第三十九。

④ Wilhelm Baum and Dietmar W. Winkler, *The church of the east: :A Concise history*, London and New York: Routledge Curzon, 2003，pp.87–89.

到整个印度、中国和百达……异端生异端……”[①]。在北京，为后来成为东方教会巡察使的把·扫马剃度的马·吉沃吉斯（Gîwargîs）便是大主教，接替其位置并为马可剃度的大主教名为聂斯托利（Nestorius）。而马可的父亲贝尼尔（Bayniel）便是科尚城[②]的副主教。而在各个大主教区还有教会巡察使类的宗教职务，把·扫马的父亲便任此职[③]。元代也里可温应该有完备的教阶晋升体系，比如把·扫马跟随一位卓越的聂斯托利派教师学习多年神学后，合乎司铎的资格，位列神职行列，被任命为汗八里一座教堂的看护人。[④]聂斯托利派主教的着装包括短袍、腰带、斗篷、兜帽和凉鞋。他们手里拿着十字架和权杖。把·扫马和马可被总主教马登哈任命为巡查总监和大主教后，便等待着总主教授予斗篷和权杖。[⑤]神职人员的头顶冠冕上和胸前也会佩戴十字架，这在泉州出土的基督徒墓碑上可见相关图像。《至顺镇江志》提到也里可温时，也有“十字者，取像人身，揭于屋，绘于殿，冠于首，佩于胸，四方上下，以是为准”的表述。为了和雅各派教士加以区分，也里可温教士往往将头顶按照十字形削光头发，并有蓄须的要求，这延续了唐朝“存须所以有外行，削顶所以无内情”的传统。把·扫马在决定出家做教士的时候，便在汗八里大主教吉沃吉斯处接受剃度。[⑥]此外，每座聂斯托利派的修道院都有一位院长，但他必须服从当地的主教，主教拥有修道院的全部财产。[⑦]

---

① 莫菲特:《亚洲基督教史》，中国神学研究院中国文化研究中心编译，香港：基督教文艺出版社，2007 年，第 472 页。

② 或为东胜。

③ 马可和把·扫马在西行过程中，1280 年，马可曾被总主教马登哈（Mar Denha）授予契丹和汪古教区大主教职务，时年 35 岁，把·扫马被任命为总巡察使。参阅 E. A. Wallis Budge, *The Monks of Kublai Khan, Emperor of China, or, The history of the life and travels of Rabban dbsawma, envoy and plenipotentiary of the Mongol khans to the kings of Europe, and Markos who as Mar Yahbh-Allaha III became Patriarch of the Nestorian Church in Asia*, London : Religious Tract Society, 1928, p.148。

④ Ibid., pp.125–126.

⑤ Ibid., p.151.

⑥ Ibid., p.127.

⑦ Aziz S. Atiya: *A History of Eastern Christianity*, Methuen & Co Ltd,1968, p.292.

二、神学思想

来自中国的这位总主教亚伯拉罕三世不仅在聂斯托利派教会的发展上贡献良多，他还大力支持东方教会神学体系的建构。东方教会神学家、历史学家阿布迪索（Abdisho Bar Brika）在 1297–1298 年完成的《珍珠之书》（*The Book of Pearl*）就是献给这位总主教的，以便他行使教导的目的。该书通俗易懂，共分五个篇章，对基督教聂斯托利派的教义进行了系统的梳理和总结，包括上帝、创造、救赎、圣礼和末世。在其中，他提到所有基督徒都同意尼西亚信经中的三位一体教义，但所有先知和使徒都没有称玛利亚为“上帝之母”，但“基督之母”这个词是正确的。他以亚略巴古的丢尼修（Dionysius the Areopagite）的精神描绘了东方教会的内涵。在该书中，阿布迪索还讨论了七件圣事：圣秩、洗礼、敷油、圣体圣事、告解、圣餐（发酵），以及赋予生命的十字架的标志。这些圣事在今天的东方教会中仍然沿用。其中阿布迪索尤其提到东方的使徒托马斯、巴多罗买、阿代和马里给了东方教会神圣的酵母，以便它可以用于圣体圣事。西方没有分享这一传统的事实证明那里的信仰已经改变了。该书第五章论述基督的复临、礼仪、斋戒、祈祷、施舍、复活和最后的审判等。[①] 值得一提的是，很多研究者认为在聂斯托利派神学中，人的原罪以及耶稣通过受难替人赎罪这两点并不被神学家们看重甚至是认可，以至令东方的天主教传教士们都颇感意外。[②] 然而，这并不绝对，来自北京的修道士把·扫马在与汪古部君王君不花、爱不花的对话中便曾谈到，我们在人类社会得不到平安，因而“我们因为基督的爱而远离人群是正确的选择，基督为了我们的救赎而亲自赴死”。[③]

中国的聂斯托利派信徒是严格遵守东方教会神学传统的。通过目前遗留下来的史料，我们发现元代也里可温至少拥有两套神学培训系统：一是

---

① Wilhelm Baum and Dietmar W. Winkler: *The church of the east: A Concise history*, London and New York: Routledge Curzon, 2003，第 103–104 页。

② 柏朗嘉宾、鲁布鲁克：《柏朗嘉宾蒙古行纪 · 鲁布鲁克东行纪》，耿升、何高济译，北京：中华书局，2013 年，第 280 页。

③ 参阅 E. A. Wallis Budge, *The Monks of Kublai Khan, Emperor of China, or, The history of the life and travels of Rabban dbsawma, envoy and plenipotentiary of the Mongol khans to the kings of Europe, and Markos who as Mar Yahbh-Allaha III became Patriarch of the Nestorian Church in Asia*, London : Religious Tract Society, 1928, p.136。

修道院中的学习，另外一种是私塾式的学习方式。修道院中的学习较为普遍，这里不必多言；后者可从把・扫马的父亲为其聘请权威教师进行系统的神学训练这点上窥得一斑。[①] 聂斯托利派核心的神学主张在扫马与罗马红衣主教间的讨论中展露无遗。在把・扫马奉伊尔汗阿鲁浑之命出使欧洲寻求军事合作时，他在罗马与后来成为教皇的红衣主教哲罗姆之间进行一场激烈的讨论。哲罗姆问扫马是哪位使徒带给他们福音？扫马回答："圣托马斯、圣阿代和圣马里将福音传递到我们的世界，我们坚守至今。"[②] 之后红衣主教们要扫马详细复述其信仰，扫马回答道："我信神秘的、永恒的上帝，无始亦无终，我信父、子和圣灵，三位平等但不可分割；他们中没有一个是始或终，也没有一个是幼或老：从本性上说他们是一，在位格上说他们是三，父为因，子为果，灵为程"，"最终，圣洁的三位一体中的一位，也就是子耶稣基督从圣童贞女马利亚那里取身成完人，并与自身神性结合，拯救世界。从神性来说他出自永恒的父；从人性来说，他由马利亚所生；这种结合永远不可分割；这种结合没有纠缠、混合，也没有任何精简。这种结合中的子是完美的上帝，也是完美的人，两种本性，两个位格。"接着红衣主教又追问"圣灵的运行是出自圣父？还是出自圣子？抑或是单独的？"扫马则变被动为主动，反问红衣主教们："父、子、灵从本性上说是相互关联的还是独立的？"红衣主教回答："从本性上说他们是相互联结的，但就个体属性来说，他们是分离的。"扫马问道："他们各自的属性是什么？"红衣主教们答道："父为行为的因，子为果，灵为进程。"扫马接着问："那么谁为另一个的因呢？"答："父为子因，子为灵因。"对此，扫马评论道："假如他们在本质上、在运作中、在权力上、在主导上是平等的，三个位格合而为一，怎么可能一个是另一个的因呢？这样的话，如果有必要，灵还会是其他事物的因。……灵魂是思考能力和人类行为的原因，但思考能力却不是行为的原因。太阳是光和热的因，但热不是光的因。因此，我认为正确的解释是，父是子和灵的因，子和灵都是父的果。"[③] 从这场讨论中，我们可以看到围绕东西教会中教义纷争的两个关键议题，

---

① 参阅 E. A. Wallis Budge, *The Monks of Kublai Khan, Emperor of China, or, The history of the life and travels of Rabban dbsawma, envoy and plenipotentiary of the Mongol khans to the kings of Europe, and Markos who as Mar Yahbh-Allaha III became Patriarch of the Nestorian Church in Asia*, London : Religious Tract Society, 1928, pp.125 & p.130。

② Ibid., p.173.

③ Ibid., pp.175–177.

一是两位两性问题，二是“和子句之争”，出生并接受神学教育于北京的把·扫马均完美诠释了东方教会的立场。即基督完全的神性来源于上帝，而完全的人性来源于玛利亚，同时圣灵出自圣父而非“父和子”。他还明确指出东方教会属于托马斯、巴多罗买、阿代和马里传统。

三、礼仪传统

礼仪在东方教会传统中具有非常重要的地位。聂斯托利派十分重视礼仪的传承和运用。早在萨珊波斯时期，他们便发展出了略带安提阿色彩的独特的礼仪传统，其中富含原始内涵。聂斯托利派教会拥有三套独特的礼拜仪式。首先是西奥多（Theodore of Interpreter）的，从复临日到圣周六；第二套是聂斯托利的，主要在主显节和纪念这位希腊主教以及尼尼微人的周三和濯足节周四时使用；最后一套被认为是阿代和马里从耶路撒冷带来的，这套仪式在复活节到复临节期间进行，是一直保持至今的首要仪式。礼仪使用叙利亚方言亚姆语进行。中国的也里可温教士虽能使用这种方言进行礼拜仪式，但已经不知道其具体意涵。马可在西行过程中起初坚辞总主教一职，便曾以他完全不懂叙利亚语作为借口。① 从清晨到黄昏，聂斯托利派信徒当听到敲击木板（Semantron）的时候，便聚在一起祷告。

在修道和信徒的信仰生活中，《诗篇》具有重要地位。正因如此，在吐鲁番附近布拉依克修道院遗址出土大量多语种《诗篇》残片，这一点也不足为奇。而不同语种《诗篇》的发现，说明基督教信仰已经进入到普通信徒的生活，且具有很明显的本土化倾向。在东方教会传统中，《诗篇》通常被分为 20 个主要部分，每个部分被称为“忽拉剌”（Hulala），而每一个“忽拉剌”又被进一步分为 2 到 4 个部分，每个部分被称为“麻尔马亚塔”（Marmayatha），整个诗篇一共包括 57 个“麻尔马亚塔”，而每个“麻尔马亚塔”包括 1–6 首赞美诗。吟诵《诗篇》在东方教会传统中具有重要作用，不论是在节日还是在普通的日子中，《诗篇》在各种礼仪中被频繁使用。在非修道群体中，起初每天祈祷七次，后来减少到四次：一是晚祷

① 参阅 E. A. Wallis Budge, *The Monks of Kublai Khan, Emperor of China, or, The history of the life and travels of Rabban dbsawma, envoy and plenipotentiary of the Mongol khans to the kings of Europe, and Markos who as Mar Yahbh-Allaha III became Patriarch of the Nestorian Church in Asia*, London : Religious Tract Society, 1928, p.153。

（Vespers，Evening Service），二是睡前祷（Compline），三是夜祷（Night Prayer，Nocturns），四是晨祷（Morning prayer，Matins）。经过几个世纪的发展，睡前祷也逐渐消失了。①

聂斯托利派信徒同样拥有七件圣事，洗礼、婚配、圣餐和圣秩这些都是普遍认同的，但其他三件却有不同看法，这些圣事包括修士的祝圣、为亡者服务、傅油礼、赦罪、圣酵母、十字架标志、教堂或祭坛祝圣。聂斯托利派使用希腊历（即塞琉古纪年）纪年，从公元前 311 年开始算起。教会年则从第一个 12 月开始，被分成 9 个阶段，每个阶段大致有 7 个星期，分别被命名为天使报喜（Annunciation），主显（Epiphany），四旬期（Lent），复活（Resurrection），使徒（the Apostles），夏日（ the summer），以利亚（Elijah），摩西（Moses），教堂奉献（church dedication）。与大部分教派一样，聂斯托利派教会最重要的圣礼是洗礼和圣餐。起初在东方教会中，人们更倾向于给年轻人施洗，但不确定的外部环境往往使成年人不可能公开洗礼。从 12 世纪开始，它被婴儿洗礼所取代。中国境内也里可温的洗礼仪式通常在复活节前进行，婴儿洗礼占据很大比例。东方教会神学家认为正如人类的存在从出生开始，通过进食来维持一样，基督徒的生活从洗礼开始，由圣餐喂养。由于圣餐是洗礼的逻辑延续，在聂斯托利派教会中，第一次圣餐在洗礼后立即进行。② 聂斯托利派的圣餐仪式不是一定要和礼拜日联系在一起。在领圣餐前的一个晚上，信徒必须禁食，主礼神父和执事也必须在此时开始祷告，直到第二天下午领圣餐的时候。忏悔在领圣餐时也不是必须的。③ 与西方教会使用无酵面包进行圣餐的情况不同，聂斯托利派教会使用发酵的面包。神圣的酵母面包，叫作麦卡面包，由主教在濯足节星期四祝圣，教区的每个教堂都收到一块。当然，在一些特定的仪式中，也里可温教士施行圣餐礼还会收取一定的报酬。④ 鲁布鲁克曾描述

① Mark Kickens, The Importance of the Psalter at Turfan, In *From the Oxus River to the Chinese Shores: Studies on East Syriac Christianity in China and Central Asia*, edited by Li Tang and Dietmar W. Winkler, LIT, 2013, pp.357–259, 361.

② Christoph Baumer:*The Church of the East : An Illustrated History of Assyrian Christianity*,New edition London . New York:I.B.Tauris & Co. Ltd, 2016, p.120.

③ Aziz S. Atiya: *A History of Eastern Christianity*, Methuen & Co Ltd,1968, p.295.

④ 柏朗嘉宾、鲁布鲁克：《柏朗嘉宾蒙古行纪·鲁布鲁克东行纪》，耿升、何高济译，第 238 页。

蒙古宫廷中聂斯托利派信徒的圣餐仪式过程：“他们说他们有玛利·抹大拉给基督涂足的油，他们一直取用多少就注入多少，还把油掺进他们的饼里。这是因为所有东方的（基督徒）都不用发酵粉①，而是把脂肪往饼里和拌，要么往饼里掺进牛油、肥羊尾或油类东西。他们还说，他们有基督用做献祭饼的面粉，他们放进去的和取用的一般多。唱诗班旁边，有一间房屋里，屋里摆着一个烤饼的炉子，他们极虔诚地用这饼去献祭。……他们用这种油制成宽一巴掌的饼，先把饼按使徒的人数分成十二块，把这些再按人数分成若干份。一个教士把基督身体分到每人手里，每人都虔诚地从他掌中接受它，用手擦拭头顶。”②出生于北京后来担任聂斯托利派巡察使的把·扫马在出使欧洲时，曾经在罗马主持了一场圣餐礼，包括教皇尼古拉四世在内的天主教徒们看后评价说：“言语不同，用途一也。”③

在元帝国特殊日子里，也里可温信徒也会和其他宗教信徒一样，依次举行特定仪式为统治者祈福，鲁布鲁克、孟高维诺、马黎诺里等人都曾对这种祈福仪式有所描述。鲁布鲁克详细记载在主显节第八天，也里可温为蒙古妃子所进行的一场祝福礼仪：“所有聂思脱里派教士天不亮就齐聚在教堂里，敲响板子，庄严地做晨祷；然后他们穿上他们的法衣，准备好一个香炉和香料。当他们如此等候在教堂的庭院里时，名叫忽都台哈敦的长妻，带着其他几位夫人及他的长子斑秃和其他的子女，进入教堂。他们下拜，前额碰着地，那是聂思脱里教徒的做法。接着他们用右手抚摸所有圣像，摸过后老吻他们的手。然后他们把右手伸给教堂中的旁观者，因为这是聂斯脱里教徒在进教堂时的习惯。教士们同时大声吟唱，把香交给夫人手里。她把香放在炭火上，他们用这种方式把她熏香了。随后，天已大亮时，她开始取下她的头饰，叫作波克的，因此我见到她光着头。当时她叫我们离开，我离开时看见送进来一个银碗。他们是否给她施洗，我不知道，但我确定知道他们不在营帐里做弥撒，而在一所真正的教堂里做。在复活节（4

① 东方教会是使用发酵面包的，鲁布鲁克此处的描述可能指这里没有发酵粉，而使用其他方法代替。

② 柏朗嘉宾、鲁布鲁克：《柏朗嘉宾蒙古行纪·鲁布鲁克东行纪》，耿升、何高济译，第 269 页。

③ E. A. Wallis Budge, *The Monks of Kublai Khan, Emperor of China, or, The history of the life and travels of Rabban dbsawma, envoy and plenipotentiary of the Mongol khans to the kings of Europe, and Markos who as Mar Yahbh-Allaha III became Patriarch of the Nestorian Church in Asia*, London : Religious Tract Society, 1928, p.190.

月 12 日），我看见他们极隆重地施献圣水，当时他们却没有那样做。”①

元代也里可温教士明显受到元代宗教和文化的影响，尤其是萨满教对其影响很大。比如一些教士参与占卜活动，并习以为常。同时他们也用巫术、预言等来医治疾病。比如前述马薛里吉思的外祖父在行医过程中，同时还进行宗教仪式，为病人祈祷，《至顺镇江志》对此有清晰记载：“太子也可那延病，公外祖舍里八，马里哈昔牙徒众祈祷，始愈。”② 鲁不鲁克在其行纪中记载了他所亲历的一次也里可温医病过程：蒙哥汗的窝阔台妃有重疾，汗王诏景医治疗。景医首先请求鲁不鲁克等人在礼拜堂守夜，为之祈祷。接着以圣物泡制药露，“他有一种叫作大黄的根，他常把它剁细，放进水里，还放进一副小十字架……”③。

四、修道禁欲

聂斯托利派信徒与其他东方教会一样拥有悠久的隐居传统。他们的隐居地点多在沙漠、山区等荒芜之处。该派修行传统甚至可以追溯到公元 4 世纪生活在古代城市克雷斯马（Clysma）的马欧根（Mar Augin）。在公元 6 世纪出生在美索不达米亚可什哈尔（Kashkar）的亚伯拉罕（Abraham）对修道制度进行了改革，之后在他的继承人马答迪苏（Mar Dadishu）和圣巴拜（Babai the Great）手下得到进一步加强。曾使克烈部酋长改宗的僧人薛儿吉思后来便隐居于阿尔泰山。中国的也里可温教士也延续着该派隐修传统。把・扫马剃度之后，曾在一个封闭的密室中修行七年，之后到远离汗八里一日之遥的山洞中禁欲修行。后来马可亦加入其中。在聂斯托利派教会，经过三年的集中修行后，修道士有权退隐到山中独自修行。

早在萨珊波斯帝国时期，聂派神职人员的独身主义是国教琐罗亚斯德教教徒的眼中钉。为了避开锋芒，总主教阿克西斯（Patriarch Acacius，485–496 年在位）召开会议宣布，娶妻生子是成为主教、祝圣其他神职的必备条件。然而僧侣是允许独身的。由于许多主教都是从修道院任命的，

① 柏朗嘉宾、鲁布鲁克：《柏朗嘉宾蒙古行纪・鲁布鲁克东行纪》，耿升、何高济译，第 254 页。

② （元）俞希鲁编纂：《至顺镇江志》上册，南京：江苏古籍出版社，1999 年版，第 365 页。

③ 柏朗嘉宾、鲁布鲁克：《柏朗嘉宾蒙古行纪・鲁布鲁克东行纪》，耿升、何高济译，第 259 页。

一些主教不顾教会的声明而过着独身生活。[①]总体而言，尽管有个别主教拥有家庭，聂斯托利派的高级神职人员仍坚持独身。素食在严守教规的神职人员中也很常见。比如，把·扫马被描述为“视美味佳肴如无物，拒可口饮品于身外”[②]。聂斯托利派低级别神职人员可以结婚，甚至是再婚，即使是发愿过修道生活的人放弃修道理想也可以获得赦免，而不会因此感到耻辱。[③]对此无论是身处北京的天主教方济各会大主教孟高维诺，还是在此之前来到蒙古宫廷的鲁布鲁克都对也里可温教士的家庭生活提出批判。“有些人住在鞑靼人当中，甚至像鞑靼人那样娶好些老婆，……然后他们结婚，那显然是违背祖宗的法规的，而且他们是重婚者，因为当头一个老婆死时，这些教士又娶另一个。……他们为老婆孩子操劳，因而一心发财，不顾信仰。”[④]虔诚的聂斯托利派信徒是禁止饮用酒精饮品的，鲁布鲁克曾描述蒙古宫廷中的基督徒说：“他们认为喝了它（忽迷思）自己就不再是基督徒了，而且教士还不得不给他们赎罪，好像他们已背离了基督的信仰。”[⑤]

聂斯托利派信徒拥有四次长短不一的斋戒。大斋期是在复活节前共 49 天；最短的是圣玛利亚节。在一年中星期三到星期五都是斋戒日。一年中总的斋戒天数有 172 天。[⑥]鲁布鲁克对聂派的斋期曾作如下描述：“聂思脱里教徒每周第 3 天开始斋戒，止于第 5 天，因此第六天他们吃肉，那个时候我看见叫作布鲁该的总管，也就是宫廷大书记，在第六天送给他们肉做礼物。而他们向肉祝福，犹如祝福复活节的小羊。”[⑦]中国境内的聂斯托利派信徒热衷于斋戒，并认为这是信仰虔诚的重要表现，同时他们也通过斋戒来向上帝表达个人诉求，比如汗八里的聂派巡察使昔班和他的妻子

① Christoph Baumer, *The Church of the East : An Illustrated History of Assyrian Christianity*,New edition London . New York:I.B.Tauris & Co. Ltd, 2016.p.78.

② E. A. Wallis Budge, *The Monks of Kublai Khan, Emperor of China, or, The history of the life and travels of Rabban dbsawma, envoy and plenipotentiary of the Mongol khans to the kings of Europe, and Markos who as Mar Yahbh-Allaha III became Patriarch of the Nestorian Church in Asia*, London : Religious Tract Society, 1928, p.126.

③ Aziz S. Atiya: *A History of Eastern Christianity*, Methuen & Co Ltd,1968, p.290.

④ 柏朗嘉宾、鲁布鲁克：《柏朗嘉宾蒙古行纪·鲁布鲁克东行纪》，耿升、何高济译，第 237–238 页。

⑤ 同上，第 200 页。

⑥ Aziz S. Atiya: *A History of Eastern Christianity*, Methuen & Co Ltd,1968, p.296.

⑦ 柏朗嘉宾、鲁布鲁克：《柏朗嘉宾蒙古行纪·鲁布鲁克东行纪》，耿升、何高济译，第 256 页。

克娅姆塔便通过斋戒乞求生子，并最终“如愿以偿”，他们将儿子取名扫马（Bar Sawma），意为“斋戒之子”。⑧

五、教堂建筑

传统的聂斯托利派教堂是一个矩形建筑，有三个穹顶，用石头或烧制的黏土建造。唱诗班朝向东方太阳升起的方向。据说基督将于审判日在东方出现（《马太福音》24：27）。先知以西结也曾说，上帝的荣耀通过“朝东的门”进入了圣殿（43：1）。阿布迪索在《珍珠之书》中提到，聂斯托利派信徒礼拜时要系上腰带，面向东方，那里是失落的天堂所在，信徒的信念就是等待所有生命通过基督获得新生。⑨

教堂入口通常在南墙的一侧，有时会有两扇门，男女各有一扇。入口几乎总是穿过一个高门槛，门楣很低，所以每个人都带着鞠躬和谦卑的姿态进入上帝的殿。一入门是一个前厅，信徒们会留下他们的鞋子和武器。内部分为三个部分：在东方和中心是神圣的圣殿和唱诗席，它象征着天堂，只能由执事或以上级别的神职人员进入。这里的祭坛表示基督的坟墓。祭坛上方有一个类似华盖的结构，象征着摩西的约柜或天堂。洗礼室在唱诗席的南面，而圣器收藏室在北面，那里是准备圣餐的地方。唱诗席的西边是中殿，信徒们聚集在那里，它象征着大地。而在早期，人们站在中殿的前面，这象征着伊甸园。⑩聂斯托利派的教堂不允许出现任何圣像。出使蒙古朝廷的鲁布鲁克多次提及“那些聂思脱里教徒和亚美尼亚人从不把基督像附在十字架上，给人的印象是他们对基督受难抱有疑惑，或者对此感到耻辱”⑪。但这并不绝对，他还曾进入一个聂斯托利派教堂，发现祭坛“后面有像圣米开勒那样的带翅的人像，还有其他像合掌祈祷的主教像”⑫。

---

⑧ E. A. Wallis Budge, *The Monks of Kublai Khan, Emperor of China, or, The history of the life and travels of Rabban dbsawma, envoy and plenipotentiary of the Mongol khans to the kings of Europe, and Markos who as Mar Yahbh-Allaha III became Patriarch of the Nestorian Church in Asia*, London : Religious Tract Society, 1928,p.125.

⑨ Wilhelm Baum and Dietmar W. Winkler, *The church of the east: A Concise history*, London and New York: Routledge Curzon, 2003, pp.103–104.

⑩ Christoph Baumer, *The Church of the East : An Illustrated History of Assyrian Christianity*,New edition London . New York:I.B.Tauris & Co. Ltd, 2016, pp.121–126.

⑪ 柏朗嘉宾、鲁布鲁克：《柏朗嘉宾蒙古行纪 · 鲁布鲁克东行纪》，耿升、何高济译，第 211 页。

⑫ 同上，第 230 页。

信徒们在教堂门口和祭坛上方装饰有简洁的十字架，该派召集礼拜往往用木槌敲击一个木盘（Semantron），现在在埃及西奈山上古老的希腊修道院和希腊的阿索斯山上仍旧延续这种古老的习惯。①

在元代，聂斯托利派教堂被称为十字寺。十字寺的数量众多，这在来华旅行的西方人士留下的文字记录中多有提及。其中，马薛里吉思在镇江和杭州所建的七座教堂尤其引人关注。马可波罗在其行纪中谈到镇江时，便曾提到其中两座，"是年耶稣诞生节，大汗任命其男爵一人名马薛里吉思（Mar Sarghis）者，治理此城三年。其人是一聂思脱里派之基督教徒，当其在职三年中，建此两礼拜堂，存在至于今日，然在以前，此地无一礼拜堂也。"② 儒学教授梁相所作《大兴国寺记》对此记载道：马薛里吉思在钦受宣命虎符怀远大将军、镇江府路总管府副达鲁花赤后，"虽登荣显，持教尤谨，常有志于推广教法。一夕，梦中天门开七重，二神人告云：'汝当兴寺七所'，赠以白物为记。觉而有感，遂休官，务建寺。首于铁瓮门舍宅建八世忽木剌大兴国寺。次得西津竖土山，并建答石忽木剌云山寺、都打吾儿忽木剌聚明山寺。二寺之下，创为也里可温义阡；又于丹徒县开沙，建打雷忽木剌四渎安寺；登云门外黄山，建的康海牙忽木剌高安寺；大兴国寺侧，又建马里结瓦里吉思忽木剌甘泉寺；杭州荐桥门，建样宜忽木剌大普兴寺。此七寺实起于公之心"③。在《大兴国寺》中对于十字寺的布局和装饰也有所提及："教以礼东方为主，与天竺寂灭之教不同。且大明出于东，四时始于东，万物生于东，东属木主生，故混沌既分，乾坤之所以不息，日月之所以运行，人物之所以蕃盛，一生生之道也，故谓之长生天。十字者，取像人身，揭于屋，绘于殿……"在聂斯托利派教堂中，圣像并不多见。这可能与其地处西域，深受伊斯兰教的影响有关。

六、圣徒崇拜

把·扫马和马可的朝觐行为说明在那个时期信徒对圣地和圣物的朝觐，被认为是信仰虔敬的重要表现。朝圣者接近于圣徒或殉道者的遗物，可能被认为会在死后受到祝福。有教会史研究者认为这种朝觐行为和完成赎罪

① Aziz S. Atiya, *A History of Eastern Christianity*, Methuen & Co Ltd,1968, p.298.

② 马可波罗：《马可波罗行纪》，法国沙海昂注，冯承钧译，北京：商务印书馆，第 314 页。

③ 参阅（元）俞希鲁编纂：《至顺镇江志》，上册，南京：江苏古籍出版社，1999 年版，第 365-366 页。

没有任何关系。[①] 实际情形并非如此，虔诚的也里可温马可曾如此描述即将开始的耶路撒冷朝觐之旅：“我们朝觐耶路撒冷，以使我们的违孽得到彻底的饶恕，我们愚蠢之罪恶得到解决。”[②]

东方教会为死者提供了一种具有高度象征性的礼拜仪式。葬礼在第三天举行，因为基督在死后第三天复活。聂斯托里派信徒死后，所有祭奠仪式均在十字寺中进行，一些有名望的信徒还能够在十字寺中得到供奉。《元史·顺帝本纪》载：“至元元年（1264 年）三月，中书省臣言，甘肃甘州路十字寺奉安世祖皇帝母别吉太后于内，请定祭礼。从之。”《甘州志》卷二说：“初世祖定甘州，太后与在军中。后没，世祖使于十字寺祀之。至是岁久，祀事不肃，故议定之。”《元史·文宗本纪》又载：“天历元年（1328 年）九月……又命也里可温于显懿庄圣皇后神御殿作佛事。”上述“别吉太后”“太后”“显懿庄圣皇后”为唆鲁禾帖尼，她是蒙哥、忽必烈、旭烈兀、阿里不哥的生母，是来自克烈部的虔诚的也里可温。

聂斯托利派注重为逝者祷告，但拒绝炼狱说，同时元代也里可温注重在墓葬装饰上体现其基督徒身份。目前，中国境内发现的古代基督教遗迹遗物以元代基督徒墓碑为主，主要集中在福建泉州、内蒙古达尔罕茂明安联合旗和四子王旗等地。这些墓碑显示出中外合璧、区域差异、圣俗融合等若干特征。对于这些墓葬形制及碑铭的研究与诠释，中外学者成绩斐然。吴文良的《泉州宗教石刻》[③]、牛汝极的《十字莲花——中国元代叙利亚文景教碑铭文献研究》[④] 为其中的代表作，这里不再赘述。

结语

元代也里可温信仰多局限于蒙古人和色目人群体中，它对于汉文化来说，几乎没有发生什么广泛的影响。尽管如此，我们还是从上述的总结和

---

① *Jingjiao the Church of the East in China and Central Asia*, Edited by Roman Malek and Peter Hofrichter, Sankt Augustin: Institut Monumenta Serica, 2013, p.382.

② E. A. Wallis Budge, *The Monks of Kublai Khan, Emperor of China, or, The history of the life and travels of Rabban dbsawma, envoy and plenipotentiary of the Mongol khans to the kings of Europe, and Markos who as Mar Yahbh-Allaha III became Patriarch of the Nestorian Church in Asia*, London : Religious Tract Society, 1928, p.133.

③ 吴文良：《泉州宗教石刻》（增订本），北京：科学出版社，2005 年版。

④ 牛汝极：《十字莲花——中国元代叙利亚文景教碑铭文献研究》，上海：上海古籍出版社，2008 年版。

梳理中看到，东方教会的教义神学和信仰实践是如何在遥远的东方信徒群体中得到贯彻和回响的。这里面有传承，也有统治阶层内部的民族化演变。尽管也里可温信仰在中国随着元朝灭亡而消声灭迹，但它的神学和实践曾经被一个生活在中国境内上百年的信仰群体所尊奉，他们留下了教堂、修道院、文献等遗迹。这些静态的遗迹遗物加上动态的信仰实践，让我们能够还原一个立体的、活生生的元代也里可温信仰群体，也重现了一幅中外文明交流互鉴史上的佳美画卷。

景教在哈萨克斯坦的传播及其近年新发现景教遗物探析①

付子阳　王　静②

内容提要：景教是唐代汉文文献对东方亚述教会的称呼，该教会是在帕提亚帝国境内发展起来的古老教会。历史时期，该教会以塞琉西亚－克泰锡封、巴格达为根据地，曾于包括哈萨克斯坦在内的中亚以及南亚、西亚、中东地区和中国境内展开过颇具规模的传教工作。目前在上述地区和国家也都出土过刻有十字架图案或叙利亚铭文的景教遗物。2015 年，在哈萨克斯坦阿拉木图乌沙拉尔村的伊利巴里克（Ilibalyk）遗址发现了第一块刻有十字架图案以及铭文的景教墓碑，这是哈萨克斯坦境内首次发现景教遗物，因而吸引了全球各地的专家前来进行考古挖掘工作。2015-2021 年间，此地共发现有 40 余件景教遗物。伊利巴里克遗址的发现，为我们了解 13 至 14 世纪景教在中亚的分布情况提供了新的考古材料。

关键词：哈萨克斯坦，景教，伊利巴里克遗址，景教遗物

The Spread of Jingjiao in Kazakhstan and the Research of the Newly Discovered Jingjiao relics in Recent Years

FU Ziyang & WANG Jing

Abstract: Jingjiao is the name given to the Assyrian Church of the East, an ancient church that originated in the Parthian Empire, mentioned in Chinese literature of the Tang Dynasty. During the historical period, the church was

① 本文为国家社科基金重大招标项目《新疆通史》基础工程和辅助工程系列项目《新疆基督教史》（项目编号：XJTSB041）阶段性研究成果。

② 付子阳，西北大学丝绸之路研究院硕士生，研究方向：亚洲宗教历史与文化；王静，西北大学丝绸之路研究院副教授，硕士生导师，主要从事中国基督宗教史、中亚民族与宗教等领域的学术研究。

based in Seleucia-Ketsephon and Bagdad, and conducted significant missionary work in various regions, including Central Asia (including Kazakhstan), South Asia, West Asia, the Middle East, and China. Numerous Jingjiao relics, featuring crucifixes or Syriac inscriptions, have been excavated in all of these regions. In 2015, the first Jingjiao tombstone with a cross motif and inscriptions was discovered at the site of Ilibalyk in the village of Usharal in Almaty, Kazakhstan, making it the first Jingjiao relic discovered in Kazakhstan. This discovery attracted experts from all over the world to carry out archaeological excavations, resulting in the discovery of more than 40 Jingjiao relics at the Ilibalyk site from 2015 to 2021. The discovery of the Ilibalyk site provides new archaeological evidences for understanding of the distribution of Jingjiao in Central Asia during the 13th to 14th centuries.

Keywords: Kazakhstan, Jingjiao, Ilibalyk site, Jingjiao relics

一、景教之源流

景教是唐代汉文文献对东方至圣使徒至公亚述教会（The Holy Apostolic Catholic Assyrian Church Of The East，简称东方亚述教会、东方教会、亚述教会）的称呼。东方亚述教会具有悠久的历史，是在帕提亚帝国（Parthian Empire，前 247–224 年）[①] 境内发展起来的古老教会，该地区位于罗马 – 拜占庭帝国之东。相传耶稣十二使徒之一多默（St. Thomas）的追随者阿代（Addai）将基督教传入了波斯。[②] 在公元后第 1 世纪，教会在美索不达米亚（Mesopotamia）北部说阿拉米语的城邦埃德萨（Edessa，今称乌尔法，Urfa) 建立起来。当帕提亚帝国在 3 世纪被萨珊波斯（224–651 年）推翻时，教会在波斯帝国的统治下继续发展，并从那里向波斯帝国的四面八方传播。公元 5 世纪后，教会逐步走上了独立发展的道路。独立后的教会，自行选举宗主教（Patriarch，中文文献中也译为法主、教长），驻于波斯首都塞琉西亚 – 克泰锡封。7 世纪波斯被阿拉伯帝国（632–1258 年）征服后，约于 762 年，东方亚述教会将总部迁至巴格达（Bagdad，今伊拉克境内）。

在宗徒时代，阿拉米语（古典叙利亚语是阿拉米语的一种方言）是波

① 帕提亚帝国，又名阿萨息斯王朝或安息帝国，位于伊朗地区，始建于公元前 247 年，公元 224 年被萨珊波斯（224–651 年）代替。安息帝国连接古罗马帝国与汉王朝，是古丝绸之路上重要的商贸中心。

② 有关阿代传教波斯的内容，参见 Cureton,Doctrine of Addai,*in Ancient Syriac Documents*,1984,pp.3–21。

斯帝国的语言，而叙利亚语过去和现在都是东方亚述教会《圣经》、礼仪和神学的语言用语。在这个教会中，叙利亚语所处的地位，等同于拉丁语在西部地区的地位，它的词汇，加上一定数量的希腊语，是其特有的神学表达的来源。最早使用叙利亚语祈祷的基督徒社团是波斯帝国亚述省的亚述人，但东方亚述教会较早就传播至中亚、印度以及更东方的中国。据《大秦景教流行中国碑》记载，唐贞观九年（635），阿罗本等传教士由波斯至长安（今西安）开展传教活动，至唐建中二年（781）建立大秦景教流行中国碑。该碑将在中国境内已传播、存续了一个半世纪的东方亚述教会称为“景教”。《大秦景教流行中国碑》记述了东方亚述教会（景教）在唐代近 150 年的传布情况，并阐释了该教的基本信仰。景教碑中出现的法主（教长）马・哈南宁恕，指的即是宗主教 Hanan-Isho II,Hanan-Isho II 于公元 774 年受任，780 年卒。他是东方亚述教会的第 41 任宗主教。①

东方亚述教会(景教)是基督教会里最多样化和文化交流最广泛的教会。历史时期，该教会传布区域广泛，以塞琉西亚 - 克泰锡封、巴格达为基地，教会的传教活动辐射至西亚、中亚、南亚及中国广大区域，总部教会管辖着从叙利亚到远东广大地区的地方教会组织。景教在传播过程中，除使用叙利亚语外，还积极使用各地方语言，例如中古波斯语、新波斯语、粟特语、回鹘突厥语和汉语，都产生了各自的文献，虽然这些文献大部分是译文，但其中也有自己写作的作品。这些语种景教文献的出现，一定程度上推动了该教在亚洲广大区域的传教工作。②

从波斯萨珊帝国（224–651 年）到阿拉伯帝国（632–1258 年）直至蒙古帝国（1206–1368 年）时期，东方亚述教会（景教）长期在西亚、南亚、中亚以及中国境内开展教务工作，直至帖木儿帝国时期（1370–1507 年），由于统治者大力推行伊斯兰教，该教会组织才趋于衰微，但一直延绵未断。目前东方亚述教会在全球共设有 14 个教区，总部位于伊拉克的埃尔比勒

---

① 有关东方亚述教会历任宗主教序列，可参考 Wilhelm Baum,Dietmar W. Winkler.*The Church of the East:A Concise History*,New York:Routledge Curzon,2003,pp.273–275。

② 参见朱谦之：《中国景教》，北京：人民出版社，1993 年，第 42–43 页；罗香林：《唐元二代之景教》，香港：中国学社，1966 年，第 6 页；[德] 克林凯特 (H.J.Klimkeit) 著，赵崇民译：《丝绸古道上的文化》，乌鲁木齐：新疆美术摄影出版社，1994 年，第 80–81 页；东方亚述教会官方网站 : https://www.assyrianchurch.org/home/；世界基督教会联合会网站（WCC）：https://www.oikoumene.org/member-churches//holy-apostolic-catholic-assyrian-church-of-the-east，accessed:2022-8-10。

市①，现任宗主教马尔·阿瓦三世（Mar Awa III）于2021年9月当选，为东方亚述教会第122任宗主教。②

“景教”是唐代汉文文献中对东方亚述教会的称呼，但国内外学术界长期将“景教”视同为“聂斯脱利派”。“聂斯脱利派”这一称呼，本身是不恰当的。聂斯脱利本人从来没有创立过名为“聂斯脱利派”的教会，他本人也从未担任过东方亚述教会的任何职务，因此，将东方亚述教会等同于聂斯脱利派，是一种误导。“聂斯脱利派”不仅不等同于东方亚述教会（景教），并且这一名称本身，是西方正统教派强加于东方亚述教会的一个带有歧视性质的称呼。尽管在神学以及教会史文献中“聂斯脱利派”这一名称经常出现，“但是这个名称的准确性以及正当性都非常有限”，“聂斯脱利本人都并非‘聂斯脱利派’”。③东方亚述教会内部的神职人员，对“聂斯脱利派”这一称呼也表达出极大的不满。1976年，在英国伦敦的一次祝圣礼上，当时在位的东方亚述教会宗主教马尔·丁哈四世（Mar Dinkha IV，1976–2015年在位）表示：“‘聂斯脱利派’的标签对于东方亚述教会来说是不公的，也是误导性的，聂斯脱利和我们并无关系，他是希腊人！”④

从20世纪开始，诸多西方的基督教研究专家已经明确对“聂斯脱利派”这一名称表达了质疑和反对。学术界开始使用“东方使徒教会”（Apostolic Church of the East）、“东叙利亚教会”（East Syriac Church）、东方至圣使徒至公亚述教会（Holy Apostolic Catholic Assyrian Church of the East）、“古代东方教会”（Ancient Church of the East）、“波斯教会”（Persian Church）等名称来称呼该教会。⑤

---

① 埃尔比勒，伊拉克库尔德自治区首府，伊拉克北部城市、埃尔比勒省省会。

② “Statement on the Election of the 122nd Catholicos-Patriarch of the Assyrian Church of the East”，https://news.assyrianchurch.org/statement-on-the-election-of-the-122nd-catholicos-patriarch-of-the-assyrian-church-of-the-east/，accessed:2022-8-10.

③ Wilhelm Baum,Dietmar W. Winkler.*The Church of the East:A Concise History*.New York:Routledge Curzon，2003,pp.3-5.

④ S.P.Brock.The Nestorian Church: A Lamentable Misnomer,*Bulletin of the John: ylands Library*,78-3,1996，p.5.

⑤ Wilhelm Baum,Dietmar W. Winkler.*The Church of the East:A Concise History*,New York:Routledge Curzon，2003,pp.3-5；王静、付子阳：《景教与聂斯脱利派之源流及异同辨析》，《中国天主教》，2022年第3期，第49-55页。

二、景教在中亚七河地区及哈萨克斯坦的传播

13 至 14 世纪的元朝时期，得益于元朝统治者“一视同仁，皆为我用”的宗教政策及上层阶级的亲近和支持，景教进入了一个发展的黄金期。[①] 总部下辖 25 个教区的大主教。[②]

元朝时期，中亚的七河地区（俄语借译为 Semiryechye）是景教传播的中心地之一。七河地区是指流向巴尔喀什湖的七条河流所覆盖的区域，包括了巴尔喀什湖以南、河中以东，以伊塞克湖、楚河为中心的地带。大致范围在今天哈萨克斯坦阿拉木图州、江布尔州以及吉尔吉斯斯坦东北角和中国新疆伊犁一带，属于当时察合台汗国领土的重要组成部分。其中七河指的是目前尚存的伊犁河（Ili River）、卡拉塔尔河（Karatal River）、阿克苏河（Aksy River）、列普瑟河（Lepsy River）、阿亚古斯河（Ayaguz River）以及两条已经消失的河流——巴斯克河（Baskan River）与萨尔坎德河（Sarkand River）。

关于七河地区的景教信仰，文献及考古材料均有所反映。鲁布鲁克（William of Rubruch，1253–1254 年出使蒙古）在其行纪中记录了海押立[③]城及其周边村庄的景教信徒状况。《鲁布鲁克东行纪》载：“在上述的海押立城（Cailac），他们有三座偶像庙宇……在头一座，我看见一个人，手上有墨染的小十字架，因此我断定他是个基督徒。我向他询问，他回答说他是基督徒。”随后，鲁布鲁克问此基督徒，为何这里的十字架没有耶稣基督像。对方回答这不是他们的习惯，鲁布鲁克遂认为去除基督像是因其派别的教义错误所致。[④]海押立的偶像教徒在礼拜时会合掌跪在地上叩头，把额头放到手掌上。也许是为了和这些偶像教徒的礼拜方法相区分开，此地的景教徒则坚决不在祈祷的时候合掌，而是改为把手伸到胸前。[⑤] 1253 年 11 月 30 日，鲁布鲁克和随行人员离开了海押立，“在离它（海押立）大约三英里的地方，我们发现了一个全是聂斯脱利人的村子。我们进入他

---

① 周燮藩：《中国的基督教》，北京：商务印书馆，1997 年，第 44 页。

② 张星烺：《中西交通史料汇编》（一），北京：中华书局，2003 年，第 310–312 页。

③ 海押立，窝阔台之孙海都的封地，在今哈萨克斯坦巴尔喀什湖东南萨尔坎德附近。

④ [意]柏朗嘉宾、[法]鲁布鲁克著，耿昇、何高济译：《柏朗嘉宾蒙古行纪·鲁布鲁克东行纪》，北京：中华书局，2013 年，第 230 页。

⑤ 同上，第 231 页。

们的教堂，愉快地高声吟唱圣母万岁！因为我们已很久没有见到过教堂了。”①

七河地区还发现过大量刻有叙利亚—突厥双语铭文的景教徒墓碑。从1885年起，在吉尔吉斯斯坦托克马克（Tokmak）南部的布拉纳城（Burana，西辽都城虎思斡鲁朵所在地）②、比什凯克（Bishkek，距离哈萨克斯坦边境约10公里）附近的卡拉吉迦齐（Karajigach）以及新城(Navekath)③内的三处墓地，先后发掘出630多块景教徒墓碑，其中568块上刻有铭文。这批墓碑陆续吸引了俄国学者丹尼尔·施沃尔森（D.Chwolson）、日本学者佐伯好郎等人对墓碑及其上刻的铭文进行研究。因大部分墓碑上（据佐伯好郎统计为432件）都刻有日期，并使用希腊历（即塞琉西纪年法）。专家们发现这批墓碑中最早的约立于1200年或1201年，最晚的约立于1344年或1345年，而绝大部分墓碑立于1248至1342年之间。通过释读墓碑上的铭文后发现，在14世纪30年代末至40年代初，此地发生了可怕的瘟疫，致使当地居民大量死亡。许多景教徒的墓碑(立于1338至1339年)上用叙利亚文字刻着“死于鼠疫”。由于来不及为每一位死者准备墓碑，甚至出现了一块墓碑上刻着三个不同姓名的情况。④

另外，景教在哈萨克斯坦的传播还有一定的历史事实支撑。根据法国史学家勒内·格鲁塞（René Grousset）所著《草原帝国》中的记述，萨曼王朝(Samanid Empire，874–999年)的伊斯马因·本·艾哈迈德⑤（Isma ‘il b.Ahmad，892–907年在位）于893年远征怛逻斯（今哈萨克斯坦塔拉兹），怛逻斯异密（al–Amir）和村民归降。伊斯马因·本·艾哈迈德把该地的一座大教堂改建成了清真寺，大教堂的存在表明曾经一定有景教徒居住在此

---

① [意]柏朗嘉宾、[法]鲁布鲁克著,耿昇、何高济译:《柏朗嘉宾蒙古行纪·鲁布鲁克东行纪》,第239页。

② 布拉纳城，又称巴拉沙衮（八剌沙衮），约建于公元10世纪，是中世纪时中亚楚河流域规模较大的城市之一，也是丝绸之路上重要的商贸中心。

③ 新城（吉尔吉斯语：Невакет），即科拉斯纳亚·瑞希卡遗址，是一座中亚古城，距离首都比什凯克30公里左右。

④ 牛汝极:《中亚七河地区突厥语部族的景教信仰》，《中国社会科学》，2012年第7期，第163-169页；迎胜:《蒙元时代中亚的聂思脱里教分布》，《元史及北方民族史研究集刊（7）》（南京大学学报专辑），1983年，第67-68页。

⑤ 伊斯马因·本·艾哈迈德，萨曼王朝国王艾哈迈德·本·阿萨德之子，其曾祖父是萨曼家族的创始人萨曼·胡达。

地。[①] 另外，苏联学者巴托尔德在其著作《中亚突厥史十二讲》中也提及，“（萨曼王朝）于公元 893 年占领了怛逻斯……当时相传那里有间大的教会改变为清真寺的事，这后一事实，使得我们可以得出这样的结论，即这里基督教的宣传活动是在伊斯兰教的宣传之先的。”[②] 由上所述，可以断定至晚在 893 年，景教已在哈萨克斯坦境内有所传播。

蒙古时期，主要分布于土拉河、鄂尔浑河流域和杭爱山东段地区的克烈部以及分布于克烈部以西至阿尔泰山一带的乃蛮部是信仰景教的部落[③]，同时他们也曾是哈萨克民族历史的一部分。在 1190–1206 年与蒙古的战争中，许多被蒙古打败的乃蛮部和克烈部族人从亚洲中部迁移到了今哈萨克斯坦境内，其中一部分留在哈萨克斯坦东部并臣服于蒙古，还有一部分到达七河流域或继续向西，融入了当地的突厥诸部落，成为哈萨克族形成的源头之一。1211 年，乃蛮首领屈出律汗[④] 击败喀喇契丹[⑤]，在七河流域建立了政权。在哈萨克族形成过程中，乃蛮部落逐渐融入了中玉兹[⑥]，部分克烈部人员留在了哈萨克斯坦北部，同样融入了中玉兹，成为中玉兹部落联盟中的克烈部。[⑦]

景教在乃蛮、克烈二部中相当盛行，部落统治者及其后代多信仰景教。窝阔台汗的后妃脱列哥那就来自于信仰景教的乃蛮部或克烈部，她第一次出嫁也嫁给了同样信仰景教的蔑儿乞部，后改嫁窝阔台汗。除脱列哥那之外，还有诸如唆鲁禾帖尼（克烈部人，克烈部首领王汗之女，后嫁给拖雷汗并生下了蒙哥、旭烈兀、忽必烈和阿里不哥四子）以及脱古思合敦（克烈部人，克烈部王汗之孙女，后嫁给拖雷汗次子旭烈兀）都是景教信徒。[⑧]

---

① 刘迎胜：《蒙元时代中亚的聂思脱里教分布》，《元史及北方民族史研究集刊（7）》，1984 年第 7 辑，第 68 页。

② [苏联]巴托尔德著，罗致平译：《中亚突厥史十二讲》，北京：中国社会科学出版社，1984 年，第 61 页。

③ Г. Приходко.*История христианства в Казахстане в Средние Века*,Караганда,2000,p.4.

④ 屈出律汗，西辽末代帝王，乃蛮部太阳汗之子，1211–1218 年在位。

⑤ 喀喇契丹（黑契丹），即西辽（1124–1218 年），是中国历史上由契丹族在中国新疆和中亚地区建立的政权，其建立者是辽朝开国皇帝耶律阿保机的八世孙耶律大石。

⑥ 中玉兹，哈萨克汗国后期形成的地域较大、势力较强的部落联盟，版图在中部哈萨克丘陵一带，北至鄂木斯克，西至咸海，东至阿尔泰山的塔尔巴哈台与额尔齐斯河，南至锡尔河。

⑦ [哈]坎·格奥尔吉·瓦西利耶维奇著，中国社会科学院、西北大学丝绸之路研究院等联合课题组译：《哈萨克斯坦简史》，北京：中国社会科学出版社，2018 年，第 46 页。

⑧ 宝贵贞、宋长宏：《蒙古民族基督宗教史》，北京：宗教文化出版社，2008 年，第 56–62 页。

关于克烈部的景教信仰，威廉·鲁布鲁克（William of Ruburk）① 在其《鲁布鲁克东行纪》中有如下记载："……他的名字是汪。他是一座叫作哈剌和林的小城的主人，他手下的民族叫作克烈和蔑儿乞，他们是聂斯脱里基督徒。"② 拉施特 ③ 的《史集》中也有记载："……耶稣－祝他安宁－的召唤达到了他们处，他们就皈依了他的宗教。他们是蒙古人的一种，他们住在斡难、怯绿连 ④ 蒙古人的土地上。"⑤

关于乃蛮部的景教信仰，《鲁布鲁克东行纪》中也有提及，"那些契丹人居住在我所经过的高地，而这些高地的某个地方，住着一个聂斯脱里人。他是一个强大的、统辖一支叫作乃蛮民族的君王和牧人。乃蛮人是聂斯脱里基督徒。"⑥ 乃蛮人信仰景教，还可从屈出律这一人物中得到证实。据志费尼 ⑦《世界征服者史》所载，成吉思汗击败乃蛮太阳汗（Tayang–Khan）后，太阳汗之子屈出律奔逃至西辽，他用计杀死当时的西辽王并篡夺了西辽政权。后来屈出律迎娶西辽王之女为妻，此女劝说屈出律放弃他原本的景教信仰而随她改信佛教。⑧

除了以上史实外，近年来在哈萨克斯坦伊利巴里克遗址新发现的景教遗物更能进一步证实景教的确在此地曾有所传播。伊利巴里克位于今哈萨克斯坦阿拉木图（Almaty）州阿拉科尔（Alakol）的乌沙拉尔（Usharal）村，在地理上属于中亚七河地区的范围。13 世纪中叶小亚美尼亚国王海屯一世（Hethum I，1226–1269 年在位）在其游记《海屯行纪》中曾提及此地。

---

① 威廉·鲁布鲁克，法国方济各会修士，1253 年奉法王路易九世（Louis IX，1226–1270 年在位）之命出使蒙古。从君士坦丁堡出发，经钦察汗国，抵达和林（位于今蒙古国境内前杭爱省西北角）蒙古大汗宫廷，受蒙哥汗的接见，1254 年返回。

② [意]柏朗嘉宾、[法]鲁布鲁克著，耿昇、何高济译：《柏朗嘉宾蒙古行纪·鲁布鲁克东行纪》，第 215 页。

③ 拉施特，伊利汗国（又名伊尔汗国，1256–1335 年）宰相，他奉伊利汗国合赞汗和完者都汗之命，主持编纂《史集》，历时十年编成（成书于 1300–1310 年间）。

④ 斡难和怯绿连，二河指今天的鄂嫩河与克鲁伦河。

⑤ [波斯]施拉特主编，余大钧、周建奇译：《史集》（第一卷），北京：商务印书馆，1983 年，第 207 页。

⑥ [意]柏朗嘉宾、[法]鲁布鲁克著，耿昇、何高济译：《柏朗嘉宾蒙古行纪·鲁布鲁克东行纪》，第 214 页。

⑦ 志费尼，全名阿老丁·阿塔蔑力克·志费尼（Ala u 'd–Din 'Ata—Malik Djuveni，1226–1283 年），波斯历史学家，著有《世界征服者史》。《世界征服者史》是研究 13 世纪蒙古历史的重要史料，因其成书较早，书中所记史实又多为作者亲身所见所闻，故具有极高的史料价值。

⑧ [波斯]志费尼著，何高济译，翁独健校：《世界征服者史》，呼和浩特：内蒙古人民出版社，1980 年，第 72 页。

根据《海屯行纪》所载，蒙哥（1251–1259 年在位）登汗位后，海屯一世于 1254 年出发前去觐见蒙哥汗。① 海屯在抵达蒙古王廷后，返程的途中经阿力麻里（Almaliq，位于今新疆霍城县西北）向西南行，来到了一个名为“Iiabalex”的城市，然后渡过伊犁（Iiansu）河，越掩罗斯山（Toros, 今阿拉套山）抵达塔拉兹（Taraz，位于今哈萨克斯坦江布尔州），再经波斯最终返回亚美尼亚。②2017 年，考古专家小组在对乌沙拉尔村进行考古挖掘并对出土遗物进行分析后，认定此地就是《海屯行纪》中的“Iiabalex”。③

三、伊利巴里克出土景教遗物的初步探析

2015 年，一名伊利巴里克的农民在村郊发现一块石头，长约一米，表面光滑，应是经过打磨加工处理。其上刻有一个十字架图形，周围还刻有铭文（见图 1）。经专家考证，此石应为景教徒的墓碑。在此之前，哈萨克斯坦境内未发现任何景教徒的墓碑，因此这块墓碑吸引了全球众多考古学家前往伊利巴里克开展考古挖掘工作。从 2016 年起，来自瑞士欧亚勘探协会（Switzerland Eurasia Exploration Society）、哈萨克斯坦专业考古有限责任公司（Kazakhstan Archaeological Expertise LLP）、美国西南浸礼会神学院坦迪考古研究所（USA Southwestern Baptist Theological Seminary Tandy Institute for Archaeology）以及哈萨克斯坦考古协会（Archaeological Society of Kazakhstan）四个专业考古机构的专家学者组成了联合小组，开始对伊利巴里克进行系统的考古挖掘工作。通过对遗迹和出土文物的分析，目前学者们认为在伊利巴里克曾存在一个景教徒的社区。④

① 何高济译：《海屯行纪鄂多立克东游录沙哈鲁遣使中国记》，北京：中华书局，1981 年，第 11 页。

② 同上，第 8 页。

③ Eurasia Exploration Society,Tandy Institute for Archaeology, Southwestern Baptist Theological Seminary,Archaeological Expertise LLP,Archaeological Society of Kazakhstan.2017 Scientific Field Report on Complex Archaeological Investigations of The Usharal(Ilibalyk)Site,*Abbreviated Report for Internet*,2017.

④ Dmitriy Voyakin,Steven T.Gilbert,Charles A.Stewart.The Christian Community of Medieval Ilibalyk:Initial Archaeolo-gical Investigations of a Medieval Site in Southeastern Kazakhstan,*История и археология Турана*,No.5,2020,p.356.

图 1：2015 年发现的景教徒墓碑 ①

2017 年，联合专家小组对这块墓碑上的铭文进行了释读。铭文的音译应为“*Teginning öγli Petros Baršabbā Quchaning öγli*……”，意思是“泰金的儿子彼得罗斯（Tegin's son Petros）BaršabbāQucha 的儿子［姓名难以辨认］（Baršabbā Qucha's son...）”。专家们认为“Petros”这一名字应源自希腊语“πέτρος”，代表《圣经》中的伯多禄（彼得）；“Baršabbā”（叙利亚语，意为“安息日之子”）是在中亚基督教历史上较为常见的名字；“Quchaning”则是突厥语中“力量”的意思。另外，“*Teginning*”也是突厥语，意为“王子”。这种景教徒墓碑上出现同时使用叙利亚语和突厥语或使用叙利亚文字拼写突厥语的情况十分普遍，此块墓碑上的“*Baršabbā Quchaning*”即为叙利亚语和突厥语前后拼接而成。虽然墓碑上并没有写明死者的生卒年，但是专家们推测，两人共用一块墓碑的现象很可能表明这两位死者都逝于 1337 到 1339 年间。当时七河地区遭到严重的鼠疫席卷，包括景教徒在内的本地居民大量死亡，因而出现了墓碑供给不够而多人共用一块石碑的情况。② 上文提及的七河地区，就曾发现较多景教徒墓碑，上面刻着“死于鼠疫”的叙利亚铭文。

---

① 图片来源 :https://www.nestorianstudies.org/index.php/en/about-us/our-story,accessed:2022-8-20。

② Eurasia Exploration Society,Tandy Institute for Archaeology, Southwestern Baptist Theological Seminary, Archaeological Expertise LLP, Archaeological Society of Kazakhstan.2017 Scientific Field Report on Complex Archaeological Investigations of The Usharal(Ilibalyk)Site,*Abbreviated Report for Internet*,2016-2021.

伊利巴里克地处哈萨克斯坦东部的七河地区内，是连接多座中世纪重要城市（如吉尔吉斯斯坦的碎叶城[①]、新城、布拉纳城以及中国的阿力麻里与伊宁）的贸易交通枢纽。对伊利巴里克遗址进行考古挖掘后发现，整个城镇与丝绸之路上的其他城市相比，结构非常相似，由城堡（用于防御）、贵族与富人的住所、平民住所以及手工业区等部分组成。

对于伊利巴里克的存在年代问题，专家小组对挖掘出土的动物残骨进行了碳 -14 检测，确定其年代为 1217 至 1270 年间。除此之外，还对该地出土的陶器和钱币做了样式风格的分析，结果也表明应属于 13-14 世纪遗物。[②]

图 2：挖掘出的遗骸[③]

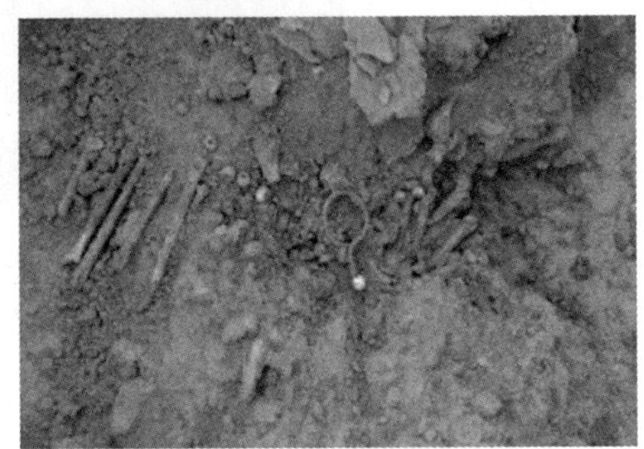

图 3：墓葬中的随葬品[④]

2018 年，考古队在伊利巴里克共挖掘了 33 座墓葬，并推断此处为景教徒的墓地，这是在哈萨克斯坦首次发现景教社区墓地。其中的 31 座埋葬着未成年者的遗骸，他们大多都未满 5 岁，另外两座墓葬则埋葬着 2 具青少年和 1 具成年人的骸骨。墓地中的骸骨都使用了相似的埋葬方法，所有死者都头朝向西方，而脚底朝向东方。在 10 多座墓葬中，死者的头部被一个凸起的土块微微支撑起来，以使得死者的面部能够迎向东方（见图 2）。景教自古都有礼东的习俗，这很可能与《圣经》中“因为如同闪电从东方

① 碎叶城（Suyab），位于今吉尔吉斯斯坦楚河州托克马克市西南 8 公里处，楚河南岸。

② Dmitriy Voyakin,Steven T.Gilbert,Charles A.Stewart.The Christian Community of Medieval Ilibalyk:Initial Archaeological Investigations of a Medieval Site in Southeastern Kazakhstan,*История и археология Турана*,No.5,2020,p.361.

③ 图片来源 :https://voxpopuli.kz/hristiane-velikoy-stepi-kak-poteryannuyu-istoriyu-kazahstana-13825/?fbclid=IwAR3pabjPn63-csCOOEo-b9hJTJo7VmJ0yiYbe6o3m4kIV0vFJyNyf71N_QE，accessed:2022-8-20。

④ 图片来源 :https://voxpopuli.kz/hristiane-velikoy-stepi-kak-poteryannuyu-istoriyu-kazahstana-13825/?fbclid=IwAR3pabjPn63-csCOOEo-b9hJTJo7VmJ0yiYbe6o3m4kIV0vFJyNyf71N_QE，accessed:2022-8-20。

发出，直照到西方，人子的来临也要这样”（玛 24：27）的描述有关。另外观察骸骨的姿势，所有儿童通常都把双手交叉放在腰部，而两名青少年和一名成年人则是把右手放在胸部，左手放在腹部。大约一半的墓葬中还放有简单的随葬品，比如玻璃制成的珠宝、镶嵌着珍珠的耳环或银戒指等等（见图 3）。

除挖掘出景教社区的墓地之外，联合专家小组于 2016 至 2021 年间在伊利巴里克遗址先后发现了 43 件景教遗物（多为墓碑，其上皆刻有十字架图案或铭文），并给这些遗物做了编号。囿于篇幅，下文仅将此批遗物中具有代表性的进行分类介绍并分析。①

（一）刻有十字架及铭文的遗物

2016 年出土的 IB-16-3-2 号遗物（见图 4）为刻有十字架图案及文字的不规则形状景教徒墓碑。墓碑边角圆润，呈深灰色，表面带有白色污渍。墓碑体积为 24 厘米 ×17 厘米 ×4.5 厘米，正面中间偏上的位置刻有十字架图案，图案长宽为 12 厘米。十字架周围同时刻有叙利亚铭文。经专家释读，铭文意为“这是墓地（*This is the grave*）信徒希林（*Shirin the believer*）”。“*Shirin*”应是源于波斯语中的“甜”一词，迄今为止都是在中亚女性群体中较为流行的名字。②

2016 年出土的 IB-16-3-6 号遗物（见图 5）为刻有十字架图案及文字的椭圆形景教徒墓碑残块。残块表面光滑，背面粗糙。尝试复原出整个墓碑的体积应为 21 厘米 ×11 厘米 ×9 厘米。残块正面右下角位置依稀可见一个十字架图案的左上部分，同时又有一些文字刻在十字架图案的周边。这些文字因风化腐蚀而难以辨认，推测应为叙利亚文或突厥文。

2017 年出土的 IB-17-IV-C-7 号（见图 6）遗物为刻有十字架图案及文字的鹅卵石状景教徒墓碑。墓碑呈灰绿色，体积为 30×27×16 厘米。正

---

① 有关此批景教遗物的原文信息，请皆参见：Eurasia Exploration Society,Tandy Institute for Archaeology, Southwestern Baptist Theological Seminary, Archaeological Expertise LLP, Archaeological Society of Kazakhstan.2017 Scientific Field Report on Complex Archaeological Investigations of The Usharal(Ilibalyk)Site,*Abbreviated Report for Internet*,2016-2021。

② 关于“Shirin”一名的历史，可参见 Wilhelm Baum.Shirin-Christian Queen of Persia.History and Myth. 收录于 edited by *Roman Malek.jingjiao:The church of The East in China and Central Asia*, Routledge, 2022,pp.475-484。

面中间位置刻有一叙利亚式十字架图案（中间为圆形，这种形制在早期基督教中代表着“永生”①），十字架周围刻有叙利亚文字（释读见下文）。图案长宽为 12.5 厘米。

2019 年出土 IB-19-C-IV-001-I002 号遗物（见图 7）为刻有十字架图案以及疑似叙利亚文字的圆形景教徒墓碑。墓碑呈白灰色，体积为 19.5 厘米 ×19.5 厘米 ×6 厘米。墓碑正面中间位置刻有一个十字架图案，图案长 5.6 厘米，宽 6 厘米。该墓碑的底部疑似刻有叙利亚文字（见图 8），经过联合专家小组中艾瑞卡 · C · D · 亨特（Erica C.D.Hunter）和高桥秀美（Hidemi Takashashi）两位博士的分析，这个文字似乎是“于……年”（in the year）之意。但由于文字雕刻得非常小，并且雕刻位置也比较不同寻常，所以也不排除这个文字可能只是一道与字体形状相似的裂缝。

2020 年出土的 IB-20-B-7-IV-003-I001 号遗物（见图 9）为刻有十字架图案以及叙利亚文字的不规则形状墓碑残块。石块呈蓝色，表面十分光滑，其一面上刻有一个十字架图案（四角的末端呈现“V”形），同时在十字架四边两两相邻的位置刻有叙利亚文字（其中一段文字因石块碎裂已不可见）。根据联合专家小组中叙利亚文字学者马克 · 迪肯博士（Dr. Mark Dicken）的翻译，该叙利亚文字的翻译如下：]□ब़ल[ᑕश१□ क़अॅᥨ†ᵢकड़श] ဏ ᵢकड़□[१ब़ဏ “这是（This is）[的坟墓]（[the grave of]）费布罗尼亚（Febronria）[sic] 老师（the teacher）”。马克 · 迪肯博士认为“Febronria”极可能是“Febronia”这一名字的错误拼写。费布罗尼亚（Febronia）原是 3 世纪时一位尼西比斯（Nisibis）② 的东方教会修女，她因拒绝放弃她的基督教信仰并嫁给罗马皇帝戴克里先（Diocletian，284-305 年在位）的侄子西马科斯（Lysimachus）而受到酷刑和处决。如今的东方亚述教会仍在每年宗徒期（The season of the Apostles）③ 的第四个星期五举行仪式来纪念她，而费布罗尼亚这一名字现在也常被女性亚述人所取用。

---

① 牛汝极：《新发现的十字莲花景教铜镜图像考》，《西域研究》，2017 年第 2 期，第 58 页。

② 尼西比斯，即努塞宾（Nusaybin），在今土耳其的马丁省（Mardin Province）。努塞宾是 3 至 4 世纪早期东方教会（Church of the East）重要的精神中心，开设有著名的东方教会神学院——尼西比斯学院（School of Nisibis）。

③ 宗徒期（The season of the Apostles），是东方亚述教会所有的一个礼仪期（liturgical season），从每年的五旬节（复活节后的 50 天）开始，持续 7 周的时间。

图 4：IB-16-3-2 号墓碑① 图 5：IB-16-3-6 号墓碑残块② 图 6：IB-17-IV-C-7 号墓碑③

图 7：墓碑底部疑似叙利亚文字的铭文④ 图 8：IB-19-C-IV-001-I002 号墓碑⑤

图 9：IB-20-B-7-IV-003-I001 号墓碑残块⑥

① 图片来源 :http://www.exploration-eurasia.com/inhalt/projekt_aC.htm#2016,accessed:2022-8-20。

② 图片来源 :http://www.exploration-eurasia.com/inhalt/projekt_aC.htm#2016。

③ 图片来源 :http://www.exploration-eurasia.com/inhalt/projekt_aC.htm#2017。

④ 图片来源 :http://www.exploration-eurasia.com/inhalt/projekt_aC_2.htm。

⑤ 图片来源 :http://www.exploration-eurasia.com/inhalt/projekt_aC_2.htm。

⑥ 图片来源 :http://www.exploration-eurasia.com/IB2020_files/content.htm#。

（二）刻有叙利亚式或百合式十字架图案的遗物

2016 年出土的 IB-16-3-5 号遗物（见图 10）为刻有十字架图案的圆形景教徒墓碑。墓碑表面有砂砾形状的凸起，呈暗褐色和灰色。墓碑体积为 24 × 24.5 × 6 厘米，正面中间位置刻有典型的叙利亚式十字架图案（十字架四臂顶端内缩，呈现“V”型）。这种形制的十字架图案经常被景教教会采用，许多学者将其称之为“马耳他式十字架”（Maltese Cross）。[①] 其图案长宽为 7 厘米。

2017 年出土的 IB-17-IV-B-3-12 号（见图 11）为遗物刻有十字架图案的鹅卵石状景教徒墓碑。墓碑呈棕灰色，体积为 29 × 17 × 5.5 厘米。正面中间位置刻有一叙利亚式十字架图案，并有一三角形图案位于十字架底部。十字架图案长 17 厘米，宽 11 厘米。

2018 年出土的 IB-18-C-IV-007-IO5 号遗物（见图 12）为刻有十字架图案的椭圆形小型景教徒墓碑。墓碑呈灰绿色，表面非常光滑，体积为 13.5 × 8 × 6 厘米。正面中间偏上位置刻有一个百合式（Fleur De Lis）[②] 十字架图案，图案长 5 厘米，宽 3.2 厘米。

2018 年出土的 IB-18-D-IV-005-I04 号遗物（见图 13）为刻有十字架图案的不规则椭圆形墓碑。石块呈深绿色，体积为 30 × 20 × 10 厘米，是 2018 年发现的体积最大的石块。石块一面的中间位置刻有一个百合式十字架图案，其底部又加刻有一个三角形。图案长 14 厘米，宽 9 厘米。

---

① 有关马耳他式十字架的具体信息可参见姚崇新：《观音与神僧：中古宗教艺术与西域史论》，北京：商务印书馆，2019 年，第 233-234 页。但笔者对将景教教会中该形制的十字架称为“马耳他式十字架”的方式有所质疑，根据《基督教大辞典》对马耳他式十字架的介绍，该形制的十字架的历史“可回溯到十字军时代医院骑士团或圣约翰骑士团所用的标徽”。（具体详见丁光训主编：《基督教大辞典》，上海：上海辞书出版社，2010 年，第 398 页。）十字军时代医院骑士团及圣约翰骑士团的历史可追溯到 11 世纪初，但景教教会使用该种形制十字架的历史应远早于此。并且二者使用的该种十字架图案，最大的相似之处在于四臂顶端内缩，呈现出“V”形，但在四臂形制以及臂长方面还是存在着差异。因此仅因为形制有相似之处，即将景教的该种十字架命名为“马耳他式十字架”是否合理以及二种十字架形制是否存在接触交融的历史还需要进一步梳理与探析。故文本使用“叙利亚式十字架”来进行描述。

② Fleur De Lis，法语中“百合”之意，最早被用来代表法国皇室，据说象征着完美、光明和生命。在 12 世纪，百合的形象被许多法国国王使用。传说在克洛维一世（Clovis I，法兰克国王，481-511 年在位）皈依基督教后，一位天使向克洛维一世赠送了一朵金百合，作为他净化的象征。罗马天主教会将百合定为圣母玛利亚的特殊象征，由于它的三个“花瓣”，百合花也被用来指代三位一体。

2021 年出土的 IB_17_IV_ B 3_I009 号遗物（见图 14）为刻有十字架图案的墓碑。墓碑呈现淡红色（reddish），边角圆润，下半部分被平整切割，体积为 12.6 × 12 × 3.5 厘米。墓碑的一面可以清晰地看到一十字架图案，长 8.6 厘米，宽 7.6 厘米。十字架的下臂顶端残缺，其余三臂顶端略微内缩且雕刻粗糙，同时十字架的下臂明显长于其他三臂。

图 10：IB-16-3-5 号墓碑[①]

图 11：IB-17-IV-B-3-12 号墓碑[②]

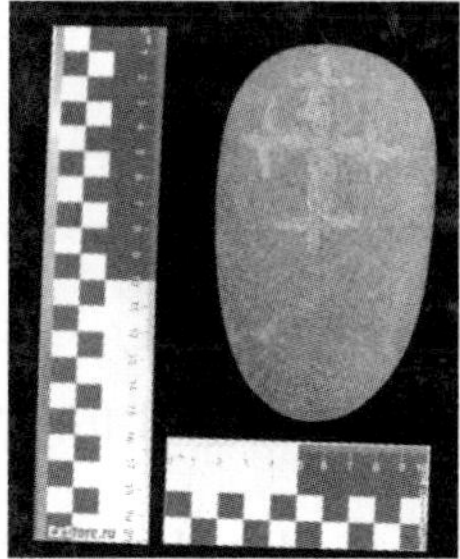

图 12：IB-18-C-IV-007-IO5 号墓碑[③]

① 图片来源 :http://www.exploration-eurasia.com/inhalt/projekt_aC.htm#2016。

② 图片来源 :http://www.exploration-eurasia.com/inhalt/projekt_aC.htm#2017。

③ 图片来源 :http://www.exploration-eurasia.com/inhalt/projekt_aC.htm#2018。

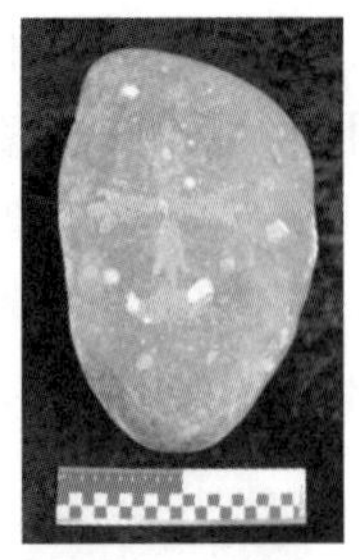

图 13：IB-18-D-IV-005-I04 号墓碑①

图 14：IB_17_IV_ B 3_I009 号墓碑②

（三）刻有其他形制十字架图案的遗物

图 15：IB-20-C-IV-234 号墓碑残块③

图 16：IB-18-D-IV-001-I01 号石块④

除了百合式和叙利亚式十字架之外，在伊利巴里克发现的景教墓碑，多只是刻有两条圆粗的架臂垂直交叉、雕刻非常粗糙的十字架图案，有些图案甚至只是由两条细线构成。如 2020 年出土的 IB-20-C-IV-234 号遗物（见图 15）。其为刻有十字架图案的半椭圆形墓碑残块，石块呈灰蓝色，边角圆润，其下半部分明显残缺，体积为 20.6 × 20 × 17.7 厘米。在石块的正面可以清晰地看到一个十字架图案（底部残缺一小部分），图案长 12.5 厘米，宽 9.3 厘米。又如 2018 年出土的 IB-18-D-IV-001-I01 号遗物（见图 16）也是一例典型。其为刻有十字架图案的鹅卵石状石块。石块呈土黄

① 图片来源 :http://www.exploration-eurasia.com/inhalt/projekt_aC.htm#2018。

② 图片来源：http://www.exploration-eurasia.com/inhalt_english/frameset_projekt_aC.html,accessed:2022-8-20。

③ 图片来源 :http://www.exploration-eurasia.com/IB2020_files/content.htm#。

④ 图片来源 :http://www.exploration-eurasia.com/inhalt/projekt_aC.htm#2018。

色，体积为 27×14×9 厘米。石块一面的中间偏左位置刻有一个拟人形态（anthropomorphically）的十字架图案。虽然图案雕刻得非常粗糙，但是考虑到在其出土的地区发现有其他形状类似的景教徒墓碑，因此学者们推测该石块可能也是一个墓碑。

（四）非墓碑的遗物

2017 年出土的 IB-17-IV-C-14 号遗物（见图 17）为圆柱形切割石块。石块呈灰色，体积为 12×9.5×5 厘米。由于该石块是中心对称的，结合其出土环境，因此推测该石块可能是某石制十字架的一部分。

2019 年出土的 IB-19-C-IV-001-I025-50 号遗物（见图 18）为由铜或铜合金制成的金属十字架。十字架已经严重锈化而呈现深红色，其下半部分断裂了一角，并且上下两臂的边缘处各有一个孔洞（可能是用来将十字架固定在衣服或物件上）。十字架长宽皆为 5 厘米，厚 1 毫米，重 10.3 克。这种金属十字架在整个中亚出土的景教遗物中都较为罕见。

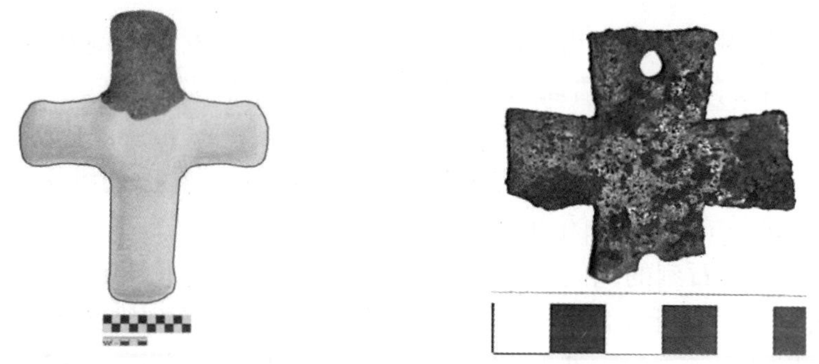

图 17：IB-17-IV-C-14 号石块① **图 18：IB-19-C-IV-001-I025-50 号金属十字架**②

除了上述提到的景教遗物之外，在 2017 至 2019 年，专家小组还在伊利巴里克发现了 9 件疑似为景教遗物的石块或烧制砖头。因其带有的景教文化符号不清晰，专家们无法完全确定它们属于景教遗物。如 2018 年发现的 IB-18-C-IV-001-I03 号烧制砖头（见图 19）。该砖头呈橙红色，体积为 23 厘米 ×18×7.5 厘米，是 2018 年发现的体积最大的烧制砖头。砖头

① 图片来源 :http://www.exploration-eurasia.com/inhalt/projekt_aC.htm#2017。

② 图片来源 :http://www.exploration-eurasia.com/inhalt/projekt_aC_2.htm。

一面的中间位置刻有一个非常简陋的十字架图案，应是砖头烧制完成后刻上的。图案长 12 厘米，宽 10 厘米。由于砖头出土于墓地附近，推测它可能是制作墓碑时的备用材料。

图 19：IB-18-C-IV-001-I03 号砖头[①]　**图 20：印度发现景教十字架主题石刻其一**[②]

四、与其他地区出土景教遗物的初步对比与探析

在 2015 年伊利巴里克出土的第一块景教墓碑上，发现了刻有叙利亚-突厥双语的铭文，而用双语雕刻的方法也并非仅在中亚地区或教徒墓碑上有所发现。例如在印度戈德亚姆（Kottayam）、澄奈（Chennai）以及埃尔纳古勒姆（Kadamattom）等地的基督教堂发现过同时刻有巴列维文[③]以及叙利亚文的景教石刻（见图 20）。据考证，这些石刻的年代大约都在公元 6–10 世纪内。石刻的拱门形龛楣边缘刻着巴列维文，下部则刻有叙利亚文。根据布鲁奈尔博士（Dr.Brunnel）的释读，石刻上的巴列维文意为："in punishment by the cross (was) the suffering on this one; He who is true God and God above, and Guide ever Pure." 而叙利亚文则刻录着《圣经·伽拉达书》中的"至于我，我只以我们的主耶稣基督的十字架来夸耀"。（伽 6：14）[④]

不仅如此，叙利亚语作为景教教会所惯用的语言，当其在非叙利亚语为母语的地区传播时，在书写倾向上有时超越本土语言并对其产生影响，这在一定程度上反映出了叙利亚语和景教教会之间较强的文化黏连性。例

① 图片来源 :http://www.exploration-eurasia.com/inhalt/projekt_aC.htm#2018,accessed:2022-8-20。

② 图片来源：Roman Malek.JingJiao,The Church of the East in China and Central Asia,Routledge,2022,p.488。

③ 巴列维文，即中古波斯文，是萨珊波斯帝国的官方语言，通行于 3–8 世纪。

④ Roman Malek.JingJiao,The Church of the East in China and Central Asia,Routledge,2022,p.488.

如印度教会就经常使用叙利亚文进行书写，在印度卡拉拉邦（Kerala）发现过多个刻有叙利亚文的碑铭。尽管卡拉拉邦有自己的语言—马拉雅拉姆语（Malayalam），同时也会使用拉丁文（Latin）。但从碑铭的情况看，当地的教会似乎偏爱使用叙利亚文。在卡拉拉邦马南姆（Mannanam）的圣约瑟修道院（St. Joseph's monastery）右侧入口处的一块花岗岩（granite）表面，就刻着叙利亚文字（见图 21），其意为“1831 年，奠基石放置于此。（Here was laid the corner stone in the year 1831.）”。在印度，许多教徒的墓碑也都会使用叙利亚文进行刻写。例如库拉维兰加德（Kuravilangad）发现的一块墓碑上，详细用叙利亚文刻录了死者的姓名、身份、亲属关系以及死亡时间等信息（见图 22）。有学者认为，这表明了信徒倾向使用宗教语言—叙利亚语来记下亲人的生平进行缅怀，而非使用当地的通俗语言—马拉雅拉姆语。教会使用叙利亚文的传统在卡拉拉邦传播后，也影响到了本土语言—马拉雅拉姆语，出现了一种使用叙利亚字母来拼写马拉雅拉姆文的书写方式，名为“Malayalam Karshon”[①]。由于马拉雅拉姆语有 56 个字母，而叙利亚语只有 22 个，因此当地人自创了一些字母来弥补。

图 21：花岗岩上的叙利亚铭文[②]

图 22：墓碑上的叙利亚文[③]

阿力麻里（位于今新疆霍城县西北）曾为察合台汗国的都城，与伊利巴里克同属于察合台汗国的领地。在阿力麻里曾先后发现有三十余方刻有叙利亚文、十字架及莲花图案的景教徒墓石[④]，将两地发现的墓碑石刻进

① 有关“Malayalam Karshon”的具体信息，可参看 Koonammakkal Thoma Kathanar.Malayalam Karshon,*The Harp*,Vol.X,No.1,2,1997, pp.59–63。

② Roman Malek. *JingJiao, The Church of the East in China and Central Asia*, Routledge, 2022, p.492.

③ Ibid., p.494.

④ 牛汝极：《中亚七河地区突厥语部族的景教信仰》，《中国社会科学》，2012 年第 7 期，第 174 页。

行对比，又发现有诸多相似之处，可反映出景教在游牧民族中在地化（本土化）的特征。

伊利巴里克和阿力麻里两地出土景教墓碑上的图案有相似之处，一般是刻一个叙利亚式十字架，有的十字架周围并刻有叙利亚铭文。新疆维吾尔自治区博物馆现藏有阿力麻里景教墓石数方，其中一方为鹅卵石状，上刻有一叙利亚式十字架图案（见图 23）。十字架横臂下方分别刻有一行叙利亚铭文，释读为“伊丽莎白，青年女子”①。2017 年，在伊利巴里克也出土了一方刻有叙利亚式十字架图案的景教徒墓石，十字架四周刻有叙利亚铭文（见图 7）。经过联合专家小组的释读，铭文的音译为“*Baršabbā Qučning qabrāsi Yošmid kāhnāning qabrāsi*”，意思是“Baršabbā Quč 之墓（The grave of Baršabbā Quč）神父约希米德之墓（The grave of Yošmid the priest）”。此块墓碑与 2015 年在伊利巴里克出土的第一块墓碑上都刻有“*Baršabbā Qučning*”的名字，“*Quchaning*”和“*Qučning*”皆是突厥语中“力量”一词的变体书写方式。“*qabrāsi*”的末尾“-si”代表所有格，应译为“……之墓”。叙利亚文“*kāhnāning*”的末尾“-ning”代表属格，应译为“神父的”。关于“Yošmid”这个名字，专家们认为可能是源自于粟特语（Sogdian）中的“星期日”一词，和波斯语中的“يكشنبه”（yakshanbe）同源。②

图 23：藏于新疆维吾尔自治区博物馆的景教墓石③ 图 24：藏于新疆霍城县文管所的景教墓碑④

① 牛汝极：《十字莲花－中国元代叙利亚文景教碑铭文献研究》，上海：上海古籍出版社，2008 年，第 64–65 页。

② Eurasia Exploration Society,Tandy Institute for Archaeology, Southwestern Baptist Theological Seminary, Archaeological Expertise LLP, Archaeological Society of Kazakhstan.2017 Scientific Field Report on Complex Archaeological Investigations of The Usharal(Ilibalyk)Site,*Abbreviated Report for Internet*,2017.

③ 本照片由新疆文物考古研究所祁小山先生提供。

④ 本照片由新疆文物考古研究所祁小山先生提供。

新疆霍城县文管所收藏的阿力麻里景教墓石中，其中有一块雕刻较为精美，墓碑呈不规则的类三角形状，长 26 厘米，宽 24 厘米（见图 24）。墓碑中间刻有十字架图案以及叙利亚铭文。仔细观察十字架图案，其四端位置似有三个尖状突起，形似百合式十字架。百合花在基督宗教中有着特殊的象征意义，代表着“三位一体”，其在《圣经》中出现过十余次。如《圣经·雅歌》中：“我的爱人到自己的花园，到香花畦去了，好在花园中牧羊，采摘百合花。”（歌 6：2）“我属于我的爱人，我的爱人属于我，他在百合花间，牧放他的羊群。”（歌 6：3）。此块墓碑整个凿刻部分长 14 厘米，宽 9–11 厘米不等。经释读，叙利亚铭文意为“使徒乔治于 1677 年（或 1674 年）去世”。其中的 1677（或 1674）是用希腊历计算，对应西历应是 1365–1366（或 1362–1363）年。①2018 年，伊利巴里克也发现了两件刻有百合式十字架图案的景教墓石，其中有一件的图案与此块阿力麻里景教墓碑上的十字架图案比较相似（见图 14）。

伊犁地区博物馆还收藏有一块阿力麻里景教石刻，其上刻有十字架图案，十字架底端是三角形（见图 25）。② 这种底端为三角形的十字架图案在伊利巴里克 2017 年及 2018 年出土的景教墓石上都有出现（见图 12 和图 14）。这种十字架下刻三角形图案的风格，被称为“受难地十字架”（Golgotha Cross），三角形代表着耶稣被钉死于十字架上的受难地（Golgotha，基督教将其译为各各他山，天主教则译为加尔瓦略山）。“受难地十字架”的最显著特征就是十字架下常刻有三角形或类三角形图案。伊拉克西拉（Hira）③ 景教遗址就曾出土了数件“受难地十字架”风格的石膏板，如 IM002422 号石膏板（见图 26）即是其中之一。该石膏板被镶嵌在一块有装饰的框架内。三个空心三角形组成十字架的上、左和右三臂，而十字架的下臂则是一个实心三角形，并内嵌着一个小型十字架。④ 上、左、右三臂等长而下臂略长，四臂顶端都连接有两个圆形图案，应该代表着“珍珠”。这种四臂顶端带

---

① 牛汝极：《十字莲花 – 中国元代叙利亚文景教碑铭文献研究》，第 58–59 页。

② 王静：《新疆境内出土景教遗物综述》，《西北工业大学学报（社会科学版）》，2014 年第 2 期，82–83 页。

③ 西拉（Hira）遗址在今伊拉克南部，邻近圣城纳杰夫（Najaf）。该地区是一座位于拜占庭帝国（Byzantine Empire）东部与波斯萨珊（Sassanides）王朝西部疆界接壤处的半独立小国，其建立时间约在公元 2–3 世纪。

④ Nasir al–Kagbi.A NEW REPERTOIRE OF CROSSES FROM THE ANCIENT SITE OF HIRA, IRAQ,*Journal of the Canadian Society for Syriac Studies*,2014,Issure.14,p.91.

有珍珠，四臂等长（或下臂略长）的十字架形制是受到东方叙利亚教会和波斯文化双重影响的产物，为中亚、西亚地区的景教教会所常用，有学者将其命名为“叙－波混合型十字架”①。

图 25：藏于伊犁地区博物馆的景教石刻 ②

图 26：西拉 IM002422 号石膏板 ③

从伊利巴里克及阿力麻里发现的景教石刻中，可以看出景教在察合台汗国游牧民族中在地化的表现。因受限于生产力水平，这两地景教徒的墓碑长宽多在 10 至 20 厘米之间，形状也以不规则居多。其上刻的十字架图案较为简单粗放，有时甚至只有两条垂直交叉的线条，大多也没有刻铭文（或许是因为当地懂叙利亚文的居民较少）。但两者相较，伊利巴里克出土的石刻比阿力麻里所出土的更为粗糙，这有可能是因为阿力麻里处于察合台汗国的中心区域，景教墓石的主人在社会阶层上，高于伊利巴里克的景教徒。在中国内地，发现的景教墓碑则往往打造精致，样式华丽。如中国泉州，元代时是对外贸易的重要港口，由海上丝绸之路而来的景教传教士、富商巨贾多聚集于此地。此地出土的景教墓石大多雕刻精美、别具匠心。如 1946 年冬在泉州通淮门（涂门）靠近小东门的城基内掘得一方墓石，其上浮雕一个十字架，竖立在一朵仰莲上，十字架的交叉处、十字交叉的内角处及十字架的四端均有珍珠装饰，十字架两旁各有一位带羽毛翅膀的天使，双手捧着礼物，向着十字架奉献，该墓石上并刻有叙利亚文字二十一

---

① 姚崇新：《珍珠与景教－以十字架图像为考察中心》，《西域研究》，2021 年第 1 期，第 91–92 页。

② 图片取自《十字莲花－中国元代叙利亚文景教碑铭文献研究》，第 63 页。

③ 图片来源：Nasir al–Kagbi.A NEW REPERTOIRE OF CROSSES FROM THE ANCIENT SITE OF HIRA, IRAQ,*Journal of the Canadian Society for Syriac Studies*,2014,Issure.14,p.97。

行（见图 27）。[①] 泉州景教墓石，无论是图案的精美，还是所刻文字的数量，都远胜于伊利巴里克及阿力麻里景教墓石。

图 27：泉州景教墓石 [②]

伊利巴里克与阿力麻里景教石刻不同的是，阿力麻里景教石刻中多见十字架与莲花（莲台）图案的组合（见图 24），而伊利巴里克出土的 40 余件景教墓石中，未见莲花图案的出现。“十字＋莲花”风格的图案多流行于中国境内，内蒙古、扬州、泉州、房山以及新疆阿力麻里等地都出土有较多“十字＋莲花”图案的景教墓石。莲花、莲台、莲座为佛教艺术中常用的图案，在印度，莲花被佛教当作安放菩萨的承座，莲花组成的基座吸引人们注意到一尊佛或一尊菩萨，而在中国境内各地出土的景教遗物中，莲花被当作安放十字架的承座，景教很巧妙地借用了佛教的艺术形式。[③] 尽管伊利巴里克与阿力麻里直线距离仅 53 公里，但“十字＋莲花”图案却未在伊利巴里克景教墓石中出现。有学者认为，“十字＋莲花”的构图模式基本只流行于中国境内，而中国以外地区罕见。中亚地区的十字架图像受波斯艺术风格影响较为明显，多喜用波斯联珠纹和波斯式绸带来装饰，从未见引入莲花等佛教元素，也未见承托十字架的莲瓣或莲台。[④]

此外，与新疆阿里麻里、中亚其他地区出土的景教遗物相较，伊利巴里克景教墓石中未见有“珍珠”图案。这种图案是景教受波斯“崇尚珍珠”文化影响后的典型表现。这种使用珍珠图案装点十字架的方式，辐射到了南亚、西亚、中亚、中东地区国家乃至中国。上文所述在印度发现的景教石刻中的十字架即带有这种珍珠图案（见图 20）。在新疆阿里麻里

① 吴文良原著，吴幼雄增订：《泉州宗教石刻》（增订本），北京：科学出版社，2005 年，第 380–381 页，图 B19.1、B19.1 拓片、B19.2 垛石局部。

② 图片取自《泉州宗教石刻》（增订本），第 381 页，图版 B19.2。

③ 王静：《丝绸之路上景教的本土化传播及其衰落》，《西域研究》，2022 年第 3 期，第 125–128 页。

④ 姚崇新：《观音与神僧：中古宗教艺术与西域史论》，北京：商务印书馆，2019 年，第 252 页。

也出土有带“珍珠”图案的景教墓石（见图 28）。1977 年，在沙特的贾巴尔 · 贝里[①]（Jabal Berri）曾发掘出一件景教十字架遗物（见图 29）。其由两块约 2 毫米厚的青铜薄片焊接在一起。十字架下臂略长，上臂以及左臂上端、下臂左右两端的圆形部分残缺。十字架三个残臂前端内缩，呈现出典型的叙利亚式十字架特征。在乌兹别克斯坦乌尔古特（Urgut）遗址西部也曾发现一个类似的十字架三臂顶端带有“珍珠”装饰的饰品（见图 30），其上臂残缺，中间有孔，推测是用于佩戴在衣物上（该遗物目前收藏于乌兹别克斯坦撒马尔罕博物馆）。[②] 这种珍珠图案文化对景教十字架的影响之深，还可以从其专门的制造模具的发现上体现。撒马尔罕阿尔宾雅特帕（Arbinjanteppa）[③] 曾发现一个陶土十字架模具（Clay Mould，见图 31）[④]，目前该模具收藏于撒马尔罕考古研究所（Institute of Archaeology in Samarqand）。[⑤] 对于其所适用的生产材料，暂时还不明确。观察模具上十字架的形制（四臂顶端内缩，两端带有珠形图案等），与上述各地发现的十字架遗物具有较大的相似性，因此推断该模具应是属于景教的遗物。而专业生产模具的出现可以说是这种珍珠图案文化影响力的重要表现之一。综上所述，波斯风格的珍珠装饰在这些出土的景教遗物中如此常见，但在伊利巴里克景教墓石中却没有出现，推测与此地景教徒的社会阶层较低有关。

---

① 贾巴尔 · 贝里是一块位于沙特阿拉伯（Saudi Arabia）朱拜勒市（Al Jubayl）西南角约 10 公里远的岩石露头（rock outcrop），其距离波斯湾约 7 公里。

② BARAKATULLO ASHUROV. “Sogdian Christianity”: Evidence from architecture and material culture,*JRAS*, Series.3,29,1,2019,p.158.

③ 阿尔宾雅特帕位于撒马尔罕以西 80 公里处，坐落于通往布哈拉城（Bukhara）的交通要道上。

④ 在木鹿城（Marv, 今土库曼斯坦马雷）也发现过一个类似的陶瓷制十字架模具，该模具一次可生产两个不同形制的十字架模型。

⑤ A. Savchenko and M. Dickens, “Prester John’s Realm: New Light on Christianity Between Merv and Turfan”, *The Christian Heritage of Iraq: Collected Papers from the Christianity of Iraq I-V Seminar Days*,p.297.

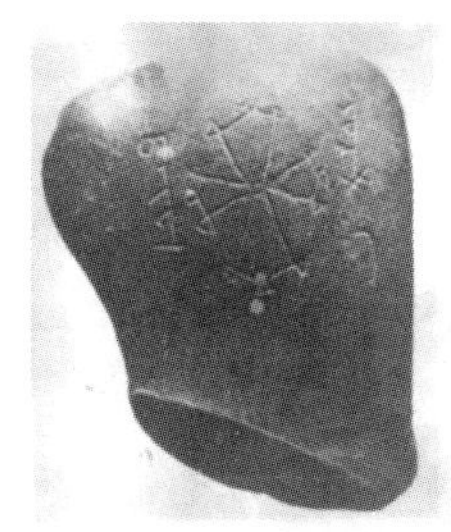

图 28：阿力麻里景教石刻 ①

图 29：贾巴尔·贝里发现的青铜十字架 ②

图 30：乌尔古特遗址发现的十字架饰品 ③

图 31：陶土十字架模具 ④

对2015年至2021年在伊利巴里克发现的景教遗物做一小结。在6年内，此地共出土了43件带有十字架图案的景教遗物，其中6件刻有铭文（5件文字已释读，另1件暂未释读）。这些带有景教文化符号的遗物表明，在伊利巴里克景教社区中曾存在着神职人员和普通信徒，这些神职人员是景教社区的宗教领袖，刻有十字架图案和铭文的墓石极有可能是为他们而制作的。⑤ 位于哈萨克斯坦阿拉木图州乌沙拉尔村的伊利巴里克遗址，为我们了解13至14世纪景教教会在中亚的分布情况提供了新的材料，出土的景教遗物，则为我们探究此地的景教社区提供了一个窗口。但由于目前出土的遗物数量仍较为有限，因此想要全面地了解伊利巴里克景教社区，还有待于日后更多的考古发掘和研究工作。

---

① 本照片由新疆文物考古研究所祈小山先生提供。

② 图片来源：D. T. POTTS.Nestorian Crosses from Jabal Berri,*Arabian archaeology and epigraphy*,1994(5),p.62。

③ 图片来源：BARAKATULLO ASHUROV. “Sogdian Christianity”: Evidence from architecture and materialc ulture,JRAS,Series.3,29,1,2019,p.159。

④ 图片来源：A. Savchenko, Östliche Urkirche in Usbekistan, *Antike Welt,* 2/10,2010,P.77。

⑤ Zhuldyz Tashmanbetova.*Christianity in Central Asia:Adoption of East Syriac Christianity in the Medieval Period*,Nazarbayev University,2019,pp.49–50.

论《大兴国寺记》中的“教法”①

余忠乐 ②

内容提要:《大兴国寺记》记载了马薛里吉思在江南地区建造“十字寺”的详细经过，是研究元代也里可温的重要文献。除具体史实外，该寺记还内含丰富的文化底蕴，集中体现在“教法”上。其所谓“教法”，主要包括梦境之“法”、传道之“法”和佛教徒理解之“外法”三重内涵。梦境之“法”是马薛里吉思潜意识中的产物，带有明显的基督教文化特色；传道之“法”通过儒学教授梁相的转写，呈现出宋代理学的印记；佛教徒理解之“外法”则能说明也里可温教与佛教的复杂关系。本文通过对文本中“教法”的分析，充分展现了文化的异质性和转译过程中的复杂性，不仅有助于恢复也里可温的本然面貌，以避免将之与其他色目民族混同，还能为我们理解“宗教中国化”提供充分的历史注脚。

关键词:《大兴国寺记》，也里可温，教法，文化底蕴

On the Religious Thought in “The Inscription of Da Xingguo Temple”

YU Zhongle

Abstract: “The Inscription of Da Xingguo Temple” is an important document that details the process of Mar Sargis’s construction of the Nestorian monasteries in the Jiangnan region. It provides valuable insights for studying Yelikewen in the Yuan Dynasty. The documenmt not only contians specific historical facts but also rich cultural implication, which are embodied in

---

① 本文被评为第四届中华传统文化民生奖学金——楼宇烈民生奖学金特等奖。

② 余忠乐，中国社会科学院大学哲学院 2021 级博士研究生。

religious thought in three different aspects. The religious thought of the dream is the product of Mar Sargis's subconscious, with obvious Christian cultural characteristics. The religious thought translated by Liang Xiang has the concept of Neo-Confucianism in the Song Dynasty. The religious thought understood by Buddhists can illustrate the complex relationship between Nestorianism and Buddhism. Through the analysis of the religious thought in the text, we can fully understand the heterogeneity of culture and the complexity of the translation process, which not only helps to distinguish the real group of Yelikewen from other Semu ethnic groups, but also provides sufficient historical explanations for understanding “Sinicization of religions” in contemporary China.

Key words: “The Inscription of Da Xingguo Temple”, Yelikewen, religious thought, cultural implication

有元一代，铁骑下的赫赫武功奠定了前所未有的疆域版图，东西方的人员迁徙与文化交流史无前例。其中，西域地区色目诸民族的东来，客观上掀起了隔绝数百年以来基督教再次来华的高潮，此亦成为“基督教在华传教的第二阶段”①。不过，历史的吊诡之处就在于，与元代来华基督徒（时称“也里可温”）②的庞大规模相比，留存于世的汉文记载却寥寥无几。由此，元代也里可温在后世常常与其他的色目诸民族相混同，从而丧失了自身本有的历史文化面貌。对于宗教群体而言，内在的信仰观念与外在的宗教实践是理解自身与区别他者的关键，这也为我们厘清也里可温群体的真实面

---

① “基督教在华传教四阶段说”为陈垣在1923年讲演《基督教入华史略》首次提出，是目前学界普遍认同的学说。此说认为基督教入华具有鲜明的阶段性，大致可分为唐代景教、元代也里可温教、明清之际的天主教、清代1807年以来的基督新教等四阶段，其中，元代也里可温教入华为基督教在华传教的第二阶段。参见陈垣：《基督教入华史略》，《真理周刊》第二年第十八期（1924年7月）；唐晓峰：《元代基督教研究》，社会科学文献出版社，2015年版，第6页。

② “也里可温”及与之相关的“也里可温教”“聂斯托利派”均是相对复杂的历史概念。笔者在此不作具体的考证辨析，而是根据学界共识，给予简单说明：“也里可温”一词始见于元代，意为“有福缘的人”，可等同于“元代基督徒”；“也里可温教”一词在元代文献并不常见，自陈垣《元也里可温教考》出版以来，其通常是“元代基督教”的代称；而“聂斯托利派”属基督教东方教会，通常也被认为是“也里可温”的教派归属。参见任继愈主编：《宗教大辞典》，上海辞书出版社，1998年版，第951页；殷小平：《元代也里可温考述》，兰州大学出版社，2012年版，第27页；唐晓峰：《元代基督教研究》，社会科学文献出版社，2015年版，第45页。

貌提供研究上的启发。

在为数不多的汉文史料中，《大兴国寺记》（以下简称《寺记》）无疑具有特殊地位，被学人称为“治元代中国基督教史则必读”之材料，其重要程度可媲美唐代《大秦景教流行中国碑》①。为方便讨论，全文移录如下：

大兴国寺，在夹道巷。至元十八年，本路副达鲁花赤薛里吉思建，儒学教授梁相记。其略曰：

> 薛迷思坚②在中原西北十万余里，乃也里可温行教之地。愚问其所谓教者，云：“天地有十字寺十二，内一寺，佛殿四柱高四十尺，皆巨木，一柱悬虚尺余。祖师麻儿也里牙灵迹，千五百余岁。”今马薛里吉思是其徒也。教以礼东方为主，与天竺寂灭之教不同。且大明出于东，四时始于东，万物生于东，东属木主生，故混沌既分，乾坤之所以不息，日月之所以运行，人物之所以蕃盛。一，生生之道也，故谓之长生天。③十字者，取像人身，揭于屋，绘于殿，冠于首，佩于胸，四方上下以是为准。薛迷思坚，地名，也里可温，教名也。公之大父可里吉思、父灭里、外祖撒必为大医。太祖皇帝初得其地，太子也可那延病，公外祖舍里八、马里哈昔牙徒众祈祷，始愈。充御位舍里八赤，本处也里可温答剌罕。至元五年，世祖皇帝召公驰驿进入舍里八，赏赍甚侈。舍里八，煎诸香果，泉调蜜和而成；舍里八赤，职名也。公世精其法，且有验，特降金牌以专职。九年，同赛典赤平章往云南；十二年，往闽浙；皆为造舍里八。十四年，钦受宣命虎符怀远大将军、镇江府路总管府副达鲁花赤。虽登荣显，持教尤谨，常有志于推广教法。一夕，梦中天门开七重，二神人告云：“汝当兴寺七所”，赠以白物为记。觉而有感，遂休官，务建寺。首于铁瓮门舍宅建八世忽木剌

① 邱树森：《镇江“大兴国寺记碑”研究》，《东南文化》，2008年第1期，第49页。

② 原文为“薛迷思贤”，陈垣通过“五证”确认“贤”当为“坚”之误，参见陈垣：《元也里可温教考》，收入刘梦溪主编：《陈垣卷》，河北教育出版社，1996年版，第36页。

③ 此处学界常句读为“一生生之道也，故谓之长生天”，不过，笔者并不同意如此句读。笔者句读为“一，生生之道也，故谓之长生天”，并认为这与宋代理学思想相关，实际上更符合梁相本意，详见后文。

大兴国寺；次得西津竖土山并建答石忽［木］① 剌云山寺、都打吾儿忽木剌聚明山寺；二寺之下，创为也里可温义阡；又于丹徒县开沙建打雷忽木剌四渎安寺；登云门外黄山建的廉海牙忽木剌高安寺；大兴国寺侧又建马里结瓦里吉思忽木剌甘泉寺；杭州荐桥门建样宜忽木剌大普兴寺②。此七寺实起于公之心。公忠君爱国无以自见，而见之寺耳。完泽丞相谓公以好心建七寺奏闻，［降］③玺书护持，仍拨赐江南官田三十顷，又益置浙西民田三十四顷，为七寺常住。公任镇江五年，连兴土木之役，秋毫无扰于民。家之人口受戒者，悉为也里可温。迎礼佛国马里哈昔牙麻儿失理河必思忽八，阐扬妙义，安奉经文，而七寺道场，始为大备。且敕子孙流水住持舍利八世业也，谨不可废。条示训诫，为似续无穷计，益可见公之用心矣。因缉其所闻为记。④

《寺记》全文共七百余字，为元人梁相所撰，后收录于俞希鲁编纂的《至顺镇江志》之中。此《寺记》完整记录了基督徒马薛里吉思在镇江与杭州两地建造七所“十字寺”的来龙去脉，展现出元初基督教在江南地区兴起的微观历史。晚清以降，《寺记》的历史文献价值已受关注⑤，但相

① 阙一“木”字，故补。

② 中国国家图书馆善本阅览室藏清代张金吾爱日精庐《至顺镇江志》本为“建马里结样宜忽木剌大普兴寺”，参见唐晓峰、尹景旺编：《辽金元基督教重要文献汇编》，宗教文化出版社，2019年版，第23页。

③ 疑阙一“降”字，故补。

④ 录文主要参考（元）俞希鲁编纂；杨积庆、贾秀英等校点：《至顺镇江志》，江苏古籍出版社1999年版，第365-366页。笔者结合自身理解，也作进一步调整与补充。以下所引，除特别注明外，均源自录文。

⑤ 近百年来，无论是对《寺记》的研究，还是对其主人翁马薛里吉思的研究，相关的文章也并不算多。具体文章有 Палладий, 《Старинные сдеды христиансова в Китае по китайским источникам》,см. Восточный сборник. 1872 г . Т .1, в ы п .1,1-64. A. C. Moule and Lionel Giles, “Christians at Chên-chiang Fu”, In *T'oung Pao*, vol.16,no.5,1915, pp.627-690. “Christians at Ch ê n-Chiang Fu. Corrigenda.” In T’oung Pao, vol. 17, no. 1, 1916. 陈垣：《元也里可温考》，商务印书馆1923年版。Moule A C. *Christians in China before the Year 1550*, London: New York and Toronto, 1930, Reprint: Moule A C. *Christians in China: Before the Year 1550*. Gorgias Press, 2011, pp.145-165.P.Y. Saeki, *The Nestorian Documents and Relics in China*,1st ed.Tokyo,1937,2nd ed.Tokyo,1951,pp.511-515.Pelliot, Paul, and Louis Hambis. *Notes on Marco Polo.* Vol. 2. Paris: Impr. nationale, 1959, pp.774-776. Ligeti, Louis. “Les sept monastères nestoriens de mar Sargis.” In *Acta Orientalia Academiae Scientiarum Hungaricae* .vol26,no2/3, 1972,pp.169-178。方豪：《马薛里吉思之功绩与大兴国寺记》，方豪：《中西交通史》（上），岳麓书社，1987年版，第548-551页。刘迎胜：《关于

关的研究鲜能揭示出《寺记》所折射的整体观念世界及其内在的文化底蕴。据《寺记》表述，马薛里吉思“虽登荣显，持教尤谨，常有志于推广教法”。可以说，信仰虔诚是马薛里吉思的主要特征，进而溯之，“教法”或能成为辨识马薛里吉思乃至同时期也里可温群体观念世界与宗教实践的逻辑起点。基于此，笔者将以《寺记》为中心，通过对其中“教法”的三重分析，主要包括梦境之“法”、传道之“法”、佛教徒理解之“外法”，进而揭示马薛里吉思信仰观念与宗教实践的异质性，同时也对文本表述所反映出的不同文化间的交互与融合作进一步讨论。

一、一夕之梦的“教法”痕迹

马薛里吉思在江南建寺七座并非心血来潮，而是直接缘于建寺前的“一夕之梦”，这场梦中有“二神人”的嘱托。《寺记》记载：“一夕，梦中天门开七重，二神人告云：‘汝当兴寺七所’，赠以白物为记。觉而有感，遂休官，务建寺。”法国学者布留尔对此类现象有过解释：在文明并不发达的社会中，“梦永远被视为神圣的东西，梦被认为是神为了把自己的意志通知人们而最常用的方法”①。正因于此，马薛里吉思“觉而有感”，为了神的旨意才“遂休官，务建寺”。可以说，“一夕之梦”的神圣性是促成马薛里吉思建寺的重要环节，缺此不可。问题在于，“一夕之梦”的神圣性来源何处？经过分析，“一夕之梦”看似简单，却隐藏着浓重的宗教文化色彩，这集中体现在“七重天”“二神人”“七所寺”“白物”等四种文化元素之中。

首先，“七重天”的神学意味。“七重天”的神学意味最为明显。顾名思义，“七重天”主要指称宇宙层次为七层，属于宗教宇宙学的概念术语。涉及宇宙层次，中国本土虽有类似的表述，但并无“七重天”之说。比如，中国道教有“九重天”与“三十六重天”之说，“九重天”是“三十六重天”

马薛里吉思》，邱树森、李治安主编：《元史论丛 第 8 辑 “马可波罗与 13 世纪中国”国际学术研讨会论文集》，江西教育出版社，2001 年版，第 14–23 页。殷小平：《从〈大兴国寺记〉看江南也里可温的兴起》，《中华文史论丛》（总第八十四辑），第 289–313 页。邱树森：《镇江“大兴国寺记碑”研究》，《东南文化》2008 年第 1 期，第 49–54 页。殷小平：《元代马薛里吉思家族与回回医药文化》，《西域研究》2011 年第 3 期，第 39–44 页。刘迎胜：《马薛里吉思任职镇江原因考——一种外来饮品舍里八生产与消费的本土化过程》，《中华文史论丛》（总第一一七期），第 109–138 页。

①（法）列维・布留尔，丁由译：《原始思维》，商务印书馆，1981 年版，第 49 页。

的基础与前提：道教的“三清之炁”各生三气，合九气而成“九重天”；每一重天再生三天，得二十七重天，加上之前的“九重天”，共计“三十六重天”。[①]再如，佛教有“二十八重天”的说法。“二十八重天”含欲界六重天、色界十八重天和无色界四重天。[②]因此，马薛里吉思所说的“七重天”并非华夏所有，而是另有来源，目前来看极可能是亚伯拉罕系宗教的宇宙层次观念。“七重天”概念最早产生于美索不达米亚地区，如在公元前2000年末的苏美尔咒语中就提及过“七重天”[③]，这一观念可能对犹太教和伊斯兰教有所影响[④]。这也就意味着，“七重天”作为宗教宇宙学的基础概念，自然而然为亚伯拉罕系宗教所共有。根据犹太教经典《塔木德》记载，宇宙是由“七重天”构成，其中至高者（the Great King）与部分高级天使就生活在第七重天。[⑤]基督教早期教父（如2世纪左右的爱任纽）知晓“七重天”的说法[⑥]；此外，“七重天”虽在正典《新约》中未见提及，但在“伪经”如《以赛亚升天记》中有大量表述[⑦]。据学者考证，《以赛亚升天记》最初可能产生于2世纪的叙利亚地区[⑧]，其后它流行广，版本多，影响大，其中的“七重天”观念势必也会深入人心。基督教之聂斯托利派大致活动于这一区域，不可能不受“七重天”的文化影响。更何况，与聂斯托利派同处中西亚的伊斯兰教在《古兰经》和“圣训”更是屡屡提及“七重天”，如“他已为你们创造了大地的一切事物，复经营诸天，完成了七层天”[⑨]；“我在你们的上面确已造了七条轨道，我对众生，不是疏忽的”[⑩]；

---

① 詹石窗：《道教文化十五讲》（第2版），北京大学出版社，2012年版，第80页。

② 方立天：《中国佛教哲学要义》（上卷），中国人民大学出版社，2002年版，第99页。

③ Hetherington, Norriss S. *Encyclopedia of Cosmology : Historical, Philosophical, and Scientific Foundations of Modern Cosmology*. Routledge, 2014,p.401.

④ Ibid., 2014,p.267.

⑤ Singer, I., & Adler, C. *The Jewish encyclopedia: a descriptive record of the history, religion, literature, and customs of the Jewish people from the earliest times to the present day (Vol. 1)*. Funk and Wagnalls, 1912, p.591.

⑥ *Demonstration of Apostolic Preaching 9; cf. Against Heresies 1.5.2*

⑦ 参见 DelCogliano, M. *The Cambridge edition of early Christian writings/volume 3 Christ: through the Nestorian controversy*. Cambridge University Press,2022。

⑧ DelCogliano, M. *The Cambridge edition of early Christian writings/volume 3 Christ: through the Nestorian controversy*. Cambridge University Press,2022,p.3.

⑨ 马坚译：《古兰经》，中国社会科学出版社，2013年版，第3页。

⑩ 同上，第172页。

“我曾在你们上面建造七层坚固的天”[①] 等等，以上材料更表明“七重天”的观念在中西亚地区得到进一步强化，而这无疑会在宇宙层次的理解上形成普遍的宗教常识。在这种意义上，马薛里吉思祖籍中亚撒马尔干，“七重天”观念已沉淀为潜意识，梦境所见也绝不意外。客观上，“七重天”虽是亚伯拉罕系宗教的共有常识，但在马薛里吉思的梦里无疑具有基督教文化内涵，此乃其宗教身份使然。“七重天”的宗教底蕴既已明确，建造“七所寺”的原因便真相大白，即，“七所寺”与“七重天”所具有的对应关系，意在凸显马薛里吉思“建寺”的神圣性与合理性[②]。

其次，“二神人”的神学意味。“二神人”出现于“七重天”，是“建寺”谕令的传达者。从逻辑上看，“二神人”的神学意味应与“七重天”相一致。这意味着“二神人”极可能是基督教的两位天使。中国文化关于“二神人”的表述很少，“梦见二神人”的情形就更不多见。相比之下，“二神人”在基督教经典中的出现频率较高。如《旧约》中记载“那两个天使晚上到了所多玛；罗得正坐在所多玛城门口，看见他们，就起来迎接，脸伏于地下拜”[③]；《新约》中记载“就见两个天使，穿着白衣，在安放耶稣身体的地方坐着，一个在头，一个在脚。”[④] 不仅如此，与聂斯托利派在中西亚长期共存的伊斯兰教经典中还出现两位天使显梦的情形。如：“据赛木拉·本·钟代布（求真主喜悦他）传述，真主的使者麓常问圣门弟子们：‘你们中有人做了梦吗？’接着做了梦的人向他叙述睡梦。有一天早晨他说：‘昨夜我梦见来了两位天使带我走。’”[⑤] 另外，伊斯兰教典籍也有“二神人”与“七重天”相关联的记载，如伊本·凯西尔（1302–1373）所著的《古

① 马坚译：《古兰经》，中国社会科学出版社，2013 年版，第 306 页。

② 对于“七重天”，目前学界有两种解释。殷小平认为“天七重”“寺七座”可能也与粟特民族“崇七”观念有关，参见氏著《元代也里可温考述》，第 136 页；吴莉苇提出另外的解释，认为“天七重”“寺七座”与早期基督教的数字象征意义相关，参见吴莉苇：《关于景教研究的问题意识与反思》，《复旦学报（社会科学版）》，2011 年第 5 期，第 104 页。笔者以为两位老师的解释均有一定偏颇。一、殷小平忽略了马薛里吉思的宗教背景，况且马薛里吉思也并不是粟特人。二、吴莉苇虽意识到马薛里吉思的基督教背景，但只推论到“七”作为圣数的意义，并没有思考“七重天”在亚伯拉罕系宗教中所代表的整体性意象。因此，在笔者看来，“寺七座”是“七重天”的对应，而“七重天”是基督教谈及宇宙层次的重要说法，其来源于古巴比伦地区。

③ 《创世记》19:1（和合本）。

④ 《约翰福音》20:12（和合本）。

⑤ [阿拉伯] 布哈里辑录：《布哈里圣训实录全集》（第 4 卷），商务印书馆，2018 年版，第 2325 页。

兰经注》有一条记述："当到了最近的天时，他们请求打开天门，天门即刻就开了。就这样，各层天的天使将它接送到了第七层天……此后，两个天使来到亡者跟前。"① 可见，"二神人"所具备文化内涵确非华夏所有。进一步地，尽管与伊斯兰教存在某种相似②，但在"持教尤谨"的马薛里吉思那里，此"二神人"也不可能是伊斯兰教的"二神人"。在此，笔者大胆推测"二神人"可能是两大天使长——米迦勒与加百列。它俩经常传达和执行神的旨意，在众天使之中地位尤其重要，在基督教题材的文学和绘画中经常一起出现。两天使在唐代洛阳景教经幢与元代基督徒墓碑石上也是常见：两个曼舞的天使呈对称状态分列于十字架两旁，且均朝向十字架。③ 最后，以"神人"解释"天使"是梁相的创造，此种指代较为恰当。众所周知，"天使"在基督教语境中并无性别特征。与之对应的"神人"概念在道教中较为常见，道教从庄子《逍遥游》中藐姑射之山的"神人"出发构建出具有宗教色彩的"神人"意象，而此"神人"亦无性别之分。

最后，"白物"的神学意味。"白物"应理解为"白色信物"。两天使以"白色信物"为凭证，在梦中交予马薛里吉思。由于"白物"缺乏具体特征，其神学意味也最难把握，关键在于推断"物"为何是白色。笔者有两种推测：其一，"白物"可能与天使"圣洁""崇高"的意象有关。白色是"圣洁的光和色，是来自天国使者的象征"④，在基督教内已形成共识。马丁·路德在解释玫瑰纹章的含义时，也认为白色是"圣灵和天使的颜色"⑤。这样来看，白色信物与白色天使同属于白色，均是"圣洁""崇高"的表征。其二，"白物"也有可能与北方民族（特别是元朝统治阶层）"尚白"的风气相关⑥。马薛里吉思善于制作"舍里八"而备受恩宠。至元十四年（1277 年），马薛里吉思便被授予虎符怀远大将军、镇江路总管

---

① ［阿拉伯］伊本·凯西尔：《古兰经注》，中国社会科学出版社，2010 年版，第 656 页。

② 这种叙事模式的相似，不能排除长期共存以来聂斯托利派与伊斯兰教之间的文化互鉴。不过，这也透露出一个事实，在各自的宗教传统中，"七重天""二神人"已经成为表达神圣感的常用文化符号。

③ 参见葛承雍主编：《景教遗珍——洛阳新出唐代景教经幢研究》，文物出版社，2009 年版；唐晓峰：《元代基督教研究》，社会科学文献出版社，2016 年版。

④ 张康夫：《色彩文化学》，浙江大学出版社，2017 年版，第 118 页。

⑤ 林纯洁：《路德玫瑰：符号学视角下的"因信称义"》，《同济大学学报（社会科学版）》，2019 年第 2 期，第 11 页。

⑥ 宝力格主编：《草原文化研究资料选编》（第 6 辑），内蒙古教育出版社，2011 年版，第 344 页。

府副达鲁花赤。跻身于统治阶级的他在“建寺”过程中表现为“忠君爱国”，这说明马薛里吉思积极向元代统治者靠拢，其中不可避免会学习他们的主体文化，从而具有“尚白”之意，这也能解释“物”为白色的原因。

总体来看，关于马薛里吉思的“一夕之梦”虽着墨不多，但其基督教文化特征明显，不仅有别于华夏本土文化，更与西域色目诸民族文化迥然不同。梦境中诸文化元素及叙述模式所具备的宗教意蕴是解释“一夕之梦”神圣性来源的主要原因，这也正是马薛里吉思“持教尤谨”宗教热忱的潜意识体现。

二、传道之“法”的不同理解

不妨设想一下，如果我们生活在元代，也里可温将如何向我们讲述他们的教法？抑或，我们将如何理解他们所讲述的教法？当时的儒学教授梁相就面临这样的文化处境，他从受众的角度出发理解也里可温所讲的“教法”，在《寺记》中留下不同文化相混融的基调，值得细细品味。梁相记载：“教以礼东方为主，与天竺寂灭之教不同。且大明出于东，四时始于东，万物生于东，东属木主生。故混沌既分，乾坤之所以不息，日月之所以运行，人物之所以蕃盛。一，生生之道也，故谓之长生天。十字者，取像人身，揭于屋，绘于殿，冠于首，佩于胸，四方上下以是为准。”对于梁相来说，“礼东”与“十字”是其关注的两大对象，也是表明“也里可温”自身特征的关键。“礼东”与“十字”主要侧重于宗教实践，并未牵涉聂斯托利派“二性二位说”的独特教义。个中缘由可能是“礼东”与“十字”更为直观感性，便于理解。

先谈“礼东”，“礼东”说明也里可温的崇拜仪式向东。基督徒面向东方祈祷有悠久的历史，在教父时期就有记载。德尔图良（Tertullian）在《护教篇》点明基督徒面向东方礼拜已经众所周知。[①] 奥利金（Origen）也有向东礼拜的表述。[②] 后续的，这种仪式逐渐有神秘化的解释。其中一个解释是因为伊甸园在东方，他们所援引的经文是“耶和华神在东方的伊甸立了一个园子，把所造的人安置在那里”[③]。但更重要的解释则是耶稣基

---

① （古罗马）德尔图良著，涂世华译：《护教篇》，商务印书馆，2012 年版，第 46 页。

② “*quod ex omnibus coeli plagis ad solam orientis partem conversi orationem fundimus, non facile cuiquam puto ratione compertum*”，见于 Origenis in *Numeros homiliae, Homilia V, 1*。也可参见英译本 Hall, Christopher A., ed. *Homilies on Numbers*. InterVarsity Press, 2009, p.17。

③ 《创世记》2:8（和合本）。

督的复临（Christ’s Second Coming）将从东方而来，所依据的是“闪电从东边发出，直照到西边。人子降临也要这样”①。4 世纪开始，教堂朝向东方也逐渐成为定制。② 受此观念影响，叙利亚和阿拉伯地区的东方教会也流行向东方祈祷，使得这一群体有别于以色列人与阿拉伯人。③ 以色列人与阿拉伯人分别朝向耶路撒冷与麦加礼拜，而基督徒面向东方礼拜，不同的礼拜方向根植于迥异的信仰背景，也是区分彼此的重要标志。在基督教向华夏传播的过程中，“礼东”的仪式意义必然会不断凸显。在唐代，《大秦景教流行中国碑》的“东礼趣生荣之路”刻意强调“东礼”的重要功能。在元代，向东方礼拜得到过鲁布鲁克与聂斯托利派教徒的共同确认④。因此，《寺记》重点以“礼东”区别其他宗教，可谓传承有自。

值得注意的是，梁相在《寺记》中解释“礼东”的原因，便与基督教向东祈祷的神学原因不尽相同。在“大明出于东，四时始于东，万物生于东”的解释中，梁相借光明、四时、万物的“出始”凸显“东方”方位的基源性与重要性，进一步通过“东属木主生”的五行观念点明“东”的功能性意义，即“生”。正是有了“生”的动力，才会有“混沌既分，乾坤之所以不息，日月之所以运行，人物之所以蕃盛”等生生不息的众生表象。对于众多表象之“生”的源头，梁相以“一，生生之道也，故谓之长生天”给予说明。在这里，“一”是“生生”的最初源头和最终原因，也可称之为蒙古人最为敬重的“长生天”，这是梁相对向东祈祷的最终解释。很明显，“一”在文本语境中对应于基督教内的“创世主”，具备了极强的宗教内涵，也是元代新发现汉译“上帝”观念的首次表达，意义重大。对比基督教的“上帝/创世主”观念，文本中的“一”仅仅侧重于创生的维度，缺乏其他的神学特征，因而显得不够全面。当然，在条件有限的情况下，镇江的也里可温们只有通过对创生维度的突出，才能有效显示出“上帝/创世主”的大能。在基督教教义中，“创生”是上帝大能的首要特征。《旧约》首章《创世记》便叙述了上帝创造天地并建立秩序。《新约》也强调上帝的“创生”：“万

---

① 《马太福音》20:24（和合本）。

② Jones, Tom Devonshire, Linda Murray, and Peter Murray, eds. *The Oxford dictionary of Christian art and architecture*. Oxford University Press, 2013, p. 117.

③ Griffith, Sidney Harrison. *The Church in the Shadow of the Mosque: Christians and Muslims in the World of Islam*. Princeton University Press，2008，p. 145.

④ 耿升、何高济译：《柏朗嘉宾蒙古行纪·鲁布鲁克东行纪》，中华书局，1985 年版，第 263 页。

物是藉着他造的；凡被造的，没有一样不是藉着他造的。”① 其实，上帝的“创生”在唐代景教文献中也常以“匠”字来指称。在《大秦景教宣元至本经》中，上帝音译为“阿罗诃”，意译为“玄化匠帝、无觉空皇”。经文称上帝能创生万物，而无损自身：“匠帝能成众化，不自化成，是化终迁，唯匠帝不亏不盈，不浊不清，保任真空，常存不易。”②《大秦景教流行中国碑》也有“匠成万物”之语③。

既然上帝的“创生”可用“匠”代称，那么，梁相为何使用“生生”一词诠释上帝的“创生”？进一步地，“生生”与“匠”的区别在什么地方？笔者认为，梁相对上帝的“创生”的理解必然是在其固有的文化视域中发生的，极可能基于宋代理学背景，这一结论可从梁相生平与行文的义理结构得以确证。其一，从梁相生平来看，梁相儒学素养颇高，与理学名儒有交往。《至顺镇江志》卷十七载：“梁相，字必大。杭州人，大德二年十二月（注：1299 年 1 月）至。”鉴于其继任儒学教授“顾岩寿，字子静，镇江人，大德五年十二月（注：1302 年 1 月）至”，这说明梁相大致在 1299-1301 年在镇江路任儒学教授，也从侧面可判定《寺记》其文其碑必完成于 1299-1301 年。梁相任儒学教授绝非偶然，必定依据他深厚的儒学功底，而此时的儒学无一例外受到宋代理学的影响。此外，梁相多文采，好与人交游。至元二十三年（1286 年），月泉吟社征诗，杭州梁相寓名“高宇”，排名第三。④ 其后，梁相似游历于江南地区，与文人名士多有交游，其中就包括吴澄。吴澄为元代理学大儒，与许衡合称“南吴北许”。吴澄对梁相有赠诗《送梁必大知事之婺州》，其中“一见何仓卒，相闻已岁年”⑤ 一句不难看出吴澄与梁相关系之密切，再次能暗示梁相的理学功底深厚。其二，从行文的义理结构来看，“生生”是梁相论述的重点，对“生”的论述远大于对“一”的论述。“生生”一词初见《周易》“生生之谓易”⑥，但在宋代理学中具有驳斥佛教的特殊目的。佛教谈出世之“空”，侧重于“寂

① 《约翰福音》1:3（和合本）。

② 林悟殊、殷小平：《经幢版〈大秦景教宣元至本经〉考释》，《中华文史论丛》（总第八十九辑），第 330 页。

③ 翁绍军校勘、注释：《汉语景教文典诠释》，生活·读书·新知三联书店，1996 年版，第 44 页。

④ （明）李诩撰，魏连科点校：《戒庵老人漫笔》，中华书局，1982 年版，第 251 页。

⑤ 杨镰主编：《全元诗》（第 14 册），中华书局，2013 年版，第 255 页。

⑥ 周振甫译注：《周易译注》，中华书局，2013 年版，第 248 页。

灭解脱”，而宋儒谈入世之“有”，侧重于“生生”的活泼生意，从而强调“生生”之仁德。[①]宋儒常通过注重“生生”来尊“有”黜“空”，与梁相解释向东方礼拜之“与天竺寂灭之教不同”的说明遥相呼应。综合以上两点可得，梁相关于“礼东”的解释带有浓重的宋代理学色彩。与唐代“匠”的使用相比，“生生”所表示的人格神色彩更淡，宗教性也会因此降低。

需要指出的是，忽视“礼东”阐释背后的宋代理学色彩，极有可能造成句读或翻译失误。对“故混沌既分……一，生生之道也，故谓之长生天”一句，陈垣点断为“故混沌既分……一生生之道也，故谓之长生天”[②]，学界一般不作改动。但是，如果“一生生之道也”不用句读，那么其后的“谓之长生天”中“之”无所指代，更遑论忽视文本内在的理学色彩。据语意，“之”的代指应该是“一”。这样，“一”等同于“长生天”，均是“生生之道”。因此，“故混沌既分……一，生生之道也，故谓之长生天”的点断则更为妥当。相比之下，穆尔的英文翻译则更为合理。对于此句，穆尔译为“Chaos having been parted, that which causes Heaven and Earth to be without rest, sun and moon to be carried on their way, and the human race to increase and multiply, is the principle of continuous reproduction.Therefore they call it the ever-creative God”[③]。可以看出，穆尔用“continuous reproduction”“ever-creative”将“生生”的中心意味表现出来，目的在于“上帝”的创生维度，即“ever-creative God”。但是，对于“一，生生之道也”，穆尔译为“Chaos……is the principle of continuous reproduction”，似乎不妥，不妥之处在于“一”被译为“Chaos”，从而等同于文中的“混沌”，这并不符合宋代理学的常见表述。因为“混沌”或可说是“一”的时空表现，但绝不能与“一”实质等同。

最后谈“十字”，“十字”是也里可温教又一鲜明特征。梁相大致从形状特征、外在用途与内在功能等角度阐发“十字”的内涵。首先，何为十字？梁相从形状特征出发，将“十字”定义为“取像人身”，可谓是理解“十字”的宗教深意。显然，这里所谓的“人身”正是耶稣基督，“十字”则象征

① 正在此意义上，两宋道学传统将世界理解为一个生生不已的过程。参见杨立华：《一本与生生：理一元论纲要》“绪言”，生活·读书·新知三联书店，2018年版，第1页。

② 陈垣：《元也里可温教考》，收入刘梦溪主编：《陈垣卷》，河北教育出版社，1996年版，第36页。

③ A. C. Moule and Lionel Giles, “Christians at Ch ê n-chiang Fu”, In *T'oung Pao*, vol.16,no.5,1915, pp.632-633.

着耶稣基督为人类受难与拯救之意。结合后文的“四方上下”与鲁布鲁克东行纪的论述①，这里的“像”应无修饰成分，即十字架上没有耶稣基督的具体形象，符合聂斯托利派的特色。其次，“十字”有何用法？十字架较为常见外在用途就是“揭于屋，绘于殿，冠于首，佩于胸”，即应用于宗教建筑装饰与信徒个人配饰。最后，“四方上下以是为准”可以说是梁相的一种价值判断，揭示出“十字”的内在功能。另外，此语与《大秦景教流行中国碑》的“判十字以定四方”有异曲同工之妙，也与中国传统的“四方八位”观念相类同。②

可以看出，“礼东”与“十字”应属于元代基督徒群体极为重视的两大宗教实践特征，其背后蕴涵丰富的基督教文化，足以确定自身的独特性，从而有效地区别“他者”，这也是对马薛里吉思“一夕之梦”文化底蕴的再次确认。儒学教授梁相以自身特定的思维框架来理解“东礼”和“十字”的文化内涵，使之呈现出东西文化混同的状态，这其中既包含基督教特有的文化特征，又具备中华文化（特别是宋代理学）的思考方式与术语表达。此外，在元代有限的资料中，“礼东”与“十字”及其相关解释和《大秦景教流行中国碑》存在某种相似之处，这可为唐元二代基督教同源性的论证提供可靠的史料。

三、佛教徒眼中的“外法”

梁相在阐述“礼东”的内涵前，首先强调“教以礼东方为主，与天竺寂灭之教不同”，特地将也里可温教的“生生”之法与天竺（佛教）“寂灭”之法作截然的对比区分。这样的区分行为背后固然会受梁相理学阐释传统的影响，但最终仍应归结于镇江也里可温的特别授意，毕竟梁相是受也里可温所托而撰写碑文。既然如此，那么为何也里可温要特别区分便是值得思考的问题，这便会涉及也里可温教与佛教之“密切”关系及其原因。

首先，也里可温教与佛教的关联在《寺记》中体现在宗教术语的使用与教堂建筑的命名上。其一，佛教词汇的使用。《寺记》篇幅不长，但佛教用词处处可见，如“天地有十字寺十二，内一寺佛殿”“祖师麻儿也里

---

① 鲁布鲁克东行蒙古之际，就发现“聂思脱里教徒和亚美尼亚人从不把基督像附在十字架上”。参见耿升、何高济译：《柏朗嘉宾蒙古行纪·鲁布鲁克东行纪》，中华书局，1985 年版，第 232 页。

② 李零认为，在中国古代地理观念中，“二绳”穿越观察点作十字交叉，向“四方”作平面延伸，由此形成“八位”。参见李零：《我们的中国》（第 4 册），生活·读书·新知三联书店，2016 年版。

牙灵迹，千五百余岁”“仍拨赐江南官田三十顷，又益置浙西民田三十四顷，为七寺常住”“家之人口受戒者，悉为也里可温”“迎礼佛国马里哈昔牙麻儿失理河必思忽八，阐扬妙义，安奉经文，而七寺道场，始为大备”。其中，“佛殿”“佛国”“常住”“受戒”等是佛教专有词汇，而“祖师”“妙义”“经文”“道场”虽佛道兼用，但与前述佛教专有词汇相搭配来看，实则也是佛教用词。可见，基督徒尽管对佛教心有芥蒂，但对于梁相借用佛教词汇表述具有基督教内涵的“人”或“物”保持事实上的默许。其二，“十字寺”的命名。马薛里吉思所建的七座十字寺均采用胡汉双语命名。经笔者数据库检索[①]，七寺中，“大兴国寺”“云山寺”“甘泉寺”等三寺名在元代前均为佛寺的常用名称。可见，即便排除了梁相的主观因素，也里可温教与佛教仍然存在若即若离的“借鉴”与“被借鉴”的关系。

其次，在马薛里吉思“擅作二寺”的历史风波中，佛教徒关于佛法“正邪”之论亦可窥见也里可温教与佛教之关系。马薛里吉思在西津竖土山建造“答石忽[木]剌云山寺”和“都打吾儿忽木剌聚明山寺”，二寺之下建为也里可温义阡。但是，二寺与义阡的土地归属问题一直与佛教徒纠结不清，直到至大四年（1311年）才尘埃落定，最终归于佛教徒，此时距马薛里吉思建寺已有三十余年的时间。相关文献存在于《至顺镇江志》卷九“般若院”条，录有赵孟頫与潘昂霄所撰的两篇碑文：

集贤学士赵孟頫奉敕撰碑。其略曰：

> 皇帝登极之岁，五月甲申，诞降玺书，遣宣政院断事官泼闾、都功德使司丞臣答失帖木儿，乘驿驰谕江浙等处行中书省曰：“也里可温擅作十字寺于金山地，其毁拆十字，命前画塑白塔寺工刘高，往改作寺殿屋壁佛菩萨天龙图像，官具给须用物，以还金山。”庚辰，洊降玺书，护持金山，也里可温子子孙孙勿争，争者坐罪以重论。十有一月庚戌，都功德使臣海音都，特奉玉音，金山地外道也里可温，倚势修盖十字寺，既除拆所塑，其重作佛像，绘画寺壁，永以为金山下院。命臣孟頫为文，立碑金山，传示无极。臣孟题不佞，谨拜手稽首为文云……[②]

① 笔者使用《中华经典古籍库》（机构版）进行关键词检索，数据库地址为：http://publish.ancientbooks.cn/。

② （元）俞希鲁编：《至顺镇江志》，江苏古籍出版社，1999年版，第385页。

翰林学士潘昂霄又奉敕撰碑。略曰：

> 佛大矣，法门不二。如虚空，无去来。大千刹土，应缘而现，而其法门则一而已，宁有二乎？外此以为法，非吾佛所謂法也。金山古名刹，屹乎大江中流，胜绝天下。江南诸山南来，抵江而止。巉岩对峙，视中流之峰，脉理融貫，倾耸揖顾，若外护然。至元十六年，也里可温马薛里吉思者，绾监郡符，势张甚。掇危峰秀绝之所，屋其颠，祠彼教，曰银山寺，营隙为侪类葬区。嘻！西竺之道九十有六，唯吾佛为正法。以法之正，容有邪有外耶？今皇践阼，敕宣政臣婆閭等，即寺故像撤去之，仿京刹梵相，朱金绀碧，一新清供，付金山住持佛海应声长老，赐名金山寺般若禅院。举域一辞，归诚赞羡。集贤大学士臣李邦甯奏，宜文坚珉示永远。翰林学士承旨臣旦牙答思、承诏臣昂霄属笔。云云。①

可以看出，赵孟頫与潘昂霄所撰的两篇碑文时间有先后，所述重心也略有不同。赵孟頫撰文在先，侧重于事件叙述，特别强调至大四年两座“十字寺”改建为“般若院”的发展过程；潘昂霄撰文在后，侧重于教理表达，着重对佛教正统性予以说明，以区别也里可温教的“外法”。以上碑文至少透露出两条重要信息：其一，马薛里吉思所建“十字寺”的建筑形制可能与佛教建筑形制一致。从赵孟頫的撰文来看，拆毁“十字寺”主要包括“毁拆十字，命前画塑白塔寺工刘高，往改作寺殿屋壁佛菩萨天龙图像”等内容，这说明马薛里吉思所建二寺并未全面拆毁，仅作局部的调整，从而能为佛教直接利用，这也就意味着“十字寺”与佛寺外在的建筑形制大体一致。其二，佛法的“正邪”之论是对也里可温教的“借鉴”行为的回应。潘昂霄的撰文从佛教的立场出发，始终围绕着“佛大矣，法门不二”的中心主旨，多次强调“法门则一而已，宁有二乎？外此以为法，非吾佛所謂法也”“西竺之道九十有六，唯吾佛为正法。以法之正，容有邪有外耶？”，意在说明佛教为“正法”、也里可温教为“外法”“邪法”。这种“正统论”的反复申明表现出佛教徒的不满，也可视为对也里可温“借鉴”行为的回应。

最后，镇江也里可温“借鉴”佛教的缘由需结合《寺记》文本内外两方面来考虑。一方面，佛教在元代是发展最好的宗教，“借鉴”佛教已成

---

① （元）俞希鲁编：《至顺镇江志》，江苏古籍出版社，1999 年版，第 385–386 页。

为也里可温的主要选项。佛教自汉代传入中国，积极寻求与中国传统文化相结合。在此过程中，佛教的话语体系臻于完善，长时期、全方位影响着其他文化。元代实行宗教宽容政策，但佛教的政治和文化影响力要远大于其他宗教。从目前史料来看，全国的也里可温更衷情于对佛教的“借鉴”。例如，在同属南方地区的泉州，出土的基督徒墓志铭记载：“于我明门，公福荫里。匪佛后身，亦佛弟子。无憾死生，升天堂矣。时大德十年（1306年）岁次丙午三月朔日记。管领泉州路也里可温掌教官兼住持兴明寺吴咳哆呢嗯书。”① 这里的“佛”“佛弟子”“住持”是典型的佛教用词。在济宁路地区，对于也里可温教的信仰，按檀不花在弥留之际再三强调：“佛法不可背，家法不可违”②，这里的“佛法”就是基督教教义。在北方腹里地区的房山，十字寺与佛寺交替使用③，似乎也暗示二者建筑形制一致。由此可见，“借鉴”佛教并不是镇江地区的特殊行为，而是全国上下的普遍现象。另一方面，从《寺记》本身来看，同属广义西域的地理位置是也里可温“借鉴”佛教的最初契合点。《寺记》首句点明也里可温教的西来属性：“薛迷思坚在中原西北十万余里，乃也里可温行教之地。”从“西竺之道九十有六，唯吾佛为正法”来看，佛教徒也并不否定也里可温教的“西来”身份，仅将之贬斥为外道。这样来看，客观的“西来”身份也制约着也里可温教的选择，即意味着也里可温“借鉴”佛教的可能性要大于本土的道教。当然，也里可温对佛教的“借鉴”仅仅是形式上的。当涉及核心教义时，也里可温会保持高度的自觉，做出严格的区分，这一点已经在《寺记》中体现出来。

综上所述，《寺记》中的“教法”具有三重内涵，主要包括梦境之“法”、传道之“法”、佛教徒理解之“外法”。梦境之“法”集中体现“七重天”“二神人”“七所寺”“白物”等四种文化元素中，因其是马薛里吉思潜意识中的产物，故而更能体现基督教的文化特色，从而有效区别于华夏本土文化，这成为促使马薛里吉思兴建七所“十字寺”的“神圣”动机；传道之“法”涉及也里可温和儒学教授梁相二者间的表述与接受，也里可温重点传达“礼东”与“十字”两条教义，梁相则以自身特定的理学思维加以理解，客观上导致基督教与儒学在元代的文化互动，形成耶儒相融的文化内涵；佛教

① 吴文良原著，吴幼雄增订：《泉州宗教石刻》（增订本），科学出版社，2005年版，第419页。

② 《少中大夫按檀不花暨大人辛陈氏合葬神道碑》，《巨野县志》国家图书馆藏道光二十年刊本。

③ 唐晓峰：《北京房山十字寺的研究及存疑》，《世界宗教研究》，2011年第6期，第118-125页。

徒理解之“外法”只有在也里可温刻意区分佛教与至大四年也里可温教与佛教之争等两件事情的基础上方能理解，这不仅能表明出也里可温教与佛教的宗教分歧，又能展现出也里可温教对佛教用词的主动借鉴。可见，《寺记》中的“教法”的确是理解马薛里吉思乃至元代也里可温观念世界与宗教实践的关键，它既包含基督教文化的异质性，又反映出基督教文化与儒教文化、佛教文化的互动关系，实质上也揭示不同文化间转译的复杂性，而这恰恰就是《寺记》所含丰富的文化底蕴之根源。与此同时，这也启示我们，当“他者”宗教跨区域传播时，“他者”宗教和本土文化的交流与融合是必然的规律，更多情况下，“他者”宗教会主动选择与本土文化进行交流与融合，而这也正是我国“宗教中国化”的逻辑前提。

经典释义 Interpretation on Holy Scriptures

巴赫金时空体理论与《圣经》叙事的时空分析

侯春林[1]

内容提要： 巴赫金的时空体理论主张兼顾时间和空间两个维度对叙事作品进行综合观照，从时空维度对巴赫金的对话理论进行了定位，重在呈现时间和空间在叙事中的对话关系。对话同样是《圣经》叙事的基本展开方式之一，不仅充当着情节载体和人物塑造的重要功能，而且通过时空分析可以发现，对话性在《圣经》中的存在还使得时间与空间两大叙事元素有着独特而内在的张力关系，进而呈现出场景化重复和时空模糊的叙事特征，这种叙事特征从根本上来源于《圣经》对神圣时空的终极指向。

关键词：《圣经》，时空体，场景化重复，时空模糊

Bakhtin's Chronotope Theory and the Space-time Analysis of Biblical Narrative

HOU Chunlin

Abstract: Bakhtin's Chronotope theory emphazies the importance of both time and space in analyzing narrative works, positioning Bakhtin's Dialogue theory from the spatio-temporal dimension, focusing on presenting the dialogue relationship between time and space in narratives. Dialogue plays a crucial role in the development of biblical narratives, serving as an important function of plot carrier and character shaping. Through an analysis of the spatiotemporal dimension, it can be found that the existence of dialogue in the Bible also makes the two narrative elements of time and space have a unique tension relationship,

① 侯春林，河南大学文学院副教授。

and then presents the narrative characteristics of scene repetition and space-time ambiguity. This narrative feature is fundamentally derived from the ultimate direction of the Holy time and space in the Bible.

Keywords: Bible, Chronotope, Scenario-based repetition, Spatial and temporal fuzzy

奥尔巴赫（Erich Auerbach）将《创世记》中“以撒献祭”与荷马史诗中“奥德修斯的伤疤”进行对读，提出《圣经》具有与荷马史诗媲美的文学品质，以及“简约含蓄”的叙事文体；另一位《圣经》文学学者奥特（Robert Alter）则专注于《圣经》的“重复性”，通过对“族长传说”反复提及的三个“求/订婚场景”进行细读，提出“类型场景”理论，认为《圣经》多次重复叙述并非冗赘败笔，而是在“提示性统一”中形成潜在叙事关联。这两种观点对《圣经》叙事研究影响颇大，然而细究之下可以发现，两者或“简约”或“重复”的定论存在“矛盾性”，理解这一“矛盾性”需要从“时间”和“空间”这两个叙事基本元素对《圣经》的时空叙事特征进行研究，对巴赫金时空体理论的引入则有可能深入发掘出《圣经》叙事独特而内在的时空张力。

一、巴赫金时空体理论与《圣经》时空叙事的契合性

时空体或称时空型（Chronotope）是巴赫金独创的理论术语，用于分析小说中的时空架构形成的特有叙事风格，也适用于其他文体或更广泛的文化范围。康德、乌赫托姆斯基及爱因斯坦皆对巴赫金时空体概念的形成有重要影响。巴赫金继承了康德哲学特别是新康德主义重视时空范畴的观点，但否认时空概念的先验性，认为时间和空间首先是人类生活与交流的现实语境和氛围，具有“最直接的实在的形式”。

巴赫金重视直接经验的时空观念受惠于俄国生理学家乌赫托姆斯基，“乌赫托姆斯基对身体的看法促使巴赫金强调时空型在表象世界中的核心作用。”[①] 巴赫金的不同之处在于，他并不否认单一时空体的支配作用，但主张具体时空体在形成个体内在风格方面起着决定性作用。

① ［美］克拉克、霍奎斯特：《米哈伊尔·巴赫金》，语冰译，北京：中国人民大学出版社，1992 年，第 363–364 页。

此外，爱因斯坦的相对论是巴赫金时空体概念的直接灵感来源。爱因斯坦将时间与空间融合，开辟了全新的时空观念："空间（位置）和时间在应用时总是一道出现的。世界上发生的每一件事都是由空间坐标 X 、Y 、Z 和时间坐标 T 来确定。"①

爱因斯坦的时空观使巴赫金重新思考时间与空间的关系，并将之借用到文艺批评中，提出了时空体的概念："文学中已经艺术地把握了的时间关系和空间关系相互间的重要联系，我们称之为时空体。这一术语见之于数学科学中，源自相对论，以相对论（爱因斯坦）为依据……我们把它借用到文学理论中来，几乎是作为一种比喻。对我们来说，重要的是这个术语表示着空间和时间的不可分割性。我们所理解的时空体，是形式兼内容的一个文学范畴。"② 因此，时空体的首要特点便在于艺术地将时间与空间维度紧密结合，③ 二者共同构成了文学作品的内容与形式，这是巴赫金时空体理论的最重要贡献。

就时间与空间的关系而言，巴赫金认为叙事作品中的时间因素发挥着主导作用，"在文学中的艺术时空体里，空间和时间标志融合在一个被认识了的具体整体中。时间在这里浓缩、凝聚，变成艺术上可见的东西；空间则趋向紧张，被卷入时间、情节、历史的运动之中。时间的标志要展现在空间里，而空间则要通过时间来理解和衡量。这种不同系列的交叉和不同标志的融合，正是艺术时空体的特征所在。"④ 巴赫金较为抽象地描述了时间与空间因素在构成作品时发挥的不同作用，然而一旦将之应用于具体叙事分析，便显示出时空体独特的理论价值。⑤

时空体理论所阐述的时空关系与《圣经》的时空叙事存在高度契合性。总体来看，《圣经》中的空间服从于快速切换的时间，叙述者着意于显示重要的时空节点，而淡化甚至无视日常的时空切换，"《圣经》叙事完全

① ［美］爱因斯坦：《爱因斯坦文集》（第一卷），许良英译，北京：商务印书馆，1977 年，第 251 页。

② ［苏］巴赫金：《长篇小说的时间形式与时空体形式》，白春仁译，见《巴赫金全集》（第三卷），第 69 页。

③ Roland Boer, *Bakhtin and Genre Theology in Biblical Studies*, Leiden and Boston: Society of Biblical Literature Published, 2007, p. 97.

④ ［苏］巴赫金：《长篇小说的时间形式与时空体形式》，第 269-270 页。

⑤ Walter L. Reed, *Dialogues of the Word: The Bible as Literature According to Bakhtin*, Oxford: Oxford University, 1993, pp. 75-77.

致力于塑造不断快速推移的时间感，而要达此目的，就不可避免地会以牺牲空间塑造为代价……《圣经》叙事无意停住脚步、欣赏景致，它要匆匆前行，以跟上故事情节的快速发展"[①]，显示出作为神圣经典的《圣经》叙事轻视现实时空而重视神圣时空的明显倾向性。

具体来说，时空体理论与《圣经》时空叙事分析的契合性还在于时空因素所发挥的叙事功能方面。巴赫金认为，时空体的功能在于组织情节和塑造人物两方面，"首先，它们的情节意义是显而易见的。它们是组织小说基本情节事件的中心。情节纠葛形成于时空体中，也解决于时空体中。不妨干脆说，时空体承担着基本的组织情节的作用。"[②] 此外，"作为形式兼内容的范畴，时空体还（在颇大程度上）决定着文学中人的形象。个人的形象很大程度上被时空化了。"[③] 情节和人物是叙事文学的核心，也是揭示其深层内涵的必要因素。时间与空间的对话突出体现了对话主体的广泛性和对话思想的意识形态性。

法国著名巴赫金研究专家托多罗夫说："不论他（巴赫金）的目标是什么，对话理论是他的主要内容。"[④] 正如运用经典叙事学理论分析《圣经》叙事艺术的学者巴埃弗拉特（Shimon Bar-Efart）所论，《圣经》在推进情节和阐明人物两方面发挥巨大功能的载体正是"谈话"[⑤]。通过《圣经》作者的转述，我们知道上帝在与"无"的对话中将世界"说"了出来（创 1: 1–31）。此外，对话还是《圣经》中充当时空切换功能的重要叙事手段，在多个《圣经》叙事场景中，对话在故事篇幅中的大量存在甚至在某种程度上遮掩了真正的叙事内容，比较典型的可举出《创世记》第三章的"伊甸园叙事"和《撒母耳记》中的"扫罗与驴叙事"，对话成为此类故事的基本展开方式。一般来说，虽然对话在《圣经》叙事中占据的比例甚高，但行文简洁，大多不超过 2–3 个回合，但在"大卫叙事"中则存在例外：大卫与提哥亚妇人的对话甚至高达 7–8 个回合之多。

---

① ［以］西蒙：《圣经的叙事艺术》，李锋译，上海：华东师范大学出版社，2011 年，第 217 页。

② ［苏］巴赫金：《长篇小说的时间形式与时空体形式》，白春仁译，见《巴赫金全集》（第三卷），第 444 页。

③ 同上，第 270 页。

④ ［法］托多罗夫：《巴赫金对话理论及其他》，蒋子华、张萍译，北京：百花文艺出版社，2001 年，第 191 页。

⑤ ［以］西蒙：《圣经的叙事艺术》，第 161 页。

巴赫金将时间与空间因素作为对话主体进行文艺学研究，其实质在于对反独白思想的弘扬，将之置于超越时间与空间的永恒立场上予以赞颂。巴赫金真正追求的是一种对话理想，而当时的政治社会环境不容许他将自己的思想以通常的哲学形式表达。因此，巴赫金的对话理论其实走的是一条"哲学—文艺学—哲学"的路径，对话理论本质上是一种哲学思想，通过文艺学形式进行表达，因此读者在理解的时候，也需要在哲学的语境中对其进行还原。就时空体理论本身而言，不仅从对话理论中汲取了对话的思想实质与精神内核，也在时空的坐标上对巴赫金的对话理论进行了定位。

对话在《圣经》中的存在不仅表现在文体和叙事技巧层面，更重要的是从本质上揭示了《圣经》多声部的文本属性。准确地说，《圣经》既是一个神人交往的文本世界，也是一个作者和编者试图反映和解释的现实世界。巴赫金一方面称《圣经》为典型的独白文本，另一方面却又发掘出并高度推崇福音书中的对话因素。巴赫金这种看似矛盾的立场其实不难理解，本质上来看，"独白思维和反独白思维诸倾向可以交融在一个人身上，虽然在不同的时候思维方式的侧重也会有所不同，这是对一个作家的作品的分析可以得出截然相反的结论的主要原因之所在。"①

二、《圣经》叙事的场景化重复与时空模糊特征

现代理论家对《圣经》的文学性研究始于奥尔巴赫，他在其《摹仿论——西方文学中所描绘的现实》中将荷马史诗第十九卷关于奥德修斯返乡后的描写"奥德修斯的伤疤"的场面与《创世记》22 章中亚伯拉罕"燔祭献子"相提并论，认为它们分别代表了两种完全不同的文体风格：一个详尽描述，着墨均匀；一个详略分明，惜墨如金。②这一结论在很大程度上影响了后世关于《圣经》叙事特点的看法，"简约"几乎成为一段时期内《圣经》叙事风格的不刊之论。

《圣经》叙事展开的基本方式之一是对话，而《圣经》中的对话之所以呈现出整体上的简约性，是因为叙述者给对话双方设置了高度明确的功能用意，其中极为重要的一点便是借由对话推进情节，叙事节奏需要通过对话而非物理时空的切换得以推进，而物理时空反而在这种切换中被高度

---

① 凌建侯：《巴赫金哲学思想与文本分析法》，北京：北京大学出版社，2007 年，第 281 页。

② 参见［德］埃希里·奥尔巴赫：《摹仿论——西方文学中所描绘的现实》，吴麟绶等译，北京：百花文艺出版社，2002 年，第 169 页。

压缩甚至变形扭曲。试举一例：

> 押沙龙常常早晨起来，站在城门的道旁，凡有争讼要去求王判断的，押沙龙就叫他过来，问他说："你是哪一城的人？"回答说："仆人是以色列某支派的人。"押沙龙对他说："你的事有情有理，无奈王没有委人听你伸诉。"押沙龙又说："恨不得我做国中的士师，凡有争讼求审判的，到我这里来，我必秉公判断。"（撒下 15:2–3）

《圣经》中的对话并不追求对物理时空中对话的精确模仿，而是自成一格。这段对话在节奏上的高度跳跃性在《圣经》叙事中极为典型：押沙龙与争讼之人看似答非所问的对话，实则是叙事者压缩无关内容的结果：此人到底来自哪一城？为何事诉讼并求王判断？案情细节及所求为何？……等等物理时空场景内发生的细节被叙述者高度简化，而直接以押沙龙的反应作为对话的结束。因为，这段对话的叙事功能便是塑造和阐明押沙龙在大卫背后私下笼络民心的形象，"这样，押沙龙暗中得了以色列人的心"（撒下 15:6），为了达此目的，物理时空中的对话细节在《圣经》叙事者看来完全可以压缩变形置入抽象时空中，可见其以对话剪裁时空的守法，以及简约的《圣经》叙事形成的时空模糊感。

然而，随着《圣经》文学研究的不断深入，学者们发现《圣经》叙事其实存在很明显的"重复"现象。罗伯特·奥特（Robert Alter）对之进行了精当的分析，认为重复是一种技巧，恰恰能够表明《圣经》叙事艺术的高明。① 事实上，无论是荷马史诗还是《圣经》都程度不同地受到了民间口传文学传统的影响，必然会在文本的语言甚至情节主题上出现重复的现象。② 除重复之外，《圣经》叙事还有极为显著的场景化特点，比较典型的场景如伊甸园故事、摩西受十诫、耶稣受难等（包括亚伯拉罕"燔祭献子"）。《圣经》中的场景化叙事之多引人注目，奥特在分析《圣经》中的重复现象时，特意提出"类型化场景"的概念，认为这是《圣经》文学的叙事惯例之一。时间和空间上的模糊处理在《圣经》中颇为常见，"（《圣经》）叙事学者固然关注空间的历史性，与历史学家和考古学家的兴趣却迥然不

---

① 参见［美］罗伯特·奥特：《圣经叙事的艺术》，章智源译，北京：商务印书馆，2010 年，第 120–155 页。

② 关于《圣经》文本中重复现象的类型、成因及功能，梁工教授在其《圣经叙事艺术研究》中进行了细致分析，详见梁工：《圣经叙事艺术研究》，北京：商务印书馆，2006 年，第 361–377 页。

同。他们无意于探讨那些地名的真实性或历史意义，热衷于思考它们在叙事体系中的位置，及其对于实现文本意义所肩负的使命。”① 在场景化重复特征的映照下，《圣经》的时间和空间感显得更加模糊，在很多情况下呈现出类型化的特征，往往用“这事以后”“那日”“后来”等表示时间，用“路”“河”“旷野”“山”等表示空间。时间和空间概念的模糊感使得《圣经》叙事的节奏非常快，能够在不同的场景之间快速切换，进而产生一气呵成、酣畅淋漓的审美效果。比如说，《圣经》虽然有大量关于迁徙的移动性叙事，但叙述者大多只说明人物出发和到达的地点，沿途地点则略而不提。

反过来看，当《圣经》中迅速切换的类型化场景累积到一定程度之后，读者也很容易产生似曾相识的重复感。前面出现过的场景又在后文中出现，而很多时候情节上是大同小异的。《圣经》里的地方仅仅是随着情节发展而被提到，而对之没有清晰、生动的描写……在《圣经》叙事中，根本没有对物理环境的描述，不管是具体刻画、还是大致轮廓，几乎都没有。② 虽然奥特运用类型化场景理论对其中部分场景进行了有说服力的解释，但是如果企图藉此便能一劳永逸地解决《圣经》中所有的类似场景问题，那无疑会显得牵强。③ 例如，在福音书中耶稣的“五饼二鱼”事件（可 6:30–44，太 14:13–21，路 9:10–17，约 6:1–14）之前，便已有以利沙用二十个大麦饼使一百人吃饱的类似事件（王下 4:42–44）。此外，耶稣所行的治病救人等神迹在《旧约》中也屡见不鲜，这些类似的场景便无法用奥特的理论进行有效解释。

当然，也有大量学者企图从《旧约》与《新约》的预表关系角度在整体上对这类问题予以分析，其中不乏权威的《圣经》文学学者。代表性的说法如诺斯罗普·弗莱（Northrop Frye）在《伟大的代码——圣经与文学》中指出：“我们怎么知道《新约》中的福音故事是正确的呢？因为它们印证了《旧约》的预言。但我们又怎么知道《旧约》中的预言是正确的呢？因为《新约》中的福音故事证实了它们。”甚至可以说，“《新约》和《旧约》成了面对面的两面镜子，彼此映照着对方，却丝毫不反映外部世界。”④

① 梁工：《圣经叙事艺术研究》，第 247 页。

② ［以］西蒙：《圣经的叙事艺术》，第 216 页。

③ Brian Britt, “Robert Alter and the Bible as Literature”, Literature and Theology, 2010 (1).

④ ［加］弗莱：《伟大的代码——圣经与文学》，郝振益等译，北京：北京大学出版社，1998 年，第 111 页。

所谓“丝毫不反映外部世界”确有夸张之嫌，然而梁工在考察西方学界关于《圣经》叙事时间观研究时发现，《圣经》独特的线性叙事时间可具体细分为“凡俗时间”和“不朽时间”，颇能引人深思：“有论者主张，相对于一批古希腊文化遗产流露的循环论时间观，希伯来—基督教的时间观是线性的，时间永远处于从过去向未来直线运动的流程中，其间不发生规律性的循环运动；就希伯来—基督教的时间观本身而言，在时间之流的一个漫长阶段——自上帝创世造人至现存世代终结——又交织叠印着两种性质的时间：凡俗时间和不朽时间。”① 从《圣经》的“不朽时间”来说，从《旧约》《新约》的时间演进超脱于“凡俗”之外自成一脉而线性迭代，前后相成且首尾呼应，进而在两个文本之间形成强烈的“互文性”特征，即为弗莱精炼概括的《圣经》“U”形叙事结构，② 借以表征“创造—堕落—拯救”的《圣经》叙事基本框架。

由此可推，《圣经》叙事中“凡俗时间”和“不朽时间”的“交织叠印”，以及“不朽时间”主导下《圣经》叙事呈现出的时间对空间的大量挤占乃至压缩，是造成《圣经》叙事场景化重复与时空模糊的重要原因。

当然，由“不朽时间”推导出的新旧约关系“互相印证”的解释具有一定程度的合理性，然而其中掺杂了太多的主观性和神学因素，从《圣经》文学的角度来看，这种解释不够充分。试问，如果采用英美新批评派的封闭式阅读法（Close-reading），从纯文本的角度来分析作为文学的《圣经》（即暂时忽略其作为“神圣经典”的“不朽时间”叙事，而考察其“凡俗时间”叙事），难道能够确保有人不会把《圣经》中这种随意重复场景的描写手法视作败笔吗？③

三、《圣经》叙事的时空分析

从巴赫金时空体理论的角度来看，《圣经》叙事中存在的场景化重复和时空模糊特征现象其实体现了《圣经》文本作为“表述”具有的内在对话性，亦即将时间和空间两大叙事元素置于一处综合观照时，存在的紧张关系所致。时空体理论延续了巴赫金对话理论的核心要义“对话性”，认

① 梁工：《圣经叙事艺术研究》，第 188 页。

② ［加］弗莱：《伟大的代码——圣经与文学》，第 220 页。

③ Robert Alter and Frank Kermode, *The Literary Guide to the Bible*, Boston: Harvard University Press, 1990, p. 58.

为文本的时间和空间以及各自内部皆具有对话关系，“文本的生活事件，即它的真正本质，总是在两个意识、两个主体的交界线上展开。”① 那么，作为表述的文本，其双声性、应答性、对话性都产生于交往之中。② 文本之间在情节、主题、人物等方面的重复是一种高明而冒险的艺术手法，表述主体之间以自我—他者的关系建构起对话式文本的脉络，从而使文本在整体上呈现出重复的样貌和互文性的特征。

1. “惊险时间”

具体分析可知，《圣经》场景化重复和时空模糊特征与巴赫金时空体理论提出的“惊险时间”概念具有彼此观照的契合性。“惊险时间”是巴赫金在分析“希腊传奇小说”的基础上提炼出的第一种时空体类型，最为详尽地展示了巴赫金的研究思路与分析方法。巴赫金总结希腊化时期传奇小说的典型叙述模式：青年男子爱上了一位美丽的姑娘，但出于种种原因未能结合，男子需要经历一系列惊险的遭遇，如沉船、海盗、卖身为奴、审判、囚牢等，才能有情人终成眷属，与女子长相厮守。很显然，这类作品本身并不需要多么高明的写作技巧，甚至可以作为浪漫爱情小说一类陈规俗套的原型，但巴赫金从中看到了惊险时间的本质。

分析叙事结构可以发现，从开始的相遇相知到最终的相爱相守，男女主人公的所有活动都在开头和结局这两个点之间进行，惊险事件过程的发生具有偶然性，而只有男女主人公的爱情不曾变化，③ 似乎在两个点之间并未发生任何事，因为对于主人公来说，一切都没有真正改变。惊险时间的特征在于，它是完全抽象的，处于真实时间之外，看不出任何历史的、时代的踪迹。由于开头和结局的既定性，所以事件发生的细节并不重要。换句话说，男主人公被捕的时间是白天还是黑夜，地点是山谷还是旷野并不重要，作者只需要将一系列大同小异的场景进行排列组合就可以了。由此，这类小说存在大量场景化重复的现象，甚至场景发生的顺序有时候也可进行置换。在惊险时空体中，时间和空间实际上都是抽象的、不具体的，

---

① ［苏］巴赫金：《文本问题》，晓河译，见《巴赫金全集》（第四卷），石家庄：河北教育出版社，2009 年，第 300 页。

② 钱中文：《理论是可以长青的》，见《巴赫金全集》（前言），石家庄：河北教育出版社，2009 年，第 61 页。

③ 参见 Ruth Coates, *Christianity in Bakhtin: God and the Exiled Author*, Cambridge: Cambridge University, 1998, pp. 98–102。

用巴赫金的话来说，惊险时空体的特征“在于空间与时间之间纯技巧性的抽象联系，在于时间序列的可逆性和空间的可互换性”①。

结合《圣经》叙事进行分析，可以发现惊险时空体与《圣经》都存在时空感模糊及场景化重复的现象。《圣经》中的时空场景具有类型化的显著特征，这些“不朽时间”中的“地点”被高度赋予了类型化的意义，甚至不同的叙事场景可以在同类型的时空中进行置换。例如，“海”在《圣经》中代表着混沌无序和充满敌意，那么耶稣在海上行走的场景（太 14:25–33）便可与他平静风浪的场景（太 8:23–27、可 4:35–41、加 8:22–25）进行空间上的置换；时间上的置换则更为随意，如“过了些日子”“那日之后”等模糊表示时间的词语之间皆可进行置换。②

上文提到，巴赫金时空体概念的贡献在于对时间和空间维度的共同关注，它们构成了作品的内容和形式。《圣经》存在与时空体类似的叙事特征可以为从时空体的角度（即时空维度）对《圣经》进行审视提供合理依据，进而有可能触及到《圣经》叙事的深层内核。按照《圣经》叙事“不朽时间”的观念来看，“凡俗时空”相对于末日审判时新天新地的“不朽时空”显然并不重要，或者说，《圣经》并非不重视时空，而是不重视现实时空，对于“U”型轨迹上的重要时空节点，《圣经》叙事者会予以非常重视地提及。此外，时空置换也仅限于同类型的时空中，当《圣经》叙事场景的时空具有确定意义的时候，相应的时空体便具有另一种特定形式。例如在福音书耶稣受难的场景中，被捕的“客西马尼亚园”、审判的“公会”、被戏弄的“衙门院里”、钉十字架的“骷髅地”等时间和空间因素都是相对确定的。其中不同的空间被压缩成不同的“点”，每一个“点”上都发生着情节的突转，场景在短时间内迅速切换，而耶稣的形象在高度紧张的情节冲突中变得血肉丰满。

2.“广场时空体”

巴赫金从拉伯雷小说中汲取资源，通过广场时空体类型构建出一种全新的时空观念。在巴赫金看来，《巨人传》中民间的日常生活存在于以下七个系列中：人体、衣着、吃食、性、喝、死亡、排泄。这七个系列交织结构出怪诞的躯体形象，而在这种具有“地形学”意义的躯体中，传统上

---

① ［美］克拉克、霍奎斯特：《米哈伊尔·巴赫金》，第 367 页。

② 参见 Paul Ricoeur, *Time and Narrative*, Chicago: The University of Chicago Press, 1984, p. 94。

彼此分离的东西聚合在一起，形成特有的怪诞风格以及各种诙谐、夸张、反讽的形式，因而形成新的时空形式。在拉伯雷的《巨人传》中，“广场”作为全民狂欢的空间场所被时间化，怪诞躯体得以暂时地肆意呈现和发泄，从而使作品获得“广场时空体”的形式。

巴赫金认为，拉伯雷的时间观是面向未来的，狂欢广场的笑声是民众的笑声，具有双重的意义，既是对旧事物消亡的嘲讽又是对新事物诞生的庆祝，广场虽然作为空间因素为民众的狂欢活动服务，但时间却处于主导地位。巴赫金为了从整体上审视不同时代的文化现象提出“长远时间”的概念，“在长远时间里，平等地存在着荷马与埃斯库罗斯，索福克勒斯和苏格拉底，其中也生活着陀思妥耶夫斯基。因为在长远时间里，任何东西都不会失去其踪迹，一切面向新生活而复苏。在新时代来临的时候，过去所发生过的一切，人类所感受过的一切，会进行总结，并以新的涵义进行充实。”①在巴赫金理想的“长远时间”里，一切都变得平等和充满活力，出生和死亡在狂欢的广场上可以同时进行，过去和未来在当下相遇，并进行着暂时的非理性交替。亦如巴赫金所说：“时间戏耍着，欢笑着。这是赫拉克利特所说的顽童，宇宙中最高的权力属于他（‘儿童掌握着统治权’）。”②与此同时，空间因被时间化而获得了“地形学”③的意义。在狂欢广场上，奴隶可以与贵族平起平坐；“物质—肉体”下部形象随处可见，并作为生育繁衍的场所被赋予了崇高的意义，高下、尊卑之间出现了位置上的互换。最典型的“广场时空体”叙事莫过于日常生活中最卑贱的奴隶被推举为“狂欢节之王”的场景，而这种场景的灵感来源，巴赫金归之于福音书中耶稣被兵丁戏弄而加冕脱冕的场面④，他甚至指出，基督的形象应当是思想的探索的理想形象，这一形象的崇高使命在于组织和支配这个

---

① ［苏］巴赫金：《在长远时间里》，钱中文译，见《巴赫金全集》（第四卷），石家庄：河北教育出版社，2009 年，第 143 页。

② ［苏］巴赫金：《弗朗索瓦·拉伯雷的创作与中世纪和文艺复兴时期的民间文化》，李兆林译，见《巴赫金全集》（第六卷），石家庄：河北教育出版社，2009 年，第 93 页。

③ 巴赫金以民间文学为中介，赋予“地形学”以象征意义，用来描述作品世界中高下尊卑的众生百态，可参 John A. Barnt, *Not the Righteous but Sinners*, London and New York: T&T Clark International, 2003, pp. 55–60。

④ 侯春林：《简论福音书中的狂欢化元素——以“兵丁戏弄耶稣”为例》，载《基督宗教研究》第 16 辑，2014 年。

众声喧哗的世界，最终“圆满地”完成这个世界。① 对于高度推崇对话性、未完成性的巴赫金来说，这是不可思议的，唯一的合理解释只能是耶稣基督完美地兼具神人二重属性于一身，代表了巴赫金可望而不可即的对话理想。当然，《圣经》这部宗教经典本身就并非全然是上帝意志的“独白”，其独特的内在对话性特征由此得以凸显：②《圣经》的主人公（上帝）意志极为强势，在《圣经》文本的作者（人类作者或编者）意志与主人公（上帝）的强势意志之间形成了相持不下的博弈关系，进而使《圣经》产生了难以化约的对话性。③

《圣经》叙事中多处可见类似“广场时空体”的反等级思想，在门徒们问耶稣天国里谁为大时，“耶稣便叫一个小孩子来，使他站在他们当中，说：‘我实在告诉你们：你们若不回转’，变成小孩子的样式，断不得进天国。”（太 18:2–3）小孩子所具有的新生意义与广场时空体中“戏耍着的时间”有着相同的内涵；玛利亚“尊主颂”中体现的空间意义更为突出，“他叫有权柄的失位，叫卑贱的升高，叫饥饿的得饱美食，叫富足的空手回去”（路 1:52–53）。广场时空体中的时空意义在《启示录》中体现最为集中，既有时间上死亡与新生的交替（启 12:1–6），又有空间上地形学的移位（启 17–18），毋宁说，末日审判之后新天新地来临，《启示录》的主题本身便颇具时空体的意味。

3.“门坎时空体”

与从拉伯雷作品中对空间元素进行抽象提炼产生“广场时空体”类似，巴赫金将陀思妥耶夫斯基作品中的时空体类型形象地称为“门坎时空体”。“陀思妥耶夫斯基在自己的作品中几乎完全不用相对连续的历史发展的和传记生平的时间，亦即不用严格的叙述历史的时间。他‘超越’这种时间，而把情节集中到危机、转折、灾祸诸点上。此时的一瞬间，就其内在的含

① ［苏］巴赫金：《陀思妥耶夫斯基诗学问题研究》，白春仁、顾亚铃译，见《巴赫金全集》（第五卷），石家庄：河北教育出版社，2009 年，第 146 页。

② Barbara Green, *Mikhail Bakhtin and Biblical Scholarship: An Introduction*, Georgia: Society of Biblical Literature, 2000, p. 25.

③ 这一点在《新约》中体现的尤其明显，如玛利亚的“尊主颂”耶稣宣称小孩子才进上帝的国等；希伯来《圣经》的情况较为复杂，仅以上帝形象而论，耶和华上帝有时候是“不可妄称其名”的超越性所指，有时候又与喜怒无常的“非理性暴君”无异。

义来说，相当于‘亿万年’。换言之，是不再受到时间的局限，空间实际上同样也超越了过去，把情节集中在两点上。一点是边缘上（指大门、入口、楼梯、走廊等），这里正发生危机和转折。另一点是在广场上（通常又用客厅、大厅、饭厅来代替广场），这里正发生灾祸或闹剧。”[①] 在陀思妥耶夫斯基那里，时间和空间共同构成作品，时间依然处于主导地位，并从实际时间中剥离出来，具有了完全自由的形态。空间同样从属于时间甚至被时间压缩为具体的“点”，且特定空间（“点”）发生的事件常具有危机、转折的关键叙事作用，进而在情节上呈现出高度紧张的状态。究其宗教上的缘由，有学者指出是因为陀思妥耶夫斯基接受了西方教派“地狱—炼狱—天堂”的生命发展观，进而形成了“堕落—受难—复活”的历时性诗学原则。[②]

以“门坎”作为核心意象构造的《圣经》叙事莫过于“利未人的妾”中惊心动魄的场景描述：

> 那人就把他的妾拉出去交给他们，他们便与她交合，终夜凌辱她，直到天亮才放她去。天快亮的时候，妇人回到她主人住宿的房门前，就仆倒在地，直到天亮。早晨，她的主人起来开了房门，出去要行路。……到了家里，用刀将妾的尸身切成十二块，使人传送到以色列的四境。（撒下 19:25–26）

在这段叙事中，《圣经》叙事者一反“惜墨如金”的简约笔调，将极具标志性的多个时空点被叙述者进行细细白描，利未人、妇人、匪徒的形象跃然纸上，叙事感染力令人心悸。

实际上，“门坎”意象表征了叙事空间中的“边界”，“门坎时空体”则高度形象地呈现了当“边界”连接的不同叙事空间进行切换时，所产生的特定叙事类型和叙事效果。以《圣经》叙事为例，充当“边界”功能的典型“门坎”至少可举出“船”和“山”两种[③]：“船”作为陆地和海面的“边界”，充当了二者空间切换的中介物，“耶稣从房子里出来，坐在海边，有许多人到他哪里聚集，他只得上船坐下，众人都站在岸上。”（太 13:1,2）此外，

① ［苏］巴赫金：《陀思妥耶夫斯基诗学问题》，第 195 页。

② 王志耕：《基督教与陀思妥耶夫斯基的“历时性”诗学》，载《外国文学评论》，2001 年第 3 期。

③ 参见梁工：《圣经叙事艺术研究》，第 257–268 页。

“山”作为天和地的“边界”意涵更为显著，天与地的空间对照可谓是《圣经》叙事中最为常见且核心的空间场景，实则蕴含着“天国与尘世”“神圣与世俗”乃至“崇高与卑劣”的基本《圣经》主题，而“天与地”之间的紧张关系并非不可调和，耶稣经常有登山之举，或祷告（可 6:46），或显容（可 6:46），或训众（可 13:14,15），在此类《圣经》叙事中，“山”实则发挥着沟通天地神人的重要叙事中介功能。

结语

现代社会对于《圣经》诠释相对开明的态度“使得‘圣’‘俗’的分野必定更多地让位于二者的和谐……但是《圣经》阐释中的‘圣’和‘俗’似乎并没有得到真正的清理”①。圣俗之间的张力同样烙印于《圣经》叙事的时空处理上，《圣经》作为一个具有文学性的信仰文本，并非不重视时空描写，而是不重视现世凡俗的时空描写，甚至模糊的《圣经》时空恰能衬托出神圣时空的重要性，在终极的神圣时空观的主导下，无论是现世的时间还是空间都被压缩进具体的情节和人物中。此外，末日审判的时间和地点具有先天的抽象性和不确定性，这种神秘未知的压迫感使得《圣经》叙事的时间高度紧张，根本没有余裕去进行背景的描绘和场景的修饰，大量重复的场景在《圣经》叙事者眼中既非什么“技巧”更谈不上“败笔”。它们只不过是对信仰主题的强化，甚至连场景本身也由最原始的口头对话方式构成，“之所以在场景中文本的时间长度和故事的时间长度被视为均等，是因为场景以对话为基本形式。”② 这种独特的时空处理方式与以对话性作为核心旨归的巴赫金时空体理论有着高度契合性，都是对于宗教神 / 哲学观念的文艺学表达，也正因此，从时空体的角度来看，《圣经》场景化重复和时空模糊的叙事特征便具有了全新的意义。

推而言之，《圣经》的时间具有终极指向，拉比犹太教时期，希腊灵魂不朽观念从个体和整体方面对《圣经》时间观产生影响。从个体而言，灵魂与肉体的二元论冲击着犹太教的相对一元论，而“复活”观念成为“基督事件”的哲学依据，并由此从个体时间观过渡为《新约》的整体时间观。③

① 杨慧林：《基督教的底色与文化延伸》，哈尔滨：黑龙江人民出版社，2002 年，第 14 页。

② 梁工：《圣经叙事艺术研究》，第 212 页。

③ George Lindbeck, *The Nature of Doctine: Religon and Theology in a Postliberal Age*, Philadelphia: Westminster Press, 1984, pp. 203–205.

新旧约都以上帝创世为时间的起点，终点皆指向不确定的弥赛亚来临的未来，而“基督事件”使《新约》多了一个时间的中点，从某种程度上使《旧约》时间观的不可逆性发生形变。耶稣基督作为上帝的独生子已经降临世间，为人类赎罪，被钉十字架后复活，并在将来重临人间进行审判。对末日审判的惶恐模糊了时间，对新天新地的期盼模糊了空间，《圣经》时空自然需要在迅速切换的场景中逼近基督重临的日子。

《以斯拉记》9-10 章中“那地之民”的族群视角解读

莫铮宜 ①

内容提要：《以斯拉记》中的“那地之民” 是流放群体对一切“自我”以外的“他者”作出的含糊的身份标记，在 9–10 章中指向以犹太遗民为主的居留群体。亡国后，巴比伦的流放群体通过自我生存机制重塑了犹太族群身份免遭同化，而新的族群身份的标准则将犹大遗民归入异类的他者，这反映在流放群体选择性地遗忘居留群体的历史且回归后延续自我隔离意识。与此同时，无论在巴比伦还是回归之后，跨族通婚的持续发生表明流放 – 回归族群与“那地之民”的边界并非封闭而是处于动态变化之中，对于跨族通婚家庭的处理往往是前者维护族群身份与现实利益相妥协的结果。通过与代表他者的“那地之民”的不断互动表明，犹太族群身份的构建具有开放性和多元化特征。

关键词：《以斯拉记》，那地之民，族群身份，跨族通婚

A Discussion of “The People of the Land” in Ezra 9-10 from the Perspective of Ethnicity

MO Zhengyi

Abstract: The term “the people/s of the land/s” in Ezra refers to all the outsiders of the exiled Jewish community, and in chapters 9-10, it is applied to all the inhabitants in Yehud represented by those non-exiles. After the subjugation, the Jewish exiles in Babylon reshaped their ethnic identity through the self-survival mechanism, avoiding the risk of being assimilated

① 莫铮宜，浙江越秀外国语学院英语学院副教授。

and making the boundary with unexiled Judeans in the homeland. The exiled Jews intentionally forgot the history of the unexiled and perpetuated their self-isolation after returning to the homeland. Nevertheless, the frequent occurence of intermarriage between the members and outsiders of the Jewish mainstream community indicates that the boundary of the community is not fixed but continues to change. It implies that the way to deal with intermarriage can often be regarded as a compromise between maintaining ethnic identity and keeping practical interests. The research indicates that the continuous interactions with the "people of the land" contribute significantly to forming an open and diversified Jewish community.

Keywords: Ezra, the people of the land, ethnic identity, intermarriage

在《希伯来圣经》中，“那地之民”的表述频频出现，它以原文单数的形式（עם הארץ）出现过五十多次，此外，它还以多种复数形式呈现（עם הארצות/ עמי הארצות / עמי הארץ），这些复数形式并无语法上的差别。[1] 本文拟在前人研究的基础上，选取《以斯拉记》9–10 章中的“那地之民”为对象，结合流放—后流放时期的处境，从族群学的角度展开研究。本文首先将考察“那地之民”在《以斯拉记》中所指对象；其次将探讨犹太流放群体如何重塑族群身份摆脱被同化的威胁，同时也与被归入“那地之民”的犹太遗民形成了身份上的断裂；最后，本文将在流放群体回归之后居间的生存状态下阐述他们与“那地之民”既疏离又通婚的复杂关系，并运用相关理论阐释以斯拉宗教改革的实质。本文研究将表明包括犹大遗民在内的“那地之民”是相对于流放群体而存在的，对“那地之民”的认知与界定往往取决于流放群体构建犹太主流身份的需要和对现实利益的双重考虑。因而，“那地之民”的身份、范畴以及它与流放群体的边界并非固定不变。此外，正是通过与被称为“那地之民”的他者的互动，流放群体所构建起的犹太主流族群的身份内涵变得更丰富，从而促进了一个身份多元共同体的形成。

① John Tracy Thames, Jr., "A New Discussion of the Meaning of the Phrase ‘am hāāres in the Hebrew Bible", *JBL* 130 (2011):113. 需要指出的是，“那地之民”的表述与原文并非是一一对应的关系，本文使用它的字面表述只是出于指称上的方便。

一、对“那地之民”的查考

对“那地之民”表述的研究始于 20 世纪早期，至今大致经历了三个阶段。第一阶段主要将它标识为一个技术词汇，专指古代以色列的贵族阶层，他们拥有土地，是政治和军事上的精英。① 第二阶段的研究从 20 世纪中期直至 20 世纪末，将此表述解读为更广泛意义上的群体，除了犹大国中的政治精英阶层，也可指向普通百姓等。② 第三阶段研究始于 21 世纪，弗里德（Lisbeth Fried）认为在流放之前，它主要是指犹大国中拥有土地的自由公民，而在后流放时期则意指犹大和撒玛利亚地区的官员或地方势力。③ 泰姆士（John Thames,Jr）从惯用语的角度对该词作了阐释，指出《圣经》作者在使用该词时旨在突出某一事件发生的背景，或是强调某一行为，或是加强重要人物与非重要人物之间的对比，而并非专门指向某一类群体。④

由此可见，《希伯来圣经》中的“那地之民”无论是单数形式，还是复数形式，都不是特指。人们必须结合上下文语境才能正确地理解该词的确切含义。要之，这一表述主要有以下几种指向：

——泛指全体以色列人，它既可以指整个以色列民族，如《出埃及记》5:5（这地的人民），《利未记》20:2（以色列人），也可以指耶路撒冷城中的全体以色列人，如《列王纪下》11:14（当地所有的人民）。

——指代以色列中的臣宰和贵族，如《列王纪下》16:15（所有的国民），21:24 和 23:30（国民），从上下文来看，这里的“国民”实际上都指向代表犹大国百姓的上层权贵。

——指代普通以色列百姓，如《耶利米书》34:19（这地的众民），《历代志下》23:20（国民），《以西结书》45:22（国中所有的人民）和 46:9（国中的人民），《列王纪下》15:4（人民），24:14（国中最贫穷的）和 25:12（那地最贫穷的人）都指代普通的百姓。

---

① Samel Daiches, “Exodus 5:4–5: The Meaning of עם הארץ”, *JQR* 12 (1921): 33; idem, “The Meaning of Am Ha–Aretz in the Old Testament”, *JTS* 30(1929):248.

② Ernst W. Nicholson, “The Meaning of the Expression עם הארץ in the Old Testament”, JSS10 (1965):60.

③ Lisbeth Fried, “The ‘*am hā’āres* in Ezra 4:4 and Persian Imperial Administration”, in *Judah and the Judeans in the Persian Period* (eds.), Oded Lipschits and Manfred Oeming , Winoma Lake, IN: Eisenbrauns, 2006, p.129.

④ John Tracy Thames Jr., “A New Discussion of the Meaning of the Phrase ‘am hāāres in the Hebrew Bible”, 125.

——指代其他民族，它可分为确指和泛指。前者明确指向某个或某些外族，如《创世记》23:7（当地赫人），41:57（各地的人民）指全体埃及人，而《民数记》14:9（那地的人）则指代迦南境内的各民族；后者泛指一切不认识雅威，敬拜其他神明的外族，如《以斯帖记》8:17（那地的人民），《西番雅书》3:20（地上的万民），《申命记》28:10（地上的万民），《列王记上》3:20、53 和 60 节（地上的万族万民），《历代志上》5:25（当地民族），《历代志下》6:33（地上万民）、13:9（世上万民）、32:13（各地的民族）。

《圣经》作者使用这一词汇的目的似乎并非关注具体的所指对象。如《列王纪下》24:14–15 中作者着重叙述了被流放至巴比伦的犹太人的身份与数目，而对剩下的人并不在意，均笼统地称为“国中最贫穷的人”。又如《民数记》14:9 中的“那地的人”既可以指迦南人中的统治阶层，也可以泛指迦南各族民众，重点在于强调他们的外族身份。

这种泛指在《以斯拉记》中也十分明显。其中，“那地之民”原文共出现了七次，分别在 3:3，4:4，9:1、2 和 11 节，10:2 和 11 节。[①] 此外，6:21 的原文表述虽略有不同（גוי הארץ），但结合上下文来看，新译本将其译为“那地之民族”亦无不妥。弗里德认为 4:4 节中的“那地的居民”应指从撒玛利亚被迁到犹大的群体的代表，从他们能通过贿赂上层来阻碍圣殿的建造来看，这些人或是波斯时期的当地官员，或具有一定权势的贵族。泰姆士则认为作者在此处并非是要强调这些人的特殊身份，因为《圣经》并未对这些人的真实身份作出明确的表述。不管怎样，本文认为有一点是明确的，即 4:4 节中的“那地的居民”指代巴比伦流放群体（הגולה）之外的群体。

事实上，整卷《以斯拉记》中“那地之民”无论以单数形式还是以复数形式出现都有这种指代含义，表明作者并不关注“那地之民”的真实身份，而是从流放回归群体的角度出发，对一切“自我”以外的“他者”作出的笼统的标记。类似的例子如《以斯拉记》9:7 中的“外邦列王”（מלכי הארצות）也是泛指以色列王（9:7）之外的外族君王。

进一步考察《以斯拉记》9–10 章中“那地之民”，它至少包含了以下的群体：其一，未遭流放的犹大遗民，包括耶路撒冷居民和周围的犹大人，以及在别是巴、尼革夫和谢非拉等南部地区的地方贵族和百姓，他们在亡

① 原文的表述分别为：עמי הארצות（3:3），（9:1；2 和 11 节）；עם הארץ（4:4），עמי הארץ（10:2 和 11 节）。

国之后从本地大批迁往北部山地。其二，从撒玛利亚被南迁而来的以色列人，他们与犹大遗民聚居融合。两类人具有明显的宗教与文化重合现象，如都崇拜雅威（Yahwistic）。[①] 其三，其他民族，如以东人为了躲避阿拉伯人的威胁，进入到犹大南部并定居下来，而亚扪人和摩押人也从约旦河东迁入犹大。总体上，该地区虽然出现了多族群共存的现象，但外族居民仍然占很少数。[②] 另外，由于当时跨族通婚的现实状况，比如，这些外族人与占人口多数的以色列人通婚之后，他们的后代也有一半的以色列血统，使得各族群之间的界线也具有一定的模糊性。鉴于《以斯拉记》9:1 中所提及的迦南各族在当时大多已不复存在，因此，这三类群体就应该是当地的居民，其中又以犹大遗民为主，他们与流放群体有共同的祖先和血缘关系。那么，《以斯拉记》9–10 章中为何要这样称呼他们，为何要把他们与流放群体严格地区分开并对他们充满了敌意？流放群体与他们的关系如何变化，从中反映出以色列民族形成中的何种特点？本文接下来将予以论述。

二、流放与犹太族群的身份重塑

公元前 586 年耶路撒冷陷落，犹大亡国，大批精英与贵族被流放到巴比伦，他们以社群为单位散居于巴比伦境内，因而犹太人的传统、文化与身份面临着威胁和挑战。巴特（Fredrik Barth）认为，在某种分化机制的作用下，群体会形成对"自我"的规范和对"他者"的界定，由此群体内外的边界开始出现，伴随着边界内外的不断互动，进入边界之内的所有成员就构建了一个族群。[③] 据此，本文认为流放的犹太群体为避免被周围强势民族所同化，渐渐形成了一种自我生存机制。在此过程中，犹太族群的身份得以重塑，并与周围的各族之间形成了界限。与此同时，代表了犹太族群主流的流放群体也与犹大遗民产生身份上的断裂，前者视后者为"那地之民"并将其排挤出族群圈。

按自我生存机制，对原先生活方式的强化体现在宗教、历史和婚姻上。宗教方面，流放群体从一神观转向了一神论。他们通过对申典历史的再编

---

① G.N.Knoppers, "Revisiting the Samaritan, Question in the Persian Period", in O.Lipschits and M. Oeming(eds), *Judan and the Judeans in the Persian Period*, Winona Lake, Ind., Eisenbrauns, 2006, p.277.

② 孟振华：《波斯时期的犹大社会与圣经编撰》，北京：宗教文化出版社，2013 年，第 142 页。

③ Fedrik Barth, *Ethnic groups and Boundaries: The social Organization of Culture Difference*, Oslo: Universitiesforlaget, 1969,p.14.

撰将亡国和被掳解释为上帝对以色列民背约作出的惩罚（《申命记》28:15, 49–68;《约书亚记》23:19–16 等）。因而，以色列的复兴与重建也寄望于圣约之民的悔罪，等待上帝的赦免并重新赐恩（《列王纪下》8:46–53, 9:6–9)。至流放中后期，在第二以赛亚等先知的神学宣扬、“独尊雅威运动”和巴比伦宗教影响等诸多因素的共同作用下，雅威被理解成独一之神，他创造了万有并掌管着历史的进程（《以赛亚书》40：18–20; 45：5–8,11–13; 48：12–16），他将复兴以色列并将统治列国，作为圣约之民的以色列在上帝的神圣计划中具有特殊性和优先地位（《以赛亚书》43:8–15）。由此，作为独一神的选民的身份与意识扭转了流放族群身处于社会边缘地位的认知，且使其有了道德上的优越感，使之与其他民族区分开来。此外，圣民的身份还带来了回归、复兴及对弥赛亚拯救的盼望。

历史方面，流放群体通过集体记忆追溯民族历史的重要事件，加强共同的身份意识。“亚伯拉罕—以撒—雅各”先祖叙事与出埃及传统融合成为了以色列族群身份的起点。[①] 此外，从前的“辉煌年代”被有意识地塑造，其中大卫和所罗门王朝的统一盛世成为以色列最引以为荣的时期（《撒母耳记下》7:9–14,16；《列王记上》4:20–28,10:14–29）。这一时期也成为了上帝与以色列和谐关系的理想典范。于是，流放群体通过将当下的要求投射到过去，重塑了民族历史，反之，这也使得当下的规范得以合法化。

婚姻上，流放群体通过族内通婚来巩固共同体的结构，使族群的身份界限尽可能变得清晰。参照朗格（Cerroni–Long）的族内通婚与族群稳定的观点，[②] 本文认为面对外族同化威胁的流放群体会本能地寻求共同体内部更强的血亲间联络，而族内通婚是最直接而有效的方式，它既可以防止族群成员身份变异，也避免了族群后代的大规模流失。因而，族内通婚既有助于犹太社群的稳定，也增加了每个成员的归属感。

另一方面，流放群体也对原先的生活方式和身份概念作出调整，以适应现实处境。如对面对被掳后已无圣殿可供献祭与崇拜的现实，犹太群体作出了应对。首先，“大卫之约”被“永约”（ברית עולם）所取代，由此构建了基于上帝与选民关系的信仰共同体，形成了其特有的生活方式，反映出流放群体对族群身份新的理解。“永约”主要包含两部分，其一是律法，

---

① Keton L.Sparks, *Ethnicity and Identity in Ancient Israel* , Winona Lake, IN:Eisenbrauns, 1998, pp.307–308.

② E.L.Crerroni–Long, “Marrying Out:Socio–Cultural and Psychological Implications of Intermarriage” , *JCFS* 16/1(1985):26–46.

流放群体完成了对约西亚申命法典的再编修并通过重塑西奈山立约的历史，将其编入以色列人旷野漂流的叙事中。由此，土地、圣殿和献祭仪式被神圣律法取代。以会堂为中心，以诵读妥拉、唱诗与祷告为主要形式的崇拜成为了延续民族信仰的新手段，遵行律法则成为了维系以色列人身份的关键。其二，“永约”还表现在重要生活礼制的确立上。流放群体通过对古史尤其是核心历史事件的再回忆、再编撰将一些原本不只属于以色列人的礼制如逾越节、安息日、割礼等逐渐上升为族群的身份标志，突出它们的神圣起源，[①] 以此来适应流放时期的现实处境，并塑造自身身份。比如流放群体通过重述出埃及历史，将逾越节从原来的全国性宗教节日转变为一个家庭层面的民族性节日；他们很可能创造性地借鉴了巴比伦创世神话，将安息日制定为节期，并以“雅威的圣日”写入十诫；此外，他们通过追溯亚伯拉罕之约将割礼上升为一种信仰身份，以此检验以色列共同体是否全然认可与上帝立约关系。

其次，生活方式的调整也体现在语言上。在巴比伦帝国，亚兰语是通用语，但同时境内各地仍然保留了当地民族的语言。虽然流放群体在重要场合都用亚兰语进行交流，但在被掳后的相当长的时期，希伯来语仍然是犹太家庭内部及社群内使用的语言。在宗教活动中，流放群体仍然用希伯来语诵读妥拉和唱诗，这使他们并未忘记自己的母语。[②] 因而，亚兰语在流放群体中的广泛使用并未影响到他们对自身身份与传统的认知。

此外，流放群体从原先农耕的生活方式转向了经商并逐渐成功地融入了当地社会，不少犹太家族取得了经济和商业上的重要影响力，世俗上的成功使流放群体中的第二、三代已在当地安居。到了流放的中后期，犹太社群的社会地位也有所上升，比如不少犹太文士为波斯当局充当口译，并抄写与传达官方文书，他们具有了一定的影响力。而《以斯帖记》和《但以理书》则反映出犹太群体的上层已密切地参与了所在国的核心事务。

经自我生存机制，流放群体与外族之间形成了界限，但这一界限并非绝对清晰固定，因为族群与族群间的互动交往还是不可避免地发生着。尤其是在流放的中后期，不少外族人通过与流放群体的通婚或皈信犹太教成

① Modechai Cogan, “Into Exile: From the Assyrian Conguest of Israel to the Fall of Babylon”, *The Oxford History of the Biblical World*, (ed.), Michael D. Coogan , New York: Oxford University Press,1998, p.271.

② 见 Derek Kidner 对《尼希米记》8:8 中对原文מפרש的分析，*Ezra and Nehemiah*. TOTC.Downers Grove/Leicester:Inter Varsity Press, 1979, p.106。

为了犹太人，从而丰富了犹太族群的身份来源（《以赛亚书》44:5；56:3–7）。在后来的回归群体者中就有不少族谱或身份不能被确定者（《以斯拉记》2:59–60；2:64–65；6:21；《尼希米记》7:67），其中利未人中的相当部分歌唱者、守门人、殿役等就属于这一类人。

总之，流放群体通过自我生存机制重塑了民族身份，成为了古以色列历史的合法继承者。他们是一群经历流放而重获新生的上帝的选民，以一神论信仰为基础，承袭了亚伯拉罕传统，有世俗和宗教领袖，有律法及其规范下的宗教与世俗生活。反之，所有的巴比伦外族和犹大遗民则被视为“他者”。事实上，相较数量上只占一小部分的流放群体，未遭流放的犹大遗民占了大多数。至后流放时期，随着居留群体与外族的混居融合，他们延续了宗教上的混合崇拜，亦无律法规范下的生活礼制。《圣经》对他们几乎没有记载，我们不难发现代表流放群体的《圣经》作者通过选择性的遗忘将亡国之后的犹大变成历史记忆中的真空。即亡国之后，耶路撒冷已变成一片废墟，全体以色列人都被掳到巴比伦去了，剩下的居留者不被算作以色列人，他们被排挤出犹太族群圈，被视作“那地之民”的异类。可见使流放群体与犹大遗民之间产生边界的并非由于血缘，而是宗教信仰、身份观念与生活方式等因素的更新造成的。

三、居间、杂婚与应对

世俗的成功虽然使流放犹太群体融入了当地社会，却未使其被同化，反而独特的身份促使他们对自我的进一步追寻和对故土的向往。公元前538 年波斯国王居鲁士下令允许之前被掳至巴比伦的各民族重返故土，犹太流放群体终于迎来了回归的机会。《以斯拉记》的作者以上帝的名义借波斯国王之口宣告回归的信息，无疑给犹太群体及其回归行动增添了神圣性（《以斯拉记》1:1–4）。作者称回归群体为“被掳者的后裔”（בני הגולה），并将这一称呼与“以色列”和“被掳者”直接等同起来。从以色列人被掳到巴比伦直至以斯拉回归耶路撒冷，至少经历了三代人，而《以斯拉记》的作者都用“被掳者的后裔”称呼他们，由此强调了“以色列”和“流放”的关联性，即巴比伦的流放经历成为了区分“以色列人”和“外族人”的首要标准，这在某种程度上已超越了血缘因素。据此，流放群体被视作以色列人而未经历流放的犹太遗民则被归入“那地之民”的外族。照样，作者将流放群体的回归视为以色列人第二次出埃及，他借用《申命记》7:1 中迦南各族来指称犹大的居民并强调他们的不洁净、行可憎之事、拜偶像和非选民的身份特征（《以斯拉记》9:2），从而暗示出回归行动与历史上以色列人征服迦南具有相同的重要意义。

在此背景下，回归群体在结束了巴比伦的流放生涯后，转而以一种近乎“殖民者”的身份回到了故土。一般来说，本族群（ethnicity）的观念通常是在异邦“他族群”的环境中形成的，而在回归故土之后，这种观念会消失。① 然而现实中的耶路撒冷却与他们想象中的完全不同。一方面在波斯统治之下，重建大卫王朝与恢复历史上的“锡安”的辉煌已无可能；另一方面，回归群体的人数在当地只占极少数，他们时刻面临着被当地居民同化的威胁，也在获得土地、财产等生存资源上与当地人有着潜在的冲突。这导致流放群体回归之后，延续其“本族”意识，在巴比伦形成的自我保护屏障依然维持，这从“被掳者的后裔”“圣洁的子民”（זרע הקדש）和“那地之民”的充满强烈对比的表述中可见一斑（《以斯拉记》9:2）。

对于回归群体来说，曾经的流放之地巴比伦并非是祖国，而如今的耶路撒冷也变成了“陌生的故土”，成为了新的流放地。就此而言，回归如同再次流放。回归群体徘徊在巴比伦和耶路撒冷之间，寻找真正的可扎根之处，却找不到，他们如今处于一种居间状态（In-between）。

当然，后流放时期回归群体延续其“本族”意识是一个总体现象。而回归群体内亦非铁板一块，而是分化严重，不同集团有着不同的利益诉求。事实上，除了族群因素，一些其他的现实因素如经济与社会利益等也会影响到回归群体与当地居民之间的关系。这使得前者与后者的界线不可能泾渭分明，而总是有一些动态的模糊地带。比如对于早期的回归者来说，获取土地是赖以生存的当务之急。他们中的许多中上层开始通过与当地居民通婚建立起紧密的亲缘关系，以此获取土地财产；对于当地居民来说，通婚也能带来经济上的实惠与社会地位的提升，因而双方通过联姻获取各自的利益。② 到了以斯拉回归时期，这种跨族通婚已不再是少数，而成为了不容忽视的现象。

因此在维持族群身份与获取现实利益之间形成了某种张力。当以斯拉、尼希米等回归群体的领袖们认为前者受到严重威胁时，他们就展开了一系列社会与宗教改革，旨在清除此种威胁。本文拟用族群学“交界区域”

---

① Katherine E. Southwood, *Ethnicity and the Mixed Marriage Crisis in Ezra 9-10: An Anthropological Approach*, p.212.

② Mary Douglas, “Responding to Ezra: The Priests and The Foreign wives”, in *BI* 10 (2002):10-13.

（boundary zone）理论来探讨这一改革的实质。

“交界区域”理论最初是由里雅克（Leach）提出的，主张从动态的角度来解读族群边界关系。[①] 该理论认为在本族群与异族群之间并非界限分明，而是常常存在一些重叠、模糊、非固定的“交界区域”，它是本族群与异族群在文化身份和宗教上的混合地带，是“自我”与“他者”之间的过渡区。霍米·巴巴（Bhabha）的“第三空间”可视作是对“交界区域”的另一种表述。[②] 这种文化与身份高度混杂的“交界区域”由于其模糊性和不稳定性，比起异族群来更构成了对本族群的潜在威胁与挑战。对此，本族群会产生一种机制，旨在消除“交界区域”，它或是开放自身，将“交界区域”内的群体完全融入，或是自我限制，通过划清界限与这一群体彻底切割。采取何种策略通常取决于族群内外的实力对比。

当回归群体将当地居民当作异族群并称其为“那地之民”时，“自我”与“他者”的范畴便形成了。而当两个族群通婚时，这里主要指回归群体中的男子娶了“那地居民”中的女子，并且生下了后代，这些家庭便构成了“交界区域”。“交界区域”群体的出现，使得原先较清晰的族群边界变得模糊，从而对回归群体的族群身份造成了潜在威胁。随着“交界区域”群体人数的增多，这种威胁变得愈加强烈。鉴于回归群体的人数在犹大省中仍属少数，因此，以斯拉等改革者通过主动缩小回归群体的范畴，将“交界区域”群体中的外族妇女与后代界定为“他者”，视其为“那地之民”的一部分，要求解散这些家庭，并驱逐外族妻子及其后代。改革只提及驱逐外族妇女及其后代而未提及如何处理杂婚家庭的外族丈夫，这除了当时妇女处于弱势地位等原因外，还因为犹太社群开始由父系原则转为由母系原则来判断犹太人身份。[③] 这一转变意味着如果犹太男子与外族女子通婚，

① Edmund Leach, “The Symbolic Ordering of a Man-made World: Boundaries of Social Space and Time”, in *Culture and Communication: The Logic by which Symbols are Connected: An Introduction to the Use of Structuralist Analysis in Social Anthropology*, E. Leach (ed.), Themes in the Social Sciences , Cambridge:Cambridge University Press,1976.

② 霍米·巴巴认为“第三空间”是一种居于“自我”与“他者”之间的场所，它为混杂性的产生提供了场所，它打破了意义原初的固定性，是文化交流的空间，所有的意义都在其中被重新组合，形成新的意义。见 Homi K. Bhabha, *The Location of Culture*, p.4。

③ 犹太传统一般认为这一原则始于以斯拉改革时期，并经过了数百年之后才最终确立 , Arthur J. Wolak, Ezra's Radical Solution To Judean Assimilation, *JBQ* 40,no.2(2012):96–98。这一转变似乎也为以斯拉默认以色

那么他的后代将不再被犹太社群所承认与接纳，因而也无权继承财产。这很可能导致他们放弃跨族通婚的意愿而转向族内通婚。但这一激进的改革主张由于直接损害到了回归群体中已参与跨族通婚的祭司与上层人士的利益而遭到他们的反对。

在此问题上的不同观点也反映在《圣经》文本中。学者多尔（Dor）的研究表明《以斯拉记》9–10 章至少有三个不同来源的叙事片段，它们所表达的观点也不尽相同。其中短叙事片段（10:2–5）和长叙事片段（10:6–44）最先被编撰在一起，相互对照，它们叙述的都是回归群体内对跨族婚姻的处置，但两者有差异。前者表现出激进而严厉的态度，相比之下，后者则持更加温和的观点，群体内似乎也有不同意见，在改革的实施上也语焉不详。后来，第三个叙事片段（9:1–10:1）被编入，其中以斯拉的祷告（9:6–15）为族群内外的关系确立了原则性规范，它不但禁止跨族通婚而且不许跨族交往（9:12a）。然而，祷告中不再提及解散已形成的杂婚家庭和驱逐外族妇女及子女的激进措施。[①] 整个编撰过程反映出回归群体内各种势力在此问题上的相互妥协。因而，总体上我们看到回归群体通过自我限制（contraction）来努力划清与“那地之民”的界线，但同时又通过某种程度的开放（inclusion）对已婚的外族妇女及其后代加以吸收与融合，可见，这并非是一个简单的单向运作过程。

照样，用“交界区域”理论也可以来解释回归群体中那些身份不明者以及利未人中相当数量的歌唱者、守门人和殿役的背景，它同样表明巴比伦的流放群体通过自我限制来与外族隔离的同时也通过一定程度上的开放将一些与犹太家庭通婚的外族人吸纳进来。回归群体中那些身份不明者及部分利未人应该是非以色列人，属于另一类的“那地之民”。事实上，犹太群体与异族之间的界线并非总是固定不变的，流放群体虽然广泛地实行族内通婚，但跨族通婚的现象还是时有发生，而且，跨族婚姻能给相关家庭带来现实的社会与经济利益。在此情况下，一些由跨族通婚而形成的家庭便出现了，那些身份不明者和部分利未人就是与犹太家庭联姻的异族人。这些由杂婚而形成的家庭即处于“交界区域”，对犹太族群的身份构成了

列先祖们娶外族女子提供了理由，因为先祖时代的以色列人实行父系原则，即娶外族女子后生下的后代依然是以色列人。

① Yonina Dor, “The Composition of the Episode of the Foreign women in Ezra Ⅸ – Ⅹ”, VT L Ⅲ ,1(2003):26–47.

潜在的威胁。但在后来的回归群体中出现了这些人，这表明他们已被吸纳成为了新的犹太人，他们的加入无疑壮大了总体人数不多的回归群体。总之，无论是在巴比伦还是在回归之后，流放—回归族群吸收融合了许多“交界区域”中的外族人，使他们成为新的成员，前提是后者选择接受前者的生活方式、宗教信仰和神学观念。

四、结语

本文研究表明本族群内外的边界并非绝对固定，而是常处于动态变化之中。对“他者”的身份界定离不开对“自我”身份的认知与界定。而对“自我”的认知与构建也并非固定不变，往往取决于族群核心群体的需要。亡国与流放的遭遇使原先的以色列民族身份处于危机之中，但流放群体通过自我生存机制重塑了族群身份，成为了犹太族群的代表。在此过程中，宗教、历史、语言、婚姻、风俗习惯等文化特征成为了他们表达主观认同的手段。流放群体不但与外族形成了身份界限，也将犹大遗民排挤出族群圈，归入“那地之民”之列。在《以斯拉记》9–10 章中主要表现为流放群体对犹大遗民历史的选择性遗忘，也表现为流放群体在回归之后延续其本族意识下的自我隔离状态。

另一方面，流放群体与“他者”的界限并非泾渭分明、固定不变。无论是在巴比伦还是回归之后，流放群体与作为他者的“那地之民”之间都存在着跨族通婚现象，跨族通婚家庭是本族与异族之间的“中间地带”，对他们的处理往往取决于流放群体维护犹太主流身份的需要和对现实利益的双重考虑。

由此可见代表以色列的流放—回归群体与代表异类的“那地之民”的关系也处于动态变化之中。在以色列人的身份的构建中，原先意义上的“以色列人”可能会被划入“那地之民”的异类，而“那地之民”的异类也有可能进入到以色列族群之中。表面上，血缘是界定族群身份的重要标志，但事实上宗教信仰、社会现实利益等其他因素往往起到更关键的作用。因而，以色列民族的形成过程并非是自我封闭的，而是通过不断与“他者”的互动构建了一个多元的共同体。如果说整卷《以斯拉记》所代表的是以色列作为神圣民族的特殊性，那么对“那地之民”的研究则让读者从动态的角度来看待这一特殊性，从而反映出这个民族的复杂性和开放性。

玄理辨析 Analysis of Profound Theory

路德派与加尔文系的预定论之争

董江阳 ①

内容提要：“上帝的预定与人的自由意志”这二者之间存在一种持续性张力，并构成基督教思想史上一种持久性争论。16 世纪开始的宗教改革使得这一问题成为关注热点。对此，加尔文系形成所谓“阿米尼乌主义之争”，而路德派由于神学出发点、关注重心和教义架构不同，而以另一种较为温和巧妙的形式处理或“回避”了这一问题。本文对路德系与加尔文系的预定论之争做出了比较研究。

关键词：预定，自由意志，加尔文派，路德派，救赎论

A Comparative Study of Lutherans and Calvinists' Predestination Controversy

DONG Jiangyang

Abstract: The everlasting tension between God's predestination and human's free will is an important problem in the history of Christian thought. The Reformation movement starting in the 16th century made this very theological issue a matter of great and urgent concern. In this regard, while the Calvinists developed the so-called Arminianism controversy, the Lutherans dealt with this problem in a much more mild and skillful way due to the different doctrine starting points, emphasis and framework. This paper is a comparative study of the two systems of the debate on predestination.

Key Word: predestination, free will, Calvinists, Lutherans, soteriology

---

① 董江阳，中国社科院世界宗教研究所研究员，中国社会科学院基督教研究中心研究员。

一、加尔文系的“预定论之争”

上帝预定与人的自由意志这二者之间存在一种持续性张力，并构成基督教思想史上一个广泛持久的探讨论题。基督教教会与神学在其历史与逻辑推演中，于16世纪末17世纪初围绕这一核心问题逐步凝结成所谓的“阿米尼乌主义之争”。①

1. 作为宗教改革后续发展的阿米尼乌主义

詹姆斯·阿米尼乌（James Arminius，约1559–1609年），是一位荷兰改革宗神学家。宗教改革是一场持续发展的历史运动。从宽泛的历史分期看，他属于一名“宗教改革者”。具体而言，如果把约翰·加尔文看作第一代宗教改革者，把加尔文继承人西奥多·伯撒（Theodore Beza，1519–1605年）看作第二代宗教改革者，那么作为伯撒学生的阿米尼乌则属于第三代宗教改革者。

阿米尼乌神学代表着那个时代新教神学关注的焦点。作为一种温和或修正形式的加尔文主义代表，阿米尼乌与严格或极端加尔文派围绕预定论发生冲突。阿米尼乌在莱顿大学执教期间，与戈马鲁斯（Francis Gomarus）等人的争论，其影响开始波及整个荷兰。阿米尼乌本人虽然在争论渐趋高潮时因病去世，但围绕阿米尼乌神学形成的教义争论，却使整个荷兰深陷“抗辩派”（the Remonstrants）与“反抗辩派”（the Contra-Remonstrants）神学之争并几乎濒临内战边缘。多特会议（Synod of Dort，1618–1619年）后，阿米尼乌主义又获得进一步演化与流变。时至今日，几乎整个世界范围内的非路德系的基督教新教，在某种意义上都因此而区分成所谓“加尔文派”与“阿米尼乌派”。

2. 阿米尼乌主义之争的要旨

预定论是涉及基督教救赎论（soteriology）的一个核心教义。上帝预定问题，就是上帝拣选某些人救赎、弃绝某些人毁灭。极端预定论认为，上帝在不考虑人的正义或罪恶、顺从或不顺从情形下，完全出于自己的喜好，以一种永恒不变的命令，预先决定了某些人会获得永生，而其余的人则会走向永恒的毁灭，以彰显自己的公义与荣耀。极端预定论有两种表现形式：

---

① 参见拙著：《预定与自由意志：基督教阿米尼乌主义及其流变》，北京：中国社会科学出版社，2019年，第2版。

主张上帝拣选某些人救赎同时弃绝某些人毁灭的为双重预定论；仅仅主张上帝拣选某些人救赎的为单重预定论；单重预定论只不过是双重预定论的弱化和变异形式。就像任何极端事物一样，极端预定论也必定面临自身内在逻辑推演所可能形成的矛盾。按照这种极端预定论，就有可能推导出“上帝是罪的作者”这样一种危及基督教信仰的荒唐结论。

这场争论的由来，简言之，是由两处《圣经》经文释义引发的神学问题。

围绕“罗马书”第 7 章引发的问题主要集中在：使徒保罗在这里所说的是当时当下的他自己吗？换言之，他是以他自己的名义在谈论一个已经领有基督恩典的人呢，还是以第一人称形式在“扮演或假装”（personate）一个处在律法之下的人呢？此前教会对这个问题采取了含混态度。但宗教改革后，随着新教正统教义的确立以及新教“经院哲学”的发展，一些极端加尔文派在这一问题上逐渐形成非此即彼的态度，并将对立看法斥为异端。然而在质疑者看来，如果认为使徒在本章尤其第 14–25 节所说的是一个已经重生的人，而这个重生的人还仍然被罪恶所主宰，还仍然只是慕善而不行善，那么所有对虔敬的关注、整个新成就的顺从以及整个新的创造，都将仅仅局限为一种主观情感而不会导致实际结果。这将会极大地贬低重生恩典的价值，并降低对虔敬的热忱与关注。阿米尼乌对“罗马书”第 7 章的解释认为，保罗谈论的内心挣扎，是一种皈依前而非皈依后的挣扎。使徒所说的这个人，并不是一个已经重生的人，而是一个站在重生边缘或门槛上的人，亦即即将重生但还尚未重生的人。

相应地，阿米尼乌对“罗马书”第 9 章的解释认为，使徒保罗在经文中提到的人物，并不仅仅局限于那些具体人物，而是代表着两类不同的人。一类是所谓“肉体的子民”，另一类是所谓“应许的子民”。阿米尼乌的《圣经》解释强调，预定的对象并不是自然状态的人而是堕落的罪人，不是个体性的人而是群体性的人亦即组成教会的信仰者。所以，上帝对人救赎的预定，就是堕落的罪人，经由基督福音的宣扬，通过悔改和认信，而在中介者耶稣基督里与上帝的和解。

关于人的自由意志问题，阿米尼乌与极端预定论者的分歧，不是恩典的重要性问题，而是恩典运作的模态问题，亦即，恩典是否是不可抗拒的。阿米尼乌认为，自由意志的自由是指免于必然性的自由。但免于“必然性”的自由，并不是指免于“罪”的自由。人没有免于“罪”的“自由意志”，因此也没有朝向“灵性善”的意志或能力。人的自由意志处在罪的束缚下，需要有来自人之外的救赎；而唯有上帝能够提供那种救赎。上帝的救赎并不需要人的自由意志作为其辅助或支持。人对上帝所有的回应都是出自上帝恩典的事工。上帝对罪人恩典性救赎的结果之一，就是人在信仰中的“合作”。这里的“合作”，不是更新或重生的手段，也不是辅助性或次要性的手段，而是更新或重生的“结果”。那么，上帝恩典是一种不可抗拒的力量吗？阿米尼乌认为，恩典并不是一种力量，而是一个“位格”或“人格”，亦即圣灵。在人格关系中，并不存在一个位格被另一个位格完全压倒性的力量。阿米尼乌相信，有许多人抗拒了圣灵，拒绝了那提供给他们的恩典，所以上帝恩典并不是不可抗拒的。

3. 阿米尼乌关于“奥古斯丁预定论”的看法

预定与自由意志是基督教思想史上一个持久话题。奥古斯丁算是教会史上第一个明确的预定论者。他持有一种相对温和的双重预定论。路德和加尔文的预定立场就来自奥古斯丁。但奥古斯丁预定论是前后不一致的预定论。

阿米尼乌首先分析了“早期奥古斯丁”有关预定的看法。这主要体现在《对来自“罗马书”第 7 章某些命题的解说》以及《致“米兰教会主教”辛普里西安》等著述中。阿米尼乌指出，“早期奥古斯丁”在这一问题上的见解与自己看法完全一致。亦即，“罗马书”第 7 章，不是指一个处在恩典下的人，而是指一个处在律法下、尚未获得基督之灵重生的人。

接着，阿米尼乌分析了“后期奥古斯丁”所谓发生 180 度大转折的预定见解。这主要体现在奥古斯丁《更正篇》“第 1 卷第 23 章”“第 2 卷第 1 章”、《忏悔录》“第 11 卷：论时间”、《关于使徒的话语》“第 5 篇布道”等著述里。阿米尼乌指出，即便如人们所说，“后期奥古斯丁”在这一问题上与前期相比发生了完全相反的变化，那也表明以下三个值得推敲处。第一，早期基督教会至少到奥古斯丁时期，在这个问题上没有形成一种普遍接受的教义。第二，奥古斯丁早期就这个问题形成的见解与后期看法相比，有可能更为正确。因为他早期见解，来自他对《圣经》经文的独立研究和判断，而后期看法则受到当时一些释经者的影响。第三，按照“晚期奥古斯丁”转变的观点，固然有利于更好地反对贝拉基主义，但却会迫使他重新解释使徒使用的一些用语，有时，还必须要做出与字面意义相反的解释。①

---

① Cf. James Arminius, *The Works of James Arminius*. vol.2, “London ed.”, Baker Books, 1986, pp.672–677.

从教会教义史上看，虽然奥古斯丁最终战胜贝拉基，但罗马教会却在随后发展中并未完全接受奥古斯丁的观点，而是采取一种间接或部分肯定人的自由意志的准贝拉基主义。罗马天主教在坚持上帝特殊神启之外，还肯定自然启示的存在，并认为堕落的人仍保存有与辅助性恩典合作的微弱能力，并以其自然能力行使其意愿。而且，罗马天主教在肯定上帝拣选的同时，并没有进而明确上帝的弃绝。罗马认为被弃绝者遭受永罚，不是出于上帝命令，而是因为他们对上帝恩典的抗拒或不信仰。可以说，在持续千年的中世纪教会里,罗马天主教实际上采取了一种准贝拉基主义的立场。

相应地，托马斯·阿奎那亦将预定看作上帝神佑论的一个特定方面，他没有在其无所不包的神学体系里详述上帝预定这一问题。

4. “多特会议”以及阿米尼乌主义的后期发展

新教改革宗史上，多特会议是唯一一次具有“准普世性”特征的宗教会议。大会制定并通过的信仰教典，构成 17 世纪加尔文主义的经典表述。它虽然否定了阿米尼乌主义的“五条抗辩”，但亦拒绝了戈马鲁斯的堕落前预定论这一极端教义，并修订了加尔文和伯撒某些僵化的预定见解，而采取了一种比较温和的表述形式：拣选是上帝从堕落之人中的选择，而弃绝则是人自我堕落状态的自然后果。

阿米尼乌思想蕴涵着多向发展的潜在可能。随着逻辑与历史的推演，阿米尼乌主义分化为两大类，一类强调宗教与信仰的宽容、自由与理性，另一类强调人对恩典的回应能力；前者属于“头脑的”阿米尼乌主义并走向自由主义，后者属于“心灵的”阿米尼乌主义并走向福音派复兴主义。

阿米尼乌主义在荷兰“抗辩派”教会和英国“高教派”及“广教派”教会里的后续发展，似乎构成一个逐步被证实为异端的过程。但福音派阿米尼乌主义（Evangelical Arminianism），特别是卫斯理式阿米尼乌主义（Wesleyan Arminianism）的出现，彻底改变了这一切。阿米尼乌看重圣灵更新对于罪人的意义，主张上帝在基督里的救赎是为所有人而不是仅限于拣选者，并坚持人在恩典里对神圣恩典回应的责任与能力。这些主张在约翰·卫斯理那里得到继承和发展。自视为阿米尼乌派的卫斯理，以普遍恩典论取代拣选预定论。由此，为 18 世纪以来的大觉醒运动和宗教复兴运动提供了神学支撑。

5. 作为加尔文主义改革宗内部的一场神学争论

阿米尼乌主义之争，构成“宗教改革”的一种后续发展。这场争论属于基督新教加尔文主义改革宗内部的一场具有重要意义的神学争论，对丰富和深化新教信仰特别是加尔文主义信仰发挥了重要作用。这主要表现在三个方面：一矫正并确保了加尔文主义信仰的神学走向；二培育和发展了卫斯理式或福音派式福音主义；三激励和推动了基督教现代福音宣教运动的兴起。

二、路德系的“预定论之争”

1. 马丁·路德从因信称义出发来理解上帝预定

路德与伊拉斯谟的争论标志着西方思想发展的一种重要分歧。在与伊拉斯谟争论前，路德似乎只是默认了预定教义，但并未给予全面关注。正是通过与伊拉斯谟的争论，预定问题才逐渐进入路德神学的视野。路德对预定的看法集中体现在1515年《“罗马书”讲义》、1522年版《圣保罗“罗马书”序言》和1525年《意志的束缚》[①]里。在路德那里，作为上帝恩典的展现，上帝的永恒佑护（providence）和预定（predestination）是紧密关联的。值得注意的是，路德是按照因信称义来解释恩典与预定问题的。路德的预定教义始终与信仰相关联，信仰与预定是同体同步的。如果说预定意味着人获救的预定，那么加尔文的预定与路德的称义基本上就是一回事。所以说，路德神学的出发点是因信称义或单凭信仰称义；而这也可以被称作因信被预定或单凭信仰而被预定（justification /predestination by faith alone）。

路德没有为人的自由意志留下任何空间。他认为，上帝经由耶稣基督赎罪性牺牲所形成的恩典，并不是由人自己随意取用的。上帝已经随意地预定一部分人获救，并任由其他人遭受毁灭的诅咒。而事工并不能改变上帝已经为人们决定的命运。那么，究竟谁是上帝的拣选者呢？拣选者的标志就是信仰。相应地，人生命的目的就是在自身内寻求对上帝的信仰。既然事工不能改变上帝的救赎意志，这似乎就消除了人的道德责任性。路德神学因此面临着“反律法的唯信仰主义”的指控。

其实，路德对预定问题并没有什么一致性看法，并常常把上帝预定和上帝神治（sovereignty）混为一谈。“的确，当信仰被描述为圣灵的一项事工时，预定就是暗含之意。这意味着，当信仰被解释为我们所做之事，当涉及圣化问题并鼓励信徒相信时，预定在他思想里就没有地位。但是，

---

① Martin Luther, *The Bondage of the Will*. Ed. & trans. by J. I. Packer & O. R. Johnston. Grand Rapids: Fleming H. Revell, 1957.

当面对事工性正义时，他教导双重预定。当解释信仰时，他教导单重预定。而当安抚失望时，他有时甚至暗示普遍性救赎！在回应如何奉行基督徒生活而同时又批评贝拉基式骄傲时，在他《罗马书讲义》里，以一种非同寻常的方式，预定被描述为条件性的，在某种意义上帝依赖于我们的作为”。①

路德倾向于认为，预定仅仅表明对基督那无条件的、白白赐予的救赎恩典的完全信赖。除此之外，都是对上帝预定的虚妄推断和滥用。在路德看来，预定是个难以索解的问题，人们对这个问题不应贸然做出推断，不应过度纠结于所谓“隐匿的上帝”，而应把重心置于上帝在基督里所启示的道。路德认为，预定问题只适合信仰坚定者，而“不适合那些尚未聆听福音或陷于失望的人”②。

总之，路德对预定的理解，似乎是从上帝的各种绝对属性以及上帝创世论角度出发的，并经常把预定和神治看作一体性的。换言之，路德一般性地接受了当时流行的预定看法，并从上帝神治（God’s sovereignty）教义出发，认为上帝预定了那些想要救赎或谴责的人，并神佑性地决定了世界万事万物。

2. 梅兰希顿及其追随者：“菲利普派”与“严格路德派”的预定论之争

从逻辑推理上讲，路德采取的是一种松散形式的双重预定论。但路德追随者菲利普·梅兰希顿（Philip Melanchthon, 1497–1560）在这一点上并不认同路德，而是采取了更为接近教会史上合力论（synergism）的立场：在梅兰希顿看来，路德神学中的预定教义，似乎免除了人对其行为的责任性，并暗示着上帝是恶的作者。

梅兰希顿本人有关预定论的立场经历了早中晚期的演化。他早期认为，预定教义是对万事万物的神圣决定。而在思想成熟期，他通过对“罗马书”的解读，开始由完全束缚的意志转向有限的自由。因此梅兰希顿开始阐述一种福音派自由意志论（evangelical doctrine of free will），亦即，当意志与上帝之道和上帝之灵相关联时，在选择信仰耶稣基督上具有一定的自由。就信仰抉择而言，在聆听到圣灵默示的上帝之道这一处境中，个体在接受

---

① Mark Ellingsen, *Martin Luther's Legacy: Reforming Reformation Theology for the 21st Century*. Palgrave Macmillan, 2017, p.187.

② Ibid., p.188.

或拒绝在耶稣基督里的救赎赠礼上是自由的。救赎性信仰，来自三种要素的协同作用：上帝之道、圣灵以及人的自由意志。梅兰希顿晚期，尽管仍然认为上帝在救赎中的作用是至关重要的，但救赎能够被人的意志的自由选择接受或拒绝。所以，不再是上帝预定谁将获救，而是每个人必须要为自己做出选择。①

当代学者麦格拉斯对此指出，梅兰希顿在16世纪20年代后期，开始对路德的预定看法发生怀疑。从而导致在梅兰希顿主导下制定的《奥斯堡信纲》（1530）没有提及神圣预定问题。这当然导致路德本人的不满。随后，梅兰希顿试图在路德与贝拉基主义之间探讨一条“中间道路”，并开始主张预定是集体性而非个体性的。这样一种预定论就和人的悔改与认信发生了关联。个人即便聆听到上帝之道，并通过上帝之灵的解释，但是否最终接受所提供的那种救赎，仍然在于人的意志抉择。梅兰希顿进而认为人有拒绝恩典的可能性。由此可见，在预定论上，梅兰希顿对路德的回应，正是后来阿米尼乌对加尔文的回应。因为后来阿米尼乌所谓的“预定”，就是指“某一类人”获救的“预定”；确切地说，这“某一类人”就是经由耶稣基督而悔改与认信的人。

梅兰希顿的追随者有时被称为“菲利普派”（Philippists），以与“正统路德派”（Gnesio-Lutherans）或“严格路德派”（strict Lutherans）相区分。梅兰希顿不认同路德的预定论看法，从而导致路德系发生“菲利普派”与“严格路德派”的争论。而梅兰希顿对意志在达致认信和悔改过程中的作用的看法，则成为两派争论的焦点。

梅兰希顿这种预定论，不但招致“正统路德派”的批判，而且还受到加尔文本人的批评和疏远。事实上，加尔文与梅兰希顿在16世纪50年代就预定问题发生的决裂，正是促使加尔文像路德当年那样重新考察自由意志问题的动因之一。②

更重要的，梅兰希顿的预定论还影响了随后的阿米尼乌。梅兰希顿的学生、丹麦神学家尼古拉斯·赫明鸠斯（Nicholas Hemingius; 1513–1600年），在其《论普遍的恩典》中，曾将自己与极端预定论者之间的分歧归结为：“拣

---

① Cf. Gregory Graybill, *Evangelical Free Will: Philip Melanchthon's Doctrinal Journey on the Origins of Faith*. Oxford University Press, 2010.

② Cf. John Calvin, *The Bondage and Liberation of the Will: A Defense of the Orthodox Doctrine of Human Choice against Pighius*. Ed. by A. N. S. Lane, trans.by G. I. Davies, Baker Books, 1996.

选者信仰吗？”抑或，“信仰者是真正的拣选者吗？”据说，阿米尼乌在该论述页边空白处，以另一种方式重新表述了这两个问题：“我们信仰，因为我们已经被拣选了吗？”抑或，“我们被拣选，因为我们信仰吗？”①

3. 路德系与加尔文系在“预定论之争”上的平行相似性

路德为人的自由意志问题与伊拉斯谟发生争论。路德认为信仰者是由上帝之灵而不是由“自由意志”引领的。而所谓“引领”就像一个木匠驱使一把锯子一样。路德对所有那些主张人在救赎问题上存有一定自由意志的观点都嗤之以鼻：人也许有自由去给奶牛挤奶和建造一所房屋，但要论到救赎灵魂却绝无可能。梅兰希顿试图调和两人的对立立场，但未获成功。但梅兰希顿却在争论中逐渐靠近伊拉斯谟立场。梅兰希顿坚信，“在那些皈依了的人之内必定有某种东西，将他们与那些拒绝皈依的人区分开了。在后来成为争论焦点的原因罗列中，梅兰希顿为这种皈依确定了三个原因：‘道，圣灵以及认同而不是抗拒上帝之道的人之意志’”。② 所以说，在预定问题上，梅兰希顿是路德预定教义的“修正者”。梅兰希顿弱化了路德的预定观，认为拣选基于上帝的仁慈，而弃绝基于人的罪。在上帝的仁慈与人的罪之外并没有什么预定旨意。换言之，上帝救赎虽然完全出乎上帝旨意，但却在同时预知人的回应方式的基础上。梅兰希顿这种预定救赎论，在某种意义上，是从路德立场的一种撤退。③ 在正统路德派看来，菲利普派是“隐秘的加尔文派”。著名史学家菲利普·沙夫在总结新教这两大阵营预定论之争时指出，“加尔文主义代表着一贯的、逻辑的和保守的正统信仰；阿米尼乌主义则是一种弹性的、开明的和变化着的自由主义。加尔文主义在多特会议上取得胜利，并驱逐了阿米尼乌主义。类似地，在前一代人那里，严格路德主义也在‘协同信经’上，取得对于梅兰希顿主义的胜利。但在这两大教会里，被征服一方的精神，却在正统信仰范围内一再浮现，并发挥着调节和解放性的影响，或者是在神学前进过程中提出了新问题。”④

---

① Cf. James Arminius, *The Works of James Arminius*. vol.1, “London Ed.”, Baker Books, 1986, pp. 642–643.

② Jaroslav Pelikan, *The Christian Tradition: A History of the Development of Doctrine*. 5 vols. The University of Chicago Press, 1975–1991, vol.4, pp.143–144.

③ Cf. Carl R. Trueman, *Luther's Legacy: Salvation and English Reformers, 1525-1556*. Oxford University Press, 1992, p.74.

④ Philip Schaff ed., *The Creeds of Christendom: With a History and Critical Notes*. 3 vols. 6th ed. Grand Rapids, MI: Baker Books, reprinted 1998 from the 1931 edition, vol. I, p. 509.

可以发现，神学史上“预定论之争”存在一个共同演化模式。这个模式大致包含五个步骤：

第一步，有重要神学家提出一些零散的掺杂神佑论见解的松散预定论看法，譬如“早期奥古斯丁”、路德和加尔文。

第二步，是对那些零散预定论的体系化和极端化发展：譬如“晚期奥古斯丁”、严格路德派（正统路德派）和极端加尔文派（西奥多·伯撒）。

第三步，是对那些体系化的极端预定论提出质疑和修正。譬如贝拉基主义、梅兰希顿主义（菲立普派）和阿米尼乌主义。

第四步，随着双方争论的加剧，导致正统教会做出评判。以弗所公会议谴责了贝拉基主义、《协同信经》矫正了梅兰希顿主义、多特会议驱逐了阿米尼乌主义。

第五步，正统教会以另一种形式部分地复活了那些被谴责的“修正论”：罗马天主教是准贝拉基主义、路德系是梅兰希顿主义、加尔文系是福音派阿米尼乌主义。

总之，在路德系神学思想发展中，就像在加尔文系那样，几乎以相同的发展节奏和模式，重演了，或者更准确地说预演了加尔文系的预定论之争。只不过由于历史偶然性和神学逻辑发展差异性，特别是由于涉及的社会文化政治处境不同，而导致有关预定论之争，在路德系比在加尔文系，在进程、规模和程度上都要温和平缓得多。

三、对“预定论之争”的反思与评论

1. 预定论之争是神学逻辑化、体系化和“新教经院哲学”的产物

几乎所有教会都持有某种形式的预定教义。预定，作为上帝自己的恩典选择，本身就是一个《圣经》用语和神学概念。教会史上许多著名神学家譬如奥古斯丁、路德、慈温利和加尔文，都持有某种形式的预定论。有关上帝预定的思考与争论，于 18 世纪还在约翰·卫斯理和乔纳森·爱德华兹那里获得进一步发展，可以说争论延续至今。

从上述神学家及其追随者试图将这种教义加以系统化体系化的过程来看，奥古斯丁对预定问题存在前后不一致的看法。“后期奥古斯丁”有关预定问题的立场，之所以不同于“早期奥古斯丁”的立场，就是因为“晚期奥古斯丁”在参考其他释经作者见解、在反对贝拉基主义压力下、在进一步想要体系化自己见解时，导致其预定论神学尽管在逻辑和理论上更趋完善，却在教牧实践上产生意料不及的后果。

马丁·路德在肯定神圣恩典之神治过程中，在逻辑推论上允许其采取一种松散的双重预定论。不过，路德的预定拣选是与神佑论以及上帝全能性关联在一起的。况且，路德的教义核心和出发点是因信称义说，而不是像加尔文那样从上帝完全的神治出发。路德担心如果过于强调预定，就有可能削弱人的因信称义说。所以，路德并未在上帝预定问题上进行过多纠缠，而是以尊重神圣意志的奥秘为由，告诫人们应当在预定问题上保持沉默。

加尔文发展了路德的宗教改革思想，如果说路德神学从人的称义出发，将注意力集中到人，那么，加尔文神学则从上帝神治出发，将注意力集中于神。加尔文在将一切都归于上帝的热情中，绝对地将拣选（少数人的命运）和弃绝（大多数人的命运）都归于上帝神秘莫测的预定意志。不过，预定教义在加尔文神学体系里并不具有首要地位，它不是决定了加尔文的神学体系而是被整合在那个体系中。而且，加尔文与奥古斯丁一样更乐意谈论拣选而不是弃绝，因为弃绝构成预定教义的阴暗面。换言之，加尔文主义并不是围绕预定教义建立的。预定教义只是加尔文救赎教义的一个方面。起初，在加尔文那里，预定不过是神圣佑护论的一个方面，随后才成为基督救赎教义的一个部分并获得独立教义地位，但也仅具有附属地位。对于加尔文来说，预定论主要是“事后性地”解释人回应恩典的特殊性，解释为什么一些人回应福音而另一些人没有。

而新教经院哲学的兴起，需要对加尔文关于预定的松散观念加以理性化、逻辑化和体系化。在这个过程中，预定论一跃成为改革宗神学的控制性首要教义，甚至被看作基督教信仰和救赎的基础，并逐渐赋予许多额外的社会和政治意义。就以堕落前预定论为代表的极端预定论而言，并不能肯定加尔文本人会赞同这一主张。一般认为，它是加尔文追随者的后期发明，譬如彼得·马特·菲格米里（Peter Martyr Vermigli）和西奥多·伯撒等人在坚持加尔文教导的同时，通过对加尔文预定教义的片面强调，以及对那些教义过于具体化和明确化的解读，使其所坚持的那种类型的加尔文主义，成为极端预定论的滥觞。在特定时期及特定语境里，特别是在将一些神学思想体系化过程中，预定问题可能会被提升到一个不应有的高度并负有不应有的意义。

2. 极端预定论根源于对基督教神佑论的不当扩展和应用

基督教信仰上帝是绝对和无限的，是全能全知全在的，那么设定上帝在创世之前就选择了救赎计划，在逻辑上没有问题，但却会引发上帝神佑论（doctrine of providence）与预定论之间的不兼容问题。

在系统神学中，预定论主要是在救赎论范围内言说的，是与基督论紧密相连的；而神佑论主要是在上帝创世论和监管论范围言说的，是与狭义上帝论紧密相连的。预定论以神佑论为基础。神佑论包含但不限于预定论。托马斯·阿奎那曾将神佑论表述为，“事物朝向其目的的次序的模式，这个模式预存于神的心中。”① 神佑论是上帝全能全知在这一教义的必然推论，通常包含维持说、应允说和统治说三个方面。可见，基督教预定论与神佑论是两种不同教义。如果将这两种教义混淆在一起，就会导致极端预定论。奥古斯丁、路德和加尔文在谈论上帝预定时，都曾笼统地将部分神佑论内容视作预定论内容。

所以说，从教义内容上看，极端预定论把实质上属于上帝神佑论的部分内容与特性转移到了上帝预定论中，并被看成是上帝预定范围之内的事情。在某些方面，极端预定论有将上帝神佑与上帝预定合二为一的倾向。因而，从更广泛神学教义范围看，这场预定论之争，源于带有普遍性的上帝神佑论与带有特殊性的预定论之间的张力，源于上帝第一次创造与第二次创造（在耶稣基督里）之间的张力，源于上帝三位一体与道成肉身之间的内在张力，源于上帝神圣神秘性与人的理性有限性之间的张力。

在注意到这种不当倾向后，阿米尼乌特别使自己留意于上帝神佑与上帝预定之间的界限，同时还明确断定神佑是上帝论的一个概念，而预定则是救赎论中的范畴。阿米尼乌对上帝拣选与弃绝的理解，是以基督福音为中心的。预定是被置于基督论下的预定，是信仰者获救的预定。在上帝三一体里，是上帝的第二位格而不是第一位格，成为阿米尼乌思考上帝属性及其与人之关系的核心。这就是所谓的“阿米尼乌神学范式转变”。

3. 阿米尼乌预定论更适于确立认信与皈依的“微观动态学”

意志在皈依中的作用或者说救赎信仰是如何在个体那里产生的，是教会最为关注的教义问题。当把预定论应用于皈依和信仰的具体过程时，阿米尼乌主义就能展现出更具活力的实践相关性。

阿米尼乌坚持，使徒保罗在“罗马书”第 7 章所描述的那个人，正处在重生之前的“门槛”上，正处在“重生”或者“更新”的“前夕”。据此，可以就上帝如何皈依一个罪人，如何使一个罪人悔改和认信耶稣基督的步骤与过程，提出一套具有传教实践可操作性的“微观动态学”。

① Thomas Aquinas, *Summa Theologica*, 1.22.1.

阿米尼乌写道："我们知道上帝利用他的'神圣之道'产生了这种结果。我们知道'神圣之道'包括两个实质性和不可或缺的部分：律法与福音。我们还知道必须首先将律法告知给一个罪人，他才有可能理解和赞同他；也只有在他理解和赞同律法之后，才有可能按照它来探究和省察他的生活；只有在这种省察完成后，他才有可能承认自己是一个罪人，就他所犯的罪过而言是应该受到谴责的；才有可能因罪而感到忧伤和悲痛，才有可能憎恶罪；才有可能明白自己迫切需要一位解救者；才有可能被激励和驱使着去寻求一位解救者。"[①] 不过，尽管律法的宣告及其在人内心所引发的后果，不是没有受到圣灵的祝福、保佑与合作，但那被驱使着逃向基督恩典的人，却并非立即就处在恩典下，并非立即就受到圣灵的指引与看顾。

4. 阿米尼乌预定论的基督中心论解读更适于外方福音宣教

极端预定论强调救赎恩典仅为拣选者利用。而阿米尼乌主义者认为恩典赋予所有人，基督为所有人而死。从教牧实践角度发现，假如基督只是为拣选者而死，那么福音宣扬者就不可能宣称上帝宽恕所有悔改和认信的人，因为这其中有可能包括非拣选者在内。

这种恩典论必然会对福音宣教工作产生重要影响。阿米尼乌本人曾是阿姆斯特丹教会一名牧师。这影响到他的神学思考具有很强的宣教或传教倾向。而福音传教就牵涉一个更广大的社会文化环境，就会涉及不信仰的"异教世界"和不同宗教并存的"宗教多样性"问题。在某种意义上，严格加尔文派的极端预定论，更适合一个已经基督教化了的"基督教世界"（Christendom）。而阿米尼乌主义更适合一个基督教作为外来宗教信仰的"异教新世界"。

福音派阿米尼乌主义在主张普遍救赎与自由意志前提下，尤其注重基督中心论、灵性皈依、圣洁生活和福音传教，从而在神学与教会两个层面上获得迅猛发展，并逐步构成传统与保守基督教的重要表现形式。受其影响而发展起来的一些保守派基督教运动，譬如新福音派、五旬节派、灵恩运动、圣洁教会等，在神学思想上大都具有福音派阿米尼乌主义特征。一些神学家譬如 C. S. 刘易斯和克拉克·平诺克，一些大众福音布道家譬如查尔斯·司布真、查尔斯·芬尼、德怀特·穆迪、比利·桑戴和葛培理，亦都具有明显的福音派阿米尼乌主义特征。

---

① James Arminius, *The Works of James Arminius*. vol.2, "London ed.", Baker Books, 1986, pp.587–588.

5. 隐秘的准贝拉基主义（Semi–Pelagianism）的合理合法性问题

尽管不断遭到反对与批判，但隐秘的准贝拉基主义在基督教会里一直都是一种事实性客观存在。个人认为，在基督教神学中，就像在基督教会里实际采纳的那样，不妨赋予隐秘的准贝拉基主义以一定的合理合法性，甚至还可以给予它一定程度的“正统性”。毕竟准贝拉基主义与彻头彻尾的贝拉基主义还是有重要差异的。此外，实践发展也证明，准贝拉基主义并不必然蜕变为完全的贝拉基主义异端；贝拉基主义也并不必然就是准贝拉基主义的逻辑与历史归宿。所以，在教会内不妨以一种积极主动姿态，来处理和应对所谓的隐秘的准贝拉基主义问题。

上帝在同受苦难

——应对“无谓之恶”的莫尔特曼式神义论[①]

刘金山[②]

内容提要： 威廉 · 罗（William L. Rowe）把“无谓之恶”作为否定上帝存在的经验证据而构造出一个“恶的证据问题”的版本。莫尔特曼用“上帝在同受苦难”判断来解答发生在奥斯维辛集中营中的毫无意义的受苦问题，从神学根据与人生经历两个层次上看，莫尔特曼所提供的是一种神义论。这种神义论能够有效应对罗的论辩。莫尔特曼在生态神学维度的思考使他能够扩展其神义论以解决“动物受苦”这个进一步的追问。

关键词： 无谓之恶，同受苦难，神义论，生态神学

God is Suffering together with the Victims: Moltmann's Theodicy in Response to "Pointless Evil"

LIU Jinshan

Abstract: A contemporary analytic philosopher William L. Rowe constructs a version of the evidential problem of evil based on the concept of pointless evil. Jürgen Moltmann attempts to answer the problem of pointless suffering that happened in Auschwitz Concentration Camp by the assertion that "God is suffering together with the victims". Its theological ground and Moltmann's personal experience imply that the assertion is a kind of theodicy.

---

① 本文系中央高校基本科研业务费专项资金资助项目“现代政治的道德基础与当代西方规范性政治伦理思想研究”（20QT003）阶段性成果。

② 刘金山，东北师范大学马克思主义学部哲学院副教授。

This theodicy can deal with Rowe's argument effectively. Furthermore, Moltmann's ideas in the field of ecotheology enabled him to extend his theodicy to solve the problem of animal pain.

Key Words: pointless evil suffering, together with the victims, theodicy, ecotheology

"恶的问题"（the problem of evil）是指"恶的存在与上帝的存在是否相容？"这样一个哲学问题。"伊壁鸠鲁之谜"是此问题论辩思路的经典概括："是他愿意避免恶但不能够吗？那么他就不是全能的。是他能够而又不愿意吗？那么他就是坏心肠的。他既能够又愿意吗？那么，恶从何来？"① 在当代视野中，人们往往在"恶的逻辑问题"与"恶的证据问题"二分框架下来讨论"恶的问题"，前者由上帝的存在与恶的存在之间存在着逻辑冲突推出上帝不存在；后者把广泛存在的恶的实例作为上帝不存在的经验证据。本文聚焦后者，致力于论证：在神义论层面，莫尔特曼的"上帝在同受苦难"判断能够有效应对威廉·罗基于"无谓之恶"概念构造所出来的"恶的证据问题"。

一、指向"神圣隐匿"的"无谓之恶"概念

当代哲学家威廉·罗（William L. Rowe）就"恶的证据问题"作出诸多探讨，其核心观点是"无谓之恶"（pointless evil）的存在表明上帝是不存在的。他把"无谓之恶"概念描述为找不到任何更大的善以为其发生提供说明的恶，"垂死的幼鹿"斑比（Bambi）所经历的无妄之灾是此类恶的例证之一：假设在某个遥远的森林中，因闪电击中枯树而导致一场森林火灾，一只幼鹿被绊在树丛中无法逃脱从而导致严重烧伤，经历了极大的痛苦，挣扎数日后才死去。罗坚持，此例中斑比所遭受的痛苦是"无谓的"（pointless）的理由在于"似乎没有（there does not appear to be）任何更大的善使得阻止这头鹿受苦将会要求或者那个善受损，或者导致一个同样糟或更糟的恶出

① 这是休谟在《自然宗教对话录》第十章重述的版本，休谟称之为"伊壁鸠鲁的老问题"。See, David Hume, *Dialogues Concerning Natural Religion and Other Writings*, edited by Dorothy Coleman, Cambridge: Cambridge University Press, 2007, p. 74.

现”[①]。罗借助“无谓之恶”概念提出如下否认上帝存在的论证：（1）存在着剧烈受苦（即，无谓之恶）的事例，全能、全知的存在者本能够在不损失任何更大善或者允许某种同等糟糕或更糟的恶的情况下避免这样的事例；（2）一个全知、全善的存在者会阻止他能够阻止的任何剧烈的受苦，除非他不损失某个更大的善或允许某个同等糟糕或更糟的恶就无法做到这一点；（3）不存在全能、全知、全善的存在者。

上述论证的基本思路是：世界上确实存在着无谓的恶，由于这些恶完全没有积极价值，拥有全知、全能、全善属性的上帝本应该作出干预以避免之，既然上帝没有干预，那么，拥有此属性的上帝就是不存在的。“上帝没有干预”是此思路的关键，由于确信“上帝没有干预”，罗认为上帝对于“无谓之恶”的发生是保持沉默的，这种沉默恰是上帝不存在的根据：“苦难来临时上帝在哪里？”这样的追问是提出恶的问题的基本动力，显然，罗也是循着此追问构造其论证的。由于直接关涉这种追问的宗教哲学话题是“神圣隐匿”（divine hiddenness）问题，在此意义上，可以说罗基于“无谓之恶”所构造出来的论证是以“神圣隐匿”为指向的。

所谓“神圣隐匿”问题，即由上帝没有及时现身以把受害者从苦难中拯救出来而推出上帝不存在的论辩。当代哲学家舍伦贝格（J. L. Schellenberg）将此论辩具体表述为如下推理：（1）上帝的存在是模糊的（上帝是隐匿的）是个事实；（2）一个道德上完美的存在者应该更清楚地表明自身；（3）因此，我们在支持上帝之证据上的不足揭示了“上帝不存在”[②]。

恶的问题和“神圣隐匿”问题存在着内在关联：“苦难来临时上帝在哪里？”这样的追问是二者的共同关注焦点，解决此追问的方案也存着大量重合。由于这些关联，不少研究者没有刻意地将二者区分开来，在讨论一个问题的过程中很自然地牵涉到另一个问题。罗的上述思路就是如此。然而，二者之间亦有差异。范·英瓦根（Peter van Invagen）曾从两个角度来说明这种差异，第一，在所涉及的恶与受苦现象之类型上，恶的问题所涉及的领域要比神圣隐匿问题更广，因为“我们可以想象一个世界，在其中神圣隐藏问题明显没有出现，同时恶的问题和在现实世界中一

① William L. Rowe, The Problem of Evil and Some Varieties of Atheism, in *American Philosophical Quarterly*, Oct., 1979, Vol, 16, No. 4 (Oct., 1979), pp. 335–341.

② J. L. Schellenberg, *Divine Hiddenness and Human Reason*, New York: Cornell University Press, 1993, Introduction, p. 1.

样确实”[①]。第二，在所关注的话题侧面上，神圣隐匿问题所涉及的领域又比恶的问题更广。具体地说，神圣隐匿问题包含着直接处理恶与受苦问题的侧面与讨论评判“隐匿”之认知条件的侧面，即，道德侧面（moral aspect）和认知侧面（epistemic aspect）。其中，道德侧面所涉及的相关问题或问题簇就是恶的问题。认知侧面所涉及相关的问题或问题簇则仅涉及对上帝隐匿之认知地位的追问，如在缺乏上帝存在之标记（signs）的世界中，我们能否合理地相信上帝？在什么条件下能够合理地相信一个报告上帝存在之标记的故事？一些可能的标记能否保证人们合理地相信上帝？[②]采纳范·英瓦根的观点，我们认为，恶的问题与神圣隐匿问题是个存在着大量交叉而又各具特色的两个哲学问题，在相互交叉的部分，这两个问题所遭遇的挑战和应对此挑战的策略是相通的；在存在差异的部分，这两个问题所涉及的相关讨论则可相互借鉴。本着这样的认识，本文不刻意关注上述两个问题的边界，而是综合运用它们的理论资源来概括罗的论辩：上帝没有及时制止无谓之恶，这就意味着上帝是不存在的。

我们知道，宗教哲学中回应“恶的问题”的一般性路径有两条，即神义论（theodicy）和辩护（defense）。前者的目标是尝试从上帝的视角，向人们说明上帝允许恶之理由的努力；后者的目标仅是站在哲学家的视角，努力说清楚上帝与恶能够并存的理由有可能是什么，即，辩护仅需为读者提供“就人们所知为真”的理由即可[③]。可见，神义论的雄心要比辩护强得多，同时，由于要求拥有“上帝的视角”，神义论必须寻求启示的资源，而辩护完全可以仅诉诸哲学家的理性。上述两条路径之分提示我们，处理罗的问题亦可从神义论和辩护两个层次入手。本文聚焦前一条路径，尝试表明莫尔特曼（Jürgen Moltmann）的“上帝在同受苦难”神义论是对罗的论辩的有效应对。

---

① Peter van Invagen, What Is the Problem of Hiddenness of God? In Daniel Howard-Snyder and Paul K. Moser, eds., *Divine Hiddenness: New Essays*, Cambridge: Cambridge University Press, 2002, p. 24.

② See, Peter van Invagen, What Is the Problem of Hiddenness of God? In Daniel Howard-Snyder and Paul K. Moser, eds., *Divine Hiddenness: New Essays*, p. 29.

③ Peter van Invagen, *The Problem of Evil*, p. 120.

二、“上帝在同受苦难”：“无谓之恶”的莫尔特曼式回答

“苦难来临时上帝在哪里？”这个聚焦“神圣隐匿”的追问是莫尔特曼“公众的神学”① 的关注点之一。在《坑洞——上帝在哪里？奥斯维辛后的犹太教和基督教神学》一文中，莫尔特曼以沉痛的笔触把我们带进“二战”时期纳粹屠杀犹太人的场景之一：1941 年 8 月 23 日乌克兰基辅市不远处的布耶拉亚车尔夫，包括几个婴孩在内的 90 位犹太幼童被枪杀，然后被草草埋在一个坑洞中。对于无辜幼童“毫无出路和毫无意义的受苦”这种惨绝人寰的恶，莫尔特曼重申了持“神圣的隐匿”观点的人们会提出的一系列追问：“如果上帝存在的话，为何会有这种苦难。当他的孩子被丢到坑洞时，以色列人的上帝在哪里？当基督教里的人干了这种残忍的事，并且执行了敌基督的命令时，基督徒的上帝在哪里？在奥斯维辛之后，人们还能相信天上有一位既全能又全善的上帝？在奥斯维辛之后，恶仍能为善效力？”② 这些追问与罗的论辩思路类似：毫无出路、毫无意义的受苦促使人们怀疑上帝的存在。

莫尔特曼在该文中为这些追问提供了三重回答：上帝并未隐匿；上帝只是“隐藏了他的面”；上帝在同受苦难。首先，莫尔特曼接受犹太教神学中“历史的上帝”（即，上帝是世界历史的主宰）这一观点，坚持任何悲惨的历史事件发生时上帝都没有隐匿。他援引犹太神学家法肯海姆（Emil Fackenheim）的观点，指出那种认为奥斯维辛的苦难意味着上帝不存在的宣称其实是将“胜过以色列和以色列的上帝”这个希特勒未能实现的目标重新实现出来。其次，莫尔特曼汲取以色列《他勒目法典》（Talmud）的洞察，用“上帝隐藏他的面”来说明上帝容忍无缘无故的受苦的理由。上帝“隐藏了他的面”的原因包括“具体的愤怒”以及“一般性的忽视”等。尽管这种“隐藏”导致受苦者“无法在痛苦中发现上帝”，但这不意味着上帝不在场，相反，“那位‘隐藏’面光的上帝是透过他的缺席而临在现场，换言之，人们因思念他而感受到他的临在，他的地位仍是不可取代的。”最后，莫尔特曼给出其答案：苦难来临时，上帝在同受苦难。他通过复述威瑟在《暗夜》中的相关描述来说明这一点：《暗夜》提到奥斯维辛集中营中一个小

① 莫尔特曼：《俗世中的上帝》，曾念粤译，北京：中国人民大学出版社，2010 年，第 3 页。

② 同上，第 180 页。

孩被吊死的恐怖事件，目睹了这位小孩和死神交战半个多小时的惨状，“我”后面有个人问道：“上帝在哪里？”下文紧接着写道：“我听到我里头一个声音回答：‘他在哪里？他就在这里，他被吊在绞刑架上’。”莫尔特曼指出，此处通过“我里头的一个声音”获得答案的方式“这正像上帝的声音临到先知”，在这种情形下“上帝是临在的，他并没有缺席。上帝并没有隐藏起来，每个读者都可以看出来，他就在那垂死的小孩身上”①。莫尔特曼的第一重回答明确否定了上帝隐匿的指责；第二重回答为人们没有看到上帝的缘由提供了一种解释；第三重回答则为“上帝在哪里”追问提供了最终答案。

莫尔特曼指出，启发他作出“上帝在同受苦难”这个回答的灵感之源是潘霍华（Dietrich Bonhoeffer, 1906–1945）在监狱中的领悟：“只有那受苦的上帝能帮助人”，而潘霍华的领悟的神学根源则是“英国人有关‘上帝受苦的能力’的讨论”和犹太拉比的“内住神学”。潘霍华的领悟即他在《狱中书简》中所作的思考：在灾难来临时，与期待上帝在世上之力量的拯救相比，“圣经却指点人去依靠上帝在世上的无能和苦难”以及“人们也被呼召和上帝一起在这个罪恶的世界中同受苦难”。② 英国人有关“上帝受苦的能力”的讨论没有引起德国神学家的注意；拉比的“内住神学”则是指如下观念：上帝“自我降卑”而住在他的百姓中，作为其子民的“同行者”和“苦难的分担者”，“因此能够安慰遭遗弃和受逼迫的百姓”。③

与其子民“同受苦难的上帝”如何能够安慰其子民呢？生活经验告诉我们，仅仅是简单的“陪伴”并不足以为受苦者提供安慰，恰如约伯没有从他的三个朋友以利法、比勒达、琐法那里获得安慰一样。莫尔特曼没有停留在这种简单的陪伴上，而是从救赎论的角度来说明问题。在他看来，最终的救赎是“上帝的内住再度和上帝本身合一”④，即，上帝不再与自身分离，而是回归其荣耀的合一，而上帝主动离开合一状态却选择其子民同受苦难则是实现此救赎的途径。上帝采纳这种途径的理由在于，他在等待“救赎的动作从世界中开始出现”，即，他希望通过制造和经受这些苦

① 莫尔特曼：《俗世中的上帝》，第 188 页。

② 同上，第 193 页。

③ 同上，第 193 页。

④ 同上，第 195 页。

难的人因着“我们的良心，使我们无法忍受不一，并且为无声者抗议、呐喊”① 的方式来实现此救赎。与藉着其大能而简单地消除苦难相比，这个途径看似缓慢、笨拙，但它无疑更为彻底，因为，在这个过程中人能够实现灵魂的苏醒而主动地离弃罪。“上帝同受苦难”判断所强调的就是，在整个救赎过程中，上帝一直与自身分离而“成了受难者的一员，并忍受恶行”，在此意义上，当苦难发生时，如果受难者能够意识到“上帝已经是那么的临在现场，以至于他住在受难者和受苦者身上，并且通过他和他们建立的永恒团契来安慰他们”②，那么，他们无疑能够由此获得慰藉。

总而言之，莫尔特曼的“上帝在同受苦难”判断直接回答了“神圣隐匿”问题：苦难发生时，上帝并没有隐匿，他正在与受苦者一同经历苦难。同样地，莫尔特曼的这个判断也直接回应了罗的“上帝没有及时制止无谓之恶，这就意味着他是不存在”这一推理：上帝确实没有制止一些“无谓”之恶，但这不意味着他不存在，实际上，上帝不仅存在而且在与受苦者一起经受苦难，上帝没有制止这些恶的原因在于为了更为彻底地救赎这些受苦者。在此意义上，莫尔特曼为罗的“无谓之恶”提供了一种应对思路。

《坑洞——上帝在哪里？奥斯维辛后的犹太教和基督教神学》是莫尔特曼于 20 世纪 90 年代撰写的文章，实际上，“上帝在同受苦难”判断在莫尔特曼思想的更早阶段就被提出和阐释了。如，在首版于 1972 年的《被钉十字架的上帝》的第六章第九节“上帝的悲情中人的生命经验”中，莫尔特曼同样讨论了《暗夜》所描述的恐怖事件及“我”心中的回答“他在这里他被吊在绞刑架上”，将之作为以“上帝分担他们的苦难，共享他们的救赎”为核心精神的拉比“内住神学”的最有力的例证。③ 又如，在发表于 1968 年的“作为复活的希望”一文中，莫尔特曼把耶稣的复活视为被上帝遗弃的人类之希望的标记，指出上帝被钉十字架的苦难事件正是人类得到救赎之希望的途径④。这些文献说明，“上帝在同受苦难”的判断是莫尔特曼的一贯坚持。

---

① 莫尔特曼：《俗世中的上帝》，第 195 页。

② 同上，第 196 页。

③ 参见莫尔特曼：《被钉十字架的上帝》，阮炜等译，香港：香港道风山基督教丛林，1994 年，第 362–363 页。

④ Jürgen Moltmann, Resurrection as Hope, in *The Harvard Theological Review*, Apr., 1968, Vol. 61, No. 2 (Apr., 1968), pp. 129–147.

三、作为一种神义论的“上帝在同受苦难”判断

如上文所示，我们把神义论理解为借助《圣经》话语的启示，尝试从上帝视角为恶的现象提供理由的努力。基于这种理解，我们从神学根据和莫尔特曼本人的人生经历两个层次论证“上帝在同受苦难”判断是一种神义论。

莫尔特曼“上帝在同受苦难”判断的神学根据是“十字架神学”。所谓“十字架神学”是指把耶稣被钉十字架这一事件及其意义作为核心的基督教神学，其要点包括耶稣在被钉十字架过程中所经历的苦难表明他是情感丰富的神；他主动纡尊走上十字架担当人类的罪表明他是满有怜悯的神；他三天后复活战胜死亡十字架则表明他是大能的神等。“十字架神学”源于使徒保罗，为马丁·路德所阐发，莫尔特曼是其当代拓展者。莫尔特曼对“十字架神学”的拓展体现在如下三个方面：第一，关注“谁是被上帝离弃的基督受难的十字架中的上帝呢？”这一问题而“跨出救赎论的局限，探索上帝概念中已发生的革命”；[①] 第二，关注“在被弃绝并在上帝之自由中复活的人子面前，谁是真正的人呢？”这一问题而“超逾对个人得救的关注，探索人的解放的可能性和探索人与其社会中的严重危机这一现实的新关系”；[②] 第三，关注“在一个在无数尸体上而竟然持乐观主义态度的社会中，回想被钉十字架的上帝意味着什么呢？”这一问题而意识到“实现十字架神学意味着认真对待批判性的改革神学主题，并发展改革神学，使之不仅仅成为一种教会批判，从而成为一种社会批判”。[③] 上述拓展表明，莫尔特曼已经从上帝、人以及教会与社会等侧面尝试“立体地”运用“十字架神学”来解决各种问题。

“无谓之恶”问题直接涉及上帝侧面。在这个侧面，莫尔特曼用“悲情的上帝”取代“冷漠的上帝”。根据前者，上帝深入参与到人类历史之中，他是情感丰富、能够理解和感受受造物所经历的喜怒哀乐的，在此意义上，上帝对人所遭受的各种苦难能够更为强烈地感同身受，也因其对人怜悯而主动选择与受苦者同受苦难。按照这层理解，既然作为一个富有同

---

① 莫尔特曼：《被钉十字架的上帝》，第 16 页。

② 同上，第 16 页。

③ 同上，第 16 页。

情心的人都不忍直视幼鹿斑比所遭受的无妄之灾，作为一位具有更为强烈之同情心的存在者，上帝在罗所列举的“剧烈受苦”案例中更不会缺席，因此，罗由没有看到上帝的踪迹得出上帝不存在的推理是站不住脚的。相反地，如果罗拥有“悲情的上帝”的视野，他将会得出与《暗夜》中的“我”类似的答案：上帝就在那垂死的小鹿身上。反对者可能会反驳称，“上帝就在那垂死的小鹿身上”仅是一种神学玄想，很多人都像罗一样无法看到，因此，这个答案是神秘的。对此，莫尔特曼的回答是，上帝的悲情体现在人的悲情中，因为，“上帝的悲情和人的同悲情之间有一种直接的对应”。[①]这意味着，罗及其支持者可以从人的“参与、希望和祈祷”中、人与上帝“同悲情的融合”中意识到上帝的在场。

依据“人与上帝同悲情”的洞见，莫尔特曼进一步为人们提供了一个直面“无谓之恶”的出路：上帝的受苦担当了人的罪，“无谓之恶”因上帝的赎罪而化解，得赦罪之后的人因未来之公义的希望而摆脱罪责的阴影而获得新生：“我们认识到上帝在无尽的苦痛中为我们赦免的罪债，这是我们在面对过去的惨剧时，可以不用自我否认也不用自我摧残，并且能够保持对受难者和凶手的记忆……这段过去将在这种意义下被上帝的赎罪化解：那段过去不再决定现在，而是由公义的未来决定现在。赎罪就是从罪债的重担下得释放，并且获得重生，好让一切都变成新的。”[②]简言之，在莫尔特曼看来，当“无谓之恶”发生时，上帝因其与受害者同受苦难而为之提供了赎罪，赎罪所带来的释放使得人们有理由、有勇气面对这种恶所带来的冲击。这个出路为上文所提到的救赎论目标：“上帝的内住再度和上帝本身合一”提供了充分的说明，未来的希望能够为施害者和受害者提供足够的慰藉。

如前文所示，神义论的核心要求在于借助《圣经》启示，尝试从上帝视角为恶提供理由。“十字架神学”和“悲情的上帝”观的思想源泉都是《圣经》，在此意义上，它们都是以神义论来应对恶的。就“十字架神学”来说，莫尔特曼强调，耶稣在十字架上受难的事件是“整个基督神学的中心”、是“进入神学问题的入口处和对尘世的回答”、基督教关于上帝、创造以及罪和死的诸多教义“都要指向这位被钉十字架者”、基督教关于历史、

① 莫尔特曼：《被钉十字架的上帝》，第 364 页。

② 莫尔特曼：《俗世中的上帝》，第 199 页。

教会、信仰、拯救、未来以及希望的各种论述“都来自这位被钉十字架者”。①莫尔特曼指出：“新约《圣经》以多种多样的方式展示了耶稣从被钉十字架到复活的事件，新约就是从耶稣而来。”②由于旧约与新约的连贯性，“十字架神学”的旧约渊源同样非常丰富，莫尔特曼提到，马丁·路德正是通过注释《诗篇》第22篇（第1节中的“我的神，我的神！为什么离弃我？”这句话正是耶稣在十字架上所喊出的七言之一）才提出作为其“神学认识论的新原则”的“十字架神学”。③

此外，莫尔特曼自身的经历也能够为我们的观点提供一种“生存论”层次上的佐证。莫尔特曼的自传告诉我们，莫尔特曼第一次领悟到受苦的上帝能够给人提供安慰是他19岁时的一段经历：当时他深陷战俘营，因看到完全的挫败、千疮百孔的德国城市、成千上万的难民以及来自贝尔根—贝尔森（Bergen-Belsen）和奥斯维辛的照片而被“冷酷的恐怖”（cold horror）抓住，这种恐怖和羞辱转化成“生命的深刻、绝望的疲惫”，在此情境下，他发现自己偶然看到的《诗篇》第39篇所描述的哀伤之情正表达了其心声，这篇诗歌也召唤他的心灵回到上帝那里。而当他读到耶稣临死前的呼喊“我的神，为什么离弃我？”时，他“确定地知道：有人理解你……身处悲痛中的神圣的弟兄带着这些囚犯走上他的复活之路。我再次振作起活下去的勇气……从此以后，早年与耶稣——这位受苦中的兄弟和罪人的拯救者的这种团契就再也没有离开我”④。这段经历说明，莫尔特曼的“上帝在同受苦难”判断的学术脉络可以追溯至潘霍华、英国神学家及犹太拉比等的相关思想，但促使他获得此判断的灵感之源却是《圣经》的话语。

综上所述，我们把神义论理解为一种从上帝视角为恶提供解释的努力，人们获得上帝之视角的重要途径之一是汲取《圣经》话语的启示。由于论证了莫尔特曼“上帝在同受苦难”判断所依据的“十字架神学”以及“悲情的上帝”观都是奠基在《圣经》话语之上的，我们辩称莫尔特曼的判断是一种神义论。同时，我们还指出，莫尔特曼通过阅读《圣经》而获得此

---

① 莫尔特曼：《被钉十字架的上帝》，第267页。

② 同上。

③ 同上，第272页。

④ Jürgen Moltmann, *The Source of Life: The Holy spirit and the Theology of Life*, Augsburg Fortress Press, 1997, p. 2, cf., Geiko Müller-Fahrenholz, *The Kingdom and the Power: The Theology of Jürgen Moltmann*, Translated by John Bowden, London: SCM Press, 2000, p. 17.

判断之灵感的人生经历也为我们的观点提供了一个旁证。

四、“动物受苦”的莫尔特曼式解答

思想史中的神义论有诸多版本，这些版本所依据的“最基本思想”不外乎如下三条：更大善（greater good），即上帝出于实现更大善的目的而允许恶存在，自由意志、灵魂提升等都是更大善的具体条目；神圣惩罚（divine punishment），即认为恶是上帝惩罚罪的一种方式；人类认知的局限性，即坚持人对于上帝允许恶的神圣理由所知甚少。① 以“上帝在同受苦难”判断为要旨的莫尔特曼式神义论也包含着很强的“更大善”色彩，在他看来，最大的善是上帝对受苦者的彻底救赎。然而，与基于更大善思想的其他版本的神义论相较，莫尔特曼式神义论的独特之处在于实现更大善的具体途径：上帝不是冷漠的旁观者或高高在上的独裁者，而是“以屈辱自己”的方式成为受苦者，与受苦者一道经历苦难，最根本地说，他在“十字架上受难”使罪人得赦其罪、获得新生。

莫尔特曼所聚焦的恶的案例是奥斯维辛集中营所发生的恐怖事件，这类事件显然与人的罪行密切相关，也与莫尔特曼的救赎观一致。然而，问题在于，罗把斑比所遭受的痛苦称为“动物受苦”，这是一种与人无直接关系的“自然之恶”。罗的支持者会进一步指出，“动物受苦”甚至可以出现在人类产生之前的史前时期，这种情境下，把人的救赎作为这类恶所指向的“更大善”显然过于牵强，因此，莫尔特曼式神义论无法解决“动物受苦”问题。

在《被钉十字架的上帝》和《俗世中的上帝》中，莫尔特曼确实没有涉及“动物受苦”问题，然而，以此为由指责莫尔特曼的神义论无法解决这类无谓之恶则有失偏颇。因为，当我们把目光转移到莫尔特曼关于生态神学的论述时，就会发现另一个别有洞天的世界。

“生态神学”（ecotheology）是指 20 世纪中叶以来，一批神学家为应对日益严重的生态危机，通过深入挖掘《圣经》中的生态思想而阐发出来以“寻求解释上帝、人以及宇宙间恰当关系之神学基础”② 为目的神学理论。莫尔特曼的《创造中的上帝》一书是 20 世纪生态神学领域的重要著作之一，

---

① See, René van Woudenberg, A Brief History of Theodicy, in Justin P. McBrayer and Daniel Howard-Snyder, eds.,*The Blackwell Companion to The Problem of Evil*, West Sussex: John Wiley & Sons, Inc. 2013, p. 190.

② See, Celia Deane-Drummond, *Eco-theology*, London: The Cromwell Press, 2008, preface, p. xii.

在这部著作中，莫尔特曼把一切受造物都纳入到与上帝共同构成的团契中，它们都是被拯救的对象，上帝救赎它们的方式同样是与之“同受苦难”。这为莫尔特曼把他所论述的上帝拯救、安慰受苦之人的途径扩展到万物身上准备了条件，如果这种扩展是成功的，他的神义论就完全能够为动物受苦问题提供令人满意的解释。我们来看他是如何实现这种扩展的。

《创造中的上帝》首版于 1985 年，它脱胎于莫尔特曼 1984–1985 年在爱丁堡大学吉福德讲座（Gifford Lectures）上所做的系列报告。《创造中的上帝》的问题意识是：面对现代工业社会对自然的剥削而造成的生态危机，基督教神学能够提供什么样的应对资源？在此意义上，莫尔特曼把这部著作视为“基督教神学为克服我们破坏性的现代生活体系而进行的必要的改革的第一步”。[①] 在这部著作中，莫尔特曼把上帝与受造物的关系概括为从创造（creation）到安息日（sabbath）的完整过程。

莫尔特曼用“生态创造论”来阐释“创造”，“生态创造论”的核心精神是承认“上帝存在于世界之中和世界存在于上帝之中”[②]。具体地说，他把“创造”阐释为“圣父通过圣子在圣灵中创造”这样一个三位一体的过程，这种创造方式使得“被造世界因而就‘被上帝’创造，‘通过上帝’形成并‘在上帝之中’存在”[③]。在此过程中，圣灵促使万物与上帝构成一个彼此共生、相互渗透、苦乐与共的团契：“如果圣灵被‘浇灌’在整个创造物之上，那么他便创造了所有被造物同上帝的以及彼此之间的共同体，使之成为创造物的团契，其中，一切被造物都以自己的方式彼此交流，也同上帝交流。”[④] 作为团契的一员，上帝一直“寄居”于受造物之中。而他所谓的“安息日”是个包括第七天、第七年、五十年节及历史终结时的永恒安息日等的宽泛的意义上的概念。莫尔特曼把如此用法中的安息日视为“创造的完成”“创造的冠冕”“创造的节日”以及“创造论的指归”等。安息日的神学意蕴是上帝在休息中对一切受造物所实现的祝福和圣化，即上帝“停下他的工作”安享与其受造物共在之乐。这种祝福和圣化使得受造物回归其受造的初衷，即“靠其自身成为其所是”“得到复原并展示出它们自己的正当特性”“获

---

① 参见莫尔特曼为《创造中的上帝》所撰写的“中译本前言”，载莫尔特曼：《创造中的上帝：生态的创造论》，第 22 页。

② 同上，第 23 页。

③ 同上，第 17 页。

④ 同上，第 20 页。

得他们本质的自由”。[①] 总之，在莫尔特曼看来，万物都是出于上帝构造紧密交流之团契的目的而被造，作为团契的成员，包括动物在内的一切受造物被上帝所祝福的和圣化，而以生态系统失调为典型特征的生态危机显然都是这种团契遭到破坏的结果。

“团契”的意象肯定受造物之间的平等地位，据此，莫尔特曼通过如下两步把上帝拯救其选民的方式推广到一切受造物上：首先，恰如拉比派和犹太神秘哲学的舍金纳教义所认为的，上帝把自己献给其人民、与他们一起遭受苦难一样，上帝也“把自己献给他创造的存在物，遭受它们的苦难，同它们一道遭受离乡背井之苦”[②]。其次，上帝通过圣子的道成肉身实现的不仅是对人的拯救，而且是对一切受造物的拯救：“世界在其中得以被创造的圣子变成肉身，而且亲自进入世界以便拯救世界。他遭受创造物的自我毁灭之苦以便通过受苦来救治世界。凡不以这种方式被上帝纳入创造之中的，也不能被救治。”[③] 由此，我们可以认为，莫尔特曼能够为“动物受苦”的问题提供与无辜少年所受的苦难类似的解答：一方面，对于“当斑比遭受无妄之灾时上帝在哪里？”的追问，莫尔特曼可以给出三重回答：上帝并未隐匿；上帝只是“隐藏了他的面”；上帝在同受苦难。另一方面：对于“上帝与斑比同受苦难如何能够为斑比提供安慰呢？”这个追问，莫尔特曼可以回答称：斑比的最终救赎在于“上帝的内住再度和上帝本身合一”，而上帝主动离开合一状态而选择与斑比同受苦难则是实现此救赎的唯一途径，因此，“同受苦难的上帝”正是那位在拯救斑比的上帝。

乍一看来，莫尔特曼的上述“推广”似乎是过犹不及的，毕竟，上帝通过圣子“道成肉身”的方式拯救其子民是人们熟知的基督教教义，但坚持这种拯救方式不仅适用于人类而且适用于一切受造物则未免过度发挥了。然而，如果我们把目光再次移到生态神学领域，此处的质疑就自然消弭了：莫尔特曼之后的生态神学家不仅赞同莫尔特曼式的推广，而且特别创造了一个新概念“深层道成肉身”（deep incarnation）来表达这种推广。“深层道成肉身”概念的提出意味着莫尔特曼式的推广已经成为不少生态神学家的共识，这些生态神学家为其观点提供的《圣经》与神学根据也间接支持了莫尔特曼。

---

① 莫尔特曼：《创造中的上帝：生态的创造论》，第 377–378 页。

② 同上，第 25–26 页。

③ 同上，第 26 页。

论普世神学视域下的早期犹太民族性①

张　帅②

内容提要： 犹太教是具有普世思想的宗教。从宗教思想上来看，犹太教的信仰核心雅威不仅是犹太人的神，也是全人类的神。从社会实践上来看，由于犹太教接受外邦人的改宗，因而它不是纯粹的民族宗教。以上两点表明，犹太教具有一定程度的普世性和开放性。然而，从更为宏观的历史视域来看，由于犹太教建立在犹太民族历史经验基础之上，具有根深蒂固的民族性。同时，作为注重"行为"的宗教，犹太教制定了大量的戒律来规范人们的日常行为。这些都导致犹太教始终囿于犹太人中，未能发展成为普世宗教。

关键词： 犹太教，普世思想，雅威，犹太民族性

On the Early Jewish Nationality from the Perspective of Universal Theology

ZHANG Shuai

Abstract: Judaism is a religion with universal thought. From a religious perspective, the core of the Jewish faith, Yahweh, is not only the God of the Jews but also the God of all humanity. From a practical perspective, Judaism is not purely a national religion, it accepts pagan conversion. These points indicate that Judaism has a certain degree of universality and openness. However, from a broader historical perspective, Judaism is deeply rooted in its national identity as it is based on the historical experience of the Jewish nation. Meanwhile, as

① 本文获"国家留学基金（202307300024）"和"首都师范大学历史学院 2022 年研究生科研立项（2022LS09）"资助。

② 张帅，首都师范大学历史学院博士研究生。

a religion that emphasizes “behavior”, Judaism has a large number of laws to regulate people’s daily behaviors. These led to Judaism being limited to the Jewish community and failing to become a universal religion.

Key words: Judaism, universal thought, Jehovah, Jewish nationality

学界通常认为，英文 universalism 一词，源自希腊语词汇 οἰκουμένη，意为“有人居住的世界”（the inhabited world）[①]。关于这一概念的宗教内涵，可谓外延广泛。究其根本，主要体现在“信仰的普世性”方面，即宗教信仰对象是面向世界的，不受种族、民族和国家等因素的限制。从本质上来看，犹太教的信仰对象——“雅威（YHWH）”具备普世内涵，因此犹太教在一定程度上具有普世性。与之相悖的是，长期以来犹太教被视为狭隘的民族宗教，其普世主义内涵尚未得到学者们的有效关注。本文拟从犹太教的核心要素出发，论证其“普世思想”之体现，以期能管窥一斑，对犹太教的性质重新思考。并在普世神学视域下，结合古典文献资料，探讨早期犹太民族[②]所呈现的两大特性及其辩证关系。

一、雅威普世形象的建构

宗教信仰乃是一个宗教各要素中最为核心的要素，是一切其他要素的根本所在。犹太教的核心要素无疑是“雅威崇拜”。其身份的建构是古代犹太人对世界本源探索的一次形而上的尝试。在面临人类发展过程中所共有的疑惑时，犹太先民们创造性地建构了一神论的雅威，将世界本源与人类的产生归于这位不变不易、无形的、永恒的神。《创世记》开篇即说：“起初，神创造天地。”[③]以一种“宣告式”的文本形式直接宣告了雅威的存在，至于他源于何处，又以何种形态存在等基本问题未予说明。《出埃及记》为《希伯来圣经》中雅威的存在本质奠定了根本性原则。摩西（Moses）在西奈山与雅威立约，“山上有雷轰、闪电和密云，雅威在火中降于山上”。[④]

① 亨利·乔治·利德尔、罗伯特·斯科特编：《希英词典》（中型本），北京：北京大学出版社，2015 年，第 546 页；罗念生、水建馥：《古希腊语汉语词典》，北京：商务印书馆，2004 年，第 587 页。

② 本文的“早期犹太民族”指的是“第二次大流散”以前的犹太民族，即公元 1 世纪上半叶及以前。

③ 《创世记》第 1 章第 1 节。

④ 《出埃及记》第 19 章第 16–18 节。“神伴随着风雨雷电出场”的叙述方式在古代迦南宗教中较为普遍。显然犹太教汲取了古代迦南宗教的相关素材。

由于闪电和火焰的掩饰，摩西没有看到雅威的形态，他求雅威“显出他的荣耀给自己看”。[①] 雅威却回答说：“你不能看见我的面，因为人见我面的不能存活。”[②] 此后，这一观念便深入人心。雅威的形态也笼罩在莫测的神秘之中。由于雅威的存在形态远远超出人类的认知范围，所以无需耗费力气去探寻。与之相悖的是，在整部《希伯来圣经》中，对雅威的形象却采取了具象化和人格化的写作手法。《创世记》提到雅威“按照自己的形态造人”[③]。他通过展现异象、梦境、言说等人性化方式，引导先知代他向人们传言。同时，雅威也与普通的人类一样，拥有喜怒哀乐等人类特有情绪。在《希伯来圣经》中，他既是一种无形的、永恒的存在，又是一种具象化、人格化的形象，从而使得雅威的形象带有明显的神秘性与模糊性。这两种特性实质上是犹太先民们在世界本原认识上试图突破人类认知限制却又局限于人类认知水平，并在宗教信仰上的映射。

雅威的形象虽然抽象、复杂，但也为学者们分析其本质提供了多维度的思考空间。关于雅威的本质问题，斐洛在其著作《论〈创世记〉》中叙述道：“摩西的做法有两点非常突出，需要引起我们的注意：一点是宇宙的起源被归于一位造物主，而造物主本身是‘无起源’的；另一点是造物主‘照管’着他创造的东西。”[④] 根据斐洛的观点，雅威的本质为造物主，这也得到了《希伯来圣经》文本的验证。[⑤] 造物主身份的确立，赋予雅威以凌驾于宇宙之上的超验性及广泛外延的可能性。造物主这一身份是雅威一切外延身份的核心。若缺少这一身份，雅威便不会是“自有永有”的永恒神，也不会是“他说有，就有；命立，就立”[⑥] 的全能神。因此，雅威是超越一切、凌驾于宇宙之上的终极实在，是神学意义上的世界本源。由此引申出雅威两个重要的方面：其一为“全人类之神”，即万民、万族和列国之神；其二为人类历史的主宰。雅威形象的普世内涵，也正是通过上述两个方面得到充分展现。

神是“造物主”，创造了宇宙万物，那么人类必然在其“创造”之内，

---

① 《出埃及记》第 33 章 18 节。

② 《出埃及记》第 33 章第 20 节。

③ 《创世记》第 1 章第 26 节。

④ 斐洛：《论〈创世记〉》，王晓朝、戴伟清译，北京：商务印书馆，2012 年，第 17 页。

⑤ 《创世记》第 1 章第 1–31 节、第 2 章第 1–3 节。

⑥ 《诗篇》第 33 章第 9 节。

所以雅威是人类的创造者。在《诗篇》中，诸多篇幅赞美“万民”“万族”和“列国”之神雅威。①

雅威是“全人类之神”，因而犹太教信仰具有“普世性”和“开放性”。凡是愿意侍奉雅威、遵守雅威律法的人，都可以成为雅威的仆人。进一步而言，这种“侍奉”与“遵守”实质上是与雅威之间的“有条件”之约，“万民”均可与神立约，成为神的选民。正所谓“他的恩泽不仅泽及善良正直的人，也施予恶人和异教徒”②。因此，雅威的形象具备“共时性”意义上的普世内涵。

雅威不仅是空间意义上的“全人类之神”，也是时间概念上“人类历史的主宰”。他先于宇宙产生而存在，并创造世界和人，贯穿人类历史进程的始终，在末日到来之后依旧存在和延续。③因此，雅威不是某一时间点意义上的神，而是“历时性”层面的“全人类之神”。也就是说，他是历史过程中的神，是每一个来到过这个世界的人所必须信仰的神。雅威通过其意志作用于人类历史进程。人类一切历史进程都是由神的意志所决定，他不仅是人类历史的参与者，更是主宰者。因而，雅威具有“历时性”意义上的普世性。

综上，雅威的形象虽然存在“神秘性”与“模糊性”，但依然可以透过现象确定其本质——造物主。通过这一本质特性所引申出的两个方面，即“全人类之神”与“人类历史的主宰”，可推证雅威具备在“共时性”和“历时性”层面的普世特征。因此，雅威形象的建构具有普世性。

二、早期犹太民族的开放性

如果仅从宗教的本质，即宗教的信仰视角看待犹太教，得出的结论必然会存在“宗教本质主义”的局限性。正如 19 世纪宗教社会学家杜尔凯姆（Émile Durkheim）所述：“持宗教本质主义立场的宗教学家的‘宗教’是

---

① 《诗篇》第 22 章第 27–28 节。这一概念在《诗篇》中尤为突出，在第 117 篇中，作者呼吁“万国赞美雅威、万民赞美雅威”。同样，在《诗篇》第 2 章、第 9 章、第 118 章、第 138 章，《历代志上》第 16 章，以及《弥迦书》第 4 章第 1–5 节中也有相应的体现。

② 亚伯拉罕·柯恩：《大众塔木德》，第 3 页。

③ 犹太教“末日论”的产生和发展过程较为复杂，相关研究可见宋立宏、孟振华：《犹太教基本概念》，南京：江苏人民出版社，第 92–103 页。

'做梦'做出来的宗教，是用'眼睛''看'出来的宗教。"[①]因此，要充分了解犹太教的精神内涵，就要深入其所赖以产生和发展的"历史环境"中去探寻。

公元前1800年左右，亚伯兰（Abram）或称亚伯拉罕（Abraham）带领部族离开吾珥（Ur）渡过幼发拉底河进入迦南地区（Canaan），因而被迦南人称为"希伯来人"（Hebrew），意为"河那边来的人"，亚伯拉罕也因此被尊为犹太人的先祖。在雅各（Jacob）时期因饥荒逃至埃及避难，后在摩西的带领下反抗法老奴役统治并逃离埃及，于西奈山接受神谕，是为"摩西十诫"，以"雅威崇拜"为核心的犹太一神教正式确立。[②]正是通过"西奈之约"，神拣选（希伯来文：בחר）以色列人为他的选民。"拣选"这一概念在《申命记》中得到了充分的解释："神从地上的万民中拣选你，特作自己的子民。"[③]其神学内涵包括两个层面：第一层表示以色列人与"他者"的分别，体现民族独特性；另一层含义表示以色列人成为雅威"特殊财产般的子民"[④]。正如神对以色列人所述："我乃统治世上众生的神，但是我的名字只与你们相关联。不能称我为偶像崇拜者的神，应叫我以色列人的神。"[⑤]因此，以色列人与神的关系更为亲近。世界各民族也由此被划分成两部分，即以色列人和外邦人。

上述涉及犹太民族起源历史的文本出自《创世记》与《出埃及记》，即《托拉》（Torah）中前两卷。据考证，《托拉》成典于公元前5世纪中叶或公元前4世纪初。其所记述的事件最早可追溯到宇宙的创立与人类的产生，以及人类和以色列的史前时代。显而易见的是，上述时期的记述材料史学价值较低，难辨真伪。据目前考古资料所示，在西奈半岛尚未发现大规模人类迁徙的痕迹。因此，《出埃及记》所叙述的摩西率领"六十万男人"迁徙至西奈半岛，并在此徘徊了近四十年的历史事件，真实性较低。[⑥]

---

① 段德智：《宗教学》，第245页。

② 参考徐新：《犹太文化史》，北京：北京大学出版社，2006年，第1–11页；张倩红、艾仁贵：《犹太史研究入门》，北京：北京大学出版社，2017年，第7–11页。

③ 《申命记》第7章第6节。

④ 游斌：《希伯来圣经的文本、历史与思想世界》，第316–317页。

⑤ 亚伯拉罕·柯恩：《大众塔木德》，第68页。

⑥ 《出埃及记》第12章第37节。这一数字不包括妇女和儿童，如若加上这一人群，总人数可能达到百万之众。

其载体《托拉》所记述的事件，很可能是出自后代犹太人的建构——具备一定历史渊源并带有深刻“当代”背景的目的性、历时性之建构。首先，《托拉》所记述的事件虽有虚构和夸大成分，但并非空穴来风，应有其历史原型；其次，这一建构具有“建构者”所处时代的深刻烙印，会受到那一时代民族意识、政治意识和思想文化意识的影响；第三，“建构者”在建构“历史叙事”的过程中，具有其主观目的性；最后，这一建构过程并非由一个人乃至一代人所完成，而一个“层累”的过程，是“跨越时代”的对话。

基于上述分析可以推论出：《创世记》和《出埃及记》所述的亚伯拉罕从吾珥迁徙至迦南地区，雅各带领部落迁到埃及和摩西的出埃及事件很可能真实存在过。但并非如《托拉》所描述的那样，血缘关系如此清晰、历史链条如此明确的线性历史脉络。也就是说，在遥远的上古时代，存在过这样或那样的人口迁徙，这也是《托拉》所用以建构以色列历史的“原型”。赋予人类历史上普遍的人口迁徙现象以民族意识，这与《托拉》成典时代的历史背景密不可分，它最终成为正典的标志是公元前 450 年左右的以斯拉（Ezra）改革。⑦

在大约三个世纪以前，以色列王国被亚述帝国所灭。此后，犹太人的十个部落便逐渐消失在了历史的长河中。公元前 586 年，犹大王国被新巴比伦王国所灭。南国的犹太人经历了其历史上第一次大流散，即长达 48 年的“巴比伦之囚”。近半个世纪的大流散对犹太民族造成了巨大的冲击——遗留在耶路撒冷地区的犹太人业已逐渐被“外邦人”同化，犹太民族面临生死存亡之危机。对于当前的困境，犹太高层实行了种族净化政策。首先，《以斯拉记》梳理了犹太人的血缘谱系脉络，重新明确了各成员的血脉关系。随后，《以斯拉记》进一步提到“以色列民和祭司并利未人，没有离绝迦南人、赫人、比利洗人、耶布斯人、亚扪人、摩押人、埃及人、亚摩利人，仍效法这些国的民，行可憎的事。因他们为自己和儿子娶了这些外邦女子为妻，以致圣洁的种类和这些国的民混杂；而且首领和官长在这事上为罪魁”⑧。因此，要求犹太人彻底与外邦人隔绝。那些娶外邦女子为妻的，也要隔绝她们。最后，基于重新锻造其民族性的需要，《托拉》的正典化过程被大大加速，其所建构的“历史记忆”是塑造犹太民族意识的核心。所谓“历

---

⑦ 张倩红、艾仁贵：《犹太史研究入门》，第 46 页。

⑧ 《以斯拉记》第 9 章第 1–2 节。

史记忆”，即历史是朦胧的，记忆是“真实的”，“真实的”记忆建构于朦胧的历史之上，并成为犹太民族得以延续的、共同的民族信仰。在这样的背景下，回归群体对共同先祖（民族）历史的建构成为《托拉》编纂的核心目标之一。

通过上述分析，可以看出早期犹太史建构的基本原则，《希伯来圣经》所叙述的，基于纯粹血缘关系的民族起源并非完全真实。虽然在第二圣殿初期，以血缘关系为纽带的民族意识得到了强化。但是，血缘关系仍然不是犹太民族的内核。

进一步的问题是，犹太民族的内核是什么？哈佛大学教授沙耶·科恩（Shaye J. D. Cohen）认为，犹太人与非犹太人的界限不在于血缘关系，而在于“是否接受犹太人的方式（行为规范）并成为一名改宗者”。约瑟夫斯曾叙述道：“我们的立法者……欢迎其他民族选择我们的生活方式……认为并非只有血缘关系才能把大家连结在一起，选择同样生活方式的人也能牢牢地连结在一起。”①约瑟夫斯是生活在公元 1 世纪的犹太史学家、出身于祭司家族，因此应深谙犹太律法之道，所以他的说法具有一定的权威性。

罗默·桑德（Shlomo Sand）故此认为，在约瑟夫、斐洛等早期犹太作家的作品中，描述犹太民族时所用的词汇 Phylon 和 ethnos 指的是信徒群体，而不是血缘群体，这与描述基督徒群体时所使用的词汇一致②，因此犹太民族应为信仰团体。桑德的论证虽有缺陷，但仍对研究犹太民族的性质具有重要的参考价值。斐洛在作品中借摩西之口提道：“整个民族从一开始就与神圣的事物相似，是一种比血缘更重要、更真诚的关系，那就是人性所能包含的一切美好事物的继承”③，整个民族的内涵远比血缘关系更为升华。基于前文论述并结合族群建构理论，可以看出，在历史上不存在《希伯来圣经》所呈现的绝对血缘意义上的“犹太民族”，其看似清晰的血缘关系是源于建构。这一“民族”是以宗教信仰为核心、基于历史记忆所塑造的民族意识、律法准则所界定的行为规范而形成的共同体，宗教信仰乃是整个民族的“最大公约数”。因此，犹太民族具有一定程度的开放性。它不是犹太教发展为普世宗教的阻碍，也并非“狭隘的民族宗教”之体现。

---

① 约瑟夫斯：《驳希腊人》，第 150 页。

② 施罗默·桑德：《虚构的犹太人》，王宗兴、张蓉译，北京：中信出版社，2007 年，第 213 页。

③ Philo, *On The Virtues*, 12. 79.

斐洛认为："这就是我们最神圣的先知，通过他的所有规定，特别希望创造：一致，睦邻，友爱，情感的互惠，这样家庭，城市，国家，国家和整个人类就可以获得最大的幸福。"① 犹太教不只面向特定人群，更是面向全人类。正因此，犹太人被神"拣选"是负有将神之圣名通过《妥拉》在万邦荣耀的责任。

基于对《希伯来圣经》和古典文献的考量，犹太民族相对于犹太教的意义更为清晰。在普世神学视域下，犹太民族具有一定的开放性，接纳按照"犹太生活方式"的外邦人成为其民族共同体中的一员。同时，他们是将普世犹太教传之万邦的载体，并在历史上对犹太教的传播起到了推动作用。

三、早期犹太民族的排外性

在世界上古时期各大文明体系中，宗教信仰的形式同质性较强，我们称之为"多神崇拜"。在古希腊神学系统中，最主要的是奥林匹斯十二主神，分工不同的神祇，共同构成了古希腊的神学体系，这是一种典型的多神崇拜。在迦南地区盛行的是巴力神（baal）崇拜和亚斯他录（Astarte）崇拜，巴力神在《希伯来圣经》中作为雅威的对立面而多次出现。亚斯他录是一位女神，她不仅是巴力的妹妹，也是他的妻子。因此，迦南地区的巴力神崇拜也是多神崇拜。古埃及阿蒙神（Amun）崇拜的多神特征不言而喻，与其他古代文明不同的是，在古埃及历史上曾出现过短暂的一神崇拜。埃及新王国第十八王朝法老阿蒙霍特普四世曾进行过一场声势浩大的改革，史称"埃赫那吞改革"。他打击阿蒙神庙的势力，扶持阿吞神（Aton）为全国的唯一真神，从而确立一神教信仰，但这一过程仅持续十余年。早期罗马文明是一个多神信仰的文明体系。

与"多神崇拜"的民族相比，犹太民族的"一神崇拜"在宗教信仰上具有强烈的排外性，而在世俗层面则表现为自我隔离性。关于宗教信仰上的排外性，首先体现在"神的本体唯一性"方面。《希伯来圣经》宣告雅威是"唯一真神"，他曾对以色列人"说"："我的孩子们，宇宙中我创造的一切都是成双成对的——例如，天和地，日和月，亚当和夏娃，今生

① Phlio, *On The Virtues*, 24. 119.

和来世，但在宇宙中我是独一无二的。”[①] 因此，天地之间“惟有雅威是神，除他之外并无别神”[②]。这一方面肯定了雅威“唯一真神”的地位；另一方面否认了其他宗教神灵的存在。基于神的唯一性，对于当时盛行于迦南地区的多神崇拜，尤其是巴力神崇拜，犹太教表现出极强的排斥性甚至是否定性。“雅威曾让基甸拆毁巴力祭坛，砍下坛旁的木偶当柴烧。”[③] 并多次强调“除我以外再没有真神”。[④] 对于希腊宗教，约瑟夫斯曾抨击道：“宙斯是专制上的暴君，他的女儿是从他的头上生出来的”，并认为这些故事撰写得非常荒谬。[⑤] 次经《巴录书》（Baruch）对于异教神祇的批判尤为强烈。作者假借古典先知耶利米（Jeremiah）之口，痛斥巴比伦的神像“就像从山上捡来的石头一样，敬拜它们的人会被迷惑”。[⑥] 因此，犹太教在“神的本体论”层面具有排外性。

其次，体现在“信仰的唯一性”方面。由于雅威是唯一真神，因此摩西十诫明确要求“除我以外，你不可有别的神”“不可为自己雕刻偶像”“不可跪拜那些像；也不可侍奉它，因为我是你的神，是忌邪的神”。[⑦] 正如《希伯来圣经》中所述“你们若顺从雅威，雅威必与你们同在；你们若寻求他，就必寻见；你们若背弃他，他必背弃你们”[⑧]。为证明这一信条，《希伯来圣经》中列举了大量的实例以予论证。其中最有代表性的无疑是以色列同犹大的战争。值得注意的是，以色列和犹大同根同族，但北方的以色列“制造金牛犊祭拜，并驱逐亚伦的后裔和利未人，按照外邦人的恶俗设立祭司”[⑨]。依照《希伯来圣经》的宗教观念，以色列人已摒弃他们的神——雅威，并按照外邦人传统，祭祀虚无之神。当耶罗波安（Jeroboam）拥兵八十万对阵率军四十万的亚比雅（Abijah）时，由于犹大人尽心侍奉雅威，所以“神就使耶波罗安和以色列众人，败在亚比雅与犹大人面前，并将他

① 亚伯拉罕·柯恩：《大众塔木德》，第 5 页。

② 《申命记》第 32 章第 39 节。

③ 《士师记》第 6 章第 25–26 节。

④ 《以赛亚书》第 44 章第 4 节。第 43 章第 10 节亦有体现。

⑤ 约瑟夫斯：《驳希腊人》，第 154 页。

⑥ *Baruch*, 6: 39.

⑦ 《出埃及记》第 20 章第 3–5 节。

⑧ 《历代志下》第 15 章第 2 节。

⑨ 《历代志下》第 13 章第 8–9 节。

们交与犹大人手里”。[1] 后犹大人大肆杀戮以色列人，并攻占以色列大量城池。《希伯来圣经》所呈现的信条即：信奉雅威才能得拯救，背弃雅威必受惩罚。正如《死海古卷》残篇中所述：“神会因你的背叛而报复你（God will take vengeance on you for your betrayal.）。”[2] 因此，犹太民族在信仰层面具有排外性。

在世俗领域，犹太民族的排外性表现为隔离性，主要体现在《希伯来圣经》文本中。《申命记》则明确规定：“（犹太人）不可与他们（外邦人）结亲，不可将你的女儿嫁给他们的儿子；也不可叫你的儿子娶他们的女儿。”[3] 同样，《以斯拉记》对外邦人的态度更为直接，认为“娶外邦人为妻是可憎的事”，[4] 雅威的惩罚与愤怒源于以色列人“娶外邦人为妻”这一恶行，并要求以色列人“绝离这些国的民和外邦的女子”[5]。《尼希米记》则称外邦人为“我们的一切仇敌”[6]。相对于《妥拉》的建构特征而言，《以斯拉记》和《尼希米记》所记述的历史事件可靠性更高，具有一定的史学价值。约瑟夫斯在《驳阿庇安》中提及“他（立法者）又不希望那些临时在我们国家作短暂停留的人深入到我们的日常生活”[7]。值得注意的是，正如《犹太教基本概念》一书所述，“他们（犹太人）的这些做法更多起到的是一种自我隔离与保护的作用，而很少对非犹太人产生实质的伤害。”[8] 也就是说，上述排外行为主要表现在理论层面，在现实中更多表现的是隔离性。即以律法为核心，将犹太人生活的各方面事无巨细地以予规范。其出发点在于增强民族凝聚力和认同感，维护民族身份。但与此同时也造成了“自我”和“他者”的区分，在犹太民族和其他民族之间造成了一条难以逾越的鸿沟。据相关研究表明，一名犹太人需要遵守 613 条戒律，涉及宗教、律法、家庭、节期以及战争等诸多方面。繁杂的规定使得有意皈依的外邦人望而却步，

---

① 《历代志下》第 13 章第 15–16 节。

② 4Q302, Frg. 3 Col. ii. 6. 见 Donald W. Parry & Emanuel Tov, *The Dead Sea Scrolls Reader (part 4): Calenderical And Sapiential Texts*, 2004, p. 291.

③ 《申命记》第 7 章第 3 节。

④ 《以斯拉记》第 9 章第 2 节。

⑤ 《以斯拉记》第 10 章第 11 节。

⑥ 《尼希米记》第 6 章第 16 节。

⑦ 约瑟夫斯：《驳希腊人》，第 150 页。

⑧ 宋立宏、孟振华：《犹太教基本概念》，第 112 页。

也严重阻碍了犹太教发展为普世宗教的历史进程。

那么，从犹太教脱胎而来的基督教为何能够成为普世宗教呢？同样作为一神教，基督教的宗教思想与犹太教有着很大的差别。第一，犹太教是建立在民族历史经验基础之上的宗教，始终难以摆脱民族性的桎梏。基督教则摒弃了《希伯来圣经》中的民族叙事，主张与神另立新约。这样一来，犹太教中的民族记忆几乎被完全剔除。这为基督教成为普世宗教奠定了基础。第二，基督教没有犹太教所特有的繁杂的规定。在《使徒行传》中，就出现了对外邦人是否需要行割礼的争论。彼得是这样说的："知道人心的神也为他们作了见证，赐圣灵给他们，正如给我们一样；又藉着信洁净了他们的心，并不分他们我们。现在为什么试探神，要把我们祖宗和我们所不能负的轭放在门徒的颈项上呢？我们得救乃是因主耶稣的恩，和他们一样，这是我们所信的。"① 由此可见，虽然基督教是从犹太教发展而来，但是却实现了从"行为"上的宗教到"心灵"上的宗教之转变。对于犹太教徒来说，严格遵循教规，是对律法的遵守，也是对神的信仰。对于基督徒来说，信仰源自内心，无需通过繁杂的规范来表达自己对神的信仰。相比犹太教来说，基督教的信仰方式更容易让民众接受。综合以上两点原因，基督教得以摆脱民族性的桎梏，进而发展成为普世宗教。

总结而言，与崇尚"多神教"的民族不同，犹太民族所崇拜的"一神宗教"带有强烈的本体排外性和信仰排外性。在世俗层面，主要表现为民族隔离性，以繁杂的戒律，界定民族群体，从而造成了一定的排外倾向。其后产生的基督教，剔除了犹太教中的民族记忆，并废除了大部分戒律，以更为开放的姿态面向世界，因此争取到了更多"边缘人群"②，从而发展为实践意义上的普世宗教。

四、结语

与传统观点相悖，犹太教是一个具有普世精神的宗教。其核心要素——雅威是普世之神，而非传统意义上的民族之神。在普世神学视域下，早期犹太民族呈现两大特性。其一为开放性，通过对古典文献的研究表明，在罗马帝国时期及以前，存在大量的外邦人改宗现象，这些改宗者在宗教层

① 《使徒行传》第 15 章第 8–11 节。

② 施罗默·桑德：《虚构的犹太人》，第 226–227 页。

面被视为犹太民族共同体中的一员。其二为排外性，“独一神论”的神学观点，引发神学层面的排外；在世俗层面，犹太民族排斥非犹太人深入自身生活，并以繁杂的戒律区分“自我”和“他者”，从而引发“隔离性”。综上所述，普世神学是早期犹太民族特性得以产生的渊源，而民族特性则是神学思想在世俗领域的表现。正是由于犹太教的普世神学，早期犹太民族才具有一定的开放性，而未形成基于纯粹血缘关系的自闭民族。另一方面，由于普世神学的“独一神论”思想，引发神学层面的互斥，在世俗领域犹太人的隔离倾向亦日益增强。值得注意的是，开放性与排外性并非相互矛盾，而是辩证统一。早期犹太民族虽具有排外性，但在普世神学的视域下，其排外不是传统意义上的“种族—民族”排外，即血缘排外；而是“信仰—民族”排外，是基于宗教信仰（及生活规范）的排外。前者是绝对的、无法调和的，除非融入该民族的血缘关系中。而后者是相对的、可以调和的，只要归于它的宗教信仰并遵循其生活方式，即可融入该民族共同体。但不可否认的是，犹太民族的排外性阻碍了普世宗教的发展，这是导致犹太教未能发展为实践意义上的普世宗教之重要因素。

本质主义、伦理化和内在化

——重思胡塞尔的现象学神学

周建昊 ①

内容提要：不同于某些误解，胡塞尔事实上很重视对宗教和神学的思考，意图通过现象学方法，建立某种理性的“逻各斯神学”，以及相应的上帝形象。胡塞尔主要通过目的论的思路通达上帝，其神学旨在把握具体宗教背后的本质结构，建立“唯一的普遍宗教”，同时又不否认这样的宗教和上帝具有历史性。上帝形象在他的文本中有数种不同的表现形式，但它们都与伦理考虑密切相关，彼此之间能够融合而非互斥。以此，本文反驳了黑尔德、毛尔等人对胡塞尔的批评，证明了胡塞尔的神学和上帝是可以现象学地得到辩护的。

关键词：现象学神学，本质主义，伦理化，现实性，内在化

Essentialism, Ethicalization and Internalization
——Rethinking Husserl's Phenomenological Theology

ZHOU Jianhao

Abstract: Contrary to some misunderstandings, Husserl attaches great importance to the reflection on religion and theology, intending to establish a rational "Logos theology" and the corresponding images of God through phenomenological approaches. Husserl approached God mainly through teleological thinking, his theology aimed to grasp the essential structure behind

① 周建昊，清华大学人文学院哲学系博士研究生。

specific religions and establish “the only universal religion”, without denying that such a religion and God possess historicity. The figure of God has several different manifestations in his text, but they are all closely related to ethical considerations and can be integrated rather than mutually exclusive with each other. With this, the paper refutes the criticisms against Husserl by Held and Mall among others, demonstrating that Husserl’s theology and God can be phenomenologically justified.

Keywords: phenomenological theology, essentialism, ethicalization, reality, internalization

作为现象学运动的创始人，埃德蒙德·胡塞尔在宗教和神学方面的思想却总是受到误解，要么被认为他对宗教和神学的话题并不关心、缺乏对这方面的思考，要么由于他在生活中的基督教信仰而被认为他在这方面的观点不能完全符合自己提倡的现象学精神、无法被恰当地置于现象学体系之内。这些观点的片面性主要由于它们未能全面地考察胡塞尔著作——尤其是他生前未出版手稿——中的相关叙述。本文试图通过全面考察胡塞尔的原始文本，还原胡塞尔关于宗教、神学尤其是上帝的思考，驳斥上述误解，指出胡塞尔的神学和上帝观具备以下特征：首先是符合本质主义倾向，但又不缺乏历史性；其次，上帝形象虽然有不同的侧面，但都与伦理主题相关，这些侧面的融合造就了一门伦理化的神学；最后，理想的教义和神性实际上就是美好人性品质的集合，胡塞尔的上帝不只是理性和爱之遥不可及的 Telos（终极目的），而必然也内在于我们的内心，作为一种现实的力量指导着我们的生活。

一、本质主义和历史性的共存

在《危机》中，胡塞尔曾经论及上帝的单数性，在那里他否定了多神教的宗教及信仰的自明性，[①] 并希望最终建立“唯一的普遍宗教”。于是读者难免会产生这样的印象：即胡塞尔也加入到古老的“一神教与多神教之对峙”，并选择站在一神教的阵营里。毛尔（Mall）即有着这样的理解，

① E. Husserl, *Die Krisis der europäischen Wissenschaften und transzendentale Phänomenologie*, The Hague: Martinus Nijhoff, 1976, S.335.

他认为，胡塞尔将上帝和宗教规定为单数的，这导致他的宗教现象学承担了形式化、无内容的风险，现象学分析所追求的非时间性，使得胡塞尔否定这种普遍宗教是在具体的哲学和宗教传统中历史性地积淀和构成的。同时胡塞尔对基督教的私人信仰，使得这种唯一的普遍宗教对于他而言就化身为基督教，宣扬启示的上帝。①

但这种解读的弱点在于它忽视了《危机》当中的上帝是理念化和逻辑化的，它并非人格神，而是理性目的论的最高原则，②而与之对应的那个普遍宗教不等于那些与多神教对立的一神教，更不是什么“基督教的原型”。因此，“上帝是单数的”之论题与一神教和多神教间的争论没有太大的关系，它是理念化方法的必然结果。这就引出了本节的重点，即在现象学的神学和上帝形象中贯穿着本质主义的倾向，但它们又不失其历史性，二者是兼容的。

一方面，胡塞尔认为，只有通过揭示各种宗教和个人宗教体验的先验本质结构，宗教的朴素言说才能获得可理解性和有效性，而这只能通过让宗教和“实证神学”的主张从属于超越论现象学的态度、接受对本质结构的分析来实现。我们可以把这一立场称为神学中的本质主义，它所催生的是一门理性神学（rational theology），我们对它怀有的是一种理性信仰。

但不忽视事情的另一面同样重要：现象学神学固然是本质化、理念化的，但在胡塞尔看来，神学中的真理和自然科学一样，起初都是在实践生活中被建构，虽然之后往往被理念化、理所当然地接受，但这并不能抹杀它在生活世界中有其历史性的起源。例如在胡塞尔看来，个人的宗教体验是理性的，但宗教直观的真正源起是“产生自‘流传下来的关于基督生活的故事，他的比喻，自我见证等’”③——尽管体验者不需要探究关于耶稣在十字架上的死亡与随后复活的历史学（historical）真相。这就是本质主义与历史性之统一在神学领域的体现。上帝的单数性固然要归因于理念化和逻辑化——但那超越了个人、家庭、民族差异的唯一上帝，也是与宗教文化之历史发展必然对应的。

---

① R.A. Mall, “The God of phenomenology in comparative contrast to that of philosophy and theology”, *Husserl Studies*, 1991 (8), pp.6–8.

② E. Husserl, *Die Krisis der europäischen Wissenschaften und transzendentale Phänomenologie*, The Hague: Martinus Nijhoff, S.67,335; S.6,7,62.

③ E. Husserl, *Vorlesungen über Ethik und Wertlehre 1908–1914*, Dordrecht: Kluwer, 1988, S.66.

借此我们可以进一步反驳毛尔的论断：现象学的神学和上帝具备历史性，它们自身是历史地形成和变化的，本质主义方法和历史性之间的张力并非不可调和。就通往上帝的方法而言，“理性的”不等于“非历史的”。另外这里还涉及一个重要的概念区分，即“非时间性”和“超时间性”：现象学的上帝固然背负着非时间性的要求，但它的形象并不是超时间地保持同一，而是在变化的——事实上，普遍宗教并非像毛尔设想的那样形式化，它恰恰有着丰富的具体内容——但这种“具体”体现在何处？下面我们会通过文本分析证明，它是通过伦理的途径进入人们的生活并逐渐积淀下来的。

二、上帝形象的伦理化——文本分析

接下来我们将进行丰富的文本分析，证明在胡塞尔这里，各种上帝形象都是伦理化的，以此两种意志的关联才得以建立；只有通过伦理的生活和行为，上帝才进入各个超越论主体的意向性中，具体地发挥作用。

1. 作为“最高”人格和精神的上帝

乍看起来，胡塞尔的作品中存在着大量类似于传统宗教或形而上学的说法，即对上帝进行拟人化的描写，例如在我们的核心文本《边界》中，就有好几处给出了“人是上帝的孩子”这一说法。① 其他宗教式的描写包括，将上帝规定为最高的精神：“整个世界是一个精神的统一体……有一位上帝在所有的力量、所有的精神中统治着，在一切之中统治着”，② 或者将神性等同于“全能的”“全力的”人格，③ 甚至说上帝也需要身体才能认识事物。④

但我们需要避免某种过强的解读，例如像贝洛那样认为“胡塞尔的上帝是一个人”⑤。对这些文本的理解应该更全面——作为哲学家的胡塞尔为什么认为可以做出像这样的描述。在《交互主体性现象学》中，胡塞尔曾有一个论断，即把单子共同体的进化过程视为“神性之自我实现的过

① E. Husserl, *Grenzprobleme der Phänomenologie*, Dordrecht: Springer, 2013, SS.91, 92, 177,424.

② Ibid., S.261.

③ E. Husserl, *Aufsätze und Vorträge (1922–1937)*, Dordrecht: Kluwer, 1989, S.33.

④ E. Husserl, *Phänomenologie Untersuchungen zur Konstitution*, Dordrecht: Kluwer, 1991, S.85.

⑤ A. Bello, “On the divine in Husserl”, *Biannual Philosophical Journal*, 2016, 6(2), p.276.

程”[①]，这其中自然也包括人类历史性和文化性的生活世界，上帝借助世界构成所符合的目的论在其中呈现自己；换言之，只有在这一人性参与了神性自我实现的意义上，我们才可以说上帝和人是相似的，上帝是无限遥远的人。[②]但无论如何我们应该牢记，上帝只是在与超越论主体性的类比中才能被指称为人格，而不能被等同于后者——上帝始终是超越论现象学的主题，并且处在它的限度内。事实上胡塞尔已经指出过，在真正的宗教和哲学看来，作为超感性存在的上帝不能被想象为实体或人格；[③]上帝不能在事物或人的意义上作为对象被经验，[④]作为世俗、现实之父亲的上帝不再是上帝。[⑤]

而更重要的是，对于我们举出的以上各处段落，胡塞尔都紧跟着补充说，是因为有一种伦理的考虑作为纽带，上帝才可以被类比为“父亲”或“人格”——上帝的子民性（die Gotteskindschaft）属于伦理要求的框架，[⑥]所有上帝的子民都是善的、活在对善的信仰中，我们通过遵循本己的绝对应然、获取永恒价值，在信仰中“经验到”上帝，[⑦]通过被伦理地指导的生活作为上帝的器官（Gottes Organe）与它相联系。[⑧]因此可以说，上帝的这第一种形象，即作为最高的人格和精神，是离不开伦理考量的。

2. 作为实践理性之 Telos 的上帝

对于胡塞尔，上帝也是理性目的论的最高原则、是位于无限处的“理念极”，这一点几乎每个深入研究过这个问题的学者都已经意识到，本文不再赘述。这里想要探讨的更深层问题在于：上帝是哪一种理性的 Telos，理论理性还是实践理性？我们首先考虑一下理论理性。早在 1908 年，胡塞尔就从类似的出发点对理论上全知的上帝做出了设想：不同于人类，上帝

---

① E. Husserl, *Zur Phänomenologie der Intersubjektivität. Dritter Teil: 1929–1935*, The Hague: Martinus Nijhoff, 1973, S.610.

② E. Husserl, *Die Krisis der europäischen Wissenschaften und transzendentale Phänomenologie*, The Hague: Martinus Nijhoff, S.67.

③ [德]胡塞尔：《文章与讲演（1911–1921 年）》，倪梁康译，北京：人民出版社，2009 年，第 311 页。

④ E. Husserl, *Die Krisis der europäischen Wissenschaften und transzendentale Phänomenologie*, The Hague: Martinus Nijhoff, S.242.

⑤ Ibid., S.246.

⑥ Ibid., S.92.

⑦ Ibid., S.242.

⑧ Ibid., S.234.

或许可以从两个互相冲突的视角同时经验对象，或者包含不同的意识，使得我判断 A 并不排除另一个人判断非 A，以保证普遍一致的实现，在此意义上，上帝被称为“整全自我”（das All-Ich）或“整全意识”（das All-Bewusstseins）。① 然而胡塞尔本人从一开始就对这个设想有疑虑，直到五年后的《观念 1》中，出于对现象学基本认识原则的坚守，胡塞尔拒绝了它——这就是我们所熟知的表述：“上帝也受到绝对的、明显的必然性之制约，比如 2+1=1+2 洞见中的必然性。”② 由此，作为解读者的黑尔德意图以视角性对神认识能力（理论理性）的限制，一下子否定对上帝怀有理性信仰的可能；③ 但正如罗丽君指出的，当 20 世纪 20 年代的胡塞尔谈论作为超单子（die Übermonade）的上帝时，已不再将它局限为“整全意识的匿名同一极”，而是填充了具体的内容，此时作为理性的上帝“不仅是一种‘纯粹理论理性’，而且也是一种指导世界生活之实践的‘实践理性’”④。这是黑尔德所忽略的地方。

胡塞尔的上帝形象与实践理性紧密相关，信仰有着很强的实践—指向，这一点得到《边界》中以下表述的明显支持：“信仰的内容绝不是通过‘理论’知识来证明的，信仰是从一种可能的实践理性生活的动机而证明其正当性的”。⑤ 对上帝的信仰是为人类理性服务的——信仰使人类的生活面对非理性的命运和偶然时仍能保持理性，而理论理性最终服务于实践理性的普遍目的。伦理学所追求的生活即是人们共同践行实践理性的生活，一种在实践理性指导下哲学—科学地行动的生活。简言之，作为实践理性之 Telos 的上帝，其存在最终是为了确保我们伦理意志的可达成性。

3. 作为爱之 Telos 或绝对价值的上帝

与理论真理的情况类似，美好的伦理属性本身也同样不是由上帝规定的。在《伦理学导论》中这样的清晰陈述：“伦理上的善（就像逻辑上的真）不是因为上帝要求它、武断地决定它是这样的，上帝要求它，因为它本身就是善或真。真理本身就是真，善本身就是善，而上帝作为绝对完美的存在，

---

① E. Husserl, *Die Krisis der europäischen Wissenschaften und transzendentale Phänomenologie*, The Hague: Martinus Nijhoff, SS.167–168.

② E. Husserl, *Allgemeine Einführung in die reine Phänomenologie*, The Hague: Martinus Nijhoff, 1976, S.175.

③ K. Held, “Gott in Edmund Husserls Phänomenologie”, Dordrecht: Springer, 2010, S.735.

④ Lo Lee-Chun, *Die Gottesauffassung in Husserls Phänomenologie*, Frankfurt: Peter Lang, 2008, SS.157–158.

⑤ E. Husserl, *Grenzprobleme der Phänomenologie*, Dordrecht: Springer, 2013, S.238.

不能不承认就是这样并需要它。”[①] 爱当然也不例外。根据我们对胡塞尔后期伦理学思想的了解，单子生活的最高形式是爱的共同体，最高形式的价值即是爱之共同体的价值，要想从个体的爱出发最终建立这一共同体，就需要对邻人之爱（die Nächstenliebe）的扩展和渗透。这一运动从何处开始？在《边界》中胡塞尔称此起点为原初之爱（die Urliebe）——人对人的爱，它包括母爱、父爱、配偶之爱、友爱等形式。[②]

正如同前一段引文所体现的，这些爱显然在一开始与上帝无关，并非被上帝所规定，而是更多地源于欲望和本能。但爱是逐步上升的，不仅是从个体性的到普遍性的，也是从感性的到理性的，而这样一种提升最终朝向的是上帝——胡塞尔说，对上帝的爱是最深的爱；[③] 我可以同时爱几个人，但还有一种“唯一的爱”，在其中我“完全与被爱者合一，或知道自己（与他）合一……我完全‘奉献’了自己，而我只能对一者这样做”，而接着胡塞尔说，这个一者 (one) 即是上帝。[④] 换言之，上帝虽然不是爱的起因，却因其典范和引导性意义而成为爱的最终归宿。以如此方式被爱的上帝，与其说是一种神圣的、超越论的人格，不如说是一种绝对价值更准确：

上帝是一种普遍的绝对价值，所有价值在其中被规定，作为一种存在理念，真实的、在自身内绝对有效者，一个绝对的价值极（Wertpol），所有“伦理的”合法追求都指向它。[⑤]

在 1917 年关于费希特的演讲中也可以找到一段表达相同意思的话语：

当我们在纯粹的爱中出于它本身的缘故而爱某物……我们就触及了直接的神圣存在，或者说，一种绝对价值——在世界上的显现。[⑥]

也就是说，对上帝的信仰也可以视作一种对绝对价值的纯粹的爱；它引导爱的运动方向，也让人们于生活中在各种价值之间做出正确的伦理选择。无疑在这层含义上，上帝形象又有了一个新的侧面——我们可以直接称之为“绝对价值”，或者，由于上帝在这里的地位和发挥作用的方式，与它在理性那里的类似，不妨将这第三种上帝形象称之为“爱的 Telos”。

---

① E. Husserl, *Einleitung in die Ethik. Vorlesungen Sommersemester 1920/1924*, Dordrecht: Kluwer, 2004, S.130.

② E. Husserl, *Grenzprobleme der Phänomenologie*, Dordrecht: Springer, 2013, SS.469–471.

③ Ibid., S.236.

④ Ibid., S.344.

⑤ Ibid., S.177.

⑥ ［德］胡塞尔：《文章与讲演（1911–1921 年）》，倪梁康译，第 318 页。

4. 作为一种现实性或“力”（Kraft）的上帝

到目前为止的文本分析似乎给人这样的印象：现象学上帝是一个无法达到的极点，它虽然是与基督教上帝不同的“至高的人格”，但也只是用绝对理性和绝对价值（绝对之爱的对象）的观念代替了造物主，但同样都缺乏现实性。然而正如徐立文已经指出的，胡塞尔的上帝不应只是一个调节性理念，而必须也扮演某种构造性的角色，[①] 否则，如果上帝只是一个无任何现实性的纯粹观念，它如何推动超越论主体间性进行世界构成和自身构成？胡塞尔自己当然也意识到了这一点——而且是从较早的时期。

在前期关于伦理学的演讲中，胡塞尔便自我反思说，上帝不应当只是关于可能最完美者的观念，“但不应当只是如此。它（上帝）应该是一种实现的力量（realisierende Kraft），并因此也是某种意义上的‘现实性’，甚至是最终和绝对的现实”。[②] 也就是说，上帝必然也是一种现实性，以及一种自我实现的力量，这就是上帝的第四种形象。我们可以看到，胡塞尔多次称呼上帝为“隐德莱希（entelechy）”——这个词的字面含义即为“潜能的实现，内在的驱动力（impetus）”：“上帝是隐德莱希，是能量（ἐνέργεια）”；“上帝是隐德莱希，除此之外都是‘无’”。[③] 上帝是 entelechy 或者说现实力量，这与它同样也是 Telos 或形式理念并不矛盾。

上帝是隐德莱希或纯粹的形式，存在物的发展在爱神（Eros）的驱动下向它努力。这种纯粹的形式是一种理念，但也是所有存在中无所不在的“起效用的力量”[④]。

作为力量的上帝并非外在地推动我们，而是内在于诸超越论主体之中：我们通过自己的伦理行为，把上帝力量（Gottes Kraft）收入自身之内——也即，第四种形象仍然是出于伦理的考虑。这种想法的成立所基于的前提是，我们有神圣的禀赋（Anlage），每个人当中都蕴含着神性的萌芽。生命中有着太多的非理性偶然，个体也终将面临疾病和死亡，但我们在与命运、与邪恶的斗争中就发挥着神力，信仰指引我们向善，而我们世代相传的行动又使得世界的意义得以延续。由此，神性就被等同于理想人类品质的集

---

① 徐立文：《胡塞尔的上帝理念及其通达方式》，载《基督宗教研究（第 26 辑）》，2019 年，第 250 页。

② E. Husserl, *Vorlesungen über Ethik und Wertlehre 1908–1914*, Dordrecht: Kluwer, 1988, S.181.

③ E. Husserl, *Grenzprobleme der Phänomenologie*, Dordrecht: Springer, 2013, SS.168, 336.

④ E. Husserl, Ms. B I 4, 55; 转引自 Lo Lee-Chun, *Die Gottesauffassung in Husserls Phänomenologie*, Frankfurt: Peter Lang, 2008, S.176。

合——我们会在下文强化这一观点。

上帝的理念不只是空洞的形式，而是在绝对的理性、真和善中具体地有其本质。借助伦理的途径——我们的伦理行为，作为现实力量的上帝进入主体性之内了——这也就是前文问及的，上帝意志与个别超越论主体意志建立联系的方式，但如此，上帝就直接内在地驱动着我们，而不再只是外在于我们的纯粹理念。

三、四种上帝形象的和谐

上帝的四种形象在胡塞尔作品中的出现是分散的，看似互不相干；我们需要验证它们到底是兼容的，还是像某些评论者认为的那样相互排斥。让我们从形象 1 和 2 的关系开始。在第一部分我们曾分析到，现象学神学中有着一种本质主义倾向，它追求以理性、科学的方法建立“唯一的普遍宗教”，并塑造相应的上帝形象。那么，普遍宗教如何建立？到何处去寻求这种宗教和上帝的本质结构？根据我们上面的推论，只有到人性的各种品质中去寻找。胡塞尔在其他地方的文本明确支持了这一点。“走向上帝的科学通过超越了国家与历史—文化差异的标准化，为普遍人性提供了一个基层”。[①] 我们可以如此理解这个陈述：这个基层实际上就是一个理想人性的本质结构，而神性则是组成这一结构的那些品质的总和——友爱，尽职，勇敢等等，当然也包括对理性的坚信。反过来讲，任何不教人向善、伤害了这些品质的上帝教义都是对人性的违背，因而不是值得信仰的真正宗教。神性即是理想的普遍人性，而推导人性本质结构的科学活动当然要在理性指导下进行，因而胡塞尔说，用来说明世界存在方式（das Sosein）的普遍原则“最终是一理性，是上帝，一人格或类似人格的原则”[②]。从这里对三者的并列，可以看出作为（实践）理性及其 Telos 的上帝形象，和在类比意义上作为人格的上帝形象并不存在矛盾。

接着是形象 2 和 3——实质上是理性和爱——在上帝那里的同一。在对上帝第 2、3 种形象的分析中，我们实际上已经给出了对此解决的一个证明：上帝既是理性的极观念，又是绝对之爱的根据。在《伦理学导论》中，有这样一段话：

---

① E. Husserl, *Die Lebenswelt*, Dordrecht: Springer, 2008, S.167.

② E. Husserl, *Erste Philosophie (1923/24). Erster Teil: Kritische Ideengeschichte*, The Hague: Martinus Nijhoff, 1956, S. 289.

我出于纯粹的实践理性而行动……只把你的实践赞同给予对你自己和他人纯粹的爱，决心只爱纯洁的东西，只把赞同给予那被纯粹意志和意愿的东西。①

这段话表明，在信仰中实践理性和纯粹的爱是可以等同的，二者在对作为绝对价值之上帝的信仰和追求中——经由伦理的途径——达到统一。

最后则是形象 2/3 和 4 之间的关系问题——实质上即是 Telos 和 entelechy 在胡塞尔这里是否兼容的问题。胡塞尔本人在著作中自然地交替使用 Telos 和 entelechy，并不认为需要对此进行特别的阐明；一些研究者也是如此，例如莱考克直接将上帝同时作为普遍目的论进程的 Telos 和 entelechy。② 但黑尔德认为这是胡塞尔在两者之间摇摆不定的表现，上帝不可能既是 Telos、又是 entelechy，“这是不可能的；因为这样，上帝要么是作为一个目标，要么是属于作为绝对者之意识的驱动力”，③ 并在此矛盾的基础上进一步否定上帝成为隐德莱希的可能，“‘隐德莱希’同样是不可接受的，因为把上帝内在化、将其等同于意向意识的驱动力，不符合其绝对的意识超越性”。④ 但真实情况就是如此吗？

答案恐怕是否定的。Telos 并非如黑尔德定义的那样是一个最外面的、脱离了现实的离群点（outlier），斯特拉塞尔（Strasser）对它的规定更为恰当：“胡塞尔谈论的 Telos 是单子内在固有（innewohnen）的……它不仅在它们当中实现，而且通过它们自身而实现”。⑤ 此外，绝对者和相对者在胡塞尔这里（大多数时候）本来就是辩证统一的，而这一关系在上帝问题中也同样成立：一方面，上帝作为“在其完全和整个意义中的绝对真理……自在地承担了所有真存在者的存在”⑥，决定了每个相对者的现实性；另一方面，上帝又需要作为一种驱动力置身于相对真理的每一次实现和无限自身提升的过程中，才能成就绝对真理“无限”“理念”的特征。因此，作

---

① E. Husserl, *Einleitung in die Ethik. Vorlesungen Sommersemester 1920/1924*, Dordrecht: Kluwer, 2004, S.341.

② S. Laycock, “The Intersubjective Dimension of Husserl's Theology”, New York: State University of New York Press, 1986, pp. 169,180.

③ K. Held, “Gott in Edmund Husserls Phänomenologie”, Dordrecht: Springer, 2010, S.726.

④ Ibid., S.727.

⑤ S. Strasser, “Der Gott des Monadenalls. Gedanken zum Gottesproblem in der Spätphilosophie Husserls”, In *Perspektiven der Philosophie*, 1978(4), S.373.

⑥ E. Husserl, *Grenzprobleme der Phänomenologie*, Dordrecht: Springer, 2013, SS.250–251.

为 Telos 和 entelechy 的上帝形象并不矛盾，这对于胡塞尔来说的确是很自然的。

四、小结：对一些批评的反驳

让我们继续验证上帝之内在化的必要性。黑尔德说“上帝不能被内部化”，但这首先反映出他并未全面地看待胡塞尔原始文本——比如《边界》中那份明确指出我们与上帝的关系是内在的文稿“祷告的内在态度与现象学的内指向”①，再比如《观念 1》中的叙述“上帝在绝对意识中的内在性，不能被构想为经验存在意义上的内在性”②，这里胡塞尔想表达的只是上帝作为内在性有其独特之处，并没有说上帝不能内在于意识。其次，从文本乃至整个现象学内部的逻辑推导，上帝不但可以、而且也必然是内在的——当胡塞尔说“上帝是无限遥远的人”时，我们该如何理解这个“无限遥远”呢？显然不是那种外在的物理距离的遥远，比如银河系外某颗星球相对于地球的距离。它只能是“位于我们内心最深处”这种含义上的远——如我们前面一段引文所讲的，上帝代表一种理想人性的结构，并作为这一结构的基层。只有作为存在于我们内在最深处的基层，上帝才有可能既“无限遥远”，又能“切近”地被我们理解；这并不会像黑尔德担心的那样损害上帝相对于意识的超越性，因为如此的上帝仍然是超越的，只不过是一种更符合现象学精神的“内在超越性”；反过来讲，也只有当上帝也是一种内在超越性时，现象学才可能是自洽的和完整的。

借助这些我们可以先回应毛尔的观点。当毛尔说超越论主体性“只能为一个作为被构成者的内在上帝留下空间”，“胡塞尔的宗教现象学给他一个内在上帝的观念”③时，这显然是对的；但他又认为胡塞尔想得出一个“超验地爱着”的上帝，④这是不太符合事实的，胡塞尔从未想达到那样一个纯粹外在于我们意识的超越上帝。毛尔形成这一判断的主要原因大概是，他认为胡塞尔“倾向于在真正宣称超越性之前，先在人类意识

---

① E. Husserl, *Grenzprobleme der Phänomenologie*, Dordrecht: Springer, 2013, SS.246–247.

② E. Husserl, *Allgemeine Einführung in die reine Phänomenologie*, The Hague: Martinus Nijhoff, 1976, S.109.

③ R.A. Mall, “The God of phenomenology in comparative contrast to that of philosophy and theology”, *Husserl Studies*, 1991 (8), p.4,10.

④ Ibid., p.6, 10.

（human consciousness）中设定它”，[①] 但笔者认为，毛尔这里不应该把超越论意识置换为人类意识，由此他陷入了他自己提到的“人类中心主义”（anthropocentrism）和“纯粹的内在主义”[②]。而这也导致了毛尔另一个重要的概念误判——即对超越论的（transcendental）和超验的（transcendent）之混淆：也许在最开始，为了与传统形而上学拉开距离，上帝的确曾被视作一种“超验的超越性”（transcendent transcendence），但一旦它沿着目的论之路被放入超越论现象学的领域、自身也受制于这一领域的规则，那么它就必然如上所述成为一种特殊的内在超越性，而不可能再是一个外在的超验之物了。

最后我们继续讨论黑尔德。在上一部分第二节中我们提到，黑尔德过分拘泥于视角性对上帝认识方面理性的限制，以至于最终否定了上帝作为理性之 Telos 而成立的可能；而在这里我们还要指出，进一步地，由于他认为上帝形象 2/3 和 4 之间（即 Telos 和 entelechy 之间）存在矛盾，他得出结论说胡塞尔的上帝只是单纯的思想物，没有丝毫现实性。他甚至提出，这表现了胡塞尔在批判现代人遗忘了生活世界的同时，自己也陷入了理念化和遗忘的魔咒，他需要对自己的一种元批判（Metakritik）。[③] 这些观点共同导致了黑尔德只能把上帝还原为人格神，但不再是胡塞尔那里的形象 1，即类比意义上的超越论人格，而是退回到传统宗教信仰的对象。“作为理念极之上帝只是对理性信仰的无力保证。真实但有限的保证只能由一种宗教信仰提供”，转向理性信仰“会使信仰丧失那本来独自赋予它保证力量的生活世界的经验”[④]。应当说黑尔德对胡塞尔的这些批评是成问题的，因为把上帝规定为绝对的逻各斯或理性的 Telos 并不等于把整个生活世界全部理念化，如我们前面的分析，Telos 内在于个人和群体的发展进程里，并因此时刻在生活世界中有其现实体现。更重要的是，解构对上帝的理性信仰不仅是否认现象学神学，更是在某种程度上否定了整个超越论现象学，因为理性（逻各斯）神学就是让启示宗教服从于超越论态度、在现象学中

---

① R.A. Mall, “The God of phenomenology in comparative contrast to that of philosophy and theology”, *Husserl Studies*, 1991 (8), p.5.

② R.A. Mall, “The God of phenomenology in comparative contrast to that of philosophy and theology”, *Husserl Studies*, 1991 (8), p.2,5.

③ K. Held, “Gott in Edmund Husserls Phänomenologie”, Dordrecht: Springer, 2010, S.738.

④ Ibid., S.737.

获得其可理解性和有效性的结果。而且，如何才能具现黑尔德心心念念的“生活世界中经验的明见性”呢？黑尔德自己诉诸于所谓“宗教实践”（religiöse Praxis），即庆典、圣歌、请神（Beschwörung）、祭祀等习俗仪式；① 但这相对于整个伦理生活来说有些狭隘了，此外这么做对于忠实的（基督教）信徒或许有效，但异教徒或不信教的人们，又如何能把握其“明见性”呢？

总体来说，胡塞尔虽然在其生活中个人是一位新教基督徒，但在其思想体系中，他并没有让传统神学的设定渗透进现象学严格的分析和建构。正如同我们在正文中反复提及的那样，虽然胡塞尔的上帝形象中有人格化的描写，但由于其只可以被类比为一超越论人格、而不等同于一个世间之人，因此将神性与理想的普遍人性相联系，不是向一种费尔巴哈式人本主义上帝观的倒退。而其他作为终极目的或力的上帝形象就更是如此了。以超越论方法建构的理性信仰，虽然也借了“上帝”之名，但如此建构和理解的上帝，已与托马斯式的传统神学有着本质的区别，甚至可以说是一门新的学科。胡塞尔所谓的“唯一普遍宗教”，实际上是一种“普遍的伦理学”。正因如此，一些当代学者对胡塞尔的批评，例如瓦尔加（Varga）评论胡塞尔的分析“没有公正地对待传统神学体系中的实质内容，包括传统的教父式神学的理论，它们是依靠历史学时空中的真实事件，例如耶稣在耶路撒冷十字架上的实际死亡，才获得其救赎的意义”②——可以说是缺乏意义的——尽管不能说是不准确的。胡塞尔的神学思想并不关注传统宗教史学所关注的具体事件，而是以本质主义的精神去把握作为理想人性的神性之本质结构。

胡塞尔的神学不仅仅诉诸于宗教实践，而是对人有更全面的要求。他要我们做的不是请神送神，而是积极地生活、不在短暂此生内的痛苦和不幸里沉沦，是利用好自己的理性和自由，是惩恶扬善。在一个越来越多地受到丧失信仰或信仰冲突之威胁的时代，这作为“唯一普遍宗教”的伦理性神学也格外彰显其近似无神论的色彩和魅力。

---

① Ibid., SS.733,737.

② P. Varga, “Edmund Husserl on the historicity of the gospels”, *Husserl Studies*, 2021, 38(1): pp.51–52.

自由、创造与生命

——论柏格森的生命宗教观 ①

江海全 ②

内容摘要: 国内学者对柏格森的研究大多数局限于他的生命哲学思想，很少涉及他的宗教思想。事实上，柏格森的生命哲学思想与其宗教思想存在着一种内在的逻辑关系。尤其柏格森的晚年，他的生命哲学与宗教思想紧密地联系在一起。本文首先以“生命冲动”作为柏格森生命宗教观的逻辑起点，揭示生命的两大本体论特征：自由和创造。其次，从柏格森的“创造”概念导出世界创造者“上帝”的内涵。接着，从“生命冲动”的角度分析柏格森宗教观中的两种宗教形式：静态宗教和动态宗教，并得出结论：动态宗教是生命冲动的完美体现。最后，简要分析柏格森宗教思想的生命哲学意义以及与传统基督教“创世论”的不同。

关键词： 自由，创造，生命冲动，宗教

Freedom, Creation and Life: Henri Bergson's conception of life religion

JIANG Haiquan

Abstract: Most of the studies on Bergson by domestic scholars are confined to his philosophy of life and seldom touch upon his religious thoughts. There exists an inherent logical relationship between Bergson's philosophy of life and his religious thoughts. Especially in his later years, Bergson's philosophy of life is closely linked to religious thoughts. In this paper, we first

---

① 本文系江苏省高校哲学社会科学研究重大项目（2022SJZD074）的阶段性成果。

② 江海全，南通大学马克思主义学院教授，研究方向：现象学、当代法国哲学、马克思哲学。

take “élan vital” as the logical starting point of Bergson’s religious thoughts on life, and reveal the two ontological characteristics of life: freedom and creation. Secondly, the “God”, the creator of the world is derived from Bergson’s concept of “creation”. Then, the two forms of religion: static religion and dynamic religion are analysed from the perspective of “élan vital”, and it is concluded that dynamic religion is the perfect embodiment of “élan vital”. Finally, we briefly analyse the significance of the philosophy of life in Bergson’s religious thoughts and its difference from traditional Christianity’s 7-day creation.

Key words: freedom, creation, élan vital, religion

前言

亨利·柏格森（Henri Bergson）被认为是生命哲学的集大成者，国内学者对他的研究大多数局限于他的生命哲学思想，很少涉及他的宗教思想。事实上，柏格森的生命哲学思想与其宗教思想存在着一种内在的逻辑关系。尤其柏格森的晚年，他的生命哲学与宗教思想紧密地联系在一起。其一，柏格森晚年的研究焦点转向了宗教和道德问题上。1932 年，他生前最后一部主要著作《道德与宗教的两种起源》出版，在这部著作中他用生命冲动理论详述了宗教的起源。这部著作的主要任务是证明，原始的冲动贯穿于宇宙中并同创造者的精神协调一致，宗教生活是一种同这种原始冲动相交往的形式，而对宗教现象及其社会功能的社会学研究不仅与以上观点相吻合，而且完全证明了这种观点。① 其二，柏格森出生于一个犹太人家庭，但他的反省引导他越来越接近天主教，他在天主教那里看到了犹太教的完整实现。柏格森晚年预感到一股新的迫害犹太人的狂潮将要开始，他于 1937 年立下遗嘱——柏格森宣布，倘若不会助长反犹太人的势头，他将在天主教教堂接受洗礼。柏格森的意思是，他改信天主教是有条件的，如果他加入天主教对他的犹太同胞有害，那么他将继续留在犹太教里。② 柏格森晚年已经悄悄地将他的哲学指向了某种精神，或者说神，或者上帝，因为他的生命冲动概念实质上就是指某种生命背后的伟大力量，或者说生命之本原，生命之终极创造者。

---

① 拉·科拉柯夫斯基：《柏格森》，牟斌译，北京：中国社会出版社，1991 年，第 100 页。

② Christian Dupont, *Phenomenology in French Philosophy: Early Encounters*, Dordrecht（Netherlands）: Springer, 2014, p. 58.

笔者拟以柏格森生命哲学中的重要概念“生命冲动”为理论基点，探讨其生命哲学思想与宗教思想的内在逻辑关系，揭示柏格森独特的宗教思想——他所理解的宗教及其类型跟传统的基督教已有根本的不同，而是一种哲学化的、理性解释的宗教。本文首先以“生命冲动”作为柏格森生命宗教观的逻辑起点，揭示生命的两大本体论特征：自由和创造。其次，从柏格森的“创造”概念导出世界创造者“上帝”的内涵。接着，从“生命冲动”的角度分析柏格森宗教观中的两种宗教形式：静态宗教和动态宗教，并得出结论：动态宗教是生命冲动的完美体现。最后，简要分析柏格森宗教思想的生命哲学意义以及与传统基督教“创世论”的不同。

一、自由、创造与上帝

自由和创造是生命的两大基本特征。自柏拉图理念论以降，直到笛卡尔，传统西方理性主义思维对永恒静止的无限追求，视生灭变化为幻相，对生命的理解远离了运动和变化，也就意味着远离了自由和创造。近代以来，随着科学理性的崛起，机械论和目的论的方法被套用于生命领域，生命一般意义上都是被理解为世界的生命或者生物学意义的生命。比如，从黑格尔到狄尔泰的生命概念遵循着一条线索：文化生命、历史生命、精神生命。狄尔泰的生命类似于黑格尔讲的自我生命的外在化，人就是人的世界。但从柏格森到亨利的生命概念则遵循着另外一条线索：内在性的生命、情感性生命。柏格森和亨利都把生命看作一个过程，把生命理解为变化和生成，将人与世界的统一理解为自由。对于柏格森来说，“绵延是其最核心的概念，直观（直觉）是其最基本的方法，创造和自由则是其最实质的内容。”①

（一）柏格森的自由及其内涵

柏格森哲学贯穿始终的主题以及它的终极诉求可以说是自由问题，其哲学之核心概念背后都隐藏着自由意志的影子。柏格森认为，理解自由必须从真正的绵延和深层自我出发。第一，自由实际上就是回到绵延本身，因为对绵延的直接体验中，我们才是最自由的。“要自由地行动就是要重新占有自我，重新置身于纯粹绵延之中。”② 自由在绵延中，这同时意味

① 杨大春：《20 世纪法国哲学的现象学之旅》，北京：社会科学文献出版社，2014 年，第 114 页。

② Henri Bergson, *Time and Free Will: an Essay on the Immediate Data of Consciousness*, trans. F.L. Pogson, London:George Allen and Unwin, 1910, pp. 231–232.

着自由是一种源初性事实，自由是意识的直接材料之表现。自由实际上也就是回到直接的材料上。其二，自由的力量是一种无拘无束的自发性，自由行动来自于深层自我。柏格森偶尔会把自由行为描述为一种成熟水果的掉落："自由的行动就像瓜熟蒂落般从它（自我）身上掉下来。"① 自由是内在生命自身的事实，它从意识状态根深的地方喷涌而出。柏格森运用他的直觉的方法创建了一种新的自由概念。直觉是对绵延的直接经验，在直觉中，随着持续的绵延，我们的行动是自由的，自由紧跟持续性的绵延的自我—创造。当我们通过深刻的内省，或者直觉方式去洞见意识生活时，我们发现的是"深层自我"。柏格森写道："有两种不同的自我：（1）基本的自我；（2）基本自我在空间和社会的表现。只有前者才是自由的。"② 前者又被称为"深层自我"，柏格森有时直接把"深层自我"称作"绵延"，后者又被称作"表层自我"，它是深层自我在外界的投影，也可以说，是它的空间和社会的表象。我们的行动与深层自我越吻合，则我们的行动就越自由。换言之，我们能够在多大程度上摆脱物质而回到深层自我，则我们就能够在多大程度上获得自由。

对于柏格森来说，自由首先是本体论层面的自由，而不是一种道德或者政治维度的自由。因为自由是没有主体的自由，更没有主体选择的自由。那是一个"无主体的先验场域"，是真正"自在"的事实："一切都是源初的融合，记忆、情感、本能、智能等等完全融合为一个相互渗透的多样性之统一体。这个统一体就是整个精神运动本身，就是那个绵延本身，或者说是我们那个深层自我本身。"③ 自由就是在绵延里行动，我们只有在自由行动的那一刻才能充分地活在自己的绵延里。艺术家在艺术创作中表现自我的方式，就是在自由的行动中表现我们的整体人格。因此艺术家完全活在他的绵延中，艺术家是自由的，他们的自由存在于艺术作品的自由创造活动中。绵延与自由的一致性，自由紧跟持续性的绵延。这一论点，在《创造进化论》中也有表达："我们越成功地使自己意识到我们在纯粹绵延当中的进展，我们就越感觉到我们存在的各个部分彼此渗透，而我们的全部人格将自动集中在一个点上，或者更确切地说，将集中在一个边缘

① Henri Bergson, *Time and Free Will: an Essay on the Immediate Data of Consciousness*, trans. F.L. Pogson, London:George Allen and Unwin, 1910, p. 176.

② Ibid., p. 231.

③ 王理平：《差异与绵延——柏格森哲学及其当代命运》，北京：人民出版社，2007 年，第 410 页。

上，挤压在未来上并且不断地切入未来。正是在这地方，生命和行动才是自由的。”[①] 与现象学家胡塞尔强调的判断自由和抽象的思想自由比较起来，柏格森重点关注的是体验和情感联系在一起的行动的自由。柏格森写道:“依据其类型，每一种情感都蕴含着即将作出的行动，此时它处于等待状态而无所举动。……我依据我的意识在情感中赋予自己的角色来拷问我的意识：意识回答说它实际上以感觉或情感的形式在我自认为采取了主动性的全部步骤中被呈现出来。”[②]

（二）生命的进化与生命冲动

柏格森对“进化”（évolution）和“进程”(déroulement) 两个概念也进行了彻底的区分。“进化的延续不断的各个阶段（phases）通过某种内在增长而相互交错，而一个进程的相互区分的各个部分则是并列放置的。”[③]“进化”与“进程”同为延续现象。“进程”作为延续现象可以提前被计算，是一个可以完全计算的体系的相续状态，在实现之前就已经以可能性的方式提前存在着。比如一把打开的折扇，无论打开的速度快慢与否，展现的都是同样的刺绣作品；一部电影胶片能够以任何速度进行播放，但并不会给系统带来任何实质的改变。进程在成为现实之前，这个事件是可以进行选择的。对于事件来说，选择只不过是预先存在物的重新排列，空间化时间中的并列安置。而“进化”作为延续现象，它的任何一丁点加速或者减缓都会以内在的方式发生整体的改变。“进化”被视作某种创造的绵延，一种持续不断的可能性创造，而不只是现实性的创造。它的每一时刻都具有原创性、新颖性和不可预见性。比如音乐家在谱写一首交响乐曲，尽管其作品在成为现实之前也可以是一种可能，但并不是说这个作品的现实对于音乐家来说已经具有明确而完整的观念而不需要音乐家克服任何障碍。

柏格森用生命冲动（élan vital）这个词来描述生命自身之中本有的创造力量，而且还用了很多生动的比喻来形容具体的创造过程。例如，他将生命的创造方式比作一颗炮弹突然之间炸裂成了碎片，这些炸裂而分散开来的碎片犹如“生命爆裂而成的众多个体和物种”。[④] 他还将生命冲动的

---

① Henri Bergson, *Creative Evolution*, trans. Arthur Mitchel, New York:Modern Library, 1944, p. 220.

② Henri Bergson, *Matter and Memory*, trans N.M. Paul and W.S. Palmer, New York:Zone Books, 1991, p. 18.

③ 柏格森：《思想与运动》，邓刚、李成季译，上海：上海人民出版社，2015 年，第 13 页。

④ Henri Bergson, *Creative Evolution*, p. 109.

创造行为描述为高压蒸汽缸的喷射。一个装满蒸汽而处于高压的汽缸，蒸汽由某个小孔喷射而出。喷出的蒸汽在空气中凝结成为小水珠而落下。“喷汽必定是从无限的生命之库不断喷涌而出，每一个下落的喷射都是一个世界。”① 柏格森还将生命冲动比喻为节日焰火表演中的火箭，用它的腾起和扩展来形容这种生命创造力的发展。②

柏格森同时指出，生命冲动是一种强迫地创造而不是绝对地进行创造的力量，因为在它面前存在着一种对它进行阻碍的物质的反运动。这样最初的生命冲动分裂为两个相逆的倾向：向上的喷射和向下的跌落，每一个倾向继续分裂出两个分支倾向，直至最高之处的人类产生，只有人类才能进行精神创造。更具体来说，生命冲动向上的喷射产生一切有机的生命，它的向下跌落产生一切无生命的物质。这两种运动的交汇点构成生物之有机体，这样一来，它既有了生命，又有了物质之躯体。柏格森关于“一分为二”的生命进化路线被概括为三个阶段：第一阶段是植物与动物的分化，植物与动物代表了生命最初的两大分叉形式；第二阶段是脊椎动物与节肢动物的分化，节肢动物向上在膜翅目昆虫中进化到最高点，而脊椎动物向上在人类中进化到最高点；第三阶段是，在人类身上，向上继续进化到最高点。人类集智慧与本能两种倾向于一身。

（三）生命的创造与上帝

柏格森在《创造进化论》中集中阐述了他的关于生命诞生及其本质的理论。柏格森的“创造”概念不能按照习惯理解为“一个物体创造出另一个物体”，他的创造“没有物体，而只有行动”，它是“自动的”“自我消解的行动”“不可预见的运动”“自我完成的行动”。③ 柏格森宣称，不仅我们自己生存的世界，而且另外一些世界也是按照这种“创造”的方式发生。世界的创造尽管没有主体但有自己的中心，世界都是从这个中心喷射出来，犹如焰火表演中的火箭，但我们不将它的中心理解为一个现成的物体，而是表述为一种不断向外喷射的连续性。如此理解的创造就像一个“‘神’没有任何现成的东西；它就是永不停息的生命、行动和自由”④。

① Henri Bergson, *Creative Evolution*, trans. Arthur Mitchel, New York:Modern Library, 1944, p. 270.

② Ibid., p. 271.

③ Ibid., pp. 270–271.

④ Ibid., p. 271.

柏格森最后已经悄悄地将他的哲学指向了上帝。我们有必要引述在《创造进化论》中出现“上帝”一词的唯一的一段话：“上帝不是本来就存在着的，它是生生不已的生命、行动和自由。而且这么说的创造也不是一种神秘之物，当我们自由行动的时候，当我们在自身中体验到它。”[①] 柏格森告诉我们，创造并不是在一个确定的时刻一下子完成的，而是一个连续的创造，在这个过程中，世界不断地自我创造。上帝实现这个创造，因为它是“生生不已的生命、行动和自由”。上帝不是一个事物或者一个实体，而是创造活动自身。没有创造者，只有行动。如果我们借用著名的柏格森比喻，世界将像一个巨大的燃放的烟火。上帝就是这种巨大的连续性的燃放。创造活动就是创造它自己的活动。当这种创造行为消解自身时，物质性就出现了。生命在于创造自己的活动，物质在于消解自己的活动。

柏格森所理解的“上帝”不像基督教理解的那样。其一，基督教的上帝是按照早已存在于他精神中的原始模型创造这个世界。柏格森的上帝恰恰相反，它的创造活动面临无数可供选择的事物，其全部未来的创造作品不可能自始至终包含于它永远不变的本质中。上帝唯有通过创造世界才创造了自己，它就像一个不断成长着和活着的生命，它的生活同我们每个人的生活是一样的。其二，柏格森的上帝不是远离世界的自足的存在，而是体现在它的创造中。上帝与世界的联系是本体的。基督教的上帝，比如中世纪的阿奎那也认为上帝要借创造物为媒介才被我们所知。尽管形式上类似于柏格森通过与创造物的联系来把握创造者，然而他理解的上帝和世界在本体上没有必然的联系。这是由于我们愚笨的认识限制的结果，我们只能相对地知道上帝，我们有限的理智不可能渗入上帝隐秘的本质之中。其三，柏格森的上帝也不是传统意义上的全能的上帝。因为不确切知道自己未来创造的结果。柏格森的“生命冲动”是一种强迫地创造而不是绝对地进行创造的力量，它要碰见和面对阻碍它的物质。它必须创造物质，随即又在物质中找到永远的对手，也就是说，生命的原始冲动必须首先建立它的障碍物。物质既是生命运动的一个条件，又是它将克服的阻力。

二、生命冲动与宗教

1932 年，柏格森出版了生前最后一部著作《道德和宗教的两个来源》，

---

① Henri Bergson, *Creative Evolution*, trans. Arthur Mitchel, New York:Modern Library, 1944, p. 271.

这部著作是他的宗教思想的集中体现。生命冲动成为他阐述与论证的轴线而贯穿这本书的始终。

（一）宗教的产生

柏格森认为，宗教与道德是人类社会一种普遍的精神现象："从过去直至现在的人类社会中，我们可以找不到科学，找不到艺术，找不到哲学，但绝不会找不到宗教。"① 依柏格森之见，宗教的本质是生物学的，是"大自然的一种防御性反应，以对抗理智所带来的阻挡作用"②。人类之于动物最大的区别在于人类除了本能还有理智，并利用理智来组织社会，而动物只能依赖于本能来组织它们的社会。尽管理智在利用客观事物和支配事件方面取得了巨大的成就，但理智也对人类生命的进化形成了威胁。

首先，理智削弱和瓦解社会的团结。理智可以唤醒个人的主体意识进而把自己的注意力从共同体转向自身。人的理智只会鼓励人们考虑自己的利益而不顾及群体，并为了自己的幸福和快乐而不惜破坏社会群体的利益。这样的结果必然是削弱和瓦解社会群体的团结和聚合性，而社会群体的削弱和瓦解将使生命的进化难以为继。尽管在人类身上，理智起着支配作用，但还存在着"残余"或者"潜在"的本能。理智精于概念、推理和逻辑，而本能则善于幻想和创造，涵有创构神话和幻想迷信的能力。正是基于此，宗教代替本能以对抗理智带来的混乱，重建社会平衡而得以产生。因此，宗教应对理智威胁而产生的第一种防范性反应是习俗和禁忌。在早期社会中，习俗和禁忌对人的行为的约束发挥着重要的作用，而宗教的作用就是防止人们对它们的背叛。人类自然的本能运用想象而虚构出各种威严和可畏的神灵，通过宗教畏惧、宗教禁忌、宗教戒律等手段来维持社会秩序，以维系个人与群体的团结。

其次，理智使人意识到死亡而使人消极甚至消解生命存在的意义。人不同于动物，尽管动物能够区别生与死的不同，但并没有对死亡的普遍概念。动物有时候可能选择自杀，也有的动物在被追猎时可能假装死亡，但这些只是出于条件反射，或者动物的本能行为，这与人的头脑中的死亡概念完全不同。在死亡到来之前，动物并没有一种必死的观念出现在它的意

① Henri Bergson, *The Two Sources of Morality and Religion*, trans. R. Ashley and Cloudesley Brereton, Indiana:University of Notre Dame press, 1977, p. 102.

② Ibid., p. 152.

识中。而人类拥有理智，通过观察和总结，必然推出自己难逃一死的结论。由于人的内在的原始的生命冲动力量，人本能上并不想死亡，必然唤起对“人必死”的观念的一种自然防御性的反抗。宗教的灵魂观念恰恰就是基于人的本能对所持有必死的理性观念的防御性反应。“对生命持续的渴求才导致对来世的信念。”① 从原始社会开始，人类就有了死后灵魂继续活着，而且能够达到永恒的信念。人类还相信万物有灵，每一种事物里都存在着神灵，并用这些神秘的神灵去解释死亡、疾病和意外事件。在早期社会，灵魂观和神灵观的联姻似乎为宗教的一般形式提供了某种解释。宗教常常以灵魂不朽、来世、再生等观念来抵消理智因对死亡的恐惧与沮丧而减缓的生命向前运动。

最后，理智的本性是思考，对行为与结果之间反复掂量会造成行动的犹豫不决和畏缩后退。动物没有理智，不考虑结果，全力以赴去行动，在它的目的与行为之间没有任何阻碍。而人因为有了理智，可以在没有付诸行动之前，意识到行为与结果之间可能存在的种种意外与不测，行动因此变得迟缓和拖延。“正是理智应用于生活才使人面临种种不可预知性而陷入危险感觉中”，② 宗教正是为了防范人们的忧虑性而产生的：“它们是大自然对抗理智所表达的忧虑情绪的一种防卫性反应，这一忧虑是对所采取的行动与应得结果之间的不可预测性的忧虑。”③ 概而言之，宗教是大自然配置给人类的一种防范机制，以对抗人类因具有理智而带来的种种危险，不至于人类的进化进程延缓或半途而废。

（二）宗教的生命维度

1. 生命冲动与静态宗教

在《道德和宗教的两个来源》中，柏格森阐述道德与宗教的起源时处处表现出一种神秘的力量即生命冲动在发挥着关键的作用。他首先探讨道德如何起源于对社会群体的义务感，然后展示了这个义务是如何通过无意识的生命冲动，以神话的和文化符号的形式逐渐表现出来，其结果就是柏格森所说的封闭的道德和静态的宗教。静态宗教是宗教的初级形式，包括

① Henri Bergson, *The Two Sources of Morality and Religion*, trans. R. Ashley and Cloudesley Brereton, Indiana:University of Notre Dame press, 1977, p. 134.

② Ibid., pp. 138–139.

③ Ibid., p. 140.

虚构的神话、迷信、巫术、泛神论、动物崇拜与图腾信仰等等，它是低于理智的、群体的、自然的、朝向封闭的宗教。它与人的本能紧密联系在一起，个人依附群体，为了提供安全和宁静，又使人热爱生命。

柏格森认为，宗教的产生是生命冲动作用的结果，静态宗教只是生命冲动进化中一个阶段。生命冲动持续向前、向上、“一分为二”进化，进化到最高点人类身上，集理智与本能于一身（如前文生命进化路线图）。在人类身上尽管理智起着支配作用，但残余的本能与理智一起潜在地表现自身。而宗教现象的产生就是源于人的这种本能趋向：虚构神话、幻想迷信和巫术。自然本能运用虚构的幻想瓦解我们的理智，以此来防范理智鼓励自私而使社会分裂的危险。正是基于此，虚构神话的功能在人类社会中的作用恰好类似于动物群体中的本能，以保证社会的稳定和秩序。宗教本身要求人类有了虚构的神话，而不是虚构的神话创造了静态宗教，因此柏格森宣称：“正是在宗教的本源这里，我们抓住了我们认为是生命的根本需求的东西，正是这一需求产生了神话制造功能；所以，神话制造功能是从人类的生存条件中演绎出来的。”① 在原始宗教中，动物崇拜和图腾，以及巫术也十分流行，它们属于较低级宗教的一部分，但是并不全是宗教。它们都是生命冲动对抗理智的手段，在防范理智带来的危险时与宗教起的作用是相同的。

其次，人类理智具有深思熟虑的能力，对周围事物进行推理、概括和总结，进而得出自己早晚必死无疑的结论。对死亡的思考，让人颓废和沮丧，减缓了内在生命冲动向前的运动。然而，由于人的内在冲动本能上是生而不是死，必然唤起一种对“死”的观念的反击，以生对抗死亡。“大自然用再生观抵消死亡观，恰好表示她具有的平衡能力，使她不至于偏离自己的轨道。”② 原始宗教恰恰具有这种对抗必死观的功能，而并不减弱生命冲动力向前的进化趋势。最后，人的理智擅长于谋划和设想周全，常常在行动和结果之间徘徊而迟疑不决，这样的犹豫和迟缓阻碍了人类进化的进程。生命冲动是乐观的，它的本性是前进性和积极向上的，“生命冲动在那里，就容不得耽搁和拖延，也不承认阻拦和阻碍。”③ 生命冲动的前进

① Henri Bergson, *The Two Sources of Morality and Religion*, trans. R. Ashley and Cloudesley Brereton, Indiana:University of Notre Dame press, 1977, p.196 .

② Ibid., p. 131.

③ Ibid., p. 139.

和积极向上抵挡住这种停滞的趋势。

概而言之，在封闭社会里，形成一个强大的规范系统，包括道德义务和宗教信仰，这样的规范系统对每一个社会成员具有强制性而确保社会成员的紧密结合。而且这种规范系统是为了它自己的特定群体的利益而设立，其道德实践和宗教信仰也是以它自己的群体利益为价值标准。在这个特定的社会群体中，人们只爱自己的家庭和集体，而不关心其他家庭和集体。在这种社会里，社会成员之间紧密团结、目标一致，对外则总是抱有一种敌视态度，而始终处于一种攻击和戒备状态，因此在这样的社会里，对外战争是不可避免的。在这种社会里，宗教所强调的更多是服从和强制，较少发生变化，它以各种规范、习俗、禁忌的形式阻挡生命冲动，而在很长的时间里使社会稳定在某种静止状态下，所以这种宗教是一种固定不变的、封闭而排他的静止宗教。

2. 生命冲动与动态宗教

相对于静态宗教，动态宗教是宗教发展的高级阶段，是成熟的宗教；它不再局限于特定的群体和社会，因而是开放的宗教；它不再局限于某一特定的形式，以整个人类为其精神取向，因而是普遍的宗教；它高于理智，与生命冲动相联系，因而是神秘的。根据柏格森的观点，从静态宗教发展到动态宗教，二者之间的对立逐渐消失，静态宗教将被融于动态宗教中，这种逐渐的过渡根源于神秘主义。动态宗教实质上是一种神秘的生命体验，一般的人不能达到，只有大智奇才的人才能感受到，在这种神秘的感受状态中，人的心灵移到了另外一个超越境界，达到了与神合一的状态。神秘主义其实就是柏格森所说的生命冲动："神秘经验是一种经验的绵延，这使我们达到了生命冲动学说"，[①] 应该"以其与生命冲动的关系而界定神秘主义"[②]。

宗教的起点是神秘主义，那些神秘主义大师之所以能够欣然领悟传授给他们的宗教里所包含的教义是因为他们以前已经得到过另外的神秘者的开导。神学已经疏通了发端于神秘主义的水流，所以大师们能够轻而易举地利用神学家的教导，帮助自己用词语表达他自己所亲身体验到的东西，用意象来表述他的心灵之眼所看到的东西。伟大的神秘主义者的任务就是

---

① Henri Bergson, *The Two Sources of Morality and Religion*, trans. R. Ashley and Cloudesley Brereton, Indiana:University of Notre Dame press, 1977, p.250.

② Ibid., p.213.

以自己为榜样从根本上改变人类，他们依赖于最先就存在的神性，领悟宗教里的深刻教义，通过对神秘事物的宣传，设法引导人们入教，使他们也深刻领悟它的含义。柏格森从神秘主义的角度将宗教表述为："将神秘主义倾泻到人的灵魂里的滚烫的液体通过科学的冷凝过程后所得到的一种结晶。通过宗教，世人获得一点少数人特殊灵魂全部拥有的东西。"①

柏格森认为，"彻底的神秘主义将是行动、创造与爱"。② 古希腊的神秘主义还没有达到这个水平。古希腊大部分所谓的神秘主义并不具有神秘性，由于受古希腊哲学的影响，没有摆脱理智主义，仅仅局限于与普遍理性的统一而未达到沉思与行动的统一，所以并未达到纯粹的神秘主义。古希腊神话的诸神，或者古希腊宗教所赞美的诸神，比如酒神狄奥尼索斯和音乐神奥菲，还只是停留在静态宗教的水平上。彻底的神秘主义应该是与上帝直接沟通，与生命冲动的直接接触，思想与行动的完全统一。东方印度的神秘主义，如婆罗门教、支那教和佛教等等，尽管已经达到很高的程度，但它们仍然还没超出静态宗教的水平，依然不是完善的神秘主义。比如佛教奉行悲观厌世主义，它认为生命就是痛苦的过程，必须断绝欲念，甚至生存欲望，无为无我，而达到一种超越凡尘、超越痛苦和快乐的涅槃境界。这种神秘的境界仍然不是彻底的神秘主义，因为彻底的神秘主义不是逃避生活和创造，而是行动。

以柏格森之见，只有基督教的神秘主义才真正体现了纯粹的神秘主义。古希腊的神秘主义和印度的神秘主义之所以没有达到真正的神秘主义，是由于理智主义的阻碍，或者由于生命冲动发展不够，但到了基督教的神秘主义者那里，处处充斥着生命冲动，满足了社会前进的需求，神秘主义在它那里得到了充分的发展，甚至达到了一种极致状态。动态宗教是生命冲动的最高表现，但只有通过伟大的神秘主义者的宗教努力，生命冲动才得以淋漓尽致地体现。比如圣·保罗（St.Paul）、圣·特雷莎（St.Teresa）、圣·凯瑟琳（St.Catherine）等等都是伟大的神秘主义者，他们是生命冲动的体现："生命冲动，它因不能把物质向前推进而终止在封闭社会，但后来又被寻找出来——不是被大众所寻找，而是被少数精英重新发现。这样，

① Henri Bergson, *The Two Sources of Morality and Religion*, trans. R. Ashley and Cloudesley Brereton, Indiana:University of Notre Dame press, 1977, p. 238.

② Ibid., p. 225.

通过某些卓越的人物，生命冲动被推向前进”。[①] 在这些伟大神秘主义者那里，拥有一种无穷的创造的力量，冲破一切障碍，勇往向前。在他们那里，思想与行动融为一体，重在行动，以自己的行动召唤和感染众人，使信徒随之而行。这些伟大神秘主义者尽管互不相识，但对神秘体验状态的描述却是一致的。他们通过神秘的直觉体验到了最高存在，即上帝的存在，并与之进行精神沟通。“上帝是爱，也是爱的对象：神秘主义的整个贡献正在于这一点。”[②] 这是一种双重的爱，不仅是人类对上帝的爱，也是上帝对全人类的爱。上帝是为了爱我们而需要我们，我们基于同样的理由需要上帝。这种神秘的爱正是神秘主义和动态宗教的真正内容，也是生命冲动通过那些沐浴圣恩的伟大灵魂来显现自身，并试图泽被整个人类。

从静态宗教到动态宗教的进化，柏格森归结为人性的改变，而人性的转化必须通过神秘主义的方法。神秘主义首先传给少数杰出人物，即伟大的神秘主义者，他们是生命冲动的真正体现，通过神秘主义者的扩展，生命冲动得以保存和继续发展，并赋予全人类，从而将人性达于神性，完成人性的转化。因此，对于柏格森来说，动态宗教是生命冲动的完美体现。

结语

柏格森在分析宗教时无不显示出生命冲动在其中发挥的重要作用。其一，柏格森以“生命冲动”为理论基点构建其宗教思想体系，他的宗教思想是其生命哲学理论，尤其是其生命冲动理论的延续。柏格森的宗教思想不仅蕴含着深刻的生命哲学意义，而且完善了其生命哲学理论体系。其二，生命冲动是一种进行创造的力量，冲破物质阻碍，推动生命进化。宗教的产生是生命冲动持续创造的结果。柏格森将宗教分为静态宗教和动态宗教，静态宗教伴随着生命冲动，努力冲破物质障碍，朝着动态宗教进化、升华，这正体现了柏格森生命哲学的那种绵延进化思想。其三，从静态宗教到动态宗教的进化，柏格森归结为人性的改变，而人性的转化必须依靠少数杰出人物的神秘引导。这些神秘主义者是生命冲动的真正体现，他们身上具有“生命冲动”这种推动力量，体现出了“生命冲动”勇往直前的精神。

关于人类的起源，柏格森的“创造进化论”以一种截然不同方式重新

---

① Henri Bergson, *The Two Sources of Morality and Religion*, trans. R. Ashley and Cloudesley Brereton, Indiana:University of Notre Dame press, 1977, p.268 .

② Ibid., p. 252.

解释了基督教的“创世论”。对于柏格森而言，上帝是生命冲动的化身，它冲破一切阻碍，在绵延之中持续着、永恒地创造世界万物。柏格森的“创造”不同于《圣经》中“上帝从无中创造出一切”之“创造”。柏格森的生命之“创造”，倒不如说是生命之存在的表达方式，展现的是“由内而外”的表达而不是“由外而内”的表象。柏格森的“创造”是自由的表现，是一个完全自发性的过程。对于柏格森而言，自由就是“自我经验”“自我创造”，或者说“绵延的自发行为”。柏格森的“创造”是一个持续发生着的、能够感受到的经验事实，而传统基督教的“创造”更像是一个先验的创世原则。柏格森的“创造”强调生命是一个持续着、永恒地发生的创造性过程，而传统基督教的“创造”则是一个发生在七天之内的阶段性事件。因此，柏格森关于基督教和上帝的观念，不能被传统基督教所接受，尤其他吸收了达尔文“进化论”思想而提出的“创造进化”理论为基督教“创世论”教义所不容。他的著作曾经被罗马天主教法庭列入禁书，天主教不满意他的创造进化论的生命之“自我决定”，因为天主教的观点认为，生命是卑微的，来自于上帝的恩赐。

理查德·胡克的自然法思想

郭　楠　唐　科[①]

内容提要：在英国宗教改革过程中，清教徒出于对人类理性的不信任，主张以神法取代人法。而在理查德·胡克看来，理性由神赐予，神通过自然法管理人类。反过来，人类通过自然法来感知神意。神是一切法律的最终来源，神法和自然法不分高低，只是神管理世界的不同手段。与中世纪的阿奎那和后世的霍布斯相比，胡克的自然法带有其鲜明特点。既理清了国家与教会的关系，确立了宪政体制，又保留了传统自然法的道德基础，协调了国家与个人的关系，为国教的确立以及英国宪政的发展奠定了理论基石。

关键词：理性，自然法，道德性

Richard Hooker's Thought of Natural Law

GUO Nan & TANG Ke

Abstract: In the process of the English Reformation, Puritans advocated replacing human law with divine law because of their distrust of human reason. In Richard Hooke's view, reason is given by a god who governs man through natural law. Humans, in turn, perceive the divine mind through natural law. God is the ultimate source of all laws. Divine law is no different from natural law, but a different means by which God governs the world. In contrast to the medieval Aquinas and the later Hobbes, Hooker's natural law carried its own distinctive features, clarifying the relationship between the state and the church and

① 郭楠，东北师范大学历史文化学院；唐科，东北师范大学历史文化学院教授。

establishing a constitutional system of government, while retaining the moral basis of traditional natural law and harmonising the relationship between the state and the individual, laying the theoretical foundation for the establishment of a state religion and the development of constitutionalism in England.

Key words: reason, natural law, morality

理查德·胡克（Richard Hooker，1554–1600）作为英国国教神学理论的奠基人，一直都是西方学术界的关注对象。① 而国内对胡克的研究则相对零散，已有论著多侧重于政治学研究，对其政教理论的基础即法律哲学部分则缺少关注。但事实上，胡克法律哲学中的自然法恰恰是引起较多争议的话题。一部分人依据胡克与阿奎那思想的相似性质疑其宗教改革者的身份，如清教牧师特拉弗斯（Walter Travers）在与胡克论战时称胡克为“罗马主义者”，② 而在此之后匿名出版的《某些英国新教徒的一封来信》（*A Christian Letter of certaine English Protestantes*）中，作者进一步认为胡克颠覆了英国国教会原有的理论框架，是对国教会的背叛。③ 本文尝试对胡克的自然法思想进行梳理和分析，从而给予胡克更为准确的定位。

一、胡克自然法思想产生的背景

作为神学家，胡克的思想主要集中于八卷本《教会组织法》（*Of The Laws of Ecclesiastical Polity*）中。④ 在该书的第一卷他集中论述了法律问题，这与当时英国国教所面临的形势是密切相关的。在英国宗教改革的过程中，清教主义迅速兴起，一部分清教徒认为人类因堕落而丧失了明辨是非的能

---

① 参见 Munz P, *The place of Hooker in the history of thought*,London: Routledge & Paul, 2021; Kirby T, “‘Divine Offspring’: Richard Hooker’s Neoplatonic Account of Law and Causality”, *Perichoresis*, 2015, 13(1): 5–17; Voak N, “Richard Hooker and the principle of Sola Scriptura”, *Journal of theological studies*, 2008, 59(1): 96–139; Voak N, *Richard Hooker and reformed theology: a study of reason, will, and grace*, Oxford: Oxford University Press, 2003。

② 沃尔特·特拉弗斯（Walter Travers，1548–1635），英国清教牧师。曾与胡克就教会管理等问题进行过多次辩论。

③ 《某些英国新教徒的一封来信》，1599 年由 Richard Schilders 印刷社匿名出版，主要内容是针对当时的宗教问题提出了一些具有清教色彩的建议。

④ *The Works of that Learned and Judicious Divine Mr. Richard Hooker with an Account of His Life and Death by Isaac Walton*, seventh edition by Keble, J, New York:D. Appleton & Company, 1845. 该书收录了胡克的《教会组织法》，下文引用时简称 Laws，注明卷 (Book)、章 (Ch)、节。

力，坚持“唯独圣经”（*Sola Scriptura*），认为人类的一切活动都要在《圣经》中寻找依据，法律也不例外。① 虽然国教徒和清教徒一样，也将《圣经》视为最高权威，但显然清教徒此举进一步放大了《圣经》的指导作用。他们认为现在的教会应该与保罗时代的教会保持一致，那时的规章制度同样适用于今日的教会，清教徒要建立一个属于选民的纯正教会。而已建立的英国国教会在礼仪和结构方面有着明显的缺陷。② 这些清教徒改造的核心就是要消除人类理性的有效性，即使在加尔文曾经承认过理性具有适当性的那些领域也是如此。③

由此产生了一个问题，那就是人类理性是否普遍有效？正是在这种背景下，胡克展开了对法律问题的思考。他希望所有享受法律益处的人可以了解法律产生的原因以及它的来源，这样可以使模糊的问题变得更为清晰。④

二、胡克的法律体系

在《教会组织法》的首卷，胡克给出了法律的定义，事物的存在都有其目的，为达成目的，赋予每个事物归属的种类并对其进行调整，确定事物运作形式和尺度的规则便是法律。⑤ 简言之，法律是万物行为的规则和尺度，这也是阿奎那所揭示的法律之本质。⑥ 接下来胡克将法律划分为第一永恒法（First Eternal Law）和第二永恒法（Second Eternal Law），而第一永恒法是一切法的基础。

胡克认为事物的存在目的都是由上帝预设的，没有无目的之事物。若想要达到目的，万物必须遵守上帝的法律。⑦ 这法律源自上帝，是上帝对世间秩序的规划，凡事都要按照法律而行，只有上帝既是自己的法律，也

---

① F. J. Shirley, M.A., Ph.D., F.S.A, *Richard Hooker And Contemporary Political Ideas*, London: S ·P ·C · K,1949, p.72.

② Diarmaid MacCulloch, *The later reformation in England 1547–1603*, London: Macmillan International Higher Education, 1990, pp.84–85.

③ [美]列奥·施特劳斯、克罗波西：《政治哲学史》，李洪润等译，北京：法律出版社，2009 年，第 349 页。

④ *Laws*, Book I, Ch 1:2.

⑤ *Laws*, Book I, Ch 2:1.

⑥ [意]托马斯·阿奎那：《神学大全》，周克勤、高旭东等译，台北：碧岳书社，2008 年，第 6 册，第 90 题，第 1 节。

⑦ *Laws*, Book I, Ch 2:1.

是万物的法律，[①] 胡克称这一法律为第一永恒法。从形而上学的角度来看，宇宙存在的目的论来自亚里士多德的“四因说”，之后经阿奎那的进一步改造，最终成为论证上帝存在的“五条路径”之一，[②] 在此为胡克所继承。

同时，胡克还接受了奥古斯丁（St Augustine）永恒法的概念。在奥古斯丁看来，这永恒的律法就等于上帝自己的理性，上帝内在的生命与其外在的活动都是受自己律法支配的。这是上帝不变的、内在固有的本性，它与上帝同源同质，都是不可改变的。[③] 也就是胡克所说的“上帝即是法律”。[④] 不过胡克受到阿诺比乌（Arnobius）的影响，认为人类的头脑是软弱无知的，而上帝超出了人类的认知，所以人类无法探查第一永恒法的内容，保持沉默即可。[⑤]

既然第一永恒法无法窥其全貌，那上帝的意志如何体现呢？胡克提出了第二永恒法。其中包括支配被造物的自然法则（Nature’s law）、天国法则（Law Celestial and Heavenly）、理性法 (The Law of Reason)、神法（Divine Law）和人法（Human Law）。[⑥] 世间的事物都要服从永恒法，即使不服从第二永恒法也必然服从第一永恒法。[⑦] 通过整个法律体系的构建，胡克对被造物进行了合理安置，而这其中最重要的就是神法和理性法。

《圣经》是神法的主要载体已是基督徒所公认的，并无异议。只不过胡克和阿奎那一样，认为其中也有自然法的内容，“尽管上帝的法律主要是为了指导救赎，但也充满了创造的法律。”[⑧] 与神法相比，胡克的自然法理论时常会引起清教徒的不同看法。虽然路德和加尔文等人也经常批判理性，但他们继承了将法律划分为神法、自然法和人法的传统分类。然而这些改革家不知道如何正确对待自然法。在胡克看来，如果想解决当下的

---

① *Laws*, Book I, Ch 2:3.

② ［意］托马斯·阿奎那：《神学大全》，周克勤、高旭东等译，第 1 册，第 2 题，第 3 节。

③ ［德］海因里希·罗门：《自然法的观念和哲学》，姚中秋译，上海：三联书店，2007 年，第 34 页。

④ *Laws*, Book I, Ch 2:4.

⑤ *Laws*, Book I, Ch 2:2.

⑥ 支配自然力量的为自然法则；天使遵守的是天国法则；把理性生命束缚在一起的是理性法则；只有从神的特别启示中才能知道的是神法；那些人们从理性法或神法中提取而成的律法是人法。*Laws*, Book I, Ch 3:1.

⑦ *Laws*, Book I, Ch 3:1.

⑧ *Laws*, Book I, Ch 12:1.

政治问题就必须回归自然法。因为《圣经》过于灵活，仅仅依靠《圣经》无法对现有的问题进行清晰的说明。① 需要注意的是胡克认为理性法就是传统意义上的自然法，所以经常将二者并用。为避免混乱，本文沿用自然法一说。

三、胡克的自然法思想

胡克认为自然法就是上帝给予人类的理性束缚，人类凭此认识善恶。② 其主要特点是在理性的指导下“趋善避恶”。这种指导是明确的，因为理性的基本原则是不言而喻的，就像每种知识体系中总有一些为人们所公认的原理。③ 胡克还引用了奥古斯丁的话，即有些原则是普遍存在的，从这些很明显的原则中，人类可以得出对上帝或其他人所应承担的最大道德义务的结论。④

胡克相信上帝是一切善的来源，是万物存在的根本原因，被造物都分有上帝的善，并追求上帝的参与以达到至善和永恒。人是低等受造物中最渴望与上帝一致的，人的理性和身体一样，会追求自身的完美，这类完美通过人对真理的追求和美德的培养实现，这是上帝的指引。恰如柏拉图所说“只有真正的智者会升入天堂，他们虽不是神却令人敬仰”⑤。胡克的这种看法与阿奎那如出一辙，阿奎那同样认为人的理性就是对上帝理性的分有，永恒法在人类社会的表现形式就是自然法，自然法指导人追求知识和美德。

为证明理性的积极作用，胡克还将人与其他被造物做了比较。天使被创造之初便具备充实的知识，人在诞生之初则缺乏理解力和知识。新生儿的灵魂如同白纸。但因为人有理性，所有东西都可以印在上面，因而人会变得和天使一样有知识。世间万物各具特性，然这些特性并非主观追求，仅是本能使然，这也是人和其他被造物的共同点。除此之外，人还有更高

---

① Stephen A. Chavura, *Tudor Protestant Political Thought 1547–1603*, Leiden Boston：Brill,2011, pp.149–150.

② *Laws,* Book I, Ch 8:9.

③ *Laws,* Book I, Ch 8:5.

④ *Laws*, Book I, Ch 8:10.

⑤ *Laws*, Book I, Ch 5:2.

级的能力——灵魂。① 灵魂有推理和联想的能力，这种能力成为后天学习的主要工具。当人能够意识到时间的差异、肯定与否定等语言上的矛盾时，便具备了理性。②尽管人有理性，但胡克认为人并非天生就有能力行使理性，只有在接受教育和指导以后人才能更好地运用理性。通过学习可以掌握相关技巧，就像铁匠凭感觉就能掌握打铁的火候一样。③

接下来胡克再次回到目的论的起点，目的是引起人欲望的原因。人工作的目的是因为把工作视为善。人与神一样，无论做什么都是有目的的。火烧掉麦秆是因为它的性质决定了它不能做其他事情。人则可以在自己能力范围内选择做与不做。意志就是让人去做善的事情，而善是人运用理性找到的。因此，人类行动有两个主要源泉，即知识和意志。④ 丰富的知识储备可以帮助人更好地运用理性。

之后他还对人的欲望和意志进行了区分。他认为欲望的目标是感官善，意志的目标是理性善。欲望并非意志，只有理性要求的东西才能称之为意志。⑤ 不过胡克也承认意志有犯错的时候，因为意志寻求的是自己能够理解和认知的善，在理性认知范围外的善是无法引起行动的。欲望追求的则是看起来善的事物，但却未必是真善。⑥ 在大多数情况下事物的善恶并不明显，即使理性对人进行正确的指导，感性经验可能还是会引导人做出错误的判断。人类社会的运行规则纷繁复杂，由于人的多样化选择和理解，造成了即或对待同一事物，理解和抉择也出现重大差异的现象。⑦ 所以需要长期的学习和实践帮助人做出理性判断。

在为理性正名后，胡克区分了神法和自然法的适用领域。因为清教徒托马斯·卡特赖特认为在基督教社会应该由神法取代自然法。圣保罗曾教导基督徒从上帝的话语中寻求保证，这种对《圣经》权威的依赖使他们与异教徒相区分。⑧ 卡特赖特等人渴望按照预定论的字面解释来过自己的生

① 胡克延续了亚里士多德的观点，认为灵魂是人存在的形式。Book I, Ch 3:4.

② *Laws*, Book I, Ch 6:3.

③ *Laws*, Book I, Ch 6:5.

④ Laws, Book I, Ch 7:1–2.

⑤ Laws, Book I, Ch 7:3.

⑥ Laws, Book I, Ch 7:5.

⑦ 刘光顺、徐勇：《托马斯·阿奎那论预定和人的自由意志》，《宗教学研究》，2013 年第 1 期，第 159 页。

⑧ Perrott, Mark.E.C, "Richard Hooker and the problem of authority in the Elizabethan Church", *The Journal of Ecclesiastical History*, Vol.49, No.1 ,1998, p.42.

活，想在这个世界上就将选民和弃民分开，而不是等待上帝在来世做这件事，弃民应该被排除在教会之外。①

但胡克认为上帝通过两种方式引导人类了解真理，一种是神启，一种是理性。② 因为人的行为涉及各种复杂的情况，仅凭理性是不够的，所以上帝将律法传给人类，人的灵魂才可得救。③ 但双方并不冲突，他延续了托马斯·阿奎那的观点，“恩典成全自然，而非毁灭自然”。④ 在《教会组织法》第二卷胡克又提到上帝对人类的多种教导方式，《圣经》、自然以及世俗的经验和实践等方式均位列其中。⑤ 由此可知，清教徒坚持认为神法应该取代一切法律是不对的。神法是为特定的原因（救赎）而被赋予的，就像其他法律是为特定的目的而被赋予的一样。人类本性的不同方面需要不同类型的法律。⑥

对阿奎那和清教徒而言，人类的堕落导致了社会秩序的混乱。而基督的降临则带来了新的社会秩序——教会；良心和心灵的领域不可避免地是一种外部事务。胡克的立场与此截然相反。对他来说，良心是一个内在的问题，只对永生有影响，是在今生之外的东西。⑦ 因此他否定了清教徒视教会为“独立王国”的思想，并延续了奥古斯丁将教会划分为有形教会和无形教会的理论，认为清教徒之所以将教会独立于世俗社会之外，根源就在于他们相信自己可以建立一个纯洁的教会。然而事实却相反，日常生活中可见的只是有形教会，其中既有选民也有弃民，这个教会凭借宗教仪式与异教徒相区分。而另一个由选民所组成的教会是无形教会，但这个教会并非人眼所能看到，只有神知道哪些人属于这个教会。⑧ 为此胡克还引用了耶稣将天国比作田地和渔网的例子来说明自己的观点。

---

① Susan Doran，*Elizabeth I and Religion 1558–1603*, London: Routledge,1994, p.26.

② *Laws*, Preface, Ch 3:10.

③ *Laws*, Book I, Ch 12:2.

④ *Laws*, Book I, Ch 11:5.

⑤ *Laws*, Book II, Ch 1:4.

⑥ Atkinson N T, *Richard Hooker and the authority of scripture, tradition and reason*, Durham University, Doctoral dissertation, 1995, p.36.

⑦ David little, *Religion, Order, And Law——A Study in Pre-Revolutionary England*, New York: Harper & Row,1969, pp.151–153.

⑧ *Laws*, Book III, Ch 1:2–3.

正如马丁·路德所说，人是具有双重属性的，一为属灵，一属肉体。[①]天国统辖人的灵魂，而非身体。在属灵王国，人是完全自由的，而在俗世王国，他是完全受管辖的。他既是教会成员，又要服从于俗世行政官员和法律的暂存的权威。[②]以清教徒要求的长老选举为例，长老由有形的教会民选产生，但因为有形教会中掺杂着选民和弃民，[③]所以这样的选举其实并不符合信仰的要求。虽然在清教徒的理论中我们可以看到奥古斯丁"双城论"思想，但实际上奥古斯丁并不认为双城是界限分明的，相反，双城是相互交融的，[④]反而是胡克的看法更接近奥古斯丁。

经过这种划分，胡克直接瓦解了清教徒赋予教会的神圣基础，让人清晰地认识到只有无形的教会才是受神法统治的，而有形的教会仅是世俗人类组成的一个团体，是受自然法和人法管辖的。胡克还对教会的性质进行了定义，"一个自然兼超自然社会，其存在的基础就是人们对群体生活的渴望和对创建社群秩序的同意。"[⑤]胡克在此明确了教会的双重属性。按照胡克的观点，自然法是上帝维护秩序的手段，它实际上是所有理性生物都遵守的法律。如果人类未堕落，自然法就足以使人获得幸福。上帝只不过是在神法中揭示了将堕落的受造物恢复到与自己合一的方式，[⑥]双方其实并不矛盾。胡克对法律的这种认知体现了上帝创造者和救赎者的双重身份，而这恰恰也是马丁·路德神学框架中的一部分，[⑦]在一定程度上反映了胡克"两个国度"的思想倾向。

虽然胡克未曾专门提及这一概念，但他对信仰和理性的认识与路德的"两个国度"却是高度相似的。并且在之后的论述中，胡克就这一问题再次进行了说明。在胡克看来，既然每个英国人都是基督徒，那整个英国就相当于一个有形教会，国家和教会是为统一体。国王作为最高领袖，必然

---

① [德]马丁·路德：《路德文集》，路德文集中文版编辑委员会，上海：三联书店，2005年，第401页。

② [美]列奥·施特劳斯、克罗波西：《政治哲学史》，李洪润等译，北京：法律出版社，2009年，第313页。

③ Lake Peter, *Anglicans and Puritans? Presbyterianism and English Conformist Thought From Whitgift to Hooker*, London: Unwin Hyman, 1988, p.41.

④ [美]斯通普夫、菲泽：《西方哲学史：从苏格拉底到萨特及其后》，匡宏、邓晓芒等译，北京：世界图书出版公司，2009年，第126页。

⑤ *Laws*, Book I, Ch 15:2.

⑥ *Laws*, Book I, Ch 11:5.

⑦ Kirby W. J. T, *Richard Hooker, Reformer and Platonist*, London: Routledge, 2016, p.54.

要统领国内的政治组织和臣民，他对教会进行管理也就是理所应当的。① 只不过国王要依据法律对教会进行管理，是受上帝和法律限制的教会领袖。

为了明确国王在教会中的地位，胡克还对教会领袖（the Head of the Church）一词加以辨析。他强调国王仅仅是有形教会的领袖，领袖一词也只能表示他在人类社会中的独特地位。基督则不同，他是超越一切的存在，除他自己的意志之外，他的权力不受任何限制。② 可以看到，胡克并未否定基督的领袖地位，反而是将国王的权力牢牢的限制在现世世界。与路德一样，胡克将信仰和理性作为划分两个世界的根本标准，并强调教会的有形性。

胡克的划分方法使自然法得以独立于无形教会而存在，那如何按照自然法行事便成为关键。胡克认为有两个办法，一是了解事物趋向善的原因。二是观察那些附属于善的迹象和标志。相比于前者，后者是一条更为简便快捷的道路。当所有人或大多数人的自然选择都一致的时候，那它就有着某种必然原因。③ 这里的"必然原因"就是自然法的要求。需要注意的是胡克在此强调的是人类集体而非个人的自然选择。如前所述，理性指导人追求至善，人类集体理性的选择就起到了维护共同善的目的。这与阿奎那对法律必然是指向整个社会的公共幸福不谋而合的。对于个人理性，胡克与阿奎那的态度是一致的。上帝赐予人类之自然法是推动人类追求整体之善而非满足个体目的，④ 既然胡克认为多数人的选择是符合自然法要求的，所以很明显自然法对人法的制定是有指导意义的，这与阿奎那对自然法和人法关系的看法也是相同的。

胡克认为支撑公共社会的基础有两种：一种是人乐于社交的自然倾向；另一种是人在公共生活中结合时明确或秘密商定的一种秩序——公法，公法将社会的各个部分联结在一起。因为（堕落后）人类的意志是叛逆的，并且厌恶对本性法律的服从，因此法律规定了人类外在行为的框架。⑤ 胡克在此强调了人的社会属性，并将其认定为人类的自然倾向，这种自然倾向推动了政治社会的形成，而人法的主要作用就是规范人的行为，保护群

---

① *Laws*, Book VIII, Ch 1:2.

② *Laws*, Book VIII, Ch 4:4–5.

③ *Laws*, Book I, Ch 8:2–3.

④ [意]托马斯·阿奎那：《神学大全》，周克勤、高旭东等译，第 6 册，第 90 题，第 2–3 节。

⑤ *Laws*, Book I, Ch 10:1.

体的利益。

对于人法的作用，胡克与前人保持了统一。但对国家出现的原因则出现了分歧，以奥古斯丁为首的神学家认为国家形成的根本原因是人的堕落。直到经院哲学时期，阿奎那才再次重申亚里士多德的国家观——人的社会性以及智者对社会的领导。① 胡克同样认为人天生就是社会动物，政治社会的出现是人类的自然倾向。另一方面，为了过上有尊严的生活，人类也会选择政治性生活。② 因为自然引导人类建立政府，所以政府本质上是先于人法出现的，这意味着政府的形成不受制于人法，而是来自自然法，根源在于上帝。③

尽管胡克和阿奎那一样，认为智者有管理大众的权利，但胡克将多数人的同意作为限定条件加入其中。④ 只是这同意不仅包括具体的同意，也包括抽象的同意。虽然制定法律需多数人的认可，然而在实践层面往往由代理人代表大众表达意见，这种表达是具有法律效力的。过去人们约定的传统未经废除也是长期有效的。⑤ 从普遍意义上讲，习惯和传统是人们约定俗成的，其在形成的过程中必然得到了大多数人的默许或同意，所以胡克也表达了对改变前人习惯和传统的审慎态度。

不过胡克认为人只要遵循理性的判断就不会违背自然法，因为自然法具有稳定性。人法则不然，只有大家接受它之后才具有强制力。⑥ 但是否改变人法并非由少数人决定，而是要经过多数人的同意，如果没有证据表明人法违背了神法，那所有人都要遵守人法。⑦ 胡克在这里再次表现出了托马斯主义倾向，社会的公权力高于个人，部分服从整体，并且不能没有整体而存在。⑧

阐述完法律哲学，胡克对国教会的纷争进行了简短的总结，他承认要求人们分辨法律比教他们做什么更困难，而且大众也无法区分法律的等级

---

① ［意］托马斯·阿奎那：《神学大全》，周克勤、高旭东等译，第 3 册，第 96 题，第 4 节。

② *Laws*, Book I, Ch 10:1.

③ Kennedy S P, “Richard Hooker as Political Naturalist”, *The Historical Journal*, 2019, Vol.62, No.2, p.345.

④ *Laws*, Book I, Ch 10:4.

⑤ *Laws*, Book I, Ch 10:7.

⑥ *Laws*, Book I, Ch 15:1.

⑦ *Laws*, Book I, Ch 16:5.

⑧ ［美］列奥·施特劳斯、克罗波西：《政治哲学史》，李洪润等译，北京：法律出版社，2009 年，第 239 页。

关系，这是一项属于少数人的工作，[①] 清教徒之所以提出以神法取代一切法律并不是一个宗教问题，而是一个法律问题。原因在于清教徒不能正确地认识这几种法律在日常生活中的权威和地位，他们对于教会的整体管理缺乏清晰的认识，妄图以个体理性取代公共领域中的集体理性，由此引发了教会内部的纷争。[②]

四、对胡克自然法的评价

通过对比可知，胡克与阿奎那在自然法的形而上学部分有很多相似之处。[③] 而且胡克还将机械的自然法则也纳入整个法律体系，并与人独有的理性法相区分，较传统自然法理论更为全面。因此，有学者称《教会组织法》是《神学大全》的“创造性变体”[④]。当然，作为向近代转型的思想家，胡克的创新不止于此。一方面，他延续了路德等人对上帝的双重认知，通过将有形教会纳入自然法领域，凸显了理性的价值，为国家获得立法权开辟了道路。而在阿奎那的认知中，教会法是神法的另一种表现形式，[⑤] 由此教会成为神意的代言人，这为教会介入政治提供了便利。但对胡克而言，上帝兼具创造者和救赎者的双重身份，所以神法和自然法只是上帝统治世界的不同方式。

另一方面，胡克比阿奎那更重视集体理性。他认为集体理性才是世俗社会的主导力量，国王只有在人民的授权下才能掌握国家并行使权力，[⑥] 带有明显的“人民主权论”色彩。胡克延续了英国的宪政传统，将议会视为民意的代表机构。国家的主权所有者应该是议会与国王的联合体。国王与国家就像演奏者和乐器的关系，国王应遵循法律的“乐谱”演奏乐曲。[⑦] 只有国王与议会联合时才能获得对国家和教会的权利。这权利源于上帝的

---

① *Laws*, Book I, Ch 16:2.

② *Laws*, Book I, Ch 16:6.

③ 胡克与阿奎那法律思想的异同可参见 Kirby T, “Richard Hooker and Thomas Aquinas on Defining Law”, *Aquinas Among the Protestants*, 2017,pp. 91–108。

④ Nichols Aidan , *Panther and the Hind: A Theological History of Anglicanism*, Edinburgh:A&C Black, 1993,p.45.

⑤ 金林南：《阿奎那政治认识中的世俗化与主体性倾向论析》，《哲学动态》，2009 年第 1 期，第 44 页。

⑥ 胡克认为王权有三种来源：上帝的授予、人民的授权和战争的胜利。

⑦ *Laws*, Book VIII, Ch 2:12.

赋予和自然法的结合，这也是普通法和民法及教会法的基础。①

可以说胡克的自然法既保留了传统，又有所革新。这种革新更多地反映了近代国家转型的时代特点。在胡克之后的欧洲思想家为摆脱宗教对政治的控制，对自然法概念进行了改造，典型代表就是霍布斯（Thomas Hobbes）。在霍布斯眼中，人类的自然状态是混乱无序的，人们为自保便只能让渡自己的权利给予主权者——国家，从而获得和平。②霍布斯的自然法并非上帝赐予，而是人类思考的理性产物，其核心就是“必须遵守协定”。全能国家就是建立在这一原则之上，从此所有的法律都沦为实证法。一旦国家建立，自然法便丧失了存在价值。

霍布斯的学说是法律即意志的极端结果。“自然”也成了文明和理性的对立面。人由激情支配，实力决定一切。他还否定了胡克等人所说的人类互助互爱的自然倾向。按照霍布斯的看法，法律和秩序无法从人性中推导出来，仅仅成为主权者自己的事务。国家就是“现世的上帝”③。至此，霍布斯将以前人们视为上帝的权利转交给国家，完成了国家的集权化。但弊端也是显而易见的，那就是主权者几乎不受任何限制，人民也丧失了对政府加以监督和控制的可能。④

霍布斯与清教徒恰好处于两个极端。清教徒既否定排斥世俗政治，又渴望控制世俗政治，⑤因此造成了国家和教会的对立。及至霍布斯，他利用自然法将宗教从政治中放逐，同时却将国家“去道德化”，使其沦为纯粹的权力机器。反过来这强大的机器又威胁到了个人的自由。⑥这种紧张关系自现代政治哲学诞生便隐含其中，并最终打开了西方自由主义泛滥的大门。

胡克则恰好解决了这两个问题，他延续了亚里士多德的观点，将国家的出现视为人的本性。但作为基督教思想家，胡克所谓人之本性乃是源自上帝，是理性的要求，由此赋予国家以神圣性。在这一基础上胡克将权力收归

---

① Andreevna P A & Andreevich F I, “Richard Hooker’s doctrine of royal Supremacy in the Church of England”, *Вестник Санкт-Петербургского университета*, No.1,2018, p.172.

② [英]霍布斯：《利维坦》，黎思复、黎廷弼译，北京：商务印书馆，2009年，第2部，第17章。

③ [德]海因里希·罗门：《自然法的观念和哲学》，姚中秋译，上海：三联书店，2007年，第78–79页。

④ 唐士其：《西方政治思想史》，北京：北京大学出版社，2002年，第201页。

⑤ 吴增定:《利维坦的道德困境——早期现代政治哲学的问题与脉络》,北京:三联书店,2012年,第6页。

⑥ 同上，第3页。

国家，解决了中世纪以来因国家和教会二元并行导致的政治失序问题。不过胡克也承认人类为了过上更好的精神和物质生活有一同生活的必要性，① 这表明国家的出现既是人本性的要求也是理性思考的结果，这在一定程度上糅合了亚里士多德和现代思想家的观点，体现了其思想的时代特性。

当然，胡克的自然法也存在着一些不足。首先，在厘清政教关系后，他没有明确阐述国王和议会各自的权力范围。虽然他坚持“王在法下”，没有议会的同意国王无权立法。② 但他没有赋予议会罢免君主的权力，所以当双方出现矛盾时缺乏化解冲突的有效手段。只是在这一问题上我们无法苛责胡克，因为都铎君主整体上较为高明的统治手段在某种程度上缓和了双方的冲突，所以在当时这甚至算不上是一个主要的政治议题。

其次，与霍布斯等现代思想家相比，胡克依旧为上帝保留了名义上对人类社会的统治权，并设定了社会运行的秩序，也体现了其思想的保守性。不过这并不影响胡克思想整体的进步性，通过对法律来源的论证和分类提高了理性的地位，他重建了国家权威，将世俗哲学和教会神学进行了较为系统的融合，由此成为“最重要的，尽管不是唯一的、连接中世纪与近代英国政治哲学的桥梁”③。

---

① 虽然胡克认为个体可以独自生存，但群体生活更有利于追求完美的精神和物质生活。*Laws*, Book I, Ch 10:2.

② *Laws*，Book VIII, Ch 2:17.

③ Alexander Passerin d' Entreves, *The Medieval Contribution to Political thought: Thomas Aquinas Marsilius of Padua Richard Hooker*, London: Oxford University Press,1939, p.116.

列夫·舍斯托夫的悲剧哲学及其信仰空间 ①

李 松 朱静宜 ②

内容提要：俄国白银时代思想家列夫·舍斯托夫的悲剧哲学观集中见诸其随笔《陀思妥耶夫斯基与尼采》。他以坚定的反必然性立场与“重估价值”“寻求上帝”的主张，在思想界的阁楼撞击出清晰而弥久的钟声。细究悲剧哲学的论证过程，舍斯托夫主要针对尼采、陀思妥耶夫斯基和托尔斯泰的作品进行潜文本挖掘及创作心理解读，透视“悲剧”的生存体验，指出信仰是拯救个体脱离绝望的唯一希望。这一结论忽略了陀思妥耶夫斯基、尼采分别深入“人间”和“深渊”寻找向度的可能性，致使“从绝望到信仰”的跃升出现解释上的障碍。整体而言，虽然悲剧哲学的阐发存在无法自洽的矛盾，但它推动了个体对生命意义的探索和存在主义哲学的发展。

关键词：悲剧哲学，列夫·舍斯托夫，陀思妥耶夫斯基，托尔斯泰，尼采

Lev Shestov’s Tragic Philosophy and its Belief Space

LI Song & ZHU Jingyi

Abstract: The tragic philosophy of Lev Shestov, a Russian Silver Age thinker, is concentrated in his essay *Dostoyevsky and Nietzsche*. With his firm anti-necessity stance and the proposition of “revaluing value” and “seeking

① 2022 年度中外联合科研平台种子基金计划：“武大—杜克汉学与中国学期刊研究联合科研平台”（WHUZZJJ202211）。

② 李松，武汉大学当代思想与文化研究中心教授，博士生导师；朱静宜，武汉大学当代思想与文化研究中心助理。

God", he struck a clear and long-lasting bell in the attic of the intellectual world. In a detailed study of the argumentative process of tragic philosophy, Shestov mainly explores the hidden texts and creative psychological interpretation of the works of Nietzsche, Dostoevsky and Tolstoy, perspectives the survival experience of "tragedy", and points out that faith is the only hope to save individuals from despair. This conclusion ignores the possibility that Dostoyevsky and Nietzsche went deep into the "human world" and the "abyss" to find the direction, resulting in the interpretive barrier of the leap from despair to faith. On the whole, although there are inconsistencies in the interpretation of tragic philosophy, it promotes the exploration of the meaning of life and the development of existential philosophy.

Key words: tragic philosophy, Lev Shestov, Dostoevsky, Tolstoy, Nietzsche

引言

较之有所交往的胡塞尔、海德格尔、纪德等人，列夫·舍斯托夫 (Lev Shestov) 的思想光辉似乎并不能轻易在本国以外的世界显明自身，在流传度较广的西方哲学史经典中，几乎难以发现专门提到舍斯托夫其人其作的论述内容。事实上，这位来自基辅的思想者终其一生留下了值得注意的哲学遗产，他以"与传统哲学的自明、理性、绝对真理、永恒道德等作殊死斗争"[①]的坚决态度成为世界哲学史的特殊现象。此类"斗争"表现在悲剧哲学领域，即个人同"科学"彻底决裂、同一切"崇高"话语相互对抗的需要。舍斯托夫认为，个体唯有拿出"以头撞墙"的勇气摧毁精美绝伦的理性宫殿，打破必然性、日常性的牢固藩篱，才能够真正地成为人，解放那些不甘于服从以致被必然律逼迫到"地下室"或黑暗洞穴的主体意志。在《陀思妥耶夫斯基与尼采》中，舍斯托夫着重探讨了托尔斯泰、陀思妥耶夫斯基和尼采的文本，试图挖掘三人作品的表层逻辑下隐藏的难以察觉的内在现实。根据别尔嘉耶夫的概括，舍斯托夫感兴趣的不是文学和作家本身，而是人物震荡、破碎的生命经历及由此引入的独特主题[②]。舍斯托夫避开了"理

---

① 方珊：《绝望的歌唱家——舍斯托夫论契诃夫》，《俄罗斯文艺》，2001 年第 1 期。

② 尼·别尔嘉耶夫：《俄罗斯思想》，雷永生、邱守娟译，生活·读书·新知三联书店，1996 年版，第 230 页。

智和良心”的拦阻而直达作家的心灵，代其心灵发声，邀请他们共赴一场跨越时空、关乎生命真实的残酷之旅，以求不遗余力地剥离动听却虚假的理性之音。俄罗斯哲学家津科夫斯基高度肯定舍斯托夫的创作，认为有一种“探索真理的内在的激情一线贯穿于他的全部作品，这种对于真理的探索表现为一种哲学的‘穷根究底’精神和严厉揭露任何背离真正现实的言论的精神”①。基于舍斯托夫的“悲剧哲学”之于生命的哲学、存在的哲学的特殊意义，目前学者已对其展开一定研究，但多偏重于“悲剧哲学”的思想溯源和主题再分析，较少结合《陀思妥耶夫斯基与尼采》所涉及的陀思妥耶夫斯基、托尔斯泰、尼采等人的文本进行具体展开，亦缺乏切入《陀思妥耶夫斯基》论证逻辑的批判意识，故本文拟从当前国内研究薄弱处入手，由《陀思妥耶夫斯基与尼采》的相关论述出发，以“悲剧哲学”为研究议题，在归纳舍斯托夫“悲剧哲学”核心概念及主张的基础上，采取文本分析的方法，多方位挖掘“悲剧哲学”的解读空间，重新评估悲剧哲学及其开拓的信仰空间是否具有合理性，并寻找新的路径来挖掘其内在意义和局限。

一、悲剧哲学的基点：反抗必然

在西方思想史的坐标系上，舍斯托夫“悲剧哲学”的出现并非属于一个偶然现象。19 世纪末 20 世纪初的俄国正面临空前的理性主义危机，社会领域不断暴露的制度弊病和战争事件打破了近代文明由理性构筑的乌托邦想象，人们开始质疑理性划定的秩序是否能真正解决现实冲突。而唯理主义传统长期以来将理性视为思考问题的主要手段，强调普遍性、必然性，忽略偶然性和情感、意志、直觉等非理性因素发挥的作用，使得理性面对多样态的认识论困境时形成同质化、固定化的理解模式，理性压倒了人性，化身为新的“上帝”。俄国的思想先锋们不满于“在理性认识的支配下，世界被撕裂成概念的碎片，人被抽象为理性化的东西”②，开始借助声势强劲的存在主义之风形成叛逆性合力，自觉疏离于知识传统的唯物主义、实证主义、艺术中的功利倾向，推进俄国现代主义发展和俄罗斯文化的再度复兴。舍斯托夫反理性主义的立场及悖论式的思考方法，正是俄欧文化

① [俄]津科夫斯基：《俄国哲学史》，张冰译，人民出版社，2013 年版，第 361 页。

② 甘远璠：《绝望与抗争·舍斯托夫悲剧哲学研究》，哈尔滨：黑龙江大学出版社，2012 年版，第 25 页。

的产物[①]，随着舍斯托夫逐渐意识到理性的滥用、道德的傲慢、自明真理对个体的暴力奴役，他为个人的悲剧哲学划定了雏形并厘清思想脉络，提出“反抗必然”和“重估价值”的主张来推翻现行世界的普遍秩序，并意图通过寻求上帝来“突破世界的秘密并且理解这些秘密的可能性”[②]。他的悲剧哲学及由此生发的信仰向度构成其宗教存在主义哲学的重要部分，是连接其反理性主张和人本意识的宗教哲学的关键节点，也是把握其存在主义哲学生涯的基础与核心。

将舍斯托夫称为“反理性主义者”是否准确，取决于该描述性称号被赋予的含义[③]。如果理性主义指所有现实原则上为理性可知，且必然遵循逻辑思维的规约，那么舍斯托夫显然选择了“反理性主义者”这一身份，因为他坚决拒绝理性主义既定的必然性，提出“哲学是关于无论对谁都不是必然的真理的学说”，“无论如何要克服不可穿越的规律，或者是战胜不可克服的引力律”[④]。他所反抗的“必然”糅合了理性主义指涉的普遍性、规律性、自明性等概念，包括两重含义：理性主义所服膺的因果必然律，以及被认定“必然为是”的自明真理。他“反抗”的理由大致可以归为三类：其一，必然律的体系建构孱弱无力。所谓因果关系的确立不是基于严谨的逻辑分析或直观的经验事实，而是人们反复观察到相似事件发生的先后顺序后，形成了某种较为稳固的期待与猜测，这种期待与猜测枉顾“事实本身既不提供知识，也不提供真理”[⑤]，强行安排起事件的关联。其二，必然律褫夺了人的主体性和自由意志。如果缺乏辩证维度的必然律被接受，人们将自觉地把生活中发生的幸与不幸解释为既定规律的运作，相信自己无论做出何种努力都无法逃脱必然性的控制，并且误以为“必然”就是一切痛苦的根源和内在生命问题的终极答案，因此叫停思想的游行，放大自身的有限性，“走向必然性指给他的道路，习惯于‘内心平静地对待和忍受具有无上权力的命运带给他的一切’”，[⑥]直到平静地忍受演变为绝对

① Shestov, Lev, and Louis J. Shein. “Lev Shestov: A Russian Existentialist”, *The Russian Review* 26, no. 3 (1967): 278 - 85.

② 田全金：《陀思妥耶夫斯基与白银时代俄国文化》，华东师范大学出版社，2014 年版，第 162 页。

③ Frederick Copleston, “Philosophy In Russia”, *Bloomsbury Academic*, 2001:390.

④ [俄]列夫·舍斯托夫：《开端与终结》，方珊译，云南人民出版社，1998 年版，第 78 页。

⑤ [俄]舍斯托夫：《雅典和耶路撒冷 宗教哲学论》，徐凤林译，浙江人民出版社，2000 年版，第 2 页。

⑥ 同上，第 118 页。

的服从，人们也就此完成一场盛大而轻松的结果推诿：让“必然”承担悲剧的责任，让“我”卸下思考的重负。这样做的代价是个体心灵世界里涌现的喜悦、愤怒、悲伤、悔恨等情绪，以及主动的意愿、欲望、目标皆要让位给那个凌驾于个体意志之上的、去情感化的支配力量，自由消释了，人自我确证、自我把握的权利被架空了。其三，自明真理导致思想的专制。永恒的自明真理通过理性的权威确定了何者为是、何者为非，发展出不容置疑的必然性原则。以必然性原则为参照，与之相符的内容会被迎进微风和煦的知识花园，与之相悖的内容则被丢弃在无人问津的地下室。自明真理看似划分了秩序，将多种可能性制造的混乱整理清楚，赋予“二二得四”的权力和“美与崇高”的光环，但本质上却是依仗着胁迫的势力，把反抗自明真理的结局与伤害、困难、无意义捆绑在一起，不断向人们灌输“违背自明必自食恶果”的思想，压抑异见的声音。正如舍斯托夫所言，必然性的阴谋在于：“你不承认必然性，那么，就谁也没有力量强迫你把醋当作坏东西，把酒当作好东西。你就像喝酒一样喝醋好了，你也能得到满足。或者这样：主人吩咐我给他刮脸，我却用剃刀割下他的耳朵或鼻子，他又会开始吼叫——我则对他重复我上述理论。我就如此这般地做所有的事，直到迫使主人承认如下真理：必然性是无法战胜的，矛盾律是有无限权力的。”① 必然性如此恐吓人们：不信奉它的下场是被混乱和主观随意性割去器官。这是将丧失神志和反抗必然混为一谈。

由于“必然性”存在的上述问题严重阻碍了人们的思考，无数探寻生命存在意义的灵魂受限于自由的缺失与思想的专制，自觉或不自觉地停滞于“必然”面前，众多身影的叠加构筑起一堵坚不可摧的石墙，让后来者止步于此，让尝试突围者撞得头破血流。而舍斯托夫的立场，就是要一遍遍撞击这面“必然性”的石墙，“打坏自己灵魂的骨架，即被视为我们的人的基础的东西、我们习惯上看作永恒真理的观念的全部规定性和明确性”②，拿出非凡的胆识使“我如水被倒出来，我的骨头都脱了节；我心在我里面如蜡熔化”（《诗篇》22:14），竭力抵达墙背后无有尽头的幽暗之地。那里是悲剧哲学诞生的子宫，是存放着可怕真相的“地下室”的隐秘所在。

---

① [俄]舍斯托夫：《雅典和耶路撒冷 宗教哲学论》，徐凤林译，浙江人民出版社，2000年版，第17页。

② [俄]列夫·舍斯托夫：《在约伯的天平上》，董友、徐荣庆、刘继岳译，商务印书馆，2019年版，第273页。

二、悲剧哲学的展开：重估价值

如何反抗必然，如何超越石墙以获得体认悲剧哲学的线索？舍斯托夫给出的回应是：重估价值。“重新评价一切价值”的说法最初由尼采提出，其核心与陀思妥耶夫斯基经历的“信念的蜕化”实指同一过程，要求排除必然性所形塑的思维惯性，重新审视那些过去被顺利消化了的观念。

具体的“重估”方式有两种：“弃绝自我”和“伟大狂”。前者带领个体一步一步格式化头脑中已有的偏好、意欲、结论，以及关于自我的定义，弃绝知识，进而弃绝知识的局限，乃至弃绝自我，回归无所知、无所需、无所信的状态，如一张单纯的白纸，允许任何色彩涂抹，或如一个无限渺小的分子，卸下所有思想、价值、意义的重量，让理性主义、怀疑主义、非理性主义拥有平等的机会经过它而不辖制它，让它无碍地“穿过无限小的墙孔”①。后者则期待个体怀有对自身意志的充足信心，在遭受“必然性”麾下多数意见的阻拦时，在面对晦暗不明、危机四伏的沉默的旷野时，仍具备能力及勇气脱离平凡和中庸所营造的稳定感、安全感，不畏惧踏上注定孤独的旅程，做那个征服群山之巅的人，足够将无能的狂暴、卑贱的死亡、任性的疯狂拦截于意志的壁垒外。唯其如此，彼岸的“悲剧哲学”才得以成为可能。

“重估价值”就是“翻越围墙”，“翻越”这一动作的完成伴随着“悲剧哲学”的三层认知跨越：从日常中解放出来、从“理智与良心”中解放出来，从“希望哲学”中解放出来。

从日常中解放，是要终结“平常人间的日常生活提供了一种日常生活的哲学”②，意识到人们日常中普遍追求的幸福快乐的生活图景是对生活的严重粉饰，仁爱、友善、人道主义的思想遍布了不切实际的漏洞，美好的信念如同沙漠边际的海市蜃楼，徒然用一副瑰丽而空洞的形态麻痹人们的感官，使其忘却生活内部“反日常”的痛苦、背叛、暴戾、绝望。人们切身的生活经验已经证明：贫穷、疾病、分离、不可避免的死亡，无从施与的爱，这些才是人生的本真样貌，因此舍斯托夫发出疾呼：“产生于自由人之间的仁爱无权把残酷钉到耻辱柱上去，无权埋怨它是黑暗和受罪的

① ［俄］列夫·舍斯托夫：《开端与终结》，方珊译，第 78 页。

② ［俄］列夫·舍斯托夫：《陀思妥耶夫斯基与尼采》，方珊译，商务印书馆，2019 年版，第 77 页。

根源，而应该给自己的卑躬屈膝的敌人让出它至今在世上所拥有的一切无法计算的权威和特权。”[①] 他坚决捍卫“反日常”的存在，与那些发现了可怕的“反常性”并为此发表讲演的人——他们投身于残酷、痛苦、冷漠，非因其值得追求或提供快乐，只因其反映真实——站在一处。对日常规则的离经叛道致使他们被驱逐到“地下室”的幽暗空间，再不能返回简单生活，成为了被边缘化的“地下室人”。而舍斯托夫在陀思妥耶夫斯基的文本里获得支持，提出悲剧哲学的目标之一便是“恢复地下室人的权利”，让“地下室人”发出自己的声音、申诉自己的需求，摆脱“疯子”“精神病患者”“癫狂之人”等身份界定，拥有自由活动的空间。

从“理智与良心”中解放，是要解除人的内心世界里理智的最高立法权和道德良心的神圣优越地位，重视心理领域的真实感受和灵魂需要，将“理智与良心”的光辉长久以来所遮盖的心灵显露出来。[②] “对于人来说，千年的‘理智和良心’的国王结束了。新的时代——‘心理学’的时代开始了。”[③] 此处，舍斯托夫用“心理学的时代”表述“现在”，意在提醒人们，尤其是那些由于遭受压抑、迫害和摧残所以更容易陷入绝境的“地下室人”，诚实地释放情感、勇敢地表达意愿，摆脱人为规定的、未经自身检验的是非善恶标准，反抗社会规则强加的道德逼迫。因为“博爱”思想是一种反生活的粗糙幻影，“理智和良心”约束下的道德常常与人们的生存意志或个人幸福存在巨大而尖锐的冲突：譬如，当人们承受苦役或死刑这一类没有转圜余地的困难时，任何关于“爱兄弟”“忍耐”“牺牲”的学说均不能战胜生理上的极度疲惫和心理上直面死亡的恐惧，“善”的信念毫无功效，而法律、伦理等一系列规则在一旁冷眼旁观，恰恰忘记正是自己导致了人的绝望处境。此时，唯有自身的真实愿望值得被尊崇，唯有“活着”或“更好地活着”的权利可以优于“理智与良心”的制约。倘若说苏格拉底的天平命令“最高德性”以绝对优势压倒了“人类的生活和心灵”，那么在舍斯托夫的天平上，“心灵”的重量总会略胜一筹，它驳倒了“理智”规定的“美与崇高”，声喊着要重建自己的“美与崇高”。

当“反常”和“心理”被看见，存在的哲学也就从“希望”走向了“绝望”。生活揭开了美善的遮羞布，露出了深不见底的无望深渊，人们旧日

---

① ［俄］列夫·舍斯托夫：《陀思妥耶夫斯基与尼采》，方珊译，商务印书馆，2019 年版，第 78 页。

② 徐凤林：《“悲剧哲学”的世界观——舍斯托夫哲学的生存论解读》，《求是学刊》，2009 年第 5 期。

③ ［俄］列夫·舍斯托夫：《陀思妥耶夫斯基与尼采》，方珊译，第 47 页。

的信念坍塌了，取而代之的是“尊敬伟大的丑陋，伟大的不幸，伟大的失败”① 的悲剧哲学话语。除非通过“苦役”“地洞”和“地下室”，否则真理将无处寻觅。

三、悲剧哲学的向度：寻找上帝

在思想静默无声的“地下室”中，舍斯托夫受陀思妥耶夫斯基与尼采指示，先后揭开“摩耶之幕”，直视了生命意志的绝望困境。此刻他面临的现状是：过往赖以自慰的希望已经丧失了效力，而可供生活的信念体系尚未建成。难道人们必须无止境地承担肉体与精神的疼痛，直至认同西列诺斯所言，将“死亡”看成生命最美最妙之事？对此，立于理性之废墟的舍斯托夫给出了自己的回应，他认为，既然传统哲学将精力过度倾注在抽象的逻辑理性上，无法真正面对个体的痛苦、衰落、损伤与生命意义的幻灭。那么，唯有突破哲学的统治疆域，依靠信仰援请上帝的降临/在场，那些关于存在问题的本质需求才可能得到解决。信仰提供了一种全新的思想维度，使人们可以凭借对上帝的全情投入，无畏且快乐地放弃旧有真理的规定性，赢回自身全部的主权力量。② 上帝为人类预备了超乎理解的丰盛恩典，故而悲剧哲学必须重返“上帝”的怀抱，仰望上帝赐予的神圣启示，以一种“不可能用任何科学的、逻辑的、思辨的、理性的方法加以证实或证伪的”新真理、一种“不可交流和传递，只在极为罕见的场合下，偶然光顾某一优选者”③ 的新真理，来求得灵魂的安息。

舍斯托夫找到的“上帝”需要放置于悲剧哲学的语境下加以理解。一方面，舍斯托夫的上帝绝不是世俗意义上“信仰地上的面包的宗教”，不会以眼前短暂的好处和极乐引诱人们专注于到手的麻雀而遗忘天上的仙鹤，也不会假借被包装为“社会信念”的功利目的掌控人的喜怒哀乐，以便享受并掌控信众的绝对崇拜。“世俗的上帝”作为一种宗教化了的政治意识形态，遭到舍斯托夫的坚决拒斥。

另一方面，舍斯托夫的上帝坚守“反抗必然”的立场，与自然神论或“形而上学的上帝”共同指向的“理性化的上帝”做出区别：理性化的上

---

① [俄]列夫·舍斯托夫：《陀思妥耶夫斯基与尼采》，方珊译，商务印书馆，2019 年版，第 213 页。

② Horowitz, Brian, and Bernard Martin. “The Demolition of Reason in Lev Shestov’s Athens and Jerusalem”, *Poetics Today* 19, no. 2 (1998): 221 - 33.

③ 张冰：《白银挽歌》，黑龙江人民出版社，2014 年版，第 110-111 页。

帝不承认《圣经》的权威地位和超自然的特殊启示，只接纳自然界中的一般启示与关于上帝的可靠知识；舍斯托夫的上帝则越过理性的阐释，寻求不需证明的心灵启示，因为“我们讲说这些事，不是用人智慧所指教的言语，乃是用（圣）灵所指教的言语”（《哥林多前书》2：13）。理性化的上帝强调个体需要遵循外部世界的运行法则，唯正确把握方能获知客观真理；舍斯托夫的上帝则声称“客观真理尽管在逻辑上可能是有意义的，科学上是可以证实的，但归根到底是不重要的和肤浅的”[①]，只有主观真理或启示真理才能够回答悲剧阴影下的人们应当如何生活的问题，属于“最后的知”。理性化的上帝划定了社会伦理、道德、善恶是非的标准，“对于好人，不论他活着时还是死后，都不可能发生任何坏事，神从未把他忘记”[②]；舍斯托夫的上帝却成就了一种超越伦理道德的信仰——“人不靠自己的事业，而只有靠信仰，才能得到拯救，指望自己行善的必遭永久死亡”[③]。《圣经》中亚伯拉罕献子的故事不妨视为真实信仰的佐证，这一“父亲意图杀死儿子”的举动被理性和德性理所当然地指责为残忍、冷酷、无情，但亚伯拉罕心中不断迸发着强烈的信心和盼望，他坚信神的启示高于“人间的遗传和世上的小学”（《歌罗西书》2:8），全知全能的上帝会肯定他、支持他，使他免于受害，尤其是遭受那群必然性的奴隶的迫害。因此他能够依靠信仰赐予的“敢想敢为”的力量化解必然性造成的困局，呼求一个不受必然性制约的至高者实现心理学领域真正的善和公义，怀揣永不失落的希冀面对生活的痛苦，从真正的“启示真理”中得自由。这便是舍斯托夫的“悲剧哲学”熄灭了理性的烛火后留下的唯一光源。

四、悲剧哲学的论证方法：通过潜文本与心理解读

舍斯托夫擅长从哲学角度进行形而上学的文学批评、从文学角度进行有关存在主义的哲学阐释，将“悲剧哲学何以成为可能”的问题置于经典文学的肥沃土壤里加以思考，通过间接对话、格言化文风和故意制造矛盾的片段，“把作家从其笔下人物的保护罩后面‘拖拽到开放的空间’。舍斯托夫能够洞悉作家内在的挣扎，使作家试图用写作来克服的、有时甚至

① 张冰：《白银时代俄国文学思潮与流派》，人民文学出版社，2006 年版，第 57 页。

② [俄]列夫·舍斯托夫：《在约伯的天平上》，董友、徐荣庆、刘继岳译，商务印书馆，2019 年版，第 263 页。

③ 同上，第 281–282 页。

连自己都会隐瞒的内心世界的种种，被揭示出来”。[①] 以《陀思妥耶夫斯基与尼采》为例，舍斯托夫采取文学研究中较为常用的潜文本分析法和心理解读法，结合托尔斯泰、陀思妥耶夫斯基和尼采作品里的典型桥段来论证三人的思想如何同悲剧哲学遥相呼应。实际上，除舍斯托夫举出的相关论据以外，另有文本细节可供补充论证。但也有一些源自陀思妥耶夫斯基和尼采的文字材料不仅无法支撑舍斯托夫由悲剧哲学所开发的“信仰”走向，反而建构了基于个人性的经验认知的新价值取向。

托尔斯泰、陀思妥耶夫斯基和尼采的作品是舍斯托夫阐释其悲剧哲学的主要依据，其中尤以尼采与悲剧思想的适配性最强，甚至当悲剧哲学尚徘徊于绝望之海的岸边寻求生还的可能性时，尼采已经纵身一跃沉入海底。这位同导师叔本华、瓦格纳决裂的哲学家曾化身扎拉图斯特拉，毫不讳言自己身为叛教者和沉沦者的反常性，挑战上帝、挑战理性强加的意志、挑战他人创造的道德而誓要重建自己的道德。他视人类的理智和美德为“贫乏、龌龊、一种可怜巴巴的舒适”，认为天性的混乱甚至疯狂才是通向自我觉醒及自由启示的动力。与尼采相反，托尔斯泰和陀思妥耶夫斯基的苦难书写始终于文字间企盼“善”的理想、崇高的良心，呼吁一种本可以从人的生活中获得的幸福。在他们明亮悦耳的声音之下，从何证明“悲剧的哲学”已经为其所见且为其所信？舍斯托夫采取的论证方法是从人物的“恶魔性”入手，挖掘作品表层结构下的潜文本，寻找隐藏的情感信息和规约性信息，让作品本身的“潜意识”亲口讲述作家并未明确言说却有意或无意透露的内容；同时关注作家对“恶魔性”人物的细节刻画，解读作家附着其上的隐秘心理，以及心理如何背离理性原则、反映个性自由的真实需要。[②]

舍斯托夫在《陀思妥耶夫斯基与尼采》中指出，自《地下室手记》塑造了“地下室人”开始，陀思妥耶夫斯基的第一主人公已经不再是博爱精神和理想主义的忠实信徒，他们或主动背离了自明真理与神圣道德原则，或任由内在的绝望感显露出破土的征兆，让善于心理解读的读者窥见了陀氏表面赞颂道德理想的企图和内在破坏道德理想的冲动之间的分裂。舍斯托夫看待陀氏笔下的负面价值人物，并不仅仅关注其负面的形象直观，更

---

① Tabachnikova, Olga. “DIALOGUES WITH DOSTOEVSKY” FROM TWO CORNERS: LEV SHESTOV VERSUS ANDRÉ GIDE”, *New Zealand Slavonic Journal* 42 (2008): 55 – 76.

② 梁坤：《“撒旦起舞”的奥秘——俄罗斯文学传统中恶魔主题的原型与发展》，《长江学术》，2008 年第 1 期，第 79–83 页。

强调他们同时具有毁灭性和创造性的“恶魔”本能，敢于破坏那些由他人建立起的神圣之物，能够凭借冷峻甚或冷酷的眼光识破“理智与良心”无法带来幸福、只会虚伪说教和编织梦幻泡影的事实。由于他们比遵循“日常的哲学”的人们率先预知到信念终将坍塌的结局，故而往往尽早要求自身欲望和需求的及时满足，用“个人主义”代替“社会主义”，用“利己主义”代替“人道主义”。正是陀思妥耶夫斯基对这类“恶魔性”人物的塑造，以及他的塑造方式所流露出的亲切理解，揭开了他隐而未现的思想倾向：比希望更超前的是绝望的哲学，比“爱同胞却不知为何而爱”的“日常的人”更进一步的，是清醒而混乱的“地下室人”。

典型的“恶魔性”人物是《地下室手记》中的 “我”。“我”落魄失意，强烈渴求社会的尊重和正眼相待，却总是一次次落入毫无尊严的悲惨处境，以致被无从摆脱的欺凌和侮辱异化，开始通过折辱他人以转嫁痛苦、获得快感，成为一个卑劣可恶的施害人。类似地，《群魔》中的基里洛夫、《白痴》中的伊波利特等角色皆亦携带“恶魔性”因子，这些人物表达了对物质界或自然界的“监禁所”的强烈抗议，并且代表了陀氏悲剧世界观的核心①。在舍斯托夫看来，陀思妥耶夫斯基同样相信“‘充满疑虑的觉醒所带来的痛苦抽搐’胜过‘某种睡眠中灰色的、哈欠连天的迟钝’”②，所以舍斯托夫才会将陀氏与尼采并列为“悲剧哲学”的探路人。陀氏虽努力遮掩自己的悲剧哲学观,但其作品的潜文本和人物描写中间皆有“恶魔性”因素的闪现，“恶魔性”所展示的清醒反衬德行的愚妄，使陀氏无论如何歇斯底里地叫喊表面理想，他隐藏于心的愿望都不会从敏感的读者眼前消失。另一位俄国文学泰斗——托尔斯泰的创作亦如此，他时常借人物之口点明“心理学”的真相，让列文说出“对斯拉夫人的痛苦没有，也不可能有任何直接的感触”③，让罗斯托夫和玛丽娅公爵小姐的谈话不自觉夸大自己对战争事件感到的忧伤，以此透露潜文本内部的悲剧哲学倾向。只是，依照舍斯托夫的发现，托尔斯泰身体里存在两种灵魂的缠斗，一种是“看清生活的虚伪和理想信念的真赝”的先知，“情愿与疯狂为伍，而向常识

① Stanley Bill. “Dualism, Dostoevskii and the Devil in History: Czesław Miłosz's ‘Neo-Manichaean’ Theory of Russian Culture.” *The Slavonic and East European Review* 93, no. 3 (2015): 401-28.

② Matthew Beaumont, “Lev Shestov: Philosopher of the Sleepless Night”, *Bloomsbury Academic*, 2020:7.

③ [俄]列夫·舍斯托夫：《陀思妥耶夫斯基与尼采》，方珊译，第 53-54 页。

发动一场殊死搏斗，鄙视人生的所有欢乐”[①]；一种是神经质地紧抓住理性不放的老顽固，不愿与整个世界早已形成的日常惯性作对，所以“用美好的希望将深处的绝望包装掩埋起来，用‘理智和良心’来解决一切”[②]。这种灵魂缠斗与陀思妥耶夫斯基作品思想的二重性的区别在于，陀氏保留了“理智与良心”面对“心灵真实”时的沉默无言，没有依仗“美与崇高”的护佑，强行给出人生本质难题的解答。托尔斯泰则拒绝承认有“美与崇高”不能回答的问题，即使在理想主义的美善走不通的地方，他仍强行描绘稳定、光明、仁爱的希望，并不考虑现实性和可行性，以至于为了留出“善”实施改造的空间，他笔下人物的“恶魔性”很少得到完整、全面的呈现，一般都会经过一定的加工处理，将之变为“可克服的”或“被克服了的”，从而隐藏起文本内部卓越的真实与刺耳的洞见。本质上，“托尔斯泰从未放弃过理想主义，陀思妥耶夫斯基则不然”[③]。

五、悲剧哲学的论证障碍：陀思妥耶夫斯基与尼采的解释限度

运用潜文本和心理解读法进行分析，舍斯托夫得出结论：托尔斯泰、陀思妥耶夫斯基和尼采皆切身领会了被规则世界的理想信念所遮蔽的现实残酷性，意识到“悲剧的哲学”才是关于人生存在问题的真正的哲学——尽管三人对这一发现态度迥异。现在，悲剧哲学的门徒站上了思想领域的悬崖边缘，身后是一条通向“没有自由的幸福”的归途，而身前的幽谷填满了人们无力承担的自由的重负。舍斯托夫面朝幽谷，继续他“非理性”的探索，将上帝作为悲剧哲学的唯一出路，但是，被舍斯托夫援引为例的陀思妥耶夫斯基和尼采，似乎并未顺理成章地跟随舍斯托夫涉足“向上”的路径，他们或是架起悬崖与悬崖之间的桥梁，赋予悲剧哲学在人间寻找向度的可能性；或是系上缒入地下深渊的绳索，享受永恒轮回的“恶中之乐”，为“从绝望到信仰”的跃升制造了不同的障碍。

（一）舍斯托夫夸大了陀思妥耶夫斯基的绝望程度

舍斯托夫一旦认定了陀思妥耶夫斯基彻底厌恶必然性统治下的人道

---

① ［俄］列夫·舍斯托夫：《伟大的前夜》，张冰译，商务印书馆，2019 年版，第 107 页。

② ［俄］列夫·舍斯托夫：《陀思妥耶夫斯基与尼采》，第 51 页。

③ CURTIS, JAMES M. “Shestov’s Use of Nietzsche in His Interpretation of Tolstoy and Dostoevsky.” *Texas Studies in Literature and Language* 17 (1975): 289 - 302.

主义追求和善的理想，便自觉忽略其呼唤良心来抉择善恶的大段文字，先入为主地视之为受悲剧哲学冲击后的矛盾产物。实际上，陀思妥耶夫斯基也许从未对人世间的幸福和仁善完全绝望，也从未根本性否定良心的道德意志，换言之，他绝望于规条之下的伪善，绝望于既定的善恶标准或行为规范对人性和自由的剥夺，但他同时寄希望于真正的、发自内心的爱与同情的实现。他时时处于绝望与希望、苦难与解脱的动态变化里，而这种变化往往由他笔下的女性形象推动到趋向“希望”的一面。如其所说，“在俄罗斯女人身上，人们观察到越来越多的真诚和坚毅、肃穆与荣誉、牺牲精神和对真理的追求，俄罗斯女人比俄罗斯男人更明显地表现了这些品质”④，“俄罗斯女人是我们唯一的伟大希望，也是俄罗斯民族复兴的保证。”⑤ 他将“女性”神圣化，以之作为主人公的信仰对象或信仰条件来连接人和神的信仰道路，使绝望者在人世间亦能寻找到化解痛苦、突破生活之茧的方式。

陀思妥耶夫斯基热衷于塑造的女性形象常带有明显的索菲亚学说的影子。“索菲亚”最初指“歌颂和热爱上帝的智慧”，因其词性属于阴性，故为原初含义增添了一抹女性色彩。19 世纪末 20 世纪初被俄罗斯接受后，索菲亚理论被描述为一种“神和人的完美结合，集神性灵魂和人性机体于一身，是最完美的女性形象的化身”⑥。索菲亚的具身化，就是《地下室手记》中的丽莎、《被损害与被侮辱的》中的娜塔莎、《罪与罚》中的索尼娅。这些女性人物的真挚、美善、隐忍、奉献，反映出超越时空的永恒的圣女/圣母崇拜，建构起男性幻想下去人化的完美女性想象和母性化的概念原型。舍斯托夫忘却了陀思妥耶夫斯基文学作品中如索尼娅这样的女性，轻率地为陀思妥耶夫斯基冠以“与世界势不两立的绝望者”“唯有上帝可拯救的流放者”之类的头衔，排除了悲剧哲学抵达人世的向度，致使其悲剧哲学向信仰哲学的过渡留下一块论证的空白。

（二）舍斯托夫与尼采的分野

舍斯托夫在利用尼采的文本支撑悲剧哲学观点的同时，显然察觉到尼采对待存在的绝望本质时，选择了与自身不相协调的向度进行探索，这种

---

④ F.M.Dostoevsky, “The Diary of a Writer”, *George Braziller*,1919:142.

⑤ Ibid.,1919:340.

⑥ 杨旭：《重新审视俄罗斯白银时代的文学批评理论》，中国社会出版社，2018 年版，第 126 页。

探索已经偏离了舍斯托夫的思想预期，间接否定信仰作为悲剧哲学出路的唯一性。然而舍斯托夫并未给出足够合理的论证来解释尼采的超人哲学和“永恒轮回”学说何以不能作为悲剧哲学的彼岸，反而由于过多地阐述尼采的“扎拉图斯特拉”而强化了尼采本人的影响力，导致悲剧哲学到信仰哲学的跃升受到“深渊”的拦阻。

尼采之所以走向了与舍斯托夫相反的“地下之地下”，归因于他在悲剧哲学内部获得了有别于舍斯托夫、陀思妥耶夫斯基的另类体验和情绪感受。当陀氏被巨大的绝望感包围而以恶自苦，试图摆脱生命的绝望、寻找救赎的希望时，尼采已经度过初期心灵上的强烈疼痛，接纳了世界所孕育的无意义的苦难，立于绝望的深渊中以恶为乐，通过充分彰显自身的强力意志取消善与恶的边界，将人们真实的痛苦或欢乐从永恒真理及道德判断所决定的好恶中解救出来，重新定义个人的善、个人的快乐，视绝望本身为希望。尼采提出“恶即是善”的主张，并非刻意与世界原本的秩序作对，而是渴望看到人们“敢于把我们自己认为是恶的东西变成善”，“自由、无畏地翱翔于人类、习俗、法律和对事物的传统评价之上。”[①] 这就意味着，尼采把“我”，即个体的生命、个体的权益、个体的自由意志推举到价值首位，“敢于把他曾称为‘蛇的贪婪’而且害怕的‘利己主义’看成已不是耻辱的、而是崇高的品质。……贵族认可利己主义的这一事实，并不表明这里有任何残酷性，任何暴力，任何专断，很像是由世界的规律所决定的。如果需要给利己主义寻觅一个名称，它会说：这正是正义本身。”[②]

正因为尼采如此强调人自身的力量，以至于他认为一切在自身之外寻找解答的企图都是在让渡自由，于是杜绝他者的介入，更“杀死”了上帝，使悲剧哲学的走向在他那里无法诉诸人类居住的世间，也无法诉诸上帝所处的天堂。他找到的生命目标是“人”，准确地说，是“超人”——超越自身的人、自由的人，“为自己创造自由，对义务说出神圣的‘不’字。”[③] 唯有人成为了这样一种有能力抵抗驯化的非凡的强者，才可以借助“永恒轮回”的学说战胜存在的悲剧性，让同一个人生中或大或小的每一个瞬间一次次地回归，把无意义的痛苦、必然发生的痛苦和毫无理由的痛苦强加给自己，再于痛苦的内部一次次强劲地显现超人自由，“将权力掌握在自

① ［德］尼采：《尼采超人哲学》，九州出版社，2019 年版，第 216 页。

② ［俄］列夫·舍斯托夫：《伟大的前夜》，张冰译，商务印书馆，2019 年版，第 203 页。

③ ［德］尼采：《扎拉图斯特拉如是说》，黄明嘉、娄林译，华东师范大学出版社，2009 年版，第 57 页。

己的手中，把‘已是’变成了‘欲是’。对于在生命中将要发生的一切，他接受，他选择，他愿意。他成为自己生活的王”，① 进而在重复性的自我确证下收获比内心的痛苦还要深沉的欢乐的永恒。尼采的“永恒轮回”乍一看仿佛是一场诅咒，因为它有悖于人趋利避害的本性，它将悲剧置于时间的循环，人需要不断重复痛苦、超越自己，不断体会绝望的乐趣、受折磨的快感和深渊的感召。但是，恰恰是痛苦的复现意味着痛苦的无辜，苦难从此不再是令人难以忍受的无意义，而被赋予了前所未有的新意义，人也得以扔下罪的重负，使自己成为自己的救赎，此时，“永恒轮回”又化作了祝福的形态②。

某种程度上，比起寻求上帝，“永恒轮回”或许更为接近舍斯托夫的非理性立场和“地下室人”道出的问题。然而，正如乔治·L·克莱恩(George L. Kline)所指出的，舍斯托夫没有加入尼采揭露基督教伦理和理性主义体系的计划，却贸然评价了其结果。”③ 舍斯托夫质疑尼采以“超人的崇高美德来美化自己”、质疑超人“究竟能不能使人和不幸、和我们存在的无意义和解”④，这种武断的批判缺乏论据支撑，造成了悲剧哲学到信仰哲学的过渡出现衔接的错位。

结语

舍斯托夫的悲剧哲学面向个体存在的真实处境，敏锐地意识到必然性法则如何通过构建思维迷宫或思维范式，来束缚人的意志、情感和欲望，使人成为“理智与良心”的奴隶。它以“反抗必然”为前提，鼓励人们走出科学规律和道德规约所统治的共同世界，夺回自行裁决、自行判断的自由权；以“重估价值”为过程，提醒人们突破蒙蔽，看见隐藏在日常性、“理智与良心”“希望的哲学”等假象背后的，由反常性、心理学、“绝望的哲学”构成的深渊，实践勇敢者的冒险和孤寂者的旅行；以“寻求上帝”为目的，指出信仰是战胜必然性/自明性的唯一向度，“只有信仰才能推倒我们身

① 菲利普·J.凯恩、邵伊凡：《尼采，永恒轮回以及对存在的恐惧》，《跨文化研究》，2018年第2期。

② 黄自权：《超人、末人、高人和永恒轮回——基于〈查拉图斯特拉如是说〉》，《佳木斯职业学院学报》，2020年第12期。

③ Kline, George L. “*Skepticism and Faith in Shestov's Early Critique of Rationalism.*” *Studies in East European Thought* 63, no. 1 (2011): 15－29.

④ [俄]列夫·舍斯托夫：《托尔斯泰与尼采学说中的善》，第183页。

上漫无节制的原罪重负，让我们能重新挺直腰‘站起来’。”① 为证明其观点，舍斯托夫以托尔斯泰、陀思妥耶夫斯基和尼采的作品为论证素材，聚焦其中人物的“恶魔性”，通过潜文本分析和心理解读，证明三者对“悲剧哲学”的觉察及随之而来的不同态度。舍斯托夫肯定了自己的悲剧哲学，且进一步走向唯一的上帝信仰。然而，回归陀思妥耶夫斯基和尼采的原文本不难发现，二人寻找解脱的真实取向与舍斯托夫存在不同程度的偏离，前者借助索菲亚式的女性形象开辟了在“人间”超越悲剧性的向度；尼采则借助“永恒轮回”开辟了在“深渊”超越悲剧性的向度。舍斯托夫选择性地遗忘了陀思妥耶夫斯基的女性人物，含糊其词地引述了尼采的永恒轮回，导致“从绝望到信仰”的主张出现了论证空白。

舍斯托夫的悲剧哲学开俄国存在主义哲学先河，推动宗教哲学向前发展，与欧洲哲学界建立起有效的思想互动和思想互渗。但悲剧哲学也在思想界引发了相应分歧，有学者指出其表述“缺乏创设性”“观点自相矛盾”，对理性主义的批判亦有不公之处。整体观之，评判悲剧哲学的意义或价值应当采取辩证开放、多元立体的视角，允许思想间自相争鸣，以便奏出经久不息的哲学乐章和生命之歌。

---

① ［俄］列夫·舍斯托夫：《旷野呼告》，方珊、李勤译，华夏出版社，1999 年版，前言，第 1 页。

如何理解人

——亨利生命现象学与传统哲学的分歧①

林伟毅②

内容提要：关于人的理解，是一个基础性的思想议题。对此，众多哲学家给出了不同的回答，他们的立场主要在于形而上学与自然主义，把人界定为拥有理性的高级动物。经典现象学家则看到了这些观念方式的局限，而力图摆脱和悬置传统的视域，在新的道路上对人作出理解。当代法国现象学家米歇尔·亨利看到，这些实际上都是在世界的角度上、基于世界真理探讨人，即从外在性上对人的揭示，并不能真正地触及和恰当地理解人自身。人根源于生命自身，只有回到生命之中，在生命真理里面，人才可能以自身的方式显现。亨利生命现象学关于人的理解和诠释从根本上突破了传统的思维方式与思想视域，但并没有真正地走出传统哲学的局限和困境。

关键词：人，世界，生命，自感

How to Understand Man: The Difference between Henry's Phenomenology of Life and Traditional Philosophy

LIN Weiyi

Abstract: The understanding of man is a basic issue of thought. To this, many philosophers have given different answers. They mainly lied in the positions of metaphysics and naturalism, and they regarded man as

---

① 基金项目：福建省社会科学基金青年项目"'友爱'的政治哲学研究"（项目编号：FJ2021C014）。

② 林伟毅，哲学博士，福建师范大学马克思主义学院讲师。研究方向：现象学、政治哲学。

advanced animals possessing rationality. The classical phenomenologists saw the limitations of these concepts and tried to get rid of and suspend the traditional horizons, in the hope of understanding people in a new way. But the contemporary French phenomenologist Michel Henry saw that these views actually discussed man from the perspective of the world and based on the truth of the world, which revealed man from the outside, and could not really touch and properly understand man. Man was rooted in Life itself, and only when man returned to Life, in the truth of life, can he manifest himself in his own way. The understanding and interpretation of man in Henry's phenomenology of life fundamentally broke through the traditional way of thinking and horizon of thought. But it didn't really get out of the limitation and difficulty of traditional philosophy.

Key words: Man, World, Life, Self-affection

引言

对于人自身的理解，是哲学的重要议题。自古希腊柏拉图、亚里士多德，到近现代康德、卡西尔等等，众多哲学家都十分关注这一议题，并对它展开深入的探讨。如何理解人，在现当代哲学特别是现象学里面，更是一个核心的问题。胡塞尔的先验观念论、海德格尔对 Dasein 的阐述、梅洛—庞蒂的身体哲学、列维纳斯对“脸”的诠释……现象学家们所侧重的研究表面上看虽各不相同，但当追溯这些论题深处的根基，可以发现它们在论域上都蕴涵着对人自身的理解与思想，哲人们都在现象学上以不同的方式对人做出某种揭示。

哲学对这一议题的持久关注并非出于巧合，这与之内在的重要性紧密相关。如何理解人，不仅关涉人类自身在世上生活的安身立命问题，还根本性地影响人们对于其他方面和领域的思考。以不同的方式理解人，将使得政治、社会、艺术等方面思想观念亦呈现差异性。也就是说，这是一个基础性的问题，它是严肃与深刻的哲思所无法绕过而必须面对和回答的。

在对人的理解上，哲学思想史里面有着多样的视角和观点，对此，当代法国现象学家米歇尔·亨利（Michel Henry）亦曾基于生命而非世界对人自身作出理解与诠释，不仅突破了经典现象学的理论视域，而且克服和超越了形而上学与自然主义的立场，倾覆了传统思想的一般理解方式。可惜的是，他这方面的思想目前仍较少得到学术界的关注和讨论。本文旨于探讨亨利与传统哲学家关于人的不同理解方式，揭示他们在这方面的观念分歧，并由此阐明亨利生命现象学思想的突破性与局限性。

一、形而上学与自然主义：关于人自身理解的一般立场

历史上，许多哲学家、思想家、科学家都曾对于人自身展开探讨，并由此给出了丰富的观点。这些观点彼此之间或许差异众多，甚至相互对立，但它并不意味着其所蕴含的思想方式和立场就存在本质性区分。实际上，从古代到今天，在对于人自身的众多理解和思考上，所显现的方式和视域往往是共通、一致的。这样的普遍方式，可以在传统西方哲学和现代自然科学关于人的观念里面得到揭示。

古希腊哲学家亚里士多德奠立了传统西方哲学理解和思想人的一般方式。他这方面的思考在著作《政治学》里面有着较为清晰的表达。在其中，亚里士多德提出了关于人的重要诠释，它后来被总结为：人是政治的动物；人是语言的动物。此概括确有其文本根据。这两个观点在思想史上产生了深远的影响，并为后人所熟知。在《政治学》中，亚里士多德指出，人类是趋向于城邦生活的动物，也就是说，在本性上是政治动物。① 他认为，人是社会性的动物，天性上倾向于群居，生而具有合群之性情。人类所结合的团体能够比自然界的蜂类等群居动物达到更为高级的政治组织，根源在于语言，即人类的言说能力。② 也就是说，在亚里士多德这里，关于人的两个观点实际上有着内在关系：人是语言的动物，这成就了人作为政治的动物。

对亚里士多德来说，脱离城邦而没有政治生活的人，不是野兽，就是神祇。人之所以为人，就在于人是有理性的，因此能够节制欲望、志趋善良，从而以行动建立和维系城邦这一至善的社会同体，并在团体中遵礼法和守正义。这使得人成为最优良、高级的动物，而区别于神和兽。③ 人与两者的不同在于，人拥有并能够运用理性。神是善自身，无需面对理性的运用问题，兽则依循自身的本能而活动。也就是说，人在政治之中说明自身，政治的人是理性的、高级的动物。正是基于这样的理解，对于脱离政治生

① 参见［古希腊］亚里士多德：《政治学》，吴寿彭译，商务印书馆，1965 年版，第 7 页。

② 同上，第 8–9 页。

③ 同上，第 9 页。

活的奴隶，亚里士多德认为，他们与其他动物之间的界线和距离并不深远。[①] 从本质而言，人与其他动物的区分就在于人具有理性与言说能力，可以建构城邦，过政治生活。人也因此成为最优良与高级的动物。这里，问题的核心是，亚里士多德揭示了人与其他动物不同，之间有着明确区分，然而，归根到底，他仍是在动物的角度上理解人，只是这种动物有理性、能言说，是高级的、超出一般的。这一观念在历史上产生了深远的影响。

自此，从动物的角度思考人，力图探求关于人的本质属性，并以属加种差的方式作出定义，是哲学家们理解和诠释人的普遍方式。这也正是关于人之理解的形而上学立场。人是一种作为理性存在者的高级动物，类似定义和观点对我们而言是熟悉的，它甚至被作为一个毋庸置疑和反思的常识。长久以来，人总是在这个视域下得到理解。从思想史上看，这一理解方式自亚里士多德，经由笛卡尔，已深刻嵌入在社会观念体系之中。在中世纪之后，由笛卡尔所开启的西方近代哲学把人的位置突显出来，尽管他仍强调上帝的至高性，但人此时已经逐步从神的笼罩之下解放出来，并在后来的演变与发展中取代之而成为世界万物的中心。知识论是近代哲学的核心主题，在这一时期，许多哲学家试图基于人的理性探求知识的可能性，认为理性为知识或真理奠立基础。笛卡尔的"我思故我在"试图以思（理性）确立在，斯宾诺莎的"真观念"也在彰显理性的意义。康德则力图阐明人具有自我立法同时通过自我强制而遵守法的理性能力，并由此揭示人的自由与尊严。也就是说，在西方近代哲学，人在世界中的位置被提到一个空前的高度上，与此同时，人的理性得以进一步突显，往往被视为人之为人的本质所在。然而，在此时期，关于人自身的理解背后思想视域并没有在根本上对古代哲学作出突破，哲学家们仍把人作为一种生存于世界的动物或存在者，认为人类具有某种共同的特性，并比以往更为强调理性之于人的本质意义。

到现当代哲学，在这方面，对传统的反思和批评也往往是在与其共同的视域下展开。恩斯特·卡西尔（Ernst Cassirer）曾对传统理解人的方式提出批评，认为人不能依赖于理性而得到定义，"理性是个不充分的说法，不足以让我们从这个角度去理解人类文化生活形式的丰富性和多样性。"[②]

---

① 参见 [古希腊] 亚里士多德：《政治学》，吴寿彭译，商务印书馆，1965 年版，第 15 页。

② [德] 恩斯特·卡西尔：《人论》，李荣译，上海：上海文化出版社，2020 年版，第 34 页。

在卡西尔看来，关于人自身的揭示应基于符号而非理性。“所有这些文化生活形式，都是符号形式。因此与其将人定义为理性动物，我们不妨将人定义为符号动物（animal symbolicum）。”[①] 卡西尔的诠释对传统观念提出了有力的批评与挑战，在思想史上产生了深远的影响。然而，需要看到的是，尽管如此，在他这里，人仍然被作为动物而得到思考。与之前的哲学家一致，卡西尔对人的理解也是基于形而上学立场，以本质化思维寻求对人的定义。在这方面，把人作为或类比为自然物的自然主义立场，通常与形而上学立场相伴随，成为理解和诠释人自身的普遍方式。

自然主义也是现代社会理解与思考人的最一般立场。科学主义在今天成为思想观念的普遍、流行视域，人们通常认为自然科学是衡量真理的唯一准则，以之为根据也由此被视为理解人与事物的最确切方式。而现代自然科学的视域实际上就是理性的视域，这决定了它理解人自身的立场与理性主义和传统形而上学并无二致。其方式亦是自然主义的，它从（类比）自然物的意义上理解人，把人看作某种区别于其他动物的生物，认为人的精神、情感与肉体一样可以从生理的意义上得到解释。也因此，现代自然科学往往试图以量化方法来认识和把握人的心理与情感，例如，生物学试图通过分析荷尔蒙的变化来解释爱情的产生，心理学致力于通过分析和总结调查问卷数据来阐明心理发展的一般规律……它们所显示出的视域是一致的。

二、人被设定为世界的存在

与传统和主流方式不同，米歇尔·亨利在对人的理解上，悬置了形而上学和自然主义的立场，在现象学上对人作出揭示，力图使人在其自身之中显现。亨利这方面的思想是极富洞见和创造力的，他把关于人的理解从世界的视域里面解放出来，从而实现了对于传统立场的转向，在根本上突破了一般理解方式。他关于人的直接论述主要汇聚在著作《我是真理：朝向一种基督教哲学》之中。

在这一作品里面，亨利阐明了常识、哲学与现代科学对于人的一般性理解，并由此分析它们的观念特征与局限。他指出，常识认为，尽管有着相较其他动物更为卓越的能力，人终究是一种栖居于世界的生物，这一观

① ［德］恩斯特·卡西尔：《人论》，李荣译，上海：上海文化出版社，2020 年版，第 34 页。

念与哲学关于人的理解具有亲近性，后者把人看作一种能够形成意义并以语言表达和传递的理性动物。现代科学则把人作为物质界的一部分，并把其还原为物理、化学与生物的要素。① 亨利看到，这些观念背后实际上有着相同的预设，即认为人是属于这个世界的。② 也就是说，它们实质上是基于世界这个视域来理解人，把人看作世界之中的存在。

我们总是设定人存在于世界之中，是世界的，而难以从世界这个大的框架里面解放出来思想人。亨利认为，作为一般的方式，从世界的角度理解人，主要以两种路径来展开。第一种是朴素的实在论或科学的客观论的解释。对它来说，人与其他被造物一样，作为世界的存在者，是世界的物质性的一部分，并能够从生物、化学或物理等不同层面上对之展开探究而获得理解。③ 亨利指出，在这里，人是作为一种实在的元素嵌入进世界之中的，人与物质之间不存在本质性区分，而且都受制于相同的规律。④ 也因此，人被认为可以从外在的、客观的角度上得到理解。他看到，这种解释是有着很大理论缺陷的，即它"模糊了存在于物质秩序现象和人类秩序特有的现象之间的重要差异，从而在它们之间建立起一种连续性"⑤，也就是说，它在思维上预设了物质现象与人类现象具有同质性，这实际上为人的自身显现带来了一个大障碍，使得人难以得到真正的理解。对亨利来说，人与世上之物有着实质性区分，不同于物，"人事实上并非以某种对象的方式，或者，用哲学的术语表达，以一种内在于世的实体的方式在世界之中。"⑥

第二种路径是现象学的解释。如何以恰当的方式理解人自身，始终是现象学的一个核心关注，这在海德格尔的哲学中有着最为直接的体现，他一生的哲思，几乎未曾脱离对于这个问题的探求和讨论。自开创者胡塞尔始，现象学家们总是致力于在哲学上悬置形而上学与自然主义的立场，这贯穿在他们对于人的理解和思考之中，它也使得传统的理论态度在这里发生了

---

① 参见：Michel Henry, *I am the truth: Toward a philosophy of Christianity*. Translated by Susan Emanuel. Stanford, California: Stanford University press. 2003:94。

② Ibid.

③ Ibid., 2003:95.

④ Ibid.

⑤ Ibid.

⑥ Ibid.

转向。也就是说，这一领域为人们给出了新的思想与观念方式。亨利看到，相较于第一种路径，现象学在对人的理解方式上有着重要的突破意义。在这方面，与朴素的实在论不同，现象学追求人的自身呈现，因此也力图避免把人还原或类比为其他东西而加以理解。“正是对于摆脱还原论的关注，通过在方法论上悬置起科学知识，才使得20世纪现象学在理解什么是人所特有的方面取得巨大进展。”①

亨利指出，现象学看到并强调人的敞开性，并认为它使得人与其他世上自然物区分开来。因为敞开性，人有世界，这是别的事物所不能实现的。“虽然处于世界之中，一般的存在者却对其一直是封闭的：它并不‘拥有’世界，然而人在本质上是对世界敞开的。人因此不再是一种以自然存在的方式存在于世界之中的存在，就像石头、空气、火一样。”②也就是说，人能够建构并不断地拓展和丰富意义世界，而动物和其他物体却不能，后者作为一般存在者，是不拥有世界的。亨利这里所讨论和阐释的实际上指向海德格尔现象学的思想观点。

在《形而上学的基本概念》中，海德格尔提出了三个重要的命题，即，“1. 石头是无世界的，2. 动物是缺乏世界的，3. 人是形成着世界的。”③在他看来，“石头就其作为石头的存在而言，根本没有通向其他什么事物的通道”，“它存在着——但属于其存在的，是本质上对于其他存在者的不可通达性。”④在这种不可通达性的意义上，石头及其他非生物体，是无世界的。而动物虽然对其周围具有一定的通达性，它与其食物、天敌等有着某种特定的关系，并倾向栖身于特定的环境之中，但与人的行动不同，动物的行为源于本能的被驱动性，是一种冲动活动，不具有筹划性，也就是说，动物并不处于敞开状态之中，因此，其世界仍是缺失的。⑤人与自然物的区别就在于敞开性，人“不断地筹划着将自己抛入到各种可能性之

---

① 参见：Michel Henry, I am the truth: Toward a philosophy of Christianity. Translated by Susan Emanuel. Stanford, California: Stanford University press. 2003:94。

② Ibid., 2003:95–96.

③ [德]马丁·海德格尔：《形而上学的基本概念：世界—有限性—孤独性》，赵卫国译，北京：商务印书馆，2017年版，第272页。

④ [德]马丁·海德格尔：《形而上学的基本概念：世界—有限性—孤独性》，赵卫国译，北京：商务印书馆，2017年版，第289页。

⑤ 同上，第291、343、357页。

中”①，在筹划的发生中，世界得以持续地形成和建立。因此，对海德格尔来说，人与动物和其他自然物之间有着根本区分，人无法以某种先天属性得到定义，也不可能在与自然物的类比中获得真正理解。这实际上也是现象学家们关于人的理解方面的普遍立场，为使得人得以在其自身之中显现，他们总是努力地摆脱形而上学与自然主义的束缚。对此，亨利表示赞赏，认为这很大程度地打破了传统思维框架，使得人从物质性与自然性上解放出来，在关于人的理解方面取得了重要的进展。

与此同时，亨利看到，尽管现象学在这方面给出了卓越的洞见，推进了思想观念方式，然而，它的突破性并非根本的。在本质上，前面的现象学家们关于人的理解在视域上与传统哲学家和科学家们是一致的，他们都是在世界的角度上基于世界的时间性思考和理解人自身。亨利指出，在经典现象学中，胡塞尔对意向性的阐释、海德格尔对 Dasein 在世存在的论述，这些探讨实际上都蕴含着这样一个前提，即人与世界相互关联，人在世界之中存在，并使得世界得以呈现。②对胡塞尔来说，作为纯粹意识的“思”（cogitatio）是确定的，在认知过程中，意识是直接被经验与被给予的，这是自明的、无可怀疑的。③在他那里，人被还原为一个先验自我 / 先验意识，成为知识得以确立的先验条件。意识始终是关于某物的意识，事物、世界总是在意识之中呈现的。对海德格尔来说，事物则是在 Dasein 之中呈现的，而 Dasein 的基本结构与状态是在世存在（Being-in-the-world），因此，世界构成了 Dasein 的视域。④这意味着，事物总是在世界之中呈现自身的。亨利看到，在海德格尔这里，Dasein 在世存在的本质，使得事物的呈现与揭示皆在世界的视域里面展开，事物、生命“只有在世界的真理里面才能得到理解”⑤。

由此，我们看到，虽然胡塞尔和海德格尔皆看到世界对于人不具有根

① ［德］马丁·海德格尔：《形而上学的基本概念：世界—有限性—孤独性》，赵卫国译，北京：商务印书馆，2017 年版，第 521 页。

② Michel Henry, *I am the truth: Toward a philosophy of Christianity.* Translated by Susan Emanuel,2003:96.

③ Edmund Husserl, *The idea of phenomenology*, translated by William P. Alston and George Nakhinian, introduced by George Nakhinian, Dortrecht: Kluwer Academic Publishers, 1990:2.

④ 参见：Martin Heidegger, *Being and Time*, Translated by John Macquarrie, Edward Robinson. MPG Books Ltd, Bodmin, Cornwall. 1962:78。

⑤ Michel Henry, *I am the truth: Toward a philosophy of Christianity*. Translated by Susan Emanuel, 2003:45.

本的、必要的意义，但他们却都是在世界的角度上理解人，把人作为世界显现的一个先验条件。也就是说，之前对于人的理解，包括实在论和现象学的，总是设定人与世界的联系，认为人不能脱离世界而存在，或者是，难以摆脱世界来理解人。[①]世界，作为一个大的背景，置放在这些思考背后，未得到发觉、反思或悬置。因此，对亨利来说，之前的现象学关于人的思想并没有在根本上突破传统方式和视域，后者在常识、形而上学和自然科学上有着普遍与清晰的表现，它们都是基于世界来理解人。

也因此，如果想要使传统理解人的方式发生某种更为彻底的转向，就必须把世界悬置起来，在一个新的视域和道路上来思考人自身。亨利认为，人与世界的联系并非必然的，实际上，人作为生命，就其自身而言，与世界之间并没有任何关系，完全可以摆脱世界而得到理解和讨论。也就是说，对世界的悬置使得人的自身显现成为可能。与传统及经典现象学的方式不同，亨利基于生命来探讨和诠释人自身，也由此在这方面实现了观念与视域上的变革。

三、人在生命中显现自身

亨利关于人的理解与传统哲学之间有着根本性区分，为使得人以自身的方式显现，他力图悬置世界，并回到生命自身之中思想人。亨利对人的理解基于基督教的一个核心观念而展开，即，人是上帝之子。在其著作《我是真理》中，他指出，“基督教关于人的核心主张在于，人是上帝之子。这一定义不仅决然地打破了对人的惯常表述，不管是那些常识的、哲学的，还是科学（指现代科学）的，而且也决然地打破了多数宗教的定义。”[②]在亨利看来，关于人的这一界定和诠释颠覆了传统与主流观念，这并非是对后者某种关系内容的倒置或翻转，而是从它整个的思维方式之中脱离出来，在一个全新的立场和视域上对人作出界定。[③]

一般观念总是基于世界的角度理解人，对亨利来说，这实际上蕴含着其扎根于世界的真理观念和思想方式，这样的真理，是一种世界的真理。与之不同，把人定义为上帝之子，就必须基于生命之中的出生才可能真正

① Michel Henry, *I am the truth: Toward a philosophy of Christianity*. Translated by Susan Emanuel, 2003:96.

② Ibid., 2003:94.

③ Ibid., 2003:97.

地理解人，因为只有源于生命、在生命里面，才会有子。① 也就是说，这是基于生命来理解人，以生命自身理解人在生命之中的出生。② 亨利指出，这实际上是“一种真理模式对于另一种真理模式的彻底取代”③。以子、生命理解人，是在呈现和揭示另一种真理，即生命的真理，它与世界不相关涉，和世界的真理有着本质区分。

传统思想总是在世界视域里面揭示人，把人作为世界的存在者，而在世界的角度上，子、生命是无法得到理解的。亨利指出，生命有别于世界，生命是自我给予与自我揭示的，并不属于世界。④ 对他来说，把人作为上帝之子，是在生命绝对的现象即上帝这一绝对的现象学生命之中理解人，在这里，关于人的揭示是在对世界的悬置之中展开，使得人在作为生命的自身之中显现。人在其自身而言所关联的是生命，是生命之中的出生，与世界没有任何关涉。因此，我们看到，亨利基于生命自身对人的理解和诠释，与传统哲学之间的区分是根本性的，这是思想视域和真理观念的转变，是生命真理对世界真理的彻底取代。也就是说，生命的真理并不以世界的真理为基础，它不是世界真理推进或发展的结果，作为两种完全不同的真理模式，世界真理向生命真理的转变并非一个递进关系，而是一个分离与跳跃的关系。也因此，亨利认为，基于生命自身对人的理解和界定，是与传统和主流定义的决然断裂。

对亨利来说，也只有在这样的断裂之中，把对于人的思想从世界视域里面解放出来，才可能回到生命自身理解人，使得人在生命之中呈现出来，并由此得到适合的理解与诠释。因为，生命是在自身之中显现自身的，不依赖于世界而存在和呈现，生命在世界真理视域下是不可见、被遮蔽的。常识、传统哲学、自然科学都把这个世界预设为唯一的世界，是人所无法脱离之背景，它们的视域是世界的时间性，经典现象学虽对此有所推进，却仍是在世界的角度上理解人，因此，这些思想与观念皆不能看见真正的生命，不能理解生命与人自身。在亨利看来，人活生生的个体生命作为小写生命（life），只有依据作为根源的绝对现象学生命即大写生命（Life），

---

① Michel Henry, *I am the truth: Toward a philosophy of Christianity*. Translated by Susan Emanuel, 2003:96.

② 在基督教里面，这个作为根源的绝对的生命就是上帝自身。参见：Michel Henry, *I am the truth: Toward a philosophy of Christianity*. Translated by Susan Emanuel.,2003:98。

③ Michel Henry, *I am the truth: Toward a philosophy of Christianity*. Translated by Susan Emanuel.,2003:98.

④ Ibid.,2003:97.

才可能得到理解和揭示，以自身的方式在自身之中显现。也由此，他力图悬置起这个世界，以使生命和人自身呈现出来。

一般观念理解人的方式是以世界时间性为基础的，认为人与其他动物一样，是在世上栖居的有死存在者，与此同时，人具有自身独特的属性和本质，是一种理性的高级动物。传统哲学与现代自然科学对人的思考亦通常以这一方式展开。在这里，人的本质就表现在“人性”上，人性作为人所特有的属性，被认为是普遍的、不变的，是人之为人的根据。对亨利来说，这般理解方式与人自身的显现方式并不适合，人在内在生命而非外在特性中显现自身，只有在生命的角度上，人的本质才能得到揭示。现代自然科学基于世界视域所探讨的生命并非真正的生命，生命是自我给予的，是纯粹的显现，在自身之中显现自身，①其呈现完全不依赖于意识、世界或其他外在事物。②生命是内在而非外在性的，与自身之外的事物没有必然或本质的关联。

人在生命（真理）之中呈现自身。亨利认为，世界真理总是从外在上基于个人所处的时间和空间来理解个体性，但这并不能触及人作为个体的人所具有的内在特性，不能揭示使得个人区别于他人的独特性。③只有基于生命真理，才能理解人之为人的本质，从内在性上彰显与揭示人的真正个体性。人的本质，并非理性动物、物质界一部分或其他任何一种基于世界的界定，而是生命。人只有回到生命，才能以其自身的方式显现。亨利指出，“（人是）上帝之子，生命之子，在绝对的现象学生命之中出生的新的先验者，他在这个生命的自我产生过程之中被产生，并仅仅从生命中获得他的本质。”④而正如上帝与基督的关系，生命与其自身（I 与 me）之间既有所区分，同时又是绝对同一，没有任何距离的。⑤在这个意义上，

① Michel Henry, *I am the truth: Toward a philosophy of Christianity*. Translated by Susan Emanuel., 2003:34.

② 在这点上，亨利的现象学思想与胡塞尔有着重要区分，对胡塞尔来说，事物总是在意识之中显现的，而亨利认为，生命的显现并不依赖于意识，也不依赖自身之外的其他事物，生命的显现是纯粹的显现，生命在其自身之中呈现出来。也因此，对亨利来说，生命真理是绝对的真理，在其绝对的自身显现中，不存在真或者假的问题，这在根本上不同于世界真理。参见：Michel Henry, *I am the truth: Toward a philosophy of Christianity*. Translated by Susan Emanuel, 2003:33–34。

③ Michel Henry, *I am the truth: Toward a philosophy of Christianity*. Translated by Susan Emanuel,2003:123.

④ Ibid., 2003:100.

⑤ 既相互区分又互为同一，在形式逻辑上或从世界的角度看，这是不可能的，甚至是荒谬的，也就是说，以世界真理为根据，是无法理解生命自身的。生命在生命真理中得以揭示。

人的本质在于生命，就意味着这一本质并不在于外在所表现的特征或属性，例如运用理性、使用符号，或向未来敞开等等，事实上，人的本质就在其内在的自身之中。因此，对亨利来说，认为人具有某种特定的、独立的本性，并以之界定人和其他存在者的区分，这样的观念其实是荒谬的。① 只有在生命之中，基于生命真理而非世界真理，人的本质才能得到与之自身相适合的理解与揭示，人也才得以显现自身。

四、生命在自感中揭示自身

生命是活生生的，作为溢满性现象，生命无法在世界的角度上得到理解和揭示，不能以范畴化或对象化的方式被定义。生命与世界是两种完全不同的现象性，生命的显现并不依赖于世界，不需要以世界为前提或背景。亨利看到，生命的显现方式实际上是在其自身之中显现自身，这是在自感（self-affection）里面的自我显现与揭示。原因在于，生命与其自身之间不存在任何距离，是相互区别又绝对同一的，而结合构成为自感的感与被感，恰是在彼此区分的同时实现互为同一。亨利指出，生命是在自感即对自身的经验之中自我给予与自我揭示的，在这之中，与世界没有任何关系。② 自感是直接的、自明的。“在自感里面，我作为被感者，感于我的不再是任何外来或外在的事物，因此也就没有对象是属于世界或世界本身。就自感而言，感与被感者是同一的。”③

生命在自感中直接、自明地显现自身。我（I）作为我自己（me），我的悲伤、快乐、痛苦与我感受到自己的悲伤、快乐、痛苦，是合二为一的，感与被感既有所区分，又不可分离地互为同一。这是在生命之中内在地发生的，并不需要借由外在事物。亨利看到，“快乐可以由世界之中的某个事件得到解释或者与之相关联”，“然而快乐本身并不由任何世界之物所启明”。④ 也就是说，作为自感，生命与外在的事物没有任何本质联系，生命在自身之中揭示自身。亨利区分了强概念的自感与弱概念的自感，前者仅适用于上帝，上帝作为绝对的现象学生命，是自我给予的，“这个生

① Michel Henry, *I am the truth: Toward a philosophy of Christianity*. Translated by Susan Emanuel,2003:100.

② Ibid., 2003:97.

③ Ibid., 2003:105.

④ Ibid., 2003:106.

命既是感又是被感”[①]；后者则适用于人，人作为生命之子根源于大写生命即生命自身，是被给予的，人对自己的自感，是弱概念的，其发生源于大写生命。[②]上帝作为根源性的生命，以自感的方式在人的生命里面呈现，使得人对自身的自感得以发生和实现。

与世界之物不同，人的本质在自感中揭示。在人这里，我（I）与自己（me）是同一的，我自感自己是给予与被给予的关系，亨利指出，在自感中，“感于我（me）的内容仍然是我（me）——而不是其他别的事物”，因此，“界定我自己本质的，并不是我的行为，而是自感”。[③]也就是说，人的本质、个体性是在自感而非世界之物里面得到揭示。而这里的“本质”并非指向传统意义上为所有人共同分有的特定或先天属性，人的本质在自感之中揭示，而自感是内在的，每个人的自感皆不能为他人所取代或化约，是独一无二的，因此与传统在世界角度上理解人的本质所呈现的某种普遍一致特性不同，回到生命，每个人在自感中所揭示的本质是独特的。但这并不同于萨特所主张的“存在先于本质”，即人是在现实存在中定义自身和实现本质的。[④]虽然萨特也是批判传统形而上学理解人的方式，提出人并没有某种特有的普遍本质，然而，根据亨利，我们看到，萨特仍是在世界的层面上诠释人，他关于人之独特本质的理解没能触及人的内在生命，这是外在性上的独特，与基于自感所揭示的人之本质的内在独特性并不相同。

人作为生命之子是活生生的，这表现在每个人自身独特的情感、感受与体验里面。人的内在情感，在每个时刻、瞬间都是灵动的，个人自身的体验与感受，在任何时候都是其他人所无法经历或替代的，它们永远只能属于自己，具有绝对的个体性。这些也正是构成个人自身的最本质内容。但它们在关于人的主流理解和观念中却往往被遗忘。传统形而上学定义了作为类的人，现代自然科学则探讨了作为生物体的人，这些实际上都是从外在性上理解人，它们始终不能呈现人的自感即人的内在生命，也就是说，在那里，我们总是看不见一个活生生的、独特的个人，它们并没有理解人与生命。亨利对此作出了有力的分析和批评。与之不同，他在另一种现象

---

① Michel Henry, *I am the truth: Toward a philosophy of Christianity*. Translated by Susan Emanuel, 2003:106.

② Ibid., 2003:106–107.

③ Ibid., 2003:107.

④ Jean–Paul Sartre,*Existentialism is a humanism*, Translated by Carol Macomber. New Haven and London: Yale University press.2007, p.22.

性（生命而非世界）上对人自身作出理解和诠释。对亨利来说，人在生命中以自身的方式显现，生命在自感中自我揭示，人的本质与个体性，是在自感里面得到彰显的，与世界并不存在任何必然关系。在自感中，感与被感同时发生，生命的经验亦是被经验者，这里，显现与显现者得以统一，也因此，生命的现象性在根本上区别于世界的现象性。

亨利生命现象学力图在与世界真理的比较区分中揭示和突显生命真理，从一般的思想方式和立场上转向，扎根于另样的现象性理解与诠释人自身，突破了传统观念的世界视域，并由此使得生命现象学与传统哲学及经典现象学之间拉开距离。然而，亨利的现象学实际上并没有展示人作为自感的真实生命状态，他仍是在理论思辨而非生存境况上揭示人自身，在他这里，我们看不到奥古斯丁、克尔凯郭尔所描述的基督徒在信望爱中的那般生命经验，也看不到人在痛苦、喜悦、彷徨、困惑等情感状态下的生存形态。正如学者郝长墀所指出："在亨利的'教授式'基督教哲学里面，我们找不到基督教所理解的人的本质要素。"① 也就是说，亨利在思想上所揭示和呈现的人仍然是抽象的，而非具体、活生生的。在这点上，他并没有走出传统哲学的局限和困境。

五、余论

在亨利这里，我们看到，人的根源在于生命自身，只有回到生命之中，人才可能得以理解。生命是内在的，因此，人实际上是在情感、感受与体验里面揭示自身的。而这些内在性的维度在传统对于人的理解当中通常是被忽视或还原为其他内容的。传统形而上学总是力图寻求人区别于其他动物的某种特有属性以定义人自身，这是外在上的理解和探讨，并不能触及个人内在的自己，它无法对人作出真正的揭示。现代自然科学与经典现象学亦没能走出和超越此局限。原因在于，它们都是基于世界的视域、在世界真理的角度上理解和思想人自身，这与人作为生命的真实存在方式不相适应。在现代世界中，人的生命愈发地受到外在物理时间的支配而倍感疲倦，因为遗忘了生命自身，我们往往难以对此作出有力的解释和回应。

亨利的生命现象学力图悬置这个世界，并摆脱形而上学与自然主义立

① Changchi Hao, Is Michel Henry's Radical Phenomenology of Life a Christian Philosophy? *Religions* 2022, 13(8): 761.

场的束缚，为我们给出了思想人的另样方式和视域。在此，我们看到，人根源于生命自身，只有基于生命真理，回到生命之中，人才能以自身的方式显现，并由此得到恰当的揭示。这使得关于人的探寻进入与发现的是人内在的自己，和与之同在的生命自身。人在与传统不同的现象性之中显现出来。这也为人对于自身理性的运用、对良心的启明和呼唤的可能性提供了说明。不过，值得一提的是，亨利生命现象学所表达与呈现的并非宗教教义或神学思想，他是通过援引基督教的某些观点来阐述自己的现象学思想，但这并不意味着其哲学是一种基督教哲学，实际上，他的许多哲学观点在精神上与基督教神学思想要义是冲突的，甚至是相悖的。①

① 对此，郝长墀教授曾作出很好的分析与论证，他指出，亨利的生命现象学实际上并非基督教哲学。具体参见：Changchi Hao, Is Michel Henry's Radical Phenomenology of Life a Christian Philosophy? Religions 2022, 13(8): 761。

再论加尔文的政治思想

邹汝强 ①

内容提要： 对加尔文政治思想的探研是全面理解其学说的重要一环。国内外学者常将研究的焦点放在加尔文对政教关系、是否抵抗世俗政府，以及信徒自由等内容的论述上。但遗憾的是，已有成果未能揭示出加尔文的政治思想与其宗教思想间的关联，尤其是未能指明因信称义的重要性。实际上，理解加尔文的宗教思想是理解其政治思想的条件，而因信称义恰好是连接前后两者的关键环节。对这一关键点的论述和阐释能清晰地呈现出创造、堕落、拯救等内容与政治间的具体联系和次序；同时，还有益于弥补与推进关于加尔文政治思想的既有研究，进而为全面理解其学说奠定基础。

关键词： 政治思想，因信称义，救赎思想，基督教要义，加尔文

Rethinking the Political Thought of John Calvin

ZOU Ruqiang

Abstract: Studying Calvin's political thought is an important step towards a comprehensive understanding of his theory. Numerous scholars' research on his political thought have focused on the relationship between state and church, whether to resist the civil government and christian liberty. However, previous research has failed to reveal the connection between Calvin's political and religious thoughts, especially the importance of justification by faith. In fact, understanding Calvin's religious thought is a prerequisite for understanding his

① 邹汝强，武汉大学哲学学院博士研究生。

political thought, and justification by faith is the key link between the former and latter. The discussion and interpretation of this key point could clearly show the specific connection and sequence between creation, depravity, salvation and politics. At the same time, it also helps to supplement and advance the existing research on political thought of John Calvin, thus laying the foundation for a comprehensive understanding of his theory.

Keywords: Political Thought, Justification by faith, Redemptive Thought, Institutes of the Christian Religion, John Calvin

在《基督教要义》（1559 年版，以下简称“要义”）中，加尔文（John Calvin，1509–1564）曾集中探讨了与“政治”这一主题相关的内容。其中的若干要点也成了学术界长久关注与热议的话题。特别是他对政教关系、是否抵抗世俗政府及信徒自由等内容的讨论，更是成为学者们研究的重点。无论赞同、反对、回应、继承，学者们的讨论无不反映出：加尔文对政治的述说是后人理解其思想时无法忽略的内容。但遗憾的是，多数研究只集中于加尔文有关政治的论述，却未能重视这一内容与其宗教思想间的关联，特别是与救赎的联系。这是由于在加尔文的思想中，有关救赎的内容始终处在关键的位置；同时，也是理解其他内容的条件。换言之，缺少了对救赎维度的思考与认识，可能会让学者们对加尔文政治思想的论述失去根基。虽然有学者已经指出了加尔文的政治思想具有某种属灵倾向，甚至还指明了信徒的自由是这一倾向的根基，① 但未能说明信徒所拥有的自由源自何处。这正是本文试图揭示的内容。具体来说，文章将分三部分展开论述：第一部分简述目前学界对加尔文政治思想的研究现状；第二部分简述加尔文的政治思想；第三部分联系加尔文的宗教思想，揭示理解其政治思想的重要前提。

一、对加尔文政治思想的研究

学者们对加尔文政治思想的探研常集中于以下三个主题，即政教关系、是否抵抗世俗政权、信徒的自由，但少有学者尝试说明三者间的关联，这

① 参见崇明：《加尔文的属灵政治》，载《加尔文与汉语神学》，陈佐人、孙毅编，香港：道风书社，2010 年，第 276–282 页。

使得存在于《要义》中的三者相互孤立，进而模糊了彼此间的内在逻辑。不过，这恰是我们努力的方向，即在回溯前人成果的基础上，力图揭示三者间的联系，明晰其中的逻辑，同时为后文的阐述奠定基础。就第一个主题而言，学者们所关注的焦点是：在加尔文眼中，政府与教会究竟是一种什么样的关系。对此，汉考克（Ralph Hancock）写到，加尔文严格区分了属灵政府与世俗政府，并试图证明如何在不放弃这一区分的前提下，正确地将属灵学说与政治学说结合起来。[①] 换言之，在这位学者看来，加尔文所持守的观点是：政府与教会既有区分，也存在着联系。

与此类似，孙毅也曾在专文中指出，在“加尔文的思想中……教会与国家各自有其独立存在的地位……在这个意义上，他是主张政教分离的。但同时，他又强调教会与国家存在着相互补充与相互促进的关系”。[②] 在之后的内容中，作者又解释指出，政府的权力与教会的权力有着明显的区别，其原因是：人自身处在两种治理之中，即政治上的与属灵上的；其中，前者规范着人的外在行为，而后者则统御人的心灵。[③] 可这不意味着政府与教会间没有关系。对此，同一位作者继续写道，在加尔文看来，两者间的不同治理方式应是相互促进，而非相互伤害的；换言之，两种权力在各自不同领域的治理仍可以有着彼此的关联，特别是互相促进的积极关系。[④]

不过，与此看法稍有不同的是只坚持政教分离的观点。这类学者始终坚持着二者分离的态度，并给出了各自认为的原因。譬如，在赵林看来，加尔文坚持政教分离的态度，一方面源于新教信仰所受到的外部环境压力，以及路德宗过分依赖世俗政权的弊端；另一方面是对再洗礼派所持守的无政府主义观点的反对。[⑤] 又如，程新宇在其专著中所说：“在政府与教会的关系问题上，加尔文本人在日内瓦的宗教改革是要求政教分离的。”[⑥] 这是因为教会的合法地位并非源自政府的审批。此外，还有学者认为，加

---

① 参见［美］拉尔夫·汉考克：《加尔文与现代政治的基础》，何涛译，北京：华夏出版社，2017 年，第 38–40 页。

② 孙毅：《论加尔文关于政教关系的原则》，载《西南民族大学学报》，2007 年第 4 期，第 109 页。

③ 同上，第 110 页。

④ 同上，第 111 页。

⑤ 参见赵林：《加尔文教的“两个国度”思想对西方宪政民主的深远影响》，载《求是学刊》，2012 年第 1 期，第 30 页。

⑥ 程新宇：《加尔文人学思想研究》，北京：中国社会科学出版社，2012 年，第 251 页。

尔文对政教关系的态度是倾向于合一的。例如，沃尔泽（Michael Walzer）在其著作——《清教徒的革命》中就曾指出："政治与宗教职责间审慎的互惠为它们的一体化提供了基础。"① 这是因为在沃尔泽看来，加尔文早已敏锐地意识到教会本就是一个政治社会；并且，为了加固这样的社会，后者又设计出许多道德戒律。显然，在政教关系的问题上，不同的学者有着各异的看法，但在此不予评论。因为我们要继续梳理嵌套于此主题中的另一个问题——是否抵抗世俗政府，也即主题二的内容。

关于此主题，学者们常常从抵抗与顺从这两个维度进行说明，并试图通过各自的视角呈现加尔文的观点。譬如，沃格林（Eric Voegelin）就曾指出，在加尔文眼中，无论世俗统治多么具有压迫性，信徒对其均负有顺从的责任；同时，对那些违背上帝律法的秩序，只允许拥有对其消极反抗之权。② 与此类似，学者凯利（Douglas F. Kelly）也写道，加尔文反对因私人恩怨而不服从渎职的政府及其官员；同时，加尔文肯定了低级别官员因其职权对人民负有道德责任。③ 因为这些官员位于人民与君王之间，他们无论采取何种行动限制暴君都是正当的。在此，需要注意的是，学者们所说的顺从与反抗通常指的是信仰者的行为。就是说，当政府官员尊重自身权力与义务时，信仰者便能充分享有公开表达信仰的自由；与此相对，当官员通过力所不及、玩忽职守，抑或暴力的方式违背自身职责时，信仰者的自由就被破坏甚至被剥夺。④

然而，有些研究者认为，顺从与抵抗这两个维度也恰恰表明：加尔文本人在这个问题上的矛盾态度。其中，刘林海写到，在理论上，加尔文的态度是矛盾的。他一方面主张信徒当服从世俗政府，另一方面又提出可以违背邪恶统治者的意愿。⑤ 更重要的是，在这位学者看来，这两种主张竟源于同一个逻辑前提。若从实践的角度看，作者认为，加尔文不仅反对私

---

① ［美］沃尔泽：《清教徒的革命》，王东兴、张蓉译，北京：商务印书馆，2016年，第62页。

② 参见［德］沃格林：《文艺复兴与宗教改革》，孔新峰译，上海：华东师范大学出版社，2016年，第336页。

③ 参见［美］道格拉斯·凯利：《自由的崛起——16-18世纪，加尔文主义和五个政府》，王怡、李玉臻译，南昌：江西人民出版社，2008年，第45页。

④ ［美］约翰·维特：《权利的变革——早期加尔文教中的法律、宗教和人权》，苗文龙、袁瑜琤、刘莉译，北京：中国法制出版社，2011年，第57页。

⑤ 参见刘林海：《论加尔文反抗世俗政权的思想》，载《北京师范大学学报》，2001年第2期，第85-86页。

人抵抗，更反对宗教领袖的抵抗。此外，赵林在自己的研究中也写到，面对是否抵抗世俗统治者的问题，加尔文表现出一种自相矛盾的态度。就是说，在大多数情况下，加尔文都主张对掌权者的绝对服从，但偶尔也会流露出一些“革命有理”的言论。① 其原因在于：一方面，加尔文依据使徒的教导，主张信徒应当敬畏与服从世间的任何政治统治；但另一方面，加尔文也保留了宪法反抗的权利，即下级官员有权反抗邪恶政府，保护人民免遭荼毒。

对于这样一种矛盾的态度，试图给予回应与解释的学者也不在少数。比如，孙毅就尝试性地给出了自己的答案。他认为，对不公正与不称职政府及其官员的服从，其根源在于对上帝的服从。② 因为在加尔文看来，政府与官员的权力皆因上帝而有。依照这样的观点，我们可以推论，对官员的顺从可以看为是对其权力与职位本身的尊重，而非单单是对人的服从。与此类似，汉考克也认为，加尔文关于服从义务的教导是要说明：无论地位如何，每个人都是以个人身份对上帝负责。③ 这是因为个人对统治者的服从绝不能使自身放弃对上帝的服从；相反，若统治者试图让人远离上帝，那不服从其统治便是题中应有之义。这样的观点更是被沃尔泽视为政治思想史中最重要的老生常谈。④ 然而，我们还要关注第三个主题，那就是：信徒的自由。这是因为此要点会将我们引向加尔文的宗教思想。

具体而言，对信徒自由这个主题来说，需要重点关注与思考的是：它为什么会与政教关系、是否抵抗世俗政府等内容联系在一起。对此，学者崇明进行了探讨并给予了回答。他认为，加尔文的政治思想具有属灵的意义，而信徒的自由则是属灵政治的基石。⑤ 之所以会得出这一结论，崇明指出，是由于加尔文所期待的是以信仰为精神，以教会为核心，以政治为辅助，在共同体中实现个人灵魂与行动的统一。⑥ 显然，这样的期待唯有信徒能够担当，

---

① 参见赵林：《加尔文教的“两个国度”思想对西方宪政民主的深远影响》，载《求是学刊》，2012 年第 1 期，第 30 页。

② 参见孙毅：《论加尔文关于政教关系的原则》，载《西南民族大学学报》，2007 年第 4 期，第 112 页。

③ 参见 [美] 拉尔夫 · 汉考克：《加尔文与现代政治的基础》，何涛译，北京：华夏出版社，2017 年，第 100–101 页。

④ 参见 [美] 沃尔泽：《清教徒的革命》，王东兴、张蓉译，第 64–65 页。

⑤ 参见崇明：《加尔文的属灵政治》，载《加尔文与汉语神学》，陈佐人、孙毅编，香港：道风书社，2010 年，第 276、279 页。

⑥ 崇明：《加尔文的属灵政治》，载《加尔文与汉语神学》，陈佐人、孙毅编，香港：道风书社，2010 年，第 279 页。

甚至成为某种义务与天职。因为在加尔文的期待中包含着对人的双重管理，即属灵政府与公民政府。其中，前者涉及对人良心的引导，而后者则是对人外在行为的规范。由此，才能形成加尔文所期待的个体灵魂与行动的和谐。不过，崇明也提醒到，若缺少了信徒自由这一要素，加尔文的期待便难以实现。因为信徒的自由实则是一种灵性的自由，而这样的自由使信徒能直面上帝并顺从其意志；同时，摆脱了与信仰无关之事对自身的束缚。①

与崇明观点相似，威廉姆·史蒂文森（William R. Stevenson）也认为，若想弄清加尔文的政治思想，除了关注《要义》中有关公民政府的内容外，还需要理解他对信徒自由的论述。② 不仅如此，这位学者更是在自己的专著中以信徒的自由为焦点，力图透视加尔文的政治思想。为此，他从三个方面阐述了信徒的自由。第一，信徒所拥有的自由可以使其超越律法的束缚，却又不违背律法；其次，信徒的自由能够使其愿意服从上帝的意志；第三，面对与信仰无关之事，信徒的自由可使其进行自主选择。③ 不仅如此，作者在结论中还指出，对信徒而言，这样的自由还可使其面对各样的艰难与危险；同时，塑造自己的信心，即对上帝的敬畏。④ 这也是汉考克在论及此主题时所强调的，即加尔文对信徒自由的阐释意在说明：为了上帝的目的来使用其所给予的自由，并由此过上圣洁、荣耀的生活。⑤

通过对已有成果的回顾，我们看到，学者们对加尔文政治思想的研究常集中于以下三方面，即政教关系、是否抵抗世俗政府及信徒的自由。不仅如此，有些学者还敏锐地观察到前两个主题与第三个主题间的联系，甚至认为对主题三的阐释与说明有助于理解前两个主题，进而全面地理解加尔文的政治思想，特别是其中所蕴含的宗教倾向。但遗憾的是，已有研究并未真正阐明主题三与主题一、二间的关系；或者说，为什么“信徒自由”这一内容能够与“政教关系”和“是否抵抗世俗政权”这两方面的内容联

---

① 参见崇明：《加尔文的属灵政治》，载《加尔文与汉语神学》，陈佐人、孙毅编，香港：道风书社，2010 年，第 280–283 页。

② 参见 William R. Stevenson, Jr., “Calvin and political issues”, in *The Cambridge Companion to John Calvin*, Donald K. McKim, ed., Cambridge: Cambridge University Press, 2004, p.173。

③ 参见 William R. Stevenson, Jr., *Sovereign Grace: The Place and Significance of Christian Freedom in John Calvin's Political Thought*, New York, Oxford: Oxford University Press, 1999, pp.11–13, 59–61, 105–107。

④ Ibid., p.150.

⑤ 参见［美］拉尔夫·汉考克：《加尔文与现代政治的基础》，何涛译，第 62–63 页。

系在一起。若能对此疑问进行探索与回答，不仅能揭示三个主题间的关系，还能明确加尔文政治思想中的宗教倾向缘何而有的问题。当然，若想完成这一任务，还得从梳理《要义》中的相关内容开始。

二、加尔文论公民政府

在《要义》全书的最后一章，加尔文详细地论述了有关"政治"这一主题的若干内容。这之中，大量的篇幅用于对官员、国民、法律等与之相关内容的探讨。不过，在正式阐述前，他首先划分了两种不同类型的政府——"关乎永生的政府"和"关乎属世公正以及外在道德的第二政府"，① 也即学者们常说的教会（或称"属灵政府"）与世俗政府。② 对于两种不同类型的政府，加尔文的论述焦点在于它们的区别与联系。③ 其中，对区别的说明是为了避免将两种在本质上完全不同的政府混为一谈。因为他观察到，有些信徒错误地以为自己拥有了某种不受任何掌权者管辖的自由，并认为掌权者的权力会危害到自己的自由。④ 不仅如此，有学者甚至借用加尔文的观点指出，若信徒能辨明身体和灵魂间的区别，即身体关乎外在行为，而灵魂指涉内在心灵，就不难明白属世政府与属灵政府间的不同。⑤

就两者间的联系来说，加尔文认为，虽然教会与世俗政府各有其管辖范围，但并不意味着信徒与属世政府间毫无关联。⑥ 这是因为他看到有些喜爱放纵之人竭力地叫嚣世俗政府及世界之事均与自身无关。对此，加尔文指出，虽然属灵政府在信徒仍旧存于今世之时便已在其内心开始建立，并在某种程度上能够使其预尝那永恒且不朽的福气；但是，属世政府也同样与之有着不可忽视的联系，其原因在于：它需要保护信徒对上帝的外在敬拜，为基督教教义及教会的地位辩护，叫信徒能与世人同住，并且彼此

---

① 参见［法］加尔文：《基督教要义》，钱曜程等译，孙毅、游冠辉修订，第 1537–1538 页。

② 参见 Matthew J. Tuininga, "The Latent Pluralism of Calvin's Political Theology", in *Political Theology*, 2018, Vol.19, No.4, pp.302, 308–309; David Vandrunen, "The Context of Natural Law: John Calvin's Doctrine of the Two Kingdoms",in *Journal of Church and State*, 2004, Vol.46, No.3, pp.514–518。

③ 参见 John T. McNeill, "John Calvin on Civil Government",in *Journal of Presbyterian History*, 1964, Vol.42, No.2, pp.87–89。

④ 参见［法］加尔文：《基督教要义》，钱曜程等译，孙毅、游冠辉修订，第 1538 页。

⑤ 参见 William J.Bouwsma, *John Calvin:A Sixteenth-Century Portrait*, Oxford: Oxford University Press, 1988, p.204。

⑥ 参见［法］加尔文：《基督教要义》，钱曜程等译，孙毅、游冠辉修订，第 1539 页。

交好，叫信徒能在世人中间行义，以增进普遍的平安。① 一言以蔽之，在加尔文看来，属世政府的主要目的是确保信徒能公开表达信仰。② 如此一来，我们可以确定，属灵政府与属世政府间既存在着区别，也包含着联系，而这也使得对此关系偏居一方的研究结论不再有效。

紧接着，加尔文便转入到对世俗政府的阐述，其中的焦点就是对官员、国民、法律等与之相关内容的探讨。首先，他说明了官员的权力源自何处的问题。加尔文认为，属世掌权者所拥有的权力源于上帝本身。若从相反的方向看，也可以说，官员在某种意义上是上帝在今世的代理人。③ 那么，官员便要时常提醒自己，代表上帝行事就应当谨慎、热切，同时彰显其公义；若不如此，不仅冒犯他人，也冒犯了上帝。然而，有人指出，某些压制人的统治方式是与上帝之公义相违背的。对此，加尔文的回应是：无论官员怎样行事，都应保持尊重，因为其权力源于上帝；而且，对官员的尊重，不仅是对其本身的尊重，更是对源于上帝之权力的尊重。相反，若是拒绝或否认官员的权力，不仅是错误的，也会失去官员对自身与教会的保护。如此，可说的是，在加尔文看来，即便是某些让人难以接受的官员，因其权力源于上帝所以是值得尊重和服从的。④

与官员相对的是国民（或称“臣民”“人民”），而国民最主要的职责是对官员或掌权者权力的尊重与服从。对此，加尔文的解释是：对掌权者的服从就是对上帝的服从。同时，他再次强调——其所指向的不是掌权者个人，而是权力本身。换言之，是掌权者的权力值得尊重。之后，加尔文写到，这之中还包括国民于公共领域内自我节制的本分。其原因在于：若不节制便会干涉甚至冒犯官员的权力，而这一点也同样适用于那些不公义的官员。就是说，有些官员常会放纵自己、滥用特权，更有甚者会如强盗般欺压国民。面对这样的掌权者，要说服国民服从必定是个难题。⑤ 因

---

① 参见［法］加尔文：《基督教要义》，钱曜程等译，孙毅、游冠辉修订，第 1539–1540 页。

② 同上，第 1540 页。

③ 参见 Marta Garcia–Alonso, “Calvin’s political theology in context”,in *Intellectual History Review*, 2021, Vol.31, No.4, p.545; John T. McNeill, “John Calvin on Civil Government”,in *Journal of Presbyterian History*, 1964, Vol.42, No.2, pp.72,79。

④ 参见 John T. McNeill, “John Calvin on Civil Government”,in *Journal of Presbyterian History*, 1964, Vol.42, No.2, pp.79–81。

⑤ 参见 Timothy A. Beach–Verhey, “Calvinist Resources for Contemporary American Political Life: A Critique of Michael Walzer’s Revolution of the Saints”,in *The Journal of Religious Ethics,* 2009, Vol.37, No.3, pp.484–487。

为大众可能有的激烈反应是对恶事应有的正常表现，即咒骂暴政，爱戴仁者。但加尔文也再次表明：对不公义掌权者的服从，是对其权力本身的尊重，也是对权力给予者——上帝的服从；同时，他还指出，下级官员对不公义者负有监督之责。① 此外，他特别强调到，若官员的命令或措施是让人远离上帝，那不服从便是题中之义。②

在官员与国民之间存在着法律，加尔文将之视为一个国家最强壮的肌肉；并援引西塞罗的话再次强调了其重要性，即“法律是沉默的统治者，统治者是活生生的法律”③。不仅如此，加尔文还注意到法律本有的多样性与统一性问题，并以旧约时代以色列人的法律为例进行了论述。他首先说明了以“十诫”为代表的道德律。这项法律是以“敬神爱人”为原则制定的，且体现了上帝的公义准则；同时，还是为众多愿意服从上帝旨意的国家和民众安排的。④ 接下来，加尔文所说明的是以“献祭”为中心的礼仪律。他认为，这指明了旧约时代以色列人敬虔生活的方式；并且，应当与敬虔本身区分开来。最后一项是关于民事律的内容。加尔文指出，虽然这是一项旧约时代的法律，但同样能彰显出制定与颁布法律的初衷与归宿，即公正。或者说，法律的制定与颁布虽多种多样，但只要朝向公正的目标就是可被接受的。这也是前文所说的法律的统一性问题。

除以上所述有关国民、官员、法律及两种不同类型政府的内容外，还需要引起重视的就是加尔文在其他章节中对信徒自由的阐释。一方面，诚如前文所说，信徒自由的内容将我们引向了他的宗教思想；另一方面，有关信徒自由的内容也是他自己在阐明政治这一主题时所关注的要点。有学者甚至将理解信徒自由看为解释加尔文政治思想的首要之事。⑤ 具体来说，有关“信徒自由”这一主题，加尔文从三个方面进行了详细论述：

首先，他明确了信徒的自由是一种良心的自由，是信徒在称义后所获

---

① 参见 Quentin Skinner, *The Foundation of Modern Political Thought*, Vol.2, Cambridge: Cambridge University Press, 1978, pp.314–315。

② 参见 Marta Garcia–Alonso, “Calvin's political theology in context”,in *Intellectual History Review*, 2021, Vol.31, No4, pp.544–545, 549。

③ ［法］加尔文：《基督教要义》，钱曜程等译，孙毅、游冠辉修订，第 1554–1555 页。

④ 同上，第 1555 页。

⑤ 参见［美］拉尔夫·汉考克：《加尔文与现代政治的基础》，何涛译，第 58 页。

得的；同时，也是在律法之外获得的。[1]也就是说，律法不能让人称义。对此，有学者指出，这一点的政治含义是清楚的，那就是：某一个体在称义前参与政治进而陷入到恶的漩涡中，仅仅因为上帝的约束使其不至崩溃；相反，在其称义后参与政治才能攻克自然的败坏并获得善。[2]当然，这不意味着律法是完全无用的；相反，它仍在不断指引信徒行善。

紧接着，加尔文指出，人的良心对律法的遵守，不是因为律法本身的束缚，而是因为良心在摆脱了律法的羁绊后，愿意主动服从上帝的意志。[3]换言之，律法之上的自由意味着一种良心的自由与释放。对此，有学者指出，信徒在称义后所获得的良心自由是一种摆脱了律法对良心束缚与苛责的自由；而且，良心的自由还能够让被称义者直面上帝本身。[4]就是说，自由地服从上帝，而非充满恐惧地面对这位他者，这也是信徒自由的重要内涵。之后，加尔文从律法的一面继续阐明了这一内容。他点明了律法对个人称义的要求，即尽心竭力地爱上帝；并接着写到，若要如此，对个人而言就当离弃罪恶，并将自己的一切都集中在爱上帝的事上。由此，可说的是，信徒的自由虽在律法之上，但不是废除律法的放纵，这也再次展现了律法是依然有效的。

最后，加尔文阐明的是有关信徒在“中性之物”上的自由。这里所说的中性之物是指一些与信仰实质没有直接关联的外在事物，如饮食、礼仪等。之所以提及这一点，是因为，某些中性之物会让人的良心陷入到迷信之中。[5]对此，加尔文写到，若人的良心陷入到迷信之中，便如同陷入到蜿蜒复杂的迷宫之内而不能自拔；更甚者也许会连路上的一根稻草都不敢踩踏。因此，这样的说明是必要的。与此同时，也可以再次确定，信徒的自由是一种直面上帝的自由；并且，在这一自由中，良心只服从于上帝，因而人固有的习俗与所制定的法律均不能束缚良心。不过，加尔文也再次强调指出，若

---

① 参见［法］加尔文：《基督教要义》，钱曜程等译，孙毅、游冠辉修订，第 893 页。

② 参见崇明：《加尔文的属灵政治》，载《加尔文与汉语神学》，陈佐人、孙毅编，香港：道风书社，2010 年，第 280 页。

③ 参见［法］加尔文：《基督教要义》，钱曜程等译，孙毅、游冠辉修订，第 841 页。

④ 参见崇明：《加尔文的属灵政治》，载《加尔文与汉语神学》，陈佐人、孙毅编，第 280 页；Matthew J. Tuininga, The Latent Pluralism of Calvin's Political Theology,in *Political Theology,* 2018, Vol.19, No.4, pp.305–307。

⑤ 参见 G. R. Potter&M. Greengrass, *John Calvin*, London:Edward Arnold, 1983, p.59。

有人因此拒绝服从权威则是完全不可取的。因为权威本就源于上帝；所以，有学者写道，对权威的认可既是对上帝的服从，也是良心的要求。⑥

综上所述，在《要义》这部作品中，加尔文对“政治”这一主题的阐述涉及以下三方面的内容，即划分两种不同类型的政府、指出寓于世俗政府中的三大要素及对信徒自由的说明。一方面，我们可以看到已有成果与文本内容间的对应关系；另一方面，从《要义》一书的结构看，前两点所包含的内容与第三点的内容虽在形式上是分离的，但在内容上却是合一的。这一点在加尔文最早一版的《要义》中便有体现。⑦ 不过，这些都只是易于观察的现象，我们仍要追问的是：为什么“信徒自由”这一内容会出现在加尔文有关政治的论述中。厘清这个问题不仅可以呈现加尔文的政治思想与其宗教思想间的联系，也有助于我们全面理解其思想；同时，还是对已有研究的某种补充与推进。

三、因信称义对理解加尔文政治思想的重要性

为什么信徒自由的内容会出现在加尔文有关政治的论述中？之所以提出这个疑问，是因为，加尔文对信徒自由的阐述是在“救赎”这个主题下展开的，而他对政治的言说显然与这一主题无直接关联。因此，从宏观的视角看，对信徒自由与政治关系的探索，实际上是在回答：加尔文对救赎与政治二者间关系的看法。有些学者也注意到了这一点。譬如，崇明就曾写到，因人的堕落，作为上帝创造物的世界也随之变得虚空，这一切只有在与拯救产生联系，并从中被解放出来后才重新变得有意义；而政治作为世界的一部分，其正当性与意义也取决于自身是否被解放。⑧ 又如，汉考克所写，加尔文对信徒自由与政治的论述是为要证明属灵自由可以与世俗束缚彼此共存；也就是说，加尔文想要探索的是两个不同领域如何互通的问题。⑨ 再比如威廉姆·史蒂文森，他更是将创造、堕落、救赎等内容作

⑥ 参见崇明：《加尔文的属灵政治》，载《加尔文与汉语神学》，陈佐人、孙毅编，第 281 页。

⑦ 参见［法］加尔文：《敬虔生活的远离》，王志勇译，北京：生活 · 读书 · 新知 三联书店，2012 年，第 241–313 页；Simon P. Kennedy, “The Decalogue, Resistance, and Political Obedience in Early Protestant Thought”,in *Journal of Religious History*, 2022, Vol.46, No.1, pp.155–158。

⑧ 参见崇明：《加尔文的属灵政治》，载《加尔文与汉语神学》，陈佐人、孙毅编，第 268–271 页。

⑨ 参见［美］拉尔夫 · 汉考克：《加尔文与现代政治的基础》，何涛译，第 63 页。

为其论述信徒自由与阐释加尔文政治思想的理论准备。①

与此类似，加尔文在《要义》中也有相应表述。在谈到两类政府时，他指出，就属灵政府而言，是指着人的良心说的，所在乎的只有人的灵魂；就属世政府来说，是指着人的行为说的，所关心的是人当尽的公民本分。在论述国民与官员的问题时，加尔文谈及了服从的话题。他认为，官员的称职与否不是国民服从与否的前提。相反，当人的灵魂在上帝面前获得自由时，政治领域中的各种规则，或者说人所定的各样准则都不再成为束缚。这与他在讨论信徒自由时所表达的观点趋近，即人对律法的遵守，并非是受到律法的约束，而是因从律法的轭下得释放，就愿意服从。可如何从律法的轭下得释放呢？对此，加尔文解释指出，这是基督的工作，即他对律法的遵守使得相信之人不再被律法束缚。② 这个答案似乎也暗示了对加尔文救赎思想的探索是理解信徒自由及其与政治关系的新起点。

若是论及加尔文对救赎一事的阐释，就不得不谈及人的罪。因为人若不犯罪，救赎也就无从谈起。然而，若想理解有关罪与救赎的内容，言明加尔文关于人之受造与堕落的信息将是一个良好开端。在《要义》中，加尔文表明了人的受造是以上帝的形象为模本而有的；同时，他还强调指出，虽然人是由身体与灵魂两部分组成的，但主要彰显上帝形象的是人的灵魂。因为受造之初的灵魂拥有着像创造者一样的仁义与圣洁。可是，当受造之人偷食了分别善恶树上的果实后，所拥有的上帝形象便由此失落。③ 这是因为人自己的选择逾越了上帝的命令，即不可食用分别善恶树上的果实，进而走向了上帝的对立面，并造成了受造者与创造者间的某种隔绝。与此同时，更为严重的是：因人的抗命行为，死亡成了最终的归宿。

不仅如此，这一归宿还是受造之人无法逃脱与抗拒的。因为人的抗命行为使自身堕落，同时也让自己陷在罪中；而罪的破坏性又使得人的本性被扭曲。对此，加尔文写到，寓于人灵魂中的基本机能——理解力与意志——最能体现被罪扭曲后的本性。这是因为在受造之初，人的理解力与意志各

---

① 参见 William R. Stevenson, *Jr., Sovereign Grace: The Place and Significance of Christian Freedom in John Calvin's Political Thought*, New York, Oxford: Oxford University Press, 1999, pp.15–21。

② 参见 Marta Garcia–Alonso, "Calvin's political theology in context", in *Intellectual History Review*, 2021, Vol.31, No.4, p.546。

③ 参见 Timothy A. Beach–Verhey, "Calvinist Resources for Contemporary American Political Life: A Critique of Michael Walzer's Revolution of the Saints" ,in T*he Journal of Religious Ethics*, 2009, Vol.37, No.3, pp.479–483。

司其职。其中，前者的作用就是依照是否值得认同去辨明事物；而后者的作用就是选择与跟从前者所赞同的，回避与拒绝前者所不赞同的。[①] 可这一情况在人堕落并陷入罪中之后发生了改变。加尔文指出，若说人的理解力与意志堕落到无法明白任何事情的地步，这是极不符合常识的。可当谈及有关上帝的认识以及对其律法的遵守时，人的虚妄与无知又会显露无遗。因为人自身既不会寻求上帝，也不会思考关于上帝之事，更不会为此付诸行动。进一步说，这是由于罪扭曲了人的灵魂机能，使得理解力不能辨明有关上帝之事，而意志也无法附随前者的判断与选择。所以，最终的结果是：人无法回到堕落之前的状态，即受造之初所拥有的圣洁与仁义。

面对这样的困境，一个外在于自身的力量可能是受造之人所需要的。这也是加尔文接下来要论述的内容，即基督所起到的桥梁作用对于恢复创造者与受造者间联系的必要性。因为想要跨越两者间的隔绝，就需要承担由抗命行为而导致的刑罚，以及对上帝律法要求的满足，即完全遵守。进一步说，承担刑罚是为要满足公义，而完全的遵守是为要达到圣洁。可这样的要求对已经堕落之人来说是绝无可能的。那么，作为外在于受造者的力量，基督及其行为就成了关键要素。对此，加尔文强调指出，在基督所有的行为中，他对律法的完全遵行与其所经历的死亡是极为特殊的。这是由于基督对律法的遵守是为要弥补受造之人的未遵守行为；而基督所经历的死亡是为要满足上帝对抗命行为的惩罚。不仅如此，基督对律法的遵守也是对圣洁的持守；而其所经历的死亡则是对人本有的义人地位的挽回，这恰是人未堕落前所拥有的。不过，还要注意的是，基督的行为及由此而有的结果都是外在于受造之人的；也就是说，基督的行动是客观的事实，但仍需解释这一事实与受造且堕落之人间的关系。

对此，加尔文继续写到，有关信心的内容是不能忽视的，因为它是堕落者与基督产生联系的媒介。[②] 正如他在《要义》中所写：信心是一种确定的知识，而这种知识又是在基督里给予受造且堕落之人的。[③] 在此，加尔文想要表达的是：堕落之人可以借助于信心去相信基督的行动是于自己有益的，即帮助自己跨越因罪而有的横亘于上帝与人之间的隔绝，并重新

① 参见［法］加尔文：《基督教要义》，钱曜程等译，孙毅、游冠辉修订，第 171 页。

② 参见 David Vandrunen, “The Context of Natural Law: John Calvin’s Doctrine of the Two Kingdoms” ,in *Journal of Church and State*, 2004, Vol.46, No.3, pp.515–516。

③ 参见［法］加尔文：《基督教要义》，钱曜程等译，孙毅、游冠辉修订，第 540 页。

获得义人的地位。可这样的转变又是如何实现的呢？对于此种疑问，加尔文回答到，将基督通过自身行动所获得的义归算给堕落之人，就如同是堕落之人自己完成的一样；由此，便实现了堕落之人从不义到义的转变。加尔文将此种变化称为归算，而其中的要点是人因与基督的连结所拥有的交换，那就是：将基督的义归算给堕落者，并将后者的罪归算给前者。这也是因信称义的要旨。

之后，加尔文指出，接下来的写作计划是对信徒自由的讨论。其中的重点是揭示这一内容与因信称义的关系。对此，他写到，信徒的自由是称义所带来的副产品，且有助于深入理解称义的重要性；相反，若是不理解信徒的自由，人之良心还是会陷入疑惑，并在许多事上犹豫不决，甚至动摇与退缩。① 在此，我们清晰地看到，因信称义与信徒自由间所具有的承继关系；而这一关系似乎也暗示了加尔文的救赎思想与政治思想间所具有的某种联系。当然，在确定这一联系前，我们还需简要回顾加尔文关于信徒自由的论述。他首先指出，堕落之人在寻求称义时应当依靠基督，因为称义问题的关键是如何才能被算为义。② 紧接着，加尔文写道，称义者对律法的遵守是因为从律法的轭下得释放，所以乐意服从神之律法。③ 这是因为在人称义的过程中，除了借基督的行动重新获得义人的地位，还让之前束缚自己的律法变成了指导生活的准则，并愿意努力遵守。最后，信徒的自由还涉及对中性之物的自由，譬如饮食、礼仪等。当然，这些事均无关于人是否得救的问题。④

在复现了加尔文对信徒自由的论述，并确定了其与因信称义的关系后，我们将要揭示信徒的自由与政治间的关联，以便最终确定加尔文的政治思想与其宗教思想，特别是救赎思想间的联系。就信徒自由与政治的关系而言，加尔文认为，既然信徒已经获得了自由，那诸多因政治而有的规定（如“法律”）便不再成为束缚，但这不表示信徒能滥用自由。⑤ 因为信徒的自由

---

① 参见［法］加尔文：《基督教要义》，钱曜程等译，孙毅、游冠辉修订，第 838 页。

② 同上，第 839 页。

③ 同上，第 841-842 页。

④ 同上，第 843-844 页。

⑤ 参见 Timothy A. Beach-Verhey, “Calvinist Resources for Contemporary American Political Life: A Critique of Michael Walzer's Revolution of the Saints”, in *The Journal of Religious Ethics*, 2009, Vol.37, No.3, pp.483-484。

是要帮助其自身在超越世界的同时成为在世的好公民。[①] 进一步说，信徒所拥有的自由首先是一种灵性的自由，即信徒借助于基督的行动所获得的义人地位，而这一变化又使得信徒能够服从与践行上帝的律法；与此同时，信徒的自由还使得自身在面对政治权力时能够保持中立，并出于对上帝的服从而服从政治权力、承担政治责任。概言之，信徒的自由使自身超越了政治，却又不背离政治。

行文至此，我们发现，对加尔文有关人之受造、堕落、拯救等内容的分析表明，因信称义是他对信徒自由探讨时的基本前提；这也回答了本文在开篇处留下的疑问，那就是：信徒所拥有的自由源自何处。不仅如此，我们还可以确定，离开了这个条件去理解有关信徒自由与政治的关系是一件困难的事。此外，上述分析也表明，因信称义是连接加尔文救赎思想与政治思想的纽带。进一步说，正是围绕着因信称义而展开的一系列分析让我们明白：在探讨“政治”这个主题时，加尔文为什么会将信徒自由的内容纳入其中，进而让其与有关政治的内容结合在一起，并最终融入他对基督教神哲学问题的论述中。

四、结语

沃尔泽、汉考克等学者对加尔文政治思想的探研让我们看到：政教关系、是否抵抗世俗政府及信徒自由等内容成为了研究的重点；不仅如此，有些研究者还敏锐地意识到三者间可能存在的联系，甚至把捉到信徒自由的重要，但最终未能给予清楚地揭示与说明。本文便以此为起点，指出，对因信称义的理解是厘清三者关系的重要条件；或者说，若要明白为什么加尔文在有关政治的说明中会包含非政治的内容（即“信徒的自由”），因信称义便是解开疑问的关键。这是由于信徒的自由是因信称义的副产品，而这一副产品让获得自由者能够超越政治，却不背离政治。所以，加尔文对政治的论述才会涵摄非政治性要素。此外，对因信称义的论述也让我们意识到：加尔文的政治思想与其宗教思想，特别是救赎思想有着密不可分的联系。

---

① 参见崇明：《加尔文的属灵政治》，载《加尔文与汉语神学》，陈佐人、孙毅编，第 283 页。

历史视野 Historical Perspectives

明末耶稣会龙华民的福音保守主义之再发现

——耶稣会内的译名、礼仪争论和本土化平民路线

[韩] 全洪奭[①]

内容提要： 弄清明末耶稣会传教史上译名、礼仪争论发生的主要原因，一直是后代学者们关注的重点。现有的主要研究观点将利玛窦和龙华民之间的关系一分为二地对立了起来，把龙华民视为耶稣会在中国传教失败和阻碍东西方文化交流的负面人物。如果置身于耶稣会“传教神学—天学”的历史变迁过程中，就可以发现这种认识忽视了平民路线出现的真实背景和过程。本文将重点放在龙华民对利玛窦的继承性上，力图通过对被忽视的龙华民平民灵性传教路线进行分析和考察，还原出其中隐藏的历史真相和意义。在耶稣会内，接受了利玛窦遗命的龙华民不仅继承了利玛窦的知识传教，同时还非常重视福音的纯洁性，将维持自己摸索出来的传教路线与利玛窦路线之间的均衡作为核心工作。纵观龙华民的一生，可以说他是耶稣会灵修本土化即福音的完美道德和博爱主义的典范。

关键词： 耶稣会，龙华民，礼仪之争，保守主义，平民路线，灵修本土化

① 全洪奭，浙江工商大学特聘教授。

Rediscovery of the Gospel Conservatism of Jesuit Nicholas Longbardi in the Late Ming Dynasty: Focusing on Rite Controversy and line of missionary work for common people in the Society of Jesus

Hong-seok Jeon

Abstract: The matter of establishing the main reasons for the controversy of translated terms and rite in the missionary history of the Jesuits during the late Ming Dynasty has always been drawing the attention of scholars. The major research concerning the relationship between Matteo Ricci and Nicolas Longobardi diverges into two parts, in which Longobardi is regarded as the negative figure to whom the failure of the Jesuit mission in China is attributed and who hindered the cultural exchange between the East and the West. When we examine the historical change process of "mission theology—Heavenly Studies" of the Jesuits, we can find that its understanding ignores the real background and process of the emergence of the line of missionary work for common people. Focusing on acceptance of Ricci by Longobardi, this article explores Longobardi's line of spiritual missionary work for common people which has been neglected so far, to shed light on the hidden historical truth and significance. Longobardi, the member of the Jesuits, who succeeded Ricci, not only inherited Ricci's intellectual missiology, but also layed emphasis on purity of gospel over culture and sought balance with Ricci's line. Throughout Longobardi's life, he can be said to be an example of the indigenization of Jesuit Spiritual Exercises, that is, a gospel model of complete virtue and philanthropism.

Key words: Society of Jesus, Nicolas Longobardi, Rite Controversy, Conservatism, Line of Missionary Work for Common People, Indigenization of Spiritual Exercises

一、序言

明末耶稣会内部爆发的中国礼仪之争（1645–1742）成为了导致欧洲的天主教中国传教团分裂的导火索。探究耶稣会传教史上"译名、礼仪争论—

天学的分化”发生的主要原因一直是后代学者们的关注焦点。从表面上看，在耶稣会中国传教会首任总会长利玛窦 (Matteo Ricci，1552–1610) 于 1610 年去世以后，第二代会长龙华民 (Nicolas Longobardi，1559–1654) 对利玛窦的译名、礼仪适应路线提出了异议，从而使这场争论浮出了水面。

但实际上，利玛窦和龙华民之间产生见解差异的深层次原因在于对不同传教对象的价值设定。利玛窦的传教对象主要是士大夫阶层，而龙华民更倾向于通过平民阶层扩大基督教的影响。龙华民的下层灵性传教方向与曾经在耶稣会中国教区占主要地位的上层学术 (理性) 传教方针，存在诸多相异之处，代表性的事例包括主张使用音译教理用语、不允许中国信徒的传统祭礼，以及推动平民 (民间) 归化运动等。龙华民制定并执行的这一系列“福音 (神学) 保守政策 (非适应政策)”体现了东西方的天权文明与神权文明的冲突，并成为了中国礼仪之争的主要诱因。

文化和福音 (神学、真理、信仰) 之间关系的两难困境所带来的不同认知引发了利玛窦和龙华民在传教学上的分歧。如果说利玛窦是把重点放在文化与福音的连续性上，从而确定了理性化的上层适应路线，那么龙华民则着重于不连续性，走出了一条依纳爵 · 罗耀拉 (Ignatius de Loyola) 倡导的耶稣会灵修本土化的平民保守路线。所谓中国礼仪之争是在耶儒对话的过程中，文化适应与福音保守之间的矛盾所带来的结果。后来其他修会也加入了其中，从而使这场争论发展到了无法控制的地步。最终，罗马教廷下达了礼仪禁令，作为回应，清初的皇帝在中国下达了禁教令，从而给在华传教活动画上了历史的终止符。

现今的历史和思想评论界，在一定程度上将造成这一悲剧性结果的原因归结为龙华民本人，所以他通常被定义为是一个带有负面色彩的人物。因为其固守中世纪欧洲式的不妥协的纯正性信仰从而引起了译名、礼仪之争，是令天主教在华传教和东西方文化交流触礁的罪魁祸首。如果更进一步研究可以发现，没有资料能够证明龙华民像大部分耶稣会士一样接受过数学、地理、天文学方面的教育或是具备科学技术方面的专业知识。有人认为这一点制约了龙华民在东西方文化交流上的作用，他因此被怀疑并轻视利玛窦开创的学术 (知识) 传教，并导致他主导的传教事业和他本人都付出了惨痛的代价。① 甚至还出现了更为严重的贬低和误解“后利玛窦 (龙

① 余三乐：《来华耶稣会士龙华民事迹》，载《韶关学院学报 (社会科学)》，2012 年第 9 期，第 5 页。

华民)时代”的观点，“在庞迪我(Diego de Pantoja，1571–1618)和熊三拔(Sabatino de Ursis，1575–1620)被驱逐出中国后，龙华民才开始以较为积极的态度参与徐光启组织的修订历法的工作，于1626年写出了《地震解》一书。然而终因不精于历算之学，后来龙华民不得不退出修历的工作，使得他失去了在中国社会中发挥更大作用的绝好机会。”①

这些不由分说的评判和误解产生的原因是把利玛窦和龙华民的关系设定过分偏重于对立结构(断绝性)所致的。传统的观点与逻辑认为，龙华民的民间传教方针没有对利玛窦指出的本地化难题进行认真的反省与思考，是操之过急的错误行为或是打破常规的做法。甚至说龙华民发起的反利玛窦的行为是清朝中叶给天主教的中国传教带来致命伤害的祸根。但是，这种负面观点忽视了在耶稣会“传教神学—天学”的历史变迁过程中，龙华民的民间路线诞生的背景和过程，因此，对耶稣会神学(福音)保守主义进行更加客观和公正的实证研究与探讨，成为了非常必要的课题。

事实上在明末天主教传教士的东亚学中，可以发现与我们先入为主的成见迥然不同的历史事实。例如，近期发表的贯穿耶稣会中国传教史的研究报告中指出“龙华民非但没有与利玛窦形成价值观上的对立，相反他与利氏共同构成了理想的、完整的传教模式”②。本文将研究重点放在龙华民对利玛窦的继承(继承性)上，对被历史忽视的龙华民平民灵性传教路线进行分析和研究，还原出其中隐藏的历史真相与意义，希望藉以填补这个领域的研究空白，并纠正过去对龙华民的错误认识与价值判断。

二、北京：利玛窦的继承者

1610年利玛窦感到自己将不久于人世，在寻找墓地的同时，他加紧完成了从1608年秋天开始撰写的回忆录《耶稣会和基督教进入中国》(*Della entrata della Compagnia di Giesù e Christianità nella Cina*)。不过对于他来说，还有一件最为重要的事情就是对中国传教团的在华活动进行总结并确定自己的继任者。

龙华民这时并不在北京。当时，接到利玛窦的遗书并处理后事的是庞迪我、熊三拔神父，北京的明朝高级官员徐光启、李之藻也在近旁。利玛

① 张铠：《庞迪我与中国：耶稣会适应策略研究》，郑州：大象出版社，2009年，第180页。

② 柴可辅：《晚明耶教“民间布道”之考察：龙华民路线的新定位》，载《文史哲》，2015年第6期，第122页。

窦的遗书有两份，一份是关于北京教会工作的，即把北京教区交给庞迪我、熊三拔两位神父管理，另一份是关于整个中国传教区传教工作的，这份文件的收信人是“中国传教团的负责人龙华民神父”，写信人署名“本传教团前任负责人利玛窦神父”①。

就这样，利玛窦在临终前指定龙华民为继任者，即耶稣会在华传教的第二代总会长。1609 年 9 月他们在北京见面的时候，为了寻求上层传教和平民传教的相互平衡，使两者形成统一的体系，他们可能达成了某种协议。至少 1610 年 5 月继任者的决定是“利玛窦式的龙华民路线”和“龙华民式的利玛窦路线”的需要所带来的结果。在最终决定继任者前的 1609 年，当时负责南方三所教会的李玛诺（老玛诺，Emanuel Diaz[Senior]，1559-1639）去了澳门，利玛窦立刻就安排“龙华民神父接替他的职位”。② 利玛窦的这个安排强化了龙华民在中国传教团中的地位，与他筹划的继任安排不无关系。

根据现存的文献史料，龙华民在北京与利玛窦见面后，又于 1609 年 10 月到 1611 年 5 月去往了南京，作为南京传教工作的督导和南京修院的院长，他在那里度过了一年多的时间。之后的 1611 年 5 月 3 日，他再次来到北京，作为利玛窦葬礼的主持人出现在了众人面前。③

但是，利玛窦为什么把权力交给了与自己路线不同的龙华民呢？如果想深入理解“中国传教学—天学”的发展史，这是一个必须研究清楚的难题。在回答这个问题时，首先需要去解读利玛窦上层学术传教中字里行间所蕴藏的意义。利玛窦在华传教的主要对象不是普通大众，而是中国上层的士大夫和知识分子。不过，他同时认为与中国知识阶层的不断交往是“逐步进行大范围播种的开始”④。他的战略是把北京作为知识传教的起点，首先构筑遍布中国全境的知识阶层的亲教网络，然后，再面向大众广泛地传播基督教。⑤

在这种意义上，传教的对象由上层（知识分子）扩展到平民（非知识

---

① 利玛窦：《耶稣会与天主教进入中国史》，第 481 页。

② 同上，第 473 页。

③ 同上，第 231 页。

④ 利玛窦：《利玛窦中国札记》，何高济、王遵仲、李申译，北京：中华书局，2001 年，第 681 页。

⑤ 乔治·邓恩 (George H. Dunne)：《伟人的时代：明末中国耶稣会故事》，Moon Sung-Ja、Ri gi-myeon 译，首尔：制造知识的知识出版社，2016 年，第 140 页。

分子）可以说是利玛窦路线内在的一种自然趋势，利玛窦始终也没有放弃向大众传教的梦想。根据金尼阁神父的记录，1610 年“(利玛窦)神父在百忙之中也不忘与那些身份低微的新教友亲切交谈，他们发现，即使神父工作缠身，也会像对待经常来访的大人物一样，向他们致以亲切的关怀。这已经成为了神父的习惯，来访的新教友身份越是卑微，神父与他谈话的时间就越长”①。

由此看来，认为利玛窦执行的是单一上层传教路线的观点并不正确。他并没有排斥下层路线和直接传教，而是意在通过上层学术传教获得皇室和士大夫的支持，然后就可以快速地开展平民传教并建立天主教会了。②利玛窦晚年时希望通过吸收和容纳中国教区出现的龙华民路线，从而形成耶稣会传教方法上的平衡。因为只有这两种不同价值取向的路线并存，并在其间保持平衡，在面对传教事业中各种突发的意外情况时，才能保持灵活地进退自如。

以上这种认知的背后说明利玛窦已经准备好了对传教路线的重新调整和传教新阶段的构想。可以发现，最终选择龙华民是利玛窦均衡了自身传教计划所包含的各种要素以后做出的必然决定。利玛窦之前就“看到了他(龙华民)出众的基层传教能力，以及他自己还没有发展出来的民众传教方法。利玛窦想依靠龙华民配齐左右两条腿，将新生的教会支撑起来”③。

从利玛窦相对的方向，龙华民为保持两条路线的均衡也做出了同样的努力。他在 1598 年 11 月 4 日的书信中记述道：“除派遣工人外，我们尚需要寄来很多书籍与圣像，正如我给总会长神父的信(十月十八日)所写的一样。因为中国人对我们十分佩服，这些书更引起他们对我们的尊敬，同时为传教大有助益。所以不只三棱镜或其他类似的东西，这些新科学器物为给皇帝作贡品用，藉此可以同中国人交往，并把我们的神圣信仰介绍给他们。”④

龙华民并没有否认器物交际和知识传教的有效性，不过他面临的问题是要把利玛窦所制定的适应策略引向何方？他是这样做的，即打破利玛窦

① 利玛窦：《耶稣会与天主教进入中国史》，第 478 页。

② 李天纲：《龙华民对中国宗教本质的论述及其影响》，载《学术月刊》，2017 年第 5 期，第 167–168 页。

③ 同上，第 168 页。

④ 利玛窦：《利玛窦全集 4：利玛窦书信集(下)》，罗渔译，台北：光启出版社、辅仁大学出版社，1986 年，第 522 页。

路线刻板的单一方法，提出了多元的方法以恢复“本源性的福音”。虽然这种思维方式具有其合理性，但却遭到了无数的攻击与误解。现存的研究把主要焦点放在了他与利玛窦的断裂性上，从而得出了龙华民反对和嘲讽利玛窦知识传教的结论。

这种负面的观点据说最初是耶稣会士巴托利（Daniello Bartoli，1608–1685）提出的，后来的研究者们也认同了这种观点。巴托利认为“龙华民认为利玛窦是个胆小鬼而且没有自信，起码是个过于小心的人，蔑视并嘲笑利玛窦意图通过数学获得官僚的支持。后来，如果不是与利玛窦关系亲近的官僚们相救，因为他的传教热情，在中国的传教士们险些被一一驱逐出境，在经历了这些事情以后，他才开始记取教训并变得明智起来，然后抛弃了习惯性的固执，并开始忠实地沿着利玛窦设计的道路前进了”①。

直到现在，这种被某种价值观固化了的错误论调还在不加分辨地为人们所接受和沿用。举一个常见的例子，“尽管在传教活动中，龙华民也不得不借助三棱镜等欧洲物品，但在把欧洲科学知识介绍给中国人用以提高自己社会地位这方面，他始终没有像利玛窦和庞迪我那样给予足够的重视。……直至南京教案后，他才从失败中总结出教训，开始认识到如果在科学方面没有建树，而仅凭借基督教教义的宣传，那么一个传教士是很难游刃于中国上层社会的。”②

通常的观点是把南京教案视作后利玛窦时代，因龙华民脱离适应路线导致的具有代表性的天主教被迫害事件，认为龙华民路线的不良影响引发了西方传教士和中国儒生间的关系恶化，从而导致了该事件发生。客观地说龙华民把韶州的经验硬性推广到北京是传教工作脱离了正常路线的轨道所造成的失误，这一点是确定无疑的。但不能因此就认为龙华民具有“与利玛窦的断裂性”的观点是合理的。巴托利之流更是偏颇地主张，利玛窦对继任者的选择决定是“不察”造成的结果，这种观点暴露了其论据的脆弱性。事实上，利玛窦也犯过传教工作上的错误，“两人唯一的不同是龙华民对情况过于乐观。”③

龙华民并没有否认当时中国传教工作的大部分成果应归功于利玛窦。

---

① Daniello Bartoli, *Del'istoria della Compagnia di Gesù, La Cina. Terza parte dell'Asia*, Ⅲ, Ancona: Giuseppe Aureli, 1841, p.233.

② 张铠：《庞迪我与中国：耶稣会适应策略研究》，第 180 页。

③ 乔治·邓恩 (George H. Dunne)：《伟人的时代：明末中国耶稣会故事》，第 184 页。

耶稣会乔治・邓恩 (George H. Dunne) 神父曾指明了巴托利的错误，“在初期从中国发出的信函中，龙华民曾说过类似玻璃棱镜的器物作为传教工具没有什么了不起，如果把这种无意中说过的话当作他是在嘲笑，难道人们不知道吗？在耶稣会文书保管所收藏的龙华民的信函中，完全看不到那种态度，就如同诉讼却没有确实的证据一样。有一种可能性是，龙华民曾试图建立自身在中国传教事业中的独立地位，澳门耶稣会在提交给罗马的报告书中对此表示了激烈的反对，在看过报告书中对龙华民污蔑中伤之词的内容以后，巴托利形成产生了先入为主的成见。”①

同时我们应当清楚，说龙华民在南京教案发生以后才开始重视利玛窦知识传教的观点也是错误的，那并非历史事实。在后利玛窦时代，对学术传教的继承是在南京教案以前，与龙华民时代的开启同时进行的。龙华民不但具有较高的科学素养与见识，而且比任何人都明了知识传教的重要性。在担任中国教会的总负责人以后，他继承了利玛窦的传教方针，把学术传教视为决定传教事业兴亡的最关键课题。他反复要求同僚神父们专注于学习汉文、深入研究中华典籍，并倾尽全力与中国士大夫们合作翻译欧洲的书籍，传播欧洲的科学文化。

1613 年李之藻向朝廷上《请译西洋历法等疏》，请求全面翻译西洋科学书籍，这是响应龙华民传教方针的代表性事例。位于现今北京宣武门的耶稣会本部成为了当时东西方文化交流的中心，中国方面的徐光启、孙元化等以及西方的龙华民、庞迪我、熊三拔等共同进行了相关工作。在龙华民的指导下，他们很快取得了巨大的成果，大量科学译著问世。同时，还制作了许多的测天、望远、汲水、起重、钻井等测量仪器和机械装置，并向普通百姓公开和普及。②

以此看来，龙华民是策划与推动东西方文化交流的核心人物。而且他树立了积极的学术传教方针，使得传教士们的威望得到大幅提高，社会影响力也不断扩大，信徒数量随之快速增加。但他并没有停止努力，1613 年为了给中国的耶稣会图书馆募集更多的科学书籍，他又把金尼阁派往了欧洲。中国各地的耶稣会会院都建立了图书馆，为了与灵性传教形成平衡，一直在谋划开展知识传教。此外，他交给金尼阁的核心任务是与罗马教廷

---

① 乔治・邓恩 (George H. Dunne)：《伟人的时代：明末中国耶稣会故事》，第 182 页。

② 季宗：《西方地震知识首传者龙华民》，《中国减灾》，2009 年第 7 期，第 42 页。

商议中国教区的独立问题以及再提供相应的人力、资金，还有就是把利玛窦的《耶稣会和基督教进入中国》翻译成拉丁文后在欧洲出版。1613 年 2 月金尼阁从澳门出发，1614 年 10 月到达了罗马。金尼阁在罗马期间向新总长提出了五十项请求事项，其中包括：在举行弥撒等宗教仪式时，不必脱帽和允许使用中国语等要求，这些都是在金尼阁离开中国时，龙华民向其书面指示的事项。① 1615 年金尼阁将利玛窦的意大利语著作《耶稣会和基督教进入中国》翻译成拉丁语，并以《中国的基督教传教》（*De Christiana Expeditione apud Sinas*）的书名出版。

1619 年 7 月，金尼阁终于完成了龙华民交给他的三项任务，回到了澳门。最值得一提的是在教皇的帮助下，他携带着七千余卷书籍回到了中国，这对于东亚的西学史来说是一个令人瞩目的成就。这个历史事件促进了中国的科学技术、历史、地理、图书馆等各个领域的发展，在从中世纪向近代的过渡期中，西方先进的科学技术理论以及西方的宗教、文学、历史、地理等人文知识，加上西洋书籍精巧美观的印刷和装饰、西方传教士们建立的图书馆等都拓宽了东亚人的视野。②

这七千部西方书籍为天主教传教士的东亚学发展提供了巨大的动力。众所周知，“天学—西学”是耶稣会学术传教自觉自发的产物。西学概念的正式提出和公开传播特别是在传教士中形成和命名的时间，通常认为是大致从 1610 年代后半期到 1620 年代初期。③ 这个时期与龙华民担任总会长的在任时间（1610–1622）一致，这在历史上并非偶然。艾儒略（Giulio Aleni，1582–1649）的《西学凡》（1623）作为代表性文献之一，对当时龙华民制定的大规模“译书计划”进行了说明。

龙华民的西方书籍收集和译书计划是按照西方教育（学术）规范开展的一项体系化工作，共分为六个科目，按照艾儒略在《西学凡》中的介绍，包括 ①修辞学（文科，Rhetorica）②哲学（理科，Philosophia）③医学（医科，Medicina）④法学（法科，Leges）⑤教会法学（教科，Canones）⑥神学（道

---

① 李文潮：《龙华民及其〈论中国宗教的几个问题〉》，载《国际汉学》，2014 年第 1 期，第 64 页。

② 毛瑞方：《明清之际七千部西书入华及其影响》，载《文史杂志》，2006 年第 3 期，第 4–8 页。

③ 黄兴涛：《明清之际西学的再认识》，《明清之际西学文本：50 种重要文献汇编》第一册，黄兴涛、王国荣编，北京：中华书局，2013 年，第 4 页。

科，Theologia）。[①] 杨廷筠也就金尼阁运来的西方书籍和翻译工作说："所称六科经籍，约略七千余部，业已航海而来，具在可译。"[②] 龙华民作为耶稣会中国传教区北京分区的负责人（1623–1640）主导了以这些西文书籍为原稿的汉文翻译工作。

在东西方交流史上，龙华民时代七千部西方书籍传入中国及汉译工作是推动西学东渐的重要历史性事件，龙华民个人在其中所起的作用不小。邓玉函 (Johann Terrenz Schreck，1576–1630)、罗雅各（Jacques Rho，1593–1638）一起对《人身图说》进行了翻译，他们还一起参与了《崇祯历书》的编撰工作（1631–1634），不过令人遗憾的是这项编撰工作中途停止了。其中科学领域的著作《地震解》的出版尤为引人注目。1626 年 6 月 28 日，山西灵丘发生了大地震（丙寅京师边地大震），对北京也造成了影响。应李之藻之邀，龙华民撰写了此书。在中国历史上，该书第一次介绍了西方的地震知识，也是第一部关于地震的汉文专著。

更具意义的是，龙华民可以说是第一位向东亚介绍西方地震知识的人。《地震解》反映了西方中世纪后期的科学认知，虽然没有达到现代地震学的水准，但是作为地震学上东西方首次交流与融合的成果，它对明末以后这个领域的发展起到了巨大的推动作用。令人鼓舞的是，近来中国对《地震解》以及龙华民在科学上的贡献正在积极地进行重新评价。根据以上情况，应当对认为龙华民对科学（学术）传教持怀疑态度并因此形成了保守路线的观点进行修正。邓恩之所以断言"龙华民同样没有低估知识传教的重要性"，[③] 其意义就在于此。

三、传教神学：反利玛窦的均衡

利玛窦作为传教士追求的目标是为后来的传教士开拓道路，为未来的传教事业打下良好的基础。特别是从 1601 年到 1610 年去世，他在北京活动的十年是他传教生涯取得成果最大的时期。为了推行自己制定的传教方案，在有生之年走到人生终点之前，利玛窦倾注了全副心力。实际上，具有东亚人文主义色彩的利玛窦适应主义方案在以北京为中心向四周传播的

① 艾儒略：《西学凡》，《明之际西学文本：50 种重要文献汇编》第一册，黄兴涛、王国荣编，第 229–240 页。

② 艾儒略：《西学凡》，"刻西学凡序"（杨廷筠），第 231 页。

③ 乔治・邓恩 (George H. Dunne)：《伟人的时代：明末中国耶稣会故事》，第 183 页。

过程中，达成了双重目标。其一为推动社会的渐进式变化、为整个知识阶层逐步扩大基督教的影响力形成了适宜的氛围，其二为开展改宗运动铺设了道路。与此同时，利玛窦为了防止根基不深的教会受到迫害和打击，他在每个省都结交了有力量帮助教会的中国朋友。

从 1610 年龙华民就任耶稣会中国教区总会长开始，在内陆开展传教活动的四十五年间，民间传教的影响力急剧提升。在利玛窦上层知识传教路线的基础上，平民灵性传教的范围不断扩大。实际上，龙华民自己也“比谁都清楚直接传教全方位借助了利玛窦间接传教的力量”④。在接任利玛窦的工作以后，他在 1610 年 11 月 23 日寄给罗马耶稣会总长克劳迪奥·阿奎维瓦的信中写道：“基于利氏的去世，我们都成了孤儿，这是您可以想到的，我们全体无不蒙受他的权威及名誉之影响。今只希望由天上能获得更多的帮助。”⑤ 这样的表白让人联想起利玛窦说过的话，五年前范礼安 (Alessandro Valignano，1539–1606) 去世时，利玛窦守在近旁说：“最大的痛苦是中国传教区之父范礼安神父的去世，因此我们变成了孤儿。”⑥

不过，龙华民此时的身份具有其双重性，他既是“利玛窦教会事业的忠实继任者，又是利玛窦神学路线的一位断然反对者”⑦。耶稣会“传教神学—天学”的分化引发了传教学上基督教福音和儒教文化之间的矛盾。如果说利玛窦将重点放在了两者的连续性上，采用的是上层知识传教方针的话，那么龙华民则把重心放在不连续性上，采取的是平民灵性传教方针。利玛窦将福音的张力投射在文化之上，倡导的是“连续性—容忍先儒 (tolérance)”“不连续性—不容忍后儒 (intolérance)”的厚古薄今原则。相反，龙华民则坚持相对于文化的福音不连续性，并继承和发扬了不容忍后儒，采取的是否定古今的方针。

但是，龙华民反对利玛窦的基督教信仰与儒教可以并存的立场。利玛窦将基督教教义与中国古籍相联系，用完全不同的神学意义解释儒教传统，龙华民认为这种传教策略十分危险。他进而阐述中国礼仪是迷信，不管先儒还是后儒都是相同的，属于是不知道神的无神论者。即不仅新儒学的理而且包括古代经典中的天、上帝的实体都与基督教 Deus 存在着根本性的差

④ 乔治·邓恩 (George H. Dunne)：《伟人的时代：明末中国耶稣会故事》，第 182 页。

⑤ 利玛窦：《利玛窦全集 4：利玛窦书信集 (下)》，第 543 页。

⑥ 同上，第 319 页。

⑦ 李天纲：《龙华民对中国宗教本质的论述及其影响》，第 166 页。

异。因此，他在就任总会长的初期，拒绝使用天、上帝以及天主的称呼，提出使用拉丁语音译的“陡斯”。而且，龙华民还取消了允许中国传统的敬天、祭孔和祭祖礼仪的政策。利玛窦曾认为那些都属于是一种社会仪式而加以默认，龙华民则主张那些仪式是与基督教戒律相抵触的偶像崇拜。

事实上，与译名、礼仪相关的保守路线的哲学论据来源于利玛窦的反理学的不容忍。在阐述神学论的时候，龙华民基本上继承了利玛窦的反理学基调，即用属性和“形式因（模者，formal cause）”解释理的概念。进而将理降格为物质的特性，并从经院哲学“原始物质（materia prima）”的角度加以理解。因此，龙华民的儒教不容忍与利玛窦的性质是相同的。例如，中世纪经院的立场认为宋明理学的“太极—理”不能成为万物的本源，本质上灵魂与物质的气、道体相异，不承认万物一体的理论。

不过，龙华民和利玛窦的最显著差异还是在于对古代儒学的不同评价。利玛窦认为原始儒学存在神和精神概念，相反龙华民认为中国人对于无形的、非物质的存在没有概念，没有意识到神、天使和灵魂。不管原始儒学还是新儒学，从最初就不存在与物质不同的任何［精］神的实体。龙华民通过这种传教神学上的论证，摒弃了利玛窦认知里儒教文明中存在着超自然神格的比喻性前提，在此分裂的基础之上，提出了“纯粹福音的灵性传教神学”，从而点燃了耶稣会中国礼仪之争的导火索。

为了平息龙华民激化的译名、礼仪争论，1627 年 12 月到 1628 年 1 月耶稣会在上海嘉定召开了会议。这次会议是中国基督教历史上的第一次代表会议，也是东亚历史上一场东西方文化交流的国际级别的学术研讨会。会议的地点位于上海嘉定举人孙元化的住宅，现在是娄塘圣彼得教堂(St. Peter’s Church, Loutang)。

明天启八年（1628），罗马教廷的代表在北京进行了简单的调查以后，得出了与利玛窦观点相一致的结论，即祭祖和祭孔不是宗教迷信。对于陡斯的名称问题，提出了一个折中方案，即维持使用天主，但禁止使用天、上帝以及音译的陡斯。在这次嘉定会议上，对于过去三十年传教士们穿着的儒服再次予以了认可，对于他们在传教工作中表现出的勇气和忍耐，以及中国教友们表现出的虔诚进行了再三表扬。

与现今对龙华民形成的成见不同的是，龙华民对嘉定会议的决议采取了灵活的立场。有关礼仪问题，我们有必要先看看柴可辅的论述，“龙华民虽支持禁止祭孔祭祖，在继任之初曾一度颁布禁令，但他的态度并没有转化为传教的顽固方针，而是可以根据不同的现状灵活调整。所以，龙氏面对中国礼仪时，实际上并不存在任何困难，他个人的静态意见更接近于表述某种理念，而不是规定某种现实，因此尚未溢出耶稣会的共识。并且，这种摇摆的现实态度，本身即表现出他针对两种路线动态均衡的考量。所以，给他冠上‘礼仪之争第一人’之名，易使其对处礼仪问题的历史实态在悬空的观点中被忽略。”①

对于译名问题，龙华民的态度没有因嘉定会议的决定而出现太大变化。1633 年在耶稣会的主流派再次允许使用上帝和天的称呼时，马上就出现了对利玛窦的上帝，甚至天主称呼的抗拒。但事实上，那时出版的著作《灵魂道体说》（1630–1638）就已经采用了天主的名称。② 从他的这种中庸态度，可以看出龙华民考虑了两条路线之间的“动态均衡”。所以，如果因为译名、礼仪争论就急于断定他是一个负面人物，这与历史事实形成了背离。

上层路线如同一把双刃剑，具有其自身的局限性，虽然它得到了儒生群体的认同，但同时也弱化了传教士们的宗教身份认同。“龙华民反戈一击，但没有人怀疑他的人品，争论纯粹为了教义，属于不得已之辩。”③ 事实上反对利玛窦的想法在龙华民于北京接任总会长职务以前就产生了，在韶州进行民间传教时，听到儒教知识分子教徒们谈论了思辨的理性化信仰以后，他出于不认同而引发了对利玛窦的反对。之后，龙华民通过在陕西、杭州、山东等地开展灵性神学的平民传教，提高了与利玛窦传教神学不同的纯粹福音的“灵的透明性”，从而取得了耶稣会保守主义天学上的成果。

如果论及龙华民对中国天主教会和东西方文化交流所产生的影响，他用东西方语言写作或翻译的书籍并不比利玛窦的《天主实义》（1603）、《中国基督教传教》（1615, 金尼阁的拉丁语版）逊色。龙华民的西文著作《关于中国宗教几项问题的论文》（*Traité sur quelques points de la religion des Chinois,Paris*, 1701），在欧洲启蒙主义知识分子中引起了广泛而强烈的反响。这本书被评价为“首次采用了欧洲思想中的、形而上学方式来谈论中国人的信仰和哲学，是西方第一本概念体系的儒学、儒家和儒教研究著作”④。

如果说利玛窦的适应主义天学是通过学术书籍的形态不断改进的，

---

① 柴可辅：《晚明耶教“民间布道”之考察：龙华民路线的新定位》，第 123–124 页。

② 龙华民：《灵魂道体说》，《明清之际西学文本：50 种重要文献汇编》第一册，黄兴涛、王国荣编，第 437–446 页。

③ 李天纲：《龙华民对中国宗教本质的论述及其影响》，第 166 页。

④ 同上。

那么龙华民的保守主义天学则是以灵性书籍为主构成的。以《神学大全》（*Summa Theologiae*）中的阿奎那（Aquinas）主义为依据，利玛窦强调了信仰与理性的均衡、上帝启示与人类经验的融合。他认为在不同民族的历史上形成的知识、典礼、风俗和语言是在与人性结合基础之上的对自然的体现，是无处不在的上帝的神秘现身。但是，龙华民却主张上帝是以固定的形式显现的，必须按照教会固有的教义理解。对于他来说，传教的手段是西教的十字架、圣像、福音书，而不是西学。

在龙华民神学（福音）保守性质的灵性书籍传教中，包含着与利玛窦的上层传教路线相关联的平民传教路线。当时，比起士大夫学者阶层所要求的思辨伦理，中国的民间传教更需要的是这些人所排斥的合法的宗教性。同时，欧洲的神父们如果想得到中国下层百姓的欢迎与信赖，则需要通过某种能够超越佛教、道教等既有本土信仰的宗教功能，来证明基督教是一个与中国人生活经验相符的完美宗教。因此，龙华民的天学即汉文著作大部分是记述基督教祈祷文和仪礼的书籍。

龙华民为后世留下了大概二十类的著作，其中以简单的书函，以及宗教经典和圣书的译本为主。① 这些书籍无疑对中国传教事业的发展作出了重要的贡献。他始终坚持的中国传教策略是“通过书籍与圣像来向中国人宣传神圣的信仰。为了使中国的望教者能更好地理解基督教教义，龙华民又率先用中文出版了诸如《圣教日课》等初级教程”②。他在北京继任了会长职务以后，首先做的是编纂洗礼用语，这些用语至今还依然在使用。③

另外，他还为中国信徒编译了祈祷书《天主圣教日课》（又称《袖珍日课》），这也是一项功劳显赫的成绩，该书最初的版本于明万历三十年(1602) 在韶州问世，在向中国大众普及基督教教理上起到了重要的作用。之后，此书于明崇祯十一年（1638）再次出版，并在清乾隆二十年（1755）改名为《总牍汇要》出版，后来还进行了数次重刊发行。这些书籍在抄译的过程中，因为徐光启、李之藻等人的增加和删减，篇幅不断扩大，在龙华民死后继续增添了不少内容。④

---

① 费赖之 (Louis Pfister)：《在华耶稣会士列传及书目》上册，冯承钧译，北京：中华书局，1995 年，第 68–71 页。

② 张铠：《庞迪我与中国：耶稣会适应策略研究》，第 174 页。

③ 费赖之 (Louis Pfister)：《在华耶稣会士列传及书目》上册，第 66 页。

④ 方豪：《中国天主教史人物传》，北京：宗教文化出版社，2011 年，第 69 页。

作为宗教书籍传教的组成部分，龙华民单独编写了不少汉文著作，其中传世的包括《死说》《念珠默想规程》《圣人祷文》《圣母德叙祷文》《急救事宜》《圣若瑟法行实》《丧葬经书》等。这些著作都是 1602 年在韶州出版的，内容涉及宗教的教理、戒律、意识等。利玛窦应该读过这些与灵性相关的书籍，但是不知道他是否注意到了其中包含的排斥自己适应路线的激进观点。现今通常的观点认为，龙华民的汉文著作与同时代在华耶稣会士利玛窦、庞迪我、艾儒略、毕方济等相比，水平和深度都略显逊色。① 但这观点并没有看到龙华民的这些汉文著作是天学开展灵性传教实践的产物，面对的是基层百姓因而略显粗糙，所以有必要对由此产生的偏见进行重新探讨与修正。

在龙华民单独完成的汉文著作中，关于儒教不能容忍的神学著述当数《死说》《灵魂道体说》《答客难十条》。《死说》体现的是耶稣会的人生观，说明了骷髅象征着死亡的含义等内容。《灵魂道体说》对新儒学的道体说进行了批驳，解释了天主教教义中的身体与灵魂、人类与动物的区别，并阐明了三圣合一的意义。②《答客难十条》则针对中国知识分子的疑问，通过神学的辩证思想对程朱理学进行了批判，该书现在已流失，没能传之后世。

从 1610 年到 1622 年，龙华民担任了耶稣会中国传教区的负责人。其间 1616–1621 年，因为礼部侍郎沈潅引发的南京教案，他曾经临时到陕西 (1619)、杭州 (1621) 等地避难。在这次天主教被迫害事件平息以后，1622 年龙华民回北京辞去了总会长的职务，从 1623 年到 1640 年他只担任了耶稣会中国传教区北京分区的负责人。职务降级的原因除了年龄增加而带来的精力不足，更主要的原因是他希望埋头于自己筹划的七千部西方书籍的汉文翻译和民间传教工作。

当然，龙华民不被重用的原因，“可能和他喜欢到各地 (西安、杭州、济南) 农村开辟基层教区，并且引起很多民教纠纷有关”③。公开的广场传教、灵性的民间教化、平民的组织化传教、禁止儒教祭礼等一系列激进的非适应 (保守) 路线的措施，在与中国文化对照下彰显出了过度的异质性，

① 夏伯嘉:《天主教与明末社会: 崇祯朝龙华民山东传教的几个问题》, 载《历史研究》, 2009 年第 2 期, 第 52 页。

② 李天纲:《龙华民对中国宗教本质的论述及其影响》, 第 168 页。

③ 同上。

从而成为了引发天主教传教风波的主要原因。所以龙华民保守性的教务主管行为导致的南京教案，是引起明朝文人极度反感而招致的结果。沈潅也在《参远夷疏》中攻击西方传教士们用“祖宗不必祭祀。但尊奉天主，可以升天堂，免地狱”① 这样的话“诳惑小民”②，这也说明了龙华民在传教上的失策。

但如果认为传播清晰透明的基督教信仰才是真正的本土化，那么就无法忽视龙华民路线才是真正的适应策略的事实。1636年(明崇祯九年)以前，龙华民主要在京内传教，而后投身到了京外去开辟新的传教区域。③ 他每年用几周或者几个月的时间，往来于山东的济南、泰安、青州等地，取得了令人刮目相看的成果。在山东，有时一次入教的人数就达到了五百名，其中还包含僧侣和官吏。甚至在传教活动正常开展时，接受洗礼的人曾在两个月内达到过八百名。在八十岁以前，龙华民主要以徒步方式出行，之后因为高龄无法承受长途的劳顿，改为骑马。1654 年 (清顺治十一年)9 月 1 日，他在北京去世。他去世的消息使中国各教区沉浸在了巨大的冲击和悲痛当中。临终时，龙华民让人朗读耶稣的《受难记》（*Passio*），哽咽地说：“死时获闻我主死难之事，我之幸矣。”④ 龙华民始终坚持的信仰是与混合主义分离的基督教，为了守护存在于文化之外的基督教，他一辈子没有回欧洲，在五十八年的漫长时间里把自己奉献给了传教事业。

四、结语

在中国的许多地区，知识分子和平民的精神需求存在多方面的差异。龙华民对这一点十分清楚，在经历了各种执行过程中的错误之后，利玛窦的“迂回(间接)传教”才得以定型下来，与之相同，龙华民的“直接传教”也是以实践经验为基础确立下来的。通过破除文化上的障碍，才达到了这异常艰难的目标！利玛窦在临终前，说道：“我已把你们带到了成功之门的门槛上，但前方的艰难险阻还有很多。”⑤ 在他看来，龙华民路线包含

① 沈潅：《参远夷疏》，《圣朝破邪集》，徐昌治编（《和刻本中国古逸书丛刊》，金程宇编），卷一，南京：凤凰出版社，2012 年，第 44 页。

② 同上。

③ 方豪：《中国天主教史人物传》，第 69 页。

④ 费赖之 (Louis Pfister)：《在华耶稣会士列传及书目》上册，第 68 页。

⑤ 利玛窦：《耶稣会与天主教进入中国史》，第 480 页。

着传教学本源上的基督教性和纯粹福音化，虽然实施起来具有危险性，但即便如此也不能放弃。

在耶稣会的后利玛窦时代，龙华民针对儒学直接提出了基督教的宗教要求，这些要求与引发南京教案、礼仪之争的原因不无关系。加之依靠圣像的同时，他把重点放在了下层百姓的福音化上，在传教方面与耶稣会的适应主义尖锐对立的多明我会、方济各会等具有相似性，这使得龙华民处在了教派间译名、礼仪争论的中心。龙华民为这些教派提供了“反利玛窦的论据”，并加剧了对立的局面。欧洲的礼仪之争放大了中国国内两派争论所暴露出的思维方式上的差异，从而将在中国开展传教的动力逐渐消磨殆尽。

相比文化适应，龙华民路线的核心更注重本源福音的纯洁性，同时他也在寻求与利玛窦路线之间的“均衡”。因此，非适应主义是在纯粹教义的层面不断发展的，之后教派间、文明间在政治和沙文主义 (jingoism) 层面的较量与矛盾是脱离了龙华民本意的另一个问题。龙华民路线不是传教学上的预判和排他的绝对主义的产物，而是由传教地的实践经验所决定的，这与其他教派的出发点是不同的。基于这样的事实，应当对耶稣会“平民灵性传教”重新进行研究，并对过去将利玛窦、龙华民两条路线分离的研究方式进行批判和校正。

应当基于龙华民的基督教生涯，对“适应主义的本源性”进行重新的考察。作为一名身处东亚的圣职人员，他始终鞭策自身严守戒律和行为端正。他对自己要求严格，但对他人却十分宽容、温和，因此深受中国教友的尊敬和爱戴。[①] 龙华民是耶稣会“灵修本土化”即福音的完美道德和博爱主义的典范，他的一生可以用邓恩的赞美来进行准确的总结与概括：“其充满劳苦的一生可以说是一首奉献的叙事诗。”[②]

---

① 费赖之 (Louis Pfister)：《在华耶稣会士列传及书目》上册，第 68 页。

② 乔治・邓恩 (George H. Dunne)：《伟人的时代：明末中国耶稣会故事》，第 180 页。

跨界与迷思

——清末民初在华传教士柏锡福研究 ①

朱 峰 张德玮 ②

内容提要：近代，部分在华外国人跨越宗教与社会、政治、外交之间的疆界，关注中国时局变化，影响母国公众舆论，建构彼此的共有历史。其中，清末民初美国来华教士、美以美会首任驻华会督柏锡福的经历是较为独特的，一方面，试图融合进化理论与传教活动，引入社会福音理念，推动教会大学合并，在同情本土与维护宗派之间矛盾徘徊；另一方面，积极推动美国承认民国，在介入孙袁之争，抵制日本侵华，形塑对华认知中表现活跃，影响颇深。深入探讨其跨界理念活动、对华关系认知的话语背景、具体实践和矛盾争议，可为基督教与近代中外关系研究提供新的视角和案例。

关键词：柏锡福，传教士，跨界，迷思

Cross-border and Myth: a Research on J. W. Bashford ,the Missionary in China during the Late Qing Dynasty and the Early Republic of China

ZHU Feng & ZHANG Dewei

Abstract: In the modern history from 19th century, some foreigners in china crossed the border between religion, society, politics and diplomacy, to show solicitude for the situation of China, influence the public opinion of

---

① 本文是国家社科基金项目宗教学“近现代闽台基督宗教中国化文献整理与研究”（22BZJ035）的研究成果之一。

② 朱峰，福建师范大学海外教育学院、社会历史学院教授；张德玮，福建师范大学社会历史学院中国史专业博士研究生。

the motherland and take shape the sino-foreign shared history. However, J.W. Bashford's experiences in these roles was unique. J.W. Bashford, a famous missionary in modern china and the first Resident Bishop in China of Methodist Episcopal Mission, tried to integrate evolution and mission, introduced social gospel ideas and promoted the merger of church colleges, contradicted between localization and denomination. On the other hand, J.W. Bashford also promoted the United States to recognize the Republic of China, interfered the dispute between SunYat-sen and Yuan Shikai, and stood up to resist the Japanese aggression against China. To explore the discourse background, practice and disputes about his Cross-border experience and cognition of China,will provide a new approach and case on the study for the relationship between Christianity and modern Sino-foreign relations.

Key words: James W. Bashford, missionary, Cross-border, Myth

近代，部分在华外国人跨越宗教与社会、政治、外交之间的疆界，呼应中国时局变化，影响母国公众舆论，建构中外共有历史。[①] 清末民初美国来华教士柏锡福（James W. Bashford）是其中的重要代表。柏锡福 1849 年生于美国威斯康星州美以美会（Methodist Episcopal Church）家庭，1881 年获哲学博士。1889 年后专任俄亥俄州卫斯理大学校长至 1904 年。其后派任美以美会首任驻华会督（Resident Bishop），被学界称为近代“声望颇具”“在华最有影响的美国牧师之一”[②]，1919 年 3 月逝于美国。目前，学界对其思想背景、活动轨迹缺乏系统整理和深入分析。鉴此，本文拟根据教会文献、外交档案和个人文稿，对其思想脉络、在华活动初步探究，抛砖引玉，以推动相关领域研究的开展。

一、跨界：话语体系形成的背景与实践

19 世纪末 20 世纪初是“社会福音”（social gospel）、“进步主义”

---

① 参见徐国琦：《作为方法的“跨国史”及“共有的历史”》，《史学月刊》，2017 年第 6 期；《第一次世界大战与亚洲“共有的历史”》，《文史哲》，2018 年第 4 期。

② 陈才俊：《民国肇建时期美国传教士对袁世凯之复杂情感》，《世界宗教研究》2015 年第 2 期；Michael VincentMetallo，*TheUnited States and SunYat-Sen, 1911-1925*，New York：New York University PhD thesis，1974，p.18.

（Progressivism）在美国兴起的时代。受此影响，柏锡福强调“神学的真理，像其他真理，必须经受实践的科学检验”①，并试图建构进化与传教、社会与福音、宗派与本土相融合的话语体系。

1. 进化与差传

1910年，柏锡福呼吁在华传教士“必须接受进化论这一事实”，相信“圣经超越但并没有违背科学”，科学将“逐步证实宇宙有人格化精神创造者”，“我们的目标是以恰当方式展示科学与基督教在传教活动中能够和谐共处”，“在传教中，利用应用科学使每个人和自己的民族，和当下的环境共处；在传教中，利用宗教信仰使每个人和自己民族，和基督上帝相和谐。”柏锡福建议在华教士要“对新的真理持开放态度，不违背科学和《圣经》历史批判”②，相信“进化论将为基督教提供了更大的空间，让人更严谨对待基督教真理。物质主义将被扫除，理想主义（idealistic）将占上风”③。柏锡福甚至从进化论出发阐发传教工作，声称“达尔文是基督教差传的支持者”，批评“社会达尔文主义”对进化论作了功利性、物质主义阐释。他认为“所有人都同意宇宙运行中有着智慧和道德因素”，“爱是世界的基本法则”，“爱国主义是国家存在的基础”。“适者生存”被很多人错解为“强者生存”。④柏锡福表示，“对科学更加用心的研究，将不会再支持自利的思想，而是支持服务的道理。所谓自我保护是自然第一法则的说法，是最大的谎言。捍卫个体所属的物种才是自然第一法则”，因此“服务的律法正是基于我们地球生物本性”，“同理，要求人们支持的政治理论和宗教形式也端赖于其维护种族的能力”。因此，基督教信条应该是“服务世界，否则消亡”⑤。

柏锡福批判反省西方社会文化、教会形态，指出：一是“要遗憾地承认，基督教没有统治西方多数人的内心”，“所谓信仰基督教的列强在国际事

---

① George Richmond Grose, *James W. Bashford, Pastor, Educator, Bishop,* New York and Cincinnati: the Methodist Book Concern, 1922, p.57.

② J. W. Bashford, “Attitude of Missionaries toward Evolution and Higher Criticism”, *TheChinese Recorder*, Vol. 44, No. 7 (July 1913), pp.407–411.

③ J.W. Bashford, “Evolution and Missions”, *TheChinese Recorder*, Vol. 41, No. 1 (Jan 1910), pp.26–37.

④ J.W.Bashford, *America and World Democracy*, GoodHousekeeping, 1917, p.12.

⑤ Ibid., p. 14.

务上的所作所为也是半异教的，就别指望中国人会迅速皈信基督教”①。虽然“中国（崛起）将迅速‘扭转人类历史’，但更多是要依靠中国自己，而非依靠西方世界”，第一次世界大战正使欧洲陷入“半异教、半基督教文明之下令人不安的战火之中”，“向美国请教吧，美国却在种族问题、劳资纠纷、世俗腐化中挣扎，甚至自己都怀疑是否可在自我控制和尊敬法律方面取得足以确保我们体制长久存在的进步”。二是“必须意识到西方形式的基督教已被其追随者多次污染”②。西方基督教“建构在时常违反《圣经》精神、逻辑沉闷乏味的神学系统之上，绝不能吸引东方大众。西方教会必须恢复福音的简约，更加依照基督行事来阐发基督教义”。三是西方教会自身四分五裂。应“尽量在不同教会间合作，避免在传教地区重犯宗派主义的罪恶，即在各乡村和城镇中重复劳动，而后陷入生存斗争，美国教会在这方面犯过严重的错误”③。他指出在中国传教：一是“要清楚《圣经》来自东方的这一事实”，“基督教是穿着东方装束走进全人类的”；二是要重视儒释道等东方文化，“早期儒家有其较好的一面，与旧约《圣经》颇为相似，为今日之福音做了很好预备”；三是要通过提供服务获得中国人认同。“基督教要想适应东方，就要向东方提供尽可能的服务”④。

2. 社会与福音

柏锡福是 19 世纪美国社会福音运动领导者之一。⑤1894 年基督教女性禁酒联盟会议上，柏锡福在会上提出“实用基督教（Applied Christianity）”，“逐条列出应解决的问题以及美国文化面临困境时的最佳解决之道。这些问题包括‘城市发展，财富分配不公，国际关系以及酗酒’。要解决（这些问题），就要将教会置于社会之中”。⑥ 柏锡福呼吁“我们

① J. W. Bashford，“the revolution in China-looking backwards and forwards”，*China Christian Year Book*，1912，pp.81–97.

② J. W. Bashford，*China-An Interpretation*，New York&Cincinnati：The Abingdon Press，1916，p.259.

③ J. W. Bashford，“Adaptation of Modern Christianity to the People of the Orient”，*The American Journal of Theology*，Vol. 17，No. 3（July 1913），pp.389–394.

④ Ibid.

⑤ Israel，Jerry，“The Missionary Catalyst：Bishop James W. Bashford and the Social Gospel in China”，*Methodist History*（Oct1975），pp. 24–43.

⑥ George Richmond Grose，James W. *Bashford*：*Pastor*，*Educator*，*Bishop*，New York and Cincinnati：the Methodist Book Concern，1922，p.29.

必须禁止酗酒，消弭劳资冲突，以及世上和社会的种种罪恶。”① 柏锡福鼓吹教会应参与社会政治，“每个基督教男性要清晰地意识到参加政党核心小组的责任，就和参加其教会祈祷会一样。”②

教育是柏锡福实践社会福音理念的另一重要领域。一是将“实用教育”（practical education）观念带入中国。柏锡福在美国任大学校长时，“他告诉学生教育的‘目的在于实际运用’，不是为知识而知识。”到中国传教期间又强调：“教育若不是让年轻人进入实业部门，而是进入那些不能自食其力的职位，只会带来社会动荡。要引入职业教育和应用科学的教育，教导他们要以劳动为荣。”二是倡导在华基督教各教派联合办学。1905 年 10 月，来华半年的柏锡福撰文呼吁“公私校间竞争在美国早已开始，美国教会大学遭到州立大学竞争。如今中国推广新学制、新式教育，在华差会要吸取教训，以免过去付出的心血付诸东流”。柏锡福提升中国教会大学水平的重要成果是推动汇文大学和华北协和大学合并，促成燕京大学诞生。1894 年，美以美会创办北京汇文大学时曾有意任命柏锡福为校长，因其仍在俄亥俄卫斯理大学校长任上改由刘海澜（Hiram Harrison Lowry）任校长。柏锡福来华后积极推动汇文大学与公理会等教会创办的华北协和大学合并。1911 年他召集美以美会、英国圣公会、美国公理会和长老会代表会商，提议合办一所基督教联合大学。③ 同年，华北协和大学校长高厚德（Howard S.Galt）访问柏锡福，“会督极其关注地倾听了高厚德的意见，让他就这一问题的要点拟出一份书面意见。高厚德先生拟就的书面意见后来成为谈判的基础。”合并遭遇华北协和大学创办差会之一——伦敦会反对，汇文大学方面也无意愿。“美以美华北议会于 1912 年 10 月 30 日开会时，其成员根本没有进一步讨论联合问题。”柏锡福则透过教会向校方施压，“他明确地说，美以美会在华其他传教站的需要使他和卢义思（Lewis）会督不可能继续专注于汇文大学的工作。他列举统计数字表明，即使在美国，卫斯理宗的大学和学校也难以和政府资助的学校竞争，许多学校已经逐渐停办。而在日本，由于各差会拒绝合作，已经不可能建成能与东京大学相媲美的

① J. W. Bashford, *New Chapters on The Awakening of China*, New York: The Board of Foreign Missions of the Methodist Episcopal Church, 1908, p.18.

② George Richmond Grose, *James W. Bashford: Pastor, Educator, Bishop*, New York and Cincinnati: the Methodist Book Concern, 1922, p.29.

③ Ibid., p.126.

教会学校。在中国，官办学校正在迅速成长，差会如果想影响教育发展的话，就必须立即行动。他提醒他的听众们说，汇文大学 30 多年来一直努力争取得到捐赠和设备，但成效甚微，因为那些能够大量捐赠的人把联合作为资助的条件”。但在会后，联合问题仍遭搁置。在柏锡福坚持和催促下，1914 年 4 月刘海澜始同意“将汇文大学与美以美会分开”，组建“非宗派性”大学。[①]1916 年，汇文大学和华北协和大学正式联合，为燕京大学成立奠定基础。

3. 宗派与本土

柏锡福所属的美以美会是卫斯理宗主要派别之一，创始人约翰・卫斯理是 18 世纪末英国布道家、社会活动家、改革者[②]。卫斯理反对加尔文宗“预定论”，接受神学家阿明尼乌（Jacobus Arminius，1560–1609）“自由意志论”，相信“上帝的威权与人的自由意志互不矛盾”，“人类的尊严要求完全的意志自由”等。[③] 柏锡福以“自由、进步的卫斯理宗信徒”自许[④]，强调“个体对自己、家庭、教会及国家的责任是一个整全的真理，代表着基督教的信念，即保持个人对世界的责任，以符合自然定律和《圣经》真理”，“对自然界进化的探索、对《圣经》更开放的研究，可将阿明尼乌派与加尔文预定论有效整合起来”[⑤]。在柏锡福等推动下，1908 年 5 月美以美会总议会通过社会福音倾向纲领文件《卫斯理宗社会约章》（Social Creed of Methodism），是美国基督教体制化宗派第一个对社会改革积极回应的宗派。[⑥] 柏锡福来华任会督期间，一方面支持本地化传教策略。1914 年在华美以美会华人教区监督有 25 位，西教士教区监督有 9 名。[⑦]1919 年，在华卫斯理宗按立中国职员与外国职员比例为 40%；高于圣公宗 22%；浸礼宗

---

① ［美］艾德敷著，刘天路译：《燕京大学》，珠海：珠海出版社，2005 年，第 58–59 页。

② 王勇著：《约翰・卫斯理与卫斯理运动的兴起》，南京大学 2002 年博士论文，第 101 页。

③ 邵政达：《约翰・卫斯理福音思想探析》，《基督宗教研究》2019 年第 2 期，第 236 页。

④ George Richmond Grose，*James W. Bashford*：*Pastor*，*Educator*，*Bishop*，New York and Cincinnati：the Methodist Book Concern，1922，p.63.

⑤ J.W. Bashford，“The Bible and Missions，” *The Chinese Recorder*，Vol. 37，No. 7（July1906），p.376.

⑥ 李颜伟：《美国“社会福音运动”探析》，《天津大学学报》，2009 年第 1 期。

⑦ J.W. Bashford，“Denominational Policies in their Relation to Mission Work，” *The Chinese Recorder*，Vol. 45，No. 8（Aug1914），pp.492–497.

26%; 公理宗 13%; 信义宗 7%; 长老宗 17%; 内地会 3%; 其余宗派 4%。①1906 年，柏锡福批评福州美以美年议会一位西教士，“他觉得我们对华人教牧要摆出点权威的姿态，不可平等相待，以便控制他们。我告诉他，这一观点是完全错误的，假如他待华人教牧如兄弟，和他们商讨，引导他们奉献和努力工作，我确信他可以靠此取得更好的成绩。”②1912 年 1 月 6 日，柏锡福表示：“我相信时机已到，现在中国人能比绝大多数传教士更会‘照料事务’。”③ 在其任美以美会驻区会督不久，美以美会在华增长迅速。④

另一方面，柏锡福坚决反对独立教会、公理制教会。为参加爱丁堡世界基督教传教会议，柏锡福在美以美会内部讨论时提出，要在会上反对欧洲、美国出现强调教徒自治的独立或公理教会（independent or congregational churches），批评这样的教会不明智，于《圣经》中无据。⑤ 他声言“公理制以联合之名销蚀我们这些更紧密的有组织教会的基础”，“若公理制、独立教会的思路得行其道，将摧毁教会之间的国际联系，美以美会将在五十年内变为美国的教会”⑥。他对华人治理教会学校亦颇多疑虑。1912 年柏锡福在教会内部提及福建美以美会学校管理问题，认为当地华人教牧对西学不熟悉，又认为留美归来的华人教师缺乏经验。不适宜执掌校政⑦。

二、迷思：对华关系认知的建构与矛盾

柏锡福抵华期间适逢中国政局迅速变化。他肯定中国的变化延续了 20

① 中华续行委办会调查委员会编，蔡咏春等译：《1901-1920 年中国基督教调查资料》（下卷），北京：中国社会科学出版社，2007 年，第 882-883 页。

② “The Letter from J.W. Bashford to Bishop Moore（May18th1909），” *Missionary Files*: *Methodist Episcopal Church China*，Roll 8，Wilmington：Scholarly Resources，1999.

③ “The Letter from J.W. Bashford to Stuntz（Jan6th1912），” *Missionary Files*: *Methodist Episcopal Church China*，Roll8，Wilmington：Scholarly Resources，1999.

④ J. W. Bashford，*New Chapters on The Awakening of China*，New York：The Board of Foreign Missions of the Methodist Episcopal Church，1908，p. 18.

⑤ “The Letter from J.W. Bashford to Stunts（Sep14th1909）”，MissionaryFiles：Methodist Episcopal Church China，Roll8，Wilmington：Scholarly Resources，1999.

⑥ Ibid.

⑦ “The Letter from J.W. Bashford to Stuntz（Jan19th1912）”，Missionary Files：Methodist Episcopal Church China.

世纪之初世界范围的“进步趋势”[①]，赞扬清末新政“以革命性改变五千年来4亿人民的思想训练方式，必将成为人类思想文化史上所发生的最大规模的一次变革”[②]。在此背景下，柏锡福积极介入中美关系并提出自己的对华认知。美国外交部门对其有不同的评价。塔夫脱总统（William Howard Taft）任内美国国务院远东司官员评价柏锡福是“中国人的朋友和旅行观察者”，但“他观察到的真实情况不新鲜，观察出的新鲜印象不真实”，“接受他的观点要慎重”[③]。伍德罗·威尔逊总统（Woodrow Wilson）时代驻华公使芮恩施（Paul Samuel Reinsch）则称赞柏锡福，“有一种渊博的像政治家一样的见解的才能，人们相信他对时事总能作出有意义的解释。”[④]

1. 推动美国政府承认中华民国

辛亥革命后，柏锡福呼吁美国政府率先承认中华民国，资助来美留学的庚款学生，直至他们与中国财政部门恢复联系。[⑤]1912年4月9日柏锡福向友人抱怨美国政府拖延不承认中华民国，“我们在劝说美国政府承认新共和国方面能做什么呢？难以解释这种拖延。”[⑥]柏锡福诉诸教会舆论，在美国内布拉斯林肯地区（Nebraska, Lincoln）旅行1周内在当地3间最大教堂作了6场关于中国的演讲。5月13日，美以美会总议会通过决议，呼吁美国政府承认中华民国，并将决议书寄给国务卿诺克斯（Philander Chase Knox）。4月14日，柏锡福和总统塔夫脱详谈，后者承诺“将承认共和国”，但强调大国一致原则。柏锡福催促塔夫脱动员其他列强承认中华民国。塔夫脱勉强同意。[⑦]18日，柏锡福又求见诺克斯，诺克斯承诺“假若另五强不迅速行动，美国将单独承认中国”，但奉行金元外交的塔夫脱政府正试

---

① J.W .Bashford, *China and Methodism*, Cincinnati&New York: Jennings& Graham; Eaton&Mains, c1906, pp.89–95.

② J. W. Bashford, *New Chapters on The Awakening of China*, New York: The Board of Foreign Missions of the Methodist Episcopal Church, 1908, pp.4–5.

③ “The comment of Division of Far Eastern Affairs（Nov4th1910）”，File Microcopies of Records in the National Archives.

④ 芮恩施著，李抱宏等译：《一个美国外交官使华记》，北京：文化艺术出版社，2010年，第61页。

⑤ “The Letter to J.W. Bashford（Jan 6th1912）”，Missionary Files: Methodist Episcopal Church China, Roll 8, Wilmington: Scholarly Resources, 1999.

⑥ “The Letter to J.W. Bashford（Apr 9th1912）”，Missionary Files: Methodist Episcopal Church China.

⑦ George Richmond Grose, *James W. Bashford*: *Pastor*, *Educator*, *Bishop*, New York and Cincinnati: the Methodist Book Concern, 1922, pp.111–116.

图透过财团将美国的影响渗入中国东北地区，并不想开罪日、俄以危及财团的利益，承认中华民国成为美国政府的外交筹码。7 月，柏锡福再次造访塔夫脱和诺克斯，并会见民主党总统提名人伍德罗·威尔逊，反复强调美国承认中国新政府的重要性。8 月 17 日，柏锡福致函诺克斯，直言承认中国共和与否事关道义，将影响美国的总统大选，又强调是否参与六国银行团贷款要与承认中国共和挂钩，因为日俄为了瓜分满洲利益正试图推迟承认共和。8 月 26 日，代理国务卿亨廷顿·威尔逊（Huntington Wilson）回复柏锡福，应待中国国会召开并通过约法后才能考虑承认中华民国的问题。

伍德罗·威尔逊击败塔夫脱当选总统不久，柏锡福即致信尚未就任的伍德罗·威尔逊，批评“辛亥革命爆发时，塔夫脱总统手握一份签署的六国协议，未经签署国多数同意，不得以武力干涉中国。当塔夫脱前总统有意承认中国时，六国中有些国家声称协议规定六国应联合行动。因此，塔夫脱总统认为与六国保持一致较美国单独承认中华民国更好”。实际上，“这份协议在条文和精神两方面均遭破坏。俄国和日本公开违反国际法，在满蒙地区驻军。我看美国不愿用武力阻止上述两强事实上的对华干预。我们能帮助中国的，合乎我们传统，又符合其需要的就只有承认中华民国。但此事已拖延太久。承认共和将在财政和政治上帮助中国，有助维持整个帝国秩序。这将更加巩固地强化美国和中国的友谊纽带，对我们的将来有巨大的好处。希望您就任后第一周内就承认中华民国。”柏锡福也不忘批评时任美国驻华公使嘉乐恒（William James Calhoun）拖延承认民国，建议伍德罗·威尔逊另派公使①。1913 年 1 月 16 日，伍德罗·威尔逊告诉布赖恩，柏锡福这封信件给其留下了深刻印象，同意美国驻日、驻华使节应是位有着基督教背景的人选。②

1913 年 1 月 20 日，柏锡福致信代理国务卿亨廷顿·威尔逊，批评前国务卿诺克斯丧失共和理想，“已在历史中留下无法抹杀的污点”，“我在中国见到的所有美国人，除了要保持缄默的美国外交官员之外，无不对

---

① “The letter from J. W. Bashford to Woodrow Wilson（Nov 28th1912）”，File Microcopies of Records in the National Archives.

② “The letter from Woodrow Wilson to W. J. Bryan（Jan 16th 1913），” *The Papers of Woodrow Wilson*, Vol.27，p.58.

我们的政府拖延承认中华民国愤怒不满”[①]，“假如政府在承认中国问题上长期延宕，我们有责任向美国人民公开所有事实，动员各地民众批评国务院背叛共和理念的‘金元外交’（Dollar Diplomacy）。”[②]宗教团体是这一时期美国社会关注是否承认民国的重要势力。

1913 年 3 月 18 日，伍德罗·威尔逊政府退出“六国银行团”，放弃塔夫脱的“金元外交”政策，4 月 2 日就率先承认中华民国事照会列强驻美使节。为推动伍德罗·威尔逊政府承认中华民国，柏锡福积极发动美国教会参与 4 月 27 日为中华民国的“联合祈祷活动”。[③]1913 年 5 月 2 日美国正式宣布承认中华民国。

2. 与孙中山、袁世凯的交往和评价

柏锡福对袁世凯的评价甚高，称袁是“中国的加富尔”，如果他“能一直维持他的宰相地位的话，他将能为四亿中国人将一个百孔千疮的专制政体改造为君主立宪政体，就像加富尔为意大利人所做的那样”。辛亥革命后，在袁世凯治下“共和国度过第一年，虽然没有外国承认，但没有发生内外战争，中国工业还在增长，海关税收是历年最高的。借贷方面确实存在困难，但不如美国独立建国之初那么大”[④]。柏锡福对孙中山态度较为中立。1912 年 9 月 29 日，柏锡福日记记载：久居广州的长老会教士诺伊斯（Henry V.Noyes）1911 年秋曾向其表示对孙中山缺乏信心。日记记载岭南大学副校长林安德（Andrew H.Woods）的分析，批评诺伊斯目光短浅且怀有强烈个人偏见，其攻击孙中山是在算老账，因为孙在早年曾批评过岭南大学医学部并转赴香港求学。[⑤]

1913 年 3 月宋教仁被刺杀后倒袁风潮兴起。4 月 30 日，为游说孙中山

---

① “J.W. Bashford to Huntington Wilson（Jan20th1913）”，File Microcopies of Records in the National Archives.

② “The Letter from J .W. Bashford to Huntington Wilson（Jan20th1913）”，File Microcopies of Records in the National Archives.

③ 《函送美以美会为中国祈祷通过书》，1913 年 6 月 13 日，北洋政府外交档案，馆藏号：03-41-001-03-056。

④ J. W. Bashford，“The revolution in China-looking backwards and forwards”，*China Christian Year Book*，1912，pp.82-83.

⑤ Michael Vincent Metallo，*the United States and SunYat-Sen*，*1911-1925*，New York：New York University PhD thesis，1974，p.78.

放弃反袁革命，柏锡福在上海与孙中山长谈。柏锡福询问孙中山，一是若中国发生内战，会否引发外国特别是俄、日干涉；二是传闻日本秘密提供金钱与武器给国民党以对抗袁世凯，关于前者，孙中山回答不会发生外国干涉的问题，关于后者，孙中山未作正面回答。柏锡福又指，南方军队欲推翻袁世凯是无望的。但孙中山相信要贯彻革命目的，必须除去袁的势力，且袁的势力会如同清廷一样很快被推翻。柏锡福对此不以为然，但在日记中写道："我依然觉得孙博士是一个不切实际的理想主义者而非自私自利者。"[①] 他认为孙中山有强烈自信，但冲得太过头，不知节制，又缺乏行政能力和正确判断力。柏锡福与孙中山会谈后不久，即与美国驻上海总领事魏尔德（Amos P.Wilder）谈了自己对中国政局和孙中山的评价，魏尔德将柏锡福的观点上报美国国务院。5 月 2 日美国承认中华民国，柏锡福在日记中写下："美国所宣读的承认文以及袁世凯的答谢辞，两者的内容一样好，而且在时机上适时给予孙中山的攻击一记'当头棒喝'。"[②] 柏锡福对袁氏专权独裁不以为忧，甚至赞成其削弱国会权力，批评"国会八百位议员之中，有些人目不识丁，多数是无经验的年轻人，而且绝大多数是靠贿选当选的，根本不可能依靠这一伙人来建立共和国"[③]。

1913 年 7、8 月，反袁"二次革命"失败。9 月，柏锡福致函国务卿布赖恩，指责"二次革命"违逆民意，危害共和，孙的讨袁檄文不符事实，22 个省份中仅有六七个省反袁，声言孙、黄等人已不适任领导职位，"有些行为错误等同犯罪"。柏锡福对孙中山批评有所保留，认为黄兴"持续暗中策划反对袁世凯，成功将其旧友孙逸仙卷入阴谋"。针对美国驻华外交官指控孙受日本唆使发动"二次革命"，柏锡福认为"他不太可能接受过日本政府的任何赞助，自然日本政府也不会和他正式结盟"。柏锡福更不忘为袁世凯辩解，称"当前争斗将导致中国的团结而不是崩解。推翻满洲政权时留下了许多未解决的问题"，比如"22 个行省有 7 个省自从 1911 年革命以来没有上交过一元钱税收。其余省份上交的税收也远少于过往"。柏锡福称"不相信袁世凯想成为一名独裁者，或想在独裁位置上待太久。我们相信他也意识到没有子嗣能在其死后能接替他，保持其称号。很明显，他已经知道其年轻时接受的旧式专制主义已经没落，意识到共和的价值。

① 张忠正:《孙逸仙博士与美国（1894–1925）》，台北：广达文化事业有限公司，2004 年，第 206–207 页。

② 同上。

③ 同上，第 251 页。

因此，我们相信袁世凯是真诚地用尽心力肇建共和，希望以共和之父而非王朝开创者的身份留名青史”。但柏锡福认为“青年一代对袁不信任是中国面临最严重的问题”，“今日受报纸影响的多数年轻人，明日将是中国的领袖，可他们就是不相信袁世凯”，指责袁世凯会背叛共和。柏锡福声言：“我们不接受这种观点。这些年轻人缺乏经验，他们盼望一天内完成全部改革。”①

1915 年 12 月 12 日袁世凯复辟帝制，1916 年 3 月 22 日被迫宣布取消帝制。柏锡福不得不承认“袁世凯尝试恢复帝制，建立王朝，背叛共和事业，犯了致命的错误”，“他失去了人民的信任”。但柏锡福依然为袁辩护，“要一位接受传统中国教育的人去理解共和制度是不公平的”，“袁世凯无疑是位爱国者，在保护中国的独立和主权中展示了强大的能力和智慧，却成为专制统治引至邪恶历史的最糟示范。”② 至于孙中山，柏锡福认为：“孙逸仙是共和最引人注目的推动者”，“现在对其人做最后评论，也许太早。到目前，他给我们印象最深是共和国的‘施洗约翰’。他是位梦想家，对其梦想极富自信，却没有准确知识或执行能力，是位策动者而非组织者。”③ 柏锡福总结自己在孙袁之争的立场时表示，“中国必须发展自己的共和，而非从美国抄来一部宪法了事”，“至于共和的未来，中国面临两个最严重的挑战。一是保持国家生存和主权完整的问题；二是产生其政体形式的问题。现在前一个问题是最急迫的，当一个国家要抵抗外来侵略，命悬一线时，空谈宪制政府是徒劳无用的。中国今天最迫切需要的是加强爱国主义，养成一种民族精神，教育中国人将国家视为整体，愿意为国家存续做出一切必要的牺牲。”④

3. 游说美国当局抵制日本侵华

1908 年 8 月，柏锡福游说代表共和党竞选总统的塔夫脱限制日本在满州的扩张。为争取柏锡福和美以美会支持，塔夫脱承诺，“美国愿采用战

---

① “The Report from Bashford to Secretary of State（Sep22th1913）”，File Microcopies of Records in the National Archives.

② J. W. Bashford，*China-An Interpretation*，New York&Cincinnati：The Abingdon Press，1916，pp.500–501.

③ Ibid., p.352.

④ Ibid., pp.367–368.

争之外的所有办法，保全（中国在）满洲的主权”，甚至“可联络其他列强与美国一起致力支持中国对满洲的控制”，“他也表示假如保持中国主权有需要，声明美国有意用武力支持中国的做法也是明智的”。当选总统后，塔夫脱邀请柏锡福随时就在华的美国使领工作向其写信交流。[①]1910年10月，柏锡福面见塔夫脱陈述其对华政策，塔夫脱请柏锡福将其观点写成报告交国务院。柏锡福撰写《美国在远东的真正政策》（*The True Policy of the United States in the Far East*），分析远东国际形势，既肯定日本1904年日俄战争使满洲免于俄国控制，在各方面成为亚洲的领袖，又批评日本为军阀控制，日本、俄国均有侵占满洲的野心和行径，就美国对华政策提出多项的建言。[②]但国务院远东司官员不认同柏锡福的观点，称柏锡福接触到的信息有限，辩称日本从俄国手中夺取南满后更尊重中国主权，而中国人口不超过3亿，商业潜力远不及日本。[③]柏锡福与美国国务院在中日关系上的认知差异，反映的是美国传教利益和商贸利益的冲突。20世纪初美国传教士集中在中国，商贸利益集中在日本。

1915年初，日方趁欧美列强无暇东顾，秘密向袁世凯当局递交“二十一条”，限定中方3月12日前同意日方主要要求。中方利用门户开放政策维护国家利益，在某些条款上，特别是伤害中国主权最深的第五号条款拒不让步，并向外透漏日方无理要求，以期国际社会干涉此案。对此，美国的态度经历由缓和到强硬的过程，第一阶段总体上采取观望探询态度，第二阶段采取照会干预措施。柏锡福在其间积极奔走，颇引时人注目。

第一阶段是在3月前，美国国务院试图“在反日派和亲日派之间保持平衡”[④]，远东司官员提议不必抗议日本在满州及山东的行动，因为日本人口压力大，使日本移居满洲，可疏解困扰美国政府多年的加州土地问题。[⑤]柏锡福反对姑息日本侵略行径，称“欧战结束后，（二十一条）这些要求

---

① Paul A.Varg, *Missionaries*, *Chinese*, *and Diplomats*: *The American Protestant Missionary Movement in China*, *1890-1952*, Princeton: Princeton University Press, 1958, p.133.

② “The report from Bashford toTaft（Oct31th1910）”, File Microcopies of Records in the National Archives.

③ “The comment of Division of Far Eastern Affairs（Nov4th1910）”, File Microcopies of Records in the National Archives.

④ 马建标：《跨界：芮恩施与中美关系的三种经历》，《历史研究》，2017年第4期，第150、151页。

⑤ 王纲领：《欧战时期的美国对华政策》，台北：学生书局，1988年，第46页。

将面临最后的审判”[1]。2 月 9 日，日方向美、英、法、俄四国公布一份不完整“二十一条”条款。2 月 21 日，日方再向各国辩称，备忘录中涉及的条款是日本对中国的全部“要求”，第五号条款只是日本对中国提出的“希望”。

3 月 12 日，柏锡福致函美国总统和国务卿，呼吁立即采取行动，指出日本妄图称霸太平洋，“（二十一条）虽然形式上保持中国的完整和独立，实质上将中国主权转让给了日本。”[2] 保持中国完整和门户开放是确保美国在太平洋地区享有平等商贸权力所必须的。[3] 日本控制中国后，美国将损失对华贸易的应有份额。若当局无法妥处太平洋地区形势，无力保护美国在华贸易的机会，必定被将来的美国历史学家引以为耻和批评。[4] “中国现在孱弱，20 世纪中叶却将成为超级强权。而与中国的友谊将极大增强美国在 20 世纪的道德、金融和政治影响力。”[5] 在致伍德罗 · 威尔逊的信函中，柏锡福则诉诸传教利益和宗教情感。“虽然我们传教士不涉足政治。一旦中国人民觉得我们对其维护国家自由独立的愿望不予同情，我们对中国人民的用处将在瞬间完结。日本政府清楚，所有传教士，尤其是美国传教士，不论是否公开表达，内心都不耻日本武力胁迫控制中国的行径。”[6] 柏锡福呼吁伍德罗·威尔逊要对日本发出“强硬但友好的照会”，甚至表示，“眼看着（日本）精心炮制计划将我们付出性命以及比性命更重要的信仰所得到的一切归于乌有，我们不能袖手旁观，更不能装聋作哑，坐视日本侵华暴行”，“我们确信您同情我们的事业，和我们一起拥抱这样的信念，即基督教在亿万中国人中间有个大使命，而您会尽全力立即行动防止（日本）对中国的暴行……”[7]3 月 13 日，按照伍德罗 · 威尔逊指示，布赖恩照会

---

① Paul A.Varg, *Missionaries*, *Chinese*, *and Diplomats*: *The American Protestant Missionary Movement in China*, *1890-1952*, Princeton: Princeton University Press, 1958, p.143.

② George Richmond Grose, *James W. Bashford*: *Pastor*, *Educator*, *Bishop*, New York and Cincinnati: the Methodist Book Concern, 1922, p.146.

③ Ibid., p.148.

④ Ibid., p.147.

⑤ Ibid., p.149.

⑥ Paul A.Varg, *Missionaries*, *Chinese*, *and Diplomats*: *The American Protestant Missionary Movement in China*, *1890-1952*, pp.142–143.

⑦ Paul A.Varg, *Missionaries*, *Chinese*, *and Diplomats*: *The American Protestant Missionary Movement in China*, *1890-1952*, pp.142–143.

日本驻美大使珍田舍已，但照会措辞温和谨慎。

第二阶段在4月之后，由于外界批评美国政府3月13日照会的态度软弱，对日绥靖，日方则制造舆论称美方默许“二十一条”。4月，美方高层对日态度渐变强硬。柏锡福返回美国游说高层施加压力。4月26日，柏锡福到华盛顿与国务卿布赖恩长谈，“尽全力给布赖恩一个印象，就是能阻止日本和中国开战的人只有总统伍德罗·威尔逊和他本人，他们必须让日本知道，美国认为日本使用武力威胁（中国）获取‘二十一条’是不公义的。”布赖恩同意柏锡福的观点，但引述日方“二十一条”第五号是希望而非要求说的辩解。柏锡福则反驳日本正在以武力迫使中国同意全部条款。4月27日，布赖恩向伍德罗·威尔逊报告自己和柏锡福交谈过程，指柏锡福“非常关切中国形势。我秘密透露我们已做的工作。他听后大感释怀，但他认为增派美国驻华军队将有非常糟糕的效果，害怕这将导致在华的冲突，将是可怖的”[①]。同日，伍德罗·威尔逊指示芮恩施“向中国政府保证，美国同情中国并拒绝任何过度侵犯其主权、行政独立或其领土完整的要求”。[②]中方抵制和外部压力迫使日方撤回“二十一条”第五号条款，5月7日，日方向中方提出最后通牒，9日，中方被迫接受日方通牒。5月11日，布赖恩照会日方声明：“美国对于中日两国政府间已经缔结或行将缔结的任何协定或约定，凡有损美国及其在华公民的条约权利或中华民国之政治或领土完整或通称为‘门户开放’政策的国际对华政策者，一概不能承认”，史称“布赖恩不承认照会”[③]。美日矛盾在远东国际关系中逐渐突出。

余论

相较20世纪初美国对华“金元外交”[④]，柏锡福的跨界经历和对华认知反映了近代美国社会思潮影响对华政策另一个层面。柏锡福相信，20世

---

① “The letter from W.J.Bryan to Woodrow Wilson（April 27th1915）”， In The Papers of Woodrow Wilson, Vol.27，edited by Arthur S. Link，New York and London：Harper & Brothers Publishers，1978，p.80.

② 马建标：《跨界：芮恩施与中美关系的三种经历》，《历史研究》，2017年第4期，第150、151页。

③ U.S. Department of State.*Papers Relating to the Foreign Relations of the United States，1915*，Washington，D.C.：Government Printing Office，1923.p.146.

④ 江振鹏：《奠基金融帝国：美国塔夫脱政府“金元外交”研究》，北京：中国社会科学出版社，2021年，第189-282页。

纪之初见证了“世界的进步趋势”，包括：大众教育逐渐普及、劳工对工业生产影响提升、远东各民族的觉醒等，而美国社会未能实现进步的理想，包括歧视黑人、压榨劳工和排斥黄种人等问题丛生。① 因此，在华传教成为其实践理念的新场域，除批评西方社会文化缺陷，不满塔夫脱政府对华奉行的“金元外交”，强调“与西方国家商业和政治接触本应足以促成中国文化的复兴。观察和历史却显示促进中国觉醒的主要动力是教士而非商人”。在柏锡福看来，“应用式基督教”是通向其所称“进步”理念的不二法门，并透过推广社会福音、推动教会办学、承认民国共和、抵制日本侵华加以贯彻。② 另一方面，柏锡福对华关系的认知在宗教传播、文化交流与世俗权力之间缠夹不清，争议、误判和迷思如影随形。在游说美国当局抵制日本“二十一条”期间，美国总统伍德罗·威尔逊私下向布赖恩抱怨柏锡福，“我感到很困难，怎么回应我们朋友这类问题，又不要用长篇大论且不是很明智地细述国际政治运作规则。”③ 柏锡福亦承认自己对华认知存在局限，包括用西方经验来阐释东方、受制于中西间语言隔阂、教会行政事务过多④。可以说，柏锡福对华关系的认知与实践对中国政治和美国远东政策直接影响很有限。

总的看，柏锡福的跨界经历和对华认知，主观上建基于其宗教背景、传教动机和国家利益，客观上反映了清末民初中国与世界之间的复杂关系，对其后的中美互动具有长期性影响。在此意义上，“跨界”“迷思”之中所呈现话语体系差异和认知建构过程，是近代中外共有历史的重要组成部分，值得认真分析和深入研究。

---

① J. W. Bashford，*America and World Democracy*，Good Housekeeping,1917, p.5.

② J. W. Bashford，*China-An Interpretation*，New York&Cincinnati：The Abingdon Press，1916，p.33.

③ “The letter from Woodrow Wilson to W.J.Bryan(April 27th1915)”, *The Papers of Woodrow Wilson*, Vol33, p.23.

④ J. W. Bashford，*China-An Interpretation*,p.12.

天津崇德堂历史及功能初探

田炜帅　陈　硕 ①

内容提要： 本文追述天津崇德堂的建设及发展历史，探讨该堂号作为一所天主教会机构所负有的招待、账务及文化功能，以及它对于天津社会现代化发展的参与。

关键词： 天津崇德堂，账房，文化出版，献县传教区

Procure of Mission Sienhsien at Tianjin: a Preliminary Exploration of its History and Functions

TIAN Weishuai & CHEN Shuo

Abstract: This article traces the history of the construction and development of Procure of Mission Sienhsien at Tianjin, discusses the hospitality, accounting and cultural functions of this Catholic institution, as well as its participation in the development of the modernization of Tianjin society.

Key Words: Procure, Tianjin, Press, Mission Sienhsien

引言

天津崇德堂位于和平区营口道 20、22 号。营口道 22 号楼房一座二层带地下室混合结构建筑，为崇德堂主楼，2005 年 8 月 31 日列为天津市历史风貌建筑重点保护（编号：0120020）；营口道 20 楼房一座三层带地下室钢混结构建筑，为崇德堂南辅楼，2006 年 10 月 16 日列为天津市历史风

① 田炜帅，巴黎四大近现代史博士，现任职于天主教沧州教区北辰文化研究所；陈硕，中国传媒大学电影学硕士。

貌建筑一般保护对象（编号：0130360）。崇德堂本是一座天主教传教账房（Mission procure）。按通常的译法，“Procure”一词翻译为账房，但这窄化和限制了该词作为一所天主教会机构的内涵。一个传教修会或者一个传教区设立的“Procure”首先是一个联络站，负有通读及招待功能；其次还是一所财务机构，设有司账办公及会计处等管理职能，多时还负有经营功能；“Procure”还是一所文化机构，负有出版传教期刊的使命，还往往是一所宗教及文化性书店。

19 世纪及 20 世纪上半叶，在华各天主教传教区多将其“Procure”设于沿海城市，主要考量是交通及经济发达的因素，这些地方往往也是外籍人士聚集之处，设有领事机构。以天津为例：比利时圣母圣心会负责的绥远、热河等传教区设立了普爱堂（首设于今滨江道，后迁至今新华路）；遣使会及北京传教区设立了首善堂（首设于望海楼，后迁至今承德道）；方济各会设立了方济堂（今进步道），河南传教区设立了宗立堂，该堂只有堂号和附属产业，与方济堂合署办公；德国圣言会设立仁德堂（今解放南路）；直隶东南代牧区及该区耶稣会设立了崇德堂。

我们采用文献及现场调研的方法溯源天津崇德堂的成立及发展历史，阐述其作为一所天主教会账房所负有的招待、账务、文化功能。

一、崇德堂前身：沙勿略堂

1856 年，罗马教廷取消原北京教区建制，并将其所属传教区域划分为三个宗座代牧区：以北京为中心的直隶北境、以正定府为中心的直隶西南境、先以威县赵家庄 1861 年后以献县张家庄为中心的直隶东南境。前两个代牧区委托给遣使会，直隶东南境则交由耶稣会负责。

1912 年之前的天津属于北京代牧区教务辖区，之后它是直隶滨海代牧区的中心，始终是属于遣使会负责的传教区。直隶东南代牧区及耶稣会如何做到在天津设立机构呢？两本由法籍耶稣会士所撰写的法文传记书籍[①]提供了较为详细的报告。

法籍耶稣会士杜巴尔（Edouard Dubar，1826–1878）自 1861 年 8 月来直隶东南代牧区后就辅助总堂账务工作。1865 年 2 月 19 日，他被祝圣为

① Dom François Xavier Leboucq，Mgr Edouard Dubar et la mission catholique du Tché–ly sud–est en Chine，Paris:F.Wattelier & Cie, Libraires editeurs; BECKER Emile, Un demi–siècle d' apostolat en Chine, le Révérend Père Joseph GONNET, Ho– Kien–fou :Imprimerie de la Mission, 1916, 268p.

直隶东南代牧区第二任宗座代牧主教。北京代牧区孟振生主教（Joseph-Martial Mouly, 1807–1868）受邀前来参与祝圣典礼。晚宴期间，杜巴尔主教就提及在港口城市为传教区设置一间账房的渴望，这对于与上海和欧洲的往来是必要的；孟振生主教则回应：有可以仿效的实例，遣使会在耶稣会负责的江南传教区内设有共同账房，你们可以在我们负责的传教区内这样做，将账房设在我管理的代牧区内的天津。①

1868 年 4 月，多年在长江北岸发起暴动的捻军北上，他们途经献县时闯入位于张家庄的总堂，将新建不久的院落抢劫一空，并试图放火焚烧。总堂人员被迫四处避难，直隶东南耶稣会会长和代牧区副主教鄂尔璧神父（Joseph Gonnet, 1815–1895）与另外一位患病的神父在一位辅理修士的陪同下到达天津，向法国驻天津领事和驻北京当局请求帮助。法国驻天津领事馆先收容了来自献县的避难者，一位法国驻北京的参赞罗淑亚公爵（le comte de Rochechouart）被派来天津与鄂尔璧接洽。他们共同商议向三口通商大臣崇厚申请在天津合法设立一处落脚点，同时作为传教区账房之用。中国当局提供了一处包括 8 个房间的临时住房。② 几经周折后，直隶东南传教区最终于 1869 年 7 月 8 日（同治八年六月十一日）获得中国当局的永租准许。沙勿略堂位于望海楼地区，位于白河东岸边，方圆三英亩，与遣使会账房和法国领事馆隔河为邻；直隶东南传教区须每年向盐道衙门缴纳 3780 枚铜钱（grandes sapèques de cuivre）作为永租金。③

沙勿略堂的设立得到了北京代牧区孟振生主教的准许。时任直隶东南传教区耶稣会会长李秀芳神父（Benjaminus Brueyer, 1810–1880）担任该堂首任司账（procureur），但他不常驻天津，沙勿略堂事实上由中国工友驻守和管理。1870 年 6 月天津发生教案，望海楼天主堂被焚毁；沙勿略堂亦受到波及，房屋被毁，两位本籍工作人员幸免于难。

二、崇德堂的设立及发展

1. 初建崇德堂

法国当局为沙勿略堂的损失向中国政府争得了一笔赔偿金。罗淑亚公爵将赔偿金转给鄂尔璧神父时向他建议：神父，这是你们地产的赔偿金，

---

① Dom François Xavier Leboucq, Mgr Edouard Dubar et la mission catholique du Tché-ly sud-est en Chine, p.228.

② Ibid., p.275.

③ BECKER Emile, Un demi-siècle d' apostolat en Chine, le Révérend Père Joseph GONNET, pp.82–83.

不要将这笔钱直接用于传教区，而应在法租界内重建一所账房。于是，鄂尔璧神父主持在法国路(Rue de France，法中街，今解放北路)及信远道(Hsin Yuan Road，1902 年改名圣路易路，今营口道) 交接地段购买了第一块土地，即后来崇德堂的所在地。不久，又购置了第二块土地，位于法国路的河岸，介于法租界工部局、医院和一座教堂(仁爱会修女最初医院的所在地) 中间，延伸至河边。1871 年，直隶东南代牧区和耶稣会在医院对面的地块建成了首座房舍，作为司账（Procureur）神父和新来传教士中转住宿之用。

但这一次，接任孟振生主教执掌北京代牧区教务的田嘉璧主教（Louis Gabriel Delaplace, 1820–1884）提出了异议。他在罗马参加梵蒂冈第一次大公会议期间，向耶稣会总会长表示不同意耶稣会在天津重新设立账房机构，以避免可能发生的不睦；北京代牧区、直隶东南代牧区、罗马教会机构多次协商；1872 年 8 月 20 日，教廷传信部决定：直隶东南代牧区可以在天津设立驻所和拥有一座内部私人小圣堂，意即不设对外敞开的大门，礼仪当然更不能对公众开放。[①]1874 年，作为临时居住及办公的上述房舍经过改造后出租，新的位于信远道的账房崇德堂正式建成并投入使用。

2. 扩建的崇德堂主楼

法籍耶稣会士苗履实（Paul du Cray，1856–1909）自 1898 年至 1909 年担任崇德堂司账。庚子（1900 年）年间，崇德堂及其附近建筑受到严重损毁。1901 年，法租界当局对毗邻英租界一侧的信远道区域进行重新规划：拆除旧紫竹林庙及旧紫竹林大街周边地块上大部分中西建筑，并在西侧新筑一条马路：巴黎路（Rue de Paris，今吉林路），其方向与法国路（今解放北路）大致平行。苗履实先是主持了崇德堂最初建设的翻修，又特别于 1908–1909 年间主持了新的建造。1909 年 7 月 25 日，苗履实因中暑去世之时，崇德堂新建筑刚刚完工，还未正式启用。

约在 1900 年代末和 1910 年代初，法租界新规划的拆迁、修筑基本完成。崇德堂处在法租界第“B.XIV”号地块，平面呈长斜四方形，整个地块都属于崇德堂所有。其东北边界为法国路（今解放北路）；西北边界为法国菜市场（Marché Français），1928 年被拆除以兴建克雷孟梭广场（Palace Clemenceau，今承德道）；西南边界为巴黎路（今吉林路）；东南边界为圣路易路（今营口道）。“B.XIV”地块内部又分有三个小区块：如下图所

① BECKER Emile, Un demi–siècle d’ apostolat en Chine, le Révérend Père Joseph GONNET, p.86.

示，以数字“1”“2”“3”标记。

1928年航拍照片中崇德堂地块（B.XIV）示意图

崇德堂建筑位于“1”号区块，紧邻西宾馆洋行并依此排号为圣路易路18号，这一门牌号从1902年开始，一直用到1924年为止[①]（1924年后改为圣路易路53号）。“2”“3”号区块以一南北向直线分割边界，剩余部分则全属“1”号区块，即“新崇德堂”的四至范围，占据原大地块的主要部分。[②]

崇德堂主楼(1908–1909),建筑主体保存至今。占地面积约1100平方米，为混合结构三层楼房（含平面层/半地下室），平面设计呈一不规则“T”字形，后面一侧附小圣堂，与主楼连接，为拉丁十字形结构。主楼侧立面（南立面）山墙以青红砖交替排布一大两小交叉半圆的几何造型。正立面（西立面）式样与直隶东南传教区创办的大名府法汉学校 (Collège Français de Taming) 有些近似。

此外，“1号”区块内还有其余附属设施：一、小圣堂的北侧、紧邻东边界修筑有一排狭长的平房，是崇德堂账房自营房产修缮施工人员的宿舍；二、崇德堂主楼西南以大片空地为主，作为葡萄种植园、篮球体育场和墓地使用；三、西北侧边界毗邻克雷孟梭广场（今承德道），还建有厂房数间用于出租，曾先后作过直隶印字馆 (Chihli Press) 厂房和化工厂[③]。

---

① HONGKONG DAILY PRESS, Directory & Chronicle for China, Japan, Corea, Indo–China, Straits Settlement, Malay States, Siam, Netherlands India, Borneo, the Philippines, &c. 1901–1924（《孖剌报行名簿》）Missions de Chine et le Japon. 1916–1925，Imprimerie des Lazaristes Pékin.

② Municipalité Française de Tientsin Plan No.1，法国外交部档案馆，南特馆。

③ “正孚化学工业社”1区承德道56号（《1951年天津电话簿》）。

该印字馆与崇德堂、工商学院均有密切合作，下文将会详细介绍。

1926 年 9 月，崇德堂由于翻新需要迁至天津工商大学校内办公。1928 年 5 月，翻新工程完工，7 月 8 日司账搬回账房崇德堂办公，业务也陆续移回。

3. 崇德堂南辅楼

1937 年 10 月 6 日，位于崇德堂主楼附设小圣堂南侧的辅楼建成并投入使用。法国外交部南特档案馆藏一份 1938 年由驻津法国总领事 Lépissier[①] 授权新规划崇德堂地块的图纸，当时计划在崇德堂主楼的北侧新建一座"法国科学馆"（CENTRE SCIENTIFIQUE FRACAIS），科学馆与崇德堂有楼梯相连，并拆除临克雷孟梭广场（今承德道）一侧的厂房建筑，此规划并未实现。该图纸中将南辅楼建筑称"Nouvelle procure"，意即"新账房"。该建筑计四层（包括平面一层 / 半地下室），现代主义简约设计装饰风格。平层为书库及售书门市部；一层包含二大房间，为会计室和食堂，设有通往主楼附设小圣堂的走廊；二层房间包含私人小祈祷室和司账房间；三层设有临时客房，接待来往人员居住使用。[②]

三、崇德堂所负的功能

1. 教会招待及联络用驻院

沙勿略堂和崇德堂虽以"堂"为名，并非指堂区或教堂，但确是正式的天主教会机构；名称结合中西，仿中式"堂号"而立。无论是沙勿略堂还是后续的崇德堂均首先是一所教会人士驻院，负责接待和通讯功能。接待是双向的：一是直隶东南代牧区人员来津办事、旅行中转、休养身体或入院治疗；一是被派遣来直隶东南代牧区服务的外籍传教士乘海路来华，在上海短暂停留后最终在天津港口登陆。联络是多方面的，主要是指直隶东南代牧区与同为耶稣会负责的江南代牧区、与欧洲教会机构的通讯往来；与中国当局、与法国驻天津领事机构的接洽。

2.Procure——账房

崇德堂的主要功能由其法文名称"Procure"所标示，这是一座教会财务管理机构，具体而言是直隶东南—献县传教区及负责该区教务的耶稣会的财务中心。天津是一座商业城市，各银行及商会林立，欧洲教会机会给

---

① Charles Jean Lépissier，1931 至 1935 年、1938 至 1943 年两次担任法国驻津总领事。

② 根据当时工商学院学生高景云的回忆整理。

予直隶东南代牧区的捐献和年度津贴均须崇德堂先行处理，再转给传教区使用。

除管理账务之外，崇德堂还有经营活动，主要分三部分：

一是自营产业，如“崇德堂砖窑”。对此，最早的历史记载见于1901年德国为扩充天津租界与清政府谈判时期的来往公函中。划定德租界新的南界地标，被称为“天主教崇德堂砖窑”①，这一新边界由嗣后中德双方于1901年7月20日（光绪二十七年六月初五日）最终签订的《德国推广租界合同》所确认。根据1901年德国远东远征军绘制的《天津地图》对照租界合同对于边界的描述，可大致确定崇德堂砖窑的位置：东楼以南、贺家口河湾以西、海大道附近。具体位置是今河西区南楼商场及附近地域，这里在清末时期尚属郊外，距离市区很远。至1920年，这一地块已被官方地图标注为“比国窑”②，旧有崇德堂砖窑的南侧又另新设了“比国窑”和“法国窑”两处。比国砖窑（Tientsin Belgian Brick Factory）由比利时商人埃梅利（Emile Fivé）投资创办。埃梅利一家属于最早侨居天津的比利时人，曾经度过义和团围城的艰难时期。他在德国扩充租界里拥有一处名叫“Cambuse”的别墅，与比国租界隔河相望。③1909年，埃梅利返回布鲁塞尔定居，将砖窑厂留给女婿一家（M. et Mme Mansouk-Fivé）继续经营。可以推断，埃梅利家的那所别墅就盖在崇德堂所属地皮之上，距离砖窑很近。至于崇德堂砖窑与比国砖窑的前后传承关系，尚不明确，有待进一步查证。建造崇德堂主楼所用的红砖刻有“EF”或 “E FIVE”字样，为埃梅利所经营的砖窑所造。

二是经营地产，主要形式是出租。崇德堂自初建时期就开始经营地产，以最为稳妥、风险最低的购地、建房、出租的形式进行，宗旨是拓宽传教事业财政收入。鄂尔璧发现直隶东南代牧区除接受来自圣婴善会（Sainte-Enfance）和传教善会（de la Progagation de La Foi）的捐献之外，没有任何

---

① 张莲芬等：《为德租界扩充事禀及再禀李鸿章并批》（光绪二十七年四月十二日），载于天津档案馆，南开大学分校档案系编：《天津租界档案选编》，1992年，第168页。

② 直隶陆军测量局：《天津街市图》，1920年6月测绘，1921年8月出版，文献来源：“中央研究院”地图数位典藏（台北）。

③ Chambre de Commerce Sino-Belge, Chine et Belgique, 1904-1912（《华比商会年刊》第二卷至第八卷）。

固定收入，于是欲仿效上海和浙江传教士的方法经营房产。[①] 最初的租赁开始于 1874 年，信远道崇德堂正式启用，建于 1871 年位于医院对面的房舍经改造后出租给商户。19 世纪下半叶的天津法租界总计 36 公顷，因地势偏低，常有水患，远非富庶之地，很少有欧洲人愿意投资，他们更倾向在英租界经营。但直隶东南传教区却在鄂尔璧神父的主持下押宝法租界，购办土地，从三方面改善建设条件：逐步抬高地面水平（用时约二十年利用每年的河水冲积和人工填土）；逐步迁出区内原有分散性墓地；征用当地居民的零散用地，加以赔偿。崇德堂所拥有的法租界内的土地越来越多，1879 年，崇德堂开始为中国人建造商铺及生活街区。约 10 年之后，该地段逐步繁荣起来，租金开始上涨，商铺开始翻新。[②] 此时期天津的地位越发重要，法国人和日本人也开始要求来此地经营。崇德堂慢慢成为直隶东南传教事业的经费保障之一，传教区可以兴建更多的圣堂，创建更多的教会学校，其中多数小学院具有慈善性质。

1905 年 9 月耶稣会总会通过香槟会省令直隶东南代牧区耶稣会变卖位于天津的产业。鄂恩涛（Paul Bornet, 1869–1960）撰写的《直隶东南——献县传教区百年历史》未陈述原因，只是记述结果：至 1906 年初，耶稣会会长葛光被（Emile Becker，1826–1918）[③] 决定卖掉位于法租界的地产，但保留了崇德堂本身；具体事宜则由崇德堂司账苗履实来办理；书稿还提及两位负责人很乐意变卖产业，因为这减轻了司账的重负。[④] 葛光被对崇德堂的指导理念仍主要是在外国租界购基，建房收租，除拨发传教经费以外，盈余部分存入租界的大银行里，收取利息，更能补充各项开支的不足。在第一次世界大战期间（1914–1919），来自欧洲的资助款项暂时断绝，而传教费用还能支持，都是有赖于崇德堂多年的经营。[⑤]

崇德堂自建用于出租的居住用房中比较著名的有天津工商学院（马场

① BECKER Emile, Un demi-siècle d' apostolat en Chine, le Révérend Père Joseph GONNET, p.87.

② Ibid., pp.88–89.

③ 1884 年 4 月 18 日至 1894 年 9 月 24 日担任直隶东南代牧区第七任耶稣会会长。1897 年至 1898 年管理天津崇德堂事务。1901 年 9 月 8 日至 1909 年 6 月 18 日任直录东南代牧区第九任耶稣会会长。

④ Paul Bornet, Histoire de 100 ans de la mission et du diocèse de Sienhsien, Cent ans, 1856–1956, au Tcheu–Li, Sud–Est，pp.323–324.（直译为《直隶东南——献县传教区百年历史》，打印机稿，未正式印刷，因而属于档案性材料。）

⑤ 《张光甫信函》，刊于《圣教杂志》“近事—本国之部”栏，1918 年第 7 年第 8 期，第 369 页。

道）以南的“信德里”和“三德里”。最初为了战乱、水灾时期收容灾民所修建的临时窝棚，后逐渐发展为固定的居住区，来自河北省的传统奉教家庭多迁居于此。信德里，位于今河西区桃园村大街南侧，占地 10000 平方米，原为平房，20 世纪 90 年代末由政府拆除重建为四至六层住宅楼。三德里，位于今河西区永安道西段北侧，内含三条里巷，1927 至 1929 年建成，1992 年拆除后新建为六层楼房，名称保留。⑥

据不完全统计，崇德堂自建的居住区还有三德里以南的谦德庄，小白楼附近的崇德里、圣世里等胡同。谦德庄原为 1917 年水灾期间收容难民的临时住所，1920 年初建房，以砖瓦平房为主。崇德堂将谦德庄发展为较大社区，内包含街道里巷、市房商铺、民居住房等，均属崇德堂地基，取“谦让崇德”之意命名。1990 年开始分批拆除旧房，至今完全改建为新式楼房。⑦崇德里（小白楼街），以崇德堂的堂号命名，1921 年建房，分六条支巷，砖木结构二层楼房。⑧如今老建筑部分已被拆除，辟为公共绿地及马路。圣世里（大营门街），1935 年建房，占地 1760 平方米，包含二层楼房及平房，1954 年更名“胜世里”。⑨今已完全拆除，目前是地铁施工占用。在英租界核心区域的中街（今解放北路）、海大道（今大沽路），崇德堂还拥有两块商业地产，其建筑功能是货栈和商店。⑩

三是投资入股。崇德堂含有利顺德饭店的股份，还在香港有经营，具体情形有待进一步考证。

3. 社会救济

1910 年，法籍耶稣会士柯懋德（Aloysius Duquesne，1859-1921）成为崇德堂司账，他广交朋友，与国人、在津英国人和法国人，与非信徒，新教徒都建立了良好的关系。柯懋德去世后，华北华洋义赈会（North China International Society of Famine Relief）向献县耶稣会发唁电，感谢他曾经提

---

⑥ 河西区地名志编纂委员会：《天津市地名志 03 河西区》，天津人民出版社，1999 年，第 370 页、352 页。

⑦ 同上，第 211 页。

⑧ 和平区地名志编纂委员会：《天津市地名志 01 和平区》，第 181 页。

⑨ 河西区地名志编纂委员会：《天津市地名志 03 河西区》，第 129 页。

⑩ Engineer's Certificates for the New Buildings Issued, Private Works，Reports of the British Municipal Council, Tientsin 1906-1926（《私有地产新建建筑报批表》，影印版：英文《天津英租界工部局年报》），《天津英租界档案》，天津市档案馆编，2015 年。

供的服务。[①] 天津公教进行会会长孙子寿于 1934 年春创办公教救济会，崇德堂为此提供土地协助。所用土地即在旧崇德堂砖窑附近。当时报道称“东楼南一带，地处偏僻，居民多属中下级”[②]，亟须医疗卫生方面的救助，故特请西开公教医院的仁爱会修女来此施诊舍药。此后，该救济院还开办有石像雕刻厂、小型印刷厂，并曾帮助工商学院附属中学印制教科书和讲义。[③] 救济院约在 1948 年、1949 年前后停办。崇德堂帮助直隶东南—献县传教区组织社会救济活动。1920 年直隶闹饥荒，崇德堂司账柯懋德神父多方协调，以市场半价购买 6 万公斤圆形大面包（Tourteau），帮助直隶东南代牧区赈灾。[④] 1933 年黄河闹水，在交河—献县一带传教的廉道真（Ludovicus Burietz，1884–1942）与崇德堂协作，利用天津与泊头铁路交通之便利，为他所在传教区域和直隶东南代牧区南部地区居民提供救济。

4. 文化功能

崇德堂是北疆博物院成立之前桑志华（Emile Licent, 1876–1952）的工作坊和标本的陈列处。1914 年，桑志华神父被派遣至直隶东南代牧区服务。他先短暂居于献县总堂，以学习中文；之后致力于黄河、白河地区的科学考察，收集矿物学、古生物学、动植物学、人类学标本。桑志华最初的研究工作坊就设于天津崇德堂主楼地下室，待 1921 年直隶东南代牧区耶稣会启动天津工商大学（1933 年更名工商学院、1947 年升格津沽大学）的建设时，将博物院的建设纳入整体规划，1923 年 4 月 3 日黄河白河博物馆，即著名的“北疆博物院”部分建成并开馆。

崇德堂的主要文化功能是图书发行、辅助印刷与出版工作。清末民国初年时期，崇德堂是直隶东南代牧区印字馆—胜世堂（Imprimerie de Sien-hsien/Imprimerie Du Tchély S.–E. Hokienfu (Sienhsien) 对外联络、发行、售卖的窗口。法文《北京公教杂志》（*Le Bulletin Catholique de Pékin*）曾刊登司账柯懋德的来信，并对孟敬安、戴遂良等神父的许多著作多有推介，购书的联络地址为天津崇德堂。

献县传教区在天津设立工商大学后，崇德堂更多地参与辅助出版印刷

① 收录于法国耶稣会档案馆，卷宗 GMC 120 。

② 《公教妇女》，第一卷第四期（1934 年 12 月），北平公教进行会总监督处，第 56 页。

③ 张锦光：《本国史纲要》，天津工商学院附中出版，1947 年 10 月。

④ Paul Bornet, *Histoire de 100 ans de la mission et du diocèse de Sienhsien, Cent ans, 1856-1956, au Tcheu-Li, Sud-Est*，p.419.

工作。工商教师裴化行（Henri Bernard,1889–1975）所撰在华传教史论、田执中（François Théry, 1890–1982）的法律专著书籍、桑志华和德日进（Pierre Teilhard de Chardin, 1881–1955）的考古科学报告等出版物中的绝大部分都没有回到献县印字馆印制，而在天津本地印行。例如：桑志华的三卷宏著 *Dix Anneés (1914–1923) dans le Bassin du Fleuve Jaune et Autres Tributaires du Golfe du Pei tcheu ly*（《十年考察报告，1914–1923》）于 1924 年由天津法文图书馆（La Librairie Française）与献县天主堂印书馆合作编辑出版。田执中翻译法文本《土地法》（*Code Foncier de La République de Chine*）1931 年由崇德堂署名出版。裴化行的历史传记 *Le Père Matthieu Ricci et la Société Chinoise de son temps, 1552-1610*（《利玛窦神父与当时的中国社会，1552–1610》）1937 年由工商学院署名出版，崇德堂发行。

天津工商大学、崇德堂在天津并没有自营的印刷厂，无法独立承担印务工作，故须在天津本地寻找到合作的印刷厂承接印务。西文印刷业务主要与位于圣路易路 23/25 号的直隶印字馆合作。该馆是中外商合营，经营印刷、装订、镌版、制本等业务。20 世纪 20 年代晚期，由费尔慕诗（R. Fermus）与法克斯（C.J. Fox）管理，中方董事长为杨豹灵。① 直隶印字馆多为高等学府或学术文化机构承印书籍或学术报告，比如南开大学经济研究所、天津学院（Tientsin College）等；亦与天主教会机构合作，比如承印绥远传教区比利时圣母圣心会神父的法文著作。② 在与崇德堂、工商学院多次合作以后，达成比较密切的关系。1936 年，直隶印字馆外资方负责人美籍罗加尔（B.S.Rogard）和意籍巴尔代拉（C.Bardella），工商学院院务长兼崇德堂司账饶满恒（Henri Jomin, 1895–1982）达成协议：直隶印字馆的印刷厂搬到崇德堂院落的西北角处，租用崇德堂自建的一家厂房。其具体位置在克雷孟梭广场、巴黎路拐角处（即今承德道、吉林路交口东南角）。③ 直隶印字馆使用此厂房直到 20 世纪 40 年代末期。自合作开始，直隶印字馆几乎成为崇德堂所出西文图书的独家承印方。而工商大学（工商学院）校办中文宗教性学生刊物，绝大部分都是委托天主教背景的天津益世报馆负责印刷。其中，《北辰》创刊于 1928 年 9 月，出版方一度署名“天津马

① 黄光域：《外国在华工商企业辞典》，四川人民出版社，1995 年，第 391 页。

② Henri Van Boven C.I.C.M.，Histoire de la Litterature Chinoise Moderne，1946.

③ North–China Daily News,China Hong list, 1939, PP674；North China Advertising Co, North China Hong–list, 1940, p.75.

场道崇德堂"[①]，后改为"天津特别一区马场道工商学院内北辰杂志社"[②]；1932 年《北辰》交由北京光启学会主办。《导光》创刊于 1933 年 5 月，双月刊，面向青年读者群。公教学生组织——"圣母会"办有季刊《海星》，编辑者署为"河北献县耶稣会哲学院、天津工商学院圣母会"[③]。

1937 年之后，崇德堂辅助出版和发行"公教丛书"系列出版物。"公教丛书委员会"由天津工商学院教师、负责学生牧灵的两位耶稣会士：狄守仁（Eduard Petit, 1897–1985）和申自天（René Archen, 1900–1961?）创建和负责。其发展方向是翻译、出版一批哲理性公教书籍，服务教内外人士，以利于在华传教工作。"公教丛书委员会"除了以献县传教区的中外神职、工商学院教师作为主要班底以外，还邀请到北京辅仁大学的教师丁德勋、白峰云，[④] 以及部分工商学院的学生参与到翻译撰写的工作中来。

"公教丛书委员会"推出的第一本书是申自天所著《人生基本问题的解答》，第二本书是狄守仁编著《九十三题》，这两本著作受到广泛欢迎，获得 1938 年度教宗驻华代表奖并多次再版。历经十余年，"公教丛书"一共出有 29 种图书（不包括《圣经》汉译）。其中包括两套"大部头"作品：一套是狄守仁、朱星元翻译的《天主教教义提纲》（3 册）；另一套是申自天领导翻译的《耶稣真徒的生活》（4 册）。还包括经典新译，如《天主实义》[⑤]，原书是明朝利玛窦、徐光启的古文本，由朱星元译成现代白话文本；又如《师主篇》[⑥]，在狄守仁的指导下，由萧舜华和田景仙根据新发现的荷兰语底稿重新翻译，对于作者身世等信息都有新的考证，篇目和内容也与根据拉丁文本翻译的献县旧版有不小的区别。

与西文图书委托固定独家承印方不同的是，"公教丛书"中文书籍的印刷承印是分散而多变的：有天津正文印书局、天津光华印字馆、天津东方印刷局、天津商务日报社、北平新实书店、北平传信印书局、北平独立出版社等。以上所列出印刷厂所承印装帧版式均为竖排版中文，与崇德堂长期合作的直隶印字馆只承印过很少的几本书是以横排印刷，即汉文与拉

① 《北辰》，第三卷第八、九期，1933 年 11 月 25 日。

② 《北辰杂志》，第六卷第十四期，1934 年 9 月 15 日。

③ 《海星》，第一卷第四期，1936 年 10 月 1 日。

④ 公教丛书委员会译：《自尊》，"写在前面"，天津崇德堂发行，1939 年，第 4 页。

⑤ 利玛窦著，朱星元译：《天主实义》，1940 年（公教丛书第 19 号）。

⑥ 吉拉德克路特著：《师主篇》，萧舜华、田景仙译，1940 年（公教丛书第 16 号）。

丁文对照的礼仪书①。1937年至1947年十年间所出"公教丛书"，从封面设计到装帧排版，全都整齐划一，融为一体，崇德堂在其中所贡献的力量，更加凸显。

1940年至1950年初，崇德堂的出版发行业务进一步扩展。1945年6月，献县印字馆——胜世堂停止一切印刷活动，最先按当地新政府要求只能印刷《日报》，稍晚又按要求捐献印刷机和约5万字模。②献县传教区的出版事业因此完全挪至天津。早在20世纪40年代初期，工商学院教师盖斯杰（Albertus Ghesquieres，1901–1978）在院内设置了一座小型印书馆，从献县印字馆运来一些铅字，此举并不被献县的神父们所理解。1946年，盖斯杰又从法国军队购置了一些印刷设备，扩充了出版。有了自己的印刷设备，天津耶稣会院就有能力承接来自献县印字馆的印刷任务了。献县的旧版书冠以"天津崇德堂印书馆"的字样再版印刷，其中包含《游地狱记》③《要理问答》④《圣教理证》⑤《圣路善工》⑥等各类书本。1946年至1948年间崇德堂还推出三册歌本：崇德堂版《圣教歌选》⑦、献县旧版《圣教歌选》的最新修订版⑧和李山甫编纂的《圣乐》⑨。这是崇德堂以前从未涉及的新门类，其中，李山甫（György Litványi, 1901–1983）所编纂的《圣乐》，被认为"真正意义上实现了圣歌的中国本土化转变"⑩。

1948年开始，崇德堂开始更多地印制小册子，如"向阳小册""公教论丛"系列。这些新出的书册页数不多，以32开及64开本印制，方便携带传阅，统称为"短篇论文"。小册子的印刷主要由崇德堂图书部和甫记德中印字馆（天津六区浦口道3条24号）承印。在天津解放后的一段时间内，崇德堂也还能继续出版新书。然而《益世报》被勒令停刊，所有资产

---

① Hofbauer（鲍德盛）著：《礼节便览》，1940。

② Paul Bornet, Histoire de 100 ans de la mission et du diocèse de Sienhsien, Cent ans, 1856–1956, au Tcheu–Li, Sud–Est，p.680.

③ R. D. Ad. Sounn 著：《游地狱记》，1941 再版。

④ 上海公议会委员会编：《要理问答》（分四册），1940 年第 12 版。

⑤ 沙守信：《圣教理证》，1941 年再版。

⑥ 伏若望：《圣路善工》，1940 年再版。

⑦ 崇德堂 / 献县印书馆：《本馆图书价目表》，1947 年 9 月。

⑧ 杨若望编纂：《圣教歌选》，1948（第七版）。

⑨ 李山甫编纂：《圣乐——贡献于中华母皇》，1947 年。

⑩ 孙晨荟：《天音北韵——华北地区天主教音乐研究》，宗教文化出版社，2012 年，第 138 页。

于 1949 年 4 月 25 日由知识书店（天津人民出版社前身）出面签订合同、低价收购，资金实际由政府拨付[①]。因此，崇德堂成为天主教会在天津市区域内唯一一家对外出版发行机构。目前笔者能见到的，崇德堂出版的最后一本小册子是明兴礼（Jean Monsterleet, 1912–2001）所著《今日的默想丛书》第一册《降临节》，出版于 1950 年 11 月。此时，书中版权页已不能署崇德堂的名号，只写作“天津营口道 22 号”，印刷者仍然是天津德中印字馆。1951 年，天津市天主教界全面推行“三自革新”运动，崇德堂完全停止了出版及对外发行出版物的功能。天津市人民政府对崇德堂的附属产业实行代管。1955 年 2 月，崇德堂被收回公有。

结语

本文对于天津崇德堂的设立、历史发展、功能进行了概要性分析，相信这样的研究可以作为中国天主教传教区研究的重要切入点，扩宽范围并协助进一步地深入。崇德堂是知名的天主教账房机构，负有经营及拓宽传教事业收入的功能。它在直隶东南代牧区—献县教区发展史上占有着相当重要的地位。崇德堂也是一座文化机构，到 20 世纪 30 年代末期已从一个单纯的书籍期刊分销发行所，逐渐转变为立足天津的天主教文化传播出版机构，是继益世报馆之后，第二家在天津本地有影响力的公教出版机构。1950 年上海教务协进会出版的《教外人适用的公教图书目录》，列出了 10 家天主教出版机构。“天津崇德堂”被推荐的书目数量，仅次于上海土山湾印书馆和香港真理学会，位列全国第三。在华北乃至全国天主教文化传播领域扮演重要角色。崇德堂立足天津，见证天津近百年历史，在天津经济、文化发展中担任特别角色，值得进一步深入研究。

① 杨大辛：《苦旅甘泉——杨大辛自述》，天津人民出版社，2019 年，第 42 页。

早期美国来华传教士的中国民俗关注及其影响 ①

赵洪娟 ②

内容提要： 早期美国来华传教士从不同角度对中国人的社会生活、习俗文化、节庆礼仪和民众行为举止等内容进行了记述评价。早期美国来华传教士对中国民俗事象的调查、阐述与呈现，展现了当时美国人对中国社会生活的认知，冲击了之前其对中国想象的建构。同时，他们对中国普通民众的社会生活习俗、民间文学等内容的特殊关注和诸多探讨，对中国现代民俗学传统的形成及中国早期民间文学的发展在某种程度上亦具有一定影响。因此，探讨早期美国来华传教士对中国民俗的关注、研究及其影响这一问题，对探究中西文化交流和中国文化的海外传播均有重要意义。

关键词： 早期，美国，传教士，民俗

The Attention and Influence of Early American Missionaries on Chinese Folklore

ZHAO Hongjuan

Abstract: The early American missionaries in China made comments on the Chinese social life, customs and culture, festival etiquette and popular behavior from different angles. The investigation, interpretation, and presentation of Chinese folklore by early American missionaries showed the Americans' understanding of Chinese social life at that time, which had impacted the construction of their imagination of China. At the same time,

① 本文为山东省泰山学者工程专项经费资助（tsqn202211161）成果。

② 赵洪娟，青岛科技大学教授。

their special concern and many discussions on the social life customs and folk literature of ordinary Chinese people have a certain influence on the formation of the Chinese modern folklore tradition and the development of early Chinese folk literature. Therefore, it is of great significance to study the early American missionaries' attention, research and influence on Chinese folk customs in China, which is important for the exploration of Sino-Western cultural exchanges and overseas dissemination of Chinese culture.

Keywords: Early period, American, Missionaries, Folklore

19 世纪 30 年代，第一批美国新教传教士到达中国，准备展开在中国的传教活动。清朝初年，清政府颁布了禁止传教士在中国传教的命令①，要求除皇帝恩准的传教士外，其他一律驱逐出境。雍正皇帝对外国传教士的活动亦是严厉禁止，1724 年其下令传教士禁止传教，并全部驱逐到澳门。乾隆皇帝更是坚决反对传教士活动，1736 年降旨禁止传教士传教。之后嘉庆、道光年间也一再限制和禁止传教士传教。所以，第一批美国传教士到达中国之时便面临严峻的禁教环境，又囿于语言不通、文化背景差异、社会地位较低等因素， 致使其传教活动愈显艰难。此种艰难的传教环境促使早期美国传教士不得不更加长期地进入到中国民众当中去学习语言，调查中国社会和民众生活状况，以便达到了解中国、传播宗教的目的。欧洲来华传教士对中国传统文化、典籍给予了较多关注，而民俗方面的探讨相对较少，杨洁、卢梦雅、彭瑞红等对欧洲传教士的中国民俗辑录和研究进行了探讨。与欧洲传教士相比，早期美国传教士对中国的民俗和民众生活进行了较多的资料搜集和研究，对此刘宗迪、张志娟、张多等对美国传教士关于中国民间文学及民俗学的研究有所讨论。为进一步探究早期美国来华传教士的中国民俗研究及其可能产生的影响，本文将以裨治文（Elijah Coleman Bridgman，1801–1861）、卫三畏（Samuel Wells Williams，1812–1884）、卢公明（Justus Doolittle，1824–1880）三位传教士在中国的调查研究及其主要撰稿或著述的作品《中国丛报》（*Chinese Repository*）、《中国总论》（*The Middle Kingdom*）与《中国人的社会生活》（*Social Life Of the Chinese*）为例展开讨论，探讨早期美国来华传教士对中国民俗的关注

① 陈垣：《康熙与罗马使节关系文书》，台北：台湾文海出版社，1974 年影印本，第 96 页。

及其影响。之所以选择上述三位传教士的作品为研究对象，主要因为在向中国人民传播西方文明，向西方传播中华文化的过程中，裨治文、卫三畏、伯驾（Peter Parker，1804–1888）、雅裨理（David Abeel，1804–1846）等都起过重要作用[①]，而卢公明的《中国人的社会生活》则“向细心的读者展示他所欣赏和赞扬的中国人生活和习俗的诸多方面”[②]。

一、早期美国传教士对中国民俗的关注

19 世纪之前，美国对中国的了解主要源于欧洲来华传教士和欧洲启蒙思想家。后来随着中美两国贸易交往的发展，在本国商人的资助下，美国传教士开始踏上中国土地，开始了他们的传教及东方探索之旅。因时代背景、传教环境和资助者不同等各方面的原因，美国传教士在传教过程中对中国的关注点与欧洲传教士有所差异。欧洲传教士注重对中国古典文献和汉学经典的研究，注重从经典教义中探究中国文化。美国传教士在商人资助下来到中国，他们更加追求实用性，关注中国的现实研究，力图将中国当时的现状传递回美国国内，服务于本国商人、本国经济。最早一批美国传教士到达中国后很快就开始着手于汉语学习，调查研究中国民众的社会生活和习俗历史，以便更有效地进行宗教传播。

第一位到达中国的美国传教士裨治文，在其来华之前，美部会对其指示曰：“我们要求你把中国人的特征状况、风俗、习惯，特别是这些事象所受他们自己宗教的影响等内容向公理会进行完整报告。”[③] 所以，裨治文带着这个任务和要求来到中国，开始了其传教之路。鉴于在中国直接传教面临的各种困难，美国早期传教士开始创办教育机构、医疗机构、出版印刷书籍刊物，借此与民众拉近距离，通过较为密切、实惠的接触方式展开传教活动，并通过书刊、信件、报告等形式将在中国调查搜集到的信息传送回美国。

19 世纪 30 到 60 年代发行的传教士期刊以裨治文和卫三畏主稿的《中国丛报》影响最大。《中国丛报》又称《澳门月报》或《中华丛报》，1832 年在广州创刊，1851 年停刊，20 年共发行了 20 卷，每年一卷，一般

---

① 仇华飞：《早期中美关系研究》，北京：人民出版社，2005 年，第 207 页。

② Justus Doolittle, *Social life of the Chinese: With Some Account of their Religious, Governmental, Educational, and Business customs and opinions*. New York: Harper and Brothers, 1865, preface.

③ Eliza J. Bridgman, *The life and Labors of Elijah Coleman Bridgman*. New York: ADF Randolph, 1864, p.27.

每卷 12 期，个别年份 8 期。《中国丛报》共发表文章 1378 篇，其中关于中国国情类有 514 篇，中外关系类有 396 篇，外国情况类有 142 篇，宗教类有 289 篇，与中国有关的约占 90%①，涉及中国的历史、地理、民俗、儒家典籍、文学艺术、宗教、语言文字、中美关系、洋人在华活动等内容。《中国丛报》发表的为殖民侵略中国作辩护的文章应该受到批评，发表的支持侵略言论的文章亦应该受到严厉谴责，但其中对中国民俗文化某些内容的记述和研究却具有一定意义。这些介绍中国风土人情的内容不但有利于西方了解中国和中国民众的生活习俗，也为后人了解、研究这一时段的民俗事象提供了重要资料参考。

经统计，《中国丛报》对当时中国，主要是东南沿海一带的节庆习俗、民间信仰、婚丧礼仪、民间故事传说、谚语俗语、匠人工艺、戏曲文学等内容给予了广泛关注。当时美国传教士几乎对中国民众民俗生活的所有方面均进行了记述和讨论，这无疑为当时西方民众了解中国民众生活和中国传统的民俗文化提供了方式渠道，同时也为逐渐兴起的美国汉学研究提供了重要资料。

此外，《中国丛报》还介绍了传教士如何利用中国的信仰风俗、典籍名句阐释《圣经》中的某些章句②。有文章记载，在中国，民众在供奉土地众神之时，多用一块水磨石来代表被供奉的神灵，此水磨石被摆放在一个粗糙的祭坛上，民众每日在祭坛之前烧香祭拜。每个村庄或由 25 个人家组成的每条街道中都会设立类似的祭坛，在每年春秋两季，进行神灵祈拜。尤其是务农阶层，对土地之神尤其敬奉，多在特定季节，一般是在农历的二月二，有些人家便请祭司来主持神灵祈拜仪式，进行祈福。祭司约有三四人之多，着黄绿色长袍，仪式中伴有吹拉弹唱。祈拜仪式结束之后，祭司及其侍从在祭坛前鞠躬谢礼，有时候会进行第二次祭酒仪式，之后便去下一个祭坛进行另一场仪式。在此仪式中，侍从及围观的孩童都极为欢快。虽然当时传教士认为中国这种向土地神祇祈拜的仪式是一场“闹剧”，但却认为仪式的内容方式有很多地方和《圣经》中内容相似，可用来阐释《圣经》中某些章句的含义。

此外，早期传教士发现，《圣经》中所记载的去街头雇人的情景在中

① 刘然玲：《文明的博弈：16 至 19 世纪澳门文化长波段的历史考察》，广州：广东人民出版社，2008 年，第 319 页。

② 《中国丛报》，1840 年 4 月，第八卷第十二期。

国的广东街头亦随处可见，如若早上穿过广东的街道，便会发现有成群的人在那儿“点工夫”，等着被人雇佣。这些人多半是搬运工或干苦力的人，为了能让雇主注意到他们，多半会在明显的街角聚堆。每人或每两人会携带着一根长杆或绳索，有了这些工具，他们就可以做拉车及其他活计。在大城镇，很多雇主会按月雇佣自己的苦力，这些等活儿的人有时会在那儿待一天，也没有人雇佣他们。在中国，这些在街头、桥头等着被雇佣的人一般被称为工夫匠，又称“卖工夫的”“卖小工的”，旧时汉族民间临时雇工的称谓。旧称以受人临时雇佣做短工、出卖劳动力和技艺为主的人。①而工夫匠们聚集的地点多被称为工夫市或脚行，北京地区也称其为“口子”。工夫匠、工夫市与《圣经》中出现的闲站在市场等待雇佣的现象极为相似，早期传教士借助二者之一致，对《圣经》的相关内容展开阐释。传教士利用中国民众了解熟知的习俗仪式解释《圣经》章句，一方面想表明基督教义具有广泛的适应性，另一方面则试图通过此方式让中国民众更深入和形象化地理解基督教义并对其接受，所以对民俗和民间文化的深入了解和研究便成为当时传教士的重要工作内容及传教基础。

除《中国丛报》外，卫三畏的《中国总论》和卢公明的《中国人的社会生活》亦对中国的民俗进行了大量记述和评价。卫三畏的《中国总论》是美国研究中国最早的、也是被认为最为权威的著作，其中对中国的文献、建筑、服装、饮食、工艺等进行了阐述，在提到中国人的社会生活时，特别对中国的婚礼仪式、日常礼节礼仪、一般性及地方性节日习俗等内容进行了详载和评述。卢公明的《中国人的社会生活》主要关注了福州地区的社会习俗，其关注的内容涵盖地方概览、农业社会生产、婚嫁习俗、保育习俗、丧葬习俗、宗教、民间信仰、年节习俗、鬼神迷信、社会习俗以及各种杂耍艺术的其他习俗。卫三畏、卢公明在对某些民俗事象的评述和阐释过程中，一方面，不可避免地带有明显的基督徒偏见视角，但另一方面，其对很多仪式、习俗的实际参与和细致调查记录却成为后续研究的重要材料。以卢公明的著作为例，其记述内容对于“研究福州的近代史、清末的福州社会、福州各项民俗的由来和流变等具有特殊的资料价值”②。《中国人的社会生活》虽关注的是福州及周边地区的民俗，但卢公明认为许多

---

① 叶大兵、乌丙安：《中国风俗辞典》，上海：上海辞书出版社，1990 年，第 503 页。

② [美] 卢公明：《中国人的社会生活》，陈泽平译，福州：福建人民出版社，2009 年，译序。

关于社会和风俗习惯的描写从总体上也适用于这个国家的其他地区。①

实际上，基督教义与中间民间习俗之间的冲突是传教士在传教过程中需要克服的重要障碍。了解中国的民俗是传教士传教的重要需求，若不重视当地民俗，传教士在传教过程中会遇到与异文化之间的冲突，从而导致传教失败。因此早期美国传教士通过对当地民众的探访调查，参与习俗活动，与当地民众、文人接触从而获得了较全面、详尽的民俗资料。

二、早期美国传教士中国民俗关注与美国汉学研究

裨治文、卫三畏主笔的《中国丛报》以“介绍中国传统文化为主要目的”②，是美国汉学家了解中国的重要渠道。美国汉学研究的开先河者是传教士，但他们起步较晚，直到 19 世纪 30 年代，基督新教传教士才进入中国，尝试汉学研究。③ 至 19 世纪 70 年代，卫三畏接受耶鲁学院的邀请，成为美国历史上第一位从事汉学研究的教授。卫三畏在中国生活多年，对中国社会生活和民众习俗的熟悉和了解为其后来的汉学研究铺垫了基础。之后，19 世纪 70 年代到达中国的明恩溥 · 史密斯（Arthur Henderson Smith，1845–1932）在其《中国乡村生活》（*Village Life in China*）中亦介绍了大量关于中国乡村庙宇宗教、乡村祈雨、乡村婚葬礼和乡村新年节庆等民俗内容，在美国汉学界同样具有重要影响。总之，早期乃至 19 世纪中后期美国传教士对中国民俗生活的关注对于美国的汉学研究具有重要意义，其主要体现在如下几个方面。

（一）为美国专业汉学研究提供了重要素材

汉学发展可分为“游记汉学”“传教士汉学”和“专业汉学”三个阶段。外国的传教士、旅行家、冒险家、商人和来华使节是重要的文化传播媒介，构建了文化交流的桥梁。传教士对中国的著作和研究，是国外汉学研究的宝贵材料，促进了专业汉学的发展。④ 而且早期美国汉学研究有两

---

① Justus Doolittle, *Social life of the Chinese: With Some Account of their Religious*, *Governmental*, *Educational*, *and Business customs and opinions*. New York: Harper and Brothers, 1865, preface.

② 仇华飞：《早期中美关系研究》，北京：人民出版社，2005 年，第 208 页。

③ 李学勤：《国际汉学漫步》，石家庄：河北教育出版社，1997 年，第 2 页。

④ 林立强：《晚清闽都文化之西传——以传教士汉学家卢公明为个案》，北京：海洋出版社，2010 年，第 21–22 页。

个特征：一是以来华传教士为主体，二是注重中国现实，特别是关注中国近代化问题的研究①。传教士到达中国后积极接触中国民众，一方面努力学习语言，另一方面深入到民众生活中，广泛接触中国百姓，从而对当时中国的历史文化、仪式习俗、民众生活有了一个较为全面的了解和记录。而美国很多汉学家没有可能，也没有机会亲自来到中国，即便有到访中国的机会也不能像传教士一样长期生活在中国，对中国民众的生活进行深入、透彻的了解。因此早期美国来华传教士对中国民众民俗生活的记录便成了美国专业汉学研究的重要素材。同时也"使美国汉学真正独立于欧洲汉学，为现代美国中国学打下了坚实的基础"②。此外，对早期来华传教士的研究也成为后来汉学家研究的重要内容。例如，1922年出版的传教士司德敷（Milton T. Stauffer）所著的《中华归主》（*The Christian Occupation of China*）③，包含了早期美国传教士在广东、江苏、浙江、福建等地的活动内容和状况，是早期美国传教士在中国的活动历史的汇总与讨论。1985年，费正清与巴奈特（Suzanne W. Barnett）共同编写了论文集《基督教在中国：早期新教传教士著作》（*Christianity in China: Early Protestant Missionary Writings*）④，对早期美国来华传教士的思想、活动范围、研究内容等进行了探讨考证；同时费正清主编的另一著作《在中国和美国的传教事业》（*The Missionary Enterprise in china and America*）⑤，同样对美国传教士在中国的传教问题进行了研究。

美国的汉学研究涉及中国文化的多个方面，但关于中国的习俗仪式、经典典籍和社会生活的研究成为后来专业汉学研究的主要内容。如德克·卜德教授（Derk Bodde，1909–2003）的《古代中国节日：汉代新年及其他节日》（*Festivals in classical China: New Year and other annual observances during the Han dynasty 206 B.C.-A.D. 220*）一书⑥，是在考证了中国近代节日，特

---

① 仇华飞：《论美国早期汉学》，载《史学月刊》，2000年第1期，第93–103页。

② 田耀、魏文静：《论早期美国来华传教士的汉学研究》，载《沧桑》，2014年第2期，第69–71页。

③ Milton T. Stauffer, *The Christian Occupation of China*. Shanghai: China Continuation Committee, 1922.

④ Suzanne W. Barnett and John K. Fairbank, *Christianity in China: Early Protestant Missionary Writings*, Cambridge,Mass.: Harvard University Press, 1985.

⑤ K. Fairbank, *The Missionary Enterprise in China and America*. Cambridge: Harvard University Press, 1974.

⑥ Derk Bodde, *Festivals in classical China: New Year and other annual observances during the Han dynasty 206 B.C.-A.D. 220*. Princeton: Princeton University Press, 1975.

别是北京年节的基础上，对中国上古时期传统节日起源与习俗进行的综合论述。此著是目前外国学者撰写的第一部，也是唯一一部比较完整而全面地介绍上古节日的著述，用二十章的篇幅详细阐述了上古时期所有的节庆与仪式，为中英文读者研究、了解中国汉代节日习俗提供了宝贵借鉴。明恩溥的《中国人的特质》（*Chinese Characteristics*）一书从社会学的角度对中国的社会文化和特征进行了阐释，引导了 20 世纪初美国汉学研究的主要趋势和方向。前期关于中国民俗和社会生活的考证研究为后来美国汉学的研究转向奠定了基础。二战之后，许多学者开始尝试从民俗学、人类学等角度入手研究中国文化，这种尝试不但开拓了新的研究视野，使传统研究中易被忽略的资料得以发现和珍视，而且有助于人们更全面理解中国文化。①

（二）影响了美国对中国想象的建构

自美国建立至18世纪中期，“幸福”“自由”“理性”“正义”和“智慧”成为美国人想象中的中国特质。毫无疑问，这种认识在相当程度上是失实的，但这并不妨碍中国形象在美国国家身份建构中的作用。美国人根据道听途说获得的关于中国的知识，再加上他们一厢情愿的比附和想象，构建了一个乌托邦式的中国形象。② 然而自 18 世纪末期开始，随着物质文明的进步，美国与中国贸易文化往来的增多，美国对中国的想象发生了转折性的变化，美国认为中国是其对立面，是落后的一端。之所以会发生这种巨大的印象翻转，除经济发展、贸易往来增多的因素之外，美国大量传教士进入中国，传教活动的兴起亦为重要原因。

在美国传教士到达中国之前，其对中国的印象主要来源于欧洲传教士和启蒙思想家，但当他们踏上中国国土，亲身感受到中国社会和实际的民众生活的时候，感觉现实状况与之前印象大相径庭，认为中国与自由、进步、理性的美国恰好相反，中国开始被他们视为低端的代表。因此美国早期传教士关于中国的著述，主要强调了中国与美国的不同，中国的愚昧落后与亟须改变。如《中国丛报》在第十卷第 2 期对中国当时的婚俗进行了记录

① 解玉峰：《民俗学对中国戏剧研究的意义与局限——兼答田仲一成先生》，载《学术研究》，2007 年第 9 期，第 141–145 页。

② 王立新：《在龙的映衬下：对中国的想象与美国国家身份的建构》，载《中国社会科学》，2008 年第 3 期，第 156–173 页。

和评价，认为当时中国的包办婚姻就是一场交易，男女双方没有自由选择的权利，是极其落后的一种表现。明恩溥对中国乡村祈雨现象进行了记录，认为很多祈雨的做法古怪而又愚昧。如其指出“在山东省，有着多种多样真实和想象的存在物为农夫们所崇拜，以满足他们对降雨的需要”，“一个村庄向另一个村庄借神来求雨”①都是古怪的现象。

总之，早期传教士对中国民众生活习俗、节庆礼仪、性格特征等内容的记述，一方面，因其阐述时的立场偏见及观点偏颇影响了美国人对中国的认识；另一方面，传教士对民众民俗生活的诸多记载和描述也激起了美国人了解中国人及生活的兴趣，这在一定程度上促进了中国民俗文化在西方的传播，促进了东学西传。美国传教士将中国文化、风土习俗写成英文著述，或将中国传统的故事、传说翻译成英文，促进了中国民间文学在西方的传播。民俗的东西虽中西有异，但作为民众生活的一部分，会在很大程度上让西方人产生一定的共情性，更易于理解东方文化。

三、早期美国传教士的中国民俗研究与中国现代民俗学

早期美国传教士的中国民俗记录和研究不仅对美国汉学研究具有重要意义，同时与中国现代民俗学的形成也有密切关联。从学科划分的角度着眼，欧洲的传统汉学研究属于人文社会科学范畴，而美国的早期汉学研究已经超出了人文科学范畴，带有社会科学研究的特点。②因此，早期美国传教士的著述、研究在某种程度上对中国现代民俗学学科的形成亦应具有一定影响，接下来本文将对此问题展开讨论。

（一）美国早期传教士的中国民俗记载和研究对中国现代民俗学传统的影响

以裨治文、畏三卫、卢公明为例，其著述中记载的民俗内容与钟敬文先生编写的《民俗学概论》的体系大致相同，可谓是粗糙版的民俗学概论。钟先生的《民俗学概论》记述的内容主要包括物质生产民俗、物质生活民俗、社会组织民俗、岁时节日民俗、人生礼仪、民俗信仰、民间科学技术、民间口头文学、民间语言、民间艺术、民间游戏娱乐、外国民俗学概况等内容。

---

① [美]明恩傅：《中国乡村生活》，陈午晴等译，北京：中华书局，2006年，第131、133页。

② 李学勤：《国际汉学漫步》，石家庄：河北教育出版社，1997年，第3页。

钟先生的这本《民俗学概论》构成了当时具有建设性意义的民俗学理论体系。[①] 而裨治文、畏三卫主编的《中国丛报》亦对当时中国社会民众的生产和生活习俗、节庆礼仪、民间信仰、匠人工艺、民间语言文字、民间文学、戏曲文艺、外国民间文学和民俗等内容进行了记录阐述。卢公明的《中国人的社会生活》则更全面地记载了福建地区民众的社会生活习俗，如果说《中国人的社会生活》只是对东南福建一带的民俗予以了较多研究，明恩溥则对中国鲁西北地区民众的民俗进行了记述。明恩溥在传教之时，以英文版《字林西报》驻山东通讯员的身份，撰写发表了诸多有关山东风土民俗的文章，又先后出版了《中国人的特性》《中国乡村生活》《汉语谚语俗语集》（*Proverbs and Common Sayings from the Chinese*）等著作。除却其阐述时的偏见和错觉，明恩溥对中国的民俗生活的搜集、介绍，不但对美国和西方产生了较大影响，而且这些在西方影响巨大的有关中国观的著作“有利于促进国内近代文化史、社会史、民俗学及人类学的研究”[②]。

中国现代民俗学体系的形成受德国民俗学的影响毋庸置疑。当时发行在各地的传教士文学对中国民众生活的记述亦可谓是中国现代民俗学的较早的体例。在肯定中国现代民俗学体系与欧洲民俗研究之关联的同时，其与早期美国来华传教士的民俗研究之间的关系亦不应被忽略，值得我们进行深入探讨。

（二）早期美国传教士的中国民俗调查和呈现是研究当时民众生活的重要材料

中国各地的地方志、风俗志有很多对某地风俗习惯的记述，但对当时中国社会民众生活的诸多内容并未进行详细记载，因为这些都是人们习而不察、司空见惯的事象。但这些习以为常的内容对传教士来说却是新奇的、有吸引力的，他们对很多生活文化现象进行了相对真实的记载和描述。所以传教士对当时中国民众生活的记载俨然已成为我们现在研究中国民俗演变的重要材料。除却传教士对中国民俗生活的不恰当或者偏见性的评述，许多相对客观的情景描述和记载是我们现在了解当时民众生活的重要资料依据。譬如，笔者曾撰文对潮汕地区的“出花园”成人礼之渊源进行探究，

---

① 刘铁梁：《中国现代民俗学概论的基本思想及其影响》，载《民俗研究》，2017 年第 3 期，第 29–37 页。

② [美] 明恩溥：《中国人的特性》，匡雁鹏译，北京：光明日报出版社，1998 年，序言。

发现当地民众认为孩童的成人年龄为十五岁（个别地区为十六岁），在此之前孩童们均是在公婆神的护佑下逐渐长大成人，因此在其成人之年要举行特别的成人仪式“出花园”。即在农历七月七日，在家中或庙宇之中，长辈带领将要成年的孩童祭拜公婆神，答谢神祇在前 15 年对孩子保护的恩德，并保佑孩子自此之后一切顺利。对此仪式，卢公明在其著述《中国人的社会生活》中亦有详细记述，他称公婆神为“mother”，同时强调孩子在十六岁之前，受到这位神灵的特别护佑。[①] 卢公明的记述为现代社会“出花园”这个特殊成人礼仪式的研究提供了重要参考资料和考证依据。

此外，传教士的很多记录可与中国当时文献记载形成相互的对比、映照。如英国传教士伊莎贝拉·韦廉臣（Alexander Williamson，1829–1890）向西方人介绍的中国山东地区的葬礼时，对烟台沙河地区葬礼的整个仪式进行了详细记述，认为这是一种古老的民俗传统[②]；卫三畏在《中国总论》中介绍了中国葬礼的整个仪式及风俗习惯、风水选择等；《中国丛报》则对中国南方地区的婚礼、丧葬礼仪等进行了多次报道。传教士对中国的丧葬习俗内容尤为关注，卢公明在《中国人的社会生活》中专辟两章讲述了福建葬礼哀悼、埋葬、做法事等一系列过程。传教士对葬礼记载的主观目的是为了更好地达到宗教传播的目的，因为传教士认为“中国人的葬礼、供奉死者的灵牌或祖宗牌位、向死者上供或埋葬明器，与基督宗教的教义相悖”[③]，所以他们大量撰文批评中国的丧葬习俗。但客观上，传教士记述的上述内容一方面使得西方对中国的民俗产生了更多兴趣、有了更加深入的了解，另一方面则丰富了中国仪式习俗研究的史料。

正如《中国人的社会生活》序言所述：“作者观察记录到的许多细节在国内的方志资料中都没有记载，对于研究福州的近代史、清末的福州社会、福州各项民俗的由来和流变等具有特殊的资料价值。”[④] 所以抛开传教士对中国民俗、信仰评价的偏见，其留下的对民众生活细致的观察、翔实的记录材料已成为现代研究当时民众生活的重要材料。

---

① Justus Doolittle, *Social life of the Chinese: With Some Account of their Religious, Governmental, Educational, and Business customs and opinions*. New York: Harper and Brothers, 1865, pp. 115 & 127.

② [英]伊莎贝拉·韦廉臣：《中国古道：1881 韦廉臣夫人从烟台到北京行纪》，刘惠琴等译，北京：中华书局，2019 年。

③ 耿昇：《中法文化交流史》，昆明：云南人民出版社，2013 年，第 281 页。

④ 卢公明：《中国人的社会生活》，陈泽平译，福州：福建人民出版社，2009 年，序言第 1–2 页。

（三）美国早期传教士民俗研究对中国民间文学早期研究的意义

以《中国丛报》为例，其翻译了多则中国民间故事，如《黄婉娘百年长恨》《孝女复仇记》《三个贞妇的故事》《妈祖的故事》以及《三皇记》中记载的中国早期神话故事等，对这些故事的记载，一方面促进了中国民间文学的整理、记录与保存，另一方面因《中国丛报》在东南亚和欧美等多个国家和地区流行，其在很大程度上促进了中国民间文学的海外传播。美国卫理公会传教士何德兰（Isaac Taylor Headland，1859–1942），其著作《孺子歌图》（*Chinese Mother Goose rhymes*）[①] 收集了 150 首在北京地区流传的儿童歌谣，不但内容翻译成了英文，译者还对每首歌谣都进行了配图。其另一著作《中国的男孩与女孩》（*The Chinese boy and girl*）[②] 介绍了清末时期中国儿童生活的各个方面，如儿歌、游戏、玩具、杂耍、童话等等。何德兰编撰的这两部作品已成为研究北京民俗和儿童歌谣的珍贵资料，具有重要的参考价值。

美国传教士菲尔德（Alele Marion Fielde，1839–1916）在中国民间文学搜集整理方面亦具有重要成就，她的《中国童话集》（*Chinese Fairy Tales: Forty Stories Told by Almond-Eyed Folk*，又译作《中国夜谭》）[③] 主要记载了其在中国潮汕地区以田野调研的方式采集到的四十则民间故事，这些故事多以当地民众口述为主，很多在现在的中文文献中也难觅其踪。因此，有学者认为菲尔德“有着清晰的民俗学学科意识和方法论自觉”[④]。因为大多数传教士都是把民间文学搜集、整理、翻译作为传教的重要辅助，和美国传教士同时代的英、法、德等国传教士的民间文学搜集工作，有许多早于“歌谣运动”，他们的工作为中国现代民间文学的早期研究奠定了基础。[⑤] 此外，传教士对中国民间故事、传说以及谚语习语的记录、翻译、呈现，实际上是中国民间文学向西方传播的重要渠道。纵然传教士对那些

---

① *Chinese Mother Goose Rhymes*, translated and illustrated by Isaac Taylor Headland. New York: Fleming H. Revell Company, 1900.

② Isaac Taylor Headland, *The Chinese boy and girl*. New York: Fleming H. Revell Company, 1901.

③ Alele Marion Fielde, *Chinese Nights' Entertainment: Forty Stories Told by Almond–Eyed Folk Actors in the Romance of the Strayed Arrow*. New York and London: G.P. Putnam's Songs, Knickerbocker Press, 1893.

④ 张志娟：《西方现代中国民俗研究史论纲》，载《民俗研究》，2017 年第 2 期，第 32–41 页。

⑤ 张多：《美国学者搜集整理、翻译中国民间文学的学术史和方法论》，载《文化遗产》，2019 年第 2 期，第 113–122 页。

丰富多彩的事象有其个人的负面评价，但中国民间文学的西传也在一定程度上引起了美国人对中国文化研究的兴趣。

（四）美国早期传教士对中国民俗的偏见与负面评价

早期美国传教士对民众生活细致的观察、翔实的记录与呈现对中国现代民俗学的形成具有一定意义，同时成为当代研究当时民众生活的重要材料。但传教士因其诸多局限性，对中国民俗、信仰评价的偏见以及对中国丰富多彩的事象有许多心胸狭窄、目光短浅的评头论足及贬低。在早期传教士撰写的著作中，中国被作为反衬欧美自画像的底色，底色越暗淡，画面越鲜明。毫无疑问，传教士建构的中国形象更多反映的是 19 世纪西方教会的文化心理、动机和抱负以及教区会众的心理需要，而不完全是中国社会的现实。中国在相当程度上被扭曲、被“他者化”[①]。这种扭曲对于西方人了解真实的中国社会、了解真实的中国民众生活以及学者对中国民俗事象研究的开展都具有一定负面影响。

19 世纪来华美国传教士在记述中国社会事象和建构中国形象的文化观照时，对中国的“异教”形象进行了着力突出，在其作品中极力展现了中国社会落后、愚昧、迷信和偶像崇拜的现象。以明恩溥为例，其对中国文化、社会和人的介绍成为西方人了解中国的重要参考资料。但明恩溥的很多表述则是夸张而脱离实际，这种夸张的描述被作为汉学研究的材料时，在一定程度上缺少客观性，对学术研究造成了一种“客观性伤害”。

传教士作为西方思维精神和文化理念的异族人士，大都无法摆脱一种狭隘的、带着民族情绪的西方宗教和文化中心主义的局限性。传教士著述和言论中包含的负面宣扬中国知识信息的内容需被认识到，且这些内容也有相当之分量，对于今日中国学者的研究和再现晚清中国社会实况不无裨益。当然，并非所有传教士都在进行负面的报道，他们当中也不乏对中国相对正面、客观的记述，但这种正面与客观则是建立在基督教文明至高无上的观念框架下。但从总体上讲，19 世纪的美国传教士也未过于“妖魔化”“丑化”“矮化”中国，曾尝试在中美之间产生一种基于人性的理解。

① 吴巍巍：《19 世纪美国传教士中国观建构之文化心态论析》，载《世界宗教研究》，2016 年第 2 期。

四、结语

19 世纪 30 年代，美国第一批传教士带着“把中国人的特征状况、风俗、习惯及其所受自己宗教影响等内容向公理会汇报”的任务来到中国。为了完成任务、克服传教困难，早期来华传教士深入中国民众当中学习汉语，并对中国民众的日常习俗、节庆生活仪式等予以了特殊关注。这种关注和相关探究对美国的汉学研究具有重要意义，一方面为汉学研究提供了丰富素材，另一方面也影响了美国人对中国想象的建构。

19 世纪之前，美国对中国的认识主要经由欧洲传教士及启蒙思想家等人，但当第一批美国传教士到达中国，将其所闻所感以他们自己的认知传达回美国之后，美国人心中的中国形象随之发生了巨大变化。除却对中国民众生活习俗的偏见性评价和不当阐释，早期美国来华传教士对中国民俗的关注、记载和呈现对中国现代民俗学传统的形成，中国早期民间文学的发展亦有一定影响，也是我们现在研究当时民众生活的重要资料。

早期美国来华传教士的民俗记述不但引起了美国研究中国的广泛的兴趣，直接或间接地对中国民俗学研究产生了一定影响，同时也促进了中美之间的文化交流，推动了中国民俗文化的海外传播。我们现在大力倡议中国文化走出去，其中传统典籍外译为推动文化走出去的重要渠道之一。一个国家的文化是这个国家或民族所独有的特征，中国文化既有传统价值表现力强的文化，比如儒家文化，也有蕴含于民众生活中的文化，如民俗文化。因民俗文化更加丰富多彩具有多样，又因其与民众生活息息相关，同时亦体现了中国传统价值观念，因此在强调“文化走出去”的过程中我们应该对生活文化、民俗文化予以一定关注，切实推动中国文化走出去。

内迁与救亡

——抗战时期中华基督教青年会的内地转向与服务救济工作①

陈　波②

内容提要：中华基督教青年会清末由北美输入后，积极主动地参与社会服务与救济，与中国社会关系紧密。全面抗战爆发后，中国大片国土沦陷，青年会遭受巨大财产、人员、组织损失，一度停止工作。受青年会自身发展战略和现实工作需要，加上国民政府号召，青年会决定前往西南、西北地区建立新组织。贵阳、桂林和兰州等地组织的建立正是青年会转向内地，开辟战时服务工作的结果。新的青年会组织成立后，积极开展救济工作和军人服务工作，为支援中国抗战贡献了自己的力量。与此同时，青年会也和中国共产党进行了积极的接触，并开展了一定程度的合作，同中国共产党较为良好的关系，为新中国成立之后青年会组织的存续奠定了基础。

关键词：抗战，中华基督教青年会，社会救济，中国共产党

Internal Migration and National Salvation: the Inland Turn and Service and Relief Work of the Chinese YMCA during the Anti-Japanese War

CHEN Bo

Abstract: After being imported from North America in the late Qing Dynasty, the Chinese YMCA actively participated in social services and relief, and had a close relationship with Chinese society. After the outbreak of the

---

① 本文为国家社科基金抗日战争研究专项工程项目“国外有关中国抗日战争史料整理与研究之三：哈佛燕京图书馆藏费吴生档案”（16KZD019）的阶段性成果。

② 陈波，南京大学中华民国史研究中心博士研究生，主要研究方向为中外关系史。

all-round war of resistance against Japan, a large area of China fell, and the YMCA in the enemy occupied areas suffered huge losses in property, personnel and organization, and once stopped working. Influenced by its own long-term development strategies, practical work needs, and the call of the National Government, the YMCA decided to go to the southwest and northwest of China to establish new organizations. The establishment of organizations in Guiyang, Guilin and Lanzhou was the result of the YMCA turning to the inland and opening up wartime service work. After the establishment of the new YMCA organizations, they actively carried out relief work and military service, and contributed their own strength to supporting China's Anti-Japanese War. At the same time, the YMCA also had positive contact with the Communist Party of China, carried out a certain degree of cooperation, and had a good relationship with the Communist Party of China, which laid a foundation for the survival of the YMCA after the founding of the PRC.

Key Words: Anti-Japanese War, Chinese YMCA, social relief, Communist Party of China

基督教青年会（Young Men's Christian Association）系全球性宗教社会服务团体，1844 年在英国伦敦成立，旨在坚定青年宗教信仰，推动社会服务。不久传入北美，迅速发展壮大。1854 年，美国和加拿大联合成立“基督教青年会北美协会”（The Young Men's Christian Association of the United States and Canada）。[①]1895 年，北美协会在中国建立中华基督教青年会（以下简称“青年会”），以“非以役人，乃役于人”为会训，突出社会服务精神，除了“德、智、体、群”四育工作外，还投入大量时间、精力从事社会服务、救济工作。据 1922 年报告书称，青年会在中国多个城市举行卫生运动、民众教育、道德运动，如种痘、救护、播放教育影片、开展道德教育等。[②] 国民党建立政权后，对基督教采取温和态度，青年会密切参与政府领导的各种社会建设工作，如南京青年会曾在南京殷行镇霞曙村试办

① Some Significant Events in a Century of Y.M.C.A. Service With Youth, Papers of George A. Fitch and Geraldine T. Fitch, Harvard-Yenching Library, Harvard University, Box37, File6.

② 梁小初：《中国基督教青年会五十年简史》，中华基督教青年会全国协会：《中华基督教青年会五十周年纪念册》，内部出版，1935 年，第 98 页。

农村改进社。[①]由于青年会积极主动地参与社会服务与救济，其本土化、世俗化色彩逐渐加深，社会各界大都视之为社会活动团体，而非宗教组织。

随着青年会的发展，其组织机构也趋于健全。全国性的领导机构称为“中华基督教青年会全国协会”（以下简称“全国协会”）。各主要城市一般都设有市会，如上海中华基督教青年会。全国协会和各市会的负责人称为总干事。为了协调某一区域内青年会工作，还设有区域干事，如华东地区区域干事等。余日章、梁小初曾先后担任全国协会总干事。[②]

目前国内外关于青年会的研究成果颇为丰富，主要集中在全面抗战爆发前。多围绕重要城市青年会的个案研究展开，旨在探讨青年会本土化发展的趋势。战时青年会的研究相对较少，仅涉及战争初期学生救济、难民救济、军人服务团等问题。[③]全面抗战爆发后，大片国土迅速沦丧，青年会无法正常工作，前往西南、西北地区建立新的组织，并开展一系列社会服务、救济活动，支援了中国抗战。此外，青年会还积极同中国共产党进行接触，保持密切联系，这种友好关系为建国后青年会的存续奠定了一定的基础。这些问题都没有得到足够的关注，导致战时青年会的研究仍有缺憾。本文试图结合海内外已刊和未刊资料，从抗战时期青年会组织恢复、发展和支援抗战入手，探讨战时青年会的不同面相。

一、内地转向：抗战爆发与青年会组织的内迁

全面抗战爆发后，华北、华东大片国土迅速沦丧，西南和西北地区的战略价值凸显出来。为增强持久抗战力量，国民政府迁都重庆，同时制定大后方开发计划，战时西南、西北地区的开发为抗战胜利发挥了重要作用，青年会大后方迁移也伴随着这一过程展开。对于青年会开辟西南和西北地

① 《南京 YMCA 百年历程》，http://www.njymca-ywca.org/about.php?cid=13，2021 年 9 月 19 日。

② 陈肃等：《美国明尼苏达大学图书馆藏基督教男青年会档案：中国年度报告（1896–1949）》（第 1 册），桂林：广西师范大学出版社，2012 年，第 136 页。

③ 李陵：《长沙基督教青年会抗战时期的难民救济工作》，载《船山学刊》，2005 年第 3 期；赵晓阳：《抗日战争时期中国基督教青年会军人服务部研究》，载《抗日战争研究》，2011 年第 2 期；冯翠、姜良芹：《亲历、书写、传播：费吴生与南京大屠杀研究》，载《民国档案》，2019 年第 3 期；Jun Xing, *Baptized in the Fire of Revolution, The American Social Gospel and the YMCA in China: 1919-1937*, Plainsboro: Associated University Press,1996; Shirley S. Garrett, *Social Reformers in Urban China, The Chinese Y.M.C.A., 1895-1926*, Boston: Harvard University Press, 1970. 这些成果对于战时社会救济和军人服务工作有所涉及，但是对于战时青年会新成立的组织考察不多，对于青年会和中国共产党的关系更鲜有探讨。

区的工作，过往学术界尚未充分关注。那么，青年会此时在西南和西北加强组织建设，究竟是迫于形势做出的被动选择？还是迎合国民政府的战略主动做出的决定？抑或兼而有之？笔者以为主要有以下几点原因：

首先，在中国的战略城市①建立青年会组织，一直是北美协会在华工作的指导原则。1934 年，青年会召开全国大会，曾通过十年规划，指出“基督教青年会运动不仅要在首都以及各省会、商业和工业城市、高教中心、重要的铁路枢纽和条约口岸建立基督教青年会组织，还要将自己的工作延伸到一些次要城市。”②北美协会先后在天津、北平、上海、南京等重要的政治、商业和教育中心建立起了青年会组织。截至全面抗战爆发前，除了西南和西北少数省份（新疆、青海、甘肃、西康、西藏、贵州、广西）省会城市尚未建立组织之外，青年会组织已基本遍布全国省会城市。因此前往西南、西北地区建立新的组织，开辟新的工作，完全符合青年会工作宗旨，是题中应有之义。

其次，战事的爆发给青年会财产和人员造成巨大影响。据粗略估计，截至1939年3月，由于日本侵略给青年会造成的财产损失达37.87万元法币，而重置成本则高达70万元法币。③此外，作为青年会最重要的活动场所——青年会大楼受到严重破坏，使得青年会日常工作无法展开。就这一点而言，前往西南、西北地区新建立新组织，事实上也是一种被动选择。青年会大楼的正式称呼是“会所”，是青年会最重要的活动空间，平时的德育、智育、体育、群育和社交等活动都在这里举行。北美协会干事骆维廉（William Lockwood）曾指出：“青年会的政策是，将影响力集中在会所里——使青年会会所成为一个为青年提供最好的培育中心，包括教育、社交和宗教。”

会所除了日常功用之外，还适应中国形势需要，开展一系列宣传、动员工作。会所内部活动形式多样，参与活动人员早已不限于青年会会员。各个城市的图书馆、游泳馆、电影院等设施往往都是会所最先引入，受到

① “战略城市”(Strategic Cities) 这一说法来自于曾任青年会全国协会总干事的巴乐满 (Fletcher S. Brockman)。他认为“战略城市”应该是重要的政治、教育和商业中心，并且可以得到那里的基督教领袖和世俗领袖的支持。

② Sino-American Cooperation in YMCA Work, Papers of George A. Fitch and Geraldine T. Fitch, Harvard-Yenching Library, Harvard University, Box37,Flie4.

③ Maintenance of Associations in Occupied Areas, Papers of George A. Fitch and Geraldine T. Fitch, Harvard-Yenching Library, Harvard University, Box37,File4.

广大市民的欢迎。同时，会所中部分场地还租赁给其他机构使用如红十字会等。全面抗战爆发后，会所或被日军征用，或被破坏，严重影响了青年会的日常工作。截至 1939 年初，中华基督教青年会所拥有的 33 个城市协会会所，有接近一半遭受不同程度的破坏。

随着大片国土沦陷，青年会人员流失很大，各地组织陷入停滞。20 世纪 20 年代初，青年会共有外籍干事 100 余人，其后随着青年会本土化程度加深，部分外籍干事离华，加之美国经济大萧条影响，北美协会无力支付大量外籍干事薪水，外籍干事数量由 104 名减少到 25 名。[①] 全面抗战爆发后，外籍干事数量进一步减少，截至 1939 年 3 月，在华工作的外籍干事仅剩 9 人，其中 1 人已退休，另外 3 人或在美国休假，或刚结束休假，实际工作者不过 5 人，且这 5 人尚在沦陷区，由于此时日美仍未宣战，这些干事的美籍身份使得他们仍然能够在沦陷区保护财产。不难看出，由于日本的侵略，在华北美干事人数进一步减少，有些人还无法工作，核心人员的短缺，必然会影响青年会的工作。

最后，前往西南、西北地区建立新的组织，很大程度上也和战时中国实际需求，以及国民政府的要求密不可分。如前所述，青年会除开展“四育”活动，还会根据中国的需要提供各种形式的紧急服务。全面抗战导致中国出现大量难民和流亡学生，都需要及时救济，在前线作战的士兵也急需各种服务。虽然国民政府也有相关的救济政策，如教育部制定了专门针对困难学生的救济办法，但主要是针对国立大学学生，非公立大学和中学生的救济则明显不足，青年会则投身于非公立大学和中学生救济，试图弥补国民政府学生救济的不足。[②]

在军人服务方面，基督教青年会早有军人服务工作传统。早在美国南北内战期间，美国青年会就曾开展军人服务工作。[③] 并奠定了战时服务工作的基调：支持和滋养饱受战争之苦的士兵和平民。[④] 基督教青年会输入中国后，曾在“一战”期间为赴法中国劳工提供军人服务工作，华工在忙碌工作之余，可以享受青年会工作人员带来的短暂放松，如电影、音乐会等，

---

① George A. Fitch, *My Eighty Years In China*, Taipei: Mei Ya Publications, 1967, p.84.

② 《青年协会第三十三次播音》，中国第二历史档案馆藏，私立金陵大学档案，全宗号：649/445。

③ Jeffery C. Copeland, Yan Xu, *The YMCA at War, Collaboration and Conflict during the World Wars*, Lanham: Lexington Books, 2018, p.2.

④ Ibid.

青年会亦为他们提供了生活上的便利，如杂货店、浴室等。福音更是给这些远在异国的华工提供了巨大的精神依托。① 相比之下，国民政府在军人服务工作上的经验较为缺乏，加上军人服务的对象比较特殊，他们或为在前线打仗的士兵，或为后方的受伤士兵，和普通人相比更需要精神慰藉，青年会的基督精神恰能起到积极的作用。因此，国民政府军委会战地服务团时常向青年会军人服务部请教军人服务工作经验。②

有鉴于此，国民政府对青年会提出了具体要求，希望它能援助中国的抗战。蒋介石还专门致信青年会全国代表大会。③ 时任行政院长和财政部长孔祥熙曾是资深青年会干事，也多次以行政院或个人名义给予青年会以各种资助。④ 青年会前往西南、西北地区开展工作，进行社会服务与救济，恰好满足了国民政府坚持抗战的需求。

二、继往开来：青年会在大后方的开辟与接触

如前所述，在西南和西北省份开辟新的工作，是青年会的既定工作目标。早在 1936 年夏，全国协会在浙江天目山召开了全国总干事会议，针对当时形势，决定今后工作需要注重三点：“（一）前此已成立之青年会，因种种之影响而停顿者，由其他各友会协助恢复；（二）为适应侨胞之需要及请求，推广设会范围于南洋各埠；（三）各省省会未曾设会者，派人筹设”。⑤ 此时，西南、西北地区仅有成都、重庆、昆明、西安建立了青年会组织，新疆、青海、甘肃、西康、西藏、贵州、广西均未打开局面，考虑到工作难度，尚未设立青年会组织的省会城市贵阳、桂林和兰州成为青年会优先开展的工作重点。⑥

---

① 梁珊：《基督教青年会与一战法国华工关系初探》，载《沧桑》，2012 年第 2 期。

② 《全国青年会军人服务工作报告（第二号）——京沪线上之军人服务工作》，上海市档案馆藏，档案号：U120-0-362。

③ Generalissimo Expresses Nation’s Appreciation In Message To Y.M.C.A. Conference, Papers of George A. Fitch and Geraldine T. Fitch, Harvard-Yenching Library, Harvard University, Box37, File4.

④ 《青年协会第三十四次播音》，中国第二历史档案馆藏，私立金陵大学档案，全宗号：649/445。

⑤ 沈志中：《滋长中的桂林青年会》，载《同工》，1939 年第 185 期，第 36 页。

⑥ 本文主要研究战时新开辟的青年会组织，即贵阳、桂林和兰州青年会的相关情况，战前已经成立的西北和西南地区其他青年会组织，如西安、成都等地青年会，其工作性质与新开辟青年会有所不同，将另文探讨。

（一）创建贵阳、桂林、兰州青年会组织

1938年春，全国协会先后向西南和西北地区派出代表团进行前期考察。全国协会总干事梁小初和市会组主任尚爱物（E. H. Munson）组成代表团前往西南地区进行考察，在进行了为期一个月的考察后，全国协会决定在桂林和贵阳分别组建临时委员会。同时，全国协会也收到保定和兰州请求设立临时委员会的报告。全国协会派遣由梁小初、江文汉和费吴生三人组成代表团考察这两座城市，并顺便探询向延安派遣代表团的可行性。①

青年会首先选择在西南的贵阳、桂林建立基督教青年会组织，一方面因为这两座城市是西南地区除拉萨、康定之外，还未设立青年会组织的省会城市；另一方面是由于大批难民和流亡学生急需救助。② 除学生外，大批社会团体亦纷纷涌向贵阳。③ 因而在这些地方尽快建立青年会组织，实施救济，显得刻不容缓。

1938年5月，青年会总干事梁小初在贵阳召开会议，评估前期调查结果，并制定未来发展计划。青年会的到来，受到当地官员的欢迎，时任贵州省卫戍司令王家烈将贵阳市中心的两亩多土地转让给青年会，供其兴建会所。同时，大约60名贵阳当地政府官员和地方代表积极组织起来，为贵阳会所的建设积极募捐。④ 如此一来，青年会拥有了建设会所的土地和启动资金，为贵阳青年会工作的开展奠定了物质基础。

除全国协会外，各地方协会负责人在贵阳青年会的成立过程中也起到积极作用。事实上，在开辟新的工作区域时从其他地区借调有经验的干事来新区域主持工作，是青年会的惯例。⑤ 全国协会借调原沈阳青年会总干事史上达担任贵阳青年会总干事，史上达于1938年到达贵阳以后，直接负责贵阳青年会成立的相关事宜。⑥ 北美协会干事安汝智（Roger David Arnold）当时担任青年会云贵地区区域干事，在贵阳青年会的成立过程中

---

① The "Y" Answers The Call, Papers of George A. Fitch and Geraldine T. Fitch, Harvard-Yenching Library, Harvard University, Box37, File4.

② Ibid.

③ 《贵阳青年会成立》，载《上海青年》，1938年第38卷第21期，第8页。

④ The "Y" Answers The Call, Papers of George A. Fitch and Geraldine T. Fitch, Harvard-Yenching Library, Harvard University, Box37, File4.

⑤ 《中华基督教青年会年鉴（1935年）》，上海：青年协会书局，1935年，第26页。

⑥ 林建曾等：《世界三大宗教在云贵川地区传播史》，北京：中国文史出版社，2002年，第746页。

起到积极作用。1938 年 9 月，他返回昆明后，于 11 月和次年 2 月两次到达贵阳。在安汝智的直接领导下，贵阳青年会于 1939 年 3 月开展了第一次会员招募和财政募捐活动。① 此外，原南京青年会副总干事费吴生也为贵阳青年会筹集经费而多方奔走。②

在经过近一年的准备，贵阳青年会在 1939 年 9 月 16 日晚召开同宗会员大会，选举沈克非、欧元怀、黄奎元、吴怀廉等为董事，并通过会章，并函请备案，定于 11 月间开正式成立大会。③ 同宗会员大会的召开，初步确立起贵阳青年会的董事会以及相关章程，为贵阳青年会的正式成立奠定了组织基础。

桂林青年会于 1938 年 8 月成立，全国协会除派梁小初等人考察外，还派史上达和学生干事王同前往协助办理成立事宜，8 月 1 日正式成立桂林青年会筹备处。④ 桂林青年会成立之后，原福州青年会总干事沈志中被借调到桂林担任总干事，之后由梁传琴接任。与贵阳青年会不同，桂林青年会在筹备过程中始终缺乏物质基础，故而一直迟迟未能建立起自己的会所。桂林青年会长期租用场地办公，直至 1943 年，在美国空军的帮助下，终于建立了属于自己的会所。桂林青年会与美驻华第十四航空队订立合同，在功德林附近的空地上建筑会所，由美国航空队出资 200 万元，桂林青年会出资 70 万元。房屋三分之二由航空队使用，在战争结束 6 个月后全部收回，供桂林青年会使用。⑤ 自此，桂林青年会有了自己的会所，有利于桂林青年会进一步开展会务。

鉴于新疆深处内陆，交通不便，青年会在西北地区的开辟工作率先在兰州开始。兰州自古以来就是西北交通要地，战略地位重要，抗战爆发后，兰州接纳了大批内迁工厂和难民，重要性更加突出。在建立兰州青年会之前，梁小初、江文汉、费吴生应在兰州基督徒之邀，一同前往兰州考察，拜访了当地官员、中国内地会代表以及当地基督徒，决定由原南京青年会总干

---

① Issued Occasionally as a Supplement to Tung Kung, Open Forum in Chinese of the City Y.M.C.A’s of China, Papers of George A. Fitch and Geraldine T. Fitch, Harvard-Yenching Library, Box37,File4.

② George A. Fitch, *My Eighty Years In China*, Taipei: Mei Ya Publications, 1967, p.126.

③ 《贵阳青年会正式成立》，载《同工》，1939 年第 183 期，第 37 页。

④ 沈志中：《滋长中的桂林青年会》，载《同工》，1939 年第 185 期，第 36 页。

⑤ 《青年会新会所日内动工》，载《大公报》（桂林），1943 年 7 月 16 日。

事史襄哉担任首任兰州青年会总干事。[1]1939 年 8 月，兰州青年会召开首次董事会议，并举行聚餐，即席推定第八战区司令长官朱绍良为名誉会长，西北科学教育馆馆长梅贻宝为会长。由于经费紧张，兰州青年会也未能建立自己的会所，一直都是租用场地。1939 年到 1944 年，兰州青年会租用学院街一私宅为临时会所，租期满后，考虑到原租地场地过于狭小，改租西北公路运输局兰州招待所房屋为临时会所，直到 1949 年 4 月方始建成自己的会所，[2] 其经费之窘迫由此可见一斑。

需要说明的是，此一时期新成立青年会组织的不仅有贵阳、桂林和兰州等省会城市，还有宝鸡、衡阳、沅陵，[3] 但这些城市的青年会组织具有相当大的临时性，在完成特定任务后就被撤销，影响力及重要性不及省会城市。

（二）青年会代表团访问延安

青年会很多成员在不同时期同中国共产党有着广泛的联系，他们或认为共产党员是进步分子，或赞同中国共产党的抗战主张，或摒弃狭隘的党派观念，为中国共产党的秘密活动提供庇护、支持，保持着密切联系。如 1920 年初哈尔滨青年会总干事苏子元同情革命，哈尔滨青年会为中国共产党提供秘密活动基地，以便开展反帝爱国运动。[4] 有些基督教青年会人员甚至直接加入中国共产党，成为秘密党员，开展地下工作。原奉天基督教青年会总干事阎宝航就是典型。入党之前，阎宝航就十分认同中国共产党的抗日主张，经常利用奉天青年会开展各种反日宣传，“九一八事变”后，他利用青年会的关系多次到南京、上海等地活动，宣传东北义勇军和民众抵抗日本侵略。[5] 西安事变后，张学良长期被软禁，更加引起了阎宝航不满，加上中国共产党的统战工作，在周恩来介绍下，阎宝航加入中国共产党。

---

① George A. Fitch, *My Eighty Years In China*, Taipei: Mei Ya Publications, 1967, p.51.

② 张成之：《兰州基督教青年会始末》，载《甘肃文史资料选辑》（第 31 辑），兰州：甘肃人民出版社 ,1990 年，第 151 页。

③ General Secretary's Occasional Letter NO. 13, Papers of George A. Fitch and Geraldine T. Fitch, Harvard-Yenching Library, Box37,File4.

④ 李朋、高龙彬：《哈尔滨基督教青年会的革命本土化概述》，载《黑龙江民族丛刊》，2011 年第 5 期，第 179 页。

⑤ 王连捷：《英雄无名：阎宝航》，北京：中共党史出版社，2018 年，第 112 页。

阎宝航的事迹只是青年会和中国共产党关系的一个缩影，类似的关系也还有很多，如 1923 年，哈尔滨地下党组织派李铁军进入哈尔滨青年会任干事，通过平民夜校的方式宣传革命思想，李铁军的做法得到哈尔滨青年会苏子元等人的支持。[①]

抗战期间，青年会与中国共产党关系史上一个重大事件是青年会代表团访问延安。在青年会看来，延安虽然不是西北地区大城市，也非省会城市，但毕竟是陕甘宁边区首府所在，具有重要战略意义。为此，梁小初、江文汉、费吴生组成三人代表团，对延安进行了实地考察。1939 年 6 月，代表团到达西安，在周恩来、博古和林伯渠的陪同下前往延安。[②] 到达延安之后，代表团受到边区政府热情招待。随后，代表团参访了抗大（全称“中国人民抗日军事政治大学”）、妇女学院，以及延安青年组织相关机构，了解延安的青年工作情况，因为青年工作一直都是青年会工作的重中之重。最后，代表团受到毛泽东的接待，整个过程持续约两个小时。会谈期间，毛泽东表达了对中国抗战胜利的信心，并认为妨碍中国胜利最大的危险是内部不和。[③]

江文汉的回忆文章也提供了佐证，毛泽东认为“只要信教的人在政治上不反对政府，信仰各种宗教都是允许的”。至于青年会在延安建立组织的问题，“毛主席表示欢迎我们派人到延安设立青年会服务处，而且将从各方面予以协助。”可是，后来由于国民党当局的反对，该计划未能实现。[④]

中国共产党虽然坚持唯物主义和无神论，但对于青年会在延安建立组织持欢迎态度，认为基督徒虽然不能加入共产党，但他们仍然是可以团结起来共同抗日的对象。早在 1937 年 10 月，中共中央书记处就发出过指示，要求各地党员放手参加各类抗日救亡组织，“应该利用一切可能与机会，坚持发扬民权改善民生以动员群众的方针，独立自主的组织各种群众救亡团体，发展多方面的救亡运动”，在任何时候都“决不放弃动员群众，组织群众与教育群众的完全自由”[⑤]。而青年会从事的社会服务、救济工作，

① 李朋、高龙彬：《哈尔滨基督教青年会的革命本土化概述》，第 181 页。

② George A. Fitch, *My Eighty Years In China*,Taipei: Mei Ya Publications, p.144.

③ 《1939 年江文汉延安访问记》，载《档案与史学》，1998 年第 4 期，第 11 页。

④ 江文汉：《回忆延安之行》，载《天风》，2008 年第 13 期，第 12 页。

⑤ 《中央关于开展全国救亡运动的指示草案》（1937 年 10 月 7 日），中央档案馆编：《中共中央文件选集》（第 11 册），北京：中共中央党校出版社，1991 年，第 371 页。

正是为了支援中国抗战，自然成为中国共产党需要团结的对象。

对于青年会而言，此次代表团延安之行是北美协会授意下进行的，一方面和青年会所宣称的打破党派之见、为全人类服务的信仰有关，另一方面，中国共产党坚持抗日，和青年会的主张一致，所以青年会才会作出尝试。虽然由于国民党的反对，青年会最终没能在延安建立组织，但是青年会在整个中国革命过程中对中国共产党持同情态度，这一立场具有积极影响。新中国成立后，青年会存活下来，这与其在革命年代和中国共产党的特殊关系是分不开的。更为深层次的原因在于双方在诸多理念上的相似性，青年会社会改造的目标与中共的革命理想有着契合之处，因此青年会在革命年代能与中国共产党保持良好关系，中国共产党也通过青年会做了很多工作。

三、救济与服务：青年会组织的主要活动

作为战时新成立的组织，贵阳、桂林和兰州青年会一经成立，便开展了一系列救济和服务工作，主要包括学生救济和军人服务等工作。

青年会全国学生救济委员（以下简称“学生救济委员会”）负责战时学生救济工作，江文汉任执行干事，在中国内地很多城市包括贵阳、桂林和兰州都设立分会。

学生救济委员会根据需求将全国城市分为三类，第一类是传统意义上的教育中心，如南京、北平、天津，这些城市早早被日军占领，学生已部分或全部疏散；第二类是大批流亡学生涌入的城市，比如长沙、武汉等，随着战争形势发展，这些地方的学生需要再次转移，因而属于过渡性质城市；第三类是远离前线，相对安定的城市，也是学生最后的落脚点。其中贵阳、桂林和兰州都属于第三类，这里的学生救济工作重点是为困难学生提供宿舍、工作奖学金、生活补贴和贷款。①

贵阳学生救济委员会于1939年正式成立，由史上达兼任主席，主要救济方法有：

第一，为学生提供生活救济。据统计每年接受救济的困难学生有700人，总共花费法币75万元。第二，为学生提供旅费补助，主要是发放高考录取

① The “Y” Answers The Call, Papers of George A. Fitch and Geraldine T. Fitch, Harvard-Yenching Library, Harvard University, Box37, File4.

学生前往学校途中的旅费补贴，共计 3 万多法币。1945 年，贵阳学生救济委员会接受美国联合援华救济会（United China Relief）援助，设考生招待处，提供免费住宿和医疗服务。第三，为学生提供工作补贴。利用假期时间，为流亡学生安排适当工作，并发放相应补贴。第四，在学生集中的地点设立学生公社，提供精神服务。这些地点包括平越、湄潭、溶江等县，交通大学、浙江大学、广西大学等内迁高校中也有公社。① 随着战事演变，越来越多的学生辗转来到桂林。桂林青年会给予流亡学生物质、经济、住所、职业介绍和升学等援助。但是由于自身场地狭小，于是迁往广西大学旧址李子园，后得到冯玉祥捐赠款项和物资进行援助，情况有所好转。② 兰州青年会的学生救济工作基本也是围绕这几方面展开。③

青年会在中国为战争提供军人服务的经验丰富。“七七事变”甫一爆发，梁小初就致函全国市会董事部、总干事，要求他们密切注意时局变化，遇有战事，各地青年会应联合所在地相关基督教团体共同开展救济，并提出具体要求：“（一）为全国青年会军人服务工作筹募经费。（二）征集为前方所急需之救护用品（药品及绷带等）。（三）征集慰劳品（此项慰劳品须依本会军人服务部之指示却为前方军人所合用者）。（四）预先指定干事一二人准备于需要时应召赴军人服务部参加服务以资历练。”④

所谓军人服务部，全称为“中华全国基督教青年会军人服务委员会”，委员会由全国青年会重要领袖组成，包括全国协会委员、各市会董事长、总干事、各大学校会长及特约委员。⑤ 军人服务部在“七七事变”爆发后组建，由原北平基督教青年会总干事萧逢源担任主任，总部起初设在济南，工作人员主要分布在同浦铁路、陇海铁路、平汉铁路和津浦铁路沿线。受战事影响，军人服务团随着中国军队转移，总部先后搬迁到郑州、许昌、汉口，最终确立于重庆。⑥

---

① 贵阳市志编撰委员会：《贵阳市志》（宗教志），贵阳：贵州人民出版社，1996 年，第 298 页。

② 沈志中：《滋长中的桂林青年会》，载《同工》，1939 年第 185 期，第 40 页。

③ 郑开齐：《兰州基督教青年会抗日救亡活动研究》，银川：宁夏大学，学位论文，2018 年。

④ 《梁小初致全国市会董事部、总干事函》，中国第二历史档案馆藏，私立金陵大学档案，全宗号：649-446。

⑤ 《中华基督教青年会全国协会关于各项工作事项与陈裕光的来往信件》，中国第二历史档案馆藏，私立金陵大学档案，全宗号：649-446。

⑥ Emergency Service to Soldiers, Papers of George A. Fitch and Geraldine T. Fitch, Harvard-Yenching Library, Harvard University, Box52, File6.

青年会军人服务部成立后，桂林、贵阳、兰州的军人服务工作迅速开展起来。随着伤兵大量增加，国民政府对于救济工作常感力不从心，青年会军人服务部在征得政府伤兵管理处的同意之后，开始军人服务工作。先是在 1939 年 4 月中旬招募男女服务员数十人，运往祁阳训练，5 月初分发各地服务，“分为全县、灵川、桂林三支部，其后以梧州地近前方，亦有此项工作必要，再设一支部，拟移设三水。又以内地伤兵未或遍享其利，另组游行工作队一队，有歌咏话剧电影等之工作，以供湘粤桂各方伤兵娱乐”。①

军人服务部主任干事刘良模曾率领工作人员到贵阳开展工作，在贵阳青年会的直接帮助之下，开展歌咏运动，慰问军队。1940 年，“贵阳中华基督教青年会，在为军人服务的前提下，组织‘伤兵之友’活动，发动各界人士筹集一些文娱设施，在油榨街、图云关一带，后方医院驻地，设伤兵俱乐部”。② 伤兵之友活动为广大受伤士兵提供了极大的精神慰藉。

兰州青年会的军人服务工作内容也大致相同，从 1939 年兰州青年会成立到抗战胜利，兰州青年会累计为前方战士募集了数百万资金和大量棉衣等物资。③

贵阳、桂林和兰州青年会除了开展学生救济和军人服务外，还根据自己的实际情况开展了其他形式的服务活动，主要是难民、华侨的救济。

在难民救济方面，贵阳青年会“主办各宗派团体参加的贵州国际协济会在贵阳、独山等 17 县市难民服务站的工作尤见成效。如贵阳站，从 1944 年 7 月开始办理救济工作，计收容难民 500 人，发放棉衣 413 件、棉被 219 床；增办收容所长期容留无处疏散之寡妇孤儿 300 名，并设协济小学一所（3 个班有学童百人）”；“贵阳青年会承办贵阳大西门、六广门、阳明路三个急救战区儿童收容站曾收容孤儿 1141 名”。④

由于广西地处边疆，因此桂林青年会还担负起救济归国华侨的任务。“桂林基督教青年会，昨接到重庆美国救济中国顾问委员会寄汇二万元，嘱办救济过桂侨胞工作”，当时经过桂林的侨胞最大的困难是居住问题，因而在时任总干事梁传琴的带领下，桂林青年会准备将该笔款项用来设立一个

① 沈志中：《滋长中的桂林青年会》，第 41 页。

② 贵阳市志编撰委员会：《贵阳市志》（宗教志），第 299 页。

③ 《中华基督教青年会年鉴（1935 年）》，第 232 页。

④ 林建曾等：《世界三大宗教在云贵川地区传播史》，北京：中国文史出版社，2002 年，第 752 页。

招待所，积极寻找房屋，以便开始招待工作。[①]1942 年，梁传琴兼任桂林青年中学校长，为解决青年会和青年中学经费紧张问题，他特别邀请美国传教士、著名音乐家黑石夫妇到桂林举行了三天演出，募集的所有费用“作为救济苦难侨生之用”[②]。

战时青年会在西南和西北地区新开辟多个组织，这些组织一经建立就马上投入到战时救济和军人服务工作之中，最有代表性的是在贵阳、桂林、兰州，学生救济和难民救济安置了流亡学生和难民，稳定了大后方的社会秩序，军人服务为军人们提供了物质上的帮助和精神上的慰藉，鼓舞了士气，安慰了民心，侨民救济为过境侨胞提供了便利，有效地弥补了国民政府工作的不足，为支持中国抗战发挥了应有的作用，也有利于加强中国抗战的国际影响。

值得一提的是，虽然青年会在延安建立组织的尝试未能成功，但是青年会下属的学生救济委员会在延安却开展了卓有成效的工作。战时大批流亡学生抵达延安，很多人饱受颠沛流离之苦和精神困苦的双重折磨。在学生救济委员会资助下，成立了延安学生疗养院。1939 年秋，学生救济委员会拨款 1 万元给陕甘宁边区政府，筹划学生疗养院的成立，由中央医院魏一斋等负责。延安学生疗养院的工作得到陕甘宁边区政府的大力支持，积极为其拨地建设，并从边区师范、农业学校、保育院小学为其征调工作人员。1941 年 1 月，延安学生疗养院正式成立，院址设在李家洼，由魏一斋担任疗养院院长。此外，延安学生疗养院还制定了清晰的收容条例，对收容学生的情况做了明确说明，如对于收容人员资格、收容人数、入院手续、在院要求等都有明确规定。[③]

1940 年 11 月底，在白求恩（Henry N. Bethune）去世一周年之际，齐鲁大学教授罗天乐（Lautenschiager Stanton）和史襄哉到访延安，进行了一系列参观，并受到朱德等人亲切接待。二人特意参观了延安疗养院，对疗养院的工作成绩深感满意，并向青年会学生救济委员会申请为疗养院拨款以支持其发展。[④] 从 1941 年正式成立到 1945 年，延安学生疗养院共收治了

---

① 《招待归侨》，载《大公报》（桂林），1942 年 5 月 7 日。

② 广西壮族自治区地方志编撰委员会：《广西通志》（外事志），桂林：广西人民出版社，1998 年，第 205 页。

③ 《延安学生疗养院收容条例》（1940 年 8 月 17 日），《红色档案：延安时期文献档案汇编》，第 399 页。

④ 《罗史两先生参观各机关学校》，载《新中华报》，1940 年 11 月 24 日。

1200 多名病员，这些人都是延安各大学和中学的学生。[①] 这也是中国共产党和基督教青年会在战时开展合作的重要例证，有着十分积极的意义。

结语

全面抗战的爆发导致青年会遭受严重的财产和人员损失，同时出于对自身发展策略、中国的现实情况以及国民政府要求的考虑，开始向西南、西北地区进行转移，在贵阳、桂林和兰州等地新建立青年会组织。新成立的青年会组织对于战时学生救济工作、军人服务工作和其他救济工作都作出了杰出贡献，有效弥补了政府工作的不足，支援了中国抗战。

需要指出的是，青年会由于人员不足和资金缺乏，限制了战时工作的进一步开展。战争造成大量外籍干事离华，由于外籍干事和北美协会有着更紧密的联系，因而在国际宣传和海外资金获得方面更具优势。战时这一特殊环境下，外籍干事的特殊身份对于战时服务的展开也更为便利。故而大量外籍干事离华不利于青年会工作的进一步开展。经费问题也一直是阻碍战时新成立的青年会组织进一步发挥作用的重要因素，前述桂林青年会由于经费短缺迟至 1943 年才建造自己的会所，兰州青年会更是到 1949 年才拥有自己的会所。军人服务工作虽然有国民政府不定期支持，但是对于青年会请求的军人服务拨款，国民政府也经常不能兑现。[②] 经费捉襟见肘严重妨碍青年会工作的开展，影响了工作成效。

在中国几十年的发展历程，使得青年会深知同中国政府处理好关系的重要性。不仅如此，青年会在向西北地区发展的过程中，同中国共产党也进行了深入的接触。虽然最终没能在延安建立青年会组织，但是在青年会学生救济委员会资助下成立的延安学生疗养院，有力地支持了延安的青年工作，双方保持了一定程度的合作。1950 年 5 月 2 日，周恩来中共中央、政务院有关单位负责人座谈会上指出："自五四运动以来，基督教里面有进步分子……比如大革命时期，基督教青年会以及其他宗教团体中的进步民主人士，曾掩护过一些从事职工运动的革命分子和共产党员。在抗日战

① 姬乃军：《延安革命旧址》，第 48 页；《陕甘宁边区政府通知——为延安学生疗养院征调工作人员》（1940 年 8 月 17 日），《红色档案：延安时期文献档案汇编》（第 2 卷），西安：陕西人民出版社，2014 年，第 196 页。

② George A. Fitch: My Eighty Years In China, Taipei: Mei Ya Publications , 1967, p.235.

争时期，基督教青年会等宗教团体也起了很好的作用。”[①] 这是中国共产党对中华基督教青年会过往工作的高度肯定。新中国成立之后，中华基督教青年会积极参与并推动中国基督教三自爱国运动，继续为青年开展各类社会服务活动，发挥着自己的作用。

① 郭辉：《青年周恩来与基督教青年会》，载《百年潮》，2018 年第 10 期，第 48 页。

波吉亚方案与天主教中国化

谢斯杰 ①

内容提要： 罗马教廷传信部前秘书长波吉亚于1787年提出的“波吉亚方案”，作为天主教中国化进程的重要历史节点，具有丰富的研究价值。但由于18世纪中国与欧洲历史环境的复杂性，中西学界对波吉亚其人与其方案的研究各有侧重，对于当时天主教与中国关系的梳理阐释尤有未尽之处，有必要结合梵蒂冈档案文献作进一步探讨。为了应对清朝廷禁教政策和来华传教士裂教风波，波吉亚方案应运而生，其旨在协调各方利益以推进传教事业，具有明显的中庸调适色彩。但由于法国大革命突然爆发、缺乏殖民国家支持等主客观因素，波吉亚方案不得不束之高阁。即便如此，其按立中国籍主教的本地化策略依然不断在后来的天主教在华传教活动中产生回响，直至20世纪前期在刚恒毅手中最终实现。通过对波吉亚方案始末的分析，期望能给国内学界提供一个新的历史视角来看待清朝前中期天主教传教事业与相关各国的复杂政治关系，为天主教中国化的深度推进提供历史资鉴。

关键词： 天主教中国化，罗马教廷，波吉亚

The Borgia Plan and the Sinicization of Catholic Church

XIE Sijie

Abstract: In 1787, Stefano Borgia, former Secretary of the Sacra Congregatio de Propaganda Fide, introduced the “Borgia Plan” as a pivotal step towards Catholic sinicization. This plan holds significant research value,

① 谢斯杰，中山大学历史学系，助理教授。

but interpretations vary due to the intricate 18th-century historical context in China and Europe. The plan aimed to address the Qing court's religious ban and missionary schisms by balancing interests and promoting missionary work with a moderate approach. However, challenges like the French Revolution and lack of colonial support halted its implementation. Still, its strategy of appointing Chinese bishops influenced Catholic missions in China until its realization by Celso Costantini in the early 20th century. Analyzing the Borgia Plan offers insights into the political dynamics of Catholic missions in the early to mid-Qing Dynasty and informs the ongoing process of Catholic sinicization.

Keywords: Catholic Sinicization, Roman Curia, Borgia

引言

自 1691 年第一位中国籍主教罗文藻去世，直至 1926 年六位中国籍主教在罗马被祝圣，中间长达 235 年没有一位中国籍神父被祝圣为主教；这一怪异现象令人深思，难道在此期间竟没有一名中国籍神父符合主教的条件？力主六位中国籍主教祝圣的首任教廷驻华宗座代表、后担任多年传信部秘书长的刚恒毅总主教（Celso Costantini, 1876–1958）曾说过："教宗关怀中国，切愿中国强大起来，主张中国归中国人。"[①]——六位中国籍主教的祝圣证明了并非中国人无法胜任天主教主教，而是在这两百多年间存在很多客观现实，导致这一现象的存在。对于中国籍主教任命的进程之缓慢，学术界也十分关注，但主要侧重在 20 世纪本笃十五世颁布《夫至大》宗座牧函（Lettera Apostolica *Maximum Illud*）后，即刚恒毅所主导的中国籍主教祝圣上，而大家往往忽视了刚恒毅的前辈，传信部前秘书长波吉亚（Stefano Borgia, 1731–1804）在 1787 年提出的"波吉亚方案"。虽然在卫青心的《法国对华传教政策》一书中曾对波吉亚方案有部分论述，但目前国内学界主要关注的是"礼仪之争"后自康熙帝禁教后的中国天主教的发展状况，而忽视了教廷的相关动态。意大利学界因波吉亚在文化上的巨大影响，而产生了相应的研究，并因此关注到了波吉亚所提出的天主教中国化方案，代表性学者有梅欧金（Eugenio Menegon）与博纳维塔（Lucilla Bonavita）等。[②]

① 刘国鹏：《刚恒毅与中国天主教的本地化》，北京：社会科学文献出版社，2011 年，第 4 页。

② Bonavita L., *Il cardinale Stefano Borgia Un erudito del Settecento tra cultura e religione*, Edizioni Edicampus, Roma, 2014. Standaert N. (ed.), *Handbook of Christianity in China*, Volume one: 635–1800, Leiden, Brill, 2001.

博纳维塔在其《斯蒂法诺·波吉亚：十八世纪介于文化和宗教之间的学者》一书中关于“波吉亚方案”的论述比较全面，但对于中国当时禁教的情况缺乏了解；而柯毅霖则主要将“波吉亚方案”的主要内容翻译为英语，尚未作进一步探究。

总的来说，波吉亚是天主教在华传教事业全局性方案的设计者，对后世教廷在教会本地化或者说中国天主教会中国化上起到了重大的影响，作出了积极的历史贡献。而其“波吉亚方案”是天主教中国化进程中的重要历史节点，有必要深入地探究。本文以波吉亚和“波吉亚方案”为研究对象，以教廷传信部所藏档案文献为研究基础，从教廷的角度为中国天主教会本地化的进程进行溯源，试图详尽地展现“天主教中国化”——这一重要的历史命题对近现代中国天主教发展的重要影响。

一、波吉亚方案的源起

1731 年，波吉亚出生于韦莱特里（Velletri），青少年时期的教育一直由他的叔叔，曾担任费尔莫（Fermo）总主教的亚历山大（Alessandro Borgia, 1783–1871）负责。波吉亚于 1750 年前往克罗托内（Crotone）继续深造，在这里完成了他第一部著作《纪念教宗若望十六世》（*Monumento di Papa Giovanni XVI*），后来波吉亚被教宗克勉十三世任命为贝内文托公国的执政官（governatore del ducato di Benevento），在 6 年的执政生涯中，他一直主张平等对待平民百姓，扶助穷人。1764 年波吉亚先担任赎罪与圣物圣部秘书长（Segretario della Congregazione delle Indulgenze e delle Sante Reliquie），后于 1770 年被教宗克勉十四世任命为传信部秘书长，开始了

Bartoccetti V., *'La necessita di un episcopate indigeno in Cina dimostrata nel 1787 dal Segretario di Propaganda Stefano Borgia', Il Pensiero Missionario*, 6, 1934, pp. 225–47, appears also in Metzler J., O.M.L, ed., *Sacrae Congregationis de Propaganda Fide Memoria Rerum. 350 anni a servizio delle missioni, 1622-1972*, III 2, Rom-Freiburg-Wien 1976, pp. 716–22; Criveller G., “Stefano Borgia's Two Memorials on the Need to Appoint Chinese Bishops (1787)', in Golvers N. & Lievens S., eds., *A Lifelong Dedication to the China Mission. Essays Presented in Honor of Father Jeroom Heyndrickx, CICM, on the Occasion of His 75th Birthday and the 25th Anniversary of the F. Verbiest Institute K.U. Leuven*, Leuven 2007, pp. 53–84. D'Arelli F., *The Chinese College in Eighteenth-Century Naple*, East and West, December 2008, Vol. 58, No. 1/4 (December 2008), pp. 283–312. Menegon E., Cultura di corte e confronto: legati pontifici nella Pechino del Settecento, in Visceglia M. (cur di) *Papato e politica internazionale nella prima eta' moderna*, Viella libreria editrice, Roma, 2013, pp. 585–587.

他在传信部长达 30 余年的工作生涯，后担任传信部部长。在此期间，波吉亚十分关心中国天主教的发展，留下了对中国天主教会极具历史意义的两份报告。①

费尔莫总主教区和中国在历史上有着深厚渊源——利玛窦所出生的马切拉塔教区自 1589 年起就隶属于费尔莫总主教区。② 克勉十一世 1700 年当选教宗③，任命曾在费尔莫教区担任宗座署理的保罗其（Fabrizio Paolucci, 1651–1726）为国务卿。众所周知，因“礼仪之争”，克勉十一世选派了铎罗（Carlo Tommaso Maillard de Tournon, 1668–1710）担任教宗使节（*Legato Pontificio*）出使印度与中国。铎罗在使华前，曾于罗马担任费尔莫总主教巴尔达萨雷（Baldassarre Cenci, 1647–1709）在教廷的代表（*Uditore e Rappresentante*）。而来自费尔莫的遣使会会士德理格（Teodorico Pedrini, 1671–1746）本为铎罗使团成员，但因逗留在遣使会巴黎总会的缘故而错过了出访，辗转南美后，在菲律宾与传信部所派传教士马国贤（Matteo Ripa, 1682–1746）等人汇合，后以宫廷乐师的身份进入清廷。在铎罗去世后，保罗其与巴尔达萨雷希望由外交经验丰富的亚历山大出任驻华教宗使节，1719 年 1 月 16 日教宗克勉十一世与亚历山大进行了一次私人会谈，明确了这一任命。亚历山大以路途遥远、气候和食物难以适应、身体状况欠佳为由婉拒了教宗的任命。但实际上他认为当时存在葡萄牙殖民者与法国殖民者之间的矛盾，耶稣会会士与传信部之间的矛盾，这两大矛盾无法解决，且教廷不改变对待礼仪之争的态度，出使中国是毫无意义的，并会导致问题的彻底恶化。最终教廷选派毫无外交经验的嘉乐（Carlo Ambrogio Mezzabarba, 1685–1741）担任教廷使节出使中国。④

为了缓和“礼仪之争”，嘉乐 1720 年来华后提出“嘉乐八条”，使得

---

① APF, SOCP, vol 26 (1712–1713), f.199r.

② 1589 年 5 月 24 日教宗西斯笃五世（Sisto V）颁布《给世间所有教会》（Universis orbis ecclesiis）敕令设立费尔莫总主教区。

③ 自 17 世纪起神圣罗马帝国皇帝、法兰西和西班牙国王有教宗选举的否决权（*Ius Exclusive*），虽然教廷从未承认世俗君主的这项特权，但历史上多次教宗选举中这一否决权被世俗君主所使用。Pattenden M., *Electing the Pope in Early Modern Italy, 1450-1799.* Oxford University Press, Oxford, 2017, p.52. 法国国王路易十四在 1700 年教宗选举中否决了受到哈布斯堡家族支持，曾担任驻维也纳宗座大使的马雷斯科蒂（Galeazzo Marescotti）枢机主教，阿尔巴尼（Giovanni Francesco Albani）枢机主教才得以当选新一任教宗。Rendina C., *I papi. Storia e Segreti. Da san Pietro a papa Francesco*, Newton Compton Editori, Roma, 2011, p. 716.

④ Menegon E., *Cultura di corte e confronto: legati pontifici nella Pechino del Settecento*, pp. 585–587.

康熙帝圣意转圜，准许嘉乐觐见。但在批阅嘉乐所带来的《自登基之日》（*Ex Illa Die*）教宗通谕后，康熙帝大为震怒，宣布禁教。[①]1735 年，教宗克勉十二世认为"嘉乐八条"与教义不合，宣布废除。教宗本笃十四世于 1742 年颁布《自从上主圣意》（*Ex quo singulari*）重申了《自登基之日》通谕，并禁止教士讨论"礼仪问题"，雍正帝对此极为不满，谕旨"中国有中国之教，西洋有西洋之教；彼西洋之教，不必行于中国"，再次重申禁教。[②]清朝前中期禁教政策愈加严厉，教案频发，天主教传教士转为地下活动。在京的耶稣会士在清廷的默许下，依然可以在当地进行合法的宗教活动。但由于葡萄牙保教权的存在，葡萄牙籍耶稣会士在钦天监高慎思（Jos é de Espinha, 1722–1788）[③]的带领下，与其他传教士争权夺利，相互之间矛盾重重——传信部档案中将此事谓之"裂教"（Scisma）。但关于这段历史的记载，传信部和耶稣会方面出现了很大的偏差。传信部的档案认为，北京的问题主要是高慎思在澳门主教的支持下不服从南京主教、耶稣会士南怀仁（Godefroid-Xavier de Laimbeckhoven, 1707–1787）的管理，导致南怀仁向传信部控诉高慎思不服长上有裂教之嫌。[④]而耶稣会方面的记录与相关著述相对比较模糊和隐晦，更是刻意忽视了高慎思的所作所为。[⑤]

自葡萄牙籍耶稣会士索智能（Polycarpe de Souza, 1697–1757）于 1757 年去世后[⑥]，南京主教奥地利籍南怀仁自此开始署理北京教区教务，因自身的事务繁杂，南怀仁在传信部的支持下任命赤足圣衣会的若瑟神父（Giuseppe Maria di Santa Teresa）[⑦]为副主教（Vicario Generale）负责北京教区教务。但刚刚就任澳门主教的祁罗沙（Alexandre da Silva Pedrosa Guimaraes, 1727–1799）想接管北京教区，故任命高慎思为他的副主教负

① Menegon E., *Cultura di corte e confronto: legati pontifici nella Pechino del Settecento*, p.77.

② 马钊：《乾隆朝地方高级官员与查禁天主教活动》，《清史研究》，1998 年第 4 期，第 55–63 页。

③ 郭世荣、李迪：《清钦天监洋监正高慎思》，《内蒙古师范大学学报（哲学社会科学版）》，2005 年 3 月第 34 卷，第 2 期，第 48–52 页。

④ Bonavita L., *Il cardinale Stefano Borgia Un erudito del Settecento tra cultura e religione,* pp. 42–44.

⑤ 费赖之：《明清间在华耶稣会士列传（1552–1773）》，天主教上海教区光启社，上海，1997 年，第 1158–1162 页。

⑥ 根据特伦托大公会议的原则，若一个教区主教出缺则由最邻近教区的主教署理该教区（Amministratore Apostolico）。

⑦ 若瑟神父（Giuseppe Maria di Santa Teresa）生卒年不详。

责北京教务，并让高慎思向北京的传教士宣布，耶稣会已经被取缔[①]，北京教务尤其是教产归其所管。北京教区法籍耶稣会士晁俊秀（Francois Bourgeois, 1723–1792）神父表示："他既不是我们的主教也不是北京教区的负责人，他不能以主教的名义向我们发布教廷的敕书。只有敕书依法宣布，我们才会照办。"从而出现了高慎思与若瑟神父间的权力之争，以及耶稣会解散后在京的财产纠纷，传信部称之为"分裂中的分裂"[②]。

耶稣会士费赖之将教会分裂的原因归咎于若瑟神父，认为他意图染指北京教区的财产处理权，这是南京主教南怀仁所否认的，而南怀仁根据教宗的认可，将晁俊秀神父任命为北京教区的神长，掌管法籍神父的财产权，法国国王处理此事的立场与南怀仁主教完全一致。但是异议分子，不顾南怀仁主教向他们发出的警告，一味拒绝法王的建议，晁俊秀神父对此颇有感触并深表无奈。

对此笔者存在很大的疑问，按照传信部档案（*Nota alla Congregazione del 7 marzo e 5 aprile 1785 sullo Scisma di Pechino*）所载，南怀仁质问传信部自己的主教权力和若瑟神父负责北京教区是否具有合法性，并未提及晁俊秀的任命，此外还对高慎思提出了明确的控告，指出澳门主教对他的任命是非法的，是一个完全的丑闻，是裂教：

> 澳门主教和他的神父高慎思的行为有什么价值？需要记得的是高慎思是很多丑闻和分裂行为的施行者，其中很多圣事是无效的，这件事让那些不敢亲眼目睹的人感到恐惧，难道这不应该受惩罚吗？[③]

在《钱德明传》（*Joseph Amoit et les derniers survivants de la mission francaise a Pekin 1750-1795*）[④] 中，这第二个关于高慎思裂教的质问被略

---

① 教宗克勉十四世于 1773 年 7 月 21 日颁布"吾主救世主"通谕（Lettera Enciclica *Dominus ac Redemptor*）解散耶稣会。

② Bonavita L., *Il cardinale Stefano Borgia Un erudito del Settecento tra cultura e religione*, pp. 42–44.

③ APF, ACP, vol.XV,7 ff. 19–26.

④ De Rochemonteix C., *Joseph Amoit et les derniers survivants de la mission francaise a Pekin (1750-1795)*, Librairie Alphonse Picard et fils, Paris, 1915, pp. 199–200.

去了。取而代之的是“若瑟神父是南京主教的合法的副主教吗？”[①] 在罗马诺（Romano Primon）、卢奇拉等学者的论述中则是以传信部的说法为准[②]，认为主要还是基于传信部与葡萄牙保教权之间的问题导致高慎思等葡萄牙籍传教士出现裂教的倾向。也正是因为传信部认为虽然耶稣会已经解散，但这些前耶稣会士依然在争斗不休，不利于中国天主教的传教与发展。最终传信部在波吉亚的主持下与葡萄牙政府达成妥协，选派葡萄牙人汤士选（Alexandre de Gouvea, 1731–1808）为北京教区新一任主教，而遣使会则替代解散的耶稣会负责北京教区的传教事业。自耶稣会被解散后，欧洲一直流传着乾隆皇帝解禁天主教的谣言，事实上禁教并未放开。自 1782 年，欧洲列强为了自身利益计划派遣相当数量的传教士前往中国，但是除了北京教区主教汤士选及 3 位遣使会会士、2 位传信部选派的传教士获得清廷的许可入境外，其他传教士只能以偷渡的方式进入中国大陆。[③] 大量的西方传教士通过非法的途径进入中国大陆，他们的很多行为导致了中国人的强烈不满和集体控诉，引发了前所未有的全面教案。[④] 北京的传教士们认为，这主要还是受“礼仪之争”的影响，但是作为传信部秘书长的波吉亚认为，蔑视清政府禁教之权威才是导致 1784—1785 年教案的真正原因。[⑤]

传教士们被大规模逮捕的消息传到欧洲，引起了轩然大波，尤其是教廷极为震惊，因为大部分被捕的传教士都是由传信部委派的。这一沉重的打击，让之前满怀热情的列强们感到欧洲传教士们无法在中国继续生存了，但传信部方面则不愿放弃，时任传信部部长安东内利（Leonardo Antonelli, 1730–1811）指定波吉亚就如何拯救中国天主教会、改善传教条件提出一个可行的方案。[⑥]

---

① De Rochemonteix C., *Joseph Amoit et les derniers survivants de la mission francaise a Pekin (1750-1795)*, Librairie Alphonse Picard et fils, Paris, 1915, pp. 199–200.

② Primon R., L`attegiamento della Congregazione di Propaganda Fide nello scisma di Pechino, in Dindinger J., *Mission swissenschaftliche Studien Festgabe*, Aachen, s.e., 1976, p. 321. Bonavita L., *Il cardinale Stefano Borgia Un erudito del Settecento tra cultura e religione*, pp. 44–45.

③ APF, SOCP, vol. LXV, ff. 386–404.

④ 马钊：《乾隆朝地方高级官员与查禁天主教活动》，《清史研究》，1998 年第 4 期，第 55–63 页。

⑤ Bonavita L., *Il cardinale Stefano Borgia Un erudito del Settecento tra cultura e religione*, pp. 42–45.

⑥ 卫青心：《法国对华传教政策》，第 46–53 页。

二、波吉亚的教会中国化方案

面对中国日益恶化的传教状况，作为传信部秘书长的波吉亚也不得不思考对策。彼时的欧洲动荡不安，启蒙思想盛行于整个欧洲大地，而在意大利地区也兴起了一场规模不小的教会改革，引起了波吉亚的注意。在托斯卡纳大公哈布斯堡家族的利奥波德（Pietro Leopold I di Toscana, 1747–1792）支持下，里希（Scipione de' Ricci, 1741–1810）被任命为普拉托和皮斯托亚（Prato e Pistoia）的主教。而里希的叔叔洛伦佐（Lorenzo Ricci, 1703–1775）正是被克勉十四世冤枉入狱的耶稣会会长⑦，这使得里希相当讨厌教宗。作为一名詹森主义者，里希提出用托斯卡纳方言主持弥撒，并给信徒们提供方言版本的书籍，鼓励所有人阅读《圣经》。1787 年信众中传出谣言——里希为了进一步推进改革要捣毁普拉托主教堂中的圣物；这引发了群众暴动以致利奥波德大公出兵镇压，里希改革在托斯卡纳其他主教的反对下失败。⑧

但此时里希的改革给波吉亚提供了一个参考——中国的传教事业相比有拉丁语传统的欧洲地区更需要教会语言的本地化，要向中国的百姓传教，只用拉丁语进行弥撒那是非常难推广开的。而且中文弥撒在教会历史上并非没有先例，如 1615 年保罗五世曾在金尼阁（Nicolas Trigault, 1577–1629）等耶稣会士的请求下颁布宗座敕谕（Letter Breve *Romanae Sedis Antistes*）特批中国人担任神职，且教会可以使用中文翻译包括《圣经》在内的所有天主教经典，神父可以使用中文举行弥撒等圣事。⑨ 此时耶稣会的请求更多地从一个传教修会的角度去呈现其中国化的愿望，虽得到教宗特批，却并未成为制度规范。针对这一问题，波吉亚在第一份报告中这么写道：

> 我理解中文弥撒的问题比任命其本国主教的问题更难，但我仍然强调，使用这本已在中国印制并保存在传信部图书馆的弥撒书会带来极大的好处。

---

⑦ Pavone S., Ricci, Lorenzo in *Dizionario biografico degli italiani*, vol.87, Istituto dell' Enciclopedia Italiana, 2016.

⑧ 埃蒙达菲：《圣徒与罪人——一部教宗史》，龙秀清译，北京：商务印书馆，2018 年，第 317–318 页。

⑨ 张化：《艰难曲折的中文弥撒路》，《上海市社会主义学院学报》，2019 年第 2 期，第 50–54 页。

事实上，众所周知，保罗五世于1615年批准在华传教使用中文祈祷，并颁布了一份宗座敕谕。然而，这份敕谕未能传到中国，因此后来传教士们再次发起了同样的请求。但由于有人怀疑中文词汇无法准确表达相应的拉丁原文词汇，因此这一问题悬而未决。这一点可以参考五月份的博兰德主义者的演讲，那里详细讨论了这个问题。

现在提出的问题主要涉及神职人员而非信众，因为神职人员需要将“在弥撒中朗读的内容”传达给信众。但如果他们对他们用外语朗读的弥撒内容一无所知，那么他们又如何能向信众传达呢？①

这里提及的保罗五世的牧函仅仅停留在了纸面上，存留于传信部图书馆中，未能得到执行；这也是为什么巴黎外方传教会创始人，时任福建宗座代牧的陆方济（Francois Pallu, 1626–1684）在1659年再次向教廷呼吁批准施行中文礼仪，选拔中国神父。此时，保罗五世1615年的敕谕竟被遗忘，教廷甚至专设审查委员会讨论这一事项。在1660年，审查委员会发现了1615年的文件，但其态度却不为所动，明确要求中国信徒必须学习拉丁文才可祝圣。②此后，在华传教士至少在1724、1752、1753年反复以各种名义向教廷提议执行1615年的保罗五世敕谕，但均被驳回。深思熟虑后，波吉亚在其方案中写明了用中文举行弥撒的重要性。而在祝圣中国神职方面，因为马国贤等人从中国回到意大利前就已经明白天主教传教不能只依靠西方传教士，必须培养中国籍的天主教神职人员，所以传信部已经支持波吉亚在那不勒斯创办了中国书院。甚至波吉亚还在家中招待过在中国书院学习的中国籍神父，会拉丁语的中国神父比比皆是，语言不再成为明显阻碍，所以波吉亚将方案的重心转至主教任命上。

这里就需要再次提及，教廷和葡萄牙就远东保教权问题一直暗中角力。在17世纪，葡萄牙方面认为中国各省应该归澳门、北京、南京三个教区，三教区的主教应由葡萄牙任命，并制定界限如下：澳门教区管辖广东、广西和海南，北京教区管理直隶、河南、山东、陕西、山西、四川、辽东、

① APF,SOCP, vol.LXV, ff. 386–404. APF, ACP, vol.XX, ff. 310–320.

② 张化：《艰难曲折的中文弥撒路》，第50–54页。

蒙古和朝鲜，南京教区管辖江南、江西、浙江、福建、湖广、云南及贵州。[①]为了制衡葡萄牙保教权，传信部明确规定了三大教区的管辖范围：澳门教区辖广东、广西和海南，北京教区下辖直隶、山东及辽东，南京教区辖江南、河南两省，其余地区由传信部设立宗座代牧区，即山西、陕西、福建、浙江、江西、湖广、四川、云南及贵州。[②]针对这一局面，波吉亚在第一份报告中计划：

> 回到关于本国主教任命的主要议题上，若有人问应在何处设立中国主教，那么很快会有两种方式来回答这一问题。因为中国已有三个主教教区，即澳门、北京和南京，那么第一种方式则是把他们安排在三个主教区以外的地方，即山西、陕西、福建、四川三个地域最广的宗座代牧区。这些宗座代牧区，根据教宗法令是与三个主教区完全不同且独立的。同样，由于这些代牧区领土相当于两到三个意大利之多，如果给予其足够的资源，那么将可以容纳相当数量的本国主教。但目前来说，每一代牧区任命两三名宗座代牧在某种程度上就足以满足他们的迫切需要。
>
> 在福建和四川代牧区，习惯上前者由西班牙人担任宗座代牧，后者由法国人担任宗座代牧。因此可以请这两个国家的王廷提名主教人选，但条件是任命中国人，而不是外国人。
>
> 在山西陕西宗座代牧区，通常由意大利人担任宗座代牧，罗马教廷也应该考虑选择任命中国主教来对代牧区的民众进行牧灵关怀。[③]

由于葡萄牙保教权，传信部无法干涉三大主教区，只能建议葡萄牙王廷可以选派中国籍神父担任主教。而在本就由传信部设立的宗座代牧区，波吉亚则力主应该由中国本国主教来负责。他重点谈及三地，即山西、陕西、四川和福建：福建和四川本来分别由西班牙籍传教士和法国籍传教士担任宗座代牧，传信部可以依旧由西班牙国王和法国国王提名新的代牧人选，但新的人选必须是中国籍的；山西、陕西本就由传信部派遣教宗国或其他意大利地区的传教士负责，自然是可以随时进行新的中国籍宗座代牧的选

① 刘志庆：《中国天主教教区沿革史》，第 18-19 页。

② 罗光：《中国天主教历代分区沿革史》，第 297-304 页。

③ APF,SOCP, vol.LXV, ff. 386-404. APF,ACP, vol.XX, ff. 310-320.

派工作。[①] 在《法国对华传教政策》一书中，卫青心将此举理解为"在所有较大的省份任命部分中国国籍主教协助欧洲主教或宗座代牧开展工作的必要性"。然而这样的表述是不准确的，因为波吉亚明确表示了"任命中国国籍的主教而不是其他国籍"（nominare soggetti della nazione cinese e non altri）。对于这个设想，他在第二份报告中进行了详细的解释：

> 在传信部的档案中，我从未读到澳门主教从葡萄牙的属地中出来牧养他的羊群。
>
> 我注意到同样的事情也发生在北京的主教身上。虽然他可以居住在首都，但却不被允许离开以履行他对教众的牧灵职责。
>
> 更糟糕的是南京主教，他白天必须把自己隐藏起来，只有在夜间才能四处走动去看望他的羊群。
>
> 总之，如果我用《诗篇》中的话来形容三位主教，说他们有眼不能看、有脚不能行、有口不能言，这对他们来说也是公平的。
>
> ……
>
> 这一系列事实无需赘述，因为这是基于圣座"根据教会法的规定"来讨论的。
>
> 在中国，"根据教会法的规定"以任命中国籍主教，这与在法国、西班牙、德国、波兰等国所做的完全一样。但在中国，这种法律意义上的规范是必要的，它可以规避那些"禁止外国人进入的法律"，并让那些神职人员有眼可看、有脚可走、有口可说。[②]

根据传信部所掌握的资料，波吉亚在报告中详细汇总了大清帝国的行政划分，并希望据此来任命中国籍主教。此时因教案的发生，山西、陕西的宗座代牧是空缺的，前任代牧已经死于狱中，其他地方的宗座代牧不是被驱逐出境就是同样死于狱中，西方面孔在中国具有相当的辨识度，还是由中国人来进行传教相对安全一些。在传信部的档案中，他从未见到任何关于澳门主教离开葡萄牙殖民地去进行牧民访问的信件，北京主教虽然可以合法居留在北京，但是却无法行使他的主教权力，南京主教虽然时常出访传教，但不得不躲躲藏藏，这三位主教有手有脚却没有行动的自由，可

① APF,SOCP, vol.LXV, ff. 386–404. APF,ACP, vol.XX, ff. 310–320.

② Ibid., 322–324.

以张嘴却不能传道。有人会问中国人并没有请求我们任命中国国籍的主教，但这确实不应该由中国人提出，天主教会本身应该在这方面更加主动。根据教会史与教会法典，波吉亚认为“根据教会法的规定”（*iuxta canonum statuta*）原则中国同样适用，应该像法国、德国、西班牙和波兰一样有自己的主教。甚至中国的情况更加急迫，因为外籍的主教无法在中国禁教的大环境下正常行使自己的主教权力。波吉亚建议在保留“葡萄牙保教权的前提下，任命中国国籍主教，以便填补因死亡或被逐出中国，或是因为无力管理教区事务而空下的主教职位”①。

1787 年 3 月 5 日，“波吉亚方案”得以在传信部部长安东内利枢机的主持下进行内部讨论。安东内利认为，现在还不是时候来进行任何创新（nessuna innovazione），但是随着时间的推移，“波吉亚方案”应该可以实现。② 另一方面，他认为波吉亚的方案依然不够成熟，中国籍的天主教神父还没有做好准备来领导传教事业。与会的枢机主教们一致认为，波吉亚在方案中所做的假设是有问题的，所提出的措施是不恰当的。随着接下来法国大革命的爆发，一切新鲜的事物因其带有的革命性质，而难以更被保守的教廷所接受了。

三、束之高阁的波吉亚方案

波吉亚方案未获批准，其原因是多层面的。首先我们需要考虑到的是，在启蒙运动与资产阶级革命的影响下，当时欧洲的政治局势动荡不安，保守的教廷首当其冲，风雨飘摇中的教廷无暇他顾。

随着启蒙运动对民智的开启，民主平等思想深入人心，法国资产阶级革命应运而生。大革命掀起了推翻一切旧制度的热潮，反教士主义（Anticlericalismo）③ 从此抬头。在法国，不同阶层的反教士主义有着不同的含义和诉求④，但反对保守的天主教会已成为新时代的主旋律。

1789 年 8 月 11 日法国制宪议会颁布《八月法令》禁止缴纳什一税，11 月 2 日法国教会的全部财产被“收归国有”——剥夺教产标志着法国世

---

① 卫青心：《法国对华传教政策》，第 47–48 页。

② Metzler J., *Ein Mann mit neuen Ideen*, p. 136; APF, ACP,vol.XV, f. 514.

③ 龙秀清：《中古晚期的反教士主义》，《中国社会科学》，2022 年第 10 期，第 171–190 页。郑崧：《反教权主义与 19 世纪下半叶法国的教育世俗化》，《世界历史》，2007 年第 1 期，第 39–45 页。

④ 郑崧：《反教权主义与 19 世纪下半叶法国的教育世俗化》，第 40 页。

俗化进入了一个新阶段。次年制宪议会制定了《教士公民宪章》(*Constitution civile du clergé*)，法国天主教会成为国家的教会而不再是教廷所属的教会，主教与神父由选举产生，主教的任命无需再请求教宗的正式批准。教宗庇护六世认为法国教会这是裂教，不愿意与教会分裂分子妥协，于 1791 年 3 月 10 日颁布了宗座敕谕敕谕《这是相当多的》(Breve apostolico *Quod aliquantum*)[①]来谴责《教士公民宪章》对于教会的分裂。4 月 13 日颁布两份宗座敕书《与人民同在》(Breve apostolico *Cum populi*)[②]与《哪个博爱》(Breve apostolico *Charitas quae*)[③]：在《与人民同在》中教宗庇护六世再次谴责《教士公民宪章》是对于教会的分裂，并希望法国天主教会能够立即采取行动，保卫教会的利益；在《哪个博爱》中则申明在目前情况所有根据《教士公民宪章》祝圣的新主教是对天主的亵渎(Sacrilega)，所有宪章派(costituzionali)或宣誓派(giurati)主教及神父应立即停职(Suspensio)[④]，强烈谴责法国天主教神职对国家的宣誓效忠。但教宗的反对并没有影响到法国的革命进程。[⑤]1796 年拿破仑进军意大利，在教宗国的领土上建立起波河内共和国(Repubblica Cispadana)。1798 年 2 月 15 日，法国军队进入罗马，本已病重的教宗被驱逐出罗马，最终病逝于瓦朗斯堡(Valence)。[⑥]波吉亚参加了在威尼斯举行的教宗选举，并协助教宗庇护七世(Pio VII, 1800–1823 年在位)恢复教廷的运作，1804 年 11 月 23 日波吉亚死于法国里昂，此时已经担任传信部部长的他正在陪同庇护七世前往巴黎为拿破仑加冕的路上。随着他的去世，“波吉亚方案”无疾而终，尘封在传信部的档案馆中。

其次我们需要关注的是，天主教在远东的传教事业与西方殖民者深度绑定，若无列强的支持，传教士寸步难行。而随着资本主义法国的崛起，欧洲大陆深陷反法战争之中，各国封建君主将主要精力从对海外扩张转移到了欧陆本土，对资产阶级革命严防死守，对远东传教则兴致缺缺。原本有法国王室资金支持的巴黎外方传教会及遣使会，因王室倒台而陷入经济

① https://www.vatican.va/content/pius-vi/it/documents/breve-quod-aliquantum-10-marzo-1791.html.

② https://www.vatican.va/content/pius-vi/it/documents/breve-cum-populi-13-aprile-1791.html.

③ https://www.vatican.va/content/pius-vi/it/documents/breve-charitas-quae-13-aprile-1791.html.

④ *Codex Iuris Canonici*, pp.220–221.

⑤ 埃蒙达菲：《圣徒与罪人——一部教宗史》，第 326 页。

⑥ 同上，第 322–330 页。

困境，只能靠中国教友的资助而勉力维持。在陕西秘密传教的方济各会同样如此，只有在福建等地秘密传教的道明会有机会获得西班牙政府的资金支持。① 对于传教士而言，资金的匮乏和过于明显的外貌特征使得他们很难在华自由活动，而且他们中的很多人并未真正展现其天主教信徒的普世博爱思想，往往因自己西方人的身份而引以为傲，在利用中国本土神父传教的同时，又认为中国籍神父水平有限，不足以担当重任。

最后我们还需要注意的是，恰恰是被外国神父所看轻的本国神父，在外来传教事业陷入低谷时发挥了重要作用。换言之，清廷禁教下艰难发展的中国天主教会，其实对波吉亚方案暂无迫切之需要，中国神父在事实上已承担起传教大任。

在中国籍神职人员的努力下天主教在中国的传播过程并未因西方传教士被禁止入境而中断，中国人可以独立领导天主教会的发展；中国籍神职人员已经成长为天主教在中国的传教核心，成为维持和发展天主教的重要力量，推动了天主教的中国化进程。波吉亚提出的方案，如扩大中国籍神职人员的自主权，祝圣中国籍主教来领导中国教会，使用中文作为弥撒语言等措施，对天主教在华的发展不仅仅从教廷领导者的角度看是迫切需要的，对中国籍神职人员来说，也是对他们能力的一种认可，也能鼓舞他们发展中国天主教会的热情。

四、波吉亚方案的余响

因为 1815 年四川教案的爆发，在传信部部长里塔枢机（Lorenzo Litta, 1756–1820）的主持下，东印度与中国特别部（Congregazione Particolare per le Indie Orientali e la Cina）于 1817 年 3 月 5 日至 18 日召开了关于“波吉亚方案”的讨论，这离波吉亚去世已经过去 13 年了。

传信部驻华代办（Procuratore di Propaganda Fide in Cina）马尔奇尼（Giambattista Marchini）② 认为，中国的教会状况已经令人无法忍受，教案频发，西方传教士进入中国大陆十分困难。故他提议可以将一些中国籍

---

① 康志杰：《中国天主教财务经济研究（1582–1949）》，第 11–19 页。

② 传信部驻华代办（Procuratore di Propaganda Fide in Cina）传信部于 1705 年起设立驻华代办，常驻粤港澳三地，至 1923 年取消，共计 20 位驻华代办。Metzler J., “Das Archiv der Missionsprokur der Sacra Congregatio de Propaganda Fide in Canton, Macao und Hong Kong.” In *La conoscenza dell'Asia e dell'Africa in Italia nei secoli XVIII e XIX, ed. Ugo Marazzi et al., vol. II, 75-139. Napoli: IUO, 1985.*

神父祝圣为主教，例如祝圣四川的宗座副代牧罗玛弟神父（Mattia Lo Fu, 1750–1832）来接替已去世的徐德新 (Jean Gabriel Taurin Dufresse, 1750–1815) 宗座代牧。在 18 世纪，尤其 1780 年后，有 33 名中国籍神父在此传教；因教案频发，到 1804 年，四川尚有 18 名华籍神父，但西方传教士却只有 4 名。[①] 根据古洛东所著的《四川本土神职名录：1702–1858》（*Catalogus Cleri Indigenae in Provincia Se-tchoan*）所载，罗玛弟为 1750 年左右出生于四川灌县，曾在印度本地治里修道院（Pondichery）学习，1777 年回到四川协助徐德新神父传教，1785 年与文嘉略一同晋铎，随后负责照看川东、贵州的教友，1803 年参加四川教务会议，1818 年被人告发在永川入狱，后被判处流刑，1832 年 11 月 29 日去世，被教友安葬于黄瓜山一带。[②]

马尔奇尼的建议是根据"波吉亚方案"所提出的，在理论上是非常合理的，却遭到了西方传教士的抵制，传教士们自认为对中国籍神父的能力和品格十分了解，表示中国籍神父尚无能力管理好一个教区。但在传信部所藏档案中，并未发现有传教士明确反对"波吉亚方案"的相关文献档案记录。不过，传信部顾问皮亚蒂（Prospero Piatti, 生卒年不详）[③] 在 1816 年 12 月 31 日向传信部递交了一份报告[④]，强烈反对任命中国国籍主教，尤其不应该在教案的威胁下任命，他认为"教难终有一天会结束，一切都会回到原有的模式"，"中国神父对信理神学一窍不通，设立中国国籍主教推进天主教中国化只会导致裂教"，"中国籍的神父一无知识，二无才能，所以他们不配祝圣为主教"[⑤]。

按照皮亚蒂的想法，若传信部执意推行"波吉亚方案"，那必须建立在以下原则之上：

> 中国主教没有管理他们的教区或代牧区的权力，而只有在欧洲主教、宗座代牧和罗马教廷授权下得以行使任命权力；中国的主教不能授予圣秩，也不能授予次要的圣秩，如果不是由欧洲宗

---

① 宾静：《雍乾禁教时期的华籍天主教神职人员》，第 128 页。

② Gourdon F., *Catalogus cleri indigenae in provincia Se-tchouan:1702-1858*, Chongqing, Typis Missionis catholicae, 1919，Launay A., *Histoire des missions de Chine: mission du Se-Tchoan* Vol.2 Paris, Tequi, pp. 96–97.

③ Bonavita L., *Il cardinale Stefano Borgia Un erudito del Settecento tra cultura e religione*, pp. 60–61.

④ APF, SC,vol.IV, ff. 451–465.

⑤ Bonavita L., *Il cardinale Stefano Borgia Un erudito del Settecento tra cultura e religione*, pp. 59–61.

座代牧指定的话，甚至连修生的第一次剃发礼也不行；中国主教必须从性格最温顺的候选人中选出；中国主教的人数必须严格限制；“波吉亚方案”仅在必要时才可采用，但一旦确定，就不应超过限制；该方案的实施将具有临时性质：它仅在教难期间有效。如果教难已经减少或停止，应当恢复到旧模式。①

历史的年轮不断向前，直至 1919 年 11 月 30 日本笃十五世颁布《夫至大》宗座牧函（Lettera Apostolica *Maximum Illud*）② 开始以中国教会为试点推行天主教会的本地化政策。教宗庇护十一世通过颁布《圣教以往的成绩》通谕（Enciclica *Rerum Ecclesiae*）主张天主教的普世大公性质允许不同种族和文化进入其怀抱，再次强调了教会本地化的精神。波吉亚的后继者刚恒毅被派至中国担任第一任宗座代表（Delegato Apostolico），在刚恒毅及其他同情中国天主教会的传教士的努力下，最终成功突破法国保教权的阻碍以及顽固派西方传教士的反对，选出 6 名中国神父在 1926 年 10 月 28 日到圣伯多禄大殿由教宗庇护十一世祝圣为主教。“波吉亚方案”中祝圣中国国籍主教的计划得到了真正的落实，但用中文做弥撒的计划，落到实处就更晚了。1949 年，教宗庇护十二世批准使用中文举行礼仪，但时局骤变，未能在国内推行。③ 梵蒂冈第二次大公会议颁布了《礼仪宪章》，各国开始使用本地语言做弥撒。1988 年，金鲁贤主教掌管上海教区后，着手进行礼仪改革。次年 9 月 30 日在佘山修院，举行了第一台中文弥撒，随后在上海教区内逐步推广。1992 年 9 月，中国天主教第五届代表会议决定各教区可按情况推行中文礼仪④，波吉亚关于举行中文弥撒、任命中国籍主教等愿望终于在中国成为现实，天主教中国化进入了一个新的阶段。

结语

“波吉亚方案”提出的时代，中国天主教内忧外患。因“礼仪之争”，清代自康熙起禁传天主教，天主教在中国的生存状况发生重大变化：外籍

---

① Bonavita L., *Il cardinale Stefano Borgia Un erudito del Settecento tra cultura e religione*, pp. 59–61.

② 刘国鹏：《刚恒毅与中国天主教的本地化》，第 2 页。

③ 至高圣职部（Sant`Uffizio）即现信理部颁布第 3/49 号令，批准中国教会可以选用本地语言举行圣事和采用中文弥撒经书。刘国鹏：《刚恒毅与中国天主教的本地化》，第 510 页。

④ 张化：《艰难曲折的中文弥撒路》，第 53 页。

传教士先是被驱逐出境，后是偷渡进入中国被杀，传教任务逐渐落到华籍神职人员身上；在京的耶稣会会士也因为耶稣会的解散和法国对葡萄牙保教权的虎视眈眈而陷入分裂。在这种情况下，波吉亚鼓起勇气提出了他的方案，希望能够让中国天主教教会在夹缝中求得生存。但限于当时的时代局限性，“波吉亚方案”在多方的反对下，被教廷搁置。

清末广西天主教教案中的越事因素

乔会妮①

内容提要： 教案是清末广西历史上中外交涉与地方治理的重中之重。自西林教案发生后，广西民教矛盾愈发凸显，民教冲突直接造成中法间的交涉与赔款，激化了广西社会反教、仇教情绪。19 世纪 80 年代，由于广西特殊的地缘环境，伴随着越事即越南问题的出现，法国巴黎外方传教会在桂传教活动相继引起上思教案、贵县三板桥事件在内的多起教案。随中法越三国关系的变化，越事成为广西民教冲突发生的重要因素之一。在中法战争的影响下，清末广西教案中的越事因素呈现出天主教教案复杂的历史面向、法国对华侵略企图以及在民教冲突过程中官方治理与地方因应的复杂变化，越事成为透视清末广西教案的一个新视角。

关键词： 教案，越事，广西，巴黎外方传教会，中法战争

The Vietnam Problem in the Catholic’s Missionary Cases of Guangxi in the Late Qing Dynasty

QIAO Huini

Abstract: The Church case was the most important issue in the history of Guangxi in the late Qing Dynasty in terms of Negotiation between China and the Powers, and local governance. Since the occurrence of the Father Chapdelaine Incident, the contradiction between the people and the church in Guangxi has become more and more prominent, and the conflict between the people and the church has directly caused the negotiation and reparation

---

① 乔会妮，南京大学历史学院在读博士研究生。主要研究方向：中外文化交流史。

between China and France, which has intensified the anti-religion and hatred sentiment of Guangxi society. In the 1880s, due to the special geopolitical environment of Guangxi, along with the emergence of the Vietnam issue, the missionary activities of the Paris Foreign Missions Society in Guangxi caused several church cases including the conflict between the people and the church in Shangsi and Sanbanqiao of Guixian County one after another. With the change in the relationship between China, France, and Vietnam, the Vietnam problem became one of the important factors for the occurrence of the many Christianity's conflict in Guangxi. Under the influence of the Sino-French War, the Vietnam problem in the late Qing Dynasty Guangxi Church case presents the complex historical aspects of the Catholic's missionary cases, France's attempt to invade China, and the complex changes of official governance and local response in the process of the conflict between the people and the church, and the Vietnam problem becomes a new perspective of Guangxi Missionary cases of the late Qing Dynasty.

Key words: Missionary Cases, The Vietnam problem, Guangxi, Paris Foreign Missions Society, Sino-French War

清末在广西从事海外传教的天主教差会为法国巴黎外方传教会（Missions étrangères de Paris 或 Paris Foreign Missions Society），“综观整部天主教在华传播史，巴黎外方传教会是制造教案最多的一个教会”，① 晚清地方社会因教案引起中外交涉时有发生。19 世纪中后期，滇、桂地区民教冲突的发生继而引起中、法间的矛盾与交涉的情况层出不穷。在广西，自西林教案发生后，与法国巴黎外方传教会传教士有关的反教揭帖频频出现，中法战争则进一步激化了民教矛盾，致使教案接连发生。

目前学界有关广西天主教教案与民教冲突的相关研究较为丰富。除西林教案、永安教案等个案研究外，近代广西教案的发生无不与战争有密切关系，西林教案受太平天国战争影响较大，而贵县三板桥教案、上思教案、乐里教案、永安教案等受来自中法战争直接或间接的影响。② 但现有研究

① 耿昇：《中法文化交流史》，昆明：云南人民出版社，2013 年，第 142 页。

② 谢铭：《战争与近代广西教案的发生》，《黑龙江史志》，2008 年第 11 期，第 13 页。

尚未对中法战争影响下广西民教冲突进行更为细致的论述，清末广西天主教教案与法国殖民扩张活动之间的联系仍有进一步细考的空间。

清末，中法越三国关系变化之时，根据中法战争的时代与历史特征，“越事”一词借鉴了如清末士人刘名誉的《越事备考》等同时代的相关资料。越事对广西民教冲突产生影响，其中既有地缘政治因素，也与广西社会反教的历史根因有关。从地缘环境来看，清末时期，越事与教案是威胁滇、桂地区边疆安全的隐患，也是清政府边疆治理面临的重要问题。在中法战争发生的特定历史情境下，为分析清末广西天主教教案与法国殖民扩张之间的复杂关系，本文以清末巴黎外方传教会在桂传教活动为核心，在中西文化冲突与教案发生的已有研究基础上，利用中外文资料，思考清末广西教案中的越事因素，试图为相关研究提供一个新的研究视角。

一、广西天主教传教活动与越事形成

回顾天主教在桂传教史，早在明末天主教就已开始在广西从事传教活动，经清代康雍乾三朝禁教之后，至 19 世纪中后期法国巴黎外方传教会传教士借助条约制度再次进入广西地区。巴黎外方传教会在中、越地区的传教活动与法国在远东地区殖民扩张联系密切，而随其在桂传教，由于广西特殊的地缘位置，越事愈发加剧了广西民教冲突的出现。

（一）天主教传教士入桂

明代，曾有耶稣会传教士罗明坚（Michel Ruggier）至广西传教。随南明永历政权消亡，天主教在广西传教活动随之中止。清前中期，在严格的禁教令下，“特别是关于广西，自从 1724 年的迫害以来，他（主教）从来没有派过司铎到那个省，也没有传教士到那个省。”①

巴黎外方传教会传教士打破了天主教入桂传教的僵局并促成了广西教区的成立。1848 年，粤桂监牧区成立后，巴黎外方传教会开始着手在两广地区开展传教活动。道光二十六年（1846 年）清政府虽开禁天主教，仍规定“外国人概不准赴内地传教”②。不过，巴黎外方传教会传教士马赖（Auguste Chapdelaine）仍私自入桂传教并引发西林教案。西林教案发生后，

---

① Adrien Launay, *Histoire Des Missions De Chine: Mission Du Kouang-si*, Paris: P. Té qui, 1903, pp. 21–22.

② 中国第一历史档案馆编：《鸦片战争档案史料》第 7 册，天津：天津古籍出版社，1992 年，第 631 页。

法国政府借马赖被杀一事，以“保护圣教”为由发动第二次鸦片战争。不过，从同时期的美国官方资料来看，“广西不对外开放，进入就是越过既定的界限，就是进入帝国的内部。”① 作为外国传教士的马赖进入广西传教并不合法。直至1858年中法《天津条约》签订后，依照条约规定，法传教士才得以“合法地”前往内地开展传教活动。自此，清末广西地区以法国巴黎外方传教会为主的天主教传教活动正式拉开帷幕。

（二）何谓越事？

随《西贡条约》《顺化条约》相继签订，法国加深对越南的殖民侵略，中法越三国关系也随之发生变化。早在1881年中法战前，清朝官员就已认识到中越关系唇齿相依，并强调与越南接壤的我国云南、广西边疆安全问题。作为中法战争的主战场，广西受到越事的直接影响②。

法据越南后，随中法越三国关系的变化，“越事”一词频频出现于报刊、奏折、书籍等资料中。清末官员多用“越事”一词指代与越南相关的事宜，“越事”成为清政府对越南问题的统称。法国殖民势力侵入越南后，“越事”一词使用频率不断增加，如《申报》《益闻录》《字林沪报》《万国公报》等报刊，及刘名誉的《越事备考》、刘坤一的《刘坤一集》《清代四星使书牍》、（日）曾根俊虎的《法越交兵记》、屯庐主人《五千年中外交涉史》等书籍，官方记载如官员李鸿章、徐延旭、岑毓英、张佩纶等官员奏折中也多见“越事”一词。如1884年《点石斋画报》③ 中的《越事行成》展示了中法针对“越事”签订《天津条约》（也称《中法简明条款》）的场景，《越事行成》意指中法间针对越南问题的议和。广义上的“越事”一词成为清末越南问题的统称，囊括中法战争时期的越南兼及法国殖民统治下越南所有问题。

（三）保教与反教：法国的保教权与广西社会的反教“传统”

清康熙二十六年（1687年），路易十四遣五名传教士来华，“巴黎传

---

① United States. Legation, *Correspondence and Dispatches of the Ministers to China [1857-1859]*, Washington, D.C., 1859–60, p.157.

② （民国）赵尔巽等撰：《清史稿》卷532列传313属国2，民国十七年（1928）清史馆铅印本，第13页。

③ 《点石斋画报》，《越事行成》，1884年第3期，第2–3页。

教会士，亦此时相继而来。”[①] 在越南，“自 de Rhodes[②] 赴巴黎（ 1652–1653)，越南设主教之事，一变而为法国国事矣。”[③] 至 19 世纪中期，法国更是借助保教权扩大其在越南的殖民权益，1856 年法国曾借口越南处死传教士一事炮轰越南岘港，后与越南阮朝签订《西贡条约》，条约除涉及传教及信教自由外，还包括割地、赔偿、通商等条款。

作为修会组织的巴黎外方传教会，其如何与法国政府殖民扩张的世俗活动相联系？从天主教海外差会与法国远东政策的关系来看，法国公使施阿兰指出：“自从 1844 年以来，保护天主教会和传播我们的文化，一直是我们干预中国和经略印度支那的主要动机。”[④] 在资金上，“巴黎外方传教会对法国政府存在的宗教和财政政策依赖即使有限，也是一种事实上的利益相关关系，它为 19 世纪中叶法国政治势力染指远东传教事务留下了间隙。”[⑤] 由此看来，清末巴黎外方传教会在广西的传教活动同样不单单是简单的宗教活动，其与法国对外殖民扩张的世俗活动联系紧密。

19 世纪中期以来，因巴黎外方传教会传教活动引起中、法间的交涉与矛盾层出不穷。表面看来，巴黎外方传教会作为宗教团体与法国殖民扩张的世俗活动并无关系。但巴黎外方传教会在中、越传教活动有相似的“路径”，均是借助治外法权进一步推进其传教事业的开展。随着法国传教士在中、越影响的不断扩大，其进一步成为帝国主义殖民扩张的“工具”。一方面因法传教士传教活动引发民教冲突，成为法国实现其在远东地区殖民扩张的借口；另一方面法传教士依靠条约制度获得了更为广泛的传教权益。

广西历史上因巴黎外方传教会传教士引发教案不在少数，教案的出现是信教者与反教者之间矛盾外化的集中表现。近代广西社会反教情绪如此激烈的状况下，为何仍有人接纳天主教并成为信徒？清末广西巴黎外方传教会的传教策略是下层传教路线，传教对象多为下层普通百姓，尤其是那些衣食难以为继者，或为得到传教士为其提供便宜之处的人，西林教案中参与传教活动的白小满（教名：Laurent）及曹桂英（教名：Agnès）均出身

---

① 萧若瑟：《天主教传行中国考》，《民国丛书》编辑委员会编：《民国丛书》第 1 编第 11 册，上海：上海书店出版社，1931 年河北省献县天主堂影印本，1989 年，第 324 页。

② de Rhodes 全名为 Alexandre de Rhodes，中文名为罗历山，法国耶稣会传教士，参与筹建巴黎外方传教会。

③ 邵循正：《中法越南关系始末》，石家庄：河北教育出版社，2000 年，第 6 页。

④ [法]施阿兰：《使华记（1893–1897）》（袁传璋、郑永慧），北京：商务印书馆，1989 年，第 2 页。

⑤ 郭丽娜编：《清代中叶巴黎外方传教会在川活动研究》，北京：学苑出版社，2012 年，第 30 页。

贫寒①。这些下层民众的入教动机也给传教士在桂传教活动的开展提供了机会。与此同时，自西林教案发生后，广西的绅民群体与传教士及信徒群体间的“壁垒”同样难以忽视，这种反教者与传教者对立，使得清末传教士在桂传教活动最初只能在下层社会开展，或者远离儒家文化影响的边缘地带，如傜民居住的十万山中“惟米强邕教堂毗连十万山，该处傜民入教甚多”②。

有论者即指出：“广西的许多教案都与官绅特别是乡绅有关系，而且官绅在其中起领导作用。”③第二次鸦片战争后至中法战争前，广西绅民反教多因法传教士购地设堂而起，“广西就有交涉传教三案，一为西林城内拆毁教堂，一为南宁城内将民人租与教士房屋打毁。一为教士在西隆州挑地方被窃。”④清末广西地方社会仍是在儒家文化笼罩下的乡土社会，占据地方社会话语主导权的士绅群体难以接纳天主教在桂发展，二者间因传教活动而起的利益纠葛等问题，愈发加剧民教冲突问题的凸显。可见，中法战前广西地方社会反教“传统”由来已久。

可以说，巴黎外方传教会的传教活动与法国在中、越两国的殖民扩张活动联系密切。《越事备考》中《关外随营笔述》一文指出法传教士入越传教的目的，“分布教士入越，遍传天主教，暗谋将越民尽变为法民。”⑤越事同样直接威胁着我国广西边疆安全与社会安定。广西地处中越边境，其独特的地缘位置受到中法战争的直接影响，加之民教冲突矛盾久已有之，越事与教案间的密切联系成为威胁我国广西边疆安全与稳定的重要问题。受中法战争影响，越事的出现进一步激化地方社会反教群体与传教群体之间的矛盾，加之法国的帝国主义殖民扩张活动与巴黎外方传教会的传教活动联系密切，致使晚清广西反教排外活动频频出现。

---

① 有关白小满与曹桂英的法文资料，参见 Adrien Launay, *Les cinquante-deux serviteurs de Dieu français - annamites - chinois mis à mort pour la foi en Extrême Orient de 1815 à 1856 dont la cause de béatificdation a été introduite en 1840, 1843, 1857 ; biographies*, Paris: T é qui, 1893, pp. 305–314。

② “中央研究院”近代史研究所编:《教务教案档》, 第4辑第3册, 台北: “中央研究院”近代史研究所, 1976年, 第1616页。

③ 谢铭:《论广西人民的反洋教斗争及其成效》,《河池师专学报（社会科学版）》, 1996年第4期, 第91页。

④ “中央研究院”近代史研究所编:《教务教案档》, 第4辑第3册, 台北: “中央研究院”近代史研究所, 1976年, 第1612页。

⑤ 南史先生总叙，阿英编校：《近代国难史丛抄》上册，上海：潮锋出版社，1940年，第80页。

二、多元视角下清末广西天主教教案中的越事因素

作为一种异质文化，基督宗教在华传教活动难免触发地方社会的反教排外情绪。与 19 世纪末期北方义和团运动不同，由于法国与巴黎外方传教会间的密切联系、广西特殊的地理位置及反教“传统”，使得清末广西教案呈现出自身的特殊性。19 世纪后期，随法国在中、越殖民扩张活动的开展，在国家危机与地方民教矛盾双重影响下，透过国家、地方社会及个体视角呈现出清末广西教案中的越事因素。

（一）基于中外关系视角

晚清教案因传教士与地方社会发生冲突而出现，多以中外交涉兼或签订条约而告终，宣教与保教是法国谋求在华利益的重要途径。中法战争前后，除贵县三板桥事件及上思事件正处中法交战之时，法国无暇顾及，但西林教案、乐里教案及永安教案[①]等教案均涉及中法间的交涉，兼或签订条约以满足法国在华殖民扩张。教案的出现不利于地方社会安定，中法战争影响下，广西民教冲突与中法越关系变化间的联系值得关注，广西教案中的越事因素同样需要重视。

第一次《西贡条约》签订后，越南渐而成为法国殖民地，中越宗藩关系走向崩溃。清光绪九年（1883 年）法军再次入侵北圻欲将其纳入法国的殖民控制之下，其侵略目标直指中国。法据越南，其多次试图借助传教士之手探查我国广西边务。光绪七年九月十二日（1881 年 11 月 3 日）总署收广西巡抚庆裕函称，法国人“奋踞南圻六省。其富春河内两处都城，亦为该国分占。今又在驱骡牧马增建教堂，且探我南关形势，其心叵测”[②]。上思州与越南接壤，庆裕认为法国借传教士在越南边境建教堂探查广西镇南关的形势。在上思教案发生地，光绪九年十二月二十六日（1884 年 1 月 23 日），时任广西巡抚徐延旭上报法国人勾结教民。[③]同年，时任两广总督张树声强调“惟现在该国富于道欲于两省大起教堂，而越南法人亦亟亟

① 中国第一历史档案馆、福建师范大学历史系合编：《清末教案》第 4 册（耿昇、杨佩纯），北京：中华书局，2000 年，第 11 页。

② “中央研究院”近代史研究所编：《中法越南交涉档》第 1 册，台北：“中央研究院”近代史研究所，1962 年，第 167–168 页。

③ 中国史学会主编：《中法战争》第 5 册，上海：新知识出版社，1955 年，第 277 页。

以扩充为务”[①]。在中法越关系变动之际，清政府极为关注巴黎外方传教会传教士在桂传教活动与法国在中越地区殖民扩张活动间的密切联系。

虽然目前尚未有外文资料表明传教士直接参与中法战场交战。但从曾参与中越边境勘界的法国官员海士（Hass）与法传教士富于道（Pierre-Noël-Joseph Foucard）的信件来看，法方一直企图利用传教士身份在广西进行情报探查。1886 年 11 月 2 日海士给法国代表团团长的信中提及，“我刚获知，广西宗座代牧主教富于道大人在距这里两二三天的边境地上思。我派一名信使去找他，搞一些情报。”[②] 其意图通过传教士富于道获取广西情报。同日，海士另一份报告中“我给他送去一辆车子，要求提供些情况”[③]。中法战争前后，无论是中外文资料均提及法国利用传教士身份在广西进行探查情报等类似事件。

随越南沦为法国殖民地后，法国传教士在广西边境附近的传教活动对广西及云南边疆安全造成极大威胁。可见，中、法两方均十分重视巴黎外方传教会传教士作为法国人的世俗身份，并关注传教士借助传教活动获取情报等相关活动。与此同时，中法间三番五次针对广西教案交涉的过程中，法国借助条约制度持续性的保教行为与广西社会内部反教活动影响下，法国借助保教谋求其在华殖民扩张使民教冲突陷入恶性循环之中。

（二）基于广西地方社会视角

广西临近越南的地缘环境给天主教传教活动的开展带来一定程度上的优势。如富于道初至上思传教时，“上思县有个别山民曾到越南，并在那里受洗入天主教。富于道得到他们的帮助，很快就在上思县立住了脚跟。”[④] 而后，富于道于 1873 年在上思设天主教堂。法据越南后，为传教士入桂传教提供了便宜的路径。

由于中西文化差异，巴黎外方传教会在桂活动引起一系列社会问题。首先，天主教传教活动打破了传统社会秩序及礼仪规范，如上思反教揭帖中称：“要加入这个宗教，首先必须烧掉祖先的牌位，摧毁他们的坟墓；

① “中央研究院”近代史研究所编：《中法越南交涉档》第 1 册，台北：“中央研究院”近代史研究所，1962 年，第 167–168 页。

② 雷爱斯、黄少愚编著：《上思文史大观》，桂林：漓江出版社，2015 年，第 57 页。

③ 同上。

④ 广西壮族自治区地方志编纂委员会编：《广西通志·宗教志》，南宁：广西人民出版社，1995 年，第 11 页。

国外的传教士说，通过这种方法，人死后可以升天。”[①] 其次，天主教传教活动违背了传统社会的纲纪伦常，如天主教祷告仪式与诸如中国传统“男女授受不亲”等习俗相违背。[②] 可见，非教徒并不认同基督宗教仪式，在中法两国间敌对关系加重之时，使得民教矛盾愈发凸显。

中法战争期间，在国家面临危机之时，巴黎外方传教会的传教活动受到了广西社会的强烈抵制。由于中法战争前期主战场在越南北部和广西的边境地区，愈发加剧民众反教排外情绪。与此同时，广西地方社会的反教言论亦十分激烈，反教揭帖层出不穷。在临近越南的上思，“传教士和他们的基督徒被指控支持法国人，并储存武器，以帮助中国的敌人占领这个国家。”[③] 在市场上，“匿名海报煽动民众驱逐基督徒；在每个集市日，都会有一个人在街上挂着鼓声，他的背上挂着一个大牌子，上面写着禁止出售任何外国宗教的宗派物品。”[④]

受中法战争影响，贵县三板桥教案、上思教案的发生均将传教士与法国对华侵略活动相联系。在上思教案中，受越事影响，上思地区传闻法教堂暗运军火，民教冲突因此而起。光绪十年正月三十日（1884 年 1 月 13 日）两广总督张树声称“上思州传闻法教堂暗运军火，有勾结法人之嫌，已饬查防”[⑤]。贵县三板桥事件同样如此，1883 年，贵县募兵抗法时，“正在贵县传教的法国籍李神甫为了破坏援越抗法，阻挠教徒报名应募，还四处散布谣言，污蔑援越抗法斗争，并且以逐出教会，收回出租田地等相威胁。”[⑥] 因此爆发贵县三板桥事件。贵县及上思教案的出现，是在中法战争影响下，地方社会强烈的“排外”情绪导致教案的出现。受越事影响，广西社会将反教排外活动与抗法战争相联系，尤其反对法巴黎外方传教会传教士在桂活动，这成为清末广西民教冲突发生的重要因素。

---

① Adrien Launay, *Histoire Des Missions De Chine: Mission Du Kouang-si*, Paris: P. Téqui, 1903, p. 277.

② Ibid.

③ Ibid.

④ Adrien Launay, *Histoire Des Missions De Chine: Mission Du Kouang-si*, p. 275.

⑤ “中央研究院”近代史研究所编：《中法越南交涉档》第 4 册，台北：“中央研究院”近代史研究所，1962 年，第 1619 页。

⑥ 广西壮族自治区地方志编纂委员会编：《广西通志·宗教志》，南宁：广西人民出版社，1995 年，第 78 页。

（三）基于传教者、信教者与反教者视角

由于叙事主体的立场与动机不同，反教者、信教者、传教者对教案的叙事呈现出较大差异。而在越事影响下，不同的社会群体对待清末广西教案的不同态度，可见清末广西教案的多元面向。

其一，传教者的视角。作为传教活动的主要参与者，也是中法间因教案交涉的直接受益者，法国传教士自身也意识到其在中法国家间交涉过程中的重要作用。“在某些情况下，至少，法国传教士，在他们要求赔偿的时候，表现出他们强烈地意识到他们的角色是为了提升法国和教会的威望和权力。”① 与此同时，也有一些在广西法国传教士认为：“在中国的天主教传教士认为他们只是外交游戏中的棋子。”② 因中法战争与中外交涉的影响，广西境内接二连三的教案及反教活动，使法国传教士此前的传教工作遭到破坏，并使传教士及教民频频遭受暴力威胁。对于英美传教士而言，其同样指出广西天主教教案涉及赔款、建教堂等相关事宜均与法国在华保教权相关。美国玛利诺外方传教会有传教士指出，19 世纪中后期，“天主教依靠法国的民事和军事代表为实际和所谓的不法行为获得赔偿。”③ 因法传教活动引起中法、越法间的交涉，扩大法国殖民活动的同时也保障了法巴黎外方传教会传教活动的开展。

其二，反教者的视角。自西林教案发生后，清末广西地方绅民的反教活动一直存在。反教者通过暴力行为反对天主教传教活动，如捣毁教堂、禁止礼拜、劫掠传教士等方式。受越事影响，“清光绪八年，法图越南，贵县知县焦肇骏，奉檄招募壮丁，以李亚英主其事。九月，亚英合数百人，群趋桥坪三板桥，捣毁天主堂，并缚去司铎等。”④ 贵县三板桥教案的发生恰逢法图越南之际，反教活动的出现不仅是中西文化差异的影响，也是在中法战争影响下，地方社会面对中法战争所带来威胁时的真实反映。无论是上思教案，还是贵县三板桥事件，均表明地方反教者将法传教士与法国帝国主义侵略活动相联系，反教行为也是中法战争期间民族情绪的外化

---

① Paul A Cohen, *China and Christianity: The Missionary Movement and the Growth of Chinese Antiforeignism,1860-1870*, Cambridge, MA and London, England: Harvard University Press, 2013, p. 130.

② I. K. Funk, D. D., *The Homiletic Review*,Vol X , New York : Funk & Wagnalls ,1885, p. 439.

③ Jean-Paul Wiest, *Maryknoll in China: A History, 1918-1955*, Armonk, N.Y: Sharpe, 1988, p. 46.

④ 民国《贵县志》卷二《社会》，民国二十四年（1935）铅印本，第 139 页 b。

表现。中法战争加剧了广西绅民对法传教士及其传教活动的歧视与仇恨。

其三，信教者的视角。随中法越关系发生变化，传教士及教徒均被地方绅民排斥。广西天主教教徒的日常生活受到威胁，从贵县三板桥地区教徒经历来看，“属于新信徒的稻子还在萌芽中，就被砍了。一个天主教徒的母亲,他的继母和继母的孩子都被绑架了。”[①] 传教士罗惠良(Joseph-Marie Lavest) 去官府提交诉状时，也被关进了监狱。另一名签署该诉状的教徒，被人“吊在他家的屋顶上，并用树脂火把烧毁了身体的几个部位”[②]。此外，“在茶朗，每天晚上都有针对天主教徒的集会和威胁，学校和药房都被扔石头。”[③] 中法战争影响下的广西社会，反教排外活动频起，动荡不安的社会环境使普通教徒同样难以幸免。

19 世纪末广西教案及民教冲突的出现受法殖民扩张活动影响极大。中法战争期间，法国无暇顾及在广西传教群体的处境，从 1880 至 1885 年期间，法国传教士相继被驱逐出广西。与此同时，中法战争也给广西民教冲突的出现带来持续性的影响。清末广西的反教活动，逐渐从反对天主教给地方社会带来威胁、反对法国殖民侵略，逐渐演变成盲目的、暴力的群体恶性事件。

三、教案与越事影响下的官方治理与地方因应

西林教案的出现正值太平天国运动进行之时，“太平天国战争爆发后，清政府愈发加强了对教会的猜疑和防范，政教关系由此更加紧张。”[④] 英法联军借口西林教案发动第二次鸦片战争，并签订《天津条约》和《北京条约》。为避免引起中外交涉与冲突，西林教案之后至中法战争前，在西林教案的前车之鉴下，地方官员对传教士的态度较为“友善”。随着条约的签订，为避免与法传教士发生冲突而引起中外交涉，地方官员并不直接反对传教士入桂传教，但清末地方社会的反教活动一直未曾停止。

由于中外条约频频签订，激烈反教的广西绅民与表面上为避免引起民教矛盾的清政府形成鲜明对比。广西社会逐渐形成传教士、教民与地方官

---

① Adrien Launay, *Histoire Des Missions De Chine: Mission Du Kouang-si*, Paris: P. Téqui, 1903, p. 274.

② Ibid.

③ Ibid., p. 280.

④ 杨大春：《略论太平天国运动对清政府教会政策的两种影响》，《安徽史学》，1999 年第 31 期，第 59 页。

员间畸形的三角关系，“清季教民，或托庇外人，陵轹良善，作奸犯科。苟拘讯，教士辄出而抗议，以是地方官吏几不敢顾问”①。传教士听从本地信徒，目的是为吸引民众信教，而清政府则极力避免民教冲突成为殖民者对华侵略的借口。但这种微妙的平衡所依仗的不过是因民教冲突而起的中外交涉带来对传教士的庇护，也必然会在短时期内因再次出现的民教矛盾而被打破。实际上，清政府一直十分关注天主教在桂传教活动，“民教相安”的教案处理方式实际是清政府困于中外交涉而采取妥协的态度。

因越事而起的中法战争发生前，清政府就已经重视中越边境地区的民教冲突。随中法越三国关系的变化，清政府十分重视越南问题，曾纪泽指出“法人觊觎越南已久。越南危，非中国之福”②。由于法传教士特殊的身份，清政府十分关注天主教传教活动与法国殖民扩张活动之间的联系。同月 15 日，清政府告诫越南，“越南宜严束士民，勿予法人以口实，致成开衅之由；杀人焚屋等事，皆无益而有害者也。”③

在受战争威胁之际，广西巡抚倪文蔚称：“而上思州一带与广东钦州、越南广安相接，教民颇多，意怀叵测。”④可见地方官员对传教士及教民颇为关注。至光绪十年（1884 年）上思教案的出现同样受到越事直接影响。广西巡抚徐延旭将上思教案与越事时，奏称：“教堂勾匪滋事，法人窥犯北宁，现经添营备御，请饬催拨饷需一折。”⑤且上思地方社会民众反教情绪十分激烈，“其时民事汹汹，深虑激成事端”。⑥正是在中法战争的危机下，受越事影响，地方绅民及官员密切关注法传教士在中越边境上思地区的活动。

更为值得关注的是中法战争期间与战后，教案中对“匪”身份定义的变化反映了官方及广西社会对待教案与越事的态度变化。在受中法战争影响较大的上思地区，广西巡抚徐延旭指出：“然该教匪等若只于出境助贼，

---

① 民国《贵县志》卷二《社会》，民国二十四年（1935）铅印本，第 139 页 b。

② （清）曾纪泽：《曾敏公文集》卷 4，清光绪十九年江南制造总局铅印本，第 16 页 a。

③ 中国史学会主编：《中法战争》第 4 册，上海：新知识出版社 ,1955 年，第 258 页。

④ 军机处原档编印：《清光绪朝中法交涉史料》，民国二十一年至二十二年（1932–1933）排印本，第 45 页 a。

⑤ 中国史学会主编：《中法战争》第 5 册，上海：新知识出版社，1955 年，第 295 页。

⑥ 同上，第 282 页。

为害犹轻若，勾引匪徒滋事内地，为害实非细故。”① 与此同时，广西官员多次上报法国人勾结教民。此处，广西巡抚徐延旭明确将上思天主教堂中的教徒称为“教匪”。中法战争期间，官方及广西地方绅民与“教匪”对立，实际是反对法国殖民扩张活动的国家意识形态在地方社会的表现。

至 19 世纪 90 年代，官方对“匪”身份的定义发生转变。乐里教案中的反教者游维翰，曾参与中法战争并抵御法国殖民侵略，“初隶冯子材部下，参加中法战役，有众数千，后为苏元勋统属”，② 其摇身一变成为“匪首”。光绪二十二年，游维翰不满中法议和，“遂率众西来，抵乐里，时法新来教士三人，甫至三日，游愤恨捉教士杀之。”③ 在追捕游维翰过程中，“因匪事不支，游遂率部下三千余人，到潞城归顺，但法人仍抗议惩凶，乃将游处斩于潞城”。④ 这种对“匪”身份的定义转变是清末国力衰微的表现，致使清政府转向与法国妥协的现实选择。

中法战争结束后，法据越南，越事与教案仍对广西社会造成延续性恶劣影响。永安教案发生后，清政府依照法方要求进行赔偿，但清政府与法使议结永安教案过程中，法方为谋扩大其在华利益，企图将修筑铁路一事同教案混为一谈。1887 年，中法签订《续议商务专条》开放龙州为通商口岸。1889 年中法交涉过程中，法使将修建铁路归并至永安教案处理中。“1889 年 5 月，一位在广西的法国传教士苏安宁（Bertholler）神父被杀害。作为对这一暴行的额外补偿，法国政府获得了从北海到南宁修建铁路的权利。”⑤ 法国借口永安教案一事，要求清政府承认法国在广西地区的铁路修建权，从而谋求更大利益并进一步扩大法国在广西的殖民势力。

相较于清政府对教案态度的变化，广西地方乡绅的反洋教活动从未停止。无论是受越事影响的贵县三板桥事件、上思教案，还是中法战争结束后的永安教案，清政府处理教案的态度与地方社会反教的行为呈现出较大差异。随帝国主义国家对华侵略加剧，频频而来的中外交涉及条约的签订，割地、赔款、建教堂等种种要求使清政府疲于应对。清政府对待广西教案

① 中国史学会主编：《中法战争》第 5 册，上海：新知识出版社，1955 年，第 277 页。

② 民国《田西县志》第 6 编《文化》，台北：成文出版社，民国二十七年（1938）铅印本，第 181 页。

③ 同上，第 181 页。

④ 同上，第 182 页。

⑤ Paul Samuel Reinsch, *World Politics at the End of the Nineteenth Century : as Influenced by the Oriental Situation*, New York: The MacMillan Company, 1900, p. 146.

的态度变化同样呈现出清政府外交关系的式微与国力的衰微。

结语

自西林教案发生后，教案成为中外交涉过程中清政府面临的核心问题之一，也是地方社会治理的关键所在。不可否认，“中西文化冲突”是分析民教冲突的重要路径之一，但将19世纪末广西教案的发生放置于当时历史情境来看，由于法传教士与法殖民扩张活动的关系、中法战争与广西的地缘位置及中法越关系变化对广西社会的影响等，广西教案中的越事因素同样需要重视。受中法战争影响，由于广西临近越南的特殊地缘环境，加之反教仇教的社会“传统”，因巴黎外方传教会在桂传教活动而引起中、法间的交涉与矛盾层出不穷。而法国利用教案开展帝国主义殖民扩张活动，其在中越地区殖民权益的获取在一定程度上呈现出相似性，均借“民教冲突”挑起国家间的交涉甚至战争。概言之，清末广西天主教教案不仅是地方性的社会冲突事件，在国际政治冲突背景下，因教案引起的中外交涉已与国际政治事件相联系，故而清政府的对待教案的处理态度与地方社会反教行为呈现出较大差异。在变迁的社会历史与变动的国际关系中思考清末广西教案的发生及其对广西社会的影响，这为理解清末广西教案提供了新的视角。与此同时，清末广西天主教教案中的越事因素不仅对思考清末广西边疆治理具有一定借鉴意义，在某种程度上也为晚清中外关系由朝贡体制转向条约制度的过程提供有益思考。

双赢的分离：试析智利天主教会的去特权化

——19 世纪中期至 1925 年

张佳蓉[①]

内容提要：智利建国初期，以天主教国教地位为核心的教会诸多特权得以确立。19 世纪中期始，在经济社会发展、政治主导力量自由化、实证主义和基督新教等因素的影响下，智利天主教会去特权化进程启动。这一进程主要从经济、政治和社会层面对智利天主教会特权进行削弱，表现出法律的重要性、过程的非暴力性和结果双赢性的特点。智利天主教会的去特权化，对国家和教会均产生了深远影响。总体而言，这是一场对政教双方具有双赢性的宗教本土化实践。

关键词：智利，天主教会，宗教特权，本土化，政教分离

Win-win separation: An analysis of the deprivilege of the Chilean Catholic Church

——Mid-19th century to 1925

ZHANG Jiarong

Abstract: In the early years of Chile's founding, many privileges of the church centered on the status of the Catholic state church were established. Since the mid-19th century, under the influence of economic and social development, the liberalization of political dominant forces, positivism and Protestantism, the process of de-privilegization of the Catholic Church in Chile

---

① 张佳蓉，南开大学历史学院博士研究生。

has started. This process mainly weakened the privileges of the Catholic Church in Chile from the economic, political and social levels, showing the importance of the law, the non-violent nature of the process and the win-win nature of the result. The de-privileging of the Catholic Church in Chile has had a profound impact on both the state and the church. On the whole, this is a religious localization practice with a win-win situation for both political and religious parties.

Keywords: Chile，Catholic Church，Religious Privilege，Localisation，Separation of Church and State

19 世纪初的智利虽经历了从殖民地到主权国家身份转变的历史过程，但其政教关系的本质仍是殖民时期的政教结合。殖民时期的政教结合构建了殖民者控制新大陆的有效政治文化体系，智利独立后的政教结合则是领导阶层权衡利弊的逻辑结果，历史事实表明，政教结合对智利较快地结束独立引发的社会动荡、维护国家稳定发挥了积极影响。然而时移事易，19 世纪中期后，智利的政教关系经历了由政教结合向政教分离的逐渐转变，集中体现为天主教会的去特权化，1925 年智利颁布新宪法标志这一转变的完成。所谓教会特权，主要是基于法律变迁背景下教会权力的政府权力化，在智利政教关系变迁中体现为教会司法权、民事登记权和国教地位等的丧失。智利天主教会具有拉美天主教会的共性，但同时有其独特之处。本文主要以智利政府颁布的涉及宗教问题的法律为基础，初步探究 19 世纪中期至 1925 年智利天主教会去特权化的动因、进程及影响。

一、智利天主教会去特权化的动因

1. 经济社会的发展

从独立到 20 世纪 20 年代，大庄园制为基础、经济的发展与早期工业化、新社会群体的出现构成智利政教关系变化的根本动力。在政府简化财政制度、关税法等系列经济措施的刺激下，“国家的对外贸易总值从 1825 年的 750 万美元上升到 1875 年的 7400 万美元”[①]，人均出口额也由 1830 年的 3.9

① ［英］西蒙·科利尔：“从独立到太平洋战争时期的智利”，载［英］莱斯利·贝瑟尔，中国社会科学院拉丁美洲研究所译：《剑桥拉丁美洲史》（第 3 卷），北京：社会科学文献出版社，1994 年，第 608 页。

美元增长至 1890 年的 19.4 美元和 1912 年的 39.5 美元，①出口繁荣从根本上促进了智利国内经济的发展。②太平洋战争（1879–1883）后，智利开启了在硝石繁荣催生下的早期工业化，"1880 年后，智利工业发展速度明显提高，至 1895 年，智利大约有 2500 家制造工厂，而超过 75% 的工厂都是在 1880 年后建立的。"③与采矿业类似，智利的制造业也经历了由独立初期的城市小作坊手工业者和工匠为主，向 19 世纪中叶后得益于出口繁荣而兴起的炼铜厂、面粉厂、纺织厂、食品加工和酿酒厂等的转化。农业方面，太平洋战争后，基于硝石繁荣的"联系效应"，智利的农业市场规模与生产率有了扩大和提高，"在 1910–12 年至 1928–32 年期间，智利农业部门的生产力以每年约 1.5% 的速度大幅度持续增长。"④

基于商业与农业的发展，智利的社会结构随之变化。在上层阶级与劳苦大众中间产生了人数较少、来源复杂的所谓"中间群体"，其中"包括小企业主和小农场主、人数日益增多的从事贸易的办公雇员、行政机构的下等成员（甚至在 1880 年他们的人数只不过有 3000 人）以及城市中的手工业者和工匠"⑤。这一社会结构新变化也反映在国会议员的构成上，并在 1874 年选举程序改革后得到强化。"随着 1863 年激进党的出现，智利政治核心趋于多元，这归结于矿业、工业、贸易家和教授这些重要群体进入议会，'他们成为智利权贵内很小但有时作用很大的组成'。"⑥总的来看，这一时期智利的经济社会结构呈现旧中有新的特点，这种经济社会领域新与旧的交织是政教关系转变并呈现和谐与紧张交替运动的根本原因。

2. 政治社会思想的变化

19 世纪中期后智利政治自由化与社会思想层面实证主义的传播发展，

① [英]维克托·布尔默–托马斯著，张森根、王萍译:《独立以来的拉丁美洲经济史》(第三版)，杭州:浙江大学出版社，2020 年，第 39 页，第 71 页。

② Simon Collier and William F. Sater , *A History of Chile 1808-2002*,New York:Cambridge University Press,2004,p.85.

③ 韩琦、胡慧芳:《智利硝石业的发展与早期现代化》，载《世界历史》，2010 年第 1 期，第 94 页。

④ Marco Ballesteros and Marto Ballesteros, "Desarrollo Agricola Chileno, 1910-1955" ,*Cuadernos de Economía*, 1965(5),p.23.

⑤ [英]西蒙·科利尔:"从独立到太平洋战争时期的智利"，载[英]莱斯利·贝瑟尔，中国社会科学院拉丁美洲研究所译:《剑桥拉丁美洲史》(第 3 卷)，第 620 页。

⑥ Andrés Estefane and Juan Luis Ossa, "Militancy and parliamentary representation in Chile, 1849-79. Notes for a prosopographical study of the chamber of deputies" , *Parliments, Estates & Representation*, 2017(2),p.162.

不仅削弱了教会政治盟友的力量，后者也以教育为核心冲击了教会的权力。智利的政治保守主义与自由主义同国家的独立相伴生，经过独立后短暂的政局混乱，19 世纪 30 年代，保守主义获得了胜利并以绝对优势掌控了政权。"尽管与邻国相比，智利在政治上是稳定的，但在 1833 至 1891 年间，保守派和自由派之间在政教关系和政权的宪法结构上持续存在冲突。"①保守派主要由大地产主、传统家族和天主教上层教士等力量组成，因此维系政教结合是保守派的共识，表现在保守派认为教会应继续作为监督个体出生、结婚与死亡的机构，依然征收什一税、管理公共教育，保留教会在城市与农村的财产并发挥教会借出资本的银行职能等作用，"简而言之，保守派希望将教会恢复到它在 17 世纪享有的权威地位。"②19 世纪 30 年代的智利保守主义政府，以立宪的方式践行了其教会的社会作用理念，使教会在 19 世纪前期继续充当维持智利既有社会结构的权力两极平衡中的宗教一极。

智利政治自由派在蒙特（Montt）总统时期控制了政府，"在自由主义政府控制下，政府致力于反对天主教教育并推动政教分离的实现。"③自由派主要由新兴矿业家、商人等力量组成，繁荣的出口经济为自由主义政治思想重回政治中央创造了条件，自由主义政教关系观的核心就是政教分离。基于自由主义追求的法律面前人人平等与公民首要效忠于国家而非教会等其他殖民地社会遗留社团的理念，他们认为"教会不应该在国家的政治和经济生活中发挥核心作用"④，表现在自由主义力图建立出生、婚姻与死亡等与国民身份相关的民事登记，废除什一税，剥夺教会拥有的大量土地等方面。19 世纪中期后主导智利政治思想的自由主义化，是天主教会去特权化开始的主要政治因素。

实证主义作为具体的方法论为 19 世纪中期后的自由主义领导所用，无怪乎派克直言，"1860–1900 年智利教会影响力下降与实证主义的发展有

---

① Lois Hecht Oppenheim, *Politics in Chile: democracy, authoritarianism, and the search for development*,Colorado:Westview Press,1999,p.10.

② John Frederick Schwaller , *The History of the Catholic Church in Latin America* ,New York and London: New York University Press , 2011,p.131.

③ Reverend Roderick P.Wheeler,O.F.M.*The Church in Hispanic America From Independence to the Present* ,New York:The Society for the Propagation of the Faith,1945,p.19.

④ John Frederick Schwaller , *The History of the Catholic Church in Latin America* , pp.131-132.

关。”[①] 实证主义者以改革教育为着眼，坚持主张宗教与教育的分离，并由国家主导教育。太平洋战争后自由党和激进党开始致力于推动国家的教育世俗化，并投入 100 万比索用来修建新学校和招聘外国教师。“1883 至 1887 年，35 位德国教师到达智利，充当国家师范学校发展的引路人。”[②]“实证主义思想为政府上层人物和专家治国论者采纳盛行的经济模式及其权力主义结构提供了合法性。”[③] 总而言之，兴起于 19 世纪中期、全盛于世纪之交的实证主义以教育为核心对天主教会的权力与影响力造成了冲击。

3. 新教的发展

新教不接受天主教会管辖，也不承认罗马教皇的最高权力，由此冲击了天主教会的权威，并在一定程度上推动了宗教自由的实现。美国卫理公会传教士特朗布尔（Trumbull）对智利新教发展发挥了重要作用，1847 年，特朗布尔组织了新教联合教会（Union Church）。由于智利 1833 年宪法禁止公开进行非天主教的宗教活动，所以他们在家中秘密聚会。得益于自由主义与新教思想之间的密切关系，19 世纪中期后新教得到了更多的发展。1856 年，南美洲首个新教教堂在智利建立。特朗布尔为传播新教分发西班牙语《圣经》的做法引起了圣地亚哥大主教巴尔迪维索（Valdivieso）的注意，大主教在牧函中警告天主教徒防止新教的反天主教行为。19 世纪 60 年代，自由派的掌权对天主教会而言是去特权化的开始，而对新教来说则是发展的新开端。新教先后建立了瓦尔帕莱索圣经学会（Valparaiso Bible Society）、圣地亚哥首个西班牙语公理会（Spanish-speaking congregation）、瓦尔帕莱索公理会和塔尔库公理会，随特朗布尔联合教堂蓬勃发展而来的是志愿者团体的兴盛，“如改革俱乐部（Club de la Reforma）支持宗教自由的立法，公民婚姻和其他自由党的利益。”[④] 新教与自由派某些利益的一致性使其联合共同削弱天主教的权力，主要表现

---

① Frederick B. Pike, “Church and State in Peru and Chile since 1840: A Study in Contrasts”, *The American Historical Review*, 1967(1),p.38.

② Gertrude Yeager, “Religion, Gender Ideology, and the Training of Female Public Elementary School Teachers in Nineteenth Century Chile”,*The Americas*, 2005(2),pp.241-242.

③ [英]约翰·林奇：“1830–1930 年拉丁美洲的天主教会”，载[英]莱斯利·贝瑟尔主编，中国社会科学院拉丁美洲研究所译：《剑桥拉丁美洲史》第 4 卷，北京：社会科学文献出版社，1991 年，第 586 页。

④ H. McKennie Goodpasture, “David Trumbull: Missionary Journalist and Liberty in Chile, 1845-1889”, *Journal of Presbyterian History (1962-1985)*, 1978(2), p.156.

为削弱天主教会对公共墓地的控制，取消天主教会对婚姻等民事登记以及宗教自由的实现，因此新教也是影响智利政教关系的重要因素之一。

二、智利天主教会去特权化的表现

19 世纪中期到 1925 年，智利天主教会的去特权化反映在政教关系领域即和谐与紧张交替的政教互动。19 世纪 40 年代，布尔内斯政府颁布了使非天主教徒摆脱按照天主教仪式举行婚礼义务的《异见者婚姻法》（Ley sobre Matrimonio de Disidentes）、政府行政当局有权监督教士以确保其履行职责的《民事赞助法》（Ley sobre el Patronato Civil）和《宗教职业法》（Ley sobre Profesion Religiosa），“这些法案在教士中引起了相当大的讨论和分歧，破坏了教会与世俗当局之间长期的和谐关系。”① 但早期政教关系的紧张并未持续发酵，1846 年政府颁布了处罚公开攻击天主教行为的法律，天主教也以新成立的《天主教杂志》为阵地来遏制颠覆教义的理念。蒙特政府前期，政府拨给天主教的预算连年增加，并在颁布的《智利民法典》中体现了对婚姻宗教性的重视，“其民法典主张宗教权威决定婚姻有效与无效。”② 真正促使政教关系由和谐向紧张转变的是 1856 年的“教堂看守人事件”③，该事件所显示的政府与教会就司法方面的纠纷分裂了保守派，客观上削弱了教会的政治支持力量，此后在自由主义政府主导下开启了天主教会的去特权化。

佩雷斯（Pérez）执政后，由于蒙特政府晚期政府与教会的司法矛盾导致保守派分裂为支持蒙特的保守党和自由党—保守党联盟，所以后者组成了议会。彼时宪法改革理念在政府占据上风，不仅通过了禁止总统连任的宪法修正案，还在 1865 年通过了对 1833 年《宪法》第 5 条的解释性法律，

① J.Lloyd Mecham,*Church and State in Latin America:A History of Politico-Ecclesiatical Relaitions*,Chapel Hill:the University of North Carolina Press, 1934,p.255.

② 夏立安:《民法典评价的方法论———基于对〈智利民法典〉的解读》，载《关东学刊》2022 年第 3 期，第 27 页。

③ 1856 年，两名教士与大主教巴尔迪维索对教会开除一位教堂看守人的行为意见相左，大主教将这两名教士的反对意见视为对上级的不尊重，从而将这二人停职。这几人随后向智利最高法院提起上诉，最高法院撤销了教会法庭的裁决。巴尔迪维索认为世俗法庭不能对教会内部管理事务作出裁决，并要求蒙特总统介入为教会辩护。总统拒绝了，因为宪法禁止干涉最高法院的裁决。大主教当时面临被解雇或恢复看守人和教士的职位两种选择。虽然双方很快达成了妥协，但这一事件显示的国家与教会的司法矛盾成为自由派政府开启去教会特权的最早目标。

即“允许不信奉罗马天主教的人在私人拥有的建筑物内进行礼拜。允许异教信仰者建立和维持私立学校，向其子女传授他们的宗教信仰教义”[①]。这一“法律解释”在将新教在智利的发展合法化的同时，无疑也是对天主教独一的宗教权威的削弱。

如果说 19 世纪五六十年代智利天主教会去特权化带有隐秘性的话，那么从 1871 年埃拉苏里斯政府（Errázuriz）开始，关于天主教教会职能与世俗职能的划分问题成为所谓“神学问题”在政治领域广泛讨论，使得政教关系的紧张状态公开且持续。1871 到 1886 年，自由主义政府分阶段从不同层面取消了教会的相关权力。19 世纪 70 年代的“神学问题”主要是抑制教会司法权、墓地世俗化、民事婚姻与政教分离，自由主义政府的这一行为遭到保守派与教会的共同反对，巴尔迪维索大主教不仅将支持法律改革的人逐出教会，还带领教士“攻击一切被他们认为是对绝大多数人的良心犯罪的东西”[②]。虽然政府的改革遭到较为普遍的反对，但仍然成功废除了教士的司法特权，1874 年颁布的《刑法》对违反国家法律的宗教人士列出了惩罚措施。关于墓地的使用和管制，政府规定新教徒可以埋葬在天主教墓地的指定区域。

1878 年大主教巴尔迪维索离世，由此引发的继任者人选风波成为圣马里亚政府（Santa María）去教会特权的导火索。平托政府（Pinto）推荐具有自由主义倾向的塔福罗（Taforo）为候选人，先后遭到了智利神职人员和罗马教皇的反对，进而导致大主教一职的空缺状态延续到了下一届政府。圣马里亚执政后，教皇特使塞莱斯蒂诺·德尔弗拉特（Celestino del Frate）应他的请求到智利考察大主教空缺一事，然而，通过考察教皇特使否认了智利政府提名塔福罗的合理性，并建议教皇拒绝这一提名。政府与梵蒂冈谈判的失败使智利领袖意识到，“教职人选推荐权不是国家主权的固有权利，因为政治权力缺乏足够的手段来执行它，”[③]这一事件强化了智利自由主义政府去教会特权的决心。

于是，在国会几乎全由自由党、激进派和民族主义者组成的条件下，

---

① Lei interpretativa del articulo 5.de la Constitucion,http://www.memoriachilena.gob.cl/602/w3-article-94949.html.

② [智利]路易斯·加尔达梅斯著：《智利史》，[美]艾萨克·乔思林·考克斯编译，辽宁大学历史系翻译组译，沈阳：辽宁人民出版社，1975 年，第 594 页。

③ J.Lloyd Mecham,*Church and State in Latin America:A History of Politico-Ecclesiatical Relaitions*,p.259.

政府通过了系列教会改革法律。1883 年 8 月，政府通过了《埋葬尸体》的法律草案，规定"在国家或市政当局管理的公墓中，不得以任何理由阻止已获得或正在获得私人或家庭墓葬的人的尸体下葬，也不得阻止一贫如洗者下葬"①。由此，智利的公墓实现由教会控制转变为政府控制。紧随公墓世俗化而来的是 1884 年 1 月，政府通过了关于《民事婚姻法》的法律草案。该法规定，"不符合本法规定的婚姻，不产生民事效力。对遵守本法所产生的所有问题的审理和裁决，应由民事法庭负责。"②《民事婚姻法》对缔结婚姻的条件、程序、离婚的条件等作了规定，并在过渡性条款中指出："如果教会当局拒绝举行婚礼，各部门的法官应根据本法的上述规定完成婚礼。"③该法使负责民事登记的官员主持的民事婚姻仪式合法化并具有强制性，同时在法律层面剥夺了教会在构建家庭方面的权力。不过，虽然没有教会参与的婚姻已经具有效力，但那些希望在民事婚姻前后举行宗教仪式的人仍可自由地举行宗教仪式。同年 7 月，政府通过了《民事登记法》，即由教会管理的涉及出生、婚姻与死亡的人口动态登记权力转移到国家手中，"自由党人称，登记簿的保管不是一种宗教行为，而基本上是一种行政行为，应该委托给民事当局。"④

天主教会对政府的上述行为采取了反抗行动，例如针对世俗公墓的法规，教徒仍会将尸体暗中埋葬在教堂内，而将装着石头的棺材埋在公墓中；有些教士将 1886 年流行的严重霍乱归咎于政府的改革；拉腊因（Larrain）主教也动员教徒只在教会结婚而无视政府的《民事婚姻法》，总的来说，"某些类似'宗教战争'的活动蔓延于这些年里。"⑤也正是由于政教关系的紧张在社会领域愈演愈烈，使得圣马里亚政府放弃了政教分离的计划。接替圣马里亚出任智利总统的是其内政部长巴尔马塞达（Balmaceda），"他没有自欺欺人地认为解决教会与国家的关系问题很简单，因为他意识到这

---

① "Inhumaclon de Cadaveres", Boletin de las Leyes i Decretos, Santiago de Chile:Imprenta Nacional,Calle de la Moneda,1883.

② "lei de matrimonio civil", Boletin de las Leyes i Decretos, Santiago de Chile:Imprenta Nacional,Calle de la Moneda,1885.

③ Ibid.

④ J.Lloyd Mecham,*Church and State in Latin America:A History of Politico-Ecclesiatical Relaitions*,p.262.

⑤ Simon Collier and William F. Sater, *A History of Chile 1808-2002*,p.150.

需要费力和谨慎的政府行动。”[①] 基于此，在他就任总统后按照天主教士的意愿解决了大主教职位的空缺问题，1887 年卡萨诺瓦（Casanova）被任命为圣地亚哥的大主教，这便开启了25 年乃至更久的较为和谐的政教关系。

1891 到 1920 年，议会共和国里以教育为核心的教会在国家的地位问题仍然存在，代表性观点主要有两种，即“保守党认为国家应当尽量少办教育，而从宗教观点来看，这就允许私人有教学的充分自由；此外，国家无论如何应该用它的权力来保护天主教。激进党则认为教育必须尽可能只由国家来办，并且认为学校教育如果是在国家监督下进行的话，那么这种学校教育就应该是强制的、自由的、各科都应是非宗教的，而教学不受私人干涉。至于宗教，国家应当维持信仰的绝对自由，甚至使教会与国家分离”[②]。1920 年，激进党与民主党联盟在投票中获胜，终结了智利的议会共和国，亚历山德里就任智利总统。新政府准备以和平的方式解决国家存在的诸多问题，其中一个关键问题即政教分离。在亚历山德里看来，“如果教会和国家的分离可以实现，那么就确保了教会的基本权利和自由，保守党也不能再以宗教为策略吸引天主教徒的选票，并由此垄断社会和经济变革。”[③] 可见，政教分离是亚历山德里政府实现政治目标的必由之路。在智利同梵蒂冈关系的正常化、智利天主教会行动理念转变、亚历山德里个人努力与罗马天主教对智利政教分离的肯定等因素的影响下，智利成功实现政教分离。

1924 至 1925 年，罗马天主教、智利天主教及智利政府进行了多次谈判，就政教分离进行了深入交流。因此，1925 年新《宪法》得以顺利通过，而后智利的 14 名主教均声明接受智利政教分离的决定。智利 1925 年宪法规定，“法律面前人人平等。在智利，没有特权阶级。维护所有的信仰、良心自由和自由信仰所有不反对道德、良好习俗或公共秩序的宗教，因此，各宗教派别可以在法律和法令规定的安全和卫生条件下建立和维持教堂及其附属财产。教会、教派和任何崇拜的宗教机构应享有现行法律在财产方面赋予和承认的权利；但在本宪法的保障下，它们在行使对其未来财产的支配

---

① J.Lloyd Mecham,*Church and State in Latin America:A History of Politico-Ecclesiatical Relaitions*,p.261.

② [智利]路易斯·加尔达梅斯著：《智利史》，第 683 页。

③ Brian H .Smith , *The Church and Politics in Chile : Challenges to Modern Catholicism* ,Princeton:Princeton University Press, 1982, p.72.

权时应遵守普通法。用于礼拜的教堂及其附属机构应免于征税。”① 此外还规定，为了促进天主教会从受保护的组织过渡到一个独立的实体，政府应在五年内每年为其拨款 250 万比索。至此，从殖民时期到智利建国存续数个世纪的法律层面的政教结合退出历史舞台。

三、智利天主教会去特权化的特点与影响

智利天主教会去特权化的首要特点是法律具有贯穿始终的重要性。从 19 世纪 40 年代的《异见者婚姻法》《民事赞助法》和《宗教职业法》对原属教会事务的初步干涉，到 1865 年针对 1833 年《宪法》第 5 条解释性法律对天主教独一的宗教权威的冲击，1874 年的《刑法》对教会司法特权的废除，再到 19 世纪 80 年代的《埋葬尸体》法律草案、《民事婚姻法》和《民事登记法》对教会控制的公墓、婚姻和人口动态登记权力的取消，最后到 1925 年颁布新的《宪法》取消天主教的国教地位，实行政教分离与宗教自由，无不显示出法律在智利政府分阶段、分层面废除教会特权中的重要性。历史事实表明，政府通过削弱或取消教会特权法律的时期与政教关系呈现紧张状态具有正相关性，而这之外的时段内，政教关系则以和谐为主，因此，削弱或取消教权的法律文献不仅是政府教会政策的反映，也体现出智利政教关系的演变趋势。

智利天主教会去特权化的第二个特点是过程的非暴力性，这一特点伴生于法律的重要性，尤其体现在 1925 年政教分离的和平实现上。“智利 19 世纪的教会—国家关系与墨西哥在改革战争期间的暴风骤雨比较而言，是相对平静的。当讨论教会在世俗社会中的权利时，两国的情绪都很激动，但智利在没有流血或暴力的情况下解决了这个问题。”② 论及 1925 年智利的政教分离，史密斯也将其称为“西方社会里教会从国家和保守党中最为平稳的一场官方分离”③。究其原因，从国内方面来看，智利政治力量的多元化及其相互制衡奠定了以政教分离为代表的社会改革的和平导向，智利天主教教产的寡少及其本土化则极大地削弱了教会方面的反政教分离；就外部因素而言，彼时罗马天主教影响力的式微为智利政府创造了最佳的

① Constitución política de la República de Chile: promulgada el 18 de septiembre de 1925,Imprenta Universitaria.

② Allen L. Woll，“The Catholic Historian in Nineteenth Century Chile”，*The Americas*, 1977(3),p.470.

③ Brian H.Smith，*The Church and Politics in Chile:Challenges to Modern Catholicism*,p.70.

政教分离谈判时机。从根本来看，和平方式解决政教关系问题可谓智利宪政较其他拉美国家更为成熟的逻辑结果。

智利天主教会去特权化第三个特点是其结果的双赢性，即促进了智利的宗教自由与政治民主化发展。对智利天主教来说，教会“不再遭受政府对其内部事务的限制或烦扰，并且拥有了完全的自由进行宗教、教育和慈善事业”①。对智利政治而言，在政教分离基础上，1925 年《宪法》重新平衡了总统与议会之间的关系，继承了议会共和国时期萌芽的早期多党制，从而有力促进了智利的政治民主化发展。

纵观智利天主教会去特权化进程，其植根于智利特定的时代背景与社会环境，从而实现制度层面的政教分离，这一独特的历史过程对教会与国家均产生了深远的历史影响。从国家方面来看，集中体现在对国家现代化的推动上。1925 年宪法确立的政教分离原则，成为智利政治现代化发展的新起点。对智利而言，政教分离使国家排除了教会对政府事务的直接干预，并通过对智利传统社会中教会持有的诸如教士司法特权、教会控制的各项民事权力等的收回实现了政治权力的集中化，从而有利于政治现代化。从教会方面来看，则推动了教会的自我更新。1916 年圣地亚哥大主教冈萨雷斯发表的呼吁解决下层人民生活困难的声明，预示着教会行动理念的转变。1925 年智利实现政教分离后，天主教会发起了由教士主导的内部改革运动，后又扩大了同外界的交流，呈现出较强的活力。总的来看，非暴力的政教分离并未对智利造成社会撕裂，政教关系在 20 世纪智利现代化的背景下经历了分而不离的变化，天主教也扩展了其影响社会的途径，并在 20 世纪 60 年代基督教民主党执政后实现了社会团体化的身份转变。

四、结语

历经半个多世纪的智利天主教会去特权化的完成以 1925 年智利从宪法层面实现政教分离和宗教自由为标志，智利天主教会去特权化可谓一场对政教双方具有双赢性的宗教本土化实践。纵观智利天主教会的去特权化进程，结合拉美各国在现代化发展过程中政教关系的变化，可以看到：第一，天主教会作为一种社会组织，其发展和演变的方向和原动力皆来自于其所

① Reverend Roderick P.Wheeler,O.F.M.*The Church in Hispanic America From Independence to the Present*,p.20.

在国家或地区的实际需要；第二，天主教作为一种宗教意识形态，其所宣扬和关注的思想内涵及行动纲领并非一成不变。以智利天主教为例，其核心特征经历了从维护宗主国及保守主义势力所衍生的宗教合法性为己任，到拥护智利国家的民族利益及关心下层民众的利益为目标的转变；第三，纵观世界近现代史上各个地区、各个宗教的现代化过程，多有以本土化为基本特征的趋势。以智利天主教会的去特权化进程为例，其最终的发展出路归根结底是智利的天主教及其教会的本土化。

本土经验 Native Experiences

恒河外方传教团与宗教报刊的中国化

林益弘 ①

内容提要：19 世纪初，基督新教第一批来华传教士马礼逊和米怜组建恒河外方传教团，正式拉开新教在中国以及东南亚地区传教的序幕。恒河外方传教团是基督新教早期海外传教的重要成果，直接由其创办的《察世俗每月统记传》和《印中搜闻》等面向中国的报刊也是早期宗教报刊中国化的产物，直接推动了中国近代报刊的兴起。本文结合 18、19 世纪基督新教发展史以及英国宗教报刊的早期特征，考察恒河外方传教团的创立与宗教报刊的中国化，并对其产生的影响做简要梳理。

关键词：马礼逊，米怜，恒河外方传教团，宗教报刊中国化

The Ultra-Ganges Missions and the Sinicization of Religious Press

LIN Yihong

Abstact: In the early 19th century, Robert Morrison and William Milne, the first Protestant missionaries to China, commenced The Ultra-Ganges Missions, formally kicking off the Protestant missions in China and Southeast Asia. The Ultra-Ganges Missions not only marked a major milestone for the early missionary works of Protestantism, but also fueled the rise of Chinese modern press with its China-oriented periodicals such as The Chinese Monthly Magazine and The Indo-Chinese Gleaner. Based on the history of Protestantism in the 18th and 19th centuries, this article examines the establishment of The Ultra-Ganges Missions and the sinicization of religious press, and provides a

① 林益弘，广东外语外贸大学高级翻译学院研究生，研究方向为汉学与跨文化翻译。

brief overview of their impact.

Key Words: Morrison, Milne, The Ultra-Ganges Missions, Sinicization of Religious Press

18 世纪下半叶，随着英国福音奋兴运动（The Evangelical Revival）的进一步发展，近代新教传教事业开始兴起。1795 年，伦敦布道会（London Missionary Society）宣告成立，并于 1807 年派遣马礼逊（Robert Morrison, 1782–1834）前往中国传教。伦敦会成为“第一个进入中国传教的基督新教组织”①。1813 年，第二位传教士米怜（William Milne, 1785–1822）受遣来华，协助马礼逊开展传教事业。在中国最初的几年里，受制于清政府的传教禁令和澳门天主教会的压迫，传教工作进展缓慢。1815 年到 1818 年，马礼逊和米怜向伦敦会共提交三次有关“恒河外方传教团”（The Ultra-Ganges Missions）的传教计划。在该系列计划的指导下，《察世俗每月统记传》（*The Chinese Monthly Magazine*）和《印中搜闻》（*The Indo-Chinese Gleaner*）相继在马六甲创刊发行，为后续的在华宗教报刊创立了范式。关于马礼逊、米怜来华传教及其对中国产生的影响，国内外学界已经作出大量研究成果，主要集中于马礼逊和米怜的在华活动、马六甲英华书院和第一批中国近代报刊的个案研究等。本文试图站在基督新教传教史和宗教报刊发展史的角度，探讨恒河外方传教团创建的背景和动因，并对比宗教报刊在英国的早期发展研究恒河外方传教团出版报刊的中国化特征，最后简要概括其在中国产生的影响。

一、福音奋兴运动与宗教报刊的兴起

1. 基督新教海外传教事业的兴起

16 世纪，宗教改革运动席卷欧洲，英国确立安立甘宗（Anglicanism）为国教。但英国的宗教改革并不彻底，安立甘教派仍保留了大量天主教教义，属于新教中的保守派。17 世纪上半叶，由于英国国内实行严格的国教政策，不遵从国教派（Nonconformists）的教徒为躲避迫害，纷纷迁往北美殖民地。随着殖民运动的发展，新英格兰（New England）地区各教会开始向印第安

① Donald MacGillivray, *A Century of Protestant Missions in China (1807-1907)*. Shanghai: American Presbyterian Mission Press, 1907, p.1.

人传教，并于 1649 年成立第一个新教传教组织——新英格兰福音传播协会（Society for the Propagation of the Gospel in New England）。在该机构的资助下，以约翰·埃略特（John Eliot，1604–1690）为代表的第一批新教传教士开始了针对北美印第安人的早期传教活动。

直到 18 世纪，英国国教仍处于主导地位，但教会内部腐败严重，民众宗教信念丧失，“18 世纪的前 25 年成为英国宗教史上最糟糕的时期”①。18 世纪 30 年代起，国教牧师约翰·卫斯理（John Wesley，1703–1791）在英国各地巡回布道并创立循道宗(Methodism)，标志着福音奋兴运动的开始。循道会强调所有圣职人员一律平等，并组织教徒推动社会福利和慈善事业发展，因此吸引了大批中下阶层民众皈依。与此同时，在北美殖民地各教派酝酿“新教复兴”的浪潮中，北美洲大觉醒运动（Great Awakening）正式拉开帷幕。“它开始的直接原因就是长老爱德华兹关于因信称义的一系列布道”。②爱德华兹（Jonathan Edwards，1703–1758）在其布道生涯中虽未明确提及海外传教，但他编著的各类神学著作以及他为传教士牧师大卫·布雷纳德（David Brainerd，1718–1747）所写的传记影响深远，可以说“他为海外传教的可能性提供了神学基础”③。

大觉醒运动和福音奋兴运动相得益彰，对 18 世纪的欧洲宗教格局造成了巨大的冲击。18 世纪下半叶，“工业革命带来财富增长，世界各地殖民扩张愈演愈烈，库克船长和其他冒险家的航海之旅引人入胜，更直接的是由卫斯理和怀特腓领导的宗教复兴——所有这些，无论从心理层面或物质层面，都成为推动大规模传教组织出现的重要因素”。④1792 年，英国浸礼会（Baptists）牧师威廉·克理（William Carey，1761–1834）发表《基督徒当竭尽所能引领异教徒归正》（*An Enquiry into the Obligations of Christians to Use Means for the Conversion of the Heathens*）呼吁重视

---

① Richard Lovett, *The History of The London Missionary Society, 1795-1895, Vol.* Ⅰ, London: Henry Frowde, Oxford University Press, 1899, p.3.

② Joseph Tracy, *The great awakening: a history of the revival of religion in the time of Edwards and Whitefield*, Boston: Tappan and Dennet, 1842, p.1.

③ David W. Kling, The New Divinity and the Origins of the American Board of Commissioners for Foreign Missions, *Church History, Vol.72, No.4*, Cambridge: Cambridge University Press, 2003, p.793.

④ Ching Su, *The printing presses of the London Missionary Society among the Chinese*, University College London, 1996, p.27.

传教事业，并于同年成立浸礼宗传教会（Particular Baptist Society for the Propagation of the Gospel Amongst the Heathen），标志着现代传教事业正式开启。

1794 年，克理在印度传教的第一份报告寄回英国，公理会牧师大卫·博格（David Bogue，1750–1825）和在塞拉利昂传教的英国牧师霍恩（Melville Horne，1761–1841）相继发文，呼吁教会联合并开展海外传教。在博格等人的号召下，伦敦布道会于 1795 年正式成立，"（伦敦会的）唯一目标就是在异教徒和其他未开化的民族中传播基督的知识"。[①]18 世纪 70 年代库克船长（Captain Cook）的三次太平洋航行激发了英国进一步海外扩张的野心。因此在伦敦会成立之初，便决议前往塔西提（Tahiti）等南太平洋诸岛进行传教。1796 年到 1798 年，伦敦会通过东印度公司商船达夫号（Duff）将第一批传教士运往南太平洋各岛，顺利完成第一次航行。此次成功让伦敦会信心倍增，开始热切地展望第二次传教之旅。但博格对此表达了顾虑，第一，迄今为止所采取的传教士选拔方式过于急功近利；第二，不应该将传教事业与商业活动相结合[②]。博格的担忧很快便被证实。在第二次航行中达夫号遭遇劫掠，部分传教士丧生，并且在塔西提岛上传教的十几名传教士由于无法适应当地环境而擅自逃离，音讯全无。在这次重大失败的影响下，伦敦会开始调整策略，成立专门的神学院来培养合格的传教士，并任命博格为传教士教员。同时强调，驻外传教士必须及时汇报其宗教知识的学习情况和传教进展。1800 年，戈斯波特神学院（Gosport Academy）正式成为伦敦会下属的传教士培养机构。在大卫·博格的指导下，马礼逊和米怜相继毕业于此，并在一定程度上继承了博格的传教理念。

1799 年，英国公理会牧师莫斯里（Rev. W. Moseley，1769–1863）在英国博物馆发现古老的部分《圣经》汉译本。他发文强调《圣经》翻译为汉语的可行性，并呼吁成立《圣经》汉译协会。随后作为伦敦会董事之一的博格提出了在中国传教的建议。他的理由主要基于以下几点：第一，中国是世界上人口最多的国家；第二，中国文明程度高，民众更容易理解福音内容；第三，中国作为发达文明国家，对周边国家和地区有很大的影响；

① Richard Lovett, *The History of The London Missionary Society, 1795-1895, Vol.* Ⅰ, London: Henry Frowde, Oxford University Press, 1899, p.30.

② Ibid., pp.56–57.

第四，在文明国家中，皈依基督的本地人更容易在其同胞之间传教①。在他们的推动下，伦敦会决定向中国传教并选定马礼逊为第一位前往中国的传教士。

2. 近代宗教报刊的发端

英国近代报业起源于 17 世纪，并在光荣革命（Glorious Revolution）之后得到了稳定的发展。直到 18 世纪，英国报刊仍以党派政论和国内外新闻为主。尽管在不遵从国教派（Nonconformists）教徒的斗争下，英国的宗教格局开始改变，但“与政治世界相比，宗教发展所提供的有新闻价值的材料和事件更少”②。对于卫斯理所领导的循道会来说，出版各类宣教册比报刊更适合于传播福音。卫斯理在日记中写道：“二十四年前，我想为穷人提供一些书籍，比我所见过的任何书籍更便宜、更短、更浅白，于是我写了许多小册子，通常每本卖一便士；后来我又写了几本更大的。其中一些书的销量超乎我的想象；而且通过这种方式，我不经意间变得富有。但我对此从未有过任何渴望或追求。”③循道会的另一位早期创始人怀特腓（George Whitefield，1714–1770）在 18 世纪英国和北美的新教复兴运动中也扮演着重要的角色。“怀特腓和他身边的牧师主要采用口头布道和宗教册子等宣教形式，但他也认为基督徒应当拥有自己的宗教期刊”。④1741 年，怀特腓的追随者创办《基督娱乐报》（*The Christian's Amusement*，1741–1748），成为福音奋兴运动中出现的第一种宗教期刊。

18 世纪下半叶，随着福音奋兴运动进一步发展，新教各派之间开始产生分歧。加尔文宗（Calvinist）教徒相继创办《圣灵杂志》（*The Spiritual Magazine*）和《福音杂志》（*The Gospel Magazine*）来阐发自身的神学观点；1778 年，卫斯理创办《亚美尼亚杂志》（*Arminian Magazine*）予以回应。这几份杂志作为福音复兴运动中创立较早的几份宗教期刊，“为新教世界

---

① Chester Terpstra, *David Bogue, D.D., 1750-1825, Pioneer and Missionary Educator*, University of Edinburgh, 1959, p.129.

② Jeremy Black, *The English Press In The Eighteenth Century*, London: Croom Helm, 1987, p.248.

③ John Wesley, *Sermons on Several Occasions, Vol. Ⅱ*, London: Thomas Tegg, 1829, p.305.

④ Louis Billington, The Religious Periodical and Newspaper Press, 1770–1870, *The Press in English society from the seventeenth to nineteenth centuries*, Rutherford: Fairleigh Dickinson University Press, 1986, p.114.

的期刊出版物开创了范式”。[①]90年代之后，各派的神学观念之争趋于缓和，他们暂且搁置争议并开始寻求合作。1793年，《福音派杂志》（Evangelical Magazine）应运而生。作为一份“超宗派”（Inter-denominational）的期刊，它不仅成为伦敦布道会的官方媒介，也对后来的宗教报刊产生了重要的影响。

二、恒河外方传教团的创立及其报刊出版活动

1. 恒河外方传教团创立的背景与动因

1807年9月，马礼逊抵达中国。在中国的前两年里，马礼逊被迫辗转广州和澳门两地，深居简出翻译《圣经》并学习中文。1809年，为了争取在广州的居住权，马礼逊接受英国东印度公司的聘请担任其中文译员。联系伦敦会第一次传教失利前博格的言论不难看出，伦敦会此时对于海外传教士有着严格的要求，促使他们尽量避免参与任何商业活动，并及时汇报进展，因此马礼逊在接受东印度公司聘请之后便向伦敦会董事写信说明缘由。英国东印度公司译员的职位为马礼逊此后在华活动提供了极大的便利，但东印度公司并未自此消除对传教士的敌视。直到1813年米怜抵达广州时，仍然受到阻挠难以稳定居留。因此两人在商讨之下决定寻找新的落脚点进一步推进在华传教事业。

1815年，马礼逊和米怜向伦敦会提交关于创建恒河外方传教团的相关计划[②]。在该计划前两条中，两人决议在马六甲购置土地建立传教站，为更有效地进入中国传教做好准备；第三条是在当地建立一所免费的中文学校，为成立神学院做好准备，以培养本土的牧师在中国及其周边国家开展传教事业。该条计划完全遵从了博格在戈斯波特神学院的教导，“在他看来，现代传教中被严重忽略的一点就是选拔最出色的本土皈依者进行培养。因此在每个传教团，甚至有必要的话在每个传教站，都应当建立神学院”[③]；第五条和第六条计划确定马六甲传教站的主要目标群体为中国民众，并将

---

① Abel Stevens, *The History of Religious Movement of The Eighteenth century called Methodism, Vol.* Ⅱ, New York: Carlton & Porter, 1858, p.507.

② William Milne, *A Retrospect of the First Ten Years of the Protestant Mission to China*, Malacca: Anglo-Chinese Press, 1820, pp.137-139.

③ Chester Terpstra, *David Bogue, D.D., 1750-1825, Pioneer and Missionary Educator*, University of Edinburgh, 1959, p.128.

该组织命名为“恒河外方传教团”。因为他们预估伦敦会将派遣更多的传教士来到马来西亚及周边国家，届时各传教站将联合起来，正如伦敦会联合新教各宗派一样；第七条计划包括印刷中文《圣经》、汉语和马来语的基督教出版物，并出版英语书籍介绍当地语言和风俗习惯等。前者主要由英国海外《圣经》公会（British and Foreign Bible Society）和伦敦圣教书会（The Religious Tract Society）提供资金支持。而英文书籍的出版则主要在伦敦会的授意下进行。此前马礼逊所著的《中国通俗作品英译集》（*Horae Sinicae: Translations from the Popular Literature of the Chinese*）已经于 1812 年在伦敦出版④；第九条和第十条分别计划用中文进行祷告和口头宣教，并完成《圣经》全本的翻译。

除此之外，计划第四条和第八条分别表达了发行一份中文月刊和一份英文期刊的想法，即后来的《察世俗每月统记传》和《印中搜闻》。米怜在 1815 年 12 月向伦敦圣教书会写信说道，他十分感谢圣教书会为他资助 400 英镑，使他能够印刷出版一系列中文宣教册。他汇报了自 1814 年 2 月以来宣教册的发行情况，并提供了一份出版物名单，其中包括“一份小型月刊”⑤，就是指《察世俗每月统记传》。可见《察世俗每月统记传》在性质上属于伦敦圣教书会资助出版的宣教册。而且从内容来看，“该杂志包含的新闻很少，其论述性和福音性质的文章也几乎没有任何新闻时效性。与其说它是一份月刊，不如说是一份定期出版的宣教册”⑥；第八条中说《印中搜闻》创刊的目的是增进印度各地区传教团之间的联合与合作。一方面如苏精教授所言：“马礼逊身处消息闭塞的广州和澳门时，其亲身体会和与外界交流的渴求让他意识到了报刊的重要性。”⑦另一方面，马六甲作为恒河外方传教团对华传教的中心，应当拥有一份内部期刊来加强后续该地区各传教站之间的联系并统一领导，就像伦敦布道会通过《福音派杂志》来团结新教各宗派一样。

---

④ Robert Morrison, *Horae Sinicae: Translations from the Popular Literature of the Chinese*, London: Printed for Black and Parry [etc.] by C . Stower, 1812, Advertisement.

⑤ Unknown Author, *The Evangelical Magazine and Missionary Chronicle,1816*, London: Printed for Williams and Co. Stationers' Court, 1816, p.312.

⑥ Roswell S. Britton, *The Chinese Periodical Press, 1800-1912*, Taipei: Ch'eng-Wen Publishing Company, 1966, pp.19-20.

⑦ Ching Su, *The printing presses of the London Missionary Society among the Chinese*, University College London, 1996, p.27.

1817 年底和 1818 年初，马礼逊和米怜又分别提交了恒河外方传教团临时委员会的 15 项决议和 4 项补充协议。其中除后续在马来地区传教的相关部署之外，还提出建立“恒河外方传教团孤寡基金”（The Fund for Widows and Orphans of the Ultra-Ganges Missions），这也是继承伦敦会的做法。1798 年 2 月，伦敦会决议为传教士设立保险，“一旦他遭遇不测，他的家人将得到一笔数额可观的赔偿”①。并且自 1793 年《福音派杂志》和《福音派杂志与传教年鉴》等伦敦会官方媒介创刊以来，其收入便用来帮助传教士遗孀和遗孤。因此在一定程度上，恒河外方传教团就是“伦敦布道会的微型复制品”②。

2.《察世俗每月统记传》——宗教报刊中国化的第一个产物

《察世俗每月统记传》的主要内容正如计划中所强调的，是将普及一般知识和传播福音相结合，其中宗教内容占多数，其余就是西方科学知识和少数新闻。与 19 世纪初英国阐发神学教义的宗教报刊相比，《察世俗每月统记传》作为“宣教册”性质的杂志，无论在办刊理念还是内容编排上都具有很高的原创性。但米怜作为伦敦会派遣到中国的第一位传教报刊主编，在办刊过程中或多或少一定会受到英国本土办报理念的影响。从第二卷起，该刊连载数篇介绍西方天文学的文章，均为米怜从各类西方天文学书籍中摘抄并翻译，其原因如他自述：“与其说是为了传播科学，不如说是为了抵抗中国天文学一贯所倡导的关于神和宇宙的错误观念。”③而这一特点早在 18 世纪下半叶就已经在英国本土报刊中出现了④。可见早期英国世俗报刊就已经开始摘抄书籍内容充当素材了，只不过它们是利用天文学知识吸引眼球从而提高销量，而米怜借鉴这一方法则是为传教而服务。

马礼逊和米怜也曾提出要将《察世俗每月统记传》办得富有趣味性。马礼逊在此前写给伦敦会的信中说：“我们考虑在迁往马拉加或爪洼之后

---

① Richard Lovett, *The History of The London Missionary Society, 1795-1895, Vol.* Ⅰ, London: Henry Frowde, Oxford University Press, 1899, p.54.

② Christopher A. Daily, *Robert Morrison and the Protestant Plan for China,* Hong Kong: Hong Kong University Press, 2013, p.162.

③ William Milne, *A Retrospect of the First Ten Years of the Protestant Mission to China*, Malacca: Anglo-Chinese Press, 1820, p.277.

④ Jeremy Black, *The English Press In The Eighteenth Century*, London: Croom Helm, 1987, p.257.

创办一份中文期刊。我们会尽力使它的内容富有教益而又妙趣横生。”① 米怜也提道：“要让这份期刊变得有趣，就要花费一个传教士大半的时间和精力”，② 只是由于缺少助手，他独自承担全部的写稿和编辑工作常常力不从心。这一传教理念是在伦敦圣教书会创建之初由博格提出的。1799年，博格发表《致基督徒的一封信：建议散发廉价宣教册》（*An Address to Christians, recommending the Distribution of Cheap Religious Tracts*），成为传教士编写宣教册的纲领性文件。文中他提道：“宣教册应当具有趣味性……通过叙事来传达真理，真理就会被热情地接受，因为它不仅能吸引注意力，还能辅助记忆，在人们心中留下更深刻的印象。对话也是一种让宣教册引人入胜的方式。对话使读者不知不觉地被吸引。他会被代入谈话的一方：他发现自己的情感受到攻击，自己的论证遭到辩驳……在上述两种方法都无法成行的情况下，聪明的人就会采用其他各种方法，使真理得到令人满意的解读，并使之成为吸引读者的手段。”③ 实际上对话体的手法此前在英国本土报刊中便出现过。1783 年《雷丁信使报》（*Reading Mercury*）曾刊载一篇文章，以问答对话体的形式解释当时民众好奇的热气球现象。正因为这一技巧的使用早有先例，再加上博格创新的理念指导，米怜后来在《察世俗每月统记传》上连载章回体小说《张远两友相论》，通过基督教徒“张”和懵懂无知的“远”两个好友之间的问答对话来阐释基督教义，开创了传教士中文小说的先河。这种体裁后来也被其助手麦都思（Walter Henry Medhurst，1796–1857）所继承和发扬。麦都思曾撰写宣教册抨击中国风俗和偶像崇拜，引发中国民众强烈反感，于是他强调：“传教士有必要发表一些通俗的对话来为自己辩护，在对话中引入这些反对意见，并尽可能给出最确凿的答案。”④

---

① Unknown Author, *The Evangelical Magazine and Missionary Chronicle,1814*, London: Printed for Williams and Son, Stationers’ Court, 1814, pp.373–374.

② William Milne, *A Retrospect of the First Ten Years of the Protestant Mission to China*, Malacca: Anglo-Chinese Press, 1820, p.155.

③ David Bogue, An Address to Christians, Recommending the Distribution of Cheap Religious Tracts, *An Address to Christians, recommending the Distribution of Cheap Religious Tracts, with an Extract from a Sermon by Bishop Porteus*, Charlestown: Printed and Sold by Samule Etheridge, 1802, p.13.

④ Walter H. Medhurst, *China: Its State and Prospects*, London: John Snow,26,Paternoster Row, 1838, p.339.

3.《印中搜闻》与宗教报刊的世俗化

《印中搜闻》前期的出版发行相当波折。1817 年 5 月，《印中搜闻》第一期出版，米怜在创刊介绍中明确说明，这份期刊“在伦敦会的指导下”刊行。同年 8 月第二期出版后，米怜前往广州与马礼逊会合。11 月，二人组成恒河外方传教团临时委员会（The Provisional Committee of The Ultra-Ganges Missions），向伦敦会提交 15 项决议，其中第 7 条指出：“《印中搜闻》应当继续发行，且在现任编辑的指导下进行。”1818 年 1 月，临时委员会又提交 4 项补充决议，指出：“《印中搜闻》继续发行的开支暂时由马礼逊和米怜先生共同承担，之前出版所耗费的金额，无论多少均由他们向伦敦布道会偿还。”[①]1818 年 2 月，《印中搜闻》第三期出版，但内容编排与前两期明显不同，并在此后又进行多次调整，体现出“世俗化”的倾向。同年 9 月，伦敦会司库在给马礼逊的信中正式表明立场：“在你和米怜的管理下，《印中搜闻》办得很好。由于该出版物的性质有些过于宽泛，本会无法明确认可。”[②]可以看出，在第二期出版之后米怜便担心《印中搜闻》的办刊理念可能受到伦敦会反对，因此才前往广州与马礼逊当面商讨。最终两人达成一致，决定在缺少伦敦会支持的情况下自负盈亏。

米怜在《印中搜闻》第一期创刊介绍中说：“我们在欧洲的朋友从他们的月刊、社团报告和其他报刊中获得了无数的精神提升、愉悦和教化，但我们却很少能享受到这些资源；那些我们偶尔获得的资源，似乎在到达东方之前就已经因过时而失掉了部分趣味性。这让我们明白，我们应该努力为自己提供类似的资源。”[③]这说明米怜在创刊之初便不满足于仅仅提供宗教内容，还希望《印中搜闻》兼具“其他报刊”的趣味性。简要对比可以发现，《印中搜闻》前两期分为“各传教团报道——传教士报告及信件摘编”“一般新闻——世界各地基督教状况的简要说明”“杂录——传教士所在国家的文学、哲学和历史评述”等三个栏目；而《亚美尼亚杂志》和《福音派杂志》等英国本土宗教期刊主要包括“牧师传记”“教义文章”“宗教新闻”“讣告”“宗教文学”或“宗教出版物评论”等固定栏目，没有

---

① William Milne, *A Retrospect of the First Ten Years of the Protestant Mission to China*, Malacca: Anglo-Chinese Press, 1820, p.202.

② Eliza A. Morrison, *Memoirs of the Life and Labours of Robert Morrison, D.D.Vol.* Ⅰ, London: Longman, Orme, Brown, Green, and Longmans, 1839, p.538.

③ William Milne, Introduction, *The Indo-Chinese Gleaner, No.* Ⅰ, Malacca: Mission Press, 1817, p.5.

任何世俗内容。前两期《印中搜闻》大部分继承了早期宗教报刊“泛宗教”的特点，只有“杂录”栏目偏离了宗教主题，而在第三期改版之后，“印中文化”“印中新闻”等世俗化内容占比超过“印中基督教杂录”的宗教内容，这也正是伦敦会谓其“宽泛”的原因所在。

实际上，在卫斯理循道派的影响下，18 世纪英国宗教报刊也关注世俗，但主要是利用宗教观点来关注世俗问题，如粮食短缺、贫困和失业等。而英国宗教报刊真正的世俗化开始于 19 世纪 30 年代，在这样的背景下，伦敦圣教书会率先开始发行世俗报刊，其 1835 年创办的《每周访客》（*Weekly Visitor*）完全以历史、天文和游记等实用性内容为主。各类宗教报刊则开始缓慢转型。直到 1870 年之后，“大规模扩张的宗教报刊在语气和经营模式上比 19 世纪初更加接近世俗报刊”。① 从这一点来看，远在马六甲发行的《印中搜闻》不仅是英国宗教报刊“中国化”的产物，更成为其“世俗化”的先驱。伦敦圣教书会司库雷诺（Joseph Reyner）在 1819 年 12 月写给马礼逊的信中提道：“我对你创办的那份期刊《搜闻》很感兴趣，希望它能帮助我们在中国传播福音。我还没有看完全期，但我看过的那些就非常鼓舞人心。”② 这说明圣教书会不仅认可《印中搜闻》的办刊理念，甚至还有可能受到了它的影响。

三、恒河外方传教团其他报刊的出版情况及其影响

1822 年，米怜去世，《察世俗每月统记传》和《印中搜闻》也随之停刊。1823 年，麦都思在巴达维亚（Batavia）布道站创办中文月刊《特选撮要每月纪传》（1823–1826），该刊封面排版与《察世俗每月统记传》完全相同，麦都思在创刊序中也明确表明继承米怜遗志之意③。1828 年，时任英华书院院长基德（Samuel Kidd，1804–1843）在马六甲创办中文月刊《天下新闻》（*Universal Gazette*，1828–1829），由于赞助人为两名英国商人，该刊世俗色彩浓厚，主要内容为中外新闻和“介绍欧洲科技、历史、宗教、道德的文章”④。1833 年，普鲁士传教士郭实猎（Karl Gützlaff，1803–

---

① William Milne, Introduction, *The Indo-Chinese Gleaner, No.* Ⅰ, Malacca: Mission Press, p.132.

② Eliza A. Morrison, *Memoirs of the Life and Labours of Robert Morrison, D.D.Vol.* Ⅰ, p.548.

③ 麦都思：《特选撮要序》，《特选撮要每月纪传》，道光癸未年六月，卷首。

④ Alexander Wylie, *Memorials of Protestant Missionaries to the Chinese: giving a list of their publications, and obituary notices of the deceased*, Shanghai: American Presbyterian Mission Press, 1867, p.49.

1851）在广州创办中文月刊《东西洋考每月统记传》（*Eastern Western Monthly Magazine*，1833–1837）。郭实猎本隶属荷兰布道会（Netherlands Missionary Society），但在1829年前往马六甲传教站，开始服务于伦敦布道会，因此可以算作恒河外方传教团的一员。《东西洋考每月统纪传》在编排形式上与《察世俗每月统记传》和《特选撮要每月纪传》一脉相承，但在内容上世俗性完全超过宗教性。它在麦都思所推崇的对话体风格上更进一步，刊载的文章大量采用章回体和书信对话体等形式。1833年，马礼逊在澳门分别创办英文刊物《传教者与中国杂报》（*The Evangelist And Miscellanea Sinica*）和中文刊物《杂文编》（*Serial Miscellany*），二者均以传播基督新教的教义为主，因此招致澳门天主教打压，均于同年停刊。1836年，英华书院第六任院长伊云士（John Evans）在马六甲创办英文月刊《定期杂文录与少年进德录》（*The Periodical Miscellany and Juvenile Instructor*，1836–1837），"该刊旨在成为《印中搜闻》的续刊"。[①]1841年香港开埠，恒河外方传教团宣告解散。

在这20多年间，还有一些报刊与恒河外方传教团有着或多或少的联系。1824年，《新加坡纪事报》（*The Singapore Chronicle and Commercial Register*）在新加坡传教站印刷所出版发行，但该刊实际由英国驻扎官克劳福（John Crawfurd）主办，以刊载商业新闻和政府消息为主。1826年9月，马六甲英华书院开始出版英文半月刊《马六甲观察报与中国纪事》（*Malacca Observer and Chinese Chronicle*，1826–1829），该刊由英华书院毕业生摩尔（J. H. Moor）创办，"与传教团关系非常密切"。[②]"《观察报》坚持自由主义的原则。不仅致力于推广教育并传播有用的知识，同时推崇新闻自由和废除奴隶制，该刊立场坚定，言辞温和……在《广州记录报》创刊之前，马礼逊先生经常为《观察报》撰稿"。[③]《广州记录报》（*Canton Register*）是英国商人马地臣（James

---

① Alexander Wylie, *Memorials of Protestant Missionaries to the Chinese: giving a list of their publications, and obituary notices of the deceased*, p.76.

② Ching Su, *The printing presses of the London Missionary Society among the Chinese*, University College London, 1996, p.144.

③ European Periodicals beyond the Ganges, *The Chinese Repository, Vol.* Ⅴ, No.4, 1836, p.148.

Matheson）于 1827 年在广州创办的英文半月刊[①]。继《印中搜闻》之后，马礼逊一直没有放弃世俗化办报的理念。1827 年 11 月 29 日的《马六甲观察报与中国纪事》刊载了马礼逊的“拟定工作计划”，他表示想要创办一份名为《印中丛报》的英文季刊，“包括有关印中国家语言、哲学、生活方式、风俗习惯和普通文学的原创文章，以及新鲜有趣的当地新闻”。[②]直到 1832 年，在马礼逊的倡议下，美国传教士裨治文（Elijah Coleman Bridgman，1801–1861）在广州创办英文季刊《中国丛报》（*The Chinese Repository*，1832–1851），这份计划才得以实现。

自米怜去世之后，恒河外方传教团出版的报刊虽然没有达到此前的高度，但这一时期随着各国商人的加入，报刊发展开始呈现多元化趋势。直到鸦片战争之后，各类外报在上海、香港等通商口岸蓬勃兴起。

总结

18 世纪英国及其北美殖民地的新教复兴运动重新点燃了底层民众的宗教热情，同时伴随着英国海外殖民扩张和工业革命的兴起，海外传教的浪潮便随之而来。中国是世界上人口最多的国家，自然成为各新教差会海外传教的重要目标之一。伦敦布道会在南太平洋各岛初次传教的失败，使其为进入中国做了充足的准备，因此马礼逊和米怜作为新教在华传教的第一次尝试便具备了成功的基础。恒河外方传教团是伦敦会汲取失败教训之后所取得的突破，而其创办的报刊则可以看作是英国宗教报刊中国化的产物。《察世俗每月统记传》和《印中搜闻》分别作为第一份面向中国传教的中、英文宗教报刊，不仅推动了宗教报刊在中国的世俗化进程，也对近代中国本土报刊的兴起产生了重要影响。

---

① Eliza A. Morrison, *Memoirs of the Life and Labours of Robert Morrison, D.D.Vol.* Ⅱ, London: Longman, Orme, Brown, Green, and Longmans, 1839, pp.383–384.

② European Periodicals beyond the Ganges, *The Chinese Repository,Vol.* Ⅴ, No.4, 1836, p.149.

文化比较 Cross-Cultural Comparison

会通与坚守之间

——艾儒略对“性理”之说的跨文化阐释[①]

车向前[②]

内容提要： 明末来华耶稣会士艾儒略以其“西来孔子”的理论修养，从天主教基础立场出发，就彼时极盛的理学的相关命题与概念做出了深入的对接性的阐释。艾儒略重视耶儒两种不同的文化在本体上的差异和二者作为自足自洽的信念系统，颇富新意地提出“性即魂”“气自气”等命题和“内神大体”“元质”等概念与宋明理学“性”“理”“太极”等概念进行会通，体现出其试图调和天学创世论和儒学固有思想的努力，其跨文化阐释为耶儒对话提供了丰富启示。同时，他过于倚重逻辑论证方式致使其确未形成更多互惠性理解。

关键词： 艾儒略，宋明理学，天主教，跨文化阐释，性理气

Between Integration and Persevering: Giulio Aleni’s Intercultural Interpretation on the Concepts and Propositions of Song-ming Neo-Confucianism

CHE Xiangqian

Abstract: In the late Ming Dynasty, Giulio Aleni, a missionary who gained a great reputation as West Confucius, made an in-depth interpretation of the concepts and relevant propositions of the most profound Neo-Confucianism

① 陕西省社会科学基金年度项目：《张载的思想》中关学概念的跨文化翻译与阐释研究，项目编号：2021K003。

② 车向前，西北工业大学外国语学院副教授，哲学博士，研究方向：跨文化对话、文化哲学。

from the standpoint of Catholicism. Paying attention to the fundamental difference between the two different yet self-sufficient cultures of Catholicism and Confucianism, Aleni tried to put forward the propositions and concepts such as “Xing(Nature) is Li(Reason)”, “Qi(Breath) is Qi-self” and “Inner God”, “meta- substance” to integrate into the concepts of “Xing”, “Li” and “Tai Ji (the Great Ultimate)” of the Neo-Confucianism of the Song and Ming Dynasties, which reflects his efforts for intercultural reconciliation. Meanwhile, under the guidance of the spirit “Logos”, Aleni relied too much on logical argumentation, which weakens and even degrades the ontological and transcendental meaning of the concepts. The tension of interpretation makes it hard to form a richer reciprocal understanding.

Key words: Giulio Aleni, Song-ming Neo-confucianism, Catholicism, Intercultural Interpretation, “Xing, Li and Qi”

儒耶对话，是一种阐释不同社会、不同的文化背景下人与人、族群与族群之间的文化交往与信息传播过程，蕴含着处理文化冲突、文化融合、文化价值、人类文化通性与差异性文化等具有整体性意义的根本问题，具有重要的文化研究的价值。以耶儒对话为核心的中西跨文化交际，追踪到最终的、也是最重要的领域，就是不同文化关于人对世界或天地万物的本体观念之间的交谈。它为个体的存在提供一种终极关怀（ultimate concern），内化并隐藏于人们的文化之中，这也是跨文化相互了解最为缓慢、最为困难的部分。如“性”“理”“气”“太极”等概念就是明末清初中西对话的核心部分和艰难之处。本文以明末耶稣会士艾儒略为例，聚焦于其《性学觕述》《三山论学》《口铎日抄》等著述，梳理其对宋明理学中“性”“理”等具有本体色彩的概念的解释和对耶儒二者同和异的认知，明确其阐释方式与理解上的得与失，同时就背后不同的、深层次的文化哲学结构与更为复杂的互动关系展开讨论，为促进时代语境下中西文化实现更为深刻、更为广泛的对话和融合提供一定的思考。

一、“性即理”还是“性即魂”？

“性”在先秦时期的讨论多集中在人的本性善恶上，而本文主要关注的是艾儒略对程朱理学中诸多涉及本体的核心观念进行的解读，这也是本文对所讨论的“性理之说”的基本界定。儒学发展至宋明时期，经由邵雍、张载、二程兄弟至南宋朱熹发展创新，形成了概念化、系统化、心性化和抽象化程度极高的文化及信仰体系，给后世带来了极大的影响。耶稣传教士入华，自利玛窦制定“慢慢来”策略起，一方面复兴先秦传统儒学中与天学可对接的概念，另一方面也不可避免地与彼时极盛的理学发生对话。宋明理学将“理”放在了宇宙万物本原的位置，体现的核心命题是：“性即理也”。由此，“性理之学”之中，核心观念是“性”。“性”是抽象的，无形影的，“理”亦然，是永恒的、原始的、万物的质料中存在的体现出的某种原理、规律，是形而上的。各类事物各有各的理，而正是这个理使得此类事物成为了此类事物。艾儒略显然认识到“性”这个概念的重要性，因此以此为突破口进行对话，他大胆提出一个命题：性即魂，因此努力搭建起耶儒的可会通之处。

艾儒略先对“性”下了定义：

中华用字甚活，著书各有其意，字虽同，意或大异，率以上下文推其旨也。性字之用甚宽，虽于不灵之物亦恒有多。如言药性，性苦性甘，性热性冷；如论水火金石，亦云刚柔燥湿诸性，则性义且大不同也。如言人之性气，则又兼人之禀气而言矣。若夫言灵性言天性，非云造物主所赋人义理之性乎？①

这里艾儒略敏锐地认识到了中国人所言的“性字之用甚宽”，既可指物质本质上的属性，也能指人的人性、天性、禀气。的确，一方面，宋代理学从“理”和“气”的关系论性，也提出了“气质之性”“天命之性”（或曰“义理之性”）说。前者为气禀所赋予，是指在个人气禀中发现的实际的禀受之性，是一种具体的“理”，有善与不善；而后者则不杂于气质，由“天理”本身所赋予，“无不善”，如仁义礼智，有普遍意义。另一方面，艾儒略认识到“性”作为物质内在本质所属之义，认识到这与西方文化哲学中对于物质之所是（being）的追问有所重合，这是值得肯定的。但是关于“义理之性”的来源上，艾儒略提出是“造物主所赋人”，这个解释是与理学大相径庭的。后文将结合艾儒略对“理”的回答进一步阐释。艾儒略接着提出，中国人说的这个“性”，与西方的“魂”异曲同工：“魂者生活之原，加以生字，则指草木所以能生长养育；加以觉字，则指禽兽

① 艾儒略：《性学觕述》，载黄兴涛、王国荣编：《明清之际西学文本：50 种重要文献汇编》第一册，北京：中华书局，2013 年，第 249 页。

所以能触觉运动；加以灵或神字，则指人所以能明理推论之源也。”①

因为所谓魂，也多指万物生命活动的基本原理，指向植物是把握生长养育的“生魂”，指向动物是赋予知觉的“觉魂”，针对人则是明事理通逻辑的“灵魂”。魂之三品，“魂，即属活物之性”，非常类似于“性”所强调的物质的属性、人的本性。这一点论证是有积极意义的。以“自然生命”这层意思来理解“魂”时，儒家所阐释的“魂”在功用上一样也具有天主教“灵魂”的特性。朱熹说：“气曰魂，体曰魄”(《朱子语类·卷三》)、“愈思量计度底便是魂，会记当去底便是魄。”(《朱子语类辑略》)是气的不同形态构成了人的自然生命的形体与精神，魂与魄不同，魄功用在于使人耳聪目明、使人的机能得到保养，而魂的功能在于“思虑计画”，这与艾儒略对魂“明事理通逻辑”的解释是非常类似的，这是双方可对接的地方。

如果我们将对话停留在此，双方似乎有高度一致，但事实是，对于“魂”的认定，双方又有重要区别，儒家认为魂随魄散而灭，而天学之灵魂是有永恒性的。朱熹说：“天道流行，发育万物，有理而后有气。虽是一时都有，毕竟以理为主，人得之以有生。”(朱子语类·卷三)人之所以为人，是因为“理”的存在，本质上这里强调的是人所拥有的一种价值系统。艾儒略对人之所以为人的认定，是灵魂赋予实在的肉身而构成现实生命的本质，他所重视的是存在于生命中具有推理和思考功能的灵魂，与肉身结合的灵魂当然不是价值系统，这里体现出二者对超越方式上的理解的差异：天学里，个体是堕落的生命，存在于如此生命中的灵魂，只有通过天主外在的拯救，才能真正超越肉身的桎梏。然而儒家因其坚信价值系统的天然固有，因此没有必要去仰赖生命外的某种力量，其方法是一种对内在的觉醒的呼唤，借此使现实生命得以超越。艾儒略没有意识到，“性”在本质意义的指涉方面，理学强调的是人“受命”于天命的内在本质，通过内在“吾之性”的人格，人性跟外在的宇宙本体相连通。所以，这里“魂”的认知差异实际上应该存在于在对人本质的理解上。从这个层面上来说，理学之“性”，在本体论上本具有由内在人格本体来确认外在“天地之理”的宇宙本体的意义，但经由艾儒略对“魂”的阐释后也被削弱了。

① 艾儒略：《性学觕述》，载黄兴涛、王国荣编：《明清之际西学文本：50种重要文献汇编》第一册，北京：中华书局，2013年，第249-250页。

此处更需要注意到的是艾儒略的论证方式。他对关涉本体的“天”“性”“魂”等概念的论证，都是基于亚里士多德的“四因说”，这是儒家从未有过的玄思。“四因说”目的在于说明事物运动的原因。第一种是质料因，事物由不变的质料构成，以此解释事物为什么在运动中继续存在。第二种是形式因，不同的事物各有特定的形式，用来表述本质的定义，以此解释为什么事物会以某种特定的形式运动。第三种是动力因，事物受到推动者和作用者的推动和作用，因此事物会开始或停止运动。第四种是目的因，事物的运动是有朝向有目的的，所以可以解释事物为什么要运动。耶稣会士把四因分别称为“质”（质料因），“模”（形式因），“为”（动力因），“造”（目的因）。在程朱理学这里，宇宙是“理”（形而上的原理）和“气”（形而下的生物之具）共同的产物，人亦然，在人这里，理即性，气则指气质或个人气禀。而这是十分类似于亚里士多德的“形式”和“质料”的，前者指构成具体物的材料，后者指形而上的、无形无影的原理。在天学这里，人就是由灵魂（模 / 形式因）与肉体（质 / 质料因）结合而来的。由此，艾儒略找到了“性”与“魂”在形式上的一致，所以发现了可会通之处，这是非常难得的。艾儒略进一步又说：“由此论之，其内神大体，或谓之灵性，指其灵明之体，本为人之性也。或谓之灵魂，以别于生觉二魂也。或谓之灵心，以别于肉块之心也。或谓之灵神、神体，指其灵明不属形气者。或谓之良知，谓之灵才，指本体自然之灵者也。或谓灵台，谓方寸，指其所寓方寸之心，为灵魂之台也。或谓之真我，明肉躯为假借之宅，而内之灵乃真我也。或谓天君，指天主所赋于我以为一身之君也。或谓元神，以别于元气，二者缔结而成人也。……总之称各不一，而所指之体惟一。譬如肉身，或谓形骸，或谓体魄，或谓躯壳，或谓血肉，或谓身体形器诸等，总乃一物而多名，非因异名而异其物之体也。”①

据此，他把所谓的“灵性”“灵魂”“元神”“明德”“大体”等等诸多概念都统摄到了“内神大体”这个概念一起。这是艾儒略把儒学（宋明理学）释、道的人性论与天学人性论进行融合的极为典型的例子，呈现出“西来孔子”开阔的视阈和敏锐的洞察力。但是，如此一来，“性”经由与“魂”的对接被统一统摄到了“四因说”之下，而动力因与目的因，

---

① 艾儒略：《性学觕述》，载黄兴涛、王国荣编：《明清之际西学文本：50 种重要文献汇编》第一册，北京：中华书局，2013 年，第 250 页。

正是天主本身，由此，“内神大体”之灵魂与人性，都是由天主赋予的，这也是前文引文中艾儒略强调义理之性的来源是造物主所赋人的原因。这样一来，因为性是灵魂，由天主创造，所以此“性”已经不是儒学那个有本体论意义的“性即理”命题中的那个“性”了。

二、“气为魂”还是性气二分？

艾儒略在论证了性即魂之后，还就中国传统哲学中另一个相关的重要概念“气”以及“性”与“气”之关系进一步进行论述。程朱理学所讲的气，指“形而下之器也”，也是生物之具。个体事物之所以是个体事物，不止是气的凝聚，还是依照整个此类事物之理而进行的凝聚。若性与气合，则表现出“心”，心是理/性的具体化，也是气的具体化，有思想、感觉。叶向高在听了艾儒略灵魂说介绍之后，认为：“谓人之灵魂，乃精气耳……气聚则生，气散则死。”叶向高关于“灵魂就是精气”的理解，明显受到了中华传统的“气本论”思想。《周易》就说“潜龙勿用，阳气潜藏”（《易经·乾卦第一》），“气”化生万物，“精气为物，游魂为变”，这是气一元论的根源，“气本论”认为“人以天地之气生”（《易传·咸·象传》），是万物之基础。理学巨擘张载的学说就是以“气”为核心概念建立起来的，他认为世界是由看得见的万物和看不见的东西构成，而这二者都是由“气”组成的。气是天地万物之唯一实体，“气”通过凝聚和消散这两种方式存在。聚则生，散则死，与灵魂无异。

艾儒略承认性气存在关系，也承认气具有作为实体的特征，他说：“性，阳气也，生而聚于身，死则升于天。每见人气续则生，气绝则死，是知生死之根独关一气也。”[①] 但是他在认定“元气不能自定己性，因而不是物之原”的基础上，坚决否认灵魂就是气。其原因有五：其一，他按照四因说，认为气“在物则为变化之料，在人则为呼吸养身之需”，弥漫宇内，所以并没有灵性，就是质料。从程朱理学来讲，形而下的“气”确乎与质料类似，所以灵魂不是气。其二，人在气中，呼吸不停，但灵魂恒久不变，“盖人在气中，昼夜呼吸，时刻无停，不知几万更易。设使人魂为气，则魂亦有更易矣。魂更则人与俱更”，如果灵魂像气一样反复变化，那么就会导致“旦昼之己非暮夜之己”，这是命运道理的。如果将气等于魂，那么先

① 艾儒略：《性学觕述》，载郑安德编：《明末清初耶稣会思想文献汇编》（第一卷第七册），第251页。

王、先师、先祖过世，气与魂皆消亡，那祭祀“立祠立像”，就是祭祀土木，与先人也没有任何关系了。其三，灵魂如果是精气，那在现实之中就应该是精气强壮的人或者人在精气强壮时期，灵明才学都非常强壮才是，反之亦然。但事实情况并非如此，比如凡人都是在精气强壮之时，灵明才学反而比较薄弱，而气若衰老，灵明之用、义理之主张，则更强壮。其四，根据他的“魂三品”之说，生魂、觉魂和灵魂不能混为一谈，如果将气等同于灵魂，会造成我们对人和草木禽兽混同。生魂、觉魂都是随植物和动物的生气、觉气之生灭而生灭。但人之灵魂则不然，它是由天主赋予的“神妙之体”，是高于形而下之气的。灵魂是精神实体，而不是质料，自然也就没有交替更迭与聚散。其五，人的灵魂，各有差异，与肉体没有直接关联，与肉身合身会存在，离开肉身也一样存在。肉身百体，都是由灵魂所主宰的，而人死之后，这个灵魂是可以自存的，而且必须要复命创造者天主，听他的审判赏罚。而所谓“气”与的“理”一样，都是一种依赖亚里士多德的实质范畴的次范畴，因而是无法与灵魂相提并论的。所以综合之，“气是气，灵是灵”，“性自性，气自气”。① 综合来看，艾儒略关于“气”的论证方式与“性即魂”的思路如出一辙：将其置于“四因说”统摄之下，成了质料，而同样没有动力因和目的因的地位，而“魂”在气之上，但还是由天主赋予。

有趣的是，《口铎日抄》中有一节论的主题是“星无灵明而诸星度数不主吉凶”，里面涉及了耶儒对于天人关系以及“气”不同的理解。这一节讲的是崇祯五年即 1632 年，一位林太学的读书人与艾儒略的对谈。林太学向文昌星这颗学问之星上香祭祀，艾儒略便笑问道：“奉香将以求名乎？”于是展开了一场星座与人的关系的对话：

司铎曰：“夫上界之星，亦犹人间之灯烛耳，初无灵觉也。既将事星，亦将灯烛而事之乎？”

太学曰：“自来名臣将相，俱言上应列宿。故见星坠落，则曰某方某将相死，此又何以说焉？”

司铎曰：“信如斯言，从古名将大臣，凋谢者不知几千万人。将天上星，亦坠落殆尽矣。何以古今星数，并不少减也？”

---

① 艾儒略：《三山论学》，载郑安德编：《明末清初耶稣会思想文献汇编》（第一卷第七册），第 342–343 页。

众友……曰："师论诚是。但圣教书中，所云景宿告祥、三君睹耀又谓何？"

司铎曰："……盖天主降生时，特以星光示人，有天神导之，非星自有灵也。譬如国君莅朝，必先有灯燎前导，岂得以灯燎为有灵乎？"①

从上述对话中，可以看出传教士与中国人对于"星"的不同阐释，其根本还是在于对于"气"的不同理解。在中国人这里，天和地都是一种气的运行，人与自然同属于一种气，因此天人相互感应，认为人的行为会带来天崩地裂等自然现象。而对于耶稣降生的时候将三位贤者从东方指引而来的星星，中国人将其解释为天与人相互呼应。但在艾儒略看来，气仅仅是古希腊哲学中四元素（水、空气、火、土）之一的空气，神等精灵在其外侧。中国知识分子把天界与人界的关系解释为天人相与，传教士则将其视为迷信。虽然神令星星运行，但这并不是星星本身有灵性。天主（耶稣）降生，只是通过星星的光芒告诉世人有天神指路，如国君临朝时候点灯在前面开路，本身并不能说明灯光上有灵性。

如果我们将关于"气"的讨论放置在更为广阔的中西文化的领域继续追踪其原因就会发现，耶儒关于"气"与"魂"说的重大差异根本在于中国人天人合一的"气一元论"和天学"灵肉分殊"之间的差异。儒学所言的"气"，不但涉及自然的气，也涵盖了精神、道德的气，还是有本原意义的。《管子》就说："人之生也，天出其精，地出其形，合此以为人。"按照"元气论"或者"气本论"，气是可以用来解释宇宙万物生成的本原和发展规律的，这样一来，"气"具有一本万殊之能，灵魂的存在当然也是气化的产物，因此"所谓精神魂魄，有知有觉者，气也"。(《朱子语类·卷三》)

深谙气本论的明末中国人基本不以身心为二来认识人，而是通过认识到人的自然形态，继而赋予人以社会的内涵，最后确立起人的形象。《三山论学》中，叶向高对艾儒略曾问："天地之间，不离顺逆二境……死则一具白骨，立见僵仆。形躯无所受，苦乐无所施；神虽不灭，安见朽腐归土，又别有苦乐可受哉？"②这里非常明显地体现出了中国人的身心合一论。由此观念，人与万物在本质上当然没有区别，被剥离出肉身的灵魂也没有

---

① 艾儒略等：《口铎日抄》，载郑安德编：《明末清初耶稣会思想文献汇编》第一卷第九册，第496页。

② 艾儒略：《三山论学》，载郑安德编：《明末清初耶稣会思想文献汇编》第一卷第七册，第343页。

什么真正的意义。而这种万物为一体思想在极力宣扬天主至能至高的艾儒略看来是无法理解的，这也违背了天堂与地狱的后世论。他说：“按敝土性学，气者四行之一，顽然冥然，弥漫宇内，全无知觉。在物则为变化之料，在人则为呼吸养身之需，是非所谓灵性也。”儒家仅将人的灵魂视为自然生命的一部分，与肉身一体且无本质的区别，人之所以为人，本质在于“理”“性”，自然生命有生有灭，但是理却生生不息，不能穷尽；而天主教则认为，人的自然生命之内的灵魂本身就构成了人的本质所在，就是不朽的，而至于灵肉之间的关系，艾儒略眼中是二元的，这也是他认为“魂”不是“气”的重要起点。正如他所言：“人以灵神肉躯二者而成，一为内，一为外；一为神，一为形；一为魂，一为魄；一为顽，一为灵；一为主，一为仆；一为贵，一为贱；一为小体，一为大体。”[①] 艾儒略继承了亚里士多德在《形而上学》中倡导的观点，即生物的灵魂与躯体是二元且密切关联的，就像“形式”与“质料”一样，灵魂若结构，以质料存在的躯体按照这种结构或者形式构成了人或者其他动植物，而灵魂与肉体是一个实体的两面。

三、“理”与“太极”何为?

理学说“性即理”，而艾儒略讲“性即魂”，那么在艾儒略看来“理”又作何解释？能不能等同于“魂”？理学认为有着本体论意义的“太极”，在艾儒略那里又作何解释？艾儒略的答案是：“理”并没有作为理学所讲的动力因和目的因的本体意义，是一种“元质”，虽不同于天主所赋予的“魂”，但依然依赖于天主。“太极”由理气组成，同样没有本原意义。

“理”是宋明理学的核心概念。“形而上者无形无影，是此理；形而下者有情有状，是此器”(《朱子语类·卷九十五》)，理是永恒的、原始的、万物的质料中存在的体现出的某种原理、规律，是形而上的。各类事物各有各的理，而正是这个理使得此类事物成为了此类事物。也是因为此，理是存在天地之先的：“未有天地之先，毕竟也只是理。有此理，便有此天地。”这个理统筹了心理、物理、事理、伦理，渗透在天人与不同的现象、事物当中，而宇宙有一个终极的标准，万理之总和，那就是“太极”，朱熹直言：“太极只是天地万物之理。在天地言，则天地中有太极；在万物言，

① 艾儒略：《性学觕述》，载郑安德编：《明末清初耶稣会思想文献汇编》（第一卷第七册），第 259 页。

则万物中各有太极。未有天地之先，毕竟是先有此理。”（《朱子语类·卷一》）太极是“理”，于天人万殊普遍流行、无所不在。

着眼于太极与理的关系，艾儒略首先继承了利玛窦关于将“理”降格为依赖者的基本思路来阐述“理”。利玛窦认为，“物宗品有二，有自立者，有依赖者。”“理”“或在人心，或在事物”。① 太初无一物在先，“理”是无法存在的，只是空洞的名相，并非万物本原；同时，“理”是一下子生不出一辆车来的。这里体现出中西文化对万物本原来源理解上的根本差异。但是，利玛窦实际上还是用天主创造万物的思路来理解“理”，即“无中创有”，因此认为“理”没有化生万物之能。如此，“理”成了依赖者，丧失了化生天地万物的作用。艾儒略对这个观点进行了引申和细化。首先，理依赖于物。理是在物之后的，因为“理”是物的准则，是依赖于物的，《诗》说“天生烝民，有物有则”，这里的则就是“理”，是依赖于物而后生的，既如此，理不能造物。其次，理依赖于天主。“物先之理，归于天主灵明……盖造物主未生万有，其无穷灵明，必先包涵万物之理”，先于物的那个理，是天主赋予的，同时，天主造物也依赖理，反之，理也依赖于天主造物才有意义。艾儒略打了一个比方，如写作论文，首先要了解规矩法度，立意提纲，这个存在于篇章之前的构思及其依据就是“理”，而“谁为之命意、构局、绘章、琢句，令此理跃然者？可见理自不能为主，当必有其主文之人”②，这个写作的人，才是万有之始，即天主。由此观之，这样一来，万物之生成当然依靠于“理”，但“理”自己无法生成生物，天主才是真正的物先之理。如此一来，“理”和“性”一起，自然丧失了理学范畴中所拥有的整全之善的内涵，也丧失了本体层面的意义。

接着，艾儒略对“太极”的概念进行批判。在《三山论学》中，叶向高就提出“太极也者，其分天地之主也”的论断，以此质疑“天主”的概念。艾儒略首先批驳太极主宰万化之说。在他看来，太极无非就是“理、气”两个字，既然如上文所说，“理”只是依赖天主的道理规则，并没有灵明知觉，当然不能主宰万化：“愚谓于天地犹木瓦于宫室；理也者，殆如室之规模乎，二者缺一不得。然不有工师，谁为之前堂后寝。”③ 其次，艾儒略依据“四因说”，把“太极”降格到了质料因的层面，变成了“元质”。

① 利玛窦：《天主实义》，载郑安德编：《明末清初耶稣会思想文献汇编》第一卷第二册，第 89 页。

② 艾儒略：《三山论学》，载郑安德编：《明末清初耶稣会思想文献汇编》（第一卷第七册），第 331 页。

③ 同上，第 332 页。

他说，天地万物都可以按照“四因说”来解释：“天地亦然，元质为质，大小厚薄为模，所以覆载于人为为，造物主为造者。今观儒者之解太极不出理、气两字，则贵邦所谓太极，似敝邦所谓元质也。元质不过造物主化成天地之材料，不过天地四所以然之一端，安得为主？又安得而祭之事之也哉？”①

如此，太极就成了天主造物的材料，成了质料因。太极既然是元质，那么元质是无法造物的，理由有四：其一，元质是物，凡物皆有始，而天主无始；其二，元质既然有始，那一定是由天主赋予，绝非自有；其三，元质“穷于形天以上，属于几何”，作为一种规则或者道理有边有际；其四，有形物质都依据于元质，但天神和人之灵魂的产生，从无中化生出来，是元质无法解释的，也是元质无法承担的，只有天主可造。这样，元质没有无始、自有、无边际的特点，绝不是万有之本。在理学那里，太极作为整全的“理”，有统宰万物之能；而所谓“物物各具一太极”，是指个体之中蕴含着这个整全的“理”，“理”借助殊相加以呈现。是具有“动力因”乃至“目的因”的地位的。显然，艾儒略这里，“太极”所拥有的“宇宙终极标准”的意涵和代表道德本体的天道、天命、天理等范畴已经被剥夺，只是一个与物同体的存在。但是这样做的好处在于不像利玛窦那般直接，而是借助了“元质”这个枢纽性质的概念，把天主教思想与儒学思想对接了起来。这样一来避免了与天主创始的直接矛盾，二来最大程度低保留了“无极而太极”的模式与理论，这是一种试图调和天学创世论和中国固有思想的努力。

然而纵然融合到如此，基于天主创世超万有而上的本体观念，都或多或少地消解了“性”“理”“太极”这些概念所具有的本体意义以及万物一体的内涵，部分概念更是被降低至一般的自然科学的维度，没有真正回答这些概念和命题在本体论层面对于天学教义根本的质疑。二者的差异是实实在在的。艾儒略将“理”与“太极”归为依赖者、元质，虽然进行了调和，但这也是理学家无法接受的，这一争辩的背后本质上是西方的“Logos”与中国文化的“道”之交锋。如前文所述，本文认为，亚里士多德“四因说”以及《形而上学》一书中的其他内容，和阿奎那五路证明法等一起，构成了艾儒略论述耶儒本体观念中诸多概念的基本依据，这是“Logos”精神最

① 艾儒略:《口铎日抄》，载郑安德编:《明末清初耶稣会思想文献汇编》（第一卷第七册），第514–515页。

集中的体现，也是造成耶儒对话中理解差异产生的根本缘由。亚里士多德在《论范畴》[①] 一书中明确提出了实体、数量、性质、关系、地点、时间、姿势、状态、活动、遭受等十大范畴，其中后九种附性（accidents）都依附于实体（substance），而也只有实体才能创造物，“理”在艾儒略那里大体而言更突出的是一种关系性（元质与事物的关系），而关系是一种依赖者，依赖者是无法创造万物的，利玛窦说“理”不能凭空生出一辆车来，原因就在此。那么这种逻辑推演的方式，佛教的“空”、道教的“无”等等概念都不能化生万物。然而在中国文化这里，理的产生演变是以阴阳借助五行等相生相克的基本物质进行迁化流行，生生不息的演化，最终自然而然地造成了世界与万物，这是理学关于创世模式之“道”，艾儒略们也没有深刻理解。正是相互缺乏对彼此理论基础和历史传统的了解，在一定意义上限制了双方对对方本体观念更深层次的理解，因此也没有展开更有活力和张力的对话。

四、结语

综合来看，艾儒略从天主教基础立场出发，就彼时极盛的理学的相关命题与概念做出了深入的对接性的阐释，能够为当下的儒耶对话提供丰富启示；同时遇到的困难也能够为中西哲学对话以殷鉴：

其一，相似概念之间求同存异的对接、互纳与互释。艾儒略关于“性”“理”“太极”等概念的解释，综合运用亚里士多德的“四因说”、圣托马斯的“五路证明”，还加上了一些他认为切近中国心灵的如“元质”等概念的论证。这种论证方式，将理学中的诸多重要概念纳入天学的框架之中进行阐释，富有新意，对于研究耶儒之间的跨对话有着重要的价值。

其二，平等包容的跨文化立场与态度。在阐释的过程中，艾儒略尽力寻找对接与调和之处，最大程度地保留了纯粹精神对于西方文化至关重要的意义，最大程度地平衡着会通耶儒与保持天学站位的关系，也最大程度地体现出他的基本立场：一种文化之所以能够容忍另一种文化存在，根本原因在于另一种文化具有对它存在与发展有益的东西以及可借鉴与吸收的地方。今日的中西对话依然需要这种立场。

---

① 该书在明末由李之藻翻译为《名理探》，供奉教派和温和派人士进行论证习得或教育训练，是儒士基督徒向中国人传播西方思想文化的重要书籍。

其三，关乎本体的逻辑性阐释须充分考虑接收主体所在的文化信念系统。宋明理学关注的是人可以从内心“对越在天”，由内在道德超越至天，“性”“理”“太极”有着丰富的本体论内涵。艾儒略的逻辑的论证方式上对中国人而言还是太过抽象了，而诸多本体论概念被降格到自然科学的层次也导致接受上的困难。根本上而言，西方的“Logos”精神关照的是如何给宇宙给出一个彻底的、理性的解释，但这种执着的思想和信仰最终导致艾儒略始终无法真正抓住儒家特别是宋明理学的中枢，导致实体的天主观始终与儒学对本体的解释格格不入，因为“中国哲学的概念是具有生命气息的……无法完全实现客观化、科学化分析”①。在本体对话上，艾儒略倘若不是过于忠实或者执着于抽象的天主存在证明，多一些对拉丁或希腊教父关于个人对终极体验的感悟性、意境性的言说以及对奥妙的惊异的参照，倘若不是过于强势地降格儒家文化中的“神话”，从“隐藏的上帝”、三位一体的神学关系性等角度进行会通，可能更加容易形成互惠理解并到达发扬自身、和谐并存的跨文化境界。

① 陈双珠：《“性”与“善”二分的诠释——试比较戴震与朱子语言逻辑进路的异同》，载《东南学术》，2019 年第 1 期，第 162-169 页。

哥特式教堂与经院哲学认识论的转向①

——在可见世界“迎向”不可见世界

林季杉　徐嘉欣②

内容提要：经院哲学时期，随着亚里士多德思想重新被重视和发掘，经院哲学的认识论发生转向——以托马斯·阿奎那为代表的经院哲学家强调感官经验在认识过程与审美体验中的中介作用，为打通理念世界和经验世界奠定了基础。经院哲学认识论的这一转向对其同时期的艺术形式产生了深远的影响，在哥特式教堂艺术风格的形成中尤甚。本文将从感觉质料、空间构建与仪式象征三个方面讨论哥特式教堂的艺术风格如何与经院哲学认识论的转向相呼应，在可见世界“迎向”不可见世界。

关键词：哥特式教堂，中世纪哲学，可见世界，不可见世界

Gothic Cathedral and Epistemological Turn of Scholastic Philosophy

—— “Facing” the invisible world in the visible world

LIN Jishan & XU Jiaxin

Abstract: In the period of scholasticism, with the re-emphasis and re-exploration of Aristotle’s philosophy, the epistemological turn of scholasticism took place. Scholastic philosophers represented by Thomas Aquinas emphasized the intermediary role of sensory experience in the process of cognition and aesthetic experience, laying a foundation for opening up the empirical world and conceptual world. This epistemological turn of scholastic philosophy had a

① 本研究获得中央高校基本科研业务费资助项目“中世纪艺术哲学”（项目编号：2019kfyXJJS121）支持。

② 林季杉，华中科技大学哲学学院副教授、博士生导师；徐嘉欣，华中科技大学哲学学院硕士生。

profound impact on the art forms of the same period, especially on the formation of the Gothic cathedral art style. This article will discuss how the artistic style of the Gothic cathedral echoes the epistemological turn of scholastic philosophy and how the Gothic cathedral faces the invisible world in the visible world from three aspects: sensory material, spatial construction and ritual symbol.

Key Words: Gothic cathedral, medieval philosophy, visible world, invisible world

“两个世界”即可见世界和不可见世界，源于柏拉图的理念论。由“理念”组成的理念世界是不可见世界，由可感事物组成的经验世界是可见世界。奥古斯丁在此基础上，将世界分为“上帝之城”与“地上之城”，相互对立。这种二元对立的柏拉图主义传统同样影响着中世纪的美学理论。中世纪的美与上帝有相当紧密的联系，上帝是最美的，同时是所有美的最初原因和终极原因。奥古斯丁关于美的论述是从本体论的角度展开的——上帝是美的本体。这意味着上帝即是美的存在本身，美的理念和美的创造者。在这种二元对立的基础上，奥古斯丁认为，一方面以上帝为本体的美作为一种理念，是心灵的理性的对象，感觉对审美体验没有助益；另一方面，只有心灵，通过上帝的光明的照耀，才能够认识神圣的真理，即关于上帝的知识，也就是美本身。而肉体以及以肉体为媒介的感觉经验，不仅对于认识真理以及审美体验无益，甚至会造成阻碍。中世纪经院哲学的代表托马斯·阿奎那虽然也在一定程度上继续沿袭着柏拉图、奥古斯丁的传统，但与柏拉图将作为形式的“理念”（包括美的理念）与具体事物（包括具体美的事物）对立起来不同，受亚里士多德“美的本体是形式因与质料因统一”思想的影响，阿奎那更倾向于从认识论的角度展开自己的美学理论，他认为：“美是事物的属性，和真、善、一致性等属性相联系，美向下启示自身时，可以带给人审美体验。”[①] 而具体事物的审美体验也有助于认识美的理念，

阿奎那认为审美体验的基础是心灵和存在的结合。审美体验的机制是：“心灵由爱和活动的意志推动以寻求存在，一方面面向现实，一方面在沉思中得到愉悦。”[②] 在这个机制里，感觉的作用得到重视。所以阿奎那强调：

① Charles Side Steinberg, “The Aesthetic Theory of St. Thomas Aquinas”, The Philosophical Review , 1941(5).

② Ibid .

“使之被称为美丽的，是那些可以取悦视觉的”。[①]“美是客体的品质与感知器官间的有效地相互作用的结果”。[②]同样作为心灵寻求存在的活动，审美体验与理性活动的区别在于是否需要中介来导向关于存在的知识。相较于需要以概念为中介来获取知识的理性活动，审美体验的实现则依赖于在心灵和存在的交流过程中得到的神圣的活动和上帝的恩典。[③]因为被造物只能通过其本质被可理解地表现出来，而只有上帝是纯粹的本质。审美体验产生于心灵与存在的完美结合，由于人类理性的有限性，这种结合只能在审美体验中通过上帝的恩典达成。审美体验是沉思、感觉和神圣体验相交织的超理性活动。也就是说，虽然阿奎那承认沉思在审美机制中的重要作用，但同样强调感觉是审美体验中不可或缺的部分。如果将感觉和沉思这两条路径分别看作通向可见世界和不可见世界的“向下”的道路和“向上”的道路，那么在阿奎那的美学理论中，就存在打通这两个世界的可能性。将阿奎那这种从认识论角度展开的美学观运用到同时代的哥特式教堂上，哥特式教堂的建筑材质、建筑结构、内部装饰乃至在其中进行的仪式都是一种通过可见的具体事物反映与沟通不可见的世界的尝试，是“自上而下”与“自下而上”路径的结合。

这也就是为什么哥特式教堂与之前西方拉丁世界巴西利卡式和罗曼式教堂风格差距如此之巨大的原因，巴西利卡式和罗曼式教堂受柏拉图、奥古斯丁神学美学的影响，而哥特式教堂则受到的是经院哲学认识论转向及其美学思想的影响。下文我们将结合哥特式教堂，尤其是以其代表作之一巴黎圣母院为例，从感觉质料、空间构建与仪式象征三个方面，讨论哥特式教堂与经院哲学认识论的转向的关系，探讨哥特式教堂如何在可见世界是如何“迎向”不可见世界。

一、质料的选择与超越质料

中世纪教堂的主要建筑材料是石材，而哥特式教堂的典型特征之一是在扶壁的支撑下大面积运用玻璃，通过玻璃的透明特性与光线的照射营造教堂的超越性。因此，本节选取石材和玻璃两种质料，讨论它们何以可能

---

① Thomas Aquinas, *Summa Theologica*, art.4, ad I, 载 Charles Side Steinberg, The Aesthetic Theory of St. Thomas Aquinas，Harvard University Press , 1988, p.486。

② Charles Side Steinberg, *The Aesthetic Theory of St. Thomas Aquinas*，Harvard University Press , 1988, p.486.

③ Ibid.，p.489.

在尘世中构成接近天堂和不可见世界的建筑。

1. 石材

一般而言，石材成为哥特式教堂首选的建筑材料取决于它的硬度和强度、耐用度、抗压缩性。石材用于不同部位，取决于它的种类、颜色、光泽、可塑性和硬度。比如，石灰石呈现灰白或灰黑色，外表粗糙，反射光线不均匀，通常赋予建筑粗犷、厚重感，因此经常用于诺曼式教堂[①]。而大理石则具有豪华的光泽感，同时可以通过镶嵌呈现丰富的色彩，因此常见于古典建筑，尤其是哥特式建筑中。不同石材的材质能够使教堂内的空间分割呈现出截然不同的效果。 哥特式教堂对具有光泽感、可塑性和丰富颜色的石材的选择本身就体现着美学思想的转变——教堂的神圣性不再仅仅由宗教活动赋予，而是可以通过建筑本身传达，构成建筑的感觉质料也是构成其神圣性的一部分。“通过对物质美观的沉思我们会通过一种神秘的方式被引向更高级甚至是神圣的现实中去”[②]，这是修建于 12 世纪的圣丹尼斯修道院院长絮热的观点。对于建筑材质的重视同样体现于石工工艺上：哥特式建筑采用精细切割的石匠工艺，更显优美和轻盈，让教堂建筑更向空灵的彼岸靠拢，不同于诺曼式的碎石工艺对石材的强有力的处理。

在哥特式教堂中，一方面，石材本身的稳定性和坚固性成就了教堂的稳固性，指向永恒与平安，带给信众可以依赖、可以信靠、可以信仰的确定性的心理感受，支撑信众与不可见世界的交流。另一方面，在石材的运用与处理中，恰当的材质与工艺被使用在合适的地方以达到最好的呈现效果，在赋予教堂空灵感与超验性的同时，带给人万物被安排的如此和谐的美感。

一般而言，教会建造在这磐石上。据《圣经》记载，耶稣曾对彼得说：“你是彼得，我要把我的教会建造在这磐石上。”（太 16:18）“彼得”的拉丁语意是“小石头”，而“磐石”是“大石头”，耶稣基督。用石头作为主要材料搭建教堂，此时作为“小石头”的石材构成仿若磐石的教堂，人们在教堂参与教会活动，感受不可见的天国，与不可见世界沟通。同时，教会是基督的身体，无数的“小石头”建造在“大石头”即磐石上代表信徒们，彼此搭配，彼此相爱。人建造的哥特式教堂拔地而起，仿佛直冲云霄，

---

① ［美］特拉亨伯格、［美］海鳗：《西方建筑史：从远古到后现代》，王贵祥等译，北京：机械工业出版社，2011 年，第 163 页。

② 同上，第 191 页。

如同一场气势磅礴的石头交响乐盛宴，为可见世界敞开了无限向上的空间，是一种纵向超越。如果把永恒的普遍概念理解为不可见世界，那么这样的纵向超越就是人主动在可见世界“迎向”不可见世界，是人与世界的和谐共建，是人神合作的典范。

2. 玻璃

同时，相较于早期的教堂，哥特式教堂的墙体大面积被玻璃替代。由于脆弱的玻璃无法承担教堂的重量，飞扶壁应运而生。教堂的扶壁，建造在教堂的墙壁底部，抵消教堂屋顶对墙壁施加的向外推力，以加固墙壁。而飞扶壁则更加贴合教堂墙面，从拱券与墙面的相接处向外延伸，“这一开放的建筑结构将屋顶的重量向下转移到地面”①，为玻璃替代墙体提供空间。同时，其本身线条流畅，相互交错，富有美感。空的设计，凌空飞跃，则赋予教堂以空灵感，和透明的玻璃一起使教堂如天国般神圣美丽。小尖塔处于飞扶壁和扶壁的相接处，在为扶壁增重以使其稳定的同时，也与教堂主体的尖顶一起构成教堂整体向上的气势，体现了人通过可见的物质载体对不可见世界的“上迎”，是直接呈现于视觉的向上的道路。

从玻璃本身的特性而言，玻璃是最具非物质性特质的物质。一方面，玻璃来自于石头，而又不同于石头。地球上储量最大的石头是硅酸盐类的石头和碳酸钙类的石头，前者大多是石英岩，硬度较高（摩氏 6–7 度以上），后者大多是石灰石（含大理石），硬度较低（摩氏 3–5 度左右）。石灰石的丰富储量和可塑性使其成为教堂建筑的主要材料，而最脆弱的玻璃则是由硬度较高的硅酸盐类砂石转变而来的。如果将较硬的硅酸盐类砂石看作“磐石”，由于玻璃的透光性本身具有不可见世界的超越性的特征，那么这种转化本身也可以被理解为“磐石”向不可见世界的转化。

另一方面，玻璃本身是透明、透光的，具有超越性：透明的玻璃隐藏了自身，使自己变得好像不可见，进而接纳他者、呈现他者。视觉意义上的不可见为精神意义上的可见提供了空间，也使神圣的启示能更好地被传达。透光的玻璃将阳光引入，这为教堂赋予了天国一般的神圣性——太阳光是天国的象征。哥特式教堂的东侧圣坛后常设巨大的玻璃彩窗，“东升

① ［英］理查德·斯坦普：《教堂建筑的秘密语言》，萧萍译，北京：文化发展出版社，2018 年，第 18 页。

的旭日光芒从东窗射入，象征耶稣基督的复活”[①]，带给人直觉性的神圣的审美体验。

同时，玻璃彩窗不仅以直接启示的方式带给人关于上帝的知识，玻璃在工艺上的可塑性也使其具有承载视觉色彩与象征的功能。用高温煅烧将玻璃融化成为液状，使其具有黏稠度，从而可塑造成任何一种形状，并可在加工工艺中容纳颜色，变成有色玻璃。巴黎圣母院的北面进口上方有大幅的玫瑰花窗，通过彩色玻璃展示了基督圣像、十二门徒等内容[②]，使玻璃成为叙事的“视觉圣经”，帮助观看者领会神圣的启示。玻璃的透明性、透光性又使阳光能够投射进来，将彩窗上的斑斓色彩投射在观看者身上，仿佛也将对上帝敬虔的情感投射在观看者的心上。一方面，二者一同为信众营造了沉浸式的宗教氛围，令教堂更具天国的美轮美奂和神圣感。另一方面，它直接地向信众启示关于天国的知识，绚烂斑斓的玻璃彩窗给观看者的视觉造成直接的刺激，观看者沉浸在美丽而神圣的光线与图画中，收获极致的审美体验。如果说石头交响乐式的拔地而起象征着对于可见世界的纵向超越，彩绘玻璃的选择则是光与色彩的狂欢，是一种对可见世界的横向超越。胡塞尔曾经用事物“明暗层次”（Abschattungen）是统一的概念表明“感性直观中出场（‘明’）的事物都是出现于由其他未出场（‘暗’）的事物所构成的视域之中”。这实际暗含了可见事物背后拥有不可见世界的意味。美国当代哲学家 John Sallis 将其称为“horizontal structure”[③]。张世英将“视域的架构”翻译为“横向的架构”，以显示可见的“明”（出场的、显现的东西）以不可见的“暗”（未出场的、隐蔽的东西）为根底，不可见世界是对可见世界的横向超越[④]。

玻璃彩窗镶嵌的地方作为窗棂，兼具功能性与象征性。在功能性上，促进教堂内部的透气和通风，打通教堂内部空间与外部空间。在象征性上，象征心灵的窗口，打通可见与不可见世界。大理石反射柔光，雕刻线条轻盈灵动，尖顶与飞扶壁向上延伸，大面积的玻璃彩窗将更多的光线带进教堂，预示着上帝的真理之光、生命之光将为身处教堂的信众带来光照与启示。踏入教堂，仿佛踏入了天国，达成对不可见世界神圣性的一瞥。而在哥特

① ［英］理查德·斯坦普：《教堂建筑的秘密语言》，第 50 页。

② 李泰山：《哥特式建筑的代表作品——巴黎圣母院》，载《美术学报》，2006 年第 2 期。

③ John Sallis, *Delimitations*, Indiana University Press, 1995, p.77.

④ 张世英：《哲学导论》，北京：北京大学出版社，2016 年，第 31 页。

式教堂的空间构建中同样可以看出在可见世界“迎向”不可见世界的努力。

二、空间的建构与超越空间

哥特式教堂区别于巴西利卡式（Basilica）、罗马式（Romanik）平行运动、厚重的传统教堂风格，整体上垂直腾飞、高耸、空灵，意在迎向天国。其优美、空灵的建筑风格不仅由对质料的审慎选择构成，空间构建同样帮助其体现超越世俗、迎向天国的特征。

1. 选址

巴黎圣母院选址在法国巴黎的中心城区，意为使信仰成为可见世界的中心。此时，巴黎圣母院的高高的尖顶标志着通往天国的道路，为处于世俗世界的人们指引方向。高耸的尖顶处于可见世界的中心迎向天国，也可以被视为不可见世界与世俗世界的连接。当人们看见市中心的教堂尖顶时，他们自身也正被不可见世界所注视。“如果你能看到教堂，那么教堂以及神也能看见你。”①巴黎圣母院的位置选择使其观看者不论远近，都能处于同样真切的信仰体验中，在情感上感受与不可见世界的相伴与交流。

将视线拉近，可以看到巴黎圣母院处于巴黎中心的塞纳河畔。“耶和华是我的牧者，我必不至缺乏。他使我躺卧在青草地，领我到可安歇的水边。他使我的灵魂苏醒，为自己的名引导我走义路。”（诗 23：1–3）如果将塞纳河看作可供安歇的水边，那么四周绿植环绕的巴黎圣母院则可以被看作耶和华引导大卫去的地方。在这里沉睡的灵魂苏醒，要走的“义路”与教堂的职能重合。同时，可见世界中的河流和《圣经》中的记载相互呼应，使建筑本身也恍惚超越可见世界，成为《圣经》中的一部分。

2. 建筑外部

而巴黎圣母院的教堂建筑本身，从上帝的视角俯瞰，是一个坐东朝西的巨大十字架。教堂的东端是圣坛，后面是半圆形的外墙。西端是一对高 60 米的方塔楼，构成教堂的正面。在朝向上，东方即意指圣城耶路撒冷，耶路撒冷象征天堂。在构造上，教堂竖臂的布置为信众参加宗教活动提供空间；横臂则供神职人员使用。这种拉丁十字式的教堂形制是对巴西利卡式教堂特点的保留，②同时其形状又具有与《圣经》呼应的宗教意义。十

① ［英］理查德·斯坦普：《教堂建筑的秘密语言》，萧萍译，北京：文化发展出版社，2018 年，第 14 页。

② 黄倩、浦欣成：《基督教教堂西立面演变探析——以拉丁十字式巴西利卡形制为中心》，载《新美术》，2009 年第 6 期。

字形的教堂形制可以被看作为耶稣殉难的十字架的象征，指向耶稣。上帝寓于耶稣中，也寓于十字式的教堂中。此时，教堂建筑是同耶稣一般的道成肉身，在显现上帝的同时也在显现真理，为信众提供通往上帝的道路——教堂作为建筑的实际空间功能更使这条道路具象化了，信众在教堂中踏上趋近上帝的道路，达成对生命的领悟。

更进一步，从外立面看，巴黎圣母院的正立面两侧是钟楼的方顶双塔楼，钟楼与环形长廊的连接处环绕怪兽长廊，点缀半人半兽的雕像，它们也作为滴水口被用于排水。环形长廊下方的中间为上文提到的玫瑰花窗，以彩色玻璃展示圣母子与天使的形象。玫瑰花窗前环绕圣母长廊，天使烛台与亚当、夏娃的神像围绕圣母，意为礼敬圣母。圣母长廊下方，巴黎圣母院西立面的底层与中层之间的长条壁龛也称为“国王长廊”，陈列着 28 座耶稣先祖的帝王雕像。国王长廊下是三个尖型拱门，象征三位一体。“我就是门，凡从我进来的，必然得救……”（约 10：9）因此，踏入教堂的门，象征踏上趋近不可见世界的道路，同时也象征着踏上得救之路。其中正门为末日审判门（le portail du Jugement dernier），门上刻有由米迦勒称量灵魂的最后的审判的场景。“到了那最后的时限，虔诚者将步入‘天堂的大门’——天堂之门就在教堂之门的正上方，似乎在提醒人们快快进入教堂，而不在教堂时则要过一种为义的生活。”① 巴黎圣母院的侧面另有耳堂，即十字式教堂的横臂，主要供神职人员使用。同时也有玫瑰花窗。

3. 建筑内部

当人们在末日审判门上的画面的催促下进入教堂之后，首先看到的是洗礼盆，也被称为圣水盆。“……洗礼盆大多还靠近教堂入口，因为洗礼被视为进入教会的正式欢迎仪式，同时也象征着洗清罪恶”②；另一方面，该位置也与基督教习俗相适应：弥撒仪式中的用具需要被清洗，以及基督教徒必须在餐前洗手。路过洗礼盆，穿过坐席，映入眼帘的是在隔屏两侧摆放的读经台和讲坛。读经台用于摆放《圣经》，以供朗读，通常雕刻有传道者约翰的象征鹰。而讲坛是牧师布道的地方，通常高出地面，寓意耶稣在《马太福音》布道时所登的那座山，“耶稣看见这许多的人，就上了山，既已坐下……”（太 5：1）③ 两者通常面向座席，以使信众更清晰地接受

---

① ［英］理查德・斯坦普：《教堂建筑的秘密语言》，第 22 页。

② 同上，第 45 页。

③ 同上，第 40–43 页。

布道。到这里，在隔屏之前，在普通信众可以任意进入的本堂之中，一种由世俗向神圣性的过渡被完成了。人们洗净罪恶进入教堂，而后通过布道接受上帝的训导，从可见世界被引向不可见世界。但他们又尚未踏入完全神圣的世界，因为这一切仍发生在隔屏之外。

隔屏间隔本堂与圣坛，表明祭坛周围只是神职人员可以出入的区域。如果将圣坛内的至圣所理解为神的居所、是会幕，那么隔屏寓意间隔人与神的居所的帷幕。帷幕之内有至圣所，是神显现的地方。隔屏之内以祭坛和十字架为中心。通过隔屏进入圣坛，可以依次看到唱诗席和祭司席，前者供唱诗班歌咏仪式使用，后者供主持仪式的神职人员使用。① 二者的中心都是祭坛以及十字架——世俗世界的人们在冗长的准备之后，终于可以在祭坛这个离神最近的地方，与神交流。祭坛意指“最后的晚餐”中的桌子，实际代表耶稣之死，用以纪念耶稣为救赎人类的献祭。天主教徒认为，在弥撒仪式中，祭坛上的食物会发生圣餐变体。因此，弥撒仪式本身也是对耶稣之死的重现。耶稣之死救赎人类的罪：“耶稣又大声喊叫，气就断了。忽然，殿里的幔子从上到下裂为两半，地也震动，磐石也崩裂，坟墓也开了，已睡圣徒的身体，多有起来的。”（太 27：50–51）人的罪被救赎，所以阻隔人神的帷幕断裂了，人可以重新见到上帝，死去的圣徒也被复活。阳光从窗户投射到位于教堂东端的祭坛上，象征耶稣的复活，也仿佛救赎在弥撒仪式中重现，信众面向耶路撒冷。因此祭司能够踏入至圣所与上帝交流，而人们可以透过隔屏达成对圣坛内部的不可见世界的一瞥。他们与“天堂”的接触是短暂的，这为这份体验增添神秘性，而神秘性又使人的神圣体验进一步增强。自进入教堂开始，途经洗礼盆、坐席、讲坛与读经台，穿过隔屏、面向祭坛，这条十字式教堂的纵向轴线也是信众从可见世界走向不可见世界的救赎之路。“而在空间上，大教堂不强调平面长向主轴，水平延伸的空间观转为垂直空间向度。‘中心’空间在此得以体现……使得集中式的平面不再单一，而是躁动地向外扩展，在中心与路径之间形成强烈地张力。”② 在这条路的终点，也是整座教堂的中心——祭坛，水平延伸的张力转化为垂直的空间向度充盈在高耸的穹顶中。巴黎圣母院的穹顶为四部拱券结构，“在平行的肋梁之间的屋顶被一双交叉于屋顶中央的对角

① [英] 理查德・斯坦普：《教堂建筑的秘密语言》，第 50 页。

② 彭建华：《基督教建筑空间的发展与演绎》，载《建筑与文化》，2008 年第 8 期。

线肋梁分成了四部分。”[①]“穹顶就象征着天空，代表着莅临尘世的天国。”[②]阳光透过教堂东面环绕祭坛的三扇大幅的玻璃彩窗投射在穹顶中与祭坛上，共同完成对教堂内部的神圣空间的塑造，迎向不可见世界。

至此可以看到，教堂内外是具有统一性的空间整体，从选址、建筑外观、建筑内部的设施排列，到光线的运用、空间的分割以及雕刻与绘制的内容与风格，一切努力都在引导人接近天国、进入天国。该过程是理性的、神圣的，也是美的。因此，教堂作为世俗世界中的信徒敬拜之场所，能成为上帝与人同住的会幕，意指天堂。教堂如同尘世中的诺亚方舟，通过石刻《圣经》、教义与传统指明上帝的救赎之道。在教堂的一方空间中打通两个世界的努力，仿佛在尘世中迎接天国的降临。与此同时，教堂的另一组成部分即象征和仪式，可以帮助教堂超越时空的界限，使其在一方天地、一段时间中窥见永恒——这是更加神圣的体验。

三、象征的运用与超越时空

如果说质料选择与空间构建是教堂建筑本身展现的超越，那么象征与仪式则是教堂内部的，属于活动着的人的，超越时空的流动的永恒。本节将从教堂内部具有象征意义的细节展开，延伸到教堂内的“光”，以及作为活动着的象征的仪式。

1. 数与几何的象征

教堂内的许多细节，如数字、几何图形、色彩甚至地板设计，都体现着不同的象征意义。数字的象征，以 3 为例，3 象征三位一体，表示完成、完美或统一，耶稣在三日内建起圣殿，约拿也“三日三夜在大鱼肚腹中”（太 12:40）。而 7 则可以象征七日创世、七个天体或七个音阶，是神创世的完备计划的证明。7 又可以被分为 3 和 4，3 乘以 4 得 12，象征一年的十二月份或耶稣的十二门徒。“巴黎圣母院玫瑰南窗就大量使用了数字 3、4，围绕中央的四叶饰有 4 圈窗户。十二使徒在第一圈，而整个南窗之下则是显示 16 位先知的窗户。”[③]

除此以外，教堂的整体设计遵循画法几何（实践几何）的规律。当教堂的设计被呈现在二维平面上时，它们的几何形状就有着特殊的意义，这

---

① ［英］理查德·斯坦普：《教堂建筑的秘密语言》，第 32 页。

② 同上，第 16 页。

③ 同上，第 105 页。

些意义在三维的教堂建筑中被演绎出来，赋予教堂建筑几何的超越性与美感。巴黎圣母院的十字形教堂形制即是一例，特殊的形状指向耶稣殉难，与教堂的救赎功能相契合；十字架竖臂更实现了从大门到祭坛的空间引导，构造救赎之路。圣安妮教堂则通过等边三角形设计使台阶看起来更雄伟，同时象征三位一体。台阶尽头通向有永恒、完美意义的圆形的门廊也象征着通向上帝。① 因此，洗礼盆也常是圆形的。洗礼盆的另一个常见设计是八边形，“八边形代表着第八天，在一周七日看似无休无止的周而复始后，终于到了终结的一天，也就是‘审判日’——因此也代表着我们在天堂的前景。”② 几何形状同样显现着数字的和谐之美，而和谐的美本身就是神圣的：和谐源自符合理性规律的排列，它的美通过取悦感官的方式被展现，只有由上帝创造的世界才能拥有如此的完美。因此，《箴言》将上帝歌颂为神圣的几何学家也就不难理解了③。

几何的美同样通过迷宫的形式被显现在地板上。部分教堂的地面是由小方块镶嵌而成的巨大迷宫，它的特点在于其中没有死路。“……道路曲折回旋，象征着我们的人生旅程，而终究引领我们走向位于中心的神。”④ 因此，地板也可以是宗教仪式的道具之一，走过一遍迷宫，象征着离上帝更进一步。

2. 色彩的象征

而色彩的象征则更体现了感性的美。在石头、石雕和彩绘玻璃艺术中，不同的色彩都具有特别的寓意。比如红色寓意基督受难时流出的鲜血，因此有道成肉身、受难和殉道的含义，⑤ 象征上帝对人类的爱。而蓝色是海洋和天空的颜色，既象征天国，也象征圣母玛利亚。⑥《马太福音》中，上帝赐予从东方来到耶路撒冷的博士黄金、乳香和没药，因此金色象征上帝和权柄，教堂常以金箔为装饰来显现天国的辉煌。另外，金色也象征阳光。色彩虽然更多地为人提供感性的刺激，但颜色背后的意义却将神圣的意涵与这种感性刺激联系起来，和数字以及几何上的和谐一起，构成了教堂内

① [英]理查德·斯坦普：《教堂建筑的秘密语言》，第 201 页。

② 同上，第 44 页。

③ 同上，第 104 页。

④ 同上，第 28 页。

⑤ 同上，第 110 页。

⑥ 同上，第 110 页。

部象征的超越性。

此外，“光”本身也是教堂象征的重要组成部分——教堂作为被上帝光照的空间超越物理时空。一方面，光象征上帝的时间。“起初神创造天地。地是空虚混沌，渊面黑暗……神说：‘要有光’。就有了光。”（创 1：1–3）世界被创造的起点是光的出现，因此光可以被看作基督教的时间的起点。“时光”一词也可以体现光的流转与时间的关联。另一方面，光象征上帝的空间。光的本质是光子流，以波的形式释放能量并在空间中流动。所以光也被作为空间距离的单位使用，即“光年”。被光照耀的空间，也即被光充盈的空间，象征着上帝的空间。置身于光中，也即置身于上帝的时空中，而变幻的光线与美轮美奂的彩绘玻璃艺术则强化了这种神圣体验。

而最重要的是光的照亮功能，照亮世界是上帝的动作。在光的照亮下，世界才能够呈现在人的眼前，光是教堂中的一切象征得以取悦视觉的前提条件。光无差别地向一切存在敞开，正如教堂无差别地向一切人敞开救赎之路。当人在救赎之路上走向光，人也正在被光拥抱，正如在走向上帝时被上帝所拥抱。当信众从教堂昏暗的前厅走向光明的祭坛时，这种光影的变换格外明显。而光向信众呈现的不仅是美，它还将上帝的真理向人们敞开。就像视觉在自然光的照耀下感受斑斓的世界一样，上帝之光是心灵的眼睛得以认识真理的必要保障。当光透过玻璃彩窗将《圣经》中的故事投射在信众身上，辉映教堂内的一切象征，自然之光与上帝之光在此合一。“向下”的道路和“向上”的道路仿佛在光里融合了，“要上升，要上升到天主面前，你们先该下降，因为你们为了反抗天主而上升，才堕落下来的”①，上升的道路和下降的道路本是合一的。

光不仅指阳光，烛光在宗教仪式中也有特别的象征意义。烛光照亮黑暗，带来希望，因此象征基督。复活节仪式中点亮蜡烛，寓意耶稣复活带给人生命的希望。这与教堂建筑构建中，通过阳光照耀祭坛来象征耶稣复活是一致的。而蜡烛的点亮和传递作为复活节的宗教仪式，给信众所传达的似乎不仅仅是生命或希望的寓意，它还将参加仪式的信众，在仪式的范围内拉入了另一个时空。

3. 仪式的象征

宗教仪式通过大量具有象征意义的器具和行为的帮助，构造超越物理

① 奥古斯丁：《忏悔录》，周士良译，北京：商务印书馆，1963 年，第 68 页。

时空的神圣时空。在这种整体性的神圣时空中，象征不仅单个地传递其意蕴，它们通过组合实现对环境的控制①，从而使处于其中的人产生神圣体验。此时，物理世界的空间限制和时间流逝被忽略了，信众处于永恒的瞬间中。以会众的祈祷与倾听为例，他们在时间的流动中完成互动，但与上帝的交流过程又体验到永恒：会众在现实中祈祷，在盼望中倾听，上帝在盼望中永恒地降临了，与会众融为一体。

宗教节日中的宗教仪式则更加特殊。如果说仪式将信众拉入的是一个未定的神圣时空，那么宗教节日中的仪式所构造的时空则更加鲜活——节日是对特殊瞬间的定格。经过节日的定格，瞬间尽管短暂但却可以永存。"节日是一特别的时间。在这一时间里，生活世界的游戏发生了其具有重大意义的事件。因此，节日作为这个时间和那些时间也就是一般的日常生活的时间区别开来。所谓的节日之'节'是对于一般时间的节制和中断。但节日不仅是特别的时间，而且也是轮回的时间。它是同一的永恒轮回，是在时间的绵延和间断中对于自身的恢复。不过，节日作为特别的轮回的时间是在它的庆祝时才显现自身的。庆祝就是人进入到此时此刻去，与这特别的时间合为一体。此时它成为了生活世界游戏的狂欢，是人与万物、人与众神的共舞。"②在圣诞节的子夜弥撒中，主礼人会将圣婴像放进事先准备好的马槽中，作为对耶稣诞生瞬间的重演。在仪式中，两千年前的圣诞夜正在发生，与现在重合，也将与未来重合。时间的流逝被消弭了，瞬间被清晰地定格为永恒。自然时间由宇宙时间所取代，线性的时间流逝不再是重要的，时间流动根据宗教意义和信仰来标记。信众体验的时间是鲜活的生存时间，在仪式中，生存体验与信仰体验合二为一，成为与上帝同在的体验。教堂整体地成为了神圣时空。相较于教堂内外建筑结构或雕饰图像的静态象征，流动的仪式更赋予了教堂一种整体的、活的神圣性。

哥特式教堂中的礼仪往往借用一切可以激发人的官能的媒介，例如音乐、雕像、圣像、十字架、蜡烛、香炉等物品都被作为唤醒信众的各种官能的媒介，促使信徒完全沉浸在上帝与众圣徒同在的氛围中。相对于视觉、听觉感官运用的明显性，人们往往容易忽略了嗅觉感官对宗教仪式的作用。而天主教非常注重对信众嗅觉感官的唤醒，认为合适的香，例如可以入药

① Bernard Spilka 著，梁恒豪译：《宗教实践、仪式和祈祷》，《宗教人类学》，2015 年。

② 彭富春：《哲学美学导论》，北京：人民出版社，2005 年，第 199 页。

的乳香可以助人灵魂苏醒，向上超越，进入更虔诚的祈祷氛围。因此巴黎圣母院有专门的香室，储存各种仪式中需用的天然香料，配备有专门的制香师、调香师，根据不同的节日、不同的仪式调配不同的焚香配方。在弥撒中，神职人员向祭台献香，向福音书献香，向祭品献香，向主祭者献香，向会众献香。焚香除了使圣堂芬芳，更是向上帝、基督、基督圣人、圣徒及圣物等表达一种敬礼及敬意。甚至圣保罗认为信徒本身就是献给上帝的馨香。（格后 2：14–16）①

此外，静态的教堂设施也可以是仪式构成的重要部分。基础的宗教仪式，祈祷，就可以通过对圣像的默观完成。当信众默观圣像时，也就以圣像为媒介与神圣力量进行着无声的对话，是一场高度个人化的仪式。设于教堂内的苦路十四站则是通过设立在教堂内的十字架、绘画或雕刻来象征耶稣从被判死刑到被安葬入墓的十四个“站点（station）”。信众能够通过在这些“站点”前驻足默祷来完成一场微型的朝圣仪式。② 教堂地下室之中或圣坛之内放置的圣骨或圣物也能够作为信众与上帝沟通的桥梁——“信徒们甚至认为圣徒还能为阴阳两界的人在神面前代祷，因而会向圣徒奉上祷告”③。此时，静止的空间中穿插着流动的人群与祈祷，空间成为承载着时间的空间，甚至上下打通的空间。时间不仅与空间交织在一起，而且通过自身的流动促成空间的灵动。同时，空间也将时间中精彩的瞬间定格为永恒，在时间的流动中更好地呈现于可见世界。

4. 音乐的象征

当神职人员在献香时，伴随这一过程的通常还有圣咏与圣乐。一方面，这是由于音乐是由数字组合所创造出的和谐：弦乐的音阶取决于特定的长短比例，乐曲的优美与否则取决于音阶的组合。数学的理性美寓于音乐的感性美中，恰如上帝的神圣永恒寓于可感的音律中，音乐比语言更加丰富地象征着人与神、信徒之间深入的情感交流。另一方面，音律的流淌使原本看似固定的教堂空间变成了开放的、流动的空间，由于教堂精妙的聚音、扩音设计产生的音箱、音响效果，教堂中演奏的音乐往往更具有宏伟的渲染效果和磅礴的感染力量。

---

① 本文引用的《圣经》一般为和合本《圣经》，如因上下文所需引用非和合本的经文均会标识出来，此处引用的是思高本《圣经》经文。

② [英]理查德·斯坦普：《教堂建筑的秘密语言》，第 49 页。

③ 同上，第 92 页。

需要注意的是，相较于经典的宗教音乐格里高利圣咏，与哥特式建筑几乎同时流行的奥尔加农则更加华丽，声部的增加使它能够带给聆听者更多听觉享受。虽然在所有艺术形式中，早期教父们确实有对音乐的偏爱，但他们所认为的真正的音乐是“宇宙音乐”。这种音乐存在于天堂，是一种看不见的和谐，而体现情感或取悦感官的音乐则是被贬损的。早期格里高利圣咏是对经文的忠实表达，纯人声、单声部并且没有明显的节拍特征，整体体现肃穆和节制。奥尔加农在格里高利圣咏的基础上增加更多互相独立的声部，打破了格里高利圣咏的固有模式。[①]这使它的旋律更加华丽，极大地增加了对人的听觉感官的取悦。宗教音乐所体现的这种转变与同时期的审美思想转变具有内在一致性。当感觉的作用在审美体验中被承认，旋律的动听也成为了传达上帝的神圣性的重要部分。奥尔加农的著名作曲家雷翁南（Leoninus）就是巴黎圣母院的乐师[②]。巴黎圣母院内也设有大量乐器，比如院内的主管风琴和南塔的主钟伊曼纽尔（以马内利）大钟。

仪式在多维象征的帮助下构筑超越自然的时空。相对于自然时间的线性延伸与物理空间的有限，教堂的时空、仪式的时空是“内在的”“心灵的”“祈祷的”，因而是“信仰的”“有深度的”和“与上帝同在的”。仪式的时空迎向不可见世界之时，也是上帝莅临该时空之时。由此，仪式的时空实现对物理时空的超越，与踏入其中的信众一同，迎接属于天国的永恒而神圣的美。

综上，哥特式教堂算得上是中世纪哲学与动态的神学美学的艺术实践。当信仰的路径发生更新，哥特式教堂也随之展现了一种全新的时空观：因为可见世界与不可见世界之间的通达具有可能性，所以人们从教堂的质料选择、空间构建、象征元素的运用以及圣乐、仪式的设计等各个方面做出了主动“迎向”不可见世界的卓越努力。“迎向”行为本身即表明教堂具有创造性的、自由的、主动的、敞开怀抱的姿态。哥特式教堂两侧无数的飞扶臂如同一个个已经张开的翅膀，整个教堂是一个即将起飞的姿态，哥特式教堂的花窗如此绚烂，尖顶如此高耸，仿佛直通天堂的道路已经在上帝的启示之光中向上铺开。在哥特式教堂塑造的具有超越性的时空中，对上帝的相信、盼望与爱仿佛成为可感的美；而可感的美仿佛也融入到原本

---

① 王红梅：《基督教与中世纪西方音乐》，载《艺术研究》，2009 年第 2 期。

② 同上，2009 年第 2 期。

遥不可及的、不可感的上帝的神圣之中。可感世界与不可感世界的连结促成了感性活动与理性活动的连结，二者交织于神圣的超理性活动中。

一旦可见世界在审美体验中的作用被承认，不可见的理念世界就具备了可感的条件，这似乎是一种下降；一旦可见的现象世界获得了审美活动所附加的超越性，便又获得了上升的路径。在上升的道路中，个体性被象征赋予了普遍性的意涵，从而超越了其本身的人性或物性；在下降的道路中，普遍性被寓于具体性之中，具体的事物可以蕴含上帝的启示，从而灵性的神圣真理可以通过感觉被窥见。被降临的天国与可迎向的天堂在哥特式教堂中合一，可见世界与不可见世界融合在一起。

托马斯·阿奎那在论三位一体中圣子的位格时认为美与圣子的特性有相似之处。正如三位一体学说中圣子是沟通圣父与世界的中介，美也具有超验性与感性双重特征。20 世纪著名的法国新托马斯主义思想家马利坦发展了阿奎那的美学观，他认为美与上帝具有同一性，美以可感的意象使上帝本来不可见的形式能够为人类理智领会。他在美的理性与感性维度之外，强调美的超验性向度对美的理性与感性特征的超越与包容，维护美的神圣尊严，寄托着以绝对的美来改造世界的美学理想。现代诗鼻祖 T.S. 艾略特在其 1948 年获得诺贝尔文学奖的诗篇《四个四重奏》的开头引用赫拉克利特的名言：上升的道路和下降的道路是同一条道路。艾略特作为一位现代诗歌的开创者、思想家、理论家，最终选择了皈依基督教，并提出“思想知觉化”（transmuting ideas into Sensation）、“客观对应物”（objective correlative）等具有经院哲学特征的现代主义诗歌理论，这说明他的现代诗学依然在延续着中世纪哲学受亚里士多德主义影响后发生的转向。这样的转向在一千年前是源于对打通可见世界和不可见世界的殷切期盼，源于对两个世界可以打通的深切信仰，正是这样的期盼和信仰切实推动了中世纪哥特式教堂最具超越之美的建筑风格的形成。令人惊喜的是，在一千年之后，我们从马利坦和艾略特等现代思想家那里，看到了这样的期盼和信仰在日新月异的现代思想领域，依然闪耀着激发艺术创新与超越现实的光芒。

有益的误导

——乔叟《游乞僧的故事》中的信仰反思

赵小娜 ①

内容提要：《游乞僧的故事》是英国诗人乔叟作品《坎特伯雷故事》中二十四个故事之一。基于美国评论家斯坦利·费什的读者反应批评这一研究方法，本文的分析对象是阅读《游乞僧的故事》的"读者"及其做出的反应，与关注作者和文本本身的研究不同，本文强调读者自己、读者的反应、读者的体验、读者的情感多样性以及读者的不断突破和确立。通过关注、记录和反思读者阅读该诗时对差役和恶魔的言行的瞬时反应，本文旨在揭示乔叟对读者"有益的误导"，梳理读者是如何一步步深陷乔叟的叙事陷阱并对魔鬼逐渐萌生理解和赞同之情，从而挖掘乔叟对基督徒读者的道德关怀和信仰反思。

关键词：乔叟，《坎特伯雷故事》，读者反应批评，基督教信仰

The Misguided Reader in Chaucer's "Friar's Tale"

ZHAO Xiaona

Abstract: Based on the research method, Stanley Fish's Reader-response criticism, this paper offers a new interpretation of Chaucer's "Friar's Tale", by means of using concentrating and reflecting on the reader's instantaneous responses and reactions to the deeds of the summoner and the devil. By this tale, Chaucer persuades the reader, especially Christians, that they should keep

① 赵小娜，北京外国语大学外国文学研究所博士研究生。研究方向：英语文学与文化研究。

in mind repentance for sins and adherence to Christian faith for fear of being tempted into the depth of vice.

Key words: Chaucer, The Canterbury Tales, Reader-Response Criticism, Christian Faith

《坎特伯雷故事》是“英国诗歌之父”乔叟创作于 14 世纪末的未完成的诗体短篇小说集，包括总引和二十四个相互关联的故事。作为乔叟的代表作之一，《坎特伯雷故事》一直受到国内外学者的关注。其中，《游乞僧的故事》讲述了一个差役如何敲诈钱财，并最终被魔鬼拉入地狱的故事，“这类故事被传道士用于布道时讲解基督教信仰和教义。”① 大多数的评论者更关注该故事在整个《坎特伯雷故事》框架中的作用，以及差役和游乞僧之间的敌意，比如 Szittya（1975）、Cooper（1996）、Saltzman（2017）等学者。相比之下，关注《游乞僧的故事》本身的研究则较少，之前的国外研究涉及的主题主要包括：讽刺、腐败、伪装、叙事、人与宗教、角色分析等，其中的宗教研究也主要从传播基督教思想的整体角度出发。国内关于乔叟的代表作《坎特伯雷故事集》的研究在整体中世纪英国文学研究中占有一席之地，产出一定量的成果，但是至今尚无对《游乞僧的故事》的专门研究。因此，本文着眼于读者的阅读反应，注重文本细读和乔叟的叙事技巧，总结出关于作者的写作意图和信仰反思的新阐释。

美国的读者反应批评继承德国及欧洲范围内的文学接受理论的衣钵，将文学研究重点由作者和文本转向读者，凸显出读者在文学研究中的地位和作用，并进一步强调读者阅读过程的反应和感受，评论家使用“读者”“阅读过程”和“反应”标记学术研究的新领域②，挖掘文本解读的新角度。基于美国评论家斯坦利 · 费什的读者反应批评这一研究方法，本文的分析对象是阅读《游乞僧的故事》的“读者”及其做出的反应。费什认为，这里的“读者”指的“有知识的读者”，既不是一个抽象的含义，也不是一个现实生活中存在的读者，而是一类混合读者——这种读者竭尽所能使自己成为有知识的人③；“反应”的范畴包括由一连串词汇引起的所有活动：

---

① V. A. Kolve, “‘Man in the Middle’: Art and Religion in Chaucer's Friar's Tale”, *Studies in the Age of Chaucer*, 1990 (01).

② 参见 Jane P. Tompkins, *Reader-Response Criticism*, Maryland: Johns Hopkins University Press, 1980, p.ix。

③ 参见 Stanley E. Fish, “Literature in the Reader: Affective Stylistics”, *New Literary History,* 1970 (01)。

对句法和 / 或词汇表示的可能性的预测；紧接着该预测发生或不发生；对相关人、事物或观念的态度；态度的变化或对之前态度的质疑等等[①]。在同一论文《读者中的文学：感受文体学》中，费什还阐释了读者反应批评的特点：它分析的不是关于文本的外形特征，而是分析读者对接连不断的词汇不断加深的反应。[②] 因此，本文关注读者逐字、逐行、逐句阅读《游乞僧的故事》时对差役和恶魔的言行的瞬时反应，“将读者的阅读经历作为诗歌的研究主体”[③]，与关注作者和文本本身的研究不同，本文强调读者自己、读者的反应、读者的体验、读者的情感多样性以及读者的不断突破和确立，从而为该诗的研究提供新的视角，“这也是诗歌本身的意愿。”[④]

在故事的开头，从 1301 行到 1320 行，一个严厉而有权威的教区长形象逐渐呈现在读者面前。他“严厉依法定罪”[⑤]（1303）淫荡之徒，被逮捕的人“不得不吃些苦头”（1311）。Bryant 分析了故事中教区长的作用，“游乞僧对教区长的权力的描述解释了差役对受害者和虚假指控的选择”[⑥]，差役的指控通常与奸淫之罪有关。从第 1321 行开始，故事主角差役登场，他是教区长的手下。乔叟把差役描绘成一个狡猾的流氓，“在英格兰，没有比他更聪明的流氓”（1322），他的间谍提供消息和他人的秘密，他则通过虚假控告和威胁勒索的手段从中获利。此时，差役给读者留下了消极的印象，开始对他的人品和卑鄙手段流露出一丝鄙夷。

从第 1338 行到第 1374 行，这一部分详细而完整地揭示了差役的贪婪和邪恶。“他手下有几个皮条客随时服务他，/ 像英格兰的老鹰听命于驯鹰者，/ 他们告诉差役他们知道的所有秘密……”（1339–1341）像驯鹰者一样，差役引诱并训练他的“鹰”皮条客收集信息和秘密。与此同时，他像一个猎人一样，狩猎和压迫秘密的主人，他会在没有官方批准的情况下传唤和惩罚那些拒绝贿赂他的人，“装满他的钱囊 / 请他去酒馆大吃大喝）

① 参见 Stanley E. Fish, “Literature in the Reader: Affective Stylistics”, *New Literary History,* 1970 (01)。

② Ibid.

③ Stanley E. Fish, *Surprised by Sin: the Reader in Paradise Lost*, London: Palgrave Macmillan, 1967, p.3.

④ Stanley E. Fish, “Interpreting the ‘Variorum’”, *Critical Inquiry*, 1976 (03).

⑤ Geoffrey Chaucer, *The Riverside Chaucer,* edited by Larry D. Benson, Boston: Houghton Mifflin, 1987, line. 1303. 后文不再注出出处，直接标出引用的诗歌行数。

⑥ Brantley L. Bryant, “‘By Extorcions I Lyve’: Chaucer's ‘Friar's Tale’ and Corrupt Officials”, *The Chaucer Review*, 2007 (02).

（1348–1349）。具体来说，他与皮条客和妓女勾结，以勾引和勒索嫖客、奸夫或情夫。“正如犹大拥有少量使徒的钱，/ 是一个小偷，差役就是这样的小偷；”（1350–1351）无论如何，他的利润与教区长一样多，甚至更多。从这个详细的描述中，读者可能会把差役和他的手下视为诈骗团伙，对差役和同时代的腐败官员产生更加强烈的厌恶感。从根本上说，人类的性犯罪会导致官僚腐败，归因于“制度经济和个人道德之间的相互作用”①。

《游乞僧的故事》的真正情节始于第 1375 行，以标准的故事开头语“有一次，那天”（1375）拉开故事序幕。差役骑马去传唤一位老寡妇，打算强迫她行贿。在知道了他此行的目的之后，读者会想象这样一个场景：可怜的寡妇被威胁交出她的财产。在路上，他注意到前面有个骑马的人：

> 一个快乐的乡士，在森林边缘。
> 他带着弓和明亮锋利的箭；
> 他穿着一件绿色的大衣，
> 头上戴着一顶流苏黑色的帽子。（1381–1383）

“如果该乡士出场时的象征性整洁是由对英格兰林地中区分林务员、不法之徒和当地人这一实际问题的焦虑所激起的，那么乔叟的描绘的肖像至少展示了林务员应该是怎样的”②。此外，在读到“绿色的大衣”时，费什心目中“有知识的读者”会将该乡士的形象与魔鬼的形象联系起来，因为“绿衣服是一种被忽视的警告，因为它被认为暗示着凯尔特的地下世界”③。除此之外，乡士的弓和箭也暗示了他作为魔鬼的身份，因为“比魔鬼猎人的网和弹簧更广为人知的是他向人类猎物射出的诱惑之箭”④。但是这个猜想在这里并没有得到肯定。因此，读者对乡士的身份和接下来的故事感到好奇。然后他们用同样的身份“管家”来介绍自己。“他不敢，

---

① Brantley L. Bryant, “‘By Extorcions I Lyve’: Chaucer's ‘Friar's Tale’ and Corrupt Officials”, *The Chaucer Review*, 2007 (02).

② Eric Weiskott, “Chaucer the Forester: The Friar's Tale, Forest History, and Officialdom”, *The Chaucer Review*, 2013 (03).

③ D. W. Robertson, “Why the Devil Wears Green” in *Modern Language Notes*, Johns Hopkins University Press, 1954, pp. 470 – 472.

④ Clarence H. Miller, “The Devil's Bow and Arrows: Another Clue to the Identity of the Yeoman in Chaucer's ‘Friar's Tale’”, *The Chaucer Review*, 1995 (02).

出于污秽和耻辱 / 承认他是一个差役。”（1393–1394）由于“差役”臭名昭著的名声，他伪装了自己的真实身份，并把他此行的目的由私下勒索粉饰为“为了收取租金 / 那属于我的领主应得的收入”（1390–1391）。“我所愿的善，我不做；我所不愿的恶，我却做”[①]。读者蔑视这个故意犯罪的差役，同时，读者在看到乡士异常的热情、夸张的财富和过分的慷慨之后，开始对他保持警惕：

> 我愿与你结交，
> 称兄道弟，如果你愿意。
> 我的箱子里有的是金银；
> 如果你碰巧来到我们的郡，
> 金银将是你的，正如你所希望的那样。（1398–1402）

在怀疑乡士和差役是同类，都干着敲诈勒索的勾当的同时，由于乡士的居住地“远在北方”（1413），读者之前关于乡士真实身份的猜想再次浮现。因为读者知道，根据《圣经·旧约》，中世纪普遍认为魔鬼生活在北方。紧接着，在接下来的诗行中，读者的两个猜疑得到了解答，即乡士是靠勒索、诡计和暴力谋生的恶魔。令读者惊讶的是，差役丝毫不惧怕魔鬼，反而被魔鬼千变万化的形象所吸引，对魔鬼变身的原因产生了好奇。似乎在差役看来，他遇到的不是恶魔，而是朋友，因为他们有着勒索谋生这一共同点。“这位浮士德式的差役并没有受到惊吓，反而抓住机会学习如何成为一个完全的魔鬼。”[②]

然而，当读者读到“因为我们，”他说“将使我们的模样 / 最适合我们的猎物”（1471–1472）和“亲爱的差役先生”（1474）时，读者的脑海中又浮现出两个问题：什么是魔鬼的猎物？差役没有坦白他的真实身份，为什么魔鬼突然称呼他为“差役先生”？一方面，基督徒读者具有共同的文化观念，即魔鬼是邪恶的化身，被视为敌对和破坏性力量的物化，其猎物通常是人类。其中，最著名的是魔鬼撒旦，他引诱亚当和夏娃偷吃禁果，堕落人间。这时，读者转而担心与魔鬼同行的差役，因为他有可能被魔鬼引诱拖入地狱。另一方面，魔鬼知道差役的真实身份并伪装成“管家”接

① King James Version. Bible Gateway, www.biblegateway.com. Accessed 1 Mar. 2022.

② Earle Birney, “After His Ymage−−The Central Ironies of the Friar’s Tale”, *Mediaeval Studies*, 1959 (01).

近他，这引起了读者的怀疑。然后，读者从魔鬼的口中得知他改变形态的目的：

因为有时我们是上帝的工具
也就是说，要执行他的命令，
只要他愿意，去处理他的人类，
以不同的方式，以不同的形态
没有他，我们当然就没有权力，
如果他想反对我们的话。（1483–1488）

魔鬼服务上帝，他在读者面前表现出对上帝的忠诚和谦卑，所以，在知道上帝给予他“为了至善”（1496）和使人类“得救”（1498）的指示后，读者对魔鬼的戒备心有所减弱。但是，读者对魔鬼的轻微好感马上被魔鬼的内心想法打破了，“虽然这不是我们的本意/他应该得救，但我们想抓住他”（1499–1500）。他谋划着对人类的控制，最好是同时占有身体和灵魂。再一次令我们惊讶的是，差役并没有思考魔鬼这次旅行的真实目的，也没有察觉到危险的可能性，他的关注点仍然停留在魔鬼的伪装上。他甚至承诺自己不会抛弃恶魔，他并没有解读出魔鬼话语背后的含义，暗示他可以永远与恶魔共处地狱：

但有一件事我警告你，我不会欺骗你；
你特别想知道我们是如何显形；
亲爱的兄弟，你以后将，
到你不需要向我学习的地方，
因为你会根据你自己的经验，
能够在教坛上就这个主题进行演讲
比维吉尔还在世的时候讲得还好，
或者但丁也是。（1513–1520）

魔鬼撕下了他的人类面具，而差役却依旧虚伪地装作是一个管家，与恶魔交好，却不知道自己的伪装已经被揭穿了。就读者而言，除了魔鬼万花筒般的形象之外，差役最关心的就是自己的利益，他为了利益甚至不惜与魔鬼勾结，分享敲诈勒索的战利品：“如果我们中的一个人比另一个人拥有更多，/让他与他的兄弟分享”（1533–1534）。直到读到魔鬼的回应“我保证……凭我的信仰”（1535），读者相信差役和魔鬼即将合谋一起进行敲诈勒索。

从第 1539 行开始，他们真正的旅途经历拉开帷幕。他们首先看到的是一个车夫在诅咒他的马，因为他的马不能把车从泥潭中拉出来。差役听了车夫的咒骂“魔鬼来拿走，马啊，车啊，干草啊，都拿走！”（1547）后，敦促魔鬼拿走车夫的财产。此时，读者正等待着魔鬼的狩猎，想象着他们将如何瓜分车夫的财产。然而，让读者意想不到的是，魔鬼拒绝了差役的建议，他说：“上帝知道，一点也不！ / 这不是他的本意”（1555–1556），因为魔鬼只接受别人自愿交付的东西，“拒绝接受不是发自内心的东西……这种情况体现了古老的民间信仰，他们相信出于人类真实意图发出的诅咒的作用”[①]。面对这样一个有原则的魔鬼，相对于那个肆无忌惮的差役，读者暂时摆脱了偏见，改变了对魔鬼的看法。在读者的心目中，魔鬼不仅服从上帝的指示，而且也尊重人的意图。回顾差役的罪恶行径，读者开始赞同和支持魔鬼的人道行为，同时更痛恨差役的非人道勒索。第一次的经历以魔鬼清醒而理智的发言结束：“这个粗鲁的人说的是一件事，但他想的是另一件事。/ 让我们继续我们的事业；/ 在这里，我再一次从马车税中一无所获”（1568–1570）。正如古语有言：“君子爱财，取之有道”，与差役的贪婪嘴脸相比，魔鬼表现得更像一个绅士。

离开小镇后，差役向魔鬼坦白了他从一个可怜的老寡妇那里榨取钱财的计划：“我将有十二铜币，即使她被逼疯了，/ 或者我会召唤她到我们的法庭；/ 然而，上帝知道，我不知道她的恶习”（1576–1578）。差役本人承认寡妇无罪，但仍以虚假传唤方式逼迫寡妇交出钱财，以牟取非法利益。他之前的勒索对象通常是嫖客，但这次连寡妇也未能幸免。在读者看来，他比魔鬼更无情无耻，与其纵容他在世间作恶，还不如让魔鬼拖他下地狱。现在，读者之前对与魔鬼同行的差役的担心全部消失，相反，读者期待他在故事的结尾得到报应，或者他受到魔鬼的启发而忏悔。读者已经对差役的勒索手段深恶痛绝，但后者并没有为自己的行为感到羞耻，而是向魔鬼吹嘘自己的勒索技巧，仿佛在嘲笑魔鬼之前的善举。于是差役决定：“但既然你不能，在这个国家，/ 谋生，请在这里向我学习”（1579–1580），在亲眼目睹了魔鬼“真正的实力”后，他产生了战胜魔鬼的欲望。差役并

① Earle Birney, “After His Ymage--The Central Ironies of the Friar’s Tale”, *Mediaeval Studies*, 1959 (01).

不是在证明自己的能力大于魔鬼，而是在证明自己的邪恶超越了魔鬼，因为后者是按照上帝的吩咐，像天使一样行事，坚守自己的原则，不违背命令。

从1581行到1627行的情节是关于差役和老寡妇之间的争执，而魔鬼一言不发，只是默默地观察事态发展。差役继续他的残忍和虚伪行径，对生病的老妇人毫不留情，甚至以教区长的名义索取贿赂："我将无利可图，但很少；/我的主人有利润，而不是我"（1600–1601）。老妇人一再表示她没有"十二铜币"（1607）并乞求差役的怜悯，他却说："邪恶的魔鬼会抓我/如果我原谅你，但你应该死。"（1610–1611）他试图用魔鬼恐吓老妇人，殊不知，老妇人根本不怕魔鬼，因为她无罪。在她看来，差役比恶魔更邪恶、更可怕。此时，差役失去了耐心，诬蔑她通奸，逼迫她认罪。然而，恶意的诽谤把老妇人彻底激怒了，于是她向魔鬼求救："给面黑粗暴的魔鬼/你的身体连同我的锅"（1622–1623），乞求魔鬼把差役带入地狱。读到这里，读者不禁与这位老妇人一起诅咒差役，叫喊着请求魔鬼惩罚他。老寡妇和读者的愤怒达到了顶点，故事也达到了高潮。

听到老寡妇的请求后，魔鬼最终登场，并询问她真正的意图："现在，梅白丽，我亲爱的母亲，/这是你的真实意图吗？"（1626–1627）此时，魔鬼再次遵守他的原则，证实人类的意图。对老寡妇来说，她给差役最后一次机会，如果他知错忏悔，她将改变她的决定。尽管如此，差役还是不知悔改，甚至打算抢走老妇人所有的财产。读者认为差役已经不可救药，不值得别人的原谅和同情，是时候让魔鬼结束这一切了：

> "……今晚你将跟我一起下地狱，
> 你会在那里知道我们的秘密
> 比神学家知道的还多。"
> 这个邪恶的恶魔抓住了他；
> 连同身体和灵魂去到
> 差役应到的地方。（1636–1641）

如此一来，差役在地狱里可以得到魔鬼伪装的答案和地狱的其他秘密。但意料之外的是，魔鬼同时夺走了差役的身体和灵魂，这是最残酷的惩罚。首先，此时读者想到，魔鬼最渴望得到的就是肉体和灵魂的结合。其次，游乞僧，实际上是诗人乔叟，用"foul"（1639）这个词来形容魔鬼，并警告读者魔鬼的邪恶本性。因此，在为老寡妇和魔鬼的呐喊助威，并目睹差役的报应之后，读者开始平静下来，意识到魔鬼过度惩罚的不妥。Birney

还认为，“毫无疑问，失去一个人的灵魂是终极惩罚”①，差役“对所有警告置若罔闻，对自己无懈可击的设想，对灵魂主题和自我灵魂的漠不关心预先决定了灵魂的丧失”②。

读者所有的疑问和顾虑都在故事的结尾得到了解答，乔叟借游乞僧之口揭示了魔鬼的真面目和邪恶的预谋，差役和读者像亚当和夏娃一样堕落了：

但是为了让我们远离那个被诅咒的地方，
保持警惕并为耶稣的恩典祈祷
保护我们免受撒旦的诱惑。
听听这个世界！当心，在这种情况下：
“狮子总是坐在伏击中
如果可以的话，杀死无辜的人。”
总是用你的心去承受
魔鬼，谁会让你被奴役和奴役。
他可能无法超越你的能力来诱惑你，
因为基督将成为你的勇士和骑士。（1653–1662）

直到现在，读者才意识到，由于他对魔鬼的支持和理解，他最终与魔鬼为伍。事实上，按照传统的魔鬼邪恶形象，当魔鬼出现时，读者一开始就充满了警惕和焦虑。然而，在第一个插曲关于马夫和马的故事中，看似有原则的魔鬼掩盖了他的真实目的，让读者感到惊讶，并成功获取了读者的信任和认可。以至于读者被第二插曲中差役对老寡妇的恶行所激怒，全力支持魔鬼，不知不觉被魔鬼引导，基督徒读者背离了基督教的信仰和教义。读者被魔鬼诱使求助于魔鬼将召唤者带入地狱，而不是求助于上帝来“拯救和保护我们，所有人和一些人，/ 让这些差役成为好人！”（1643–1644）

实际上，与其说读者被魔鬼诱导，不如说是被乔叟的叙事技巧误导，逐渐改变读者对魔鬼的看法。一方面，魔鬼对马夫和马施以恩惠的目的在于，通过刻意塑造软弱的印象来激发差役的优越感和胜利的欲望，最终魔鬼通过诱惑差役，就像恶魔对浮士德所做的那样，控制差役的身体和灵魂，

---

① Earle Birney, “After His Ymage--The Central Ironies of the Friar’s Tale”, *Mediaeval Studies*, 1959 (01).

② Ibid.

使差役心甘情愿地犯罪，“在毫无意识的情况下，一个伟大而骄傲的人类猎人被一个他试图欺骗并击败的恶魔猎人逼入困境。”① 费什解释说：“诱惑是好的，因为通过它暴露了内心的腐败。”② 另一方面，乔叟利用魔鬼的伪善误导基督徒读者，让读者赞同和支持魔鬼，向魔鬼寻求帮助，忘记了上帝的引导和拯救。与《失乐园》的作者弥尔顿一样，乔叟也“有意识地想让他的读者担心，迫使他怀疑自己的回答是否正确，并让他意识到，他无法对自己的作品充满信心地阅读，这是重点”③。最终，差役成为魔鬼的猎物，读者陷入了诗人乔叟的叙事陷阱。但不同的是，差役临死前仍不悔改，放弃了忏悔和寻求上帝帮助的机会；但基督徒读者在意识到自己违背了基督教的信仰和教义后如果及时悔改，会得到上帝的赦免和保护。正如诗歌最后两行所说：“并祈祷这些差役自己悔改 / 他们的罪行，在恶魔抓住他们之前！”（1663–1664）这里的“这些差役”指的是所有罪人，所有违背基督教教义的基督徒，所以乔叟在此借差役之口提醒基督徒读者知罪悔改和坚定基督教信仰，乔叟的叙事陷阱是一种有益的误导。

本文基于读者反应批评的研究方法，通过关注、记录和反思读者对差役和魔鬼言行的瞬时反应，对乔叟的《游乞僧的故事》进行新的解读。与关注作者和文本本身的研究不同，本文强调读者自己、读者的反应、读者的体验、读者的情感多样性以及读者的不断突破和确立。通过这个故事，乔叟说服基督徒读者，他们应该牢记知罪悔改和坚持基督教信仰，以免被引诱到罪恶的深处。简而言之，对于基督徒读者来说，乔叟的《游乞僧的故事》，就像弥尔顿的《失乐园》是“证实信仰的一种手段”④，“对教义有益，对责备有益，为改正，为教导公义”⑤（Timothy 3:16）。

① Earle Birney, “After His Ymage--The Central Ironies of the Friar’s Tale”, *Mediaeval Studies*, 1959 (01).

② Stanley E. Fish, *Surprised by Sin: the Reader in Paradise Lost*, London: Palgrave Macmillan, 1967, p.41.

③ Ibid., p.4.

④ Ibid., p.55.

⑤ King James Version. Bible Gateway, www.biblegateway.com. Accessed 1 Mar. 2022.

傅兰雅与中国佛教文化的域外传播

文月娥　潘丽妃①

内容提要： 汉学教授傅兰雅采取教材编撰、授课、讲座以及论文等途径，向西方介绍传播中国佛教文化，涉及佛陀生平、佛教教义、偶像崇拜、佛教对基督教的影响以及"中国的哥伦布"佛教徒惠深，促进了中国佛教文化的西传，对西方社会与学界产生了一定影响，也可为当今的中国宗教文化走出去提供历史借鉴与参考。

关键词： 傅兰雅，中国佛教文化，传播

John Fryer and His Overseas Dissemination of Chinese Buddhism Culture

WEN Yue'e & PAN Lifei

Abstract: John Fryer, a Professor of Sinology, made an extensive introduction of Chinese Buddhist culture to the western world through his textbooks, lectures and academic papers, discussing Buddha's life and teachings, Buddhist idols, the impact of Buddhism on Christianity and Buddhist preacher Huishen, also known as "Columbus of China". His dissemination of Chinese Buddhism played a significant role in spreading of Chinese Buddhist culture in the west, which had a profound impact on Western society and academia. Moreover, it provides a historical reference for China's present-day religious culture to reach a global audience.

Key words: John Fryer, Chinese Buddhism, dissemination

---

①　文月娥，湖南科技大学外国语学院讲师，博士，硕士生导师，研究方向为传教士汉学研究、传教士翻译研究；潘丽妃，四川大学外国语学院博士后，研究方向为中国佛教典籍英译研究、传教士汉学研究。

来华英人傅兰雅（John Fryer, 1839–1928）是晚清民国时期中西文化交流的重要桥梁。他是晚清著名的外来翻译家与西方科学传播者，他 1861 年来华，在华译书、办刊、教学长达 35 年，共译出西方科学书籍 173 种，有力促进了西方科学在中国的传播，被誉为“传科学到中国的普罗米修斯”，获得清政府的“三品顶戴”官衔和“三级一等双龙勋章”。他是中国文化的认知者、研究者与传播者。他在华工作之余游历中国，博览群书，深入学习并研究中国语言、文字、文学、历史、宗教等；1896 年离华后成为美国加州大学伯克利校区第一位东方语言文学教授，建立了当时“世界上在中国之外最大的汉语学习中心”①，被誉为当时“美国最伟大的汉学权威”②，为晚清民国时期的中学西传作出了重要贡献。然而，目前的傅兰雅研究主要集中在其翻译家身份上，或研究其译名理论③，或研究其翻译策略④，或彰显其翻译贡献⑤；作为汉学家的傅兰雅则一直处于被“遮蔽”状态⑥，期待深入挖掘与系统研究。傅兰雅的汉学涵盖面广，本文仅聚焦于他对中国佛教文化的认识与传播，主要基于史料梳理傅兰雅传播中国佛教文化的内容、途径与影响，并立足当下，提炼对当今中国宗教文化“走出去”的启示。

一、傅兰雅的中国佛教文化传播内容

傅兰雅是加州大学伯克利分校第一任东方语言文学教授。作为东方语言文学系的开拓者，他编写教材，展开授课，开设讲座，发表学术论文，不遗余力地向西方介绍中国、传播中国文化，其中就包含中国佛教。他编

---

① 戴吉礼：《傅兰雅档案》（第三卷），桂林：广西师范大学出版社，2010 年，第 136 页。

② 同上，第 136 页。

③ 张澔：《傅兰雅的化学翻译的原则和理念》，载《中国科技史料》，2000 年第 4 期；夏晶：《晚清的科技术语翻译——以傅兰雅为中心》，武汉：武汉大学博士论文，2010 年；文月娥：《傅兰雅的科技术语音译观》，载《东方翻译》，2018 年第 1 期。

④ 张德让：《明清儒家士大夫翻译会通研究》，南京：南京大学出版社，2017 年，第 85–98 页。

⑤ 孙邦华：《论傅兰雅在西学汉译中的杰出贡献》，载《南京社会科学》，2006 年第 4 期；王红霞：《傅兰雅的西书中译事业》，上海：复旦大学博士论文，2006 年。

⑥ 笔者曾撰文探讨傅兰雅的汉语语言观，见文月娥：《傅兰雅的汉语语言观及其当代价值》，载《国际汉学》，2017 年第 3 期，第 98–103 页。

写的东方学教材《东方学：中国、日本及其他东方国家》中第一卷《课程 1：中国的哲学与宗教》中，佛教占 2 章：第 6 章 “佛陀生平与教义”与第 7 章“中国佛教史”；他开设的“大众化东方论题的讲座”系列，佛教内容位列第三[①]。他发表的学术论文《慧深——到美洲传教的佛教徒》中指出中国佛教徒惠深早在 6 世纪就到达美洲传教，比哥伦布还早 1000 多年。以下主要基于傅兰雅的教材与论文，探析傅兰雅传播中国佛教的内容。

1. 佛陀生平

中国佛教缘起于印度佛教，但由于中国与印度两国环境不同，民族个性迥异，因此印度佛教传入后与中国本土文化碰撞融合，发生巨大改变，从而具有鲜明中国本土特色。如中国广泛崇拜的阿弥陀佛与观音菩萨，相对而言都是近代的产物，在印度佛教中处于不为人知或被忽视的角落，完全迥异于佛陀释迦摩尼[②]。傅兰雅在教材中简要介绍佛教，着重介绍中国佛教。

傅兰雅详细介绍了佛陀生平，包括其诞生、早年生活、传教事业以及其晚年直至涅槃。傅兰雅指出佛陀的出生与早年生活有传说版与真实历史版。在传说中，佛陀挑选迦毗罗卫净饭王为父亲、摩耶王后为母亲后，乘坐六牙白象从天而降，进入摩耶皇后的梦中而孕育；他出生于摩耶皇后最爱的蓝毗尼花园。当时一道白光、一轮彩虹照亮天空，空中响起天神唱诗班与合唱团的奏乐，神龙汲水为其洗礼。刚出生的佛陀起立，向东南西北四方各向前走七步，大声说道：“天上天下，惟我独尊！”[③]一座镶玉大车将其送回迦毗罗卫皇宫，宫中智者为其占卜星象，著名预言家阿私陀（Asita）仙人指出其身上的 32 个标记以及其他 80 记号的象征意义，预示其未来使命的伟大。傅兰雅认为传说及历史中的佛陀诞生及早年生活与《新约》中的耶稣具有很多相似之处，但佛陀比耶稣早 400–1000 年。

傅兰雅认为记载中佛陀的一言一行与《四福音书》中的拯救者上帝耶稣有着惊人的相似之处[④]。佛陀的得意生门是其堂弟阿难。此外，女性可以皈依佛，皈依法，皈依僧团，成为比丘尼（中国佛教称呼其为“尼姑”），

---

① 戴吉礼：《傅兰雅档案》（第三卷），第 62 页。

② Fryer, John. “The Life and Teachings of Buddha”, *Oriental Studies (1): The Philosophy and Religions of China*, Shanghai: Kelly and Walsh, Limited, 1900. p.71.

③ Fryer, John. “The Life and Teachings of Buddha”, p.77.

④ Ibid., p.80.

但她们还要遵守另外 8 条戒律，因此傅兰雅认为她们的地位低于比丘。佛陀传教 12 年后，其教义已传遍印度 16 个王国，其佛教理论体系也日臻完善，国王、王子以及贵族都成为佛陀弟子。120 岁高龄的苦行者须跋陀罗（Subhadra）是佛陀临终前所收的最后一个弟子。佛陀 80 岁涅槃于拘尸那揭罗 (Kusinara)，其最后训诫为“所有的造作聚合，都具有即将坏灭的特质，即由不放逸地努力，去完成解脱吧”①。佛陀涅槃后，其遗骨广泛流布，佛塔广设弘扬其圣法，傅兰雅认为这就如罗马教堂中耶稣及其使徒一样②。成书于公元前 3 世纪的《大般涅槃经》记载了佛陀的寂灭其及生前事件。

2. 中国佛教教义

在佛教教义方面，傅兰雅介绍佛教“苦谛”“五蕴”“因果报应说”“涅槃”“佛法”、佛教伦理以及来世论。

“苦谛”是佛教“四谛”之一，即人生有“八苦”——“生苦、老苦、病苦、死苦、爱别离苦、怨憎会苦、求不得苦、五阴炽盛苦”③。佛陀立教就是要拯救众生于苦海。首先，傅兰雅在介绍“五蕴”时说：“佛教徒认为人是没有灵魂的，而是由不同性质或性质的集合所组成。它们被分为五个部分，叫作 skandhas。”④五蕴，即色蕴（material properties）、受蕴 (sensations)、想蕴（abstract ideas）、行蕴（tendencies of the Mind or Potentialities）和识蕴（thought or reason）五种。⑤在这五蕴中，只有色蕴是属于物质性的事物，其余四蕴都属精神现象。其次，傅兰雅介绍了“因果报应说”（the Doctrine of Karma）。傅兰雅指出，因果报应论在中国已被广泛接受，并对佛教信徒产生了深远影响⑥，“帮助了中国的普罗大众趟过了人生悲伤与眼泪之浑水”⑦；但在他看来，“因果报应论”不可理解，只是一种虚幻，一个奇异

---

① “You ought to know the law that constantly remains, the unchanging law. Work out your salvation with diligence.” 行持正法，精进不懈，终至涅槃。Fryer, John. “The Life and Teachings of Buddha”, p.80.

② Ibid., p.81.

③ Ibid., p.74.

④ “You ought to know the law that constantly remains, the unchanging law. Work out your salvation with diligence.” 行持正法，精进不懈，终至涅槃。Fryer, John. “The Life and Teachings of Buddha”, p.82.

⑤ Ibid., pp.82–83.

⑥ Ibid., p.83.

⑦ Ibid..

的假说，缺乏理性，也经不起实证。[①]“涅槃”原意是指熄灭或消亡，就像一盏灯在消耗完所有的油后熄灭一样，但在佛教中，“涅槃”绝不是一个灵魂的消亡，也不是一个存在的终结；它包含了完美的和平、善良和智慧的思想，是一种灭生死、灭烦恼而达到解脱无为的境界。[②]在佛法方面，傅兰雅简要介绍了“十恶业”，即“杀生、偷盗、行邪、妄语、两舌、恶口、绮语、贪欲、嗔恚、邪见”[③]，并指出其反面就是“十善业道”。作为佛教徒，都应该发誓遵守以下五戒，即“不杀生、不偷盗、不邪淫、不妄语、不饮酒”[④]。其中五戒是一切佛戒的基础与根本，是中国大乘佛教中最根本的戒律。傅兰雅最后介绍了来自《西伽罗瓦达经》中的佛教伦理，它分为六种关系，即父母 / 子女职责、学生 / 教师职责、丈夫 / 妻子职责、朋友 / 同伴职责、主人 / 仆人职责以及信徒 / 修道士职责[⑤]。

傅兰雅专门介绍来世论，主要讲述佛教地狱、地藏王以及孟婆汤等内容。早期佛教认为地下共有八大地狱，最底层为无间地狱。在几乎每一个大城市或大寺院都有一个地狱的典型代表，地狱拥有十个法庭，每个法庭都有法官或统治者，由地藏王掌管并与外界联系。地藏王，即地藏菩萨，负责在地狱主持正义解救众生。傅兰雅接着指出《玉历》[⑥]里生动描绘了中国佛教地狱，并说入口是西部省份四川省丰都城[⑦]的一个地下通道。傅兰雅将地狱的悲惨状况一笔带过，重点讲到孟婆汤：坏人死后要经历酷刑消除罪孽之后才能喝孟婆汤，再被扔进旋转的“生命之轮”，然后投胎转世为一个贵族或穷人或四足动物或鸟、鱼或昆虫；好人则直接到孟婆亭喝汤，通过“生命之轮”，投胎成为贵族。[⑧]傅兰雅认为，由于儒家学派只关注现世的幸福，因此在佛教传入之前，中国人完全没有来世的概念，而随着佛教的传入，人们则开始关注来世，也产生了对于来世的恐惧。

---

① You ought to know the law that constantly remains, the unchanging law. Work out your salvation with diligence.” 行持正法，精进不懈，终至涅槃。Fryer, John. “The Life and Teachings of Buddha”, p.84.

② Ibid.

③ Ibid., p.85.

④ Ibid.

⑤ Ibid., p.74.

⑥ 教材中用的拼音“yü-li”，对应英文为“Jade Record”。该书应为《玉历宝钞》。

⑦ 在教材中，地名的英文为 Fung-tu；丰都现在属于重庆市辖区。

⑧ Fryer, John. “The Life and Teachings of Buddha”, pp.103–105.

3. 中国佛教偶像崇拜

佛教经过与中国本土文化的碰撞和融合，逐渐成为一种具有中国特色的宗教。傅兰雅着重对中国佛教中的偶像崇拜进行了阐释。傅兰雅重点介绍阿弥陀佛与观音。阿弥陀佛是晚清中国崇拜的主佛，傅兰雅主要讲述了阿弥陀佛中国化的历史。它最早是在公元 3 世纪印度北宗佛教中 1000 个虚构的菩萨之一①，在 5 世纪初期传入中国。公元 405 年，佛教徒库马拉以帕②来到中国，将阿弥陀佛带到“前台”，随后慧远大师创立净土宗，专修往生阿弥陀佛净土之法门，他宣扬教义三十年，引导大众接受，阿弥陀佛成为中国佛教中最受崇拜的对象，而印度佛教中的乔达摩则几乎完全被忽略③。中国另一重要崇拜偶像为观音。傅兰雅指出，观音并不属于原始佛教的一部分，而是源自西方，或者源自印度的“俯视神”观世音菩萨(原本是男性神)，或者早期埃及人、犹太人 、波斯人以及其他国家所认识和崇拜的“天后”④。观音从海上乘坐莲花来到中国，选择在海岛普陀山定居。大约在公元 2 世纪末，观音开始在中国受到崇拜，并很快成为中国最伟大、最受欢迎的佛教神灵。观音以恰当的方式帮助所有痛苦之人，不仅是“母亲的守护神”（送子观音）与“海员的守护神”，她还能呼风唤雨，驱逐痛苦和恐惧，保护战士免受敌人刀枪伤害，她还能驱除恶魔，净化邪念。⑤

4. 比较视阈中的中国佛教：佛教对基督教的深远影响

傅兰雅以其西方宗教背景和知识为基础，采取佛耶比较的方法介绍佛教。傅兰雅通过阐释佛教与基督教的相似之处，描绘罗马天主教堂的佛教踪迹，分析佛教对基督教的影响，最后指出佛教中国化可为基督教在华的传入提供借鉴。不同于传教士徐日昇“佛教盗用基督教教义”的观点⑥，傅兰雅认为佛教对基督教有深远影响。

首先，傅兰雅从两个方面阐释佛教与基督教的相似之处。一是佛陀和基督的个人生平：如他们都以“救世主”身份诞生；年少都表现出非凡的智慧，

---

① 据傅兰雅，阿弥陀佛起源于波斯，经克什米尔（Cashmere）和尼泊尔传到中国。

② 原名为 Kumarayapa，此名为笔者借鉴《世界人名翻译大辞典》（1993 年版）1583 页的“Kumurappa”（库马拉帕）而音译，此处存疑。

③ Fryer, John. “The Life and Teachings of Buddha”, p.99.

④ Ibid., p.101.

⑤ Fryer, John. “The Life and Teachings of Buddha”, p.101.

⑥ 张敏芬：《徐日昇的中国佛教观》，载《国际汉学》2020 年第 1 期，第 50 页。

都过着贫困的生活，在没有房子、没有家庭、没有财产的情况下到处游历，向富人和穷人宣讲教义；两人都被称为“真理之王”；两人都有门徒，他们有着相似的指导方式，他们穿越自己的祖国，宣讲教义，并呼吁改革等[①]。二是佛教与基督教的教义。傅兰雅指出：在讲道和教导方面，基督和佛陀都喜欢用比喻与悖论来表达他们的感情。如基督教中的“浪子”“撒种者”“无知财主”等寓言，佛陀教义中都有相应的表述。犹太人统治者尼哥底母谈论的新生和重生、风等，也都是佛教教义中的重要思想。《圣经》教义以及其基督精神，与佛教著作存在一致之处，如：“地球之盐”（社会中坚，民族精华）、“福是给予而不是接受”“把珍珠丢在猪面前”（对牛弹琴）、“剜掉右眼”“沙上之城”（海市蜃楼）等。[②]

其次，傅兰雅阐释了佛教与基督教之间的历史关联。其一，傅兰雅认为基督教有对佛教的模仿[③]。他指出罗马天主教堂中的尖塔、中堂、走廊、祭坛和后堂、钟声以及修道院秩序、传教士精神、侍女、游行、圣水、独身、忏悔等都存在明显的佛教元素：罗马天主教大教堂正门上方的“玫瑰花窗”与佛轮相似[④]。其二，傅兰雅指出佛陀在罗马天主教会被封为圣徒，以圣·约沙法（St. Josaphat）的名义每年 11 月 27 日都受到人们的礼拜[⑤]。其三，8 世纪作家圣约翰写的小说《巴勒亚姆和乔萨普的生活》是一部佛陀的历史，大部分内容来自佛教作品《日本评注》或《拉丽塔·维斯图拉》。这部小说在中世纪欧洲很受欢迎，被翻译成几种欧洲语言。傅兰雅认为该小说是菩萨（Buddhasattva）或约沙法（Josaphat）后来被封为圣徒的主要原因。[⑥]

最后，傅兰雅认为佛教中国本土化“为基督教的入华提供了准备”[⑦]。傅兰雅指出佛教能传入中国并在中国生根发芽的原因有三：一是佛教承认政府管理神圣、有效；它认可来世，认为来世状态是由今生的行为决

① Fryer, John. “The Life and Teachings of Buddha”, pp.92–93.

② Ibid., p.93.

③ Ibid., p.94.

④ Ibid.

⑤ Ibid..

⑥ Ibid.

⑦ Ibid., p.108.

定[①]，这契合了中国人的需要。二是佛教安抚中国人内心的痛苦：佛教偶像拥有“世界保护者和救世主的特质”，他们随时准备造福百姓，如观音以其千手随时救苦救难，阿弥陀佛以其西方极乐世界，不分贫富，广泛向人们开放[②]，因此佛教能在中国广受欢迎。三是佛教教义倡导因果轮回，认为“未来的好坏取决于个体在这个过渡阶段的行为”[③]；傅兰雅认为这远远超过了中国人以前的任何美德激励。傅兰雅认为基督教可从佛教传入中国的经验中汲取的价值元素：第一，基督教义与佛教教义有共通、可以倡扬之处，如基督教与佛教倡导的“忠诚、希望和慈悲”[④]；第二，佛教术语增长了中国人的词汇量，扩大了其思想所及的范围[⑤]，基督教义则可以借鉴佛教术语。此外，中国官员常常把基督教视为佛教的一种，佛教徒虽然难以接受基督教义，但他们把耶稣看成西方的大佛[⑥]。因此，傅兰雅认为佛教中国化的经验可为基督教的在华传播提供有益借鉴。

5. 佛教徒惠深：中国的“哥伦布”

1907 年，傅兰雅发表了论文《慧深——到美洲传教的佛教徒》[⑦]。他把《梁书》《文献通考》等史书中的记载与美洲相关的物件、传统相关联，并借鉴爱德华·维宁的《无名的哥伦布：慧深与来自阿富汗的佛教僧团于 5 世纪发现美洲的新证据》[⑧]，加以推理，认为生活于 5 世纪下半叶与 6 世纪初（南北朝时期）的中国僧人慧深曾到美洲传过佛教[⑨]，最早到达美洲。傅兰雅在文中阐释惠深到达美洲传教的可能性，并提供充分证据。

首先，傅兰雅认为佛教徒惠深到美洲航行具有可行性。在他看来，因

---

① Fryer, John. “The Life and Teachings of Buddha”, p.107.

② Ibid.

③ Ibid.

④ Ibid.

⑤ Ibid., pp.107–108.

⑥ Ibid., p108.

⑦ 傅兰雅曾于 1901 年发表《佛教徒比哥伦布早一千年发现美洲》，见戴吉礼：《傅兰雅档案》（第三卷），第 171 页。

⑧ Edward P Vining. An Inglorious Columbus: or Evidence that Hwui Shan and a Party of Buddhist Monks from Afghanistan Discovered America in the Fifth Century A D. 维宁是法国人，于 1885 年出版了该著作。在傅兰雅的论文中，他写的是“旧金山的爱德华 · 维宁先生”。

⑨ 有关资料显示 1901 年加利福尼亚大学弗雷尔教授发表论文，提出了与维宁相同的观点。据分析，这里的“弗雷尔”应该就是“Fryer”（傅兰雅）的音译。

为中国人很早就知晓，并在一定程度上管理着堪察加半岛（Kamtchatka），因此中国人沿阿留申群岛从亚洲到达美洲的阿拉斯加毫不艰难。他甚至认为，在一年中的大部分时间，中国人撑着乌篷船或独木舟就能到达阿拉斯加，而从阿拉斯加到美洲沿岸的旅程则更加容易；这样的航行，对于拿着度牒云游四方经陆路在中国与印度之间传教的佛教徒来说，则更容易。

更为重要的是，傅兰雅旁征博引，为慧深到达美洲这一论点提供充分证据。在《梁书·东夷传》中，公元 499 年，慧深从扶桑国来到位于长江沿岸的齐国都城健康，在 502 年见到新朝皇帝梁武帝。梁武帝把慧深当作扶桑国的特使对待，委托人向他询问有关扶桑国的情况，这些情况也得以记载下来。傅兰雅认为《梁书·东夷传》中的记载真实可信，此外他指出了寻找慧深拜访过美洲大陆证据的另一角度。他指出，中国史书中记载的早期佛教使团到达美洲的直接证据可以在从阿拉斯加到墨西哥的太平洋沿岸以及内陆地区的传统、历史、宗教信仰以及古代遗迹中找到。（1）植物学视角与文化传统习俗视角。史料中关于慧深对扶桑国的描述，与美洲大陆太平洋沿岸地区，尤其是墨西哥相符合。在《梁书》的记载中，慧深 502 年见到梁武帝时，他把从扶桑国带回的新奇物件献给皇帝，其中有“扶桑”和镜子。《梁书》中记载道：“扶桑叶似桐，而初生时如笋，国人食用之，其果实如梨而红，织其皮为布以为衣，也可以之为丝帛。”[①] 傅兰雅认为慧深描述的就是墨西哥龙舌兰。此外，慧深还说到了物产、风俗及社会状况，“作板屋，无城郭。有文字，以扶桑皮为纸。无兵甲，不攻战。其国法……国人养鹿，如中国畜牛。以乳为酪。有桑梨，经年不坏。多蒲桃。其地无铁有铜，不贵金银。市无租估。其婚姻……婚礼大抵与中国同。亲丧，七日不食……”[②] 傅兰雅这些记载与墨西哥当地的传统与现实基本吻合。（2）语音学视角：美洲人名、地名中的佛教关联。傅兰雅在美洲一些古老的人名、地名和其他名称中寻找到了它们与佛教的关联。傅兰雅指出：墨西哥有祭拜一个白面长袍圣人的传统，而这位圣人名为“Wi-shi-pecocha”，傅兰雅认为这可能是慧深这两个字的音译[③]。傅兰雅举例说，帕伦克一幅佛像，名为“Chaac-mol”，像是释迦牟尼（Sakhyamnui）全名的音译；墨西哥的僧侣名“tlama”与中国的“喇嘛”（Lamas）非常相似；科罗拉多

---

① （唐）姚思廉撰，陈苏镇等标点：《梁书》，北京：中华书局，1995 年，第 479 页。

② 同上，第 479–480 页。

③ 戴吉礼：《傅兰雅档案》（第三卷），第 267 页。

河附近小岛上的神僧名“Quatu Sacca”是释迦牟尼的俗姓“Gautama”与种族名“Sakhya”的结合①。在傅兰雅看来，如果单独看这些与佛名相似的名字并没有多大价值，但综合来看，与佛名相似的人名、地名如此繁多，就足以证明与佛教的联系。（3）形象学视角：墨西哥古代遗迹中的佛教踪迹。傅兰雅认为墨西哥古代遗迹中的画像、刻板、装饰物、寺院、金字塔等中都有显著的佛教踪迹。如坎佩切湾（Campeachy）有一幅穿着袍子的和尚大画像，帕伦克（Palenque）有一幅盘腿坐在由两具狮子背靠背构成的椅子上的佛画像，还有一个石制佛教祭坛；帕伦克的乌斯玛尔（Uxmal）寺院中有众佛头顶光环盘腿坐在壁龛中的塑像，傅兰雅认为这与中国、日本和印度佛教寺院内外壁龛中的神像非常相似。关于佛的印记，傅兰雅还列出了更多，如当时存在巴黎的一幅佛陀盘腿打坐的墨西哥画像两边刻有“佛”字，乌斯玛尔寺院墙上刻有天文图表和龙吃太阳引起日食的图像，而龙吃太阳完全是中国人的观念。傅兰雅还指出：帕伦克和米特拉（Mitla）有无数的寺庙都与亚洲尤其是爪哇、中国北部及蒙古的佛教庙宇极其相似，巨大的金字塔基座和建筑式样都带有佛教特色等②。

二、傅兰雅中国佛教文化传播的局限与影响

由于各种原因，傅兰雅对中国佛教的介绍仍存在诸多局限之处。（1）傅兰雅对中国佛教的介绍主要流于基本常识，他主要是对“四谛”“五蕴”“涅槃”“五戒”“来世论”以及阿弥陀佛崇拜、观音崇拜等进行了浅显的介绍，没有深入讲解佛典教义。（2）傅兰雅教材中的部分表述欠准确。傅兰雅在进行佛教与基督教比较时，认为佛陀与基督的生平存在诸多相似之处，指出他们“年少……都过着贫困的生活，在没有房子、没有家庭、没有财产的情况下到处游历，向富人和穷人宣讲教义”，这一点存在明显问题，有悖于傅兰雅教材中对佛陀的生平介绍。傅兰雅在教材中花了不少篇幅来介绍佛陀，指出佛陀出生于古印度迦毗罗卫国，是以王子的身份诞生的，在他跃城出家前生活富裕且有妻室。（3）傅兰雅编写的教材援引传教士李提摩太、丁韪良等人的佛教观点，并把自己的观点夹杂其中，但他在教材中几乎没有区分。这给理解傅兰雅本人的佛教观点造成一定困扰。

① 戴吉礼：《傅兰雅档案》（第三卷），第 268–269 页。

② 同上，第 269-270 页。

然而，瑕不掩瑜。傅兰雅以教材、授课、讲座及学术发表等途径向西方世界介绍传播中国佛教文化，有力推动了西方社会与学界对中国佛教文化的认识。其一，傅兰雅所编的教材与授课涉及加州大学伯克利分校东方语言文学、宗教哲学等相关课程，其佛教文化传播惠及所有选修课程的不同系别学生，这让他们一定程度地了解了中国佛教文化，也为那些后来前往中国进行传教或工作的学生打下了良好的中国文化基础。其二，他在加州大学伯克利分校及加州地区广泛的免费学术讲座也是中西宗教文化友好交流的平台，对当地中国文化爱好者及佛教文化爱好者产生了一定影响。其三，傅兰雅的学术论文不仅塑造了中国佛教徒"敢为人先"的宗教国际形象，也对欧美学界产生了深远影响。如英国汉学家苏慧廉（William Edward Soothill，1861–1935）1921 年曾给《每日电讯报》（*The Daily Telegraph*）写了一封以傅兰雅为主题的来信，题为《中国的哥伦布》（"*The Chinese Colubus*"）。信中写道："他 [傅兰雅] 那时断定在墨西哥发现的石碑上的中文碑铭是佛教原典，即早期中国佛教徒的著作。他因此认为中国人到达墨西哥的时间比哥伦布早 1000 年。"① 美国后来有不少学者在持续追问这个问题。如美国浸礼派教会传教士亨登·梅森·哈里斯 (Hendon Mason Harris) 花了数十年时间游历中国大陆，找寻有关中国人在古代时期乘船远航至美洲的各种传说、故事以及各种各样的文献记载；美国芝加哥专利事务方面的律师亨里特·梅茨 (Henriette Mertz) 花费了数十年的光阴四处游历，找寻慧深远航美洲的证据，于 1972 年出版了《浅学：关于中国人开拓美洲的两份古代记载》一书。

三、对中国文化"走出去"的传播路径启示

从海外汉学研究视角对傅兰雅中国佛学西渐的历史镜像进行考察也有助于现今当下中国宗教文化"走出去"的路径设计与策略反思。以下从美国学者哈罗德·拉斯韦尔（Harold Lasswell）的文化传播"5W"理论，即传播者、信息、媒介、受众和效果五方面进行阐释：第一，从传播主体看，傅兰雅具有多重文化身份，他是英国人，在华工作、生活 35 年，深谙并热爱中国文化，他也因此获得加州大学伯克利分校"阿加西教席"，成为该校首位东方语言文学教授。因此，当今中国宗教文化的海外传播主体的

① 戴吉礼：《傅兰雅档案》（第三卷），第 136 页。

选择方面，注重关注其中国文化底蕴、权威性与传播平台，考虑“借帆出海”。第二，从传播内容看，傅兰雅选择传播的中国佛教文化既涉及中国佛教深层教义、偶像崇拜，也涉及中国佛教学术，表现出逐层深入的特征；在推介方法上，他采取佛耶比较、以“耶”释“佛”的方法，最大程度便利西方受众对中国佛教文化的认知与了解。因此，中国宗教文化的对外传播在内容选择上可以关注亲近性文本，即“易于和利于受传者一方理解接受的精神文本”，采取分层、由易而难、逐级推进的模式，并合理采用“以西释中”的方式进行推介，从而促进西方受众对中国宗教文化的理解，让中国宗教文化真正走进西方受众。第三，从传播媒介看，傅兰雅主要采取教材、课堂、讲座、论文等形式传播中国佛教文化，其中傅兰雅的讲座还利用《旧金山电话报》（*San Francisco Call*）、《洛杉矶先驱报》（*Los Angeles Herald*）、《星期天电话报》（*The Sunday Call*）多种报刊媒介进行宣传，最大可能地扩大其中国佛教文化传播的范围；因此，在当今信息化、数字化时代，我们可以充分利用并开发各种传播渠道与媒介，契合西方受众的阅读与信息接收方式。第四，从受众角度看，傅兰雅的受众主要是加州大学的学生与部分美国公众，其中有部分受众有着前往中国传教的打算；因此，中国宗教文化的域外传播要充分考虑受众需求，有的放矢。第五，从传播效果看，傅兰雅的中国佛教传播促进了西方对中国佛教的认知，也扩大了中国佛教的世界影响；因此，在传播中国宗教文化的过程中，要因地制宜，选择合适的宗教故事，采取合适的传播媒介、传播策略与方法，努力促进中国宗教文化从“走出去”到“走进去”，为当前的中国文化“走出去”战略贡献力量。

四、结语

讲好中国宗教故事是讲好中国故事的重要组成，对当今中国对外文化交流具有独特的作用。因此，对外宗教文化交流、中国宗教国际形象建构、中国宗教“走出去”以及如何“走出去”，已渐次成为中国宗教学界关注的议题。汉学家傅兰雅通过教材、讲座、论文等不同途径，向西方介绍并传播中国佛教文化知识，建构中国佛教文化形象，不仅促进中国佛教文化的西传，也促进了中西宗教文化的交流与对话。傅兰雅对中国佛教的域外传播仍可为当今宗教文化“走出去”的内容与路径选择提供一些历史借鉴和参考。

文明对话视野下回儒天儒“天人”论试比较

李　智[①]

内容提要：明清之际王岱舆与利玛窦作为“回儒”与“天儒”的代表人物，在时代处境下结合中华文明与自身信仰，不自觉地开启了一场文明对话，创造出了融汇伊儒的本土化宗教思想。本文以二人“天人论”为切入点，分析二人在宗教本土化视域下“天人论”认识上的异同；认为宗教作为人类文明的重要载体，在进行本土化时要做好三个坚持，即坚持思想文化上的本土化立场，坚持处境中的本土化立场，坚持行使“文明交流互鉴”使者与桥梁作用，使具有时代鲜明特点的本土化宗教成为各国之间文明交流对话的使者。

关键词：王岱舆，利玛窦，“天人”论，文明对话

The Comparison of “Heaven and Human Theory” under the Perspective of Civilization Dialogue

LI Zhi

Abstract: During the Ming and Qing dynasties, Wang Daiyu and Matteo Ricci, as the representatives of “Islamic Confucianism（回儒）” and “Catholic Confucianism（ 天 儒 ）”, unconsciously combined the Chinese civilization with their own beliefs in their era, opened a civilization dialogue, and created a local religious thought that integrated China with the West, and Islam. This paper aims to analyze the similarities and differences between Wang Daiyu and Matteo Ricci’s “Heaven and Human theory”, and emphasizes that religion, as an

① 李智，中央民族大学哲学与宗教学学院，宗教学专业在读博士研究生。

important carrier of human civilization, should act as a bridge between different civilizations. Furthermore, the key dimensions of foreign religion localization include ideology culture and the localization of civilization.

Key words: Wang Daiyu, Matteo Ricci, “Heaven and Human theory”, civilization dialogue

中国历史步入明朝后，由于逐渐奉行闭关锁国的对外政策，与同时代进入大航海时代的西欧相比，发展渐趋缓慢，对外来文明的吸收借鉴较汉唐时期大为退步，但这并不意味着中外经济、文化、科技、宗教等方面交流的完全断绝。在明朝中晚期，中外文明的交流对话进入了一个崭新的局面。伊斯兰教在华有着千余年的发展历史。早在唐代永徽年间，伊斯兰教便随着阿拉伯商人的脚步传入中国，到元朝时伊斯兰教迎来了全新发展，形成了“回回遍天下”的局面。进入明朝后，面对中国伊斯兰教发展中出现的一些困境，以胡登洲为代表的回族学者开创“经堂教育”，培养出了一批“中阿兼通”“学通四教”“长攻儒者之学”的阿訇、经师和学者，这些人在后来因为学术兼通伊儒被称为“回儒”。天主教在耶稣会等修会传教士的努力下于明代再次传入中国，这是基督教第三次大规模在华传播的肇始。以耶稣会士为代表的教士为了在中国传教，在语言、习俗、服饰、姓名、交往方式上积极学习吸收中国文化要素，主动开启了基督教（天主教）“华化”进程，因为他们在传教工作的中国化学术创造兼通中西而被称为“西儒”（“天儒”）。两个宗教的有识之士将各自宗教教义等核心思想与中国儒家文化会通融合，开启了历史上一次无意识的“文明对话”与“宗教中国化”的尝试，在其中以回族学者王岱舆《正教真诠》《清真大学》和意大利耶稣会士利玛窦的《天主实义》最具有代表性。

《清真大学》是王岱舆本人思想纲领性著作，全书内容深刻，充满哲理思辨，按照白寿彝先生在其作品《王岱舆传》中的介绍，主要是阐释本体论、宇宙论和认识论方面的问题。《正教真诠》一书大致内容“上卷二十篇是讲宗教哲学的。下卷二十篇基本上是讲教法的”①，对儒道佛采取了批判与吸收的态度。《天主实义》是利玛窦最有代表性的著作，全书共分八节，

① 王岱舆:《正教真诠·清真大学·希真正答》，余振贵、铁大钧译著，银川：宁夏人民出版社，1999 年版，第 582 页。

写作中以中士与西士对话问答体的形式，采取“易佛补儒”的方法，运用“附儒”“补儒”“超儒”的策略，大量援引儒家经典，系统介绍教义思想，对后世影响深远。

所谓“天人论”，指的是某个宗教信仰中对信仰对象和俗世中人的讨论。所谓信仰指的是人们在日常生活中，认同并相信的一套价值体系，就宗教而言，其信仰对象一般都是超越俗世之外的虚无对象。一般而言，作为一名宗教信徒，必然要对其信仰对象有一个清晰明确的认知，也就是所谓的最高存在者，对信仰对象的阐释也是一个宗教教条的核心部分。在世界各个哲学宗教体系中，都将人作为宇宙中最具有灵性的特别存在，因此对人性、人之本质、天人（神人）关系的讨论也构成了宗教教条的另一个核心部分。对超越于自身的最高存在者（神、上帝等）和人之本质关系的讨论，构成了所谓“天人论”的核心。而“天人论”也往往是宗教本土化进程中必须面对的重要课题。本文将立足于回族学者王岱舆《正教真诠》《清真大学》和利玛窦的《天主实义》等经典著作，分析二人在与儒家汇通中在“天人论”等核心概念上的表述方式、逻辑内涵、背景动机等方面的异同，总结二人的历史经验教训，提出文明对话过程中外来宗教中国化的有益经验教训。

一、“回儒”王岱舆的“天人论”

（二）“真一”论

“认主独一”是伊斯兰教中最核心的教义，也是信仰的基础。其他教义教法均围绕这一点展开。王岱舆对“认主独一”的认识和讨论就是以“真一”论为基础开展的，这也构成了他宗教哲学的理论基础。“《大学》正宗，作证之言”，“特明主仆至大之理，真一、数一之殊。故首明单另之一，乃造化天地万物之真主，而与天地万物无干，兹为无始之原有也。单另之一，乃天地万物之主也。”①《清真大学》一书乃是模仿南宋朱熹所编“四书”中《大学》一书所作，在《大学》一书之首便提出了“三纲领（明明德、亲民、止于至善）和八条目（格物、致知、诚意、正心、修身、齐家、治国、平天下）”，强调修身是根本，最终是为了治国平天下。王岱舆所著《清真大学》也参照《大学》在开篇将认主作为根本，所谓“首明单另之一”，

① 王岱舆：《正教真诠·清真大学·希真正答》，余振贵、铁大钧译著，银川：宁夏人民出版社，1999年版，第370页。

是伊斯兰教中信仰的最高存在者。最高存在者是造化天地万物的，是独立于天地万物之外的，也是天地万物的主宰，这样的“主仆至大”的道理是最重要的。在这里，王岱舆开始构建他的“真一三品论”，也就是对信仰中最高存在者的宗教哲学。

王岱舆强调，“真一”作为信仰中的最高存在者，分为“三品”，分别是“本然”“本分”和“本为”。“所谓本然者，原有无始，久远无终，不属阴阳，本无对待。独一至尊，别无一物。无岁月，无方所，无形相，无掺染，无阻碍，无近远，无伴侣，无比屑，无如何，能命有无而不落有无：造化万物而不类万物、绝无比拟，此真主原有之本然也。”[①] 这里叙述了“真主”的相关属性，从时间上来看，是没有开端也没有终点的；从数量上来说是独尊无二，没有伴侣的；从形态上来说是无形无相的；从地位上来说是创造万物的主宰，超越于万物之上，超越于阴阳之外的。因为“本然”具有的这种属性，已经超出了人们形象思维的认识之外，人们是无法通过自身认知能力来认识“真一”的。“真一同于数一，数一同于万有，不在万有，则万有消亡：若同于万有，则囿于万矣。虽然斯之同在，乃同而不同，在而不在，非若物我之同在也。人之惑乱必不干真主之安定真主之清净，必不染人之昏晦，兹足见真一自与万类无干也。”[②] 这里王岱舆强调了最高信仰对象“真一”的绝对超越性。“真一”与“万有”的关系也是十分微妙的，如果从辩证角度上看，“真一”是宇宙间“万有”的决定要素，是决定宇宙存在的根本，但是“万有”却是无法影响到“真一”的，二者的主从关系不能颠倒。

“所谓本分者，乃本然之动静，虽长守而浑一，其理显则不同。即真一非干数一，原来一，故始终独一；真有不落有无，原来有，故超然长有……兹皆本然之动静也。但静则如如不动，动则纷纷不已……所以动静两称，正于本然为作之间也。须知未有天地之先，真主要显己之原能，遂以其原知，预定当用之万物及诸始终内外……终无一物超其要为知能之外，非以知能束缚万物，万物自不能越耳……兹乃真主动静之前定也。”[③] 这里王岱舆强调所谓“本分”是“真一”本体创造万物，由静转动的阶段，也是“真一”

① 王岱舆：《正教真诠·清真大学·希真正答》，余振贵、铁大钧译著，银川：宁夏人民出版社，1999 年版，第 381 页。

② 同上，第 40 页。

③ 同上，第 382 页。

的第二个阶段。在最高存在者开始创造世界万物时候，按照自身的设计和意念，由静而动，由自己的“原能”“原知”预定了万事万物，这也是“真一”为万事万物预设的前设。

“所谓本为者，乃其单另之余，总具无形之妙，是为能有。譬之墨池，虽万灵之精粹，天地之文章，莫不赖于此有，然后以代理之笔，始发其所蕴之理。但未发之时，其与真一个不即不离，分之不开，合之有别，中藏保养之机，已显任凭之兆，唯主知见。兹乃真主本为之境界也。”[①] 本为是真一的最后一品，也是最后一个阶段。本为是真一的余光，是书写宇宙间一切事物的墨池原料，宇宙间所有的模型都已经涵括在内。这一阶段也是从“本分”的“动静”并存的阶段转向创造宇宙万有的动态的阶段。

综上所述，王岱舆在对信仰中最高存在者进行介绍时，按照当时流行的“苏菲主义”学说和对伊斯兰教哲学影响较大的新柏拉图主义中“流溢说”，将“真一”分为“本然”“本分”“本为”三品，一方面强化了对最高存在者属性的认识，另一方面深刻地阐释了一个创造世界的图景。

（二）“人”论

王岱舆根据伊斯兰教中的一些观点，指出在创世之初人就有着不同寻常的地位。“大哉无极，乃夫妇之始，太极乃万象之原。无极之始，太极之原，总一大人耳。所谓人极者，即斯大人之心也。夫人为万物之灵，其是义也。”[②] 这里明显受到了中国理学思想中的一些影响，即用“无极”“太极”之说描述宇宙创生之始，并用此说象征人之来源。可见对人的认识上，王岱舆思想中既有着伊斯兰教的创世说，又有着中国传统思想的特色。“太始之时，真主运无极而开众妙之门，乃本人之性理：用太极而造天地之形，亦本人之气质。天地万物，譬如一株大树，人为万物之灵，人之性理，即斯树之种子也：人为万物之魂，人之身体，即斯树之果实也。兹树之本末精粗，合而类之为人。”[③] 在真主创世之时，一切都是围绕着人而来的，依着人的本性开创了世界的本原，又按照人的气质造出了天地的形态。人的本性就是天地大树最有灵性的果实，是最贵重的生物。可见，单就对人

① 王岱舆:《正教真诠·清真大学·希真正答》，余振贵、铁大钧译著，银川：宁夏人民出版社，1999年版，第384页。

② 同上，第168页。

③ 同上，第162页。

的认识来说，人的地位是十分重要的，虽然人和信仰中的最高存在者相比有着绝对不可逾越的界限和尊卑差别，但是人却是万物之灵，对人重要性的认识由此可见一斑。因为人在宇宙间万物有着这样独特的地位，所以人的首要任务就是为至高存在者作证，"初因真主捋己之重托，显于天地海山及所有诸物，皆缘畏惧，不敢承当……唯有人极承此大任，因其色妙两全，灵超万品，力备诸缘故耳。惟是人之作证，较之诸有，更加亲切。"①

王岱舆又进一步将中国儒家学说中关于人性命观的认识与伊斯兰教相结合，提出了一套具有中国特色的伊斯兰教性命观。"前定者，主也，自由者，人也。未始有天地之先，真主运无极而开众妙之门，当时是，各正性命也。众妙之门乃前定，彼时善恶之因已具，高下之品已设。若海咸河淡，江浊湖清，分之不开。合之不共。"② 最高存在者在创造宇宙万物的时候就已经对各类事物做出前定，无论善恶还是高下等品性都已经确定在万事万物中。因此人的性命本原先天便有不同，同时在后又因为各自受到气的沾染。相互之间有了很大的区别。"先天为命，后天为性，命乃种子，性乃果子，命非性不离于性，性非命不高于命，非命则无性。非性则不全矣。"③ 人的本性与命关系密切，就二者关系来说，命是人性先天的种子，性是后天结出的果实。性和命是合二为一的，二者共同构成了完整的人性。"世人止有欲智仁三品，唯正人方能全齐七也。下愚者恣好欲，偏觉性之兽心，无非损人利己；兽心居于欲品，由于觉性；人心居于仁智二品，率于灵性；真心居于见、喜、玄、智四品，无己而尊主之名。上智者屡仁义，循灵性之人心，亦莫过齐家治国，忠孝而已矣：惟正大者尊明命而体无己之真心，总是指迷归正，为主而已。"人的心品源于性命，因为人兼有觉性、生性和灵性，心性之上体现出来的便是兽心、人心、真心。以此对人性分类，人心性之下品是纵欲兽心，人心性中品是修齐治平，上品则是尊奉真主，这种虽然借用儒学中"性三品"说的模式，但是却有很强烈的信仰色彩。

在人性善恶的问题上，王岱舆也提出了自己独特的看法。关于对"善恶"的认识，他论证道，"凡人之性，能行善恶，非性本有恶也……但恶非实物，

① 王岱舆：《正教真诠·清真大学·希真正答》，余振贵、铁大钧译著，银川：宁夏人民出版社，1999 年版，第 373 页。

② 同上，第 131 页。

③ 同上，第 140 页。

如瓮中水，久而生变，岂其源乎？”①就恶的来源而论，恶并不是实际存在的，并不是本性中有恶，恶就像瓮中的积水一样“久而生变”。“性之善为本善，行之善为习善。本善者乃真主化生性命之原德，而人不与焉；夫人之善，乃自习功行之积德也。设见赤子坐立危险，莫不救视，此皆本善。见义即行，无善不乐即为习德。”就“善”来说，分为“本善”“习善”，本善是先天的，人所本有的；习善是后天的，是人在后天通过修为逐渐积累的，本善如同孟子所谓的善端，而习善则是后天的培养。关于人为何能行善作恶，王岱舆提出：“凡以理为本者，皆自可喜可爱，因本善无恶也：及论其情用之际，又由于己，己或行善作恶，因己所行之殊异，则情用于善恶之间矣。所谓情者即性之所发，若无外感之私，自然听命于理，无不善也，倘执己之偏，自然不得正，无非恶也。”②人性是最高存在者赋予的，其中“本善”是固有的，在人中表现就是“理”，如果人能遵循着理，那么就能保持本善之性。但是因为后天又受到“情”的困扰，不受理的约束，行为做事有了偏差，人的行为也就呈现为恶了。

综上所述，王岱舆在对“人”的讨论上，将中国儒家学说中如“性三品”“人性本善”等关于人性的学说，与伊斯兰教中的宗教哲学如“前定”“创造万物”等学说相结合，构建了具有中国特色的伊斯兰教人性论。

二、“天儒”利玛窦的“天人论”

（一）“天主”论

以耶稣会士为代表来华传教士，面临的一个重大的问题就是对“*Deus*”这一拉丁名词的翻译。这一翻译在基督教（天主教）在华事业的发展中始终是一个颇具争议性色彩的难题。可以说某种程度上清朝时期的“礼仪之争”是翻译问题的延续。利玛窦来到中国内地之后，在策略上选择了向儒家靠近，因此，在译名翻译问题上开始在“古儒”经书中寻求资源。在“古儒”即所谓先秦儒家经典中，利玛窦找到了大量的证据。“吾天主，乃古经书所称上帝也。……历观古书，而知上帝与天主特异以名也。”③利玛窦进

① 王岱舆：《正教真诠·清真大学·希真正答》，余振贵、铁大钧译著，银川：宁夏人民出版社，1999年版，第144页。

② 同上，第144页。

③ [加]郑安德：《明末清初耶稣会思想文献汇编》第二册《天主实义》，2000年版，第92–93页。

入广袤的中国内地后，在不断接触学习儒家典籍中发现在先秦儒家经书中存在着大量与天主教“天主”相接近的至上神观念，因此，为了使中国人能够更好地接受天主教，利玛窦大胆地引用儒家典籍，来证明先秦“上帝”观念就是天主教中信仰的“天主”，对“*Deus*”进行了极富有创造性翻译。这一翻译至今影响深远。

为了让当时的国人能够更深入地接受和了解天主教信仰，在处理了“上帝”“天主”等对最高存在者称呼的问题上，利玛窦进一步讨论了“天主”的诸多属性特点。“始制作天地万物而时主宰之者，夫即天主——吾西国所称‘陡斯’是也。兹为子特揭二三理端以证之。”④“人谁不仰目观天？观天之际，谁不默自叹曰：斯其中必有主之者哉！”⑤“吾不待学之能，为良能也。今天下万国各有自然之诚情，莫相告谕而皆敬一上尊。则岂非有此达尊，能主宰世间人心……物之无魂、无知觉者，必不能于本处所自有所移动，而中度数。使以度数动，则必藉外灵才以助之。”⑥“试观鸟兽之类，本冥顽不灵，然饥知求食，渴知求饮，畏缴而薄青冥，惊网罟而潜山泽，俱以保身孳子、防害就利，与灵者无异。此必有尊主者默教之，才能如此也。”⑦利玛窦在这里从几个角度分别论证了“天主”是世界上的主宰者，一是从人的直观感受而言，对自然壮丽的惊叹会使人自然想到造物主上；二是普世之人皆有所谓不学只能——“良能”这样的道德属性必然是来自所谓的“天主”；三是无灵魂的一些事物，如石头江河，自身遵照规律运动流转，能主持这样的规律必然是外界超越者；四是一些有简单灵魂但是缺少理性认识的生物如鸟兽，有捕食哺育，趋利避害的能力，这也是源自于超越的“天主”。利玛窦在这里巧妙地运用了经院哲学家托马斯·阿奎那的“上帝存在五路证明”，说明了天主是世间万事万物的主宰，决定了世间所有事物的特性、运转，这也是信仰对象最重要的属性。

“其一曰：凡物不能自成，必须外为者以成之。楼台房屋不能自起，恒成于工匠之手……如有一物能自作己，必宜先有一己以为之作；然既已有己，何用自作……故物不能自成也。定有所为制作者，即吾所谓天主也。”“其二日曰：物本不灵而有安排，莫不有安排之者？如观宫室，前

④　[加]郑安德：《明末清初耶稣会思想文献汇编》第二册《天主实义》，2000 年版，第 77–78 页。

⑤　同上，第 77–78 页。

⑥　同上，第 78 页。

⑦　同上，第 79 页。

有门以通出入，后有园以种花果，庭在中间以接宾客，室在左右以便寝卧，楹柱居下以负栋梁，茅茨置上以蔽风雨……吾试忖度：此世间物安排布置有次有常，非初有至灵之主赋予其质。”“天主则无始无终，而为万物始焉，为万物根柢焉。无天主则无物矣。物由天主生，天主无所由生也。”① 如果说天主是宇宙间万事万物的主宰，那么天主同时也是宇宙的创造者。利玛窦从几个层面对此深入论证，一是事物第一因，如果一个事物的成因是另一个事物，那么在这样无限推论的逻辑之下，必然有一个终极存在，是所有事物的最根本原因，这个终极存在就是“天主”。二是万物都是有秩序的，宇宙世界万物等一切的存在，发展都隐含着某种秩序的存在，决定这种秩序的就是天主。总的来说，利玛窦运用中世纪经院哲学思想，深入论证了天主同时也是宇宙创造者。

“是故一家止有一长，一国止有一君，有二，则国家乱矣：一人止有一身，一身止有一首；有二，则怪异甚矣。吾因是知乾坤之内，虽有鬼神多品，独有一天主始制作天、地、人、物。”利玛窦运用中国人熟知的“家长”“国君”等伦理道德观念，强调了天主的唯一性。“下至微虫如蚁，人不能毕达其性，矧天主至大至尊者，岂易达乎？如人可以易达，亦非天主矣。”② 恰恰正是因为人的认识是有局限性的，天主超越在人之上，因此人不能完全认识天主。综上所述，利玛窦将传统儒家思想资源与当时教会内流行的托马斯·阿奎那神学思想结合，向国人介绍了天主这一信仰中的最高存在者，为后期传教打下了基础。

（二）“人”论

利玛窦将基督教（天主教）和传统儒家人性论进行融会，对人之本性，人性来源、人性善恶进行再塑造，建构了独具特色的中国天主教人性说。“中士曰：吾观天地万物之间，唯人最贵，非鸟兽比；故谓：人参天地，又谓之‘小天地’。”③ 从宇宙间万事万物的等级关系来看，人的地位是最为贵重的，人参照天地而生，实际上是一个“小天地”的存在。“此本性之体兼身与神，非我结聚，乃天主赋之，以使我为人。其散亡之机亦非由我，常由天主。上品名曰灵魂，即人魂也。此兼生魂，觉魂，能扶人长养及使人知觉物情，

---

① ［加］郑安德：《明末清初耶稣会思想文献汇编》第二册《天主实义》，2000年版，第80–81页。

② 同上，第83页。

③ 同上，第95页。

而又使之能推论事物，明辨理义。人身虽死，而魂非死，盖永存不灭者焉。”① 利玛窦在这里强调了几点，一是天主创造了人的身体，同时创造了人类的灵魂，人的灵魂存在消亡也是由天主所决定的。二是人的灵魂是万物中级别最高，人的灵魂因为具有理性推理能力，能有自我意识，因此是最高级的，人身虽然消亡了。但灵魂是永存的。

“夫‘性’也者，非他，乃各物类之本体耳。曰各物类也，则同类同性，异类异性。曰‘本’也，则凡在别类理中，即非兹类本性；曰‘体’也，则凡不在其物之体界内，亦非性也。但物有自立者，而性亦为自立：有依赖者，而性兼为依赖。”② 在人本性的认识上，利玛窦从对“性”的定义入手，指出“本”“性”是事物间相互区别的本质是该事物为此类事物的本质所在。因为事物分为“自立体”和“依赖体”，事物间“性”也有自立之性与依赖之性。人性的本质在于“能推论理”。“西儒说‘人’云，是乃生觉者；能推论理也。能推论理者立人于本类，而别其体于他物，乃所谓人性也。仁义礼智，在推理之后也。”人的理性推理能力，是人性区别于其他事物的本质。可以说，利玛窦关于人本性的论述和讨论，主要是依据于古希腊哲学中亚里士多德的灵魂观等相关认识，体现了他“西儒”的底色。

“以‘理’为主，则俱可爱可欲，而本善无恶矣；至论其用机，又由乎我，我或有可爱或有可恶，所行异则用之善恶无定焉，所为情也。夫性之所发，若无病疾必自听命于理，无有违节，即无不善；然情也者，性之足也，时著偏疾者也，故不当壹随其欲，不察于理之所指也。”③ 在关于人之所以能为善作恶这一问题上，利玛窦用了理学中“理”“情”二分的架构，情有善恶，性则是全善，当人思考行事时，与理相符合，便是全善，而受情的遮蔽时则沉湎欲望之中，便会行恶。同时利玛窦还援引基督教“原罪”观点，用以说明人性善恶的另一个源头，“世人之祖已败人类性根，则为其子孙者沿其遗累，不得承性之全，生而带疵；又多相率而习丑行，则有疑其性本不善。非关天主所出，亦不足为异也。人所已习可谓第二性，故其所为难分由性由习，虽然性体自善不能因恶而灭，所以凡有发奋迁善，转念可成，天主亦必佑之。”④ 这里指出了罪的双层含义：原罪和本罪，

① [加]郑安德：《明末清初耶稣会思想文献汇编》第二册《天主实义》，2000年版，第98页。

② 同上，第152页。

③ 同上，第153页。

④ 同上，第174页。

原罪是“人类之祖败坏性根”、本罪是“第二性”。恶非实物，是善的缺失，这是恶的第二个来源。人类先祖的堕落导致人性中存在缺陷，这是原罪，在后天中又受到各种不良习性影响，导致人性进一步受到蒙蔽。虽然人性中有种种不完美，但只要努力向上，是会得到天主的保佑的。“性之善，为‘良善’；德之善，为‘习善’：夫良善者，天主原化性命之德，而我无功焉：我所谓功，止在自习积德之善也。孩提之童爱亲，鸟兽亦爱之：常人不论仁与不仁，乍见孺子将入于井，即皆怵惕：此皆‘良善’耳，鸟兽与不仁者何德之有乎？见义而即行之，乃为德耳。”① 良善是天主赐予的，是与生俱来的善，而习善是后天在德行积累上不断学习而得来的善。“良善”与“习善”作用在于区别人的贤能等级，也是人去恶向善的道德追求。

综上所述，在人论的讨论上，利玛窦在会通儒学上主要是吸收了儒学的性善论和理学中关于“性、情”的区分方式，坚持了基督教关于人和人性的基本神学观点，构建了具有天主教特色的“人论”。

三、利王二人对当代文明对话的借鉴意义

利玛窦与王岱舆生活在明清之际，当时尚未出现现当代视域下明确的文明交流对话及宗教中国化的认知，但二人无疑是中国历史上提倡文明对话与宗教中国化的代表。作为外来宗教，在中国生存发展，必须在政治和文化上与中国社会历史现状保持高度一致，这是毋庸置疑的。 通过上述对二人“天人论”的异同分析与比较可以看出，虽然二人都选择了教义哲学思想中国化的诠释方式，但是由于二人的学术背景、出发动机、诠释方式存在巨大差异。对二人开创的事业后续发展产生了不同的影响。

（一）王岱舆与利玛窦“天人论”阐释异同比较

宗教中国化，或从某种意义上来说的“外来宗教本土化”，是文明对话进程中，不同文明相互交融，相互促进的必要条件。外来宗教在传入之始，便面临着中国化的重大任务，同时也要随着社会的发展变迁不断地调整自身，如果宗教不能成为中华文明的有机组成部分，不能与时下社会相适应，必将为当前社会所淘汰。

---

① ［加］郑安德：《明末清初耶稣会思想文献汇编》第二册《天主实义》，2000 年版，第 154 页。

王岱舆与利玛窦所处时代虽然没有明确的“宗教中国化”认知，但是他们也深深明白如果不作出适应中国社会文化的调整，那么他们所信仰的宗教在中国便无法立足发展。但是在文化对话与思想阐释的方法和策略上，二者表现出了明显的差异。

王岱舆生活的时代，正是经堂教育与汉文译著活动发展深化之时。胡登洲开创的经堂教育中一方面教授伊斯兰教宗教知识，另一方面逐渐吸收中国传统文化精华，形成伊儒共通的局面，王岱舆是胡登洲开创经堂教育后的第六代传人。因此王岱舆继承了经堂教育伊儒并重的特点。就其成长经历，学术脉络而言，王岱舆是“融入中华文化、中华民族和中国社会”的。对于儒学的认识，他则一方面批判了理学中以理气为本的观点，又褒扬了儒学与其相通之处，至于著作中大量借用中国文化一些固有概念，尤其是佛道两家，王岱舆则并不以之为异类，仅认为是“悉属借用”，可见王岱舆对中国传统文化相当熟悉，而他所做的正是为了更好地阐释伊斯兰教的思想，实现伊斯兰教与中国文化的深度交融。在这种意义上说，王岱舆也实现了对中华文化和伊斯兰教文化的“双重认同”。

与之相比，利玛窦在融入和认同的深度上，较王岱舆就有所不足。利玛窦作为耶稣会传教士，1583 年 9 月 10 日利玛窦 31 岁时才进入中国内地。耶稣会在传教中奉行一种基督教人文主义的态度，即努力理解，深入调查，然后进行总结分析，制定适当的传教策略；耶稣会虽然目标有绝对性，其传教手段、策略却相当灵活，具有宽容性。① 由于利玛窦自身是一个意大利人，而他所受的教育和成长背景又是为了传教所做的准备，在这样的年纪才来到中国,那么他是否能够完全“融入中华文化、中华民族和中国社会”,这是需要仔细考量的。利玛窦自身也曾经说过：“事实上，问题是他们各有各的解释。而且还有很多荒唐的说法。因此我们认为在这本书中（《天主实义》），最好不要抨击他们所说的东西，而是把它说成和上帝概念相一致。这样我们在解释原作时就不必完全按照中国人的概念，而是顺从我们的概念。同时，为了不冒犯统治中国的士大夫，我们宁可对各种解释提出不同看法而不针对原理（太极）本身，如果到最后，他们终于理解太极是基本的、智力的和无限的物质原理，那么我们愿同意说这是上帝。”②

① 孙尚扬、[比] 钟鸣旦：《一八四零年前的中国基督教》，北京：学苑出版社，2004 年版，第 107 页。

② 孙尚扬：《利玛窦与徐光启》，北京：中国国际广播出版社，2009 年版，第 83 页。

这里进一步揭示出，利玛窦在关于中国文化的阐释上表现出更多"功利性"的实用主义色彩，一切都是为了传教而展开的，至于文化内核的东西是否得到正确理解，并不重要。以此来看，利玛窦是否真心认同"中国文化"，也是要存疑的。

王岱舆与利玛窦在阐释方面的异同，产生了不同的影响。王岱舆开创的"伊学为体，中学为用"的"以儒诠经"方式为后继者所继承，他的哲学思想也为后人所发展。而利玛窦虽然让天主教在中国内地生根发展，但是忽视"文化认同"的恶果却就此埋下，后来的"礼仪之争"与此不无关系。

（二）对当下的借鉴意义

宗教本土化或宗教中国化是文明对话的一种形式，任何一种外来宗教，只要踏上中华大地的那一刻，不管自觉或不自觉都要开始外来宗教中国化的历程，这是一个长期的过程，也注定是一个充满波折的过程。综上所述从王岱舆、利玛窦二人的作品和历史教训中，就文明对话视野下的宗教本土化可以总结出以下几点经验。

一是要坚持思想文化上的本土化立场。外来宗教想要在中国真正生根发芽，就必须立足于中国本土文化土壤，充分融入中华文化传统，没有对中华文化、中国社会、中华民族的认同，始终将自身作为"局外人"，那么这样的"蜻蜓点水"式的功夫难以真正打牢根基。

二是要坚持处境中的本土化立场。时代的车轮始终不以人的意志为导向而滚滚向前，面对时代日新月异的变化，任何一个宗教都应当掌握时代要求，跟上时代发展。因此要结合所处境遇，一方面要扎根中华传统文化深厚土壤，另一方面要能够学习新时代最新的文化成果，这样才能实现本土化进程中的与时俱进。

三是在本土化进程中要充分行使"文明交流互鉴"使者与桥梁作用。习近平总书记指出："2000 多年来，佛教、伊斯兰教、基督教等先后传入中国，中国音乐、绘画、文学等也不断吸纳外来文明的优长。""文明如水，润物无声。我们应该推动不同文明相互尊重、和谐共处，让文明交流互鉴成为增进各国人民友谊的桥梁、推动人类社会进步的动力、维护世界和平的纽带。我们应该从不同文明中寻求智慧、汲取营养，为人们提供精神支撑和心灵慰藉，携手解决人类共同面临的各种挑战。”① 宗教作为人类文明的重要载体，应当发挥着文明交流的使者作用，摒弃偏见和霸权思想，成为世界各国交流对话的使者，这也是本土化进程中必有的要素之一。

① 习近平:《文明交流互鉴是推动人类文明进步和世界和平发展的重要动力》,《前线》, 2019 年第 6 期，第 4–8 页。

明清以儒释耶的天主教上帝观

王　鹰①

内容提要： 明清以儒释耶的天主教上帝观，是天主教在华处境化的上帝观。该上帝观集中体现了明清天主教思想史之特征，表之为天主教一神信仰的排他性，始终贯穿于耶儒对话之中（超儒、排儒）。让我们清晰地看到西方中世纪的神学，是如何借用古希腊哲学，以其神学目的论割裂中国的道体论；以儒家礼制和儒家尚古之思，抨击"佛教传入中土的万物一体"（传教士对中国"万物一体"源头的曲解）；并通过"因性而超性"（合儒以超儒）的传教思路，反转了士大夫"师夷以制夷"，"汇通而超胜"的初心（以中超西的中华民族的自我认同），让士大夫最终认同了由天主、道、理、数、势构成的一个全新的形上、形下之分梳，上帝作为最终所以然者，被置于中华的"道""理"之上。

关键词： 上帝，道，太极，理，以儒释耶

Contextualization of Catholic View of God through Confucianism in Ming and Qing Dynasties

WANG Ying

Abstract: The Catholic view of God with the interpretation of Christianity in Confucianism in the Ming and Qing dynasties is the contextualization of Catholism in China. This view of God embodies the characteristics of Catholic ideological history in the Ming and Qing dynasties, and reflects the exclusivity of the Catholic monotheistic faith, which has always permeated

① 王鹰，中国社会科学院世界宗教研究所副研究员。

the dialogue between Catholic and Confucianism (ultra-Confucianism, anti-Confucianism). This makes us clearly see how Western medieval theology separates Chinese Tao with its theological teleology and the help from ancient Greek philosophy, and attacks “the unity of all things introduced by Buddhism into Middle-Earth”(the missionary’s misinterpretation of the origin of “the unity of all things” in China) with Confucian rites and ancient Confucian thinking; And through the missionary thought of “supernature by nature”(combining Confucianism to transcend Confucianism), the original intention of the scholar-officials of “master the other to suppress the other” and “integration and super-victory”(the self-identity of the Chinese nation over West) were reversed. So the scholar-officials finally agreed with a new division of “Beyond and Under Form” composed of God, Tao, Li (Idea), number, and potential with God as the ultimate cause, which is above Chinese “Tao” and “idea”.

Keywords: God, Tao, Tai Chi, Li(Idea), Interpretation of Christianity in Confucianism

明清天主教[①]传入中国的欧洲中世纪经院神学，是希伯来一神信仰和希腊哲学结合后，经由早期教父和中世纪神学家的哲学建构，呈现的体系庞大的“神学大全”。上帝观作为中世纪经院神学的最高义理，彰显着西方哲学史的本体论（ontology）问题意识，传递着以哲学为底色的西方神学独特的义理论证形式，是来华传教士以哲学—神学的目的论意识，通过教义互释、文化汇通判摄中国哲学的最初动机。

因此通过上帝观展开的明清耶儒对话，必依西方理性之哲思真理，步入天学之信仰真理，力证上帝与古儒一神信仰的若合符契，揭示宋明之“理”相对上帝之“爱”（此“爱”仿若先秦儒家道始于“情”的“情”），已缺乏灵明知觉（宋明之理与先秦之道的一个本质不同）；贬斥宋儒“实理”为“虚理、虚文”（因“理”已具有西方上帝的本体和属性的确切之论）；旁敲印度佛教“万物一体”（佛教与早期印度哲学的本质不同）。以天学一家独大之气象，纵贯中西道体—本体古今之流变，论衡中西文明最高问

① 因基督教一词在大陆学者的应用并不统一，这里说明本文所指基督教，是一般意义上的基督教，而不是特指基督教三大派别中的新教。

题（道、太极、上帝）之得失、高下。

一、上帝创世与万物一体

（一）天主教的至上神是儒家上古的“上帝”

从利玛窦开始，遵从利玛窦路线的明清传教士，就通过附和儒家上古的“上帝”信仰，以合儒的方式传递天学。从寻找古儒符合天学灵魂观和一神信仰的记载中，区别古儒和中儒、宋儒之不同[①]，“上古之儒”的“先儒”才是真儒，而“宋儒”作为“后儒”，则是“伪儒”“拘儒”或“俗儒”。“何谓先儒？信经不信传，论经不论小字者也；何谓后儒？信经亦信传，论经亦论小字者。”[②]

从宗教传承人类古代文明的特质而言，利玛窦通过强调古儒的“上帝”信仰与天主教之同，把握天学信仰的精神内核，此路径也许比罗明坚的以佛释耶，更为接近天学信仰的核心本质。因为佛教在印度本土抗衡婆罗门教一神信仰之时，已经在信仰反古的道路上，走得更远——重新建立了新的宗教认知结构——缘起性空理论。而天学则保有了古已有之的希伯来一神信仰的宗教特质。

同时，利玛窦附和古儒引入天学之“上帝”，此处境化之思既遵循了儒家从孔子以来的尚古、思古、追古的情怀，也是“上帝”这一术语被利玛窦对译天主教至上神“*Deus*”的缘起。只是以中华固有之观念和词语引入天学之一神信仰，此路径既成全了天主教早期的顺利发展，也埋下了后期译名之争和礼仪之争的伏笔。

（二）一神信仰及上帝创世

天主教的一神信仰，是天主教上帝观的重要特征。当传教士以“一身无二首”“一家无二长”“一国无二君”的逻辑，发展到“一天无二主”的结论，被中土辟耶的钟始声，从传教士惯用的自然理性逻辑反驳。同时，

---

① ［意］利玛窦著，［法］梅谦立注、谭杰校勘：《天主实义今注》，商务印书馆，2004年版，第175页。

② 孙璋（Alexander de la Charme, 1695–1767年，法国人）：《性理真诠》，转引自侯外庐主编：《中国思想通史》，北京：人民出版社，2004年版，第1212页。

钟始声还否定了上帝创世说，认为天主是与“神鬼人物并生”的。[①]

上帝创世关涉耶教宇宙始生之大义，又为中士不解之思，利玛窦等传教士，遂通过以下观点论证：包括“凡物不能自成”“物本不灵……莫不有安排之者”“众物所生形性，或受诸胎，或出诸卵，或发乎种，皆非由己制作也”。[②]

论证方式通常以自然理性传递上帝的普遍启示。“凡物不能自成”，从人类社会现象来看，首先房屋建筑的“楼台房屋不能自起，恒成于工匠之手”，人类的把玩之物“铜铸小球”，“月、星宿、山海万物备焉”，但是如无巧工铸之，铜球不能自成；从自然现象来看，“天地之体之大，昼夜旋行，日月扬光，辰宿布象，山生草木，海育鱼龙，潮水随月，都不能自成。”[③] 既然物不能自成，所以万物就是上帝创造的。

反教人士则以中国天命观的世界生成论，反击上帝创世说。如钟始声在《天学再征》中说：“工匠之成房屋也，必有命之成者。天主之成天地，孰命之耶？工匠成房屋，不能为房屋主；彼成天地者，又乌能为天地主乎？”[④]

钟始声和利玛窦，都以各自文化独特的道体—本体规范他者的世界观。以中土的天命观，钟始声认为在创世的天主之上，还需有命天主者；而利玛窦的神学思想，则认为天主就是西方那个最高的本体，是那个命万物的“天”的主。因此当然不需在天主之上，还有命天主的更高本体。这也是利玛窦从中土“天命之谓性”这一存有模式之下，赋予天主教最高存在“*Deus*”以“天主”译名的初衷。

（三）“万物一体”是谬语

1. 妄图与天主等同之万物是魔鬼

天主教的世界观，是从古希腊继承而来的二元对立的差别思维的极端化的产物。尽管经过奥古斯丁、阿奎那以亚里士多德的形式质料说的努力调和，上帝之国和尘世之别，肉体和灵魂的相对，依然是天主教神学的主

---

① 钟始声：《天学再征》，引自周岩编校：《明末清初天主教史文献新编》（下），北京：国家图书馆出版社，2013 年版，第 1975 页。

② ［意］利玛窦著，［法］梅谦立注、谭杰校勘：《天主实义今注》，第 82 页。

③ 同上。

④ 钟始声：《天学再征》，引自周岩编校：《明末清初天主教史》（下），第 1975 页。

要学说基础。

而中国的万物一体，提出道与万物是生成关系，即“道”在中国文化语境中，“不是一能生能造之实体”，但是万物的生长，却离不开“道”的“不塞不禁，畅开万物‘自生自济’之源之冲虚玄德。”①

从本体论的范畴而言，“道”在儒家、道家共同的经典《周易》，就是“太极”。“太极”在儒家宋明理学的周敦颐看来，是世界的本体；邵雍和陆九渊将太极归之于心，说“天地生于太极，太极就是吾心”；张载认为太极的本质是气；二程以“理”为本体，说太极是理。

在太极、道的作用之下，被畅开了自生自济之源的万物，虽无一物相肖，却是一体的。“万物一体”是中国文化的一个思想特征，它贯穿于中国哲学史的发展。“万物一体”是《老子》的“人法地、地法天、天法道、道法自然”（《老子·第二十五章》）；是《庄子》的“天地与我并生，万物与我为一（《庄子·齐物论》）”；是苏辙的“道与万物并偶”；是张载的“造化所成，无一物相肖者，以是知万物虽多，其实一物。”（《正蒙·太和》）真可谓“世间，一人也；古今，一理也”②。

“万物一体”思想为中国人所熟知，浸润于中国人的思维方式，却被传教士当作谬论。利玛窦认为：“这种教义肯定整个宇宙是由一种共同的物质所构成的，宇宙的创造者好像是有一个连续体（*corpus continuum*）的，与天地、人兽、树木以及四元素共存，而每桩个体事物都是这个连续体的一部分。他们根据物质的这种统一性而推论各个组成部分都应当团结相爱，而且人还可以变得和上帝一样，因为他被创造是和上帝合一的。”③

用西方天主教的逻辑衡量“万物一体”，认为“妄图”与上帝一体的万物，堪称魔鬼。如当中士提出儒家认为“天地万物”“本性皆善”“以为物有巨微，其性一体，则曰天主上帝，即在各物之内，而与物为一”。此实为宋明儒所熟知的“一物一太极”的阐发。西士则感到极为不妥，立即指出这是《圣经》中魔鬼的观点：“天主经有传：昔者天主化生天地，即化生诸神之汇。其间有一钜神，名谓辂齐拂儿，其视己如是灵明，便傲然曰：吾可谓与天

① 牟宗三：《中国哲学十九讲》，台湾：学生书局，1983 年，第 162 页。

② 徐梵澄：《〈薄伽梵歌〉南印度版译者序》，引自《徐梵澄文集》，上海三联书店：华东师范大学出版社，2006 年 2 月，第 4 册，第 10 页。

③ 利玛窦：《利玛窦中国札记》，利玛窦、金尼阁著，何高济、王遵仲、李申译，何兆武校，北京：中华书局，2012 年 5 月版，第 101、102 页。

主同等矣！天主怒而并其从者数万神变为魔鬼，降置之于地狱。自是天地间始有魔鬼，有地狱矣。夫语‘物与造物者同’，乃辂齐拂儿鬼傲语，孰敢述之欤？”①

因在天主教看来，上帝是完美的，人作为上帝的被造物，相对上帝来说，是不完美的。人的不完美，体现在人的善的缺乏，和人的自由意志所引发的原罪和各种罪恶。这形成了全善的上帝和善的缺乏的人之间，一条不可僭越的鸿沟。因此人神关系的建立只能从神到人，而从人到神只能是此路不通。由此而论，傲然与天主等同的被造物，必然为魔鬼。

在对待“万物一体”的态度上，龙华民在其《论中国宗教的若干问题》中，做了进一步的阐发：“‘万物一体’是中国儒、道、佛三家共有的思想（‘万物一体，这是文人、巫师和僧侣三大教派的共同准则’）；‘万物一体’和古希腊类似的‘异教’思想是一致的（‘我们可以看到希腊的古代哲学家，以及中国人所持的三家在“万物一体”的观点上的解释，都是一致的’），（‘都来源于琐罗亚斯德教，以及迦勒底的王子’）。”②

通过利玛窦和龙华民，这两位先后担任明清天主教中国教区领导人的观察，万物一体作为区别西方天主教创世文明的中华异质文化形态，已被归为中西文明于明清时期的一个重大思想分歧。不过若以孔子的“畏天命”究天人之际，此天人界限与宋儒的万物一体有异，与天学则趋同。

2.“灵人”由天主所生，物则“无灵”

此外，天主教在人和物之间的划分，亦是割裂中国万物一体之思的一个思想源头。在中国先秦儒道各家的经典中，人生的理想是修己成德，成圣人、贤人、大人、至人。成德得道的大人、至人，与天地、日月、四时、鬼神，都是相感应通的。如《易经》所载的大人、《黄帝内经·上古天真论》的贤人，是“法则天地，象似日月，辨列星辰，逆从阴阳，分别四时，将从上古合同于道，亦可使益寿而有极时”③。

而天主教横空出世的上帝，在赋予人以“明悟之灵”的同时，也在人和物之间，划一道天河，做一尊卑之别。如传教士郭纳爵说因物（其中包括天、日、月、星）无灵，故卑贱，无法生草，更不能生人；我“灵人”仅由天

---

① [意]利玛窦著，[法]梅谦立注，谭杰校勘：《天主实义今注》，第 131、132 页。

② 李天纲：《龙华民对中国宗教本质的论述及其影响》，《学术月刊》，2017 年 5 月。

③ 《黄帝内经·素问》（上），北京：人民卫生出版社，2015 年版，第 10、11 页。

主所生。①

这是在西方文化背景下，哲思和信仰结合后所形成的具有天主教特色的神学思想，与《圣经》传统和希腊哲学的结合相关。《圣经》规定人是按照上帝的形象所造，而物不是。希腊哲学的引入，又将灵魂与上帝的形象紧密联系，而万物分有的上帝理智的灵魂，又有多少之别。

3.“万物一体”为佛教谬论，违逆儒家礼制

礼制是中国封建社会的统治基础。中国历代帝王资以治理的史书《资治通鉴》，开篇即说“……天子之职莫大于礼，礼莫大于分，分莫大于名”②。指出作为王朝统治者的天子，他重要的职分就是维护礼制，规范社会各阶层的关系，以实现“天子统三公，三公率诸侯，诸侯制卿大夫，卿大夫治士庶人”，维护好国家之树的心腹和枝叶的相生相长。③中国的礼制正如柏拉图《理想国》中金银铜铁四个社会阶层，和印度的四种姓，是君王统治的社会基础。认为没有礼这个纪纲，中华几千年的封建统治就不存在了。

以利玛窦为首的西方传教士，通过对中国社会的观察，已经深谙礼制之于中国人思想观念的根深蒂固。他们在否定“万物一体”的时候，通过类比儒家礼制制度下，士庶人不可能僭越天子的社会等级规范，说明民是不可与上帝比肩、为一的。④

传教士还发现以儒家修德成圣之历史观，周孔先圣与其后的封建社会的历代帝王，于修德和教化之功上，不可同日而语。传教士遂利用儒家崇古非今的差别思想，儒家史观从古到今的先圣后帝之别，认为以此来看，中国人不可能无差别地承认万物一体之思，即如果承认万物一体思想，就是等同周孔与后帝，这有违古儒周孔先圣地位的不可超越性。⑤以此为据，传教士将万物一体的错误思想，归根于佛教，说世人是受了佛教的蛊惑，

① 郑安德编校：《明末清初耶稣会思想文献汇编》第2卷第21册，北京大学宗教研究所，2003年版，第395页。

② 《资治通鉴》卷第一，威烈王二十三年戊寅（前四〇三）。北京：中华书局，2016年标点本，第1册，第2页。

③ 同上。

④ 参见[意]利玛窦著，[法]梅谦立注，谭杰校勘：《天主实义今注》，第132页。

⑤ 同上。

才有此“万物一体”之谬论。[①] 传教士此论之目的，无非是以儒家之矛，攻佛教之盾，在否定中国万物一体思想的同时，还实现了以儒攻佛的策略。

4. 德基于修身，成于事上帝

传教士对“万物一体”的否定，究其根源是该理论与天主教神学“上帝观”的人神关系定位，有本质的差异。天主徒以上帝为中心论说上帝是一个影响了整个宇宙的超越的智识，上帝包容了意志力、智慧和所有超越的人格。上帝“位格”的存在使人相对于上帝而言丧失了自信力，人是有限的，上帝是无限的。而大乘佛教诸法性空、万物同理的教义，让某些自认为已经悟道的僧人，感到自己已经与佛同格，即使呵佛骂祖，也并不存在亵渎神灵问题。

因此当谈到耶佛之德行时，即使中士认为佛教的贵身尊德，并不逊于上帝[②]，传教士们对佛教徒的德行也是不认可的。因为佛教徒的与佛同格，是“一养傲于心，百行皆败焉……心无谦而积德，如对风堆沙”[③]。

为达到和儒易佛的效果，西士还进一步指出儒家和佛教不同，因为儒家“圣人崇谦让”，“圣人不敢居圣”。[④]

二、上帝与太极、理

“太极”作为中华文化解释世界本原的哲学范畴，发展到宋明儒学，主要有四种解读方式。一是继先秦对“道”的理解，专注宇宙大化流行，生成变化的过程。此说亦贯穿宋明儒学其他三种太极说。另三种对太极的理解，则具宋明儒之特色，一为以“理”解太极，一为以“气”解太极，一为以“心”解太极。当然从《中庸》之一系的天道下贯的进路，以道解、以理解、和以气解，均有从本体出发之同。而以心解太极，亦是从孟子仁义礼智心之四端发出的心和天道的遥契。因此可以说，宋明儒这四种太极说，在没有脱离中国哲学的历史脉络和整体框架的思路下，发展出基于宋明之时代性的天道观，它通过中西道体本体的切磋、论衡而筋骨毕现。

西士艾儒略的《三山论学记》，说天主教是唯一宗教真理，因为至尊

---

① 参见［意］利玛窦著，［法］梅谦立注，谭杰校勘：《天主实义今注》，商务印书馆，2014 年 6 月版，第 132 页。

② 同上，第 132、133 页。

③ 同上。

④ 同上，第 134 页。

原无二主，至道原无二理，人心尤不可有二向。既然真理无二，就要说明为何天主教是我们唯一可信仰对象。在上帝与太极的比较中，艾儒略以天主教上帝观为支撑，从三个方面否定了太极："太极没有灵明知觉的位格"；"太极不能造化万有"；"太极囿于物，不能为天地主"。[①]

（一）太极是没有灵明知觉的位格

首先，艾儒略把"太极"限定为宋明理学之理气，并否定之："太极之说，总不外理气二字，未尝言其为有灵明知觉也。既无灵明知觉，则何以主宰万化。"[②] 天学说上帝为有灵觉者，因此所生之物也有灵觉，即"灵觉为有灵觉者所生"，理没有灵觉所以不能生物。[③]

艾儒略所说的上帝的"灵明知觉"，离不开上帝的位格。"位格"在古希腊语里的含义是面具。在舞台上表演的演员，会根据不同场景的需要戴着不同的面具，以扮演不同的角色。基督教三位一体的位格，就有这一含义。上帝通过父子灵不同的面目出现，与人发生沟通和交流。"我们若要用一个字来表明上帝无限量的位格和性质，比较适当的就是新约中所屡见的'爱'字。"[④]

天主教上帝灵明知觉爱的感通，在上帝为救赎人类的罪而被钉死在十字架上达到高潮。多元统一、互居相融的父子灵三位一体的上帝，通过圣子道成肉身能动地临现人间，经过基督在十字架上受难，受苦的上帝实现了对人类的无私奉献和救赎之爱，流溢在上帝三位格间的爱下贯至人间，上帝和人的纵向关系，人与人、人与万物的横向关系，在上帝爱的感通下达到爱的共鸣和爱的交流，从此，人与上帝重新建立新的沟通，并再次获得上帝的形象，返回爱的天国。

以艾儒略之思，天主教以爱来统一父子灵和万物关系的神学逻辑，离不开有灵明知觉的上帝。而宋儒的理气、太极，则缺乏此生动之灵明知觉。

艾儒略的这一判断，是局限于"太极"的宋明理学之说，而没有从中华几千年哲学发展史的广角，论说"太极"哲学内涵的演变。"在中国哲

---

① 艾儒略：《三山论学纪》，吴相湘主编：《天主教东传文献续编》（一），台湾：学生书局，1966 年版，第 444–445 页。

② 同上，第 444 页。

③ ［意］利玛窦著，梅谦立注、谭杰校勘：《天主实义今注》，第 97 页。

④ 艾香德：《宗教比教学》（中卷），第 5 页。

学史上，‘太极’这一范畴是成书于战国末年的《易传》第一次提出来的。”①《易传》对太极的描述，与先秦对道、太一的论说一样，更加关注宇宙大化流行的过程。

而人之通道之情，也是天道得以彰显的途径。郭店楚简出土的先秦文献《性自命出》四句偈：“性自命出，命自天降，情生于性，道始于情”，天、命、性、情、道是一以贯通的，其中的“道始于情”，就在谈人与天道相应要通过情，这是七情六欲在道的妙用。②《易经》中通道的大人，是可与天地合其德，与日月合其明，与四时合其序，与鬼神合其吉凶(《周易·乾·文言》）。如若中国的太极、天道没有灵明知觉，大人又如何与其合德？

“太极”的哲学内涵，于宋元明清时期通过理学思潮的兴起得到进一步发展。各家在注《易》的形式下，对“太极”进行了广泛的探索，把对太极的认知推向一个新的高峰。“如果说，唐以前的哲学家，主要是把太极视作一个实体概念的话，那么这一历史时期则是把它看成实体概念和属性概念相统一的最高哲学范畴。把太极规定为实有而非物、本无而不空的实体，是对以往哲学思辨的理论总结，表示他们力图克服道家、玄学、佛学本体论‘陷于空寂’的理论局限，又要力图克服朴素唯物论者把太极视为普通一物的直观性。正如朱熹所说：不言‘无极’，则太极同于一物，而不足为万化之根：不言太极，则‘无极’沦于空寂，而不能为万物之根。”而周敦颐的《太极图说》，又把老庄的无极和《易传》的太极两个概念统一起来。③

因此“太极”这一范畴延展至宋明理学的“理”与“气”，成为宋儒诠释世界本原的重要哲学概念。仅从理气来看，朱熹之形上本体，与天主教上帝相比，仿佛确无艾儒略所说之“灵明知觉”。因先秦一贯之天、命、性、情、道，经荀子的性恶论，至董仲舒的性善情恶说，至朱子已分有形上之理气与形下之性情。④

不过朱子之理气，不可囊括贯穿华夏文明哲学历程的本体范畴“太极”之全意。而且即便在朝堂之上，被士大夫们从“太极”过滤掉的灵明，却可以持续活跃于民间的世俗信仰中，支撑天下人心与鬼神、天道的感通交融。

---

① 葛荣晋：《中国哲学范畴史》，哈尔滨：黑龙江人民出版社，1987年版，第39页。

② 参见徐达斯：《世界文明孤独史》，北京：作家出版社，2019年，下卷第693–702页。

③ 参见葛荣晋：《中国哲学范畴史》，第42–43页。

④ 参见赵法生：《儒家一本论的形成与转进》，《传统与现代》，2021年第5期。

（二）“太极不能造化万有”

上帝创世的创生文化，被来华传教士作为西方优势文明俯视儒家的太极说。如艾儒略提出上帝胜于太极。他说万物乃上帝造化，太极不能造化万有。①

这是传教士针对儒家关注个体生命伦理教化之功，不妄言天道超越性的学说特点，而以天主教丰富的上帝观的神学建构，试图格义儒家宇宙生成论的尝试。只是天主教上帝观的丰富性，中西在道体、本体的“生成”和“造作”之殊异，不能说明儒家的天道不具有超越性和人格性，即儒家所论之道体，也是可以超万物、成万物的。

（三）太极囿于物

为了证明天学上帝超越于理，传教士不仅公然反对朱熹的“天即理”“天命者，天所赋之正理也”，周敦颐的“理为物之源”等观点，还说朱子的“理卑于人，理为物，而非物为理也”，理是中世纪的“形性”之理，而天主则是“超性”的。②

在这一思路下，艾儒略说太极其谬三是儒者说“物物各具一太极，则太极岂非物之元质，与物同体者乎？既与物同体，则囿于物，而不得为天地主矣。所以贵邦言翼翼昭事，亦未尝言事太极也”③。

这一争论，不仅涉及西方本体论对中国道体论的判摄，还与中西形上形下的哲思建构相关。

首先，中国的“道”，不仅具有形上的超越性，道亦可感通万物，具有至极微细、遍漫通达的属性。

其次，从天主教言形上形下之贯通，是自上而下的道可弘人；儒家则多了一层由下而上的“人能弘道”，即立足于人的生命，以人的主体性向外的充弘。儒家“仁、智、圣”的向外感通，即是倚赖人之内心道德感的层层向外感通，同时理（太极）亦包藏层层向外感通之内。因此儒家以人之生命为主体的践仁功夫，不单包含内心道德活动，亦包含“太极”“理”

---

① 吴相湘主编：《天主教东传文献续编》（一），台湾学生书局，1966 年版，第 444 页。

② [意] 利玛窦著，梅谦立注、谭杰校勘：《天主实义今注》，第 97 页。

③ 艾儒略：《三山论学纪》，吴相湘主编：《天主教东传文献续编》（一），第 444 页。

的观念。[①]

儒家这一进路发展至陆九渊,太极被归之于心,认为"天地生于太极""太极即是吾心""万物森然于方寸之间,满心而发,充塞宇宙,无非此理"[②]。这不同于朱熹从最高本体论太极的绝对性，而是从"心即理"外别无朱熹所说之无极之"理"，相对而出的哲学范畴。

朱陆之争从《老子》之"道"论起，自然明了。《老子》说"道生一，一生二，二生三，三生万物"，说"道生一"，说"道"是一，不是说从道另生出一物叫"一"。就数而言,一一累而增之，可无尽；一一分而减之，亦无穷。无穷无尽，即无极。合而言之，宇宙一太极也；分而观之，一物一太极也。后儒立一"无极"与"太极"对，而思想就凝滞了。陆九渊不服朱熹，朱熹也不满足陆九渊的说法，其实症结就在于此。[③]

而艾儒略先驳朱熹"缺乏灵明知觉"之太极，后驳陆王"囿于物之太极"，实看到儒家发展至宋明，理的超越的遥契，与心的内在的遥契，这两条超越者与人的关系自上而下,自下而上的圆道周流,在宋明已教统一裂,各自为师。而上帝创世神学史观的切入,意欲彻底斩断从"太极"而"无极",从"无极"而"太极"的圆道周流、三极一贯。

三、理气之辨

（一）理气与上帝和亚里士多德的形式质料说

儒学发展到宋儒,理作为万物的本源,具有了本体的意义和永恒的特性,成为中国哲学的概念范畴中，既与"天主"相斥（龙华民的理解），亦为中西汇通之容器（孙璋的汇通）。

"龙华民利用《性理大全》辑录的各家注疏，一段段地比较，全面讨论了朱熹学说，他认为：朱熹用物质性的'理气'，造出了这个物质的世界，而不是承认'天主'在物质之上的'创造'（Creature）之功。"[④]

清朝传教士孙璋则以亚里士多德的形式质料说解读朱熹的"理""气"二本。

---

① 参见牟宗三：《中国哲学的特质》，上海：世纪出版集团，2008 年 5 月，第 37–38 页。

② （宋）陆九渊：《陆九渊集》，钟哲点校，中华书局，1980 年版，第 423 页。

③ 徐梵澄：《老子臆解》，《徐梵澄文集》，第 321–322 页。

④ 李天纲：《龙华民对中国宗教本质的论述及其影响》，《学术月刊》，2017 年 5 月。

亚里士多德的四因说作为对古希腊各种本原学说的一种理论概括，包括形式因、质料因、动力因和目的因。由于亚里士多德认为在自然物中，动力因和目的因都可以归为形式因，这三因其实是可以合一的，因此“四因”也可以归结为形式因和质料因这两个最基本的原因。作为构成事物存在的质料，必须有其形式。而事物的形式和质料又是相对的，有些低一级事物的形式，是高一级事物的质料。按照形式质料这一等级差别的划分，孙璋认为朱子理气二本之“气”，即阴阳二气，是万物“受象成形之材料”。相对于气，理是高于“气”的“形式因”和“目的因”，但是理显然不是最终的形式因，因为“气与理二者兼备一物之中”，以此构成物类之本体，即“物之性”。[①]而我们知道，在天主教神学中，上帝是超越的最终的形式因和目的因。

由于“理”在朱熹的学说，已有本体和属性的确切之论，这异于《易传》的“太极”只关注世界的生成，而没有规定太极是什么。不过这种变化，不影响从大的传统结构来说，理的华夏文明的生成论之思，这和《圣经》的上帝创世，当属明清时期中西解答形上本体和万物关系的两种世界观。四因说作为证明上帝存在的哲学逻辑，在规范儒家理气的过程中，自然会指向目的因天主教上帝，也即上帝就是站在中西义理汇通背后的隐藏的终极实在。因此孙璋在承认了理气的“物之性”基础上，又通过四因说，将理作为上帝形式之质料。[②]

可见孙璋和龙华民的根本观点并无二致。龙华民通过一针见血地指出中西哲学之异，将理气归于“物性”，而利玛窦、孙璋等人则通过西哲的逻辑思辨论证上帝的超性。

总之传教士在上帝和理的关系上，无论是主张文化适应的，还是主张排他论的，从根本来说，都在强调彼此之异。这也是以天主教上帝观为对话焦点，所必经的归化他者宇宙起源说的超越之路。其最终目的，无非置宋明儒学的理气二本，于天主教上帝“工师”之下。

其实当对话者的焦点改变，不以传教为旨归，双方“上帝观”之内涵也可同大于异，因细读《创世记》第一、二章就会发现，与其说经文旨在描述世界之起源，不如说最想表达的是上帝与他创造的世界以及人的紧密

① 孙璋：《性理真诠》（撰于乾隆十八年），上海慈母堂活版，光绪十五年冬月，第4页。

② 同上。

关系。[①]

（二）将宋明实理归为虚理、虚文

传教士否定中国儒释道的道学范畴，还有一个进路，是先否定佛道的玄虚，提倡舍虚尚实的实学。再把宋明实理通过西哲的“所以然”之说[②]破实为虚，称其为和佛老一样的“俗儒”：

如卫方济在《人罪至重》中，概述了其时俗儒—宋明儒的几种道体论，提出他们的本体“天地”“理”“气”皆不能自有，以此推断在他们之先必有他有，这个他有是“天地”“理”“气”的“所以然”，是“万物太初之根本”。相对这个“根本”（天主教的上帝），则“俗儒”所谓的“万物之大本”的道体，终被归于“虚理虚文”。[③]

四、士大夫的上帝观

（一）从“如券斯合”到畏天而希天

天主教三大柱石之一的李之藻，“谓其（天主教）于知天、事天大旨，与经传所纪，如券斯合者。”[④]此为文化求同之思，亦为文化对话必经之阶段。士大夫们还以“去私意”“主敬存诚”“戒慎恐惧”等法，诠释了上帝的超越性、位格，以及人神之间的界限。

明末著名士大夫冯应京，在“去私意”“主敬存诚”“戒慎恐惧”相关义理的汇通，堪称经典。冯应京是一位忠良正直的贤臣，曾为了百姓的福祉，力战贪官陈奉。他与利玛窦结交后，深受天主教思想的影响，为利玛窦作序时，慨言上帝：“对越上帝，物感一交，吾神应之。”[⑤]

冯应京所认知的上帝，有其超越性和位格。上帝的超越性，是相对人之私欲昭然自存的。我们知道，人心犹如一面镜子，镜面尘垢愈多愈不能

---

① 参见许志伟：《基督教神学思想导论》，北京：中国社会科学出版社，2001年，第52页。

② 卫方济：《人罪至重》，引自侯外庐主编《中国思想通史》，北京：人民出版社，2004年版，第1217页。

③ 卫方济：《人罪至重》，转引自朱谦之：《中国哲学对于欧洲的影响》，福建人民出版社，1985年版，第151页。

④ 刘凝：《原本论》，郑安德编校：《明末清初耶稣会思想文献汇编》第3卷第33册，北京大学宗教研究所，2003年版，第417页。

⑤ 冯应京编：《皇名经世实用编》卷一，第2页。

照明，无法与上帝“物感一交”，难以“昭然独照”。故需“去”掉，诚如阳明所说“去私意，存天理”，冯应京的“不便我私”，这是上法。其次还有一法“主敬存诚”，一法“戒慎恐惧”，三法亦相通。如王徵说“真爱人主者，必由畏起敬，由敬起爱”①。应京亦说“主敬存诚”，才可实现“吾神应之”，而后“孰为正行，孰为邪径，昭然独照”，正者因而无私，邪者不敢欲也，从而实现尧之康衢善治。应京亦言：“畏之一字，万事帝王心法也。”也即天主教所宣扬人神之间的界限。

冯氏之上帝观，不仅有王徵上帝观的畏上帝、敬上帝，即儒家去私意、主敬存诚的内圣之德，还有儒家溯源上古善治的外王之道。而可“物感一交”的上帝，也有“吾神应之”的位格。

（二）补儒以“统一夫道学之宗”

明末思想界开始反省社会浮华之风气，鞭挞佛老玄虚之学风。传教士以此为契机，应和这一思想潮流，提出天主教补儒易佛的策略，通过推崇古儒，贬斥宋明理学（其已被佛老侵蚀）和佛老思想，以利于西学作为实学，被接受和传播。清初汉学的兴起，也是提倡实学、经世致用之学的社会文化改革的延续。这恰似中国的文艺复兴，学者开始返回古儒经典，寻找思想的根源和真义，而忽略宋明儒的经典注解。小学功夫古文字学、音韵学、六书学等蔚然兴起。刘凝即是清初著名的小学专家，《四库全书总目提要》评价其“引证颇古”，可惜“考核未精”“穿凿尤甚”“书于三礼之学颇勤。亦闲能致力于汉魏诸书，而喜新好异，故持论往往不确焉。”②

刘凝认为天学有补儒之功效，“但降生在孔孟之后，孔孟即不得而见之，无由取征于圣贤之言。即降生在程朱之前，程朱亦不及闻之，无以统一夫道学之宗。逮泰西儒者，孤从入中国，奉一尊为主宰，阐千圣之绝学，诚斯道之大幸也。无奈胶固理气之旧执，拘牵耳目之近观，谓西儒别树帜于孔孟之外。不知孔孟之实学真传，匪西儒曷由昭揭于中天？”③

此言以中华史观为背景，说明为何天学未为孔孟先圣所征引（降生孔孟之后），程朱亦未闻（未及）。试图通过以神学史观接续孔孟之学，达

---

① 宋伯胤编著：《明泾阳王徵先生年谱》（增订本），陕西师范大学出版社，2004年版，第139页。

② 清纪昀：《四库全书总目提要》卷25《稽礼辨论》，《景印文渊阁四库全书》第1册，第511、512页，台湾商务印书馆股份有限公司，2008年。

③ 刘凝：《原本论》，郑安德编校：《明末清初耶稣会思想文献汇编》第3卷第33册，第417页。

至以返古为名由，奉天主为统一道学之宗。

（三）上帝为超越“道”“理”的终极所以然者

天主教的上帝观，以能所关系表之，是“证所不证能，泯能而归所”①。徐光启认为天主教的上帝是那个最终所以然者，从而将中国形而上命题“道”“理”，置于天主教的最高神“天主”之下。他说：“当然者，道也。不得不然者，理也。必然者，数也。自然者，势也。所以然者，道与理、数与势之原也。所以然之所以然者，在理道之上，是为天主。”②这是由天主、道、理、数、势构成的一个全新的形上、形下的分梳，与宋儒的理气、陆王心学的哲学建构之根本不同，在于引入一“所以然之所以然”的天主，中国之道、理，于光启看来，虽仍属形而下“数与势”之所以然，但在道、理之上，又多了一层所以然的上帝，说明传教士在中国本原概念道与理之上，成功地引入了他们超越的上帝，并得到徐光启等士大夫的认同。

显然徐光启接受的传教士的上帝观，与他接触西方科学时提出的“汇通而超胜”的初心，有本质的区别：超胜的对象发生了反转，以中超西的中华民族的自我认同，反被“天主”之宗教信仰对象上帝，超胜了我中华之“道”和“理”。

五、结语

明清天主教上帝观的以儒释耶，意外地开显了文明相遇的重要意涵——中西印思想史古今义理之呈现、会通。于中华思想史之道问，是明清儒家太极之迷局的昭然若揭——从先秦一本论的天、命、性、情、道的贯通无碍，七情六欲在“道始于情”的妙用，到程朱、陆王无极、太极之相对与凝滞。而理作为中华文明具有形而上意义的哲学概念，发展至宋明儒学，已有本体和属性的确切之论。

中西义理通过天主教神学的互证，凸显了天学以哲学—神学的目的论意识，割裂华夏道体论、“万物一体”之造作。其间传来的亚里士多德四因说、灵魂观的千年回响，亦彰显了《圣经》传统和希腊哲学在西方结合后，天主教教义的理性和信仰的双重真理建构。

---

① 牟宗三：《中国哲学的特质》，第 43 页。

② 刘凝：《原本论》，郑安德编校：《明末清初耶稣会思想文献汇编》第 3 卷第 33 册，第 417。

传教士易佛以合儒之策略，关涉了印度文明道体学的核心要义。西印上帝观之比堪于印度文化之昭示，是佛教的人与佛同格之思（大乘佛教讲“诸法性空、万物同理”），被天主教斥为“养傲于心”。而佛教这一人佛定位，与印度古代婆罗门教强调以薄伽梵为中心的人神关系，亦存在本质差异。

对立面上的“乔宾”

——《新大西岛》对弥赛亚主义与千禧年主义的批判[①]

马 楠[②]

内容提要：弗朗西斯·培根在其乌托邦小说《新大西岛》中塑造了一个犹太人形象——乔宾。他所代表的犹太群体之所以存在于这个以基督教占绝对领导地位的理想国度，并非像很多人认为的那样是培根宗教宽容思想的体现，而是被用来作为区分和合法化他自己所畅想的完美社会、宗教和自然秩序的一种手段。弥赛亚主义是犹太教对弥赛亚的一种信仰，他们相信末日之前上帝会派遣救世主解救以色列人。与此类似的是 17 世纪英国盛行的千禧年主义。然而对于培根所在的圣公会和绝大多数“主流派”来说，这是两种极其危险的错误思想。培根在文中直接或间接地批判了乔宾和他所持的弥赛亚主义思想以及与此相类似的基督教千禧年主义。据此，培根笔下的犹太人乔宾及其所在的社区是被放在对立面上的，他们代表了一个顽固的后基督教犹太残余，同时也是“理想社会”的潜在威胁。

关键词：弗朗西斯·培根，《新大西岛》，乔宾，弥赛亚主义，千禧年主义

---

① 教育部人文社会科学重点研究基地重大项目“犹太教与基督教关系的历史与现实研究”（项目编号：16JJD730002）。

② 马楠，山东大学犹太教与跨宗教研究中心博士研究生。

Joabin on the Opposite Side: A Critique of Messianism and Millenarianism in The New Atlantis

MA Nan

Abstract: Francis Bacon created a Jewish character named Joabin in his utopian novel The New Atlantis. Many people believed that Joabin's presence in the Christian-dominated ideal society reflected Bacon's religious tolerance. However, this was not the case. The existence of the Jewish group was a way to separate and legalize Bacon's ideal society, religion and natural order. In the story, Bacon directly or indirectly criticized Joabin and his Messianism and the Christian Millennialism, which was similar to Messianism. For the Anglican Church that Bacon committed to and for the vast majority of the traditional Christian denominations, these were two extremely dangerous misconceptions. Accordingly, Jobin the Jew and his Jewish communities were placed on the opposite side, representing a stubborn post-Christian Jewish remnant as well as a potential threat to the “ideal society”.

Keywords: Francis Bacon, The New Atlantis, Joabin, Messianism, Millennialism

英国哲学家弗朗西斯·培根（Francis Bacon，1561–1626）在其于17世纪创作的《新大西岛》中描绘了一个他眼中的理想世界——本色列（Bensalem）。人们大多认为该篇小故事表达了培根对科学与知识的崇尚，对科技至上社会的向往，而忽略了其中的宗教元素。实际上，培根是一名虔诚的圣公会教徒，他的乌托邦社会以上帝为最高领导，充斥着丰富的宗教元素，表达了其自身的宗教观点。他认为世俗社会利用科技的方法来研究上帝的创造物，也就是自然，其最终的目的是荣耀上帝。在此故事中，一名叫乔宾（Joabin）的犹太人十分引人注目。他的名字似乎是以《旧约》中约押（Joab）的名字而命名的。读者对这个乌托邦社会的了解，很大一部分都出自乔宾之口。一些人认为，培根对乔宾以及其所代表的犹太社区的描绘表达了他对一个宗教宽容世界的向往，并将其作为17世纪英国提倡宗教宽容的典范。[①] 然而，乔宾所影射的《圣经》人物带有一定的负面色彩，同时他的话语又让人感到十分困惑，例如，虽然他生活在这样一个基督教占绝对统治地位的国度，他承认耶稣是处女所生，但他仍保留着犹太教对弥赛亚的期盼，这一思想在当时是非常危险的，可以被归为一种错误的宗教信仰，与同时期非常流行的异端末世论信仰—千禧年主义一样，是培根所希望复兴的乌托邦社会中的巨大潜在威胁。因此，《新大西岛》中的乔宾及其所在的社区是被放在对立面上的，他们代表了一个顽固的后基督教犹太残余，同时也是“理想社会”的潜在威胁。通过对乔宾这一角色的解读，对其所持有的弥赛亚主义与基督教千禧年主义的对比，既可看出培根设置该角色的真正用意，也影射了 17 世纪英国复杂且多变的犹太教与基督教关系，同时还揭示出当时，甚至是当代两教论争的一个重要问题，即弥赛亚的问题。

一、理想世界——本色列与培根的宗教观

《新大西岛》完成于1623年，篇幅极短，仅有一万余字，出版于1627年，即培根身故后的第二年。主要讲述了迷失方向的欧洲航海者们在饥寒交迫之际，奇迹般地进入了一个精通科学且几近完美的岛国——本色列。该国的民众看起来善良有爱，富于人道主义，其物质财富极大丰富，科技水平极其高超，更重要的是，这是一个基督教占绝对统治地位的国度。航海者们同样是基督徒，受上帝的指引来到了这个神秘国度，有着一种救赎的意味。上帝曾对本色列降下神迹，于海上赐予《圣经》。本色列有一个叫“所罗门之宫”，有时也叫“六日大学”的神秘机构：“它是一个教团，一个公会，是世界上一个最崇高的组织，也是这个国家的指路明灯。它专门为研究上帝所创造的自然和人类而建立的”。[②] 所罗门宫的成员会定期到世界各地学习先进的科学、艺术、创造和发明等，他们这样做是为了上帝首先创造出来的东西，那就是“光”，他们要得到世界各个地方所产生的“光”，通过钻研“光”来荣耀上帝。

因培根在科学与哲学改革方面做出的突出贡献，很多人将其归为无神

① Claire Jowitt, “‘Books will speak plain’? Colonialism, Jewishness and politics in Bacon’s New Atlantis”, *Francis Bacon’s the New Atlantis:New Interdisciplinary Essays*, Bronwen Price, ed., Manchester and New York: Manchester University Press, 2002, pp.129–155.

② [英]弗朗西斯·培根：《新大西岛》，何新译，北京：商务印书馆，1959 年，第 1 版，第 17 页。

论者，或者认为他对宗教的宽容是一种迂回战术，仅是为了应对时代的压力。然而培根在《论无神论》一文中开宗明义地表明了自己对上帝，即宇宙最高主宰的存在的笃信：“我宁愿相信《金传》，《塔木德》及《古兰经》中的一切语言，而不愿相信这宇宙的体构是没有一个主宰的精神的。同时，上帝从没有创造奇迹以服无神论，因为神所造的日常的一切就足以驳倒无神论了。”[①]《培根传》的作者罗莱博士[②]也明确地肯定了培根虔诚的宗教信仰。[③]而培根所描绘的乌托邦世界也是以上帝为最高前提与指向的。就像费尔巴哈所说：“培根是从对神的祈祷开始自己的改革的。”[④]由此，作为培根心中的理想世界，《新大西岛》不仅是其科技与政治思想的集大成者，更是表明了培根最根本的宗教观。

首先，自然是联系上帝的媒介。培根在《论学术的进展》中指出，上帝把两卷书摆在人类面前，让我们学习，使我们免于错。第一本是《圣经》，第二本是表现上帝力量的受造之物，即自然万物。而万物正是《圣经》的钥匙。[⑤]在培根看来，要摆脱人类始祖自作聪明的罪恶，要勤恳地发现上帝在一切事物上的标记，也就是要事物顺应天性，要在上帝“自然之书”中寻求物性。[⑥]其次，哲学是接近上帝的方式。培根认为“一点点儿哲学使人倾向于无神论，这是真的；但是深究哲理，使人心又转回到宗教去。因为当一个人的精神专注于许多不想连贯的次因时，那精神也许有时会停留在这些次因之中而不再前进；但当他看见那一串次因相联系的时候，他就不能不飞向天与神了”[⑦]。浅薄的哲学与知识可以使人远离宗教，因为他们将这些内容作为世界的全部而孤立了起来，无视其他存在，但更深入

---

① 详见［英］弗朗西斯·培根：《论无神论》，载《培根论说文集》，水同天译，北京：商务印书馆，1996年，第57页。

② 威廉·罗莱（William Rawley, 约1588–1667）是培根的秘书兼牧师，他对培根在宗教信仰方面所作的评价，应该是全面且中肯的。

③ William Rawley, “Life of the Right Honourable Francis Bacon, Baron of Verulam”, *The Works of Francis Bacon*, Vol–1, James Spedding, ed., London: Spottiswoode and Co., 1889, p.14.

④ ［德］路德维希·费尔巴哈：《费尔巴哈哲学史著作选（第一卷）》，涂纪亮译，北京：商务印书馆，1978年1月，第63页。

⑤ Francis Bacon, *The Advancement of Learning*, Book I, Albert S. Cook, ed., Boston: Ginn & company, 1904, pp.50–51.

⑥ 余丽嫦：《培根及其哲学》，北京：人民出版社，1997年10月，第416页。

⑦ 详见［英］弗朗西斯·培根：《论无神论》，载《培根论说文集》，水同天译，第57页。

的研究必然使人发现种种被孤立的内容被一只看不见的手所掌握着，即上帝之手。第三，科学是荣耀上帝的手段。培根的乌托邦以上帝为最高领导，世俗社会的人们利用科技手段来研究上帝的创造物，也就是自然，来荣耀上帝（所罗门宫所做的一切都是为了荣耀上帝）。科技是实现“伟大复兴”的必然手段。但是培根要复兴的不是古典学术思想，而是上帝曾赋予人类掌管自然万物的权利，这一权利随着亚当和夏娃被贬至人间而失去。他在《新工具》的结尾处写道：“人类在一堕落时就同时失去他们的天真状态和对于自然万物的统治权。但是这两宗损失就是在此生中也是能够得到某种部分的补救的：前者要靠宗教和信仰，后者则靠技术和科学。”① 培根所谓的“伟大复兴”，就是通过科学、技术使人在失乐园时所丢失的驾驭自然能力的恢复。② 正如培根自己所言：“我们只管让人类恢复那种由神所遗赠、为其所固有的对于自然的权利，并赋予一种权利：至于如何运用，自有健全的理性和真正的宗教来加以管理。”③

另外，我们也可以对《新大西岛》进行一个简单的语料分析。考虑到翻译可能会出现意译的情况，我们使用英文文本做语料。④ 文中出现频率最多的具有实际意义的名词分别为：1. Men 33 次、2. Things, Time 28 次、3. People 25 次、4. Day 24 次、5. God 22 次（包括 God’s 3 次）、6. Strangers 20 次、7. Parts, Years 17 次、8. Light 16 次、9. Family 15 次、10. Ship, Water, Number 14 次、11. City 13 次、12. Inventor 12 次。作为讲述陌生人来到一个新岛屿的小故事，且包含了许多关于海上奇迹以及城中描绘的内容，Men、Time、People、Day、Ship、Water 以及 City 等词的频繁出现应不足为奇，值得我们注意的是 God，Light 和 Inventor。正如前文所说所罗门宫的目的就是收集全世界的“光”并研究“光”，其目的是荣耀上帝，因为上帝正是“光”的创造者。而且除了基础单词之外，God 出现的频次最高，共有 22 次，其内容可分为三大类：一是一种约定俗成的表达模式，例如“上帝保佑你”，“感谢上帝”等（11 处）；二是阐述上帝是创造者和父，例如“上帝创造了世界和一切”，“我们在上帝的怀中”等（5 处）；三是表明上帝值得人类

① [英]弗朗西斯·培根：《新工具》，许宝骙译，北京：商务印书馆，1997 年，第 291 页。

② 余丽嫦：《培根及其哲学》，第 414 页。

③ [英]弗朗西斯·培根：《新工具》，许宝骙译，第 104 页。

④ 英文版本详见 Susan Bruce ed., *Three Early Modern Utopias: Thomas More: Utopia / Francis Bacon: New Atlantis / Henry Neville: The Isle of Pines, Oxford: Oxford University Press*, 2008, pp.149–186.

感激与荣耀，例如“我们要感激上帝了不起的工作”，“赞美上帝吧”等（6处）。以上对语料的简单分析又再次证明：基督教是培根乌托邦世界的重要组成部分。他的理想世界本色列中充满了上帝的神迹，所罗门宫的最高目标就是荣耀上帝。这是一个基督教乌托邦世界。

二、谁是乔宾？

犹太人乔宾是故事讲述者“我”在本色列中所遇到的一位重要人物，他是一位行过割礼的犹太人，因智慧和对本色列法律和习俗的了解而备受称赞。他是一名商人，这是一个犹太人普遍从事的，被诟病的，但对社会发展又有一定价值的职业。他代表着那些留在本色列且被允许信奉犹太教的少部分人。他们与世界其他地方的犹太人不同，他们热爱本色列，赞美耶稣基督。他们认为当犹太人的救世主下降到耶路撒冷，坐到他的宝座上时，本色列的国王就坐在他的脚边，而其他国王却离得很远。相对来说，《新大西岛》中的犹太人形象并没有引起学者们太多关注。然而，除了像国王阿尔特宾（Altabin）和所罗蒙那（Salomona）这样遥远的人物之外，他是该则小故事中唯一一位拥有名字的当代人，本色列很大一部分的社会描写都出自乔宾之口，尤其是关于贞洁、男女关系以及婚姻方面的内容，而且就是这个犹太人将“我”引荐给了本色列最高统治机构——所罗门宫的长老。

乔宾（Joabin）似乎是以《旧约》中约押（Joab）的名字命名的。就像所罗蒙那（Salomona）的名字似乎来自所罗门（Solomon）一样。读者对本色列“极其纯洁”的婚姻制度的了解出自乔宾之口，他认为本色列免于一切荒淫污秽，是全世界的童贞女。而约押在《圣经》中被描绘成一个特别狡猾的人，他帮助大卫王与拔示巴通奸，并害死了她的丈夫赫人乌利亚。而拔示巴随后便生下了所罗门。（《撒母耳记下》第11–12章）乔宾能被所罗门宫召见还能向长老引荐“我”，说明他似乎与这个机构有一种神秘的联系，相对其他普通人来说享有特权。这种与所罗门宫的紧密联系似乎为乔宾提供了有利条件。而《圣经》中的约押则支持亚多尼雅做国王，而不是所罗门，且由于过去的罪行，最终被所罗门下令处死。（《列王纪上》第2章）有学者认为两者并无关联，认为乔宾是一个“完全正面的”角色，例如路易斯·福尔，① 但更多人的倾向将二者联系到一起。学者杰瑞·温

① Lewis S. Feuer, “Francis Bacon and the Jews: Who was the Jew in the ‘New Atlantis’?” *Jewish Historical Studies*, Vol. 29 (1982–1986), pp.1–25.

伯格认为“只有傻瓜才会错过乔宾的名字是以邪恶的约押来命名的这个情节”。[①] 马丁·亚菲认为约押迎合大卫对拔示巴的欲望，与乔宾所描述的“亚当和夏娃池”有表面上的相似之处，该池以贞洁为由允许未来配偶的朋友在婚前观看其裸体。[②] 但这究竟是为了保证贞洁，还是在放纵情欲？牛红英认为，如果我们还记得托马斯·莫尔在其《乌托邦》一书中玩弄的命名游戏，以及类似“基督城”“太阳城”这样的理想国名称，就会明白，培根不过是和其他乌托邦作家一样，擅长玩弄文字游戏或者巧妙利用命名修辞。[③]

总的来说，乔宾与约押的名字相似，但对其描述却几乎与约押完全相反：约押卑鄙，乔宾正派；约押助偷情，乔宾尚贞洁；约押反对所罗门，乔宾与所罗门宫关系密切……这种多重对立关系不能不引起人们的关注。正如人们将培根的《由罗德里戈·洛佩斯所策划的，令人憎恶的叛国罪的真实报告》（*A True Report of the Detestable Treason, Intended by Dr Roderigo Lopez*, 1594)）与《亨利七世》（*History of the Reign of King Henry VII*, 1622）解读为影射了秘密犹太教（crypto-Judaism）与政治背叛之间的本质联系一样，[④] 乔宾这群有着“异端思想”的犹太人竟可以堂而皇之的与本色列最高机构密切接触，这不能不引发人们对这个乌托邦世界的巨大担忧。鉴于培根对《旧约》的熟悉和他对所罗门的崇敬，他对犹太教的一贯敌视，又考虑到培根试图引导读者将本色列看作为当时英国的化身，以及英国复杂的宗教环境，我们也认为培根设置犹太人乔宾这个角色背后的深意不可忽略。

三、犹太教弥赛亚主义与基督教千禧年主义

培根缘何在自己的乌托邦小说中描绘这样一个让人迷惑的犹太人的形象呢？有些人认为这是他本身宗教宽容思想的体现，也将其作为英国宗教

---

① Jerry Weinberger, “On the miracles in Bacon’s *New Atlantis*”, *Francis Bacon's the New Atlantis: New Interdisciplinary Essays*, Bronwen Price, ed., Manchester and New York: Manchester University Press, 2002, p110.

② Martin D. Yaffe, *Shylock and the Jewish Question*, Baltimore: Johns Hopkins University Press, 1997, p.115.

③ 牛红英：《科学·宗教·神话：〈新亚特兰蒂斯〉的乌托邦思想解读》，载《北京第二外国语学院学报》，2013 年第 6 期，第 62 页。

④ Travis DeCook, “Francis Bacon’s ‘Jewish Dreams’: The Specter of the Millennium in New *Atlantis*”, *Studies in Philology*, Vol.110, No. 1, 2013 Winter, p.118.

宽容的典范。我们认为并非如此。乔宾所代表的犹太群体是被用来作为区分和合法化培根自己所畅想的完美社会、宗教和自然秩序的一种手段。通过选择一个代表本色列犹太社区的特定名字，培根尖锐地暗示了所罗蒙那（Salomona）—所罗门（Solomon）和乔宾（Joabin）—约押（Joab）在《圣经》中的同名对立关系。乔宾看起来并不是一个邪恶或反叛的人物，本色列犹太人因为与他们的基督教邻居和睦相处而受到称赞，这与他们的欧洲同宗者不同。但是为什么犹太人在上帝奇迹般地把这个岛屿转变为以基督教占绝对主导后还留在这里？正如我们将要看到的，乔宾对犹太社区的描述引发了读者对信仰错误的担忧。

乔宾认为本色列人是亚伯拉罕的后代，是他另一个儿子拿鹤兰（Nachoran）传下来的。这个名字很容易让人联想到《圣经》中亚伯兰罕的兄弟拿鹤（Nahor），他与他们的父亲他拉（Terah）相似，以偶像崇拜而闻名 (《创世记》31:53 和《约书亚记》24:2)。换句话说，虽然亚伯拉罕成为以色列之父，受到犹太人和基督徒的尊敬，但拿鹤却没有这样的地位。他还向“我”描绘了这个国家和他的“犹太梦”。乔宾承认耶稣是“处女所生，不是普通人”，但是他又说耶稣是“救世主的前导”，因为他仍然在等待着弥赛亚的降临。乔宾说，本色列的犹太人相信“弥赛亚来坐在耶路撒冷的宝座上的时候，本色列王必坐在他的脚前，别的王却离开很远”[①]。这一说法暗示了犹太人对即将到来的弥赛亚的信仰，他将成为一个至高无上的强大的世俗国王。这是一种世俗的弥赛亚主义，在文化上被认为是肉欲和偶像崇拜的，与基督教的千禧年主义相一致。“我”称其为“犹太梦”（Jewish Dreams），并在文中明确地将其拒绝。“犹太梦”一词将培根的乌托邦世界与时事相连。在英国流行的思维中，这是一种对犹太教弥赛亚主义和基督教千禧年主义的常见咒骂，两者都是当时极具危险性的信仰表现。培根的律师朋友亨利·芬奇爵士（Sir Henry Finch, 1558–1625）[②]因其末世论著作《世界的伟大复兴，或召唤犹太人以及地球上所有的国家和王国信奉基督》（*The Worlds Great Restauration, or Calling of the Jewes, and with them of all Nations and Kingdoms of the Earth to the Faith of Christ,*

① [英]弗朗西斯·培根：《新大西岛》，何新译，第 24 页。

② 1616年芬奇曾与培根和威廉·诺伊(William Noy, 1577–1634)等人一起试图编纂成文法，但以失败告终。芬奇的生平详见 Wilfrid R. Prest, “The Art of Law and the Law of God: Sir Henry Finch (1558–1625)”, *Puritans and Revolutionaries*, Donald Pennington and Keith Thomas, ed., Oxford: Clarendon, 1978, pp. 94–117。

1621）[①] 所带有的政治破坏性而被捕。他在书中声称《圣经》预言犹太人将很快皈依基督教，重新回到巴勒斯坦，并统治世界。[②] 芬奇被捕的几个月后，后来的坎特伯雷大主教威廉·劳德（William Laud，1633–1645 年在任）在一篇布道中将这种信仰称为“错误的犹太梦（amiss Jewish dream）”[③]。

明确申明自己有这种错误又危险的信仰的乔宾不仅仅可以在本色列宽容环境下生存，还拥有特权访问难得一见的所罗门宫长老，这不能不是一个巨大的潜在威胁，它将严重影响该地的持续平静。[④] 进一步说，犹太人的弥赛亚主义，以及某些基督徒的千禧年主义思想，阻碍了培根的乌托邦世界的最终完成。芬奇的书暗含着詹姆斯国王很快将在耶路撒冷的君主面前鞠躬行礼，这与乔宾的话如出一辙。因此，在这个影射当时英国的本色列中，培根通过对乔宾的描写，看似表扬其正直，实质上是对这种潜在的犹太弥赛亚主义的批判与拒绝，说明它是培根心中乌托邦世界的毒瘤。似乎故事叙述者，即基督徒“我”最初断言乔宾“和世界上其他各地的犹太人性情不同，其他地方的犹太人仇恨基督的名字，而对于他们居住地的人民内心里也怀有恨怨”，[⑤] 是一种欲抑先扬。

改革宗文件《第二瑞士信条》[⑥] 这样说道：“我们进一步谴责犹太梦（Jewish Dreams），即在审判日之前，地球上会有一个黄金时代，虔诚的人征服了所有不信神的敌人，将拥有地球上所有的王国。”培根援引乔宾的“犹太梦”即弥赛亚论，目的是谴责犹太人的“弥赛亚主义”和基督教的“千禧年主义”。两者都有一种革命性的救赎观念，即旧秩序被摧毁，但前者期待一个政治上的弥赛亚，后者则在等待耶稣作为政治上的弥赛亚

---

① 原文用语即 worlds 与 Jewes。

② 详见 Sir Henry Finch, *The Worlds Great Restauration or The Calling of the Jewes*, London: Edvvard Griffin, 1621。转引自 Andrew Crome, *The Restoration of the Jews: Early Modern Hermeneutics, Eschatology, and National Identity in the Works of Thomas Brightman*, Switzerland: Springer, 2014, pp.150–4。

③ William Laud, *The Works of the Most Reverend Father in God, William Laud, D.D. Sometime Lord Archbishop of Canterbury*, Vol. I., William Scott ed., Oxford: John Henry Parker, 1847, p.20.

④ Claire Jowitt, “‘Books will speak plain’? Colonialism, Jewishness and politics in Bacon’s New Atlantis”, *Francis Bacon's the New Atlantis: New Interdisciplinary Essays,* Bronwen Price, ed., p.146.

⑤ [英]弗朗西斯·培根：《新大西岛》，何新译，第 23 页。

⑥ 瑞士改革宗教会宣誓共同信仰的文件《第二瑞士信条》（The Second Helvetic Confession）。从 1566 年起，瑞士、巴拉提内、法国、苏格兰、匈牙利、波兰、荷兰、英格兰等地改革宗阵营都接纳了该信条。详细内容参见 https://www.ccel.org/creeds/helvetic.htm。

的回归。英国著名的诗人、牧师约翰·多恩（John Donne，1572–1631）就曾在1622年的布道中说，我们再次发现千禧年主义与重建犹太王国的信仰联系在一起。[①] 基督教对千禧年的态度主要可分三类，即千禧年前论（Premillennialism）、千禧年后论（post-millennialism）和无千禧年论（amillennialism）。前两者都认为《启示录》中提到的千年将是物质的未来而不仅仅是精神的转变，这种思想在17世纪40年代之前的英国是被边缘化的，与教父时代的异端邪说联系在一起。前论支持者断言基督将在他的千年统治开始之前返回地球，他们经常让犹太人在未来扮演重要角色，相信犹太人的回归，是《圣经》指定的耶稣第二次降临的先决条件。后论支持者认为基督再临发生在基督徒繁荣、占优势的千年王国之后。而无千年论则拒绝字面上的千年时期的概念，强调上帝的王国和邪恶的王国共存，直到历史结束。东正教和罗马天主教普遍持无千禧年论，在“主流”新教教派如路德宗、归正宗、基督会、圣公会甚至一些福音派中也是如此。因此，作为圣公会虔诚信徒的培根与其他主流派一样饱受千禧年主义幽灵的困扰，对于他们来说，耶稣就是弥赛亚，他摒弃犹太教弥赛亚概念中的民族主义倾向和政治性、世俗性以及功利性的动机，旨在彰显一种普世主义和绝对宗教精神。[②] 而基督教的“千禧年主义”就像犹太的“弥赛亚主义”一样，强调的是一个世俗的而不仅仅是精神的王国，它与所谓的犹太人对肉体的关注产生了消极的联系，它们都试图用物质代替精神，是肉欲的，是偶像崇拜。他们与奥古斯丁所理解的“一千年”一样，它只是一个象征性的数字，[③] 千禧年已经到来，千年王国就是基督教会，基督不会在这个世界上另建立

---

① John Donne, *The Sermons of John Donne,* Vol IV, George R. Potter and Evelyn M. Simpson, eds., Berkeley: University of California Press, 1962, pp.269–70.

② 梁工：《弥赛亚观念考论》，载《世界宗教研究》，2006年第1期，第82页。

③ 详见[古罗马]奥古斯丁：《上帝之城》，王晓朝译，北京：人民出版社，2006年12月，第963–967页。第20卷章7“约翰在《启示录》中提到两次复活和一千年，我们该如何理解这些事情”。

一个纯物质性的完美王国。

培根身故后，有些人认为培根自己是千禧年大军中的一员，有人认为《新大西岛》正好表明了他的千禧年计划。① 但是培根的“复兴”从未涉及基督再临的思想，也没有涉及圣人统治世界的思想，也没有涉及一千年的历史，这些都是培根时代“千禧年主义”的关键性特征。这再次说明了培根作为“无千禧年论”者与“弥赛亚主义”和“千禧年主义”站在了对立面上。

结语

我们在重新审视了培根《新大西岛》中的犹太人乔宾后得出了这样的结论：培根在一个基督教占绝对统治地位的乌托邦世界中设置一个犹太社区的存在并非是为了表明一种宗教宽容的立场，而是将乔宾及其所在的社区放在了其宗教理想社会的对立面。旨在谴责犹太人的弥赛亚主义以及同时期的基督教千禧年主义。二者都等待着旧秩序的摧毁，弥赛亚的到来/基督的再临，随后便可迎来一个世俗意义上的黄金时代。这强烈表现出了当时，甚至是当代犹太教与基督教论争的重要问题，即弥赛亚的身份问题。对以乔宾为代表的犹太社会而言，耶稣不是弥赛亚，弥赛亚仍未降临，他会在末日之前出现并结束犹太人流散与逃亡之苦，返回耶路撒冷，开创新的弥赛亚时代，在全世界建立一个永久和平、公义的理想社会。对基督徒而言，耶稣就是弥赛亚，他们等待的是升天后的耶稣再临。然而许多 17 世纪的英国千禧年论者（以前论支持者为主导）相信，基督会从四面八方聚集犹太人、带领他们击败奥斯曼帝国、夺回圣地巴勒斯坦，然后犹太人会皈依基督，千禧年开始。② 他们与犹太人一样，认为千年后的世界是一个人治的完美世界。但以培根为代表“正统派”则坚决反对犹太教的“弥赛亚未降临”、千禧年主义者的“千年世界”以及两者共同畅想的末日后的“完美人间”。通过《新大西岛》中的犹太人乔宾，培根将其展现于读者面前。

---

① Theodore Olson, *Millennialism, Utopianism, and Progress*, Toronto · Buffalo · London: University of Toronto Press, 1982, pp.268–72.[Charles Webster, The Great Instauration: Science, Medicine and Reform, 1626–1660 (London: Duckworth, 1975), 1–31, esp.24]

② Nabil Matar, “The Idea of the Restoration of the Jews in English Protestant Thought, between the Reformation and 1660”, *The Durham University Journal* 78, 1985, p.27，转引自赵星皓：《玛拿西与十七世纪中叶英国千禧年思想》，载《汉语基督教学术评论》，第十六辑，2013 年 12 月，第 144 页。

当代聚焦 Focus on Contemporary Issues

西方基督教在近现代世界传播及本土化问题思考

段 琦[1]

内容提要：基督宗教是当前世界上信众人数最多的宗教，这与欧洲列强向外扩张殖民有关，更重要的原因还在于基督教能与不同文化、民族、社会相调适，使之逐渐本土化有关。本文通过梳理近现代以来天主教和新教伴随着西方列强的殖民，向欧洲以外地区传播的过程，探讨天主教和新教传播与本土化相关问题。

关键词：基督教传播，传教士，本土化

Inquiry into the Global Spread and Indigenization of Western Christianity in the Modern World

DUAN Qi

Abstract: Today, Christianity has become the most widely practiced religion globally. Its expansion was facilitated by the colonization of European powers and Christianity's remarkable adaptability to diverse cultures, communities and societies, gradually indigenizing itself into different contexts. This article delves into the spread and indigenous development of Catholicism and Protestantism in the contemporary world by reviewing the process through which these Christian denominations extended beyond Europe, as well as their connection with the colonization of Western powers.

Keywords: Spread of Christianity, missionaries, indigenization

① 段琦，中国社会科学院世界宗教研究所研究员。

一、当代世界基督教分布概况

美国皮尤研究中心于 2017 年 4 月发布的全球信教情况中称：2015 年，全球共有 23 亿基督徒（ 占当年世界总人口 73 亿的 31.2%）、18 亿穆斯林（24.1%）、11 亿印度教徒（15.1%）、5 亿佛教徒（6.9%）、1400 万犹太教徒（0.2%）。此外，超过 4 亿人（5.7%）从事各种民间或传统宗教活动，有近 6000 万人是其他宗教信仰者（0.8%）。此外，全球大约有六分之一人口（11.7 亿人，即 16%）为无宗教归属者。 该报告认为根据近年来穆斯林和基督教的出生率和死亡率看，到 2035 年世界穆斯林人数将超过基督徒。[①] 不过到目前为止基督教在世界的影响还是位列第一。

报告中提到 2015 年各地区基督徒与世界基督徒人口之比依次为：撒哈拉以南的非洲占 26%，拉丁美洲和加勒比地区占 25%，欧洲占 24%、亚太地区占 13%，北美达 12%。世界上只有不到 1% 的基督徒生活在中东和北非。[②]

实际上如按地球上有人居住的六大洲中，除了亚洲外，基督徒在五大洲中与当地总人口比均占多数。

造成这种状况与基督教传播历史有着密切关系。基督教从二千多年前一个犹太教的异端教派发展到今天，成为占世界人口三分之一的世界信众最多的宗教，这与欧洲列强向外扩张以及基督教把传教作为大使命，深入到异教地区传播有关，更重要的是基督教能与不同文化、民族、社会相调适，使之逐渐本土化有关。

二、西方基督教在近现代的传播

1. 西方基督教近现代之前的传播

基督教的传播史大体可分为五个阶段：古罗马帝国时期、中世纪时期、

① 本文数据来源于美国皮尤研究中心于 2017 年 4 月发布的报告：The·Changing Global Religious Landscape：Babies born to Muslims will begin to outnumber Christian births by 2035; people with no religion face a birth dearth, p.10. https://www.pewresearch.org/religion/2017/04/05/the-changing-global-religious-landscape/ [2022 年 11 月 10 日浏览]。

② 本文数据来源于美国皮尤研究中心于 2017 年 4 月发布的报告：The Changing Global Religious Landscape：Babies born to Muslims will begin to outnumber Christian births by 2035; people with no religion face a birth dearth, p.29. https://www.pewresearch.org/religion/2017/04/05/the-changing-global-religious-landscape/ [2022 年 11 月 10 日浏览]。

宗教改革时期、近代和现当代。因本文重点是讲西方基督教在近现代的传播，故对前三个时期只作些概括性介绍。

基督教于公元 1 世纪前后产生，很快就走出了巴勒斯坦地区，在罗马帝国范围内传播，到公元 3 世纪已扩散到整个帝国。公元 395 年，为对付北方日耳曼蛮族的入侵，罗马帝国的皇帝狄奥多西一世将帝国分给两个儿子，实行东西分治。从此罗马帝国正式分裂为东西两部分。教会也有了东西教会之别。

476 年西罗马帝国被西哥特等日耳曼蛮族入侵灭亡，西欧形成了诸多小国。欧洲进入了中世纪。西部教会向入侵的蛮族各国进行传播，到 10–11 世纪其势力已扩大至相当于今天西欧版图的国家和地区，包括北欧中欧等地区。与此同时，继承希腊文化传统的东部教会向东扩大，988 年基辅罗斯皈依东部拜占庭教会。

1054 年，东西教会分裂，东部教会自称正教，西部教会自称公教，在中国则称天主教。

到 11 世纪末，西欧社会呈现出新的活力，罗马教会不断向外推进：一方面在欧洲先前无人居住的地区内部殖民；另一方面，向穆斯林“异教徒”或“分裂教会的”希腊人居住地外部殖民。[①] 其中最有名的就是西欧各君主在罗马教会积极推动策划下自 1096–1291 年近 200 年间组织了八次十字军东征。东征最终并没有从穆斯林手中收复失地，但却加强了罗马教会的势力。东征给东罗马帝国和教会带来极大的灾难，削弱了帝国力量，最终于 1453 年被奥斯曼帝国所灭。

文艺复兴时期，罗马教廷十分腐败。1517 年马丁·路德贴出的《九十五条论纲》拉开了宗教改革的帷幕。宗教改革使欧洲形成了基督教新教的几个主要教派：路德宗（信义宗）、加尔文宗（长老宗、改革宗）、安立甘宗（圣公宗）。此后又产生了公理宗和浸礼宗等教派。

新教各派的产生，使罗马天主教在欧洲失去了半壁江山。为对付新教势力的扩张，召开了长达 18 年（1545 年 12 日 –1563 年 4 月）之久的特兰托公会议，推行了一系列改革举措，有效地控制了教会腐败，纪律得到整肃，教会得到复兴，并促使信徒恢复了宗教热忱。一批修会致力于海外传教活动，其中 1534 年创建于巴黎的耶稣会最具有代表性。该修会与方济各会、

---

① Williston Walkson etc., *A History of the Christian Church*, New York: Simon & Schuster Inc., 1985, p.283.

多明我会等修士，纷纷前往美洲和亚洲、非洲传教，决心把“在欧洲失去的，要在海外补进来”①，从而开创了近代天主教会传教运动。

17 世纪上半叶，欧洲出现了天主教与新教之间长达三十年的战争（1618–1648 年），这场战争从宗教矛盾开始，而后转化为政治斗争。1648 年，双方最终签订了《威斯特伐利亚和约》，确立了“教随国定”的原则，大体划定了各教各宗在欧洲的势力范围。至此，宗教改革运动宣告结束。

2. 西方基督教的近代传播

（1）基督教移植美洲

基督教实现世界性传播是随着地理大发现和欧洲列强的海外殖民而逐渐推进。1492 年哥伦布在西班牙支持下横渡大西洋，发现了新大陆，由此拉丁美洲的大部分地方都成了西班牙殖民地。1500 年巴西被葡萄牙航海家发现，由此成为葡萄牙的殖民地。

西、葡两国在行使统治时都把天主教作为重要的统治工具，积极支持在所征服地区建立罗马天主教，方济各会、多明我会、耶稣会修士们在土著人中吸收当地文化发展出一套适合印第安人物质和精神生活的传教制度，由此中南美洲各国都成为天主教的天下。

北美洲情况与中南美洲大不相同。虽然耶稣会士为首的一批修会为使当地印第安人皈依做出了很多工作，但成效不大。事实上北美洲基督教主要是欧洲基督徒移民组成。

17 世纪，法国和英国的势力取代了西班牙。法国于 1604 年在现今的加拿大阿卡迪亚建立了美洲第一个定居点。在北美势力最大的是英国，1607 年英国在弗吉尼亚设立了永久性殖民地，于 1624 年在该地建起了北美洲第一个圣公会教堂。此后国教会成为该地区的官方宗教。但由于教牧人员严重不足，加之离英国本土太远，官方教会力量较薄弱，无法有效控制不从国教者各派的发展。在新英格兰六州，17 世纪 30 年代，清教徒人数大增。随着欧洲各国移民来北美，美国中部几个州成为他们首选之地，为美国带来了众多教派，使该地成为教派最多、最繁杂的地区。

从 18 世纪 30 年代至 20 世纪初美国形成了三次自下而上的宗教复兴运动，产生了许多新兴教派。由此美国成为基督教教派最多的国家。

（2）近代天主教在亚洲和非洲的传播

① 王美秀、段琦等：《基督教史》，南京：江苏人民出版社，2006 年，第 255 页。

罗马天主教会在 16 世纪开始的海外传教事业，不仅向美洲，也向亚非地区拓展。1571 年西班牙占领了菲律宾，随之西班牙方济各会等托钵修会和耶稣会士纷纷来此建立教省，向当地人传教。菲律宾成为天主教国家。

1581 年耶稣会士利玛窦来华。他尊重中国儒家文化和尊孔祭祖的习俗，使他在中国立足，并在上层士绅中发展了一批信徒。在他死后，一批耶稣会士仍坚持他的传教策略，明末清初之际，天主教在华信徒最多时达 30 多万人。

耶稣会士在印度的传教工作也取得了新进展。在耶稣会士到达印度之前，印度原来已有基督教，称为多玛派。这些人社会地位低下，对印度主流社会几乎不产生影响。1606 年，耶稣会士诺比利在古代泰米尔文化的中心马都拉高种姓居民中开展传教工作，他承认种姓的差别，对婆罗门的经典作了深入研究，采用了一套为婆罗门阶层所能接受的传教方式，取得巨大成功，发展了 3000 名信徒。在他死后一个世纪，他亲手建立的这个教团信徒竟达 20 万之众。

但利玛窦和诺比利的这种尊重当地文化的传教方法遭到教会保守派的反对，1704 年教廷下禁令，在中国不许中国信徒参加祭孔、祭祖，从而激化了罗马教廷与清王朝的矛盾。中国天主教被禁止。在印度，教廷也禁止诺比利采用的与印度文化结合的传播方法。致使印度天主教也由此而衰退。

天主教在非洲也开展此类活动。基督教在北非的历史由来已久，但到 7 世纪，随着阿拉伯人的扩张，北非的基督教趋于衰落，该地逐步为伊斯兰教所取代，只有埃及科普特教会和埃塞俄比亚正教会保留下来。15 世纪葡萄牙对非洲进行地理探险。鉴于北非地区已基本“伊斯兰化”，基督教这一阶段在非洲的传播主要集中在撒哈拉以南非洲。其传播路径大致是沿着欧洲人在非洲地理探险的方向，即由非洲西海岸及南部非洲、东部非洲的沿海地区渐次展开的。天主教在非洲传教较成功的有刚果、安哥拉、乌干达等国。

（3）近代新教的传教运动

新教传教事业在 16 世纪基本缺如。然而，17 世纪荷兰征服锡兰、爪哇和中国台湾，新教传教事业也随之开始。近代新教传教事业的兴起是 18 世纪英美福音奋兴运动的产物。这场运动中产生了卫斯理宗。19 世纪它成为美国发展最兴盛的教派。

福音奋兴运动大大推动了新教的海外传教运动。该运动萌芽于清教徒 17 世纪中叶在马萨诸塞向印第安人的传教。1701 年英国组织了海外福音传播会。1705 年起，德国虔敬主义推动了哈雷大学等机构先后派出 60 多名海外传教士到印度传教。

在 18 世纪末，英国成为新教海外传教事业的带头人。这与詹姆斯・库克（James Cook，1728–1779）船长对大洋洲岛屿以及澳大利亚和新西兰的发现有极大的关系。由于他的发现激发起英国人对非基督教民族的兴趣，由此建立起一批传教组织，这些组织大多从属某一宗派，但也有跨宗派的。到 19 世纪，以大不列颠为中心，在美国和欧陆纷纷成立了形形色色宗派的和跨宗派的传教机构，新教传教范围稳步扩大至全世界，由此 19 世纪被称为新教传教事业的“伟大的世纪”。① 这场传教运动产生了一批献身于传教事业的著名传教士，有在印度传教的英国浸信会传教士，被称为“现代传教运动之父”的威廉・凯里（William Carey）②，有深入南非传教的戴维・利文斯通（David Livingstone）等人。

1807 年英国伦敦会派遣马礼逊到中国，他是第一个来华新教传教士。早期来华传教士主要从事《圣经》翻译、开办学校和医院等工作。随着 19 世纪的推移，新教传入了日本、朝鲜、菲律宾等亚洲其他国家。

这些传教活动改变了世界的宗教格局，通过传教在非基督教地区建立了“子教会”，为以后建立本色教会奠定了基础。

（4）基督教移植澳大利亚、新西兰等大洋洲地区

在世界有人居住的六大洲中，基督教最晚抵达的是澳洲。但对澳大利亚这个名字很多欧洲人早有所闻，因为公元 150 年古希腊哲学家托勒密绘制的地图上早已标注了在印度洋南面有一块“未知的南方大陆”（Terra Australis Incognitia），Australis 是希腊文“南方”之意，这就是澳大利亚名称的来源。这成了千古之谜，在历史上引起许多欧洲人对这块大陆的向往。继哥伦布发现美洲后，16 世纪葡萄牙和西班牙人先后派出探险队寻找这块大陆，但都是擦肩而过，失之交臂。③

17 世纪荷兰人继续寻找该大陆。1606 年荷兰东印度公司派遣的航海家威廉・扬茨到达澳大利亚的约克角。18 世纪中叶，英国开始向南太平洋未知地区寻找新的领地。詹姆斯・库克船长在英国政府的赞助下从 1768 年起

---

① Williston Walkson etc., *A History of the Christian Church*, New York: Simon & Schuster Inc., 1985, p.646–647.

② Stewart J.Brown, Timothy Tackett, eds., *The Cambridge History of Christianity* Vol.7, Cambridge: Cambridge University Press, 2008, p.446.

③ 王宇博等：《世界现代化历程（大洋洲卷）》，南京：江苏人民出版社，2012 年，第 9–11 页。

直到去世持续在太平洋上作考察航行，发现了许多新陆地，并于 1771 年探明了澳大利亚、新西兰的大致轮廓。由于库克的发现，澳大利亚、新西兰以及一些岛屿便成为英国的势力范围。

1784 年，为解决英国国内囚犯人满为患问题，英国议会决定把澳大利亚新南威尔士建立殖民地，用以关押英国罪犯。1788 年 1 月，第一批罪犯及其家属到达澳洲。同船抵达的还有英国国教会牧师。由此圣公会在澳洲立足。此后澳大利亚的监狱牧师均由英国国教会派出。到 19 世纪中叶，随着金矿的发现和养羊业的发展，大批英国民众涌入澳大利亚，随之把基督教各宗派带到这里。1880–1920 年是“澳大利亚新教发展的鼎盛时期”①。除了新教各派，爱尔兰移民给澳大利亚带来了天主教。随着时间的推移，世界各国移民来此，给澳大利亚带来了更多的宗教。不过所有教派中，至今最有影响的还是圣公会，因为它是英国的国教会。

这种情况同样发生在新西兰，因为新西兰是英国在澳大利亚统治的延伸。新西兰的英国移民除了直接从英国移民来此，还有些是从澳大利亚转入的。随着大量的移民，19 世纪新西兰先后传入新教各派和天主教。所有教派中，也是圣公会力量最强。至此，基督教传遍六大洲。

3. 当代基督教的发展与传播——基督教的南移

第二次世界大战后，基督教发展重心南移。从原来以欧美、澳大利亚、新西兰等传统上认为的西方国家和地区，向亚洲、非洲和拉丁美洲转移。

据美国皮尤研究中心（Pew Research Center）宗教与公共生活论坛 2012 年 12 月发布的一份关于世界基督教人口规模和分布情况的报告显示、1910 年，“北方世界” 的基督徒人口超出“南方世界”发展中国家的四倍多，“北方”基督徒占世界基督徒人口总数的 82.2%，“南方”仅占 17. 8%。如今，世界上超过 13 亿基督徒居住在“南方”，占世界基督徒人口总数的 60.8%，而只有大约 8.6 亿基督徒居住在“北方”，占 39.2%。②

由此可以看出西方国家信徒大量流失，亚非拉基督徒增加。其中拉美基督教格局发生变化，由原来的天主教独占鳌头，到如今新教徒占了人口十分之一。2018 年开始非洲成为基督徒最多的一个洲；亚洲韩中两国基督徒人数增加，特别是韩国基督徒人数已占全国人口的 29%（新教徒 18%，

① 卓新平：《当代基督宗教教会发展》，上海：上海三联书店，2007 年，第 500 页。

② 孙艳燕：《试论当代世界基督宗教发展重心的“南移”》，载《世界宗教研究》，2014 年第 1 期。

天主教徒 11%)①。这种变化的发生，使基督教从一个以西方为主的宗教变成为第三世界本土基督教占多数的宗教。

三、基督教传播与本土化的几点思考

1. 基督教在世界的传播主要是殖民的结果，还是基督教本土化的结果?

有人强调基督教主要是随着西方殖民主义和帝国主义的侵略而传播的，因此是西方殖民主义和帝国主义殖民的结果。但也有人认为主要是因为基督教能适应不同的文化、民族和社会境遇，以不同方式实现本土化、民族化与处境化。笔者认为这两种解释都有合理之处。

首先要肯定的是西方基督教的传播确实与西方国家的殖民有着密切关系。也就是说，基督教是随着欧洲殖民势力的发展而扩展到世界。

所谓的“殖民”有双重含义：一是把欧洲人大批移植到被他们新占领或发现的土地上，如 17 世纪英国及欧陆大量移民北美，19 世纪英国向澳、新大量移民。二是列强对已被占领地区原住民行使其统治。

第一种情况使大量欧洲基督徒转移到其他洲，从而使北美、澳洲成为以新教徒为主的洲。第二种情况是在列强支持下，传教士向这些已被殖民的原住民传教。使非基督徒变为基督徒。其中在两大洲——拉丁美洲和非洲南部，取得很大的成功。

但西方基督教的传播要想在某地真正扎下根来，必须使原有的西方基督教变成殖民地人民能接受的基督教，即基督教的本土化。今天不少人总是把基督教的传播完全归之于殖民的结果，而很少考虑到更重要的一个原因，即基督教本土化的结果。

基督教在新殖民的地区取得成功，最初确实要靠殖民地政府对基督教的支持，例如天主教传入拉美和菲律宾时，最初就是靠西、葡政府大力支持各修会在这里传教，教会与殖民统治融为一体。在殖民政府的支持下，在拉美或菲律宾建立的教会全面参与当地政治、经济生活的各个方面。但这只是第一步，而且只是外部的原因。

要使基督教真正为殖民地原住民所接受，更重要的还是要使他们发自内心的认同。人们要从一种信仰转化为另一种信仰有一个过程。外部政治、

① 皮尤研究中心网站：http://www.pewresearch.org/fact-tank/2014/08/12/6-facts-about-christianity-in-south-korea/ [2018 年 10 月 13 日浏览]。

经济的压力有可能促使人们完成这种变化，但真正的变化是需要发自人们的内心，即他们能发自内心地把对原有神灵的崇拜转化为对新的神灵的崇拜。要使殖民地民众真心改变信仰，这就需要把基督教信仰与当地人所熟悉的文化和信仰相结合，使当地民众乐于接受。16 世纪以来天主教在拉丁美洲取得成功以及当今基督教在非洲南部和其他地区取得的成功，都表明了基督教只有融入了当地文化中，实施了本土化才有可能真正立足。

2. 传教士在基督教本土化中是否起到过作用?

很多人一提到传教士就把他们视为殖民主义或帝国主义的帮凶，文化侵略的工具，认为他们不可能对基督教本土化作出什么贡献。这种看法其实是对本土化的误解。实际上传教士为了达到其传教目的，本土化是其必须做的工作，例如他们到传教地就必须学习当地人的语言，否则他们无法向当地人传讲。再如为使当地人能阅读《圣经》、一些传教士就必须把《圣经》译成当地人能读懂的文字。这些就是基督教本土化的第一步。

在从事基督教本土化工作时，有些传教士是有意识地去做，也有些则是无意识地去做。不管是有意或无意的，只要是有利于基督教本土化的工作，它们都会有助于基督教在当地立足。这些对基督教本土化起到促进作用的传教士大致可分为三类：

第一类是能真正站在土著人或受压迫剥削的族裔的立场上敢于为他们主持公道的传教士。诚然这只是传教士中的少数。多数传教士只是以传教为目的，并不参与政治。但这少数人起到的作用是比较大的。他们中有站在受压迫剥削的殖民地人民的一边的，例如 16 世纪在拉美传教的多明我会神父拉斯・卡萨斯（Las Casas,1474–1566）。他不顾殖民当局对他的攻击，敢于为美洲印第安人伸张正义，一再要求解放印第安奴隶，并十分尊重印第安文化。[①] 卡萨斯的这些神学思维方法和立场被当今拉美的解放神学家充分吸收，成为解放神学的先驱。[②]

第二类是特别注重与当地主流文化沟通和融合，找到基督教与它们的结合点，打开传教通道的传教士。最典型的是以利玛窦为代表的来华的耶稣会士和以诺比利为代表的在印度（果阿）传教的耶稣会士。他们两人的共同点是对当地主流文化非常尊重，都设法与当地上流社会人士交往，传

① 梁卓生：《拉斯・卡萨斯和拉丁美洲反殖民主义斗争》，载《外文学院学报》，1984 年第 2 期。刘承军：《拉斯・卡萨斯的基督教人道主义思想》，载《拉丁美洲研究》，1997 年第 4 期。

② 傅乐安主编：《当代西方著名哲学家评传》第 6 卷，济南：山东人民出版社，2001 年，第 381 页。

教活动先从对上流社会施加影响开始。为此首先从着装入手，与当地受尊重阶层人士一致。两人都曾苦学当地文化，利玛窦苦学中文，诺比利苦学泰米尔语、泰卢固语和梵语。两人为接近上流社会，对当地主流文化的经典都进行非常深入的研究。利玛窦熟读中国四书五经，由此能与中国儒者进行深入交流，取得了一批上层儒家知识分子的皈依。诺比利也如此，为深入上层，他在印度过着印度教循世者生活，由此他为高种性者逐渐接受，成为他们的朋友，最终他从婆罗门朋友中设法取得了他们不向外人传的梵文经书，成为第一位取得梵文经书的欧洲人。经他对这些文本潜心研究，使他能与婆罗门以及其他高种性者进行哲学和宗教的深入探讨，并从中取得皈依者。

利玛窦和诺比利对当地社会的习俗非常尊重，利玛窦认同中国的尊孔敬祖，诺比利认同印度的种性制。他们两人的传教方式在当地都取得很好的效果。耶稣会士在中国使一批中国人皈依了天主教，就连康熙皇帝本人对天主教也产生了好感，并使天主教在中国活动合法化。同样诺比利在印度也如此，他使许多印度人，特别是上层婆罗门都皈依了天主教。① 利玛窦和诺比利的方法在当时得到了一批传教士的仿效和认同。在中国，不仅耶稣会士仿效，就连来华的其他修会的传教士也认同他的方法，只是到后来才发生了变化。印度也是如此，有好几位传教士采用诺比利的方法，取得了很好的传教效果。甚至远在美洲的耶稣会士让·勒·布雷伯夫，于1626年首次前往北美洲休伦角石传教时吸取了他们的传教方法，在向土著印第安人传教时也取得相对成功。② 可惜的是，这种传教方式后来受到教宗和某些修会的反对，被迫中止了，结果使天主教传教事业造成了巨大的损失。这些都说明，基督教只有与当地文化结合才能为当地民众所接受，也才能得到传播。

第三类是不自觉地把基督教的民间信仰带到了土著民中去的传教士。在塑造新入教者的信仰方面，这批传教士起了很大的作用。例如天主教在菲律宾低地福音化的促成，就要归功于这一因素。一批去菲律宾的西班牙托钵修会修士们文化程度并不高，“也许只是个农民”，“他们带有自己的民间基督教烙印，包括对圣徒的崇拜和许多迷信（相信鬼怪、邪灵及类

---

① Stewart J.Brown, Timothy Tackett, eds., *The Cambridge History of Christianity* Vol.7, Cambridge: Cambridge University Press, 2008, p.480.

② Ibid., pp. 400–401.

似的东西）。传教士的这种民间信仰可能与本地的某些信仰相匹配，这样就造成了这两种宗教的信仰世界得更密切地结合在一起了”。[①]有学者认为，许多民间信仰“可能是由于这些教士的祝福而得以繁荣，与此同时，这些信仰还保留着其多神教的结构，满足了基督教之前的宗教需要”。天主教不仅在菲律宾，而且在拉丁美洲传教取得的成功与这类传教士有相当密切的关系。

以上可以看出，传教士在基督教本土化中曾发挥过重要作用，特别是在基督教传入异教民族的早期，基督教能被当地人所接受，他们起着关键作用。

3. 基督教如何能在异质文化中扎根?

著名学者张志刚在《“宗教中国化”义理沉思》一文中说：“从世界宗教史来看，千百年来几大世界性宗教之所以能够广为传播，其首要条件或前提即在于：它们均能适应不同的文化、民族和社会境遇，并以不同的方式来实现本土化、民族化与处境化。”[②]由此可见，基督教的本土化最为重要的标志就是把传入的西方基督教真正做到与当地文化的融合，变成本土的基督教。只有到那时基督教也才真正地扎根于该民族中了。要想达到这目的，只靠传教士的努力是远远不够的，主要还是要依靠本地基督徒所作的努力，因为只有他们才是当地文化的承载者和实践者。

基督教与当地文化、习俗或民间信仰、民间宗教的结合，有时是个较为漫长的无意识过程。本土的基督徒无意识地把民间信仰和民间习俗带进了基督教中，由此形成了新的本土信仰。这种本土基督教很容易为当地广大民众所接受，并能深深扎根于当地民众中。随着当地土著越来越对这种新的信仰的认同，也会促进当地传教士从原来持反对态度到最终被迫认同接受。

以拉丁美洲为例，天主教之所以能立足扎根于此，与印第安信徒把拉丁美洲原住民膜拜的神祇瓜达卢佩贞女（the cult of Virgin of Guadalupe）转变为拉丁美洲的圣母玛利亚——瓜达卢佩圣母形象有密切关系。这样，它就跨越了文化的壁垒，瓜达卢佩圣母广受当地民众爱戴。在原住民看来，这个圣母才是他们自己的圣母，她完全站在饱受剥夺的拉美人民这边，是

---

① Stewart J.Brown, Timothy Tackett, eds., *The Cambridge History of Christianity* Vol.7, Cambridge: Cambridge University Press, 2008, pp. 452–453.

② 张志刚：《“宗教中国化”义理沉思》，《世界宗教研究》，2016 年第 3 期，第 23 页。

位主持公义，帮助他们脱离苦难的圣母。正因如此，到了 18 世纪中叶，她已在西班牙殖民地各个民族中牢固地扎了根。瓜达卢佩圣母形象的转化过程，正是基督宗教与本地文化、民间信仰融合过程，也是基督宗教本地化的过程。这一过程往往不为传教士所左右，是当地民众自发地把民间的圣女信仰与基督教的弥撒亚救世主思想、千禧年的盼望相结合的结果。这个圣母形象给这些饱受剥夺的原住民是个极大的精神支柱。

基督教本土化的事例尤其在一些独立教会中体现出来。这些教会不只是内容上吸收了当地文化、民间信仰和习俗，其组织形式也往往不同于西方基督教。这不仅体现在神职人员的组成完成了本地化，还体现在本土教会组织有其独特之处，是不同于一般西方传入的基督教教会组织。

以巴西黑人兄弟会为例，他们都是由非洲被运送到美洲的黑奴的后裔组成。早期黑人被卖到巴西时，根据当时葡萄牙法律，要求奴隶主立即给所有的奴隶施洗。但是在农村没有重要的教会存在，葡萄牙奴隶主对福音化不感兴趣，于是就把教授天主教知识的任务转交给了黑人自由民。由此黑人组建成了基督徒兄弟会，他们把新来黑奴吸收到兄弟会中。该会非常重视洗礼，他们把上帝视为父母，认为通过洗礼，就把作为父母的上帝与信徒相连接了，故洗礼成为上帝与他们之间联结的纽带。该组织把天主教组织形式和象征，与非洲人所相信的持续不断的启示结合起来。相信这些启示都是经过灵媒获得。非洲民间信仰都相信咒语和护身符，当他们成为基督徒之后，十字架和圣徒的肖像就成了他们的护身符，深受黑奴们的欢迎，因为它既反映了天主教的肖像观，又表达了中非人的宇宙观：相信宇宙能给信仰者接近灵界的力量。非洲人的传统非常强调葬礼，认为只有通过葬礼才能防止那些死人分离的灵魂在活着的人中游荡并折磨他们。而天主教的一套葬礼仪式，满足他们传统上的需求。黑人基督徒兄弟会这样的组织实际上是天主教与民间信仰的融合体。正是这种融合体才真正完成了巴西黑人天主教的本土化。这种宗教一经形成便一直延续至今，可见其有着强大的生命力，因为它已经把西方基督教真正内化，改造为巴西黑人自己的宗教了。也正因如此，天主教成功扎根于巴西黑人中。①

基督教在非洲的传播之所以成功也与独立教会的产生关系密切。非洲基督教虽传入很早，但在 19 世纪之前并没有真正扎根，当地民众的信仰时

① Stewart J.Brown, Timothy Tackett, eds., *The Cambridge History of Christianity* Vol.7, pp.386–387.

有反复，直到 19 世纪形成了一批独立教会之后，基督教在非洲才牢牢地扎根。19 世纪传教士对非洲的传教运动使撒哈拉以南的不少非洲人接受了基督教。但欧洲人在非洲实施种族隔离政策，自 1880 年开始，一批黑人精英陆续脱离这些教会，创建属于本民族的教会，被称为独立教会或自创教会。它们吸收了非洲本土宗教的元素，特别重视异象和神授能力，不少教会允许多妻制存在。其中有人自称先知，认为上帝拣选了他们担负起特殊的使命。其后不少独立教会采用这些先知的名字命名。①

“到 20 世纪中叶，最大的非洲人自创教会以灵性教会著称。随着《圣经》被译成多种非洲语言，先知式的非洲领袖依照非洲文化实践对《圣经》作自我解释。许多人被吸引到非洲人自创教会中来”②，这些教会非常注重灵疗，既祷告治病，又采用非洲人最喜爱的载歌载舞方式进行传教活动，故取得巨大成功。“到 1984 年，在非洲大陆 43 个国家，非洲人建立了 7000 个独立的本土教会。到 20 世纪 90 年代，南非有超过 40% 的黑人基督徒是非洲人自创教会的成员。”③

独立教会中有些是把欧美传入的基督教加以非洲化，最明显的是南非的锡安教会。它源自美国。1890 年便移植到南非，很快就发展成纯非洲的教会。该教派领导人全是非洲人，实现传统的非洲习俗，包括一夫多妻制，有时奉行图腾仪式，进行驱邪、巫术等活动，还有些结合各自部落的朝圣地仪式，如祖鲁族习俗仪式等。这些教会取得巨大的成功，至今在南非非常兴盛。④正是这些独立教会的发展，成为 20 世纪撒哈拉以南非洲基督教徒爆炸性增长的重要原因之一。

从以上的描述中可以看出，西方基督教要想在原先非基督教地区取得成功，是需要经过本土化的过程，使之变成当地本土的基督教，才能真正扎根。

4. 基督教本土化和与时俱进

2015 年中央统战工作会议上提出了“宗教中国化”这一新概念。这里

---

① 郭佳：《从宗教关系史角度解读基督教在非洲的传播历程》，载《浙江师范大学学报（社会科学版）》，2020 年第 6 期。

② 孙艳燕：《试论当代世界基督宗教发展重心的“南移”》，载《世界宗教研究》，2014 年第 1 期。

③ 同上。

④ 菲利普·詹金斯（Philip Jenkins）：《下一个基督王国：基督宗教全球化的来临》，梁永安译，台北：立绪文化出版，2006 年，第 80 页。

的宗教主要是指我国现有的五大宗教，即佛、道、天、基、伊。对于道教和佛教是否存在中国化的问题，存在着不同看法的，近年来，很多学者从时代性的角度认为，尽管佛道两教在历史上完成了中国化，但今天所说的中国化与历史上的不同，今天更强调的是时代性，即要解决佛道教的现代化的问题，① 也就是佛教和道教要与现代的社会主义社会相适应。从这个含义上，佛道教也存在着中国化的问题。

从时代性的角度看，一切宗教都必须随时代的变化而不断调整与当时当地的文化和社会相结合。自基督教诞生从巴勒斯坦走向地中海，就与希腊罗马文化相结合，使之从犹太教的异端发展成为罗马帝国的国教。

现当代基督教从“北方”向“南方”转移。这个过程也是伴随着基督教“南方化”的过程。“二战”以来，第三世界掀起了民族解放运动，原殖民地国家都纷纷独立，由此对基督教本土化、本色化、处境化的要求更成为各国基督教会的自觉要求。基督教本质是适合穷人的宗教，“二战”后，亚非拉国家纷纷独立，独立并没有给他们社会带来安定和幸福，“南方”基督徒的现实处境，使他们的信仰更加坚定，他们相信，自己的苦难只是暂时的，上帝会帮助他们，将其从困境中拯救出来。《圣经》还赋予他们力量， 反抗压迫，争取自己的社会地位。在这基础上，自 20 世纪 60 年代以来基督教产生了一批代表饱受压迫剥削人民要求得解放的神学思潮。拉美的解放神学、韩国的民众神学、菲律宾的水牛神学、美国的黑人神学、女性神学都是神学处境化的结果。

第三世界基督徒遭受的苦难，也推动了 20 世纪 60 年代的福音运动的发展。其中的灵恩运动在近几十年来在拉丁美洲、非洲发展尤为迅速，这与该运动吸收了当地土著原始宗教中崇拜鬼魂、鬼神等因素，强调通过祷告就能消除这些邪灵附身或噩梦等困扰，特别是灵恩派激烈的崇拜方式，使人完全忘记了痛苦，在精神上得到极大的满足有关。这也与这类教会“为其教友提供了一个别处无法取得的社会网络，还教授他们一些生存技能，让他们可以在一个急速发展的社会里生存下去”有关。为此“拉丁美洲的五旬节派教会对最穷的穷人特别有吸引力”②。以巴西为例：“根据巴西 2010 年人口普查数据，五旬节派信徒约占福音派信众的 60%，占该国总人

① 中国新闻网：《中国学者论佛教和道教中国化 指主要任务是现代化》，https://baijiahao.baidu.com/s?id=1630333051213068285&wfr=spider&for=pc，2022/11/9 下载。

② 菲利普·詹金斯（Philip Jenkins）：《下一个基督王国：基督宗教全球化的来临》，梁永安译，第 104 页。

口的 13. 3%，较十年前增长显著”，“巴西福音派的扩张主要得益于五旬节运动的成功。”① 同样情况发生在当今的非洲，今天的非洲已成为世界几大洲中基督徒人数最多的一个洲。2018 年基督徒人数已达 6.31 亿，占非洲总人口一半以上。

这些都表明基督教本土化或处境化是随着时代的变化而变化的。基督教在某地取得成功，只能表明这一时期它本土化取得了成功，但这不代表它将永远成功，一旦日后它不能适应时代的要求了，也会走向衰败。即使是本土产生的宗教也存在着不断本土化的过程，例如中国的道教在当今的发展与其他几个宗教相比是比较缓慢的，这与它不很适应当代的中国社会有一定的关系。由此可见本土化也有一个不断适应时代性的问题。从这个含义可以说本土化或中国化将是个永无止境的过程。

总之，基督教本土化的过程中不可能是一帆风顺，会遇到各种问题和困难，中国化也同样如此。但基督教必须要立足本土，这是必由之路，故基督教中国化也是中国基督教的必由之路。

结　语

西方基督教在近现代世界的传播与欧洲列强向外殖民有着密切关系。可以说，它是伴随西方殖民者的足迹而遍布全世界的。但西方基督教要想在异质文化中真正扎根必须走本土化之路，也就是必须能适应世界各地不同文化、民族和社会并使之本土化。基督教向异民族传播能否成功，最初与传教士在本土化方面的工作成效有关，但基督教要真正扎根于异民族中则是靠当地信徒在本土化中所做的努力。基督教本土化具有时代性特点，它必须随着时代的变化而变化，因此它不是一劳永逸的事件，而是一个与日俱进不断发展的过程。

① 刘婉儿：《巴西基督教福音派的政治扩张及其影响》，载《拉丁美洲研究》，2021 年第 2 期。

忠贞，渴望改革与同道偕行

——2022 年德国主教团两次全体会议初探

丁锐中 ①

内容提要：德国天主教会在世界天主教会甚至国际局势中都扮演着重要的角色。德国主教团每年召开的春秋两季全体大会都会对其教会和信众产生重要影响。2022 年，德国主教团两次全体大会如期进行。会议主题涉及性侵事件的处理与预防、主教会议之路、对乌克兰局势的关切、五年一次的罗马宗座述职访问等，均显示了他们对罗马圣座的忠贞。从其内容来看，不难发现德国教会对于自身机制改革的迫切性以及对世界和平问题的关注。同时，从德国主教会议之路探讨改革议题及其结束到主教会议顾问委员会的组建，可以看出德国主教团与罗马圣座在教会改革方面存在一定张力。

关键词：德国天主教主教团，主教团全体大会，主教会议之路，罗马述职访问

Loyalty, Eagerness for Reformation and Synodality: Primary Exploration of two Plenaries of the German Bishops' Conference in 2022

DING Ruizhong

Abstract: In 2022, the plenaries of the German Bishops' Conference were held as scheduled. The plenaries topics include the handling and prevention of sexual assault incidents, the Synodal Path, concerns about the situation in

① 丁锐中，陕西省社会科学院副研究员。

Ukraine, and the once every five years Ad-limina-visit to the Roman Holy See. From its content, it is not difficult to find the urgency of the German Catholic Church's reform of its own mechanism and its concern for world peace issues. At the same time, from exploring the reform agenda and its closure of the Synodal Path to the establishment of the Bishop Council Committee, it can be seen that there is a certain tension in terms of church reform between the German Bishops' Conference and the Roman Catholic Church.

Keywords: German Bishops' Conference, the Plenary of the German Bishops' Conference, the Synodal Path (Synodaler Weg), Ad-limina-visit

绪论

近年来，德国天主教会在应对性侵等危机中，积极探索教会内部体制改革。德国主教团（Deutsche Bischofskonferenz, Abk.DBK）还与德国天主教平信徒中央委员会（Zentralkomitee der deutschen Katholiken）组成“主教会议之路”（der Synodale Weg）以发挥平信徒在教会改革中的积极作用。从教会历史发展来看，德国天主教会在教会改革中始终具有先觉引领示范作用，当然这里也需要考量具体历史情境。德国主教团的由来史实正是促成了“梵二”大公会议以后世界各地各国纷纷建立主教团。在德国统一运动背景中，德国天主教会早在 19 世纪中叶就已经开始着手成立主教团，就此与罗马圣座之间存在一定张力，但真正意义上的德国主教团是“梵二”大公会议后才系统建制起来。这一点也说明，德国天主教会对罗马圣座（Heiliger Stuhl）的忠贞，他们并没有走向国家教会。从 2022 年德国主教团两次全体大会及罗马述职之行，可以看出来德国教会迫切改革之心声。虽然德国教会提出的一些改革设想超出地方教会神权范围，甚至被圣座指责走向国家教会，并要求其回归普世教会正在进行的“同道偕行”（Synodality），但是德国教会却又无不体现出他们对圣座的忠贞。

一、德国主教团简史

德国主教团是德国所有罗马天主教教区主教的联合体。除了教区主教外，主教团成员还包括助理主教、辅理主教及部分教区行政人员。目前，德国主教团有 69 名成员，他们分别来自全德 27 个教区。[①] 主教团及其秘书处常驻波恩（Bonn）。此外，主教团在柏林有一个附属办公室，作为主教团的派出机构，代表主教团处理与联邦政府及社会组织有关事务。

2020 年 3 月 3 日，主教团在美因茨 (Mainz) 春季全体会议上选举林姆堡教区 (Bistum Limburg) 主教格奥尔格·巴辛格 (Georg Bätzing) 为主教团主席，任期为六年。他的前任是红衣主教莱因哈德·马尔克思 (Reinhard Marx)。1848 年，第一次德意志地区主教大会在维尔茨堡（Würzburg）举行。[②] 1867 年，德意志地区天主教会的主教们首次在富尔达（Fulda）的“圣博尼费修斯墓地（am Grabe des heiligen Bonifatius）”集会。此后，这一组织成为一个固定性机构。今天的德国主教团就是在这一机构基础上发展而来。从历史演变来看，德国主教团的形成发展可以分为三个阶段：维尔茨堡主教会议（Würzburger Bischofskonferenz,1848–1867）及其后来区域性主教会议是萌发阶段；福尔达主教会议（Fuldaer Bischofskonferenz,1867–1965）是初创阶段；德国主教团（Deutsche Bischofskonferenz,1966–）是成熟完备阶段。

根据德国主教团法第一章之规定，德国主教团的使命是促进修习和共同的神职职责，相互提出建议，对教会工作进行必要的协调，根据联合职责所作出的决定，保持与其他主教团的联系。[③]

德国主教团是建立在“梵二”大公会议所形成的《主教在教会内牧灵职务》（*Christus Dominus*）法令基础上，并通过 1983 年的《天主教法典》[④] 而得以规范化。德国主教团是欧洲主教会议（CCEE）和欧洲共同体主教会议委员会（COMECE）成员。德国天主教教区联盟（VDD）是德国主教团的法人实体。[⑤] 德语世界圣座公告的出版权由德国主教团行使。

根据“梵二”大公会议法令《主教在教会内牧灵职务》及相关规定，德国主教团由全体会议、常务理事会、主席、秘书处和专业委员会组成，

---

① DBK: Vollversammlung. In: Website der DBK. Abgerufen am 26. Mai 2019.

② Wolfgang Weiß: Die katholische Kirche im 19. Jahrhundert. In: Ulrich Wagner (Hrsg.): Geschichte der Stadt W ü rzburg. 4 Bände, Band I–III/2, Theiss, Stuttgart 2001 – 2007; III/1 – 2: Vom Übergang an Bayern bis zum 21. Jahrhundert. 2007, ISBN 978-3-8062-1478-9, S. 430 – 449 und 1303, hier: S. 437.

③ Statut der Deutschen Bischofskonferenz, Kapitel I: Zusammensetzung und Organe, Artikel 1.

④ 《天主教法典》（CIC，Codex Iuris Canonici），Art.447–459。

⑤ Der Verband der Diözesen Deutschlands (VDD). Deutsche Bischofskonferenz, abgerufen am 26. September 2019.

其中全体会议是最高权力机构。①

从 1848 年维尔茨堡集会德意志主教们萌生地方主教团到“梵二”大公会议后德国主教团正式建立的历史进程可以看出，德国天主教会既有对罗马圣座忠贞的表达，又有探索革新之路的诉求。这种系统建制的基础即是圣座颁布的《主教在教会内牧灵职务》及《天主教法典》。德国教会的诉求最终在圣座权威指引下实现，正是个性与忠贞的完美结合。

二、德国主教团 2022 年两次全体会议主题回顾

2022 年德国主教团春秋两季全体会议如期召开。3 月 7 日至 10 日，主教团春季全体会议在十四救难圣人（Vierzehnheiligen）教育与会议中心举行。主教团主席巴辛格主教与 66 名成员出席会议。② 圣座驻德国大使馆总主教尼古拉·埃特罗维奇 (Nikola Eterović) 博士出席大会开幕式并致辞。9月 26 日至 29 日，主教团秋季全体会议在富尔达举行。主教团主席与 66 名成员出席会议，尼古拉·埃特罗维奇总主教出席开幕式并致辞。此外，秋季大会还邀请了法国康布雷总主教区文森特·杜尔曼（Vincent Dollmann）主教和波兰卡托维兹总主教区维克托·斯科沃克（Wiktor Skworc）主教参加开幕式。③

与以往春季会议召开地点不同的是，2022 年春季会议选择在班贝格总教区下辖的十四救难圣人教育与会议中心举办。班贝格总教区是德国巴伐利亚北部地区的总主教区，下辖四个主教区。十四圣人教育与会议中心和十四救难圣人宗座圣殿 (Die Basilika Vierzehnheiligen) 均位于该总教区内的小镇巴德斯塔尔施泰因 (Bad Staffelstein)，两者相距不远。④ 十四救难圣人是天主教会十四位被敬拜的可以驱除疾疫的圣人，起源于 14 世纪的莱茵兰地区黑死病暴发时期，教会认为通过向这组圣人祈祷是可以应对各种疾

---

① 《主教在教会内牧灵职务》法令，第三、四条。Karl Kardinal Lehmann: Vom Dienst am Ganzen. (PDF; 161,56 kB) Rechenschaftsbericht. Deutsche Bischofskonferenz, 14. Februar 2008, abgerufen am 26. September 2019.

② Sieh. Die Zahl der Mitglieder beträgt zurzeit 67 (Stand: November 2022). https://www.dbk.de/ueber-uns/vollversammlung/.

③ https://www.dbk.de/presse/aktuelles/meldung/herbst-vollversammlung-der-deutschen-bischofskonferenz-vom-26-bis-29-september-2022-in-fulda.

④ Günter Dippold und Andreas Bornschlegel: Basilika Vierzehnheiligen. Bad Staffelstein 1992.

病。[①] 后来，这座教堂成为天主教会一所朝圣地。目前世界受尚未退却的新冠疫情困扰又有乌克兰战争雾霾交织影响，德国主教团选择十四救难圣人朝圣地作为 2022 年春季全体会议的举办地点，既是信仰情感的表达，又是教会姿态的体现。

性侵问题处理与机制探讨

主教团巴辛格主教肯定了斯蒂芬·阿克曼 (Stephan Ackermann) 主教 12 年来在这一工作上所取得的成绩。2010 年，特里尔教区主教阿克曼博士被德国主教团委任为教会性侵问题处理代表。阿克曼主教积极与独立机构合作，特别是与儿童性侵问题独立专员 (UBSKM, Die Unabhängige Beauftragte für Fragen des sexuellen Kindesmissbrauchs)[②] 合作，从专业的角度处理儿童性侵问题并建立预防措施。为此，德国主教团成立了受害者咨询委员会。在阿克曼主教推动下，德国 27 个教区都建立了相关问题处理和应对的规范。主教团也采纳了阿克曼主教关于重新组建处理性侵与暴力经历问题的方案。[③] 巴辛格主教在秋季全会报告中阐述了相关内容，比如为了使得程序公开透明，邀请更多机构参与处理性侵事件。组建一个独立的专家委员会，其成员有来自不同学科专业的教外专家、教会内相关专家，还包括受害人员咨询委员会的代表。确保遵守国家和教会的指导方针和要求，建立透明和定期的报告制度。以上种种举措显示了德国天主教会在处理性侵问题上的决心和诚意。巴辛格主教在春季大会上特意对科隆总主教区红衣主教莱内尔·玛利亚·沃尔基 (Rainer Maria Woelki) 恢复工作表示欢迎。2021 年 9 月，沃尔基枢机向教宗方济各提出退省的请求并获得批准。在 2022 年春季会议之前的圣灰星期三（3 月 2 日）返回教区工作。此前，因为科隆总教区涉案性侵神职人员较多，处于风口浪尖的沃尔基主教主动退省。他在一封牧函中提道，“暂停期间使他能够重新审视科隆总主教区的情况，包括他自

---

① Jockle, Clemens. Encyclopedia of Saints. Konecky & Konecky. 2003. Also see, https://www.catholic.org/saints, Fourteen Holy Helpers.

② 儿童性侵问题独立专员办公室隶属于联邦政府，主要职责是处理遭受性侵事件的受害人及其家属的诉 求。https://www.bmfsfj.de/bmfsfj/ministerium/behoerden-beauftragte-beiraete-gremien/unabhaengige-beauftragte/unabhaengige-beauftragte-fuer-fragen-des-sexuellen-kindesmissbrauchs-86324.

③ Presseberichtdes Vorsitzenden der Deutschen Bischofskonferenz, Bischof Dr. Georg Bätzing am 29. September 2022.

己的职责以及涉事者的行为、牧灵发展的可能性、教会的必要改革，甚至系统性的改革。”④

主教会议之路

主教会议之路是德国天主教会内部通过对话协商解决教会所面临现实问题的一种途径。这种新思路起源于教会内对性侵问题的处理。在 2018 年主教团秋季全体会议上，教会公布了为期 4 年的关于性侵问题的调研报告。面对这一棘手的问题，教会本着解决实际问题的态度，在 2019 年主教团春季全体会议上，主教团决定与德国天主教徒中央委员会⑤进行磋商协作，准备于两年内共同召开主教会议之路，这种教会内部对话模式本身不是根据教会法典产生，而是德国教会自身探索解决现实问题的路子，其目的在于给主教团提供解决问题的良策。而主教会议（Synode）的召开，一般需要圣座批准。德国天主教会探索的这一解决现实问题的方法得到教宗支持，并专门去信支持。⑥ 到目前为止，主教会议之路成员共计 227 名。⑦ 主教会议之路的主题基本围绕教会权力重建、神职人员信仰与道德问题、女性在教会的角色及性道德问题等。到目前为止，主教会议之路已经召开五次全体大会，从会议召开的时间来看，前四次大会都是在德国主教团全体会议之前召开，很可能是为了能在主教团大会上讨论相关协作内容。而今年的全体大会是在德国主教团春季全体大会之后召开，显然与 2022 年罗马述职存在关联。第五次全体大会之后，德国主教会议之路停止。取而代之的是主教会议委员会（Synodaler Ausschuss）。巴辛格主教在 2022 年主教团秋季大会上肯定了前四次主教会议之路大会全所取得的重要成果，即形成并通过了七项要求苛刻的决议。这也就进一步促进了德国天主教会的改革。他也承认在主教会议之路召开后有许多截然不同的反应。梵蒂冈曾于 2022 年 7 月 21 日针对在德国教会召开的主教会议之路发表了一份声明。其中这样写道，“为了捍卫天主子民的自由及主教行使的牧职，似乎有必要阐明，在德国的主教会议之路无权要求主教和信众采取新的治理方式和信理及道

④ Dienst wieder aufgenommen. Kardinal Woelki bietet Amtsverzicht an. In: katholisch.de. 2. März 2022.

⑤ http://www.zdk.de/ueber-uns/blick-in-die-geschichte/. Auch Sieh. Thomas Grossmann: “Zentralkomitee der deutschen Katholiken” in Lexikon für Theologie und Kirche, Herder 2001, S. 1431–1432.

⑥ Papstbrief: Ermutigung und Mahnung zum synodalen Weg – Vatican News. 29. Juni 2019.

⑦ domradio.de: Mitglieder des Synodalen Wegs veröffentlicht. Viele bekannte Namen dabei. 13. Dezember 2019.

德上的新做法。在普世教会层级达成一致意见之前，教区启动新的正式架构或信理，是不符合教会法的，有可能伤害教会共融，威胁教会的合一。”① 此前，即 2019 年 6 月 29 日教宗方济各曾去信德国教会并表示支持主教会议之路及其处理危机的态度，但也委婉地告诫德国教会不能单独应对危机，强调圣灵在教会复兴中的中心地位。同时，教宗在信中还表达了普世教会与地方教会之间互相依存关系的观点，“普世教会居住在地方教会内，并赖地方教会而获得滋养；同样地，地方教会居住在普世教会内，在普世教会内昌盛繁荣，并赖普世教会而获得滋养。地方教会假若离开整个教会奥体，必定会日渐衰弱、腐坏、死亡。因此，务必确保与教会整个奥体的共融始终活泼且实际有效。”② 所以圣座在 2022 年的声明中要求德国天主教会将其所形成的议案等内容能够汇集到普世教会正在推进的世界主教会议进程中来，以做出合一的见证。2021 年 10 月，第十六届世界主教会议（2021–2023）开幕。本届会议分为三个阶段，即地方教会阶段（2021 年 10 月 –2022 年 8 月）、大洲阶段（2022 年 9 月 –2023 年 4 月）和普世教会阶段（2023 年 10 月）。目前，圣座正在收集大洲阶段所探讨的提案，为 2023 年十月召开的世界主教会议积极筹备。德国教会所组织的主教会议之路源于处理自身教会问题而成立，而且又早于圣座组织的以“同道偕行”为主题的世界主教会议第一阶段。德国主教会议之路在讨论诸如祝福同性婚姻、女性司铎等一些问题时引发圣座不满，随之招来一些批评。德国主教团似乎坚持更加强硬的姿态，将于今年 11 月召开有平信徒参与的主教会议顾问委员会。2023 年 1 月，教宗方济各对德国主教会议之路发出警告，“德国主教会议之路既包含‘精英主义’又有‘意识形态’。”他还表示，“这既没有益处，也不严肃。”他敦促德国教会“保持耐心，进行对话，陪伴信众走上真正的共议道路”，并“帮助这条更精英化的（德国）道路不会以某种方式结束，而是融入普世教会”③ 。当然，德国教会也是积极参加本次世界主教会议各个阶段的使命任务。正如巴辛格主教所言，“德国教会的主教会议道路

---

① https://www.vaticannews.va/zht/vatican-city/news/2022-07/holy-see-germany-church-synodal-path-convergence-universal-churc.html. Auch siehe, letter of the holy father Francis to the pligrim people of God in Germany. 29.06.2019.

② Ebd.

③ Pope criticizes German reform process as “ideological” and “made by elites”, https://cruxnow.com/vatican/2023/01/pope-criticizes-german-reform-process-as-ideological-and-made-by-elites.

既不寻求分裂，也不走向国家教会。无论谁谈到分裂或国家教会，他都不了解德国天主教徒和德国的主教们。我对这个词所获得的力量感到难过，人们试图用它来否认我们的天主教性和与普世教会保持团结的意愿。”①

五年一次的罗马宗座述职访问

巴辛格主教在秋季大会上宣布准备五年一次的罗马宗座述职访问。德国主教团于 2022 年 11 月 14 至 19 日前往罗马进行五年一次的宗座述职访问 (Ad-limina-Besuch/Quinquennial visit ad limina)。主教团五年一次的罗马宗座述职访问是地区主教必需的义务，每五年主教们必须访谒使徒圣伯多禄和圣保禄墓地，并与教宗会面，报告其教区状况。这是天主教神权统一性的一种体现，各地主教依此表达对教宗的忠诚。德国主教团上一次罗马宗座访问是在 2015 年，按照原计划这次访问应该是在 2020 年，众所周知的原因，新冠疫情的阻隔，只能在 2022 年 11 月进行五年一次的宗座述职访问。11 月 14 日，主教团主席巴辛格主教率领主教团全体成员在圣伯多禄教堂地下会堂举行弥撒礼，他在讲道中重点强调，“教会漫长的历史是一种调和文化与信仰的道路，也是一条相互剖析、批判辨别和渗透的道路。今天处于‘基督教罗马’和‘基督教西方’的人们所惊叹在建筑、艺术、文学、哲学和科学等方面几乎所有的成就都是由于文化与信仰的相互作用而产生。”② 由此可见，五年一次的罗马宗座述职访问是一次以拜谒使徒墓地的形式重温教会历史，进而加深加强对圣座的忠贞。但是这次德国主教罗马述职之行，还有更为重要的事情需要与圣座磋商。11 月 18 日，在罗马的宗座圣奥斯丁学院举行了一场罗马教廷跨部门会议，德国主教们和几位罗马教廷下属部会的部长出席。会议结束后，圣座与德国主教团发表联合公报，旨在推进德国教会进一步处理所面对的问题。正如巴辛格主教在今年春季主教团会议上对这次罗马述职工作总结中提道，“（罗马述职

① Einführungvon Bischof Dr. Georg Bätzing, Vorsitzender der Deutschen Bischofskonferenz, beim interdikasteriellen Treffen anlässlich des Ad-limina-Besuchs der deutschen Bischöfeam 18. November 2022 in Rom.

② Der Ad-limina-Besuch der deutschen Bischöfe in Rom beginnt mit einer Hl. Messe in den Grotten des Petersdoms (14.11.2022), Sieh., https://www.synodalerweg.de/service/aktuelles/meldung/ad-limina-besuch-der-deutschen-bischoefe-in-rom-beginnt.

期间）这次跨部门会议对我们在主教会议之路上的工作也很重要。”[①] 德国天主教会曝出性侵事件以后，罗马圣座一直很关注对此事件的处理并且也向德国教会施加了压力。德国教会在处理性侵事件上也在积极探索应对机制，但其严谨而缓慢的步骤，加之一些议题触动圣座权威，使得圣座对此很不满意。罗马述职期间，圣座对德国教会借会议讨论之际，提出了一些建议。因此，在双方发表的联合公报中指出："众人一致认为，有必要在未来几个月继续聆听和相互对话，使其有助于德国教会主教会议道路和教会的普世同道偕行变得富饶。”[②]

对乌克兰局势的关切

2022 年 2 月 24 日，俄乌战争爆发以来，世界局势发生重大变化。对乌克兰局势的关切也是德国主教团全体大会的主题之一。春秋两季大会所举办的弥撒祭礼都会为乌克兰祈祷。大会上详细讨论了乌克兰战争局势及其政治影响，尤其是对数百万难民在内的受害者的帮助。 春季大会期间，主教团专门为此召开了新闻发布会。出席发布会的人员有：德国主教团世界教会委员会的主席伯特拉姆·迈耶尔（Bertram Meier），乌克兰天主教会的主教博赫丹·祖拉赫（Dr. Bohdan Dzyurakh），德国正义与和平委员会和平问题主持人海因茨·贡特尔·施托贝（Prof. em. Dr. Heinz-G ü nther Stobbe）和长期担任乌克兰明爱主席的安德烈·瓦斯科维茨（Andrij Waskowycz）发言。[③] 主教团主席巴辛格主教强烈谴责俄罗斯的入侵行径，他认为俄罗斯发动的入侵战争是非正义的，是犯罪行为。[④] 此外，德国主教团针对乌克兰战争发表题为《抵抗侵略、赢得和平、支持受害者》的宣言书。[⑤] 在秋季主教团全体大会上，巴辛格主教重新声明这一宣言的有效性，并且他还强调："基督教会的和平伦理是遵循避免和克服暴力的愿景。因此，向战区运送重型武器绝非小事。一方面是非暴力的理想；另一方面，天主教的和平教义也承认自卫防御权。此外，如果公然通过军事占领的方

---

① Presseberlcht des Vorsitzenden der Deutschen Bischofskonferenz, Bischof Dr. Georg Bätzing, am 2. März 2023 in Dresden.

② https://www.vaticannews.va/zh/vatican-city/news/2022-11/german-bishops-discuss-synodal-path-curia.html.

③ Presseberichtdes Vorsitzenden der Deutschen Bischofskonferenz, Bischof Dr. Georg Bätzing am 10. März 2022.

④ Ebd.

⑤ Erklärung der Deutschen Bischofskonferenz zum Krieg in der Ukraine. DBK. 10.03.2022.

式违反国际法以获求回报，从长远来看将造成致命的后果。从目前的情况来看，必须继续支持乌克兰的防御斗争。这是关于一个处在和平欧洲之中的自由乌克兰，教会的首要任务是减轻饱受战争折磨的人们的苦难。”① 德国教会及各种社团在主教团号召下，积极参与到救助难民行动中来。在关注乌克兰局势的同时，德国天主教会支持德国政府向乌克兰提供军事武器用于自卫防御，并且认为这种行为符合国际法。② 但是，梵蒂冈认为向乌克兰提供武器会加速危机升级且难以控制，只有回归谈判才能解决问题。圣座国务卿伯多禄·帕罗林枢机 (Pietro Parolin) 在接受媒体采访时表示："冲突双方应当遵守和落实《明斯克协议》，因为这是防止事态恶化的最佳方式。”③ 2022 年 7 月份，主教团世界教会委员会的主席迈耶尔主教（Bertram Meier）与移民委员会主席史蒂凡·黑塞总主教（Stefan Heße）分别前往乌克兰进行声援之旅。④ 11 月 11 日，在 2022 年的全国纪念日（Volkstrauertag 13.11.2022）到来之际，巴辛格主教与德国新教理事会主席安莱特·库尔舒斯（Annette Kurschus）发表《和平之普世联合声明》，他们声称："乌克兰战争是主权国家为了生存而与残暴侵略者之间的战斗。乌克兰人民是为了自由和民主而战。”⑤

其他主题又如，主教团婚姻与家庭委员会主席柏林总教区主教海纳·科赫（Heiner Koch）博士于秋季大会上介绍了 2022 年 6 月份在罗马举行的第十届世界家庭会议情况。主教团在秋季会议上表明对自杀及协助自杀问题的教会态度。此外，主题还有小学宗教教育课程以及第 37 届世界青年日等事项。

纵观 2022 年德国主教团两次全体大会，具有鲜明特点。第一，2022 年春季会议选择在班贝格总教区下辖的十四救难圣人教育与会议中心举办，

---

① Presseberichtdes Vorsitzenden der Deutschen Bischofskonferenz, Bischof Dr. Georg Bätzing am 29. September 2022.

② https://www.vaticannews.va/de/kirche/news/2022-03/deutschland-bischofskonferenz-versammlung-ukraine-woelki-reform.html.

③ https://www.domradio.de/artikel/vatikan-warnt-vor-waffenlieferungen-die-ukraine. 07.04.2022.

④ Presseberichtdes Vorsitzenden der Deutschen Bischofskonferenz, Bischof Dr. Georg Bätzing am 29. September 2022. Auch siehe. https://www.dbk.de/themen/krieg-in-der-ukraine.

⑤ 11.11.2022: Ökumenischer Appell für den Frieden. Präses Kurschus und Bischof Bätzing zum Volkstrauertag. https://www.dbk.de/themen/krieg-in-der-ukraine.

以往春季会议都是在美因茨召开，选择十四救难圣人圣地举办春季大会，有宗教信仰的寄托，即以通过十四圣人代祷驱除疾疫。第二，两次会议主题都涉及俄乌战争。除了谴责俄罗斯的入侵行为外，德国天主教会为乌克兰难民提供了救济并由主教前往乌克兰进行声援访问。第三，性侵问题的处理机制逐步得到完善，并形成相关决议文件。第四，主教会议之路仍然为 2022 年春秋两季全体会议的中心主题。前文已经阐述了德国主教团的简史及其建制体系中所蕴含的德国教会与圣座之间的张力。德国教会在改革方面，虽然遭受圣座指责有国家教会倾向，但其却尽量宣示对圣座的忠贞。2022 年德国主教团的两次全体大会无不显示出他们强烈的渴望改革心态，但由于一些议题触及普世教会神圣权威，甚至被指责有分裂倾向。因此，圣座一直呼吁德国教会能在涉及教义改革问题回到正在进行的"同道偕行"的世界主教代表会议上来。最后，罗马述职访问。在前往罗马述职访问之前，德国教会在秋季主教团全体大会上对此事就做出讨论和安排，足见对圣座一如既往地忠贞。为此，在罗马述职访问期间，德国天主教会与圣座发表联合公报，并于今年终止主教会议之路，代之为主教会议顾问委员会。这一结果表明，德国天主教教会在表示忠贞的同时，也保留了独立处理问题的权力。

三、小结

2022 年，德国主教团如期召开的春秋两季全体大会是值得关注的宗教动态。德国主教团全体大会在德国天主教会内是具有最高权威性的机构，其形成的决议文件都会对德国天主教会产生重要影响。与前几年春秋两季全体大会重点主题相同的是，关于性侵事件的处理是重中之重。自性侵事件被披露以来，德国天主教会一直积极处理相关人员并赔偿受害者及其家属。与此同时，德国天主教会也在探索相应的预防机制。2022 年春秋两季大会上，全体主教在主教团主席的带领下，已经形成多种决议文件。自 2019 年以来，德国主教团与德国天主教平信徒中央委员会合作召开的主教会议之路是每次主教团全体会议的重点主题。这种神职人员与平信徒合作对话的模式开启了德国天主教会改革之路。截至目前，主教会议之路已经连续召开五次大会，会议所形成的文件得到各界好评，为德国天主教会改善形象提供了条件。但由于德国主教会议之路在提出祝福同性婚姻、女性司铎等议题上，接连遭到圣座批评之声并要求德国主教会议之路能够与正在进行的世界主教代表会议阶段共同探讨教义等相关问题。五年一次的罗马宗座述职访问是 2022 年秋季大会的一个重点主题，主教团也于 2022 年 11 月完成罗马述职访问之旅。访问期间，德国教会向圣座及时汇报包括主教会议之路在内的各项议题成果，体现了对罗马圣座的忠贞。鉴于主教会议之路一些议题触及圣座权威，圣座特别组织德国主教与圣座多个部门进行研讨，并发表联合公报。这其中也体现了德国主教团与圣座之间存在一定的张力，德国教会因为性侵事件而积极探索处理机制并就一些议题提出改革，但随之招来圣座的批评并要求其回归教会合一。这种张力的结果最终使得双方达成联合公报，德国主教团终止了主教会议之路而代之为主教会议顾问委员会。

此外，自乌克兰战争爆发以来，德国主教团全体会议对该事件表达了坚定的态度和深切的关注，教会组织团体积极救助在德乌克兰难民，并且还有主教团成员前往乌克兰开展声援之旅，充分彰显了教会对世界和平的极度关切。

现代天主教社会训导研究综述

周兰兰 ①

内容提要： 现代天主教社会训导指19世纪末以来由教会训导权威颁布的一系列关于社会问题的教导，传承至今已成为天主教系统化神学的重要组成部分。20世纪中叶以来，中西方学界皆对天主教社会训导展开研究。其中西方学界的研究全面系统，庞杂多维，且呈现出较为明显的阶段化特征，而中国学界的研究也开始起步，并在进入新世纪后呈现出较为明确的研究路向和类型。中西方已有研究在全方位地展现天主教社会训导的传承与发展的同时，也为未来的研究奠定基础并指明方向。

关键词： 现代，天主教社会训导，综述

A Review of Research on Modern Catholic Social Teaching

ZHOU Lanlan

Abstract: Modern Catholic social teaching refers to a series of teachings on social issues issued by the church's Magisterium since the end of the 19th century, which has become an important part of Catholic systematic theology. Since the middle period of the 20th century, both Chinese and Western academic circles have carried out research on Catholic social teaching. Among them, western academic research is comprehensive and systematic, complex and multi-dimensional, and presents a relatively obvious stage characteristic, while Chinese academic research also starts in this period, and presents a relatively clear direction and type after entering the new century. Existing studies in China

① 周兰兰，东北师范大学马克思主义学部副教授。

and the West not only comprehensively show the inheritance and development of Catholic social teaching, but also lay the foundation and point out the direction for future research.

Key words: Modern, Catholic social teaching, review

一般而言，现代天主教社会训导指肇始于 1891 年教宗良十三世颁布《新事》通谕并包括其后继的诸位教宗颁布的一系列针对社会问题的相关教导，这些教导既是教会掌权者针对当时的社会问题提出的普遍性原则，又包括对其的实践应用。经过了一百三十年的发展，天主教社会训导已经成为天主教基础神学的重要组成部分。从“教会保存最好的秘密”①到“教会信仰的核心和关键要素”②，天主教社会训导在教会内的地位和作用亦不断提升。与此相适应，20 世纪中叶以来，西方学界对天主教社会训导的研究系统地铺陈开来，涉及范围相当广泛，研究成果也极为丰富多样。同时，我国学界也开始注意到天主教社会训导，以港台为先声，学者们围绕现代天主教社会训导亦做了初步探索。综合考量国内外学术界对天主教社会训导的关注与研究，有助于概观天主教社会训导的研究进展，奠定进一步探究的基础。

一、西方学界天主教社会训导研究状况

综观西方学界的代表性研究成果及其发展趋势，可以发现西方对天主教社会训导的相关研究存在一定的阶段性特征：即，20 世纪 50 至 90 年代为基础性研究；20 世纪 90 年代至 21 世纪初以专门性研究为主；21 世纪初至 2015 年《愿你受赞颂》通谕颁布前的多元性研究；以及《愿你受赞颂》通谕颁布以来以生态神学为代表的应用性研究。当然，对于社会训导研究的阶段划分只是一个趋向性的归纳，事实上这些研究还存在很多的交叉性，不同的研究成果之间也在不断地借鉴补足，共同构成了社会训导

① See Peter J. Henriot, Edward P. Deberri, Micheal J. Schultheis, *Catholic Social Teaching--Our Best Kept Secret*, The third revised and enlarged edition by Orbis Books Maryknoll New York, and Center of Concern Washington, D.C., 1992.

② Reflections of the U.S. Catholic Bishops, *Sharing Catholic Social Teaching: Challenges and Directions*, 1998, http://www.usccb.org/beliefs-and-teachings/what-we-believe/catholic-social-teaching/sharing-catholic-social-teaching-challenges-and-directions.cfm.

研究的整体。

20 世纪 50 至 90 年代，西方学界对社会训导的研究开始兴起，此时学者更多进行的是基础性研究，即对各社会训导文献的分析解读及对其发展脉络的梳理总结。目前可以找到的较早涉足天主教社会训导的研究是 20 世纪 50 年代约翰 · F · 考宁（John F. Cornin）神父对社会训导做的一系列反省。他的研究不是典型的基础文献解读，而是更关注社会训导的实践与应用，可谓切实抓住了社会训导的关键之处，也为后续的研究展开提供了方向指引。他在《天主教的社会行动》中探索使美国经济生活与基督宗教的社会原则更一致，且坚持认为天主教社会训导有利于社会秩序的和谐与繁荣[①]。在《天主教的社会原则》一书中，考宁神父阐明天主教社会训导所设立的社会经济原则提供了规范的价值观念，如能切实贯彻将可以解决多数的社会经济问题。[②] 而稍晚一些的安妮 · 弗里曼特尔（Anne Fremantle）编写的《教会的社会训导》则是典型的基础研究，她将从良十三世到教宗若望二十三世的教宗文件和其他社会文献做了一个汇编，并对每位教宗的生平及其所处时代做了简要介绍，尝试将训导文本重置于其所颁布的原初场景中，展现出其颁布者的准确社会思想[③]。这一时期比较有代表性的著作是作为罗马宗座正义与和平委员会顾问的多纳尔 · 多尔（Donal Dorr）的《优先关爱穷人：梵蒂冈社会训导一百年》[④] 和大卫 · J · 奥布莱恩（David J. O' Brien）与托马斯 · A · 香农（Thomas A. Shannon）共同编写的《天主教社会思想——文件的传承》[⑤]，多纳尔 · 多尔在其书中既考察了百年来社会训导的发展历程，同时也指出，社会训导实质上是对穷人和无权者的保护，鼓励他们为社会公义而斗争，这一定位准确地抓住了社会训导的本质；而《天主教社会思想——文件的传承》一书作为一部社会训导文献汇编性质

---

① John F. Cronin, *Catholic Social Action*, Milwaukee: Bruce Publishing Company, 1948.

② John F. Cronin, *Catholic Social Principles: The Social Teachings of the Catholic Church Applied to American Economic Life*, Milwaukee: Bruce Publishing Company, 1950.

③ Anne Fremantle, edited, *The Social Teaching of the Church*, New York: The New American Library, 1963.

④ Donal Dorr, *Option for the Poor: A Hundred Years of Vatican Social Teaching*, Gill and Macmillan Ltd, First edition published 1983, Revised edition 1992. The third edition was published by Orbis Books, Maryknoll, New York in 2012 with a new title *Option for The Poor and for The Earth: Catholic Social Teaching*.

⑤ David J. O' Brien and Thomas A. Shannon edited, *Catholic Social Thought: The Documentary Heritage*, published by Orbis Books, 1992.

的著作，系统编辑了从良十三世的《新事》通谕以来的教会官方文本[①]，且在每篇文献之前都附上了一篇介绍性的论文和有用的注释，使其成为教授天主教社会训导的重要教学工具书。此外，这一时期还有很多向大众介绍天主教社会训导的基础性著作，如彼得・J・亨里厄特（Peter J. Henriot）等的《天主教社会训导：我们保存最好的秘密》[②]，西奥多・海尔（Theodor Herr）的《天主教社会训导：一本有基督宗教洞见的教科书》[③]，以及查尔斯・E・卡伦（Charles E. Curran）等编写的《官方天主教社会训导》[④] 等。同时，这一时期还开始出现一些探索运用其他的社会科学方法研究天主教社会训导的相关作品，如卡米勒斯・埃尔斯伯曼（Camillus Ellspermann, O.S.B）探索以社会学的研究方法来确定天主教产业工人对教会社会训导的熟悉程度和相关运用[⑤]，以及针对社会训导中的一些核心主题的研究，如克里斯汀・E・古多夫（Christine E. Gudorf）的《天主教社会训导论解放主题》[⑥]，对教宗良十三世以来教会社会训导所阐述的关于解放的五个主题的发展做了系统梳理，以廓清当时教会内关于解放神学的争论。上述的这些基础性研究增进大众对天主教社会训导了解的同时也扩大了天主教社会训导的社会影响，对后来研究的兴盛起了推动作用。

20 世纪 90 年代至 21 世纪初期，西方学界对社会训导的研究蓬勃发展起来，这一时期的研究呈现出主题性和专门性特征。1991 年，被称作社会训导泰斗的教宗若望保禄二世发表《百年》通谕，引发全球对社会训导的广泛关注，加之当时世界政治经济格局发生巨大变化，因而西方学界开始

---

① 注：该书于 2010 年出版了拓展版，因而收录文献截止到 2009 年教宗本笃十六世的《天主是爱》通谕。

② Peter J. Henriot, Edward P. Deberri, Micheal J. Schultheis, *Catholic Social Teaching--Our Best Kept Secret, first U.S. edition of Our Best Kept Secret, The Rich Heritage of Catholic Social Teaching* is in 1985 by the Center of Concern, Washington, D.C.. Revised and enlarged edition of it is in 1987, second revised edition of *Catholic Social Teaching: Our Best Kept Secret* in 1988 by Orbis Books and the Center of Concern. The third revised and enlarged edition by Orbis Books Maryknoll New York, and Center of Concern Washington, D.C., 1992.

③ Theodor Herr, *Catholic Social Teaching, A textbook of Christian Insights*. First published in Germany in 1987, first published in Great Britain 1991 by New City.

④ Charles E. Curran and Richard A. McCormick, S.J. edited, *Readings in Moral Theology No.5: Official Catholic Social Teaching*, Paulist Press, 1986.

⑤ Camillus Ellspermann, O.S.B, "Knowledge of Catholic Social Teaching Among 45 Catholic Industrial Workers", in *The American Catholic Sociological Review*, Vol. 17, No.1 Mar., 1956, pp. 10–23.

⑥ Christine E. Gudorf, Catholic Social Teaching on Liberation Themes, University Press of America, 1980.

偏重对社会训导中经济和政治主题的研究。经济主题方面，玛丽·E·霍布古德（Mary E. Hobgood）的《天主教社会训导与经济理论：范式冲突》① 一书从世俗的、经济的以及政治科学的角度对官方天主教社会训导进行了分析，阐明了天主教社会训导对经济运作方式的观点及原则，清晰反映了天主教在面对20世纪的经济状况时的想法和做法，并指明了其局限性和潜力；阿尔比诺·F·巴雷拉（Albino F. Barrera）填补了伦理神学与经济理论关系研究的空白，他在《现代天主教社会文献与政治经济学》② 一书中认为天主教社会训导与西方经济保持同步发展，他回顾指出，天主教会对经济的训导内容在一百多年的历史中一直随着经济发展在改变，正是这些改变使得社会训导能够通过促进经济公正来提升大众福祉。马文·L·克里尔·米奇（Marvin L. Krier Mich）的《天主教社会训导与运动》③ 一书以一种独特的"自下而上"的视角展开，既阐明了官方天主教社会训导的传承与发展，又极为敏感地关注了过去一百多年以来为社会公义而奋斗的个人及社会运动。以这种方式，米奇将核心训导及其主题与当时的诸如经济公义、战争与和平、解放神学、种族与性别等政治热点问题联系起来。托马斯·马萨罗（Thomas Massaro）的《天主教社会训导与美国的福利改革》④ 盘点了天主教社会训导中的相关资源，分析和探索了如何利用这些资源来评估美国新的福利法案。《新政治：二十一世纪的天主教社会训导》⑤ 按照不同的发展阶段和政治主题将天主教社会训导的发展脉络进行了梳理，清晰展现了天主教社会训导对政治论题的关注及其发展，堪称是对新世纪伊始重要的政治和社会思想的重大贡献。除此之外，还有类似的针对某些具体社会问题来梳理社会训导中有关观点的发展，进而用以分析和解决社会问题的研究成果，如道恩·M·诺韦尔（Dawn M. Nothwehr）的《愿他们合一：

---

① Mary E. Hobgood, *Catholic Social Teaching and Economic Theory: Paradigms in Conflict*, Temple University Press, 1991.

② Albino Barrera, O.P., *Modern Catholic Social Documents and Political Economy,* Georgetown University Press, 2001.

③ Marvin L. Krier Mich, *Catholic Social Teaching and Movements*, Twenty–Third Publications, 1998.

④ Thomas Massaro: *Catholic Social Teaching and United States Welfare Reform*, Collegeville, Minn., Liturgical Press, 1998.

⑤ Paul Vallely edited, *The New Politics: Catholic Social Teaching for the Twenty-first Century*, Landon: SCM Press, 1998.

天主教社会训导论种族主义、宗族主义和仇外情绪》，填补了教会社会训导在种族问题上研究的匮乏，以及斯尼戈基·约翰·亨利（Sniegocki, John Henry）的博士论文《天主教社会训导与第三世界》[①] 认为天主教社会训导的传统可以通过深入分析资本主义政治、文化危机等问题，从而为现代社会发展所带来的诸如贫富差距扩大、广泛而严重的生态及社会危机等各种问题提供洞见，并提出建设性的指导意见。这些主题性和专门化的研究成果，将学界对天主教社会训导的研究进一步深化，并积极推动了其在实际社会生活领域的运用与发展。

2004 年梵蒂冈官方文献《教会社会训导汇编》的出版，引发全球对社会训导的关注和研究高潮，至教宗方济各的《愿你受赞颂》通谕颁布前，这一时期的社会训导研究展现出多元化的特征：第一，在研究对象与进路上，除了基于文本的研究外，还有基于相关人物具体观点的研究；除了基于训导文本本身的分析评论，还出现了许多针对文本的历史性研究，即注重发掘社会训导的圣经及历史传承。前者如杰弗里·特兰齐洛（Jeffrey Tranzillo）的《若望·保禄二世论脆弱》[②] 即基于若望·保禄二世的经历、行为及一系列相关训导来梳理他对弱势群体的观点，作者面对着认为严重残疾、老年人及濒死的人不值得关注与支持的潜在的文化假设，指明若望·保禄二世构建的神学人类学为真正的弱势群体人类学奠定了基础，提供了当时迫切需要的对弱势群体人类学极为重要的哲学和神学的全面审查。后者如肯尼思·R·海姆斯（Kenneth R. Himes, O.F.M.）等编写的《现代天主教社会训导——评论与诠释》[③]，该书聚集了天主教社会伦理学领域最杰出的学者，为主要的社会训导文献提供了恰当精准的评论，并从神学、教会学以及历史学的维度对社会训导文献进行阐释，出版以来已成为关注天主教社会训导的学者、学生以及牧职人员必备的标准参考书[④]。此种类型的研究成果还有 J·米尔本·汤普森（J. Milburn Thompson）的《介绍天主教

① Sniegocki, John Henry, *Catholic Social Teaching and the Third World,* University of Notre Dame, ProQuest Dissertations Publishing, 1999.

② Jeffrey Tranzillo, *John Paul II on the Vulnerable*, the Catholic University of America Press, 2012.

③ Kenneth R. Himes, O.F.M edited, *Modern Catholic Social Teaching: Commentaries& Interpretations*, Georgetown University Press, 2005.

④ 注：该书已于 2018 年出版最新扩展版本，收录了《愿你受赞颂》通谕等最新教会训导文献。

社会思想》[①] 和大卫·马茨科·麦卡锡（David Matzko McCarthy）的《天主教社会训导的核心——渊源及其当代重要性》[②]；第二，在研究主题上，随着研究的深入，社会训导的其他主题纷纷被发掘，如社会公义问题、战争与和平问题、大众福祉问题以及教会的社会角色问题等都有专门的著作问世；而且还有很多研究成果本身即按照不同的主题来梳理教会的社会训导文献。前者的代表如《天主教视角论和平与战争》[③]，该书系统回顾了教会关于战争与和平的社会训导，特别是关于正义战争的理论及其应用，并以深刻的神学反思结束；还有《天主教社会公义——神学的与实践的探索》[④]，牢牢抓住了天主教社会训导最核心的主题之一——社会公义，并尝试将神学反省与社会实践结合起来，为推动社会公义理论的发展作出了重要贡献。后者的代表如《天主教社会训导读本——普世教会的选定文件1891-2011》[⑤]，即划分了七个主题对社会训导文献进行汇编梳理，分别为人性尊严、社会结构与基础、发展、经济公义、劳工、政治社群以及教会与社会，这样的处理不仅能加深人们对社会训导的理解，同时还能凸显出社会训导的当代价值；第三在研究类型上，除了基础研究外，还有许多现实应用研究，有代表性的成果如斯坦·朱洛（Stan Chullo）的《教会与非洲的发展——天主教社会伦理视角下的援助与发展》[⑥] 及埃利·萨沙兰·麦卡锡（Eli Sasaran McCarthy）的《成为非暴力的和平缔造者：关于天主教社会训导和美国政策的德性伦理》[⑦] 等；第四在研究向度上，除了纵向的历史研究外，还有跨文化的横向比较研究出现，如大卫·所罗门（David

---

① J. Milburn Thompson, *Introducing Catholic Social Thought*, Orbis Books, 2010.

② David Matzko, McCarthy, *The Heart of Catholic Social Teaching: Its Origins and Contemporary Significance*, Brazos Press, 2009.

③ Thomas J. Massaro, S.J. and Thomas A. Shannon, *Catholic Perspectives on Peace and War*, Rowman & Littlefield Publishers,Inc. 2003.

④ Philomena Cullen, Bernard Hoose and Gerard Mannion edited, *Catholic Social Justice: Theological and Practical Explorations*, T&T Clark, 2007.

⑤ John T. Richardson, *Readings in Catholic Social Teaching: Selected Documents of the Universal Church, 1891-2011*, Wipf & Stock, 2015.

⑥ Pete Henriot, *The Church and Development in Africa: Aid and Development From the Perspective of Catholic Social Ethics*, Pickwick Publications, 2011.

⑦ Eli Sasaran McCarty, *Becoming Nonviolent Peacemakers: A Virtue Ethic for Catholic Social Teaching and U.S. Policy*, Wipf & Stock Pub, 2012.

Solomon）等编著的《大众福祉：中国与美国的视角》[①] 即比较了东西方哲学传统对于大众福祉的不同观点，并在大众福祉的践行上特别高扬天主教社会训导的辅助性原则。这一阶段关于天主教社会训导的研究主题多元、形式多样，可谓社会训导研究的“百花齐放、百家争鸣”时期，很多研究进路与方法为后来的研究提供了范例。

2015 年，教宗方济各颁布了首个针对生态问题的社会通谕《愿你受赞颂》（Laudato Si’），全面阐述了教会关于生态问题的观点和态度，并提出了教会的整全生态学（Integral Ecology）。新通谕的颁发引发了学界的高度共鸣与重视，开启了对教会生态神学的广泛系统的应用性研究。整全生态首先被定位于天主教社会伦理的研究脉络中。虽然天主教整全生态的提出被赋予了如“认识论转向”[②] 这样的宏大意义，但多数学者仍然坚持将之置于天主教神学和伦理传统中进行考量，特别是天主教社会训导和解放神学这两个传统。前者的代表如著名的环境问题专家肖恩·麦克唐纳（Sean McDonagh）神父，他在其发表的首批对教宗通谕的评论中即主张在天主教生态神学和伦理传统中考察整全生态，并强调要关注方济各的前任教宗们的相关社会训导[③]。还有曾任罗马宗座正义与和平委员会顾问的多纳尔·多尔（Donal Dorr）也将整全生态“优先关爱穷人和整个地球”的核心呼吁作为天主教社会训导传统的新发展[④]。后者的代表是丹尼尔·卡斯蒂略（Daniel P. Castillo），他主张将方济各对生态的整全方法根植于解放神学的土壤中，通过与古铁雷斯的“整全解放”概念做对比，梳理出其丰富的变革潜力[⑤]。对其研究脉络的考察分析是定位和定性天主教整全生态思想的必然要求。在此基础上，学界对整全生态的应用研究围绕两个主题展开：聚焦整全生态的跨学科对话和探究整全生态的实践路径。

总体而言，西方学界对天主教社会训导的研究非常深入和广泛，对其

---

① David Solomon, P.C.Lo, edited, *The Common Good: Chinese and American Perspectives*, Springer, 2014.

② Pablo A. Blanco: “LAUDATO SI’—Care for Creation at the Center of a New Social Issue”, in *Journal of Religious Ethics*, 46.3:425 - 440. 2018.

③ Pope Francis, *On Care for Our Common Home, Laudato Si': The Encyclical of Pope Francis on the Environment*, with Commentary by Sean McDonagh, Orbis Books, 2016.

④ Donal Dorr, *Option for the Poor and for the Earth*, Orbis Books, 2016.

⑤ Daniel P. Castillo, *An Ecological Theology of Liberation: Salvation and Political Ecology*, Maryknoll, Orbis Books, 2019.

所涉猎的社会问题几乎都有关注，特别是新世纪以来，研究更展现出深远广博的态势，这也在某种程度上说明天主教社会训导在西方社会的影响愈深。尽管西方学界对天主教社会训导的研究视角和关切都留有西方文明的烙印，与中国文化系统及视角不完全相容，但其所探索的天主教社会训导之于人类文明的影响和积极作用，特别是最新的研究对生态伦理的持续关注，却是值得我们思考和借鉴的。

二、国内学界天主教社会训导研究状况

与西方相比，国内学界对天主教社会训导的重视和研究还有待深入和系统化。由于特定的历史原因，港台与内地的天主教研究状况有很大差别。自 20 世纪中叶开始，港台学界就开始致力于天主教官方训导文献的中文译介工作，并以丛书形式出版了教宗良十三世及以后历任教宗的通谕、劝谕等文件中译本。20 世纪 70 年代以来，港台学者关注社会训导中与教友生活紧密相关的主题，如婚姻家庭伦理、生态伦理等，其中以台湾的金象逵和张春申为代表。2001 年，部分香港天主教界人士编辑出版了《公义道中寻——天主教社会训导简易本》，推介天主教社会训导。2005 年，围绕教廷出版《教会社会训导纲要》，又恰逢“梵二”会议闭幕四十周年，台湾辅仁大学特召开主题为“普世价值与本土关怀：天主教社会思想”的专门学术研讨会，与会论文分为两部分，一部分诠释天主教的社会训导，一部分则反省港台本土的现实状况。2007 年，辅仁大学召开第二次国际学术研讨会，主题为“生活品质与天主教社会思想”，再次将天主教社会思想与港台人民的现实生活结合起来，以求能萃取并传扬社会训导的精华以解决现实的困境。[①]2011 年香港真理学会出版了《教会社会训导汇编》[②]中译本，进一步推进了社会训导在汉语学界的研究。2013 年，辅仁大学又召开了“天主教社会理论学术研讨会”，邀请了海峡两岸暨港澳的学者参加，就教会的社会理论在现代社会、伦理、经济及教友生活中之影响及行动方向进行讨论，旨在推展天主教社会理论的中文化。

对教廷文件的译介以及相关国际学术研讨会的召开，展现港台学界研究成果的同时，也有力地推动了汉语学界对天主教社会训导的重视和深入

① 参见胡国桢主编:《生活品质之源泉——天主教社会思想论文集续篇》，台湾：光启文化事业，2008 年。

② 参见梵蒂冈宗座公义与和平委员会：《教会社会训导汇编》，公教真理学会出版，2011 年。

研究。港台与内地同文同种，其对天主教社会训导的研究和反省无疑对内地学界有重要借鉴价值，但毕竟港台地区具有较强的特殊性，其研究对内地没有“普适性”。

内地学界对天主教的社会训导关注较晚。新中国成立后相当长的一段时期内，由于众所周知的原因，各种宗教的研究都没有得到应有重视，天主教作为外来宗教尤其如此，零星的研究也都带有浓厚的政治意识形态色彩。直到 80 年代后改革开放带来思想解放，内地学者的天主教研究才逐渐呈现新的面貌，开始客观地审视和评价天主教会的社会思想和活动，若干专业学者投入对拉美解放神学的研究并取得了较为丰硕的研究成果，安希孟、徐世澄、张金鉴、杨煌、王瑾等是杰出代表。内地学界关注天主教社会训导具体文件并有所著述则是殷叙彝 1994 年刊发的《教皇通谕〈一百周年〉和天主教“社会教义”》①，该文介绍并分析了百年来社会训导观点的变化及与社会发展的关系，点到为止地指出社会训导应成为我国学界重视并深入研究的重大问题。进入新世纪后，一批内地学者开始致力于社会训导的介绍和相关研究，但他们的研究各有角度，可简略归纳为宗教学学科发展角度、天主教社会训导的现代价值角度、教会社会思想及文献的历史解读角度和中国教会社会服务与个案角度四个类型。

第一，着眼于宗教学学科发展完善及文化比较交流，以何光沪、卓新平和王美秀为代表。何光沪以人性尊严这一社会训导核心原则为切入，比较基督宗教和儒教的差别，强调抽象理论对于制度安排的巨大影响力。在《天主教社会教义与中国社会和教会》②一文中，他对《教会社会训导汇编》做了全面系统的介绍，阐明中国社会和教会以及港澳台地区对教会社会训导的认识及差距，反映了中国社会和教会当前的实际状况，并呼吁中国学术界解放思想，实事求是，不抱先入之见对其全面深入地研究。卓新平亦站在文化交流与发展的立场上组织翻译德国天主教神学家、社会活动家若瑟·何夫内尔的《基督宗教社会学说》③，向我国学界推介天主教的社会训导。王美秀在其专著《当代基督宗教社会关怀理论与实践》④中专门对

---

① 殷叙彝：《教皇通谕〈一百周年〉和天主教“社会教义”》，载《欧洲》，1994 年第 2 期。

② 何光沪：《天主教社会教义与中国社会和教会——从〈教会社会教义纲要〉说起》，刊于李秋零、杨熙楠主编：《现代性、传统变迁与汉语神学》，华东师范大学出版社，2009 年

③ 何夫内尔：《基督宗教社会学说》，宁玉译，雷立柏校，华东师范大学出版社，2010 年。

④ 王美秀：《当代基督宗教社会关怀理论与实践》，上海三联书店，2006 年。

天主教的社会关怀进路，即社会训导做了奠基性的介绍和研究。

第二，着眼于中国天主教自身的发展乃至社会训导的重要价值，以赵建敏、陈开华、谭立铸等天主教界人士为代表。他们致力于在天主教社会训导与中国现代文化价值取向间找到相通点，寻求二者的共同发展与繁荣。例如赵建敏曾发表多篇论文论述天主教社会伦理与中国伦理的契合与融入，收录于《二思集》① 中。陈开华神父从塑造个体人格角度分析了社会训导对中国社会道德重建的可能性贡献②。谭立铸博士从教宗本笃十六的《在真理中的爱德》通谕中所阐述的教会经济观的分析，阐明社会训导对当代最新的社会经济形势可以并应该发挥其重要作用。③

第三，着眼于天主教社会思想及某些社会训导文献的历史与文化解读，以彭小瑜、彭琦、高喆等为代表。彭小瑜发表了一系列关于天主教社会思想的研究论文，从历史学的视角对社会训导中的战争与和平的观点、物权观点、人权和人的尊严等都做了深入的解读，特别是他提出两种考察天主教社会思想的角度，以及试图通过典型社会活动家的思想和活动展现将教会社会思想传统与现实社会结合的努力，都为继续研究奠定了良好基础。彭琦考察了天主教社会训导在美国天主教新保守主义兴衰中的作用，间接阐明了天主教的社会思想在现代化进程中面临的问题④。高喆从私有财产权、劳动与资本的关系等方面入手，对教宗若望·保禄二世的《工作》通谕做了系统解读。⑤

第四，着眼于中国教会的社会服务工作及相关个案研究，以陈建明、晏可佳、刘继同和左芙蓉等为代表，并有若干以此为主题的硕士和博士论文出现。此外，值得注意的还有中国社会科学院与德国米苏尔社会发展基金会 2005 年共同主办的“基督宗教社会学说及社会责任”国际研讨会，在社会责任、基督宗教的社会学说与实践领域展开讨论，形成了一系列有建

---

① 赵建敏：《二思集：基督信仰与中国现代文化的相遇》，宗教文化出版社，2010 年。

② 陈开华：《个体人格及人的社会性实践——天主教社会训导对当代中国社会道德重建的可能性贡献》，载《中国天主教》，2011 年第 6 期。

③ 谭立铸：《经济的人与人的经济——从〈在真理中的爱德〉通谕看天主教的经济观》，载《基督宗教研究》，第 13 辑，2010 年。

④ 参见彭琦：《美国天主教新保守主义的兴衰》，载《美国研究》，2009 年第 3 期。

⑤ 参见高喆：《合作创造与资本主义——论若望保禄二世的〈工作〉通谕》，载《基督宗教研究》，第 13 辑，2010 年。

设性的对话成果①。

如上所述，内地学者对天主教社会训导做了非常有意义的探索和研究，奠定了继续研究的基础。但是已有研究基本都是简单介绍或针对某一问题的零散文章，至今尚未有系统的研究专著，亦缺乏针对社会训导的思想传承与现实实践的系统研究。

三、简要述评

现代天主教社会训导从其诞生以来的历史发展看，已经有一百三十年的传承；从其文本载体看，它涵盖了二十余份教宗通谕及其他重要文件；从其核心原则看，它是一个多原则交织相关的整体；从其作为一个开放的系统看，它的训导内容和视野不断地拓展变化，构成了天主教会回应时代信号的广阔传统。时至今日，天主教社会训导已经成为天主教会信仰的核心要素之一，并仍保持生机勃勃的发展活力，因此，对之进行关注和研究是了解当代天主教发展动态的重要途径之一。

西方学界对现代天主教社会训导的研究呈现出系统深入、丰富多样的样态：既重视精细的文本研究与分析，更推崇具体的原则实践与应用；既关注人类社会生活中的重大现实问题，又探索教会思想传承中的核心理论发展；既秉承传统的研究方法与视野，又灵活运用跨学科比较的新范式。广阔的研究视野，多样的研究方法以及开放的研究精神，可以全方位地展现天主教社会训导的传承与发展，为理解和把握现代天主教会的发展方向提供指引。

反观国内学界对天主教社会训导的相关研究，虽然无论从数量上还是深度上都与西方学界的研究有很大差距，但基本的研究已经起步，并呈现出较为明确的研究路向和类型。已有研究的展开在向国内学界引介天主教社会训导的同时，也逐渐吸引一批青年学者关注天主教社会训导的相关研究，从而为将来研究的深入与拓展奠定了良好根基。天主教社会训导具有全球性、时代性和开放性的特点。就其本身的价值而言，它是当代天主教会表达对社会问题看法的主要媒介，因而关注与研究天主教社会训导应成为我国天主教研究的必修课；就其伦理价值而言，当代天主教对人类自身及社会的观点必然可以对我国现代社会伦理的建设与完善有所助益，因而

① 参见卓新平主编：《基督宗教社会学说及社会责任》，宗教文化出版社，2009 年。

也应成为我国宗教学研究领域的重要问题之一。未来我国学界应从西方相关研究中借鉴经验，在研究视野和方法上追求多样化，一方面拓宽对天主教社会训导的研究视角，将社会训导的本质、传承、应用等的研究都纳入视野中，另一方面更新对天主教社会训导的研究方法，探索运用多种学科的方法对社会训导展开整体性研究。此外，在研究主旨上坚持中国化，重点探索天主教社会训导与中国现代社会伦理在以人为本的伦理旨趣和诸如尊重劳动、重视家庭、维护和平、保护环境等具体伦理要求方面的契合，进而以之为切入，深入探寻天主教的中国化及中西异质文化间的交流与对话。

《基督宗教研究》征稿启事

《基督宗教研究》为中文社会科学引文索引 CSSCI 来源辑刊、中国人文社会科学期刊 AMI 核心辑刊，由中国社会科学院基督教研究中心主持、编辑，每年出版两辑。

本刊自 1999 年创刊以来，刊物栏目日渐丰富和多元，由最初的年度推荐、专题研究、焦点论坛、理论探讨、历史回溯、对比研究、现状调研等栏目，到如今的动态性专题学术专栏、经典释义、玄理辨析、历史视野、本土经验、文化比较、当代聚焦等栏目，以便适时、敏锐体现和反映国内外基督宗教研究领域的广度与深度、发展和创新。欢迎海内外专家学者踊跃赐稿，贡献您的真知灼见。

投稿须知：

1. 来稿文责及版权问题请作者自负，文章一经发表，版权归本刊所有。未经本刊允许，不得转载。

2. 来稿请以 WORD 格式按附件形式发至投稿邮箱，并注明作者姓名、性别、工作单位、职称、通讯地址、Email、联系电话等内容。

3. 每篇文章字数需控制在 5000–15000 字，并附以 200–300 字中文摘要，3–5 个中文关键词，文章的英文题目、与中文摘要相对应的英文摘要及英文关键词。

4. 本刊将于 3 个月内答复作者来稿采用情况，未经本刊采用的文章作者可另行处理。凡经本刊采用的文章，作者不可一稿多投；若在本编辑部审稿期间，来稿作者转投他刊且经录用，请及时通知本刊撤稿，否则一切后果由该作者承担。

5. 对于审核通过的文章，编辑部将以邮件或者电话的方式通知作者，稿件正式刊载后，将会向每篇文章的作者赠送两本样刊（若文章由两位作者合写，则每位作者赠送一本样刊）。

6. 来稿格式：

（1）正文

a. 五号字体，单倍行距。中文用宋体，外文和数字用 Times New Roman。希腊文、希伯来语、阿拉伯文等语言请拉丁化。

b. 一级标题用“一、******”的格式，居中，五号字体。

c. 二级标题用“1. ******”的格式。注意：数字 1 后面用“.”，而不是“，”。

（2）脚注

a. 采用页下注，以①②……的格式标注，每页重新编号。

b. 重复出现的参考文献也请采用“同上”字样，以免重复抄录出版社和出版日期。

（3）引用文献格式

a. 中文专著

作者：《书名》，出版地：出版社，**** 年，第 ** 页。

例：卓新平：《当代西方天主教神学》，上海：上海三联书店，1998 年，第 10 页。

b. 中文译著

（国别）作者：《书名》（译者），出版地：出版社，**** 年，第 ** 页。

例：[英]约翰·希克：《宗教哲学》，何光沪译，北京：生活·读书·新知三联书店，1988 年，第 22 页。

c. 中文论文集

作者：《文章名》，见《论文集名称》，出版地：出版社，**** 年，第 ** 页。

例：张志刚：《宗教哲学的中国意义》，见金泽、赵光明主编：《宗教与哲学》（第一辑），北京：中国社会科学文献出版社，2012 年，第 32 页。

d. 中文期刊

作者：《文章名》，载《杂志名称》，**** 年第 * 期。

例：黄夏年：《充分发挥佛教对外服务的民间外交功能》，载《世界宗教研究》，2012 年第 3 期。

e. 外文专著

例：John K. Fairbank, The United state and China, Cambridge, Mass: Harvard University Press, 1976, p. 414.

f. 外文论文集

例：G. Spivak, “Can the Subaltern Speak?” in C.Nelson & L. Grossberg (eds.), Victory in Limbo: Imigism, Urbana: University of Illinois Press, 1988, pp. 271−313.

g. 外文期刊

例：E.R. Heider & D.C. Oliver, “The structure of color space in naming and memory of two languages”, Foreign Language Teaching and Research, 1999 (3).

7. 投稿信箱：jdzjyj@cass.org.cn 投稿时请注明：《基督宗教研究》杂志投稿

联系电话：010–85195481　联系人：《基督宗教研究》编辑部

通信地址：北京市东城区建国门内大街 5 号，中国社会科学院世界宗教研究所基督宗教研究编辑部，100732

《基督宗教研究》编辑部

2023 年 11 月